Professionelles
Portfoliomanagement

SCHÄFFER
POESCHEL

Christoph Bruns / Frieder Meyer-Bullerdiek

Professionelles Portfoliomanagement

Aufbau, Umsetzung und Erfolgskontrolle strukturierter Anlagestrategien

2., überarbeitete und erweiterte Auflage

2000
Schäffer-Poeschel Verlag Stuttgart

Autoren:

Dr. Christoph Bruns, Leiter Aktienfondsmanagement,
Union-Investment-Gesellschaft mbH, Frankfurt a. M.

Prof. Dr. Frieder Meyer-Bullerdiek, Fachhochschule Braunschweig/Wolfenbüttel,
Standort Wolfsburg

Die Deutsche Bibliothek – CIP-Einheitsaufnahme

Bruns, Christoph:
Professionelles Portfoliomanagement : Aufbau, Umsetzung und Erfolgskontrolle strukturierter Anlagestrategien / 2., überarb. und erw. Auflage /
Christoph Bruns/Frieder Meyer-Bullerdiek.
- Stuttgart : Schäffer- Poeschel, 2000
ISBN 3-7910-1424-2

Gedruckt auf säure- und chlorfreiem, alterungsbeständigem Papier.

ISBN 3-7910-1424-2

Einbandgestaltung: Willy Löffelhardt
Druck und Bindung: Franz Spiegel Buch GmbH, Ulm
Printed in Germany

Schäffer-Poeschel Verlag Stuttgart
Ein Tochterunternehmen der Verlagsgruppe Handelsblatt

Vorwort zur zweiten Auflage

Die große Resonanz der ersten Auflage des "Professionelles Portfoliomanagement" in der Assetmanagement-Praxis und der wissenschaftlichen Lehre belegt den nachhaltigen Bedarf an praxisrelevanter und zugleich theoriefundierter Literatur auf diesem Fachgebiet. Die vorliegende Neuauflage, die auf der bewährten inhaltlichen Konzeption der Vorauflage fußt, wurde aufgrund der raschen Entwicklungsfortschritte auf dem Gebiet des Portfoliomanagements notwendig. Neben zahlreichen Neuerungen, die besonders die Finanzmärkte betreffen, waren vollständige Überarbeitungen, Ergänzungen und Vertiefungen einzelner Abschnitte des Buches erforderlich. Die Schwerpunkte liegen dabei neben dem völlig neu bearbeiteten Marktteil (Kapitel D) insbesondere in den Bereichen "Risiken" (Kapitel A) und "Performanceanalyse" (Kapitel F).

Ein besonderes Augenmerk haben wir bei der Überarbeitung wiederum auf die hohe Praxisrelevanz gelegt. Allen Lesern, die uns Anregungen für die Überarbeitung gegeben haben, danken wir herzlich und hoffen, daß die vorliegende Form des Werkes den Bedürfnissen der Portfoliomanagement-Praxis noch besser entsprechen kann. Schließlich bedanken wir uns für die Mithilfe bei der Überarbeitung des Buches bei Herrn Dipl. Kfm. Florian Gommlich und Herrn Dipl. Kfm. Andreas Tieftrunk.

Frankfurt und Wolfsburg, im Oktober 1999

Dr. Christoph Bruns — Prof. Dr. Frieder Meyer-Bullerdiek

Vorwort zur ersten Auflage

Portfoliomanagement hat in den letzten Jahren national und international an Bedeutung und vor allem an Professionalität gewonnen. Diese dynamische Entwicklung wird sich nach allgemeinem Dafürhalten in den nächsten Jahren fortsetzen. Die Gründe liegen unter anderem in der Vermögensstruktur institutioneller und privater Investoren, der Verfügbarkeit anspruchsvoller Informationstechnologien und auch der voranschreitenden Verbreitung kapitalmarkttheoretischer Erkenntnisse in der Portfoliomanagementpraxis. Daneben erfordern die zunehmende Liberalisierung der Finanzmärkte und der intensivere Wettbewerb um das Management eines in den letzten Jahren ständig wachsenden Vermögens eine zunehmende Professionalität im Portfoliomanagement. Nur diejenigen Portfoliomanager, die eine entsprechende Professionalität aufweisen, werden in diesem hart umkämpften Geschäft dauerhaft erfolgreich agieren können. Dies schließt insbesondere die Berücksichtigung moderner Portfoliomanagementerkenntnisse und -instrumente mit ein, wobei vor allem der Einsatz von Derivaten zu nennen ist. Der teilweise sprunghafte Anstieg der Anzahl gehandelter derivativer Instrumente dokumentiert in eindrucksvoller Weise die Akzeptanz, die Derivate inzwischen bei vielen Marktteilnehmern finden.

In diesem Zusammenhang ist vor allem auf das Risikomanagement zu verweisen, das mittlerweile zu einem Großteil mit Hilfe von Derivaten vorgenommen wird. Diese eröffnen die Möglichkeit, ein dem Anleger entsprechendes Rendite-Risiko-Profil kostengünstig darzustellen. Zu beachten sind hierbei aber die zunehmende Komplexität der Instrumente und ihrer abgeleiteten Kombinationsformen (z. B. exotische Optionen). Um Derivate effizient im Portfoliomanagement einsetzen zu können, bedarf es daher einer fundierten Kenntnis ihrer Funktionsweise, Bewertung und Einsatzmöglichkeiten. Deshalb ist es ein wichtiges Ziel des vorliegenden Werkes, neben der Darstellung eines professionellen Investmentprozesses über das Portfoliomanagement mit relevanten derivativen Instrumenten zu informieren.

Beim Verfassen des Buches haben wir besonderen Wert auf die praxisnahe Behandlung des Themas gelegt. So folgt der Aufbau dem klassischen Ablauf eines Investmentprozesses. Zunächst werden im Kapitel A die Zielvariablen des Portfoliomanagements erörtert. Hierbei stehen neben den Parametern Rendite, Liquidität und Nutzen die mit Kapitalmarktanlagen verbundenen Risiken und deren Ausprägungen im Vordergrund. Die Transformation der Einzelvariablen in marktorientierte Benchmarks schließt das Kapitel ab.

Anschließend gehen wir in knapper Form auf die maßgeblichen theoretischen Grundlagen des modernen Portfoliomanagements ein. Hier erfolgt schwerpunktmäßig die Analyse und Beurteilung der Kapitalmarkteffizienz, die für das professionelle Portfoliomanagement von elementarer Bedeutung ist.

Darauf aufbauend befaßt sich Kapitel C mit den zentralen Fragen der Investmentphilosophie und des Investmentstils, bevor anschließend die Grundstruktur und wichtige Einzelkomponenten des Asset Allocation Ansatzes erörtert werden.

Im Kapitel D wird ein detaillierter Überblick über die Zusammensetzung und Größe der verschiedenen nationalen und internationalen Kapitalmärkte und deren Segmente gegeben. Auf diese Weise läßt sich ein Gespür für die Marktdimensionen des Portfoliomanagements gewinnen. Die Darstellung schließt die weltweit bedeutendsten Derivatekontrakte ein.

Den Portfoliomanagementmöglichkeiten, die mit derivativen Instrumenten durchführbar sind, widmet sich das Kapitel E. Dabei stehen Optionen, Futures, Forward Rate Agreements, Swaps und Repos im Mittelpunkt der Betrachtung. Auf Bewertungsfragen wird hierbei ebenso eingegangen, wie auf die Anwendungsmöglichkeiten im Portfoliomanagement. Neben der Erörterung sogenannter Plain Vanilla Instrumente erfolgt auch eine Diskussion von Derivaten der zweiten und dritten Generation (Exotic Derivatives).

Kapitel F befaßt sich schließlich in praxisgerechter Weise mit Verfahren und Maßgrößen der Performanceanalyse. Die methodischen Unzulänglichkeiten und Problembereiche der quantitativen Performancemessung werden dabei ebenso aufgeführt wie qualitative Kriterien der Performanceattribution.

Das vorliegende Werk richtet sich in erster Linie an Praktiker, die beruflich und privat mit Kapitalmärkten zu tun haben, insbesondere an Portfoliomanager, Fondsmanager, Wertpapierberater, Investment-Consultants, Researcher, Broker, Salesleute und Händler. Des weiteren werden sich Mitarbeiter in Wertpapierabteilungen, Fondsboutiquen und angrenzenden Abteilungen durch das Buch angesprochen fühlen.

Darüber hinaus haben wir das Buch auch für Dozenten und Studenten mit Spezialisierungen in Finanzwirtschaft und Bankbetriebslehre entwickelt. Aus eigener Erfahrung ist uns bestens bekannt, daß praxisnahe Literatur auch im Hochschulbereich benötigt und geschätzt wird.

Frankfurt, im März 1996

Dr. Christoph Bruns　　　　Dr. Frieder Meyer-Bullerdiek

Inhaltsverzeichnis

Abbildungsverzeichnis

Tabellenverzeichnis

Abkürzungsverzeichnis

Abb. .... Abbildung
ADRs .... American Depository Receipts
AIBD.. Association of International Bond Dealers
AIBOR..................................... Amsterdam Interbank Offered Rate
AIM.. Alternative Investment Market
AMEX...................................... American Stock Exchange
APT... Arbitrage Pricing Theory
ARCH .... Autoregressive Conditional Heteroskedasticity
ARIMA .... Autoregressive Integrated Average
ARMA .... Autoregressive Moving Average
ATM .... Amsterdam Treasury Market
ATX... Austrian Traded Index
Aufl. .... Auflage

BAs .... Bankers Acceptances
BOBL...................................... Bundesobligation
BOT .... Buoni Ordinari del Tesoro
BSTBL.................................... Bundessteuerblatt
BTAN .... Bons du Trésor à Taux Fixe et à Intérêt Annuel
BTF... Bons du Trésor à Taux Fixe et à Intérêt Precompté
BTP... Buoni del Tesoro Poliennali

CAPM..................................... Capital Asset Pricing Model
CBOE...................................... Chicago Board Options Exchange
CBoT .... Chicago Board of Trade
CCT... Certificati di Credito del Tresoro
CDs .... Certificates of Deposits
CIBOR .... Copenhagen Interbank Offered Rate
CME.. Chicago Mercantile Exchange
COMEX.................................. Commodity Exchange
CPs.. Commercial Papers
CRB .... Commodity Research Bureau
CSCE .... Coffee Sugar and Cocoa Exchange
CTD .... Cheapest-to-Deliver
CUSIP..................................... Committee on Uniform Securities Identification Procedures

DAX.. Deutscher Aktienindex
DBW....................................... Die Betriebswirtschaft
DEM .... D-Mark
DFL... Holländische Gulden
Diss. .... Dissertation
DJIA.. Dow Jones Industrial Average
DKR.. Dänische Kronen
DTB .... Deutsche Terminbörse

DVFA.. Deutsche Vereinigung für Finanzanalyse und Anlageberatung

ECP.. Euro Commercial Paper
ECU.. European Currency Unit
EFA.. Electricity Forward Agreements
EOE.. European Options Exchange
EONIA.. Euro Overnight Index Average
et al.. et altera
EUR.. Euro
EURIBOR.. Euro Interbank Offered Rate

FAZ.. Frankfurter Allgemeine Zeitung
FIBOR.. Frankfurt Interbank Offered Rate
FINEX.. Financial Instruments Exchange
FIONA.. Frankfurt Interbank Overnight Average
FRA.. Forward Rate Aggreement
FRF.. Französische Francs
FRN.. Floating Rate Note

GAAP.. Generally Accepted Accounting Principles
GARCH.. Generalized Autoregressive Conditional Heteroskedasticity
GBP.. Britische Pfund
GSCI.. Goldman Sachs Commodity Index

HB.. Handelsblatt
HBR.. Harvard Business Review
Hrsg.. Herausgeber

IAS.. International Accounting Standards
IDEM.. Italian Derivatives Market
IFC.. International Finance Corporation
IPE.. International Petroleum Exchange
IRR.. Implied Repo Rate
ISIN.. International Securities Identification Number
ISMA.. International Securities Markets Association
ITL.. Italienische Lire

Jg.. Jahrgang
JGBs.. Japanese Government Bonds
JM.. Jensen-Maß
JPY.. Japanische Yen

KAGG.. Gesetz über Kapitalanlagegesellschaften
KCBoT.. Kansas City Board of Trade

LCE.. London Commodity Exchange

LIBOR .... London Interbank Offered Rate
LIFFE....................................... London International Financial Futures Exchange
LME .... London Metal Exchange

MA .... Moving Average
MATIF .... Marché à Terme International de France
MMI .... Major Market Index
MONA .... Monthly Overnight Average
MSCI .... Morgan Stanley Capital Index
MSE .... Milan Stock Exchange
MTN .... Medium Term Note

NDX .... Nasdaq Index
No. .... Number
Nr. .... Nummer
NYCE .... New York Cotton Exchange
NYFE .... New York Futures Exchange
NYMEX.................................. New York Mercantile Exchange
NYSE .... New York Stock Exchange

OAT .... Obligations Assimilables de Trésor
OECD .... Organization for Economic Cooperation and Development
OEX .... Standard & Poor's 100 Index
OSE .... Osaka Securities Exchange
OTC .... Over-the-counter

PEX .... Deutscher Pfandbriefindex
PIBOR..................................... Paris Interbank Offered Rate
PTS .... Spanische Peseten

REX .... Deutscher Rentenindex
RIBOR .... Rome Interbank Offered Rate

S&P 500.................................. Standard and Poor's 500 Index
SEDOL.................................... Stock Exchange Daily Official List
SEK .... Schwedische Kronen
SFE .... Sydney Future Exchange
SFR .... Schweizer Franken
SG .... Schmalenbach-Gesellschaft
SIMEX.................................... Singapore Monetary Exchange
SMI .... Swiss Market Index
SOFFEX.................................. Swiss Options and Financial Futures Exchange
SPI .... Swiss Performance Index
SPX .... Standard & Poor's 500 Index
SR .... Sharpe-Ratio
STRIPS .... Separate Trading of Registered Interest and Principal Securities

Tab. .... Tabelle
TIBOR .... Tokyo Interbank Offered Rate
TIFFE...................................... Tokyo Financial Futures Exchange
TOBL...................................... Treuhandobligation
TR .... Treynor-Ratio
TSE .... Tokyo Stock Exchange bzw. Toronto Stock Exchange

UK.. United Kingdom
USD .... US-Dollar

VAR....................................... Value-at-Risk
VDH....................................... Verband deutscher Hypothekenbanken
VLCI .... Value Line Composite Index
Vol. .... Volume

WiSt .... Wirtschaftswissenschaftliches Studium
WISU .... Das Wirtschaftswissenschaftsstudium
WPKN.................................... Wertpapierkennummer
WTB .... Warenterminbörse

ZfB .... Zeitschrift für Betriebswirtschaft
ZfbF .... Zeitschrift für betriebswirtschaftliche Forschung

A. Strategische Zielsetzung des Portfoliomanagements: Performance

Wirtschaftliches Handeln erfordert, um operational zu sein, stets ein vorgegebenes Ziel mit dazugehörigem Zeitbezug. Im Rahmen des Portfoliomanagements läßt sich die Zielfestlegung i. a. R. mit dem Begriff 'Performance' kennzeichnen. Hinter diesem Begriff verbergen sich zumindest zwei Komponenten, die eine hinreichende Quantifizierung von Performance ermöglichen.

Als zentraler Performancebestandteil - und damit zentrales Ziel des Portfoliomanagements -muß in der überwiegenden Anzahl der Fälle die Rendite eines Portfolios angesehen werden. Hinzu kommt als zweite Komponente das Risiko eines Portfolios. Die Bedeutung bzw. Wichtigkeit beider Komponenten im Rahmen des vorzugebenden Performanceziels hängt vom jeweiligen Investor bzw. dessen Risikoeinstellung ab. Es ist durchaus vorstellbar, daß Investoren die Risikokomponente von Portfolios lediglich als Nebenbedingung zur Renditekomponente auffassen. Wie später noch zu zeigen sein wird, stehen erwartbare Renditen und deren (Markt-) Risiken in einem positiven Austauschverhältnis zueinander.[1] Eine simultane Optimierung von Rendite und Risiko ist insbesondere dann gut möglich, wenn beide Werte dimensionsgleich sind. Insofern ist es im Sinne einer optimalen Portfoliokonstruktion sachgerecht, Renditen und Risiken auf der Ebene der Zielfestlegung synchron zu betrachten.

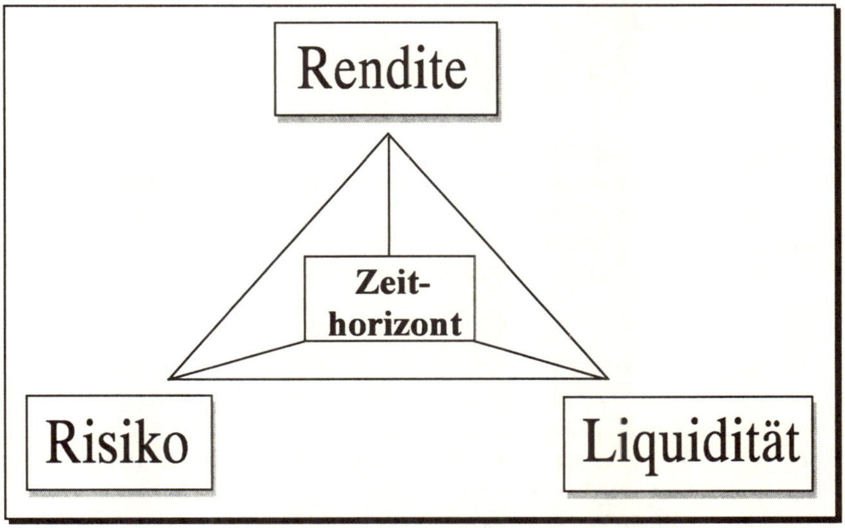

Abb. A.1: Magisches Zieldreieck im Portfoliomanagement

Etwas anders sieht es mit der Liquidität von Portfolios aus. Auch hier kann die Auffassung vertreten werden, daß Liquiditätsaspekte im Rahmen der strategischen Zielfestlegung für ein Portfolio von einiger Bedeutung sind. Aus diesem Grund zählt die Liquidität von Portfolios regelmäßig

1 Der positive Zusammenhang zwischen erwartbarer Rendite und deren Risiko kann als eine der zentralen Aussagen der Kapitalmarkttheorie angesehen werden.

zu den maßgebenden Zielen im Portfoliomanagement. Liquidität kann definiert werden als jederzeitige Möglichkeit, sich zu fairen Preisen von einem Portfolio bzw. einem einzelnen Vermögensgegenstand (Asset) trennen zu können.[1] Anhand von Abbildung A.1, die das sog. 'magische Dreieck' bei Kapitalanlagen darstellt, läßt sich ein Überblick über die wichtigsten Performanceziele gewinnen.

Investoren werden unter ansonsten gleichen Bedingungen stets ein liquideres Portfolio einem schwer liquidierbaren Portfolio vorziehen. Gleichwohl erschwert der fehlende theoretische Zusammenhang zwischen Liquidität und Rendite die Berücksichtigung des Liquiditätsaspekts bei der Performanceplanung. Zudem bereitet die Messung von Liquidität im Gegensatz zur Rendite und zum Risiko einige Probleme.[2] Daher bietet es sich an, die Liquidität von Portfolios als Nebenbedingung zu formulieren.

Wie die vorangegangenen Überlegungen gezeigt haben, liegt es aus Praktikabilitätsgründen nahe, Performance als zweidimensionale Zielgröße anzusehen. Mithin kann Performance als risikoadjustierte Rendite definiert werden.[3] Soll Performance mathematisch ausgedrückt werden, dann ergibt sie sich als Anlagerendite dividiert durch das mit der Anlage verbundene Risiko. Das formale Aussehen dieses standardisierten Ausdrucks könnte dann z. B.

$$\text{Performance} = \frac{\text{Anlagerendite}}{\text{Anlagerisiko}}$$

lauten.

Die bisherigen Ausführungen bezogen sich durchweg auf Portfolios. Bekanntermaßen handelt es sich bei Portfolios um die unter Optimierungsgesichtspunkten vorgenommene Aggregation einzelner Assets. Es ist in diesem Zusammenhang wichtig zu erwähnen, daß Portfolios hinsichtlich ihrer Performanceprofile regelmäßig nicht die Summe der einzelnen in ihnen enthaltenen Werte darstellen. Insofern muß zwischen der Portfolioebene und der Ebene der einzelnen Assets getrennt werden.

Die folgenden Abschnitte werden die benannten Performancekomponenten in der gebotenen Detailliertheit beschreiben. Dabei steht neben der Darstellung geeigneter Quantifizierungsverfahren im Rendite- und Risikobereich die Bestimmung operationaler Ziele für Portfolios im Vordergrund. Neben den einzelnen Zielkomponenten des Portfoliomanagements muß zusätzlich der Marktbezug definiert werden. Die Verbindung zwischen Portfoliomanagementzielen und Marktmöglichkeiten stellt die Wahl der Benchmark dar.

---

[1] Als Maßgröße für die Liquidität eignet sich neben absoluten Umsatzzahlen insbesondere die Geld-Brief-Spanne. Auch der sog. 'Market Impact', der die Kursveränderung infolge einer Order beschreibt, ist ein Indikator für die Marktliquidität von Wertpapieren.

[2] Vgl. **Amihud/Mendelson** (1991), S. 235ff.

[3] Vgl. **Zimmermann** (1991), S. 164.

I. Marktabhängige Performance-Komponenten

An Finanzmärkten wird über die originäre Höhe von Renditen und Risiken ausschließlich durch den Marktprozeß entschieden. Der Markt bestimmt folglich das Renditeniveau eines bestimmten Zeitabschnitts ebenso wie das Risikoniveau. Da zumindest an den großen und wichtigen Finanzmärkten der Welt (z. B. Märkte der G7-Staaten) weitgehend polypolistische Anbieter- und Nachfragerstrukturen vorherrschend sind, können einzelne Marktteilnehmer de facto durch Transaktionen das Marktpreisniveau nicht signifikant beeinflussen, zumal wenn der Betrachtungszeitraum ein strategischer ist.[1]

In welcher Höhe Kapitalmärkte allerdings Renditen und Risiken bieten, hängt nicht unwesentlich von der inhaltlichen Festlegung und methodischen Messung beider Größen durch den Investor ab. Daher werden im folgenden die wichtigsten Grundlagen der Rendite- und Risikomessung kurz dargestellt.

1. Renditen

Renditegrößen lassen sich unterscheiden bezüglich inhaltlicher und methodischer Charakteristika. Um eine inhaltliche Bestimmung der vom Investor als maßgeblich angesehenen Renditegrößen zu bewerkstelligen, müssen die Zielsetzung des Anlegers und seine spezifischen Anlagebedingungen bekannt sein. Ob z. B. eine Vor- oder eine Nachsteuerrendite als richtige Zielgröße im Rahmen der Performanceerzielung angemessen ist, hängt von den steuerlichen Gegebenheiten des Investors ab.

Das methodische Vorgehen der Renditeberechnung folgt häufig aus inhaltlichen Überlegungen. Fragestellungen der Berechnungsmethodik betreffen die Art und Weise, wie Renditen errechnet und vergleichbar gemacht werden. Einige Optionen für Renditefragestellungen sind exemplarisch in Abbildung A.2 dargestellt.

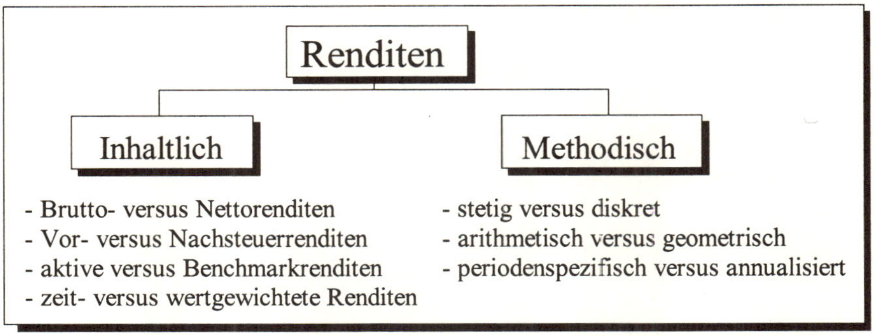

Abb. A.2: Exemplarische Unterscheidung von Renditen

---

[1] Als strategisch werden im folgenden Zeitperioden definiert, die länger als ein Jahr dauern. Auf Fragen der Zeitdauer von Investmentenscheidungen wird in Abschnitt I.4. dieses Kapitels eingegangen.

Grundsätzlich bezeichnet man mit dem Begriff Rendite das auf einen bestimmten Zeitraum bezogene und in Prozent ausgedrückte Verhältnis eines Endwerts zu einem Anfangswert. Bezieht sich das Verhältnis genau auf ein Jahr, dann spricht man von annualisierter Rendite. Die Rendite für einen bestimmten Zeitraum ergibt sich wie folgt:

$$R = \frac{K_{t+1} + Z_{t,t+1}}{K_t} - 1$$

mit

K_t = Kurs des Wertpapiers zum Zeitpunkt t und
$Z_{t,t+1}$ = Rückflüsse aus dem Wertpapier für die Zeit von t bis t+1 (z.B. Dividende bei Aktien).

Für eine Aktie gelten beispielsweise die folgenden Werte:

t = 31.12.1998, K_t = 120, Dividende = 5
t+1= 31.12.1999, K_{t+1} = 160.

Daraus ergibt sich eine Rendite für das Jahr 1999 von

$$R_{1999} = \frac{160+5}{120} - 1 = 0{,}375 = 37{,}5\% \quad .$$

Die Rendite eines Portfolios wird allgemein in der folgenden Weise bestimmt:

$$R_{PF_t} = \sum_{i=1}^{n} x_i \cdot R_{i_t}$$

mit

x_i = Gewichtung des Wertpapiers i am Periodenbeginn.

Für die Asset Allocation ist insbesondere die erwartete Rendite von Interesse, die ausgedrückt werden kann als

$$E(R) = \frac{E(K_{t+1}) + E(Z_{t,t+1})}{E(K_t)} - 1 \quad .$$

Die erwarteten Renditen können beispielsweise auch als gewichtete Summe verschiedener Ertragsszenarien prognostiziert werden:

$$E(R) = R_1 \cdot P_1 + R_2 \cdot P_2 + ... + R_n \cdot P_n \quad , \qquad \sum_{i=1}^{n} P_i = 1; P_i > 0$$

mit

P_i = Szenariowahrscheinlichkeiten.

Liegen mehrperiodige Betrachtungszeiträume zugrunde, so ist eine Berechnungsannahme bezüglich des Anfalls von Zinseszinsen auf zwischenzeitlich aufgelaufene Gewinne bzw. Zahlungen zu berücksichtigen. Sollen keine Zinseszinsen berücksichtigt werden, dann bietet sich die Verwendung einer arithmetischen Renditeberechnung an. Hierbei wird davon ausgegangen, daß jährlich eine Entnahme der Gewinne erfolgt. Die geometrische Methode zur Renditeberechnung eignet sich dann, wenn unterstellt wird, daß zwischenzeitlich geleistete Zahlungen bzw. aufgelaufene Gewinne wieder verzinslich angelegt werden.[1] Die hiermit verbundene Vergleichbarkeit von Renditen hat dazu geführt, daß in der Portfoliomanagementpraxis zumeist geometrische Renditen berechnet werden.

Ebenfalls in den Bereich der Methodik fällt die Frage, ob bei Renditeanalysen stetige oder diskrete Renditen verwendet werden sollen. Stetige Renditen lassen sich durch die Logarithmierung diskreter Renditen berechnen. Sie bergen bei komparativen Längsschnittanalysen den Vorteil, daß gleiche absolute Abweichungen auch gleiche prozentuale Folgen aufweisen. Mit anderen Worten: Steigt z. B. der Kurs einer Anleihe in einem Jahr von 100,- DM auf 105,- DM und fällt er im nächsten Jahr wieder zurück auf 100,- DM, dann sind die Renditen bei Verwendung logarithmierter Werte gleich. Addiert man die beiden stetigen Einzelrenditen

$$\ln\frac{105}{100} + \ln\frac{100}{105},$$

dann ergibt sich das für die absolute Wertentwicklung der Anlage richtige Resultat von Null. Hinzu kommt, daß stetige Renditen eher normalverteilt sind, da sie nicht auf - 100% begrenzt sind, wie das bei diskreten Renditen der Fall ist.

Neben methodischen Berechnungsfragen müssen im Rahmen der Bestimmung von Renditen auch inhaltliche Bestandteile geklärt werden. Es ist beispielsweise zweckmäßig, in nominale und reale Renditen zu unterscheiden. Während hierbei der Einfluß der Inflation berücksichtigt wird, verweist das Begriffspaar netto und brutto auf weitere Renditebestandteile wie etwa Transaktionskosten. Ebenfalls angebracht ist die Differenzierung in Vor- und Nachsteuerrenditen. Oftmals ist für die Berechnung von Nachsteuerrenditen allerdings die Bekanntheit des Steuersatzes des Investors Voraussetzung.

---

1 Vgl. **Steiner/Bruns** (1998), S. 50ff.

Für die Anlagegattung Aktien stellen sich spezielle Fragen bezüglich der Festlegung einer anzustrebenden Rendite. Auf der Grundlage des Marktmodells der Kapitalmarkttheorie lassen sich unterschiedliche Renditedefinitionen entwickeln, die für Optimierungsfragestellungen von Bedeutung sind.[1] Zumeist beziehen die Definitionen einen Kapitalmarktindex als Vergleichsindex - hier zunächst Benchmark genannt - ein.[2] Dem Investor stellt sich in diesem Zusammenhang die Frage nach dem für Portfoliomanagementzwecke anzustrebenden Renditebestandteil. Zu unterscheiden sind hierbei Gesamtrenditen, Überschußrenditen, aktive Renditen, Residualrenditen, Timingrenditen und außergewöhnliche Renditen. Für den später noch zu erörternden Investmentstil besitzt das vorgegebene Renditeziel maßgebliche Implikationen.

Die Gesamtrendite (R_{PF}) eines Aktienportfolios kann unter Verwendung des Marktmodells definiert werden als

$$R_{PF} = \alpha_{PF} + \beta_{PF} \cdot R_{BM},$$

wobei mit α_{PF} die von der Benchmark unabhängige (Residualrendite) Rendite und mit $\beta_{PF} \cdot R_{BM}$ die von der Benchmark abhängige Rendite, die sich aus den beiden Komponenten Portfoliosensitivität in bezug auf die Benchmark (β_{PF}) und Benchmarkrendite (R_{BM}) zusammensetzt, bezeichnet werden.

Als Überschußrendite ($R_{PF_ü}$) bezeichnet man die Differenz zwischen der Gesamtrendite und einem risikolosen Zinssatz (R_f). Überschußrenditen können als Risikoprämien interpretiert werden, da nur der über den risikolosen Zinssatz hinausgehende Teil der Rendite eine Entschädigung für das eingegangene Risiko darstellt.

$$R_{PF_ü} = R_{PF} - R_f.$$

Die im weiteren zu definierenden Renditen beziehen sich jeweils auf Überschußrenditen.

Mit dem Begriff 'aktive Rendite' (R_{PF_a}) wird derjenige Renditeanteil der Überschußrendite des Portfolios bezeichnet, der über die Überschußrendite einer festgelegten Benchmark ($R_{BM_ü}$) hinausgeht.

$$R_{PF_a} = R_{PF_ü} - R_{BM_ü}.$$

---

1 Eine Darstellung der portfolio- und kapitalmarkttheoretischen Modelle einschließlich des Marktmodells findet sich in Kapitel B.I.

2 Theoretisch angemessen ist die Verwendung des sog. 'Marktportfolios', das die Summe sämtlicher risikobehafteter Vermögenstitel umfaßt.

Unter dem Terminus 'Residualrendite' (α_{PF}) versteht man den Teil der Überschußrendite, der nicht mit der vorgegebenen Benchmarküberschußrendite korreliert ist.

$$\alpha_{PF} = R_{PF_ü} - ß_{PF} \cdot R_{BM_ü}.$$

Eine sog. 'Timingrendite' (R_{PF_T}) kann als der Teil der aktiven Rendite bestimmt werden, der auf die Sensitivität eines Portfolios ($ß_{PF}$) in bezug auf prognostizierte Überschußrenditeveränderungen der Benchmark ($\Delta R_{BM_ü}$) zurückzuführen ist.

$$R_{PF_T} = (ß_{PF} - 1) \cdot \Delta R_{BM_ü}.$$

Schließlich läßt sich unter dem Begriff der 'außergewöhnlichen Rendite' (R_{PF_E}) die Summe aus Residual- und Timingrendite definieren:

$$R_{PF_E} = \alpha_{PF} + (ß_{PF} - 1) \cdot \Delta R_{BM_ü}.$$

Der zu wählende Investmentstil des Portfoliomanagers muß in Abhängigkeit der vorgegebenen inhaltlichen Renditeziele festgelegt werden. Um z. B. eine systematische Timingrendite zu erzielen, müssen Verfahren des Markttimings eingesetzt werden. Wird eine systematische Timingrendite hingegen nicht angestrebt, dann sollten Timingverfahren im Rahmen des Portfoliomanagements nicht zur Anwendung kommen.

Wie die vorangegangenen Ausführungen gezeigt haben, bedarf die Festlegung von Renditezielen im Prozeß der strategischen Performanceplanung für Portfolios einiger Sorgfalt. Investoren müssen sich daher stets fragen, welche inhaltlichen und methodischen Charakteristika die zu erzielenden Renditen aufweisen sollen. Aus der Renditefestlegung folgt dann i. d. R. das marktspezifische Vorgehen im Rahmen des Portfoliomanagementprozesses.

2. Risiken

Die sachgerechte Bestimmung des Anlagerisikos im Rahmen der Zielfestlegung bei Portfolios zählt zu den neuralgischen Bereichen des Portfoliomanagements. Grundsätzlich wird Risiko nach den Komponenten Unsicherheit und Ungewißheit unterschieden. Während Ungewißheit einen Zustand der Nichtbeschreibbarkeit zukünftiger Ausprägungen von Renditen bezeichnet, lassen sich beim Vorliegen von Unsicherheit zumindest Wahrscheinlichkeiten für das Eintreten bestimmter zukünftiger Renditeausprägungen angeben. Letzterer Begriff von Risiko liegt den im weiteren darzustellenden Risikomaßen zugrunde.

Risiko kann im Detail auf vielfältige Arten definiert und gemessen werden. Die Mehrzahl der Risikomaße ist quantitativer Natur. Allerdings existieren für bestimmte Risiken auch qualitative Risikokategorien, z. B. in Form von Ratingsymbolen bei der Bonitätsbewertung von Anleiheschuldnern. Außergewöhnliche Risiken beziehen sich i. d. R. auf einzelne Wertpapiere und nicht auf einen Gesamtmarkt. Man bezeichnet diese Risiken als 'Event Risks'. Ein Beispiel für ein Event Risk ist der Ausfall eines Schuldners im Anleihebereich (Default Risk). Im Aktienbereich ist beispielsweise der sogenannte 'Maximum Drawdown' bekannt, der die maximale negative Rendite nach einem vorangegangenen Höchstkurs beschreibt.

Wenn auch in der Portfoliomanagementpraxis quantitative Risikomessungen dominieren, so ist doch auf die unbedingte Notwendigkeit qualitativer Risikobeurteilungen hinzuweisen. Denn quantitative Risikokennzahlen werden stets auf der Basis von Vergangenheitsrealisationen gebildet. Die Vergangenheit ist jedoch oftmals nicht hinreichend indikativ für die Zukunft, obwohl Risikomaße tendenziell stabiler sind als Renditekennzahlen. Gerade im Bereich nicht marktbezogener Risiken sind qualitative und damit subjektive Beurteilungen erforderlich. Zur Beurteilung des zukünftigen Risikos von Aktien muß beispielsweise ein ganzer Katalog von nicht quantifizierbaren Fragen beantwortet werden. Dies schließt z. B. die Qualität des Managements und die Konkurrenzsituation des betreffenden Unternehmens ebenso ein wie die zukünftigen Sensitivitäten des Unternehmens in bezug auf gesamtwirtschaftliche Veränderungen.

Die Entwicklung quantitativer Risikomaße und -kennzahlen basiert im Kern auf der Verbreitung der sog. 'Modern Portfolio Theory' in der Portfoliomanagementpraxis. In dieser Interpretation umfaßt die 'Modern Portfolio Theory' auch die Kapitalmarkttheorie. Eine der Zentralaussagen der Kapitalmarkttheorie besagt, daß zwischen der Rendite und dem Risiko einer Anlage ein positiver Zusammenhang erwartet werden kann. Anlageformen, die relativ hohe zukünftige Renditen erwarten lassen, tragen demgemäß auch ein relativ hohes Risiko. Diese Aussage wird in der Portfoliomanagementpraxis weithin akzeptiert. Gleichwohl tendieren Anleger bei der Zielformulierung für ihr Portfolio oftmals dazu, eine maximale Rendite bei minimalem Risiko anzugeben. Die Beachtung des ökonomischen Prinzips jedoch legt nahe, daß entweder die erwartete Rendite bei einem im voraus festgelegten Risikoniveau maximiert wird oder daß für ein geplantes Renditeniveau das Risiko minimiert wird.

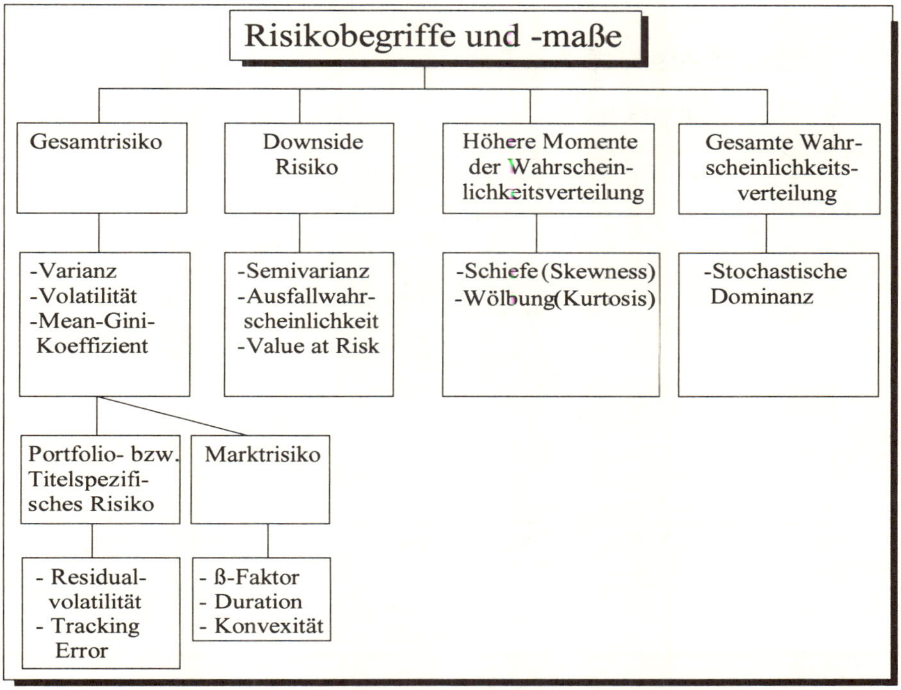

Abb. A.3: Alternative Risikobegriffe und -maße

Wie in Abbildung A.3 dargestellt ist, lassen sich die quantitativen/statistischen Risikomaße bzw. -definitionen in vier Kategorien einteilen. Die Diskussionen um die Angemessenheit von Risikomaßen bei bestimmten Anlageinstrumenten bzw. -situationen dauert in Wissenschaft und Praxis noch an. Alle genannten Arten der Risikomessung besitzen Vor- und Nachteile. In den folgenden Abschnitten werden die verschiedenen Risikomaße beschrieben.

a. Volatilität

Das in der Investmentwelt am weitesten verbreitete Risikomaß ist die Volatilität, die auf dem statistischen Konzept der Varianz basiert und inhaltlich der annualisierten Standardabweichung entspricht. Die Varianz mißt als Streuungsmaß der Statistik die quadrierten Abweichungen zwischen den einzelnen Merkmalsausprägungen einer Verteilung und dem Verteilungsmittelwert. Durch Ziehen der Quadratwurzel aus der Varianz erhält man die Standardabweichung, die gegenüber der Varianz den Vorteil der Dimensionsgleichheit mit dem Verteilungsmittelwert aufweist. Die Verwendung der Volatilität als Risikomaß im Portfoliomanagement beruht damit auf einer Risikodefinition, derzufolge Risiko das Abweichen von erwarteten bzw. geplanten Renditen darstellt. Derartige Abweichungen können positiv wie negativ ausfallen. Da unter Risiko im allgemeinen Sprachgebrauch häufig nur eine negative Abweichung vom Zielwert verstanden wird, wird die Volatilität als Risikomaß mitunter kontrovers diskutiert.[1]

1 Zu den verschiedenen Arten der Volatilitätsbestimmung vgl. **Mayhew** (1995), S. 8ff.

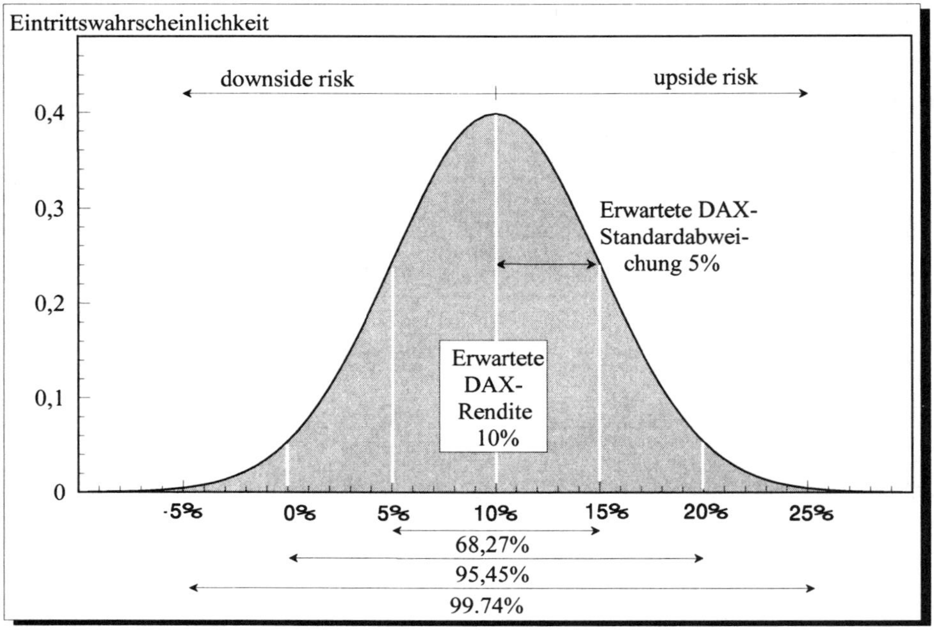

Abb. A.4: Standardnormalverteilung (Dichtefunktion)

Anhand von Abbildung A.4 ist zu erkennen, wie die Volatilität eines Assets zu interpretieren ist. Der dargestellte glockenförmige Kurvenverlauf entspricht einer Normalverteilung (Gauß'sche Glockenkurve). Zunächst ist den Angaben zu entnehmen, daß Volatilitäten i. d. R. in Prozentwerten angegeben werden. Ein Volatilitätswert von 5% p.a. für den DAX bedeutet bei einer unterstellten Renditeerwartung von 10% p.a., daß die Rendite des DAX in 2 von 3 Jahren (Wahrscheinlichkeit ca. 68%) in einem Korridor zwischen 5% p.a. und 15% p.a. liegt, oder - anders ausgedrückt - daß mit ca. 68% Wahrscheinlichkeit erwartet wird, daß für das folgende Jahr die Rendite zwischen 5% und 15% liegt. Gleichzeitig bedeuten diese Werte, daß mit ca. 95% Wahrscheinlichkeit eine Rendite zwischen 0% (10% - 2 · 5%) und 20% (10% + 2 · 5%) für das kommende Jahr erwartet wird.[1]

Um die historische Volatilität eines Assets zu berechnen, muß zunächst der Mittelwert der realisierten Renditen ermittelt werden. Hierzu bietet es sich an, logarithmierte (stetige) Renditen zu verwenden, da sie der Normalverteilungsannahme eher entsprechen als diskrete Renditen. Positive und negative Kursabweichungen weisen bei logarithmierter Betrachtung im Betrag die gleiche Rendite auf.

---

[1] Berechnungsbeispiele zur Volatilität und anderen Risikomaßen finden sich bei **Steiner/ Bruns** (1998), S. 57ff.

Der Renditemittelwert errechnet sich anhand des Ausdrucks

$$\mu = \frac{1}{n} \cdot \sum_{i=1}^{n} R_i \, .$$

Anschließend ergibt sich die Varianz als quadrierte Differenz aus den realisierten Einzelrenditen und deren oben berechnetem Mittelwert zu

$$\sigma^2 = \frac{1}{n} \cdot \sum_{i=1}^{n} (R_i - \mu)^2 \, .$$

Liegen nur wenige beobachtete Renditen vor, dann bietet sich der Ausdruck

$$\sigma^2 = \frac{1}{n-1} \cdot \sum_{i=1}^{n} (R_i - \mu)^2$$

zur Varianzberechnung an.

Durch Ziehen der Quadratwurzel gemäß dem Term

$$\sigma = \sqrt{\frac{1}{n} \cdot \sum_{i=1}^{n} (R_i - \mu)^2}$$

erhält man die Standardabweichung. Um schließlich annualisierten Renditen das annualisierte Risiko zuzuordnen, wird die Standardabweichung mit dem Annualisierungsfaktor multipliziert. Daraus ergibt sich für die Volatilität der Ausdruck

$$\sigma_{T_1} = \sigma_{T_2} \cdot \sqrt{\frac{T_1}{T_2}} \, .$$

Werden zur Volatilitätsberechnung Tagesrenditen herangezogen, dann lautet der Annualisierungsfaktor $\sqrt{\frac{T_1}{T_2}} = \sqrt{\frac{250}{1}} = \sqrt{250}$.[1] Bei Wochenrenditen beträgt der Annualisierungsfaktor $\sqrt{52}$, bei Monatsrenditen $\sqrt{12}$ und bei Quartalsrenditen $\sqrt{4}$.

[1] Die Zahl 250 gibt die approximative Anzahl der Handelstage in einem Jahr an. Je nach Betrachtungsland kann die Anzahl der Handelstage schwanken.

Die verwendeten Symbole bedeuten:

R_i = Renditerealisationen in der Periode i (logarithmiert),
σ^2 = Varianz der Renditen,
σ = Standardabweichung der Renditen,
σ_{T_1} = Standardabweichung der Renditen, bezogen auf 1 Jahr,
σ_{T_2} = Standardabweichung der Renditen, bezogen auf das betrachtete Zeitintervall T_2,
μ = Renditemittelwert und
n = Anzahl der Beobachtungen.

Beträgt die Monatsvolatilität σ_{T_2} für T_2 = 1 Monat beispielsweise 1,44%, so beläuft sich die Jahresvolatilität σ_{T_1} mit T_1 = 1 Jahr = 12 Monate auf

$$\sigma_{T_1} = \sigma_{T_2} \cdot \sqrt{\frac{T_1}{T_2}} = 0{,}0144 \cdot \sqrt{\frac{12}{1}} = 0{,}05 = 5\% \quad .$$

Umgekehrt kann die Monatsvolatilität aus der Jahresvolatilität wie folgt berechnet werden:

$$\sigma_{T_2} = \sigma_{T_1} \cdot \frac{1}{\sqrt{\frac{T_1}{T_2}}} = 0{,}05 \cdot \frac{1}{\sqrt{\frac{12}{1}}} = 0{,}05 \cdot \frac{1}{\sqrt{12}} = 0{,}0144 = 1{,}44\% \quad .$$

Damit wird hier mit ca. 2/3 Wahrscheinlichkeit erwartet, daß die Rendite im nächsten Monat um nicht mehr als 1,44%-Punkte von der erwarteten Rendite abweichen wird, bzw. daß mit ca. 95% Wahrscheinlichkeit die Rendite im nächsten Monat um nicht mehr als 2,88%-Punkte von der erwarteten Rendite abweichen wird.

Im Falle normalverteilter Renditen reicht die Kenntnis des Renditeerwartungswertes und der Volatilität aus, um das Anlagerisiko vollständig zu beschreiben. Liegt hingegen keine Normalverteilung vor, dann ist die Kenntnis weiterer Momente der Verteilung zur vollständigen Risikoerfassung notwendig. Auf die in diesem Zusammenhang zum Tragen kommenden Risikomaße Schiefe und Wölbung einer Verteilung wird später noch eingegangen.

Aus diesen Ausführungen wird deutlich, warum das Vorliegen normalverteilter Renditen wünschenswert erscheint. In diesem Fall eignet sich die Volatilität besonders gut zur Risikoquantifizierung.

Eine Normalverteilung von Renditen liegt nach der Statistik grundsätzlich um so eher vor, je mehr Werte zur Verfügung stehen. Als Grenzwert dient die Zahl 30. Falls demnach z.B. die Volatilität für ein Jahr aus 12 Monatsrenditen berechnet wird, so ist dies rein rechnerisch zwar möglich, die Interpretation des Ergebnisses ist aber in Frage zu stellen, da 12 Werte kaum normalverteilt sein dürften. Aus diesem Grund finden sich Angaben zur Volatilität bei Investmentfonds, die auf Monatsrenditen basieren, häufig erst ab Drei-Jahreszeiträumen. Auch empirische Studien weisen darauf hin, daß Renditen oftmals nicht normalverteilt sind, aber häufig eine sehr ähnliche Form aufweisen. Vor diesem Hintergrund kann die Volatilität nur mit Einschränkungen angewendet werden. Dennoch kann das Risiko mit Hilfe der Volatilität mit größerer Sicherheit geschätzt werden als Renditen.

Bei Anlageentscheidungen ist stets das zukünftige Risiko von Bedeutung. Vergangenheitsdaten können daher nur eine Indikation bezüglich der Risikohöhe in einem abgelaufenen Zeitraum liefern. Um dieses Problem zu mildern, kann bei Risikoschätzungen die Dynamik der Risikomaßentwicklung im Zeitablauf berücksichtigt werden. In den letzten Jahren werden die künftigen Volatilitäten vermehrt mit Hilfe sogenannter GARCH-Ansätze geschätzt. Das Akronym GARCH steht für **G**eneralized **A**uto **R**egressive **C**onditional **H**eteroscedasticity. Heteroskedastizität drückt im Gegensatz zu Homoskedastizität einen Zustand aus, bei dem die Volatilität der Residuen (des Störterms) einer Renditeregression im Zeitablauf nicht konstant ist.[1] Mit Hilfe von GARCH-Ansätzen lassen sich die zeitlichen Veränderungen der Volatilität realitätsnäher modellieren.[2] Dies folgt der in zahlreichen empirischen Untersuchungen nachgewiesenen Erkenntnis, daß die Volatilität von Renditen im Zeitablauf nicht stabil ist.

GARCH-Modelle bestehen aus zwei Gleichungen. Die erste Gleichung beschreibt den Prozeß der Überschußrenditegenerierung in der Form

$$R_{PF_{\ddot{u},t+1}} = \mu + \gamma\sigma_t^2 + \eta_{t+1}\,.$$

Die Überschußrendite in t+1 setzt sich aus einer Konstanten μ, einer Risikoprämie $\gamma\sigma_t^2$ und einem zukünftigen heteroskedastischen Störterms η_{t+1} zusammen.[3] Dieser zukünftige Störterm hängt seinerseits von der Standardabweichung in t ab und kann zerlegt werden in den Ausdruck

$$\eta_{t+1} = \sigma_t \cdot \varepsilon_{t+1}\,,$$

wobei ε_{t+1} die Ausprägung des Störterms mit einen Erwartungswert von Null und einer (bedingten) Varianz von σ_t^2 ist.

Mit Hilfe einer Regressionsfunktion des Typs

$$\sigma_t^2 = a_0 + \sum_{i=1}^{q} a_i \cdot \varepsilon_{t-i}^2 + \sum_{j=1}^{p} a_j \cdot \sigma_{t-j}^2$$

---

[1] Vgl. hierzu die Darstellung bei **Steiner/Bruns** (1998), S. 60ff.

[2] Vgl. **Geyer/Schwaiger** (1994), S. 684ff.

[3] Vgl. **Hentschel** (1995), S. 74f.

wird anschließend die aktuelle Varianz des Störterms geschätzt.[1] Neben der Konstanten a_0 (z. B. einem langfristigen Mittelwert) setzt sich die Varianz des Störterms im Zeitpunkt t aus dem mit a_i gewichteten Störterm ε_{t-i}^2 und der mit a_j gewichteten Störtermvarianz der Vergangenheit zusammen. Man spricht in diesem Fall von einem GARCH (p,q) Modell, wobei p und q angeben, wie autoregressiv die Varianz des Störterms im Zeitpunkts t ist. Je höher die Ordnungsvariablen p und q sind, desto wichtiger sind die weiter zurückliegenden Vergangenheitswerte für die Varianz im Zeitpunkt t. Besitzt p den Wert Null, dann handelt es sich um ein ARCH (q) Modell.

$$\sigma_t^2 = a_0 + \sum_{i=1}^{q} a_i \cdot \varepsilon_{t-i}^2 .$$

Ein GARCH (1,1) Ansatz nimmt beispielsweise das Format

$$\sigma_t^2 = a_0 + a_i \cdot \varepsilon_{t-1}^2 + a_j \cdot \sigma_{t-1}^2$$

an. Der zeitliche Lag beträgt hierbei eine Periode, d. h. die künftige Varianz ist eine Funktion aus der Ausprägung des Störterms und der Varianz der letzten Periode. Als Methodik zur Schätzung der Gleichungsparameter kommt die Regressionsanalyse zur Anwendung.

Die Volatilität beschreibt als theoretisch fundiertes Streuungsmaß das Ausmaß von Wertschwankungen bei Renditen und Kursen. Mit Hilfe der Volatilität läßt sich abschätzen, mit welcher Wahrscheinlichkeit ein bestimmter Renditewert in der Zukunft erreicht bzw. verfehlt wird. Geeignet als Risikomaß ist die Volatilität bei nahezu allen Anlagegattungen. Insofern erlaubt sie Risikovergleiche unterschiedlicher Anlageformen. Ihre große praktische Bedeutung verdankt die Volatilität außerdem ihrer Verwendung als zentrales Risikomaß innerhalb der Portfoliotheorie von Markowitz.[2]

b. ß-Faktor

Über die Ursache von Rendite- und Preisschwankungen trifft die Volatilität keine Aussage. Hierin ist der wesentliche Unterschied zum ß-Faktor zu sehen, der das relative Preisänderungsrisiko eines Anlagegutes gegenüber der Wertveränderung des Gesamtmarktes mißt. Der ß-Faktor, der hauptsächlich zur Marktrisikoquantifizierung bei Aktien eingesetzt wird, gibt an, wie stark sich die Rendite der Aktie i ändert, wenn die Rendite des gesamten Aktienmarktes um den Betrag x steigt oder fällt.

Das Konzept des ß-Faktors geht zurück auf das **C**apital **A**sset **P**ricing **M**odel (kurz: CAPM) von Sharpe, Lintner und Mossin.[3] Nach dem CAPM werden höhere Marktrisiken, gemessen am ß-

---

1 Vgl. **Bollerslev** (1986), S. 307ff. und **Engle** (1982), S. 987ff.

2 Vgl. **Markowitz** (1952), S. 77ff. und **Markowitz** (1959).

3 Vgl. **Sharpe** (1964), S. 425ff., **Lintner** (1965), S. 13ff., **Mossin** (1966), S. 768ff. Eine Darstellung des CAPM findet sich in Kapitel B.I.

Faktor, mit höheren Überschußrenditen belohnt. Einzelwertspezifische Risiken werden demgemäß nicht vom Markt vergütet, da sie durch sachgerechte Diversifikation leicht eliminierbar sind. Man spricht daher beim ß-Faktor vom systematischen Risiko einer Anlage.

Der ß-Faktor wird oftmals auch als relative Volatilität einer Aktie bezeichnet. Um den Zusammenhang zwischen Markt- und Titelrendite herzustellen, greift das Konzept des ß-Faktors auf die Kovarianz bzw. die Korrelation zwischen beiden Größen zurück. Sowohl Kovarianz als auch Korrelation sind als Maße für den Gleichlauf zweier Merkmalsausprägungen aus der deskriptiven Statistik bekannt. Während die Kovarianz - ähnlich wie die Varianz - aufgrund ihrer Dimensionsverschiedenheit von Renditegrößen keiner intuitiven Deutung zugänglich ist, läßt sich die Korrelation (k) als standardisierte Kovarianz leicht interpretieren. Ihr Wertebereich ist auf $-1 \leq k \leq 1$ normiert. Ein hoher Korrelationskoeffizient deutet auf den Gleichlauf zweier Größen hin et vice versa. Bei einem Korrelationskoeffizienten von 0 sind die zwei betrachteten Größen zusammenhanglos.

Zur Errechnung des ß-Faktors wird der Ausdruck

$$ß_i = \frac{COV_{im}}{\sigma_m^2} = k_{im} \frac{\sigma_i}{\sigma_m}$$

verwendet. Der Zusammenhang zwischen Korrelationskoeffizient und Kovarianz wird beschrieben durch den Term

$$k_{im} = \frac{COV_{im}}{\sigma_i \cdot \sigma_m}$$

mit

$ß_i$ = ß-Faktor der Aktie i,
COV_{im} = Kovarianz zwischen der Aktien- und der Marktrendite,
k_{im} = Korrelation zwischen der Aktien- und der Marktrendite,
σ_m^2 = Varianz der Aktienmarktrendite,
σ_i = Standardabweichung der Aktienrendite i und
σ_m = Standardabweichung der Aktienmarktrendite.

Ein ß-Faktor der Aktie i von 1,1 ist wie folgt zu interpretieren: Steigt der Gesamtmarkt um 1%, dann ist mit einer positiven Wertveränderung von 1,1% für die Aktie i zu rechnen. Werte oberhalb von 1 indizieren ein hohes Marktrisiko et vice versa.

ß-Faktoren können auch für Portfolios berechnet werden. In diesem Fall wird der ß-Faktor des Portfolios ($ß_{PF}$) ermittelt, indem die Summe der mit ihren Portfoliogewichten x_i multiplizierten Einzel-ß-Faktoren der Aktien ($ß_i$) gebildet wird:

$$ß_{PF} = \sum_{i=1}^{n} x_i \cdot ß_i \quad \text{und} \quad \sum_{i=1}^{n} x_i = 1 .$$

Um zukünftige ß-Faktoren zu schätzen, bieten sich zwei Wege an. Zum einen können historische ß-Faktoren, die mittels eines linearen Regressionsverfahrens gewonnen werden, extrapoliert werden. Zum anderen läßt sich der ß-Faktor in fundamentale Bestandteile wie etwa das 'Business Risk' und das 'Financial Risk' zerlegen. Die genannten Komponenten lassen sich weiter aufgliedern. Durch Schätzung der einzelnen Bestandteile des ß-Faktors gelangt man zu einem sogenannten fundamentalen ß-Faktor.[1]

c. Tracking Error und Residualvolatilität

Ein das Konzept der Volatilität verwendendes Risikomaß, das das Abweichungsrisiko zwischen einem Portfolio und seiner Benchmark mißt, ist der Tracking Error. Mit seiner Hilfe kann bestimmt werden, wie genau die Portfoliorendite die Benchmarkrendite widerspiegelt. Daher wird der Tracking Error als Nachbildungsfehler bei Portfolios bezeichnet. Der Tracking Error mißt das Risiko, die Rendite einer Benchmark zu verfehlen, und zwar positiv wie auch negativ. Im passiven Assetmanagement stellt der Tracking Error das zentrale Risikomaß dar.

Die mathematische Bestimmung des historischen Tracking Errors erfolgt gemäß dem Ausdruck

$$TE_{PF}^{hist.} = \sigma(R_{PF} - R_{BM}).$$

Zwar bezieht sich der Tracking Error auf die Differenz der Renditen zweier Portfolios, mathematisch gesehen entspricht er jedoch dem Streuungsmaß der Volatilität. Der Tracking Error stellt folglich ein annualisiertes Risikomaß dar. Seine Interpretation ergibt sich aus der folgenden Abbildung:

---

[1] Vgl. **Kleeberg** (1992), S. 474ff. und **Steiner/Beiker/Bauer** (1993), S. 99ff.

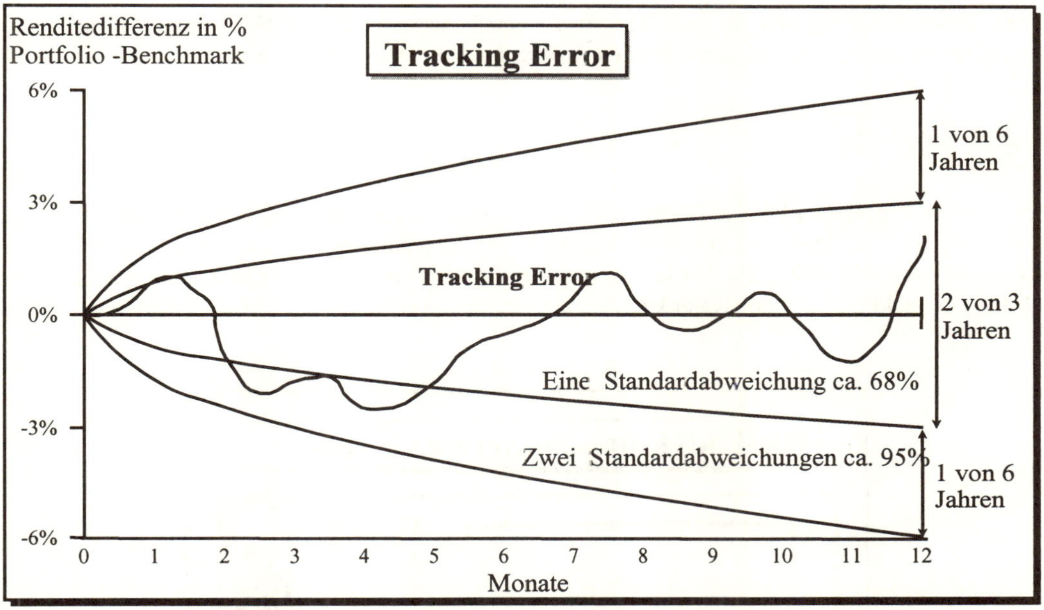

Abb. A.5: Der Tracking Error und seine Wahrscheinlichkeiten im Zeitablauf

Ein Tracking Error von 3% bedeutet, daß die annualisierte Differenz zwischen der Portfolio- und der Benchmarkrendite in 2 von 3 Jahren in einem Korridor zwischen plus 3 und minus 3 Prozent liegt. Da der Tracking Error als annualisierte Größe eine Funktion der Zeit ist, bezieht sich der Wert von 3% auf einen Planungszeitraum von einem Jahr.

Noch weniger als bei der Volatilität kann beim Tracking Error von Vergangenheitswerten auf zukünftige Werte geschlossen werden. Letztere sind für die zukunftsorientierte Risikobestimmung im Rahmen der Portfoliokomposition aber einzig relevant. Während zur Berechnung des Trakking Errors der Vergangenheit lediglich die Volatilität der Zeitreihe der Renditedifferenzen zwischen Portfolio und Benchmark berechnet werden muß, bedarf es zur Bestimmung des künftigen, mit dem Portfolio verbundenen Tracking Errors einer Schätzung. Diese hat die Zusammensetzung des Portfolios im Vergleich zur Benchmark zu berücksichtigen. Dabei wird aber nach wie vor auf Vergangenheitswerte zurückgegriffen, indem stabile Kovarianzen unterstellt werden.

Der zukünftige Tracking Error hängt vom einzugehenden systematischen und unsystematischen Risiko ab. Ersteres kann mit Hilfe des prognostizierten ß-Faktors bestimmt werden. Letzteres muß als zu erwartende Residualvolatilität des Portfolios ermittelt werden. Mit Residualvolatilität einer Aktie wird jener Teil der Kursschwankungen bezeichnet, der nicht auf Gesamtmarktbewegungen zurückzuführen ist. Residualvolatilitäten lassen sich sowohl für einzelne Aktien als auch für Portfolios errechnen.

Die zukünftige Residualvolatilität eines Portfolios läßt sich schätzen, falls die Zukunftsgrößen Portfoliovolatilität, Portfolio ß-Faktor und Benchmarkvolatilität bekannt sind. Dies entspricht einer Risikozerlegung, wie sie aus dem Marktmodell bekannt ist.[1] Zur Schätzung der Residualvolatilität und damit des unsystematischen Risikos (σ_{PF_u}) gelangt die Formel

$$\sigma_{PF_u} = \sqrt{\sigma_{PF}^2 - ß_{PF}^2 \cdot \sigma_m^2}$$

zur Anwendung, wobei PF das Portfolio PF und m den Gesamtmarkt bezeichnet. Anhand des in Abbildung A.6 dargestellten Beispiels läßt sich die Zerlegung des Gesamtrisikos in seine Bestandteile nachvollziehen. Die Varianz setzt sich - im Gegensatz zur Standardabweichung (18 + 8,72 ≠ 20) - additiv aus dem systematischen und dem unsystematischen Risiko zusammen (324 + 76 = 400).

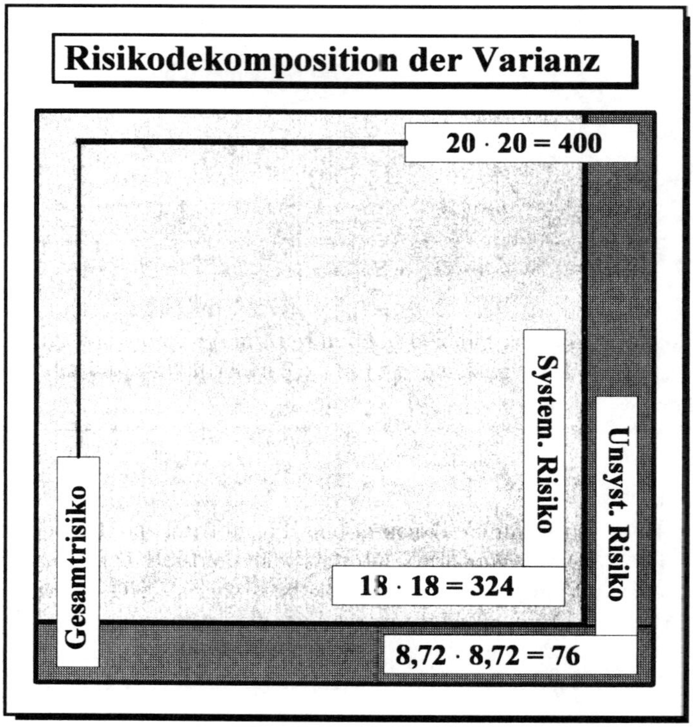

Abb. A.6: Varianzdekomposition

Sodann kann unter Kenntnis des ß-Faktors und der Residualvolatilität die Abschätzung des künftigen Tracking Errors eines Portfolios vorgenommen werden:

---

1 Vgl. **Steiner/Bruns** (1998), S. 37ff.

$$TE_{PF}^{erw.} = \sqrt{(\text{ß}_{PF} - 1)^2 \cdot \sigma_{BM}^2 + \sigma_{PF_u}^2}$$

mit

$TE_{PF}^{erw.}$ = erwarteter Tracking Error,
$\sigma_{PF_u}^2$ = Residualvarianz des Portfolios (unsystematisches bzw. diversifizierbares Risiko),
ß_{PF} = ß-Faktor des Portfolios (systematisches Portfoliorisiko) und
σ_{BM}^2 = Benchmarkvarianz (Gesamtrisiko der Benchmark).

Der Unterschied zwischen dem Tracking Error und der Residualvolatilität besteht zumeist in der Bezugsgröße. Die Errechnung des Tracking Errors bezieht sich sinnvollerweise auf Portfolios und schließt das systematische Risiko mit ein, während die Residualvolatilität oftmals zur Beurteilung einzelner Titel eingesetzt werden kann. Inhaltlich ist der Tracking Error umfassender als die Residualvolatilität, da er auch systematische Risikoabweichungen von der Benchmark berücksichtigt. Identität zwischen Tracking Error und Residualvolatilität besteht, falls der ß-Faktor 1 beträgt.

In der Portfoliomanagementpraxis erfolgt die Schätzung des zukünftigen Tracking Errors eines Portfolios mit Hilfe von Investmentanalysesoftware. Diese muß in der Lage sein, auf der Basis einer viele Einzeltitel umfassenden Kovarianzmatrix den Tracking Error eines beliebigen Portfolios in bezug auf einen vorzugebenden Benchmarkindex zu schätzen.

d. Duration und Konvexität

Was der ß-Faktor im Aktienbereich ist, ist die Duration vornehmlich im Anleihebereich. Die Duration mißt, wenn sie zur Risikoanalyse bei Bonds eingesetzt wird, ausschließlich das Marktrisiko von Anleihen. Titelspezifische Risiken wie Bonitäts-, Spread- und Liquiditätsrisiken werden von der Duration nicht erfaßt.

Der theoretische Preis einer Anleihe ergibt sich als Barwert aller künftigen Cash Flows (i. d. R. Kupons und Tilgung) aus dem Papier. Zur Diskontierung wird, je nach Berechnungsmethodik, der einheitliche Abzinsungsfaktor $(1+r)^t$ eingesetzt, so daß sich die Formel

$$PV = \sum_{t=1}^{n} \frac{CF_t}{(1+r)^t}$$

mit

PV = Present Value (Barwert),
CF_t = zukünftige Cash Flows,
r = einheitlicher Zinssatz für alle Laufzeiten,
t = Zeitpunkt der Cash Flows und
n = letzter Zeitpunkt eines Cash Flows

ergibt.[1]

Bei dieser Formel wird davon ausgegangen, daß keine Stückzinsen zu berücksichtigen sind. Ist dies aber der Fall, so wird bei Annahme der Länge eines Jahres mit 365 Tagen nach der ISMA-(International Securities Market Association) Methode wie folgt gerechnet:

$$PV = \sum_{t=1}^{n} \frac{CF_t}{(1+r)^{t/365}} \quad ,$$

wobei t hier in Tagen angegeben ist. Hierbei handelt es sich um den sogenannten "Dirty Price", d.h. dem Preis incl. Stückzinsen.[2]

Erwirbt beispielsweise ein Anleger am 1.12.2001 eine 8%ige Kuponanleihe mit einer ursprünglichen Laufzeit von 2 Jahren (Emission der Anleihe am 1.6.2000 mit jährlichen Zinszahlungen zum 1.6.), so fallen Stückzinsen für den Zeitraum vom 1.6.2001 bis 30.11.2001 (= 183 Tage) in Höhe von $SZ = Kupon \cdot \frac{T}{365} = 8 \text{ EUR} \cdot \frac{183}{365} = 4{,}01 \text{ EUR}$ pro 100 EUR Anleihenominalwert an. Bei einem Marktzinsniveau von 10% ergibt sich der Dirty Price wie folgt (in %):

$$PV = \frac{108}{(1+0{,}10)^{182/365}} = 102{,}99 \quad .$$

Die Stückzinsen sind bei der Formel bereits berücksichtigt, was unmittelbar einsichtig ist, da bei einem Marktzinsniveau von 10% und einem Kupon von 8% der Clean Price unterhalb von 100% liegen muß.

Die Duration wurde zunächst von Macaulay als Maß für die durchschnittliche Kapitalbindungsdauer einer festverzinslichen Anleihe in Jahren eingeführt.[3] Dabei werden Zeitpunkt und Höhe der bereits vor Fälligkeit erfolgenden Rückflüsse berücksichtigt, so daß sämtliche Informationen über die zeitliche Struktur des mit einer Anleihe verbundenen Zahlungsstroms in einer Kennzahl zusammengefaßt werden können.

---

1 Zu weiteren Berechnungsvergleichen vgl. **Doerks** (1991), S. 275ff.

2 Die Rendite nach ISMA ist der Zinssatz, bei dem der Barwert der zukünftigen Zahlungen gerade gleich dem heutigen Kurs (Clean Price) der Anleihe zuzüglich der Stückzinsen ist.

3 Vgl. **Macaulay** (1938), S. 44ff.

Nach Hicks kann die Duration auch als Maß für das Zinsänderungsrisiko bei festverzinslichen Anleihen interpretiert werden.[1] Dahinter steht die Frage, um welchen Wert sich der Kurs der Anleihe ändert, wenn der Zinsfuß sich infinitesimal verschiebt. Der Risikobegriff der Duration bezieht sich daher auf die Frage nach der Kursänderung eines Titels bzw. eines Portfolios in Abhängigkeit von Marktzinsänderungen. Daher ist die Duration als Maß für das Marktzinsänderungsrisiko bei Anleihen zu klassifizieren.

Die Duration (D) und damit das Marktrisiko der Anleihe errechnet sich durch Bildung der ersten Ableitung der Barwertfunktion nach dem Zinsfuß, wobei hier nicht von gebrochenen Restlaufzeiten ausgegangen wird:[2]

$$\frac{\Delta PV}{\Delta r} = -\frac{1}{1+r} \cdot \sum_{t=1}^{n} t \cdot CF_t \cdot (1+r)^{-t}$$

$$<=> \quad \frac{\frac{\Delta PV}{PV}}{\frac{\Delta r}{1+r}} = -\frac{\sum_{t=1}^{n} t \cdot CF_t \cdot (1+r)^{-t}}{PV} = -D \quad .$$

Damit kann die Duration in der folgenden Weise ausgedrückt werden:

$$D = \frac{\sum_{t=1}^{n} t \cdot CF_t \cdot (1+r)^{-t}}{\sum_{t=1}^{n} CF_t \cdot (1+r)^{-t}} \quad .$$

Die Bestimmung der Duration soll beispielhaft anhand der folgenden Anleihe gezeigt werden. Die Anleihe hat einen Kupon von 5,25% und eine Restlaufzeit von 5 Jahren. Die Nullkuponstrukturkurve hat folgendes Aussehen:[3]

$t_0 - t_1$: 3,5%, $t_0 - t_2$: 4,0%, $t_0 - t_3$: 4,5%, $t_0 - t_4$: 5% und $t_0 - t_5$: 5,5%.

---

1 Vgl. **Hicks** (1939), S. 12ff.

2 Bei Aktien läßt sich ebenfalls eine Duration, verstanden als Kapitalbindungsdauer, berechnen, indem bei Zugrundelegung eines Dividendendiskontierungsmodells die Barwertfunktion aller künftigen Cash Flows nach dem Diskontierungssatz abgeleitet wird. Infolgedessen läßt sich die Duration einer Aktie unter bestimmten Annahmen durch den Ausdruck 1/Dividendenrendite berechnen.

3 Zur Nullkuponstrukturkurve vgl. **Steiner/Bruns** (1998), S. 153f.

Hieraus können der Present Value bzw. Dirty Price (in %) in Höhe von

$$PV = \sum_{t=1}^{n} \frac{CF_t}{(1+r_t)^t} = \frac{5{,}25}{1{,}035} + \frac{5{,}25}{(1{,}04)^2} + \frac{5{,}25}{(1{,}045)^3} + \frac{5{,}25}{(1{,}05)^4} + \frac{105{,}25}{(1{,}055)^5} = 99{,}38\,.$$

und der interne Zinsfuß von 5,395587% ermittelt werden.

Die Duration der Anleihe läßt sich wie folgt bestimmen, wobei die jeweilige Abzinsung der Werte der Zahlungsreihe mit dem internen Zinsfuß erfolgt:

t	Zahlungsreihe	Nenner (Barwert)	Zähler (gewichteter Barwert)
1	5,25	4,9812	4,9812
2	5,25	4,7262	9,4525
3	5,25	4,4843	13,4528
4	5,25	4,2547	17,0188
5	105,25	80,9301	404,6504
	Summe	99,3765	449,5557
		= PV	***= Summe***

Tab. A.1: Beispiel zur Duration

Damit ergibt sich für diese Anleihe eine Duration von 4,5238 (= Summe / PV).

Als Einflußfaktoren der Duration können die Kuponhöhe, die Restlaufzeit und die Marktrendite identifiziert werden. So ergibt sich für die Beispielanleihe bei einem Kupon von 10% eine Duration von 4,2482. Bei einer Kürzung der Restlaufzeit verkürzt sich - wie unmittelbar einsichtig - auch die Duration. Falls sich lediglich die Marktrendite verändert, so würde die Duration im Beispielfall bei einer Zinsstruktur, die in jedem Laufzeitbereich um 2%-Punkte nach oben verschoben wäre, 4,5002 betragen.

Allgemein gilt:

- Je höher der Nominalzins, desto geringer die Duration.
- Je höher die Restlaufzeit, desto höher die Duration.
- Je höher die Rendite, desto geringer die Duration.

Letzteres gilt nicht bei Zerobonds, da hier immer die Duration mit der Restlaufzeit übereinstimmt.

Für Portfolios wird die Portfolioduration (D_{PF}) berechnet, indem die Summe der mit ihren Portfoliogewichten x_i multiplizierten Einzeldurationen der Assets (D_i) gebildet wird:

$$D_{PF} = \sum_{i=1}^{n} x_i D_i \quad \text{und} \quad \sum_{i=1}^{n} x_i = 1$$

$$D_{PF} = x_1 \cdot D_1 + x_2 \cdot D_2 + \ldots\ldots + x_n \cdot D_n \quad .$$

Wird die Formel der Duration weiter umgeformt, so kann gezeigt werden, daß mit Hilfe der Duration die Zinselastizität von Anleihewerten abgeschätzt werden kann:

$$-\frac{\frac{\Delta PV}{PV}}{\frac{\Delta r}{r}} = \frac{r}{1+r} \cdot D = \varepsilon$$

mit

ε = Zinselastizität.

Die Formel macht deutlich, daß die Zinselastizität des Present Value eine linear fallende Funktion der Duration ist, da der Faktor r / (1 + r) für ein gegebenes Marktzinsniveau konstant ist. Beide Kennzahlen stellen somit äquivalente Maße für die Zinsempfindlichkeit des Barwertes der Anleihe dar.

Nach einer weiteren Umformung der Formel kann der Ausdruck für die absolute Kurswertänderung aufgrund einer Marktzinsänderung bestimmt werden:

$$\Delta PV = -\frac{\Delta r \cdot D \cdot PV}{1+r} \quad .$$

Soll lediglich die relative Kurswertänderung aufgrund einer Marktzinsänderung abgeschätzt werden, so kann dies über den folgenden Ausdruck erfolgen:

$$\frac{\Delta PV}{PV} = -\frac{\Delta r \cdot D}{1+r} = -MD \cdot \Delta r$$

mit

$$MD = \frac{D}{1+r} = -\frac{\frac{\Delta PV}{PV}}{\Delta r} = \text{Modified Duration.}$$

Für die o.g. Beispielanleihe berechnet sich die Modified Duration zu:

$$MD = \frac{4{,}5238}{1 + 0{,}05395587} = 4{,}2922 .$$

Steigt somit der interne Zinsfuß um 1%-Punkt (= 100 Basispunkte), so müßte der Present Value um 4,2922% (nicht %-Punkte !) von 99,3765 auf 95,1111 sinken. Die absolute Kursveränderung wird demnach wie folgt berechnet:

$$\Delta PV = -\frac{0{,}01 \cdot 4{,}5238 \cdot 99{,}3765}{1 + 0{,}05395587} = -MD \cdot 0{,}01 \cdot 99{,}3765 = -4{,}2654 .$$

Auf Basis der Present-Value-Formel sinkt der Kurs tatsächlich aber auf nur 95,2259:

$$PV = \sum_{t=1}^{n} \frac{CF_t}{(1+r)^t} = \frac{5{,}25}{1{,}063956} + \frac{5{,}25}{(1{,}063956)^2} + \frac{5{,}25}{(1{,}063956)^3} + \frac{5{,}25}{(1{,}063956)^4} + \frac{105{,}25}{(1{,}063956)^5} = 95{,}2259$$

Damit wird deutlich, daß die Duration die Kursveränderung nur sehr grob abschätzen kann. Dies hängt insbesondere damit zusammen, daß es sich hierbei um ein lineares Risikomaß handelt, während der effektive Zusammenhang zwischen Anleihekurs und Marktzins aber konvex verläuft. Infolgedessen werden bei einer Abschätzung mit der Duration Kurssteigerungen grundsätzlich unterschätzt und Kursverluste überschätzt.

Zusammenfassend kann festgehalten werden, daß die Abschätzung künftiger Preisveränderungen, wie sich empirisch gezeigt hat, mit Hilfe der Duration bzw. der Modified Duration nur unvollkommen gelingt (insbesondere bei großen Marktzinsänderungen). Ursächlich hierfür ist insbesondere die statische Betrachtungsweise der Durationskonzeption, die zudem auf einer flachen Renditestrukturkurve beruht. Zudem muß bedacht werden, daß die Barwertfunktion nicht linear verläuft. Nichtflache Renditestrukturkurven sowie deren Drehungen und Verschiebungen werden im Durationsansatz nicht adäquat berücksichtigt. Aus diesem Grund wurden Verfeinerungen des Konzepts entwickelt, die eine genauere Prognose der zukünftigen Preisveränderungen von Anleihen in Abhängigkeit von Renditestrukturveränderungen am Bondmarkt ermöglichen. Zu nennen sind in diesem Zusammenhang die Effective Duration, die Key Rate Duration und die Konvexität.

Im Rahmen der Effective Duration (ED) wird der Barwert einer Anleihe nicht mit Hilfe eines einheitlichen Zinsfußes berechnet, sondern mit den laufzeitadäquaten Marktzinssätzen (Spot Rates), die der am Kapitalmarkt beobachtbaren Nullkuponstrukturkurve entnommen werden können, wobei die Abzinsung zum internen Zinsfuß und mit den Spot Rates im Ergebnis zum gleichen Present Value führen:[1]

[1] Anstelle der Spot Rates könnten zur Durationsberechnung auch die aus der Renditestrukturkurve errechenbaren Forward Rates eingesetzt werden. Hieraus entstünde dann eine Forward Rate Duration.

$$PV = \sum_{t=1}^{n} \frac{CF_t}{(1+r_t)^t} \quad .$$

mit

r_t = Spot Rate für die Periode t.

Analog zur Duration führt die erste Ableitung der Barwertfunktion nach den Zinssätzen zur Effective Duration, die die Kursveränderungen bei einer Parallelverschiebung (Parallel Shift) der Renditestrukturkurve angibt:[1]

$$ED = \frac{\sum_{t=1}^{n} t \cdot CF_t \cdot (1+r_t)^{-t}}{PV} \quad .$$

Inwieweit die Werte der oben dargestellten Duration nach Macaulay von der Effective Duration abweichen, hängt davon ab, wie steil die Renditstrukturkurve ist. Zumeist dürfte es nicht zu bedeutenden Abweichungen kommen, wie auch bei der Beispielanleihe:

t	Zahlungsreihe	Nenner (Barwert)	Zähler (gewichteter Barwert)
1	5,25	5,0725	5,0725
2	5,25	4,8539	9,7078
3	5,25	4,6006	13,8017
4	5,25	4,3192	17,2768
5	105,25	80,5304	402,6520
	Summe	99,3765	448,5107
		= PV	***= Summe***

Tab. A.2: Beispiel zur Effective Duration

Die Effective Duration beläuft sich demnach auf 4,5132 (= Summe / PV). Bezieht man diesen Wert analog zur Modified Duration auf den Term 1+r, so erhält man den folgenden Wert:

$$MED = \frac{ED}{1+r} = \frac{4,5132}{1+0,053956} = 4,2822 = \text{Modified Effective Duration.}$$

---

1 Vgl. **Bühler/Hies** (1995), S. 113.

Ein darüber hinausgehendes Konzept, das nicht nur die Form der Renditestrukturkurve, sondern auch deren Drehung (Twist) um Schlüsselpunkte (Key Rates) erfaßt, liegt mit der Key Rate Duration (KRD) vor. Insofern wird auf die eher realitätsfernen Annahmen einer flachen Renditestrukturkurve (bei der Duration nach Macaulay) und einer Parallelverschiebung der Renditestrukturkurve (bei der Duration nach Macaulay und der Effective Duration) verzichtet.

Hierbei wird zunächst separat die Kursänderung von Anleihen in bezug auf Änderungen einzelner Sätze der Renditestrukturkurve berechnet. Die jeweilige Key Rate Duration zum Zeitpunkt t KRD_t beschreibt – wie auch die Modified Duration – die prozentuale Veränderung des Present Value einer Anleihe aufgrund der Veränderung der Key Rate r_t zum Zeitpunkt t:[1]

$$KRD_t = \frac{1}{1+r_t} \cdot \frac{\frac{t \cdot CF_t}{(1+r_t)^t}}{PV} = \frac{1}{1+r_t} \cdot D_t \ .$$

Hierbei ist zu beachten, daß für die Anleihen, deren Cash Flows nicht den Key Rates entsprechen, die Key Rate Duration numerisch approximiert werden muß. Hierzu werden die Present Values vor und nach der Bewegung der jeweiligen Key Rate r_t ermittelt. Anschließend kann die Key Rate Duration zum Zeitpunkt t wie folgt bestimmt werden:

$$KRD_t = -\frac{\frac{\Delta PV_t}{PV}}{\Delta r_t} \ .$$

Nunmehr kann mit Hilfe der einzelnen KRD_t durch die Summenbildung der jeweiligen Kursänderungen die durch die einzelnen Key-Rate-Shifts verursachte Veränderung des Present Values der Anleihe insgesamt bestimmt werden:

$$\Delta PV = PV \cdot \sum_{t=1}^{n} KRD_t \cdot (-\Delta r_t) = PV \cdot [KRD_1 \cdot (-\Delta r_1) + KRD_2 \cdot (-\Delta r_2) + \ldots + KRD_n \cdot (-\Delta r_n)]$$

Für die Beispielanleihe errechnet sich die KRD bei einer angenommenen Erhöhung der jeweiligen Key Rate um 0,1%-Punkte (d.h. $\Delta r_t = 0{,}1\%$) mit Hilfe der nachfolgenden Tabelle.

---

[1] Vgl. **Bühler/Hies** (1995), S. 113ff. und **Dattatreya/Fabozzi** (1995), S. 45ff.

	Shift 1		Shift 2		Shift 3		Shift 4		Shift 5	
t	Rendite	Barwert	Rendite	Barwert	Rendite	Barwert	Rendite	Barwert	Rendite	Barwert
1	3,6%	5,0676	3,5%	5,0725	3,5%	5,0725	3,5%	5,0725	3,5%	5,0725
2	4,0%	4,8539	4,1%	4,8446	4,0%	4,8539	4,0%	4,8539	4,0%	4,8539
3	4,5%	4,6006	4,5%	4,6006	4,6%	4,5874	4,5%	4,6006	4,5%	4,6006
4	5,0%	4,3192	5,0%	4,3192	5,0%	4,3192	5,1%	4,3028	5,0%	4,3192
5	5,5%	80,5304	5,5%	80,5304	5,5%	80,5304	5,5%	80,5304	5,6%	80,1498
Σ		99,3716		99,3672		99,3633		99,3601		98,9959

Tab. A.3: Beispiel zur Key Rate Duration

Daraus ergeben sich entsprechend der obigen Formel für die einzelnen KRD_t (PV = 99,3765):

	Shift 1	Shift 2	Shift 3	Shift 4	Shift 5
KRD_t	0,0493	0,0938	0,1326	0,1652	3,8297

Tab. A.4: Bestimmung der Key Rate Duration

Eingesetzt in die obige Formel ergibt sich:

$$\frac{\Delta PV}{PV} = \sum_{t=1}^{n} KRD_t \cdot (-\Delta r_t) = 4{,}2705 = KRD.$$

Wie das Beispiel zeigt, handelt es sich bei der Berechnung dieser Risikokennzahl um ein relativ einfaches Verfahren, um die Annahme einer Parallelverschiebung der Renditestrukturkurve zu umgehen.

Wie oben dargelegt, wird bei den durationsbasierten Risikoansätzen nicht hinreichend berücksichtigt, daß die Barwertfunktion von Anleihen nicht linear verläuft. Um die Nichtlinearität zu berücksichtigen, muß die Krümmung der Barwertfunktion berechnet werden. Dies geschieht mit Hilfe der Konvexität (C).[1] Die Konvexität kann über die zweite Ableitung der Barwertfunktion nach dem Zinsfuß bestimmt werden:

[1] Vgl. **Doerks/Hübner** (1993), S. 102ff.

$$PV = \sum_{t=1}^{n} CF_t \cdot (1+r)^{-t}$$

1. Ableitung: $$\frac{\Delta PV}{\Delta r} = -\frac{1}{1+r} \cdot \sum_{t=1}^{n} t \cdot Z_t \cdot (1+r)^{-t}$$

2. Ableitung: $$\frac{\Delta^2 PV}{\Delta r^2} = \frac{1}{(1+r)^2} \cdot \sum_{t=1}^{n} t \cdot CF_t \cdot (1+r)^{-t} - \frac{1}{(1+r)} \cdot \sum_{t=1}^{n} -t^2 \cdot CF_t \cdot (1+r)^{-t-1}$$

$$= \frac{1}{(1+r)^2} \cdot \sum_{t=1}^{n} t \cdot CF_t \cdot (1+r)^{-t} + \frac{1}{(1+r)^2} \cdot \sum_{t=1}^{n} t^2 \cdot CF_t \cdot (1+r)^{-t}$$

$$= \frac{1}{(1+r)^2} \cdot \left(\sum_{t=1}^{n} t \cdot (t+1) \cdot CF_t \cdot (1+r)^{-t} \right)$$

Wird dieser Wert auf den Present Value bezogen, so erhält man die Konvexität:[1]

$$C = \frac{\sum_{t=1}^{n} t \cdot (t+1) \cdot CF_t \cdot (1+r)^{-t}}{(1+r)^2 \cdot \sum_{t=1}^{n} CF_t \cdot (1+r)^{-t}} = \frac{\sum_{t=1}^{n} t \cdot (t+1) \cdot CF_t \cdot (1+r)^{-t}}{(1+r)^2 \cdot PV}$$

Die Einschätzung der relativen Wertveränderung erfolgt allgemein über:

$$\frac{\Delta PV}{PV} = -\frac{D}{1+r} \cdot \Delta r + 0{,}5 \cdot C \cdot (\Delta r)^2 = -MD \cdot \Delta r + 0{,}5 \cdot C \cdot (\Delta r)^2$$

Damit kann für die absolute Veränderung des Present Value der folgende Ausdruck festgehalten werden:

$$\Delta PV = -MD \cdot \Delta r \cdot PV + 0{,}5 \cdot C \cdot (\Delta r)^2 \cdot PV = \left(-MD \cdot \Delta r + 0{,}5 \cdot C \cdot (\Delta r)^2\right) \cdot PV$$

1 Vgl. **Wilkens** (1996), S. 179ff.

Für die o.g. Beispielanleihe bestimmt sich die Konvexität wie folgt:

$$C = \frac{\sum_{t=1}^{n} t \cdot (t+1) \cdot CF_t \cdot (1+r)^{-t}}{(1+r)^2 \cdot PV}$$

$$= \frac{1 \cdot 2 \cdot 5{,}25 \cdot (1{,}053956)^{-1} + 2 \cdot 3 \cdot 5{,}25 \cdot (1{,}053956)^{-2} + \ldots + 5 \cdot 6 \cdot 105{,}25 \cdot (1{,}053956)^{-5}}{1{,}053956^2 \cdot 99{,}3765} = 23{,}5994$$

Entsprechend ergibt sich eine relative Preisveränderung mit Hilfe von Duration und Konvexität von

$$\frac{\Delta PV}{PV} = -MD \cdot \Delta r + 0{,}5 \cdot C \cdot (\Delta r)^2 = -4{,}2922 \cdot 0{,}01 + 0{,}5 \cdot 23{,}5994 \cdot (0{,}01)^2 = -4{,}1742\% .$$

Zusammenfassend zeigt die folgende Tabelle, daß mit Hilfe der Modified Duration und der Konvexität eine recht gute Abschätzung der Kursveränderung der obigen Anleihe bei einer Erhöhung des internen Zinsfußes um 1%-Punkt gelingt.

	MD	KRD	Convexity	tatsächlich
$\frac{\Delta PV}{PV}$	- 0,042921742	- 0,042705459	- 0,041741773	- 0,041766967
ΔPV	- 4,2654133	- 4,243919927	- 4,148152146	- 4,150655855
PV	95,11110646	95,13259984	95,22836762	95,22586391

Tab. A.5: Anleihenkursabschätzung mit verschiedenen Kennzahlen

Die Konvexität kann auch zu Kaufentscheidungen herangezogen werden. Falls ein Anleger zwischen zwei Anleihen mit gleicher Duration und Rendite, aber unterschiedlicher Konvexität auswählen soll, so sollte er die Anleihe kaufen, die die größere Konvexität aufweist. Dies ergibt sich unmittelbar aus den obigen Formeln. Allerdings kann davon ausgegangen werden, daß sich am Kapitalmarkt aufgrund der höheren Nachfrage für Anleihen mit höherer Konvexität auch ein höherer Preis bildet.

Abschließend soll noch darauf hingewiesen werden, daß sich die Duration auch zur sogenannten Immunisierung von Anleihenportefeuilles einsetzen läßt. Mit der Duration wird der Zeitraum festgelegt, bei dem trotz einer Marktzinsänderung die effektive Rendite der Anleihe konstant bleibt, d.h. daß sich hierbei das Kurswertänderungsrisiko und das Wiederanlagerisiko ausgleichen. Falls der Planungshorizont der Duration entspricht, wird somit sowohl bei steigenden als auch bei fallenden Zinsen mindestens das Endvermögen erreicht, das der Anleger bei konstantem

Zinssatz realisiert (geplantes Endvermögen). Fallen z.B. die Zinsen, so kompensieren die steigenden Kurse den negativen Effekt der geringeren Wiederanlageverzinsung der Kuponerträge. Dieser Immunisierungseffekt tritt aber nur unter bestimmten Bedingungen auf, wie eine flache Zinsstrukturkurve, eine Parallelverschiebung der Zinsstrukturkurve bei Zinsänderungen sowie der Annahme, daß Zinsänderungen direkt nach dem Kauf einer Anleihe stattfinden.

Finden am Markt mehrere Zinsänderungen während des Planungszeitraums statt, so ist zu berücksichtigen, daß sich der Immunisierungszeitpunkt im Zeitablauf verschiebt. Dies kann anhand der folgenden Anleihe verdeutlicht werden (Kupon = 5%, Restlaufzeit = 4 Jahre, Marktzinsniveau, d.h. interner Zinsfuß = 7%). Aus heutiger Sicht ergibt sich damit eine Duration von 3,7122. Nach einem Jahr (Restlaufzeit dann 3 Jahre) beträgt die Duration der Anleihe 2,8553, d.h. aus heutiger Sicht liegt der Immunisierungszeitpunkt in 3,8553 Jahren. Die folgende Übersicht zeigt die übrigen Werte:[1]

Beobachtungs-Zeitpunkt	Restlaufzeit	Duration	Immunisierungs-Zeitpunkt aus heutiger Sicht (t = 0)
0	4	3,712154	3,712154
1	3	2,855274	3,855274
2	2	1,951518	3,951518
3	1	1,000000	4,000000

Tab. A.6: Verschiebung des Immunisierungszeitpunktes im Zeitablauf

Infolgedessen besteht mit voranschreitender Haltedauer die Notwendigkeit, die Duration durch Umschichtungen dem jeweiligen Planungshorizont anzupassen.

e. Semivarianz, Ausfallwahrscheinlichkeit und Value-at-Risk

Die Umstrittenheit der Volatilität als Risikomaß hat eine Debatte um alternative Risikomaße hervorgerufen. Als Resultat dieser Debatte finden in jüngerer Zeit intuitivere Risikomaße, die Risiko nicht nur als Abweichung von geplanten Werten definieren, in der Portfoliomanagementpraxis Verbreitung. Eine verglichen mit der Volatilität intuitivere Art der Risikowahrnehmung wird durch sogenannte Downside Risikomaße zum Einsatz gebracht. Im Vordergrund steht bei Downside Risikomaßen die Frage, inwieweit eine negative Abweichung von einem Erwartungswert wahrscheinlich ist bzw. welches Ausmaß eine negative Abweichung annehmen kann. Als Downside Risikomaße sind die Semivarianz, die Ausfallwahrscheinlichkeit und der sogenannte Value-at-Risk bekannt.

---

[1] Vgl. **Wilkens** (1996), S. 191.

Abb. A.7: Alternative Downside Risikomaße

Bei der Semivarianz werden im Unterschied zur Varianz lediglich die negativen Renditeabweichungen (R_i^-) vom Mittelwert betrachtet. Liegt eine symmetrische Renditeverteilung vor, dann beträgt die Semivarianz genau die Hälfte der Varianz. Andernfalls weicht die Varianz der linken Verteilungshälfte von jener der rechten Verteilungshälfte ab und kann dann als asymmetrisches Risikomaß klassifiziert werden. Errechnet wird die Semivarianz (SV) mit Hilfe des Ausdrucks

$$SV = \frac{1}{n} \cdot \sum_{i=1}^{n} (R_i^- - \mu)^2 \ .$$

Die Wurzel aus der Semivarianz kann dann - vergleichbar der Standardabweichung - als Down side Risiko angesehen werden. Hieraus läßt sich anschließend durch Annualisierung die Semivolatilität (SVOL) errechnen:

$$SVOL = \sqrt{\frac{1}{n} \cdot \sum_{i=1}^{n} (R_i^- - \mu)^2} \cdot \sqrt{t} \ .$$

Eine symmetrische Renditeverteilung liegt immer dann vor, wenn eine negative Renditeabweichung vom Mittelwert um x Prozent genauso wahrscheinlich ist, wie eine positive Renditeabweichung um x Prozent.

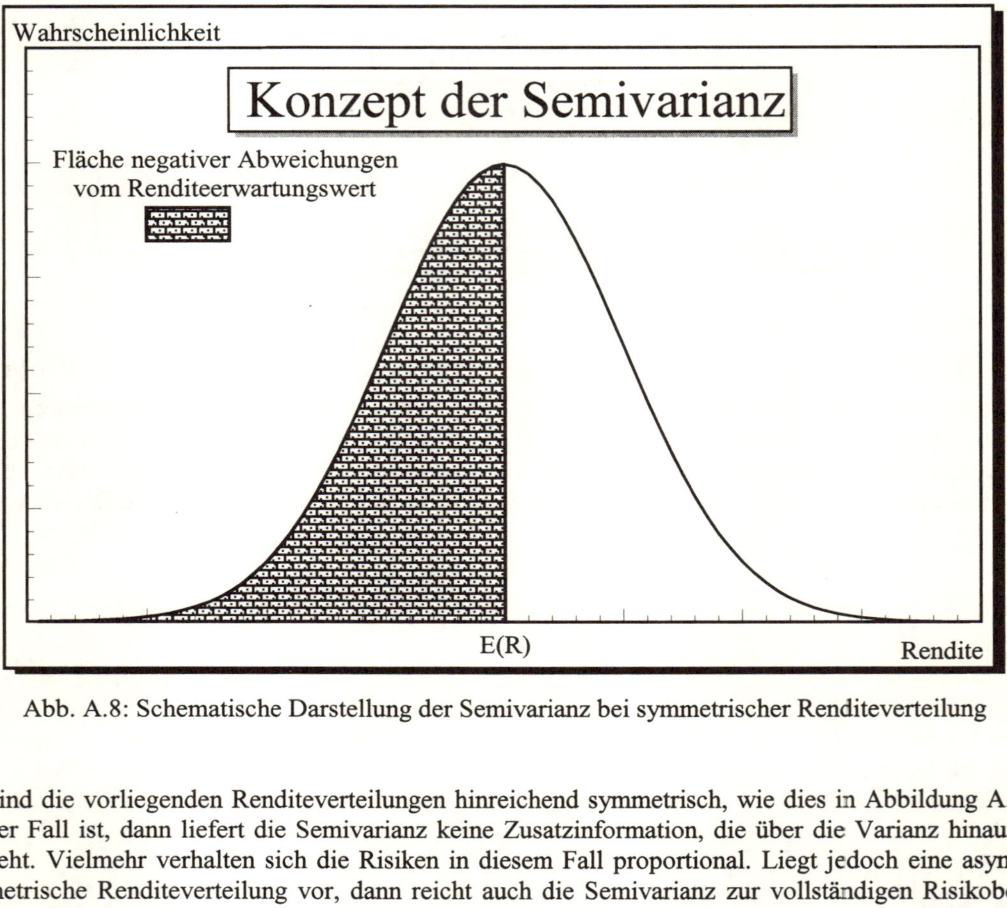

Abb. A.8: Schematische Darstellung der Semivarianz bei symmetrischer Renditeverteilung

Sind die vorliegenden Renditeverteilungen hinreichend symmetrisch, wie dies in Abbildung A.8 der Fall ist, dann liefert die Semivarianz keine Zusatzinformation, die über die Varianz hinausgeht. Vielmehr verhalten sich die Risiken in diesem Fall proportional. Liegt jedoch eine asymmetrische Renditeverteilung vor, dann reicht auch die Semivarianz zur vollständigen Risikobeschreibung nicht aus, da die Form und das Ausmaß der Asymmetrie wichtige Zusatzinformationen beinhalten.

In diesen Fällen kann ein Ausfallrisikomaß angeführt werden, das - wie auch die Semivarianz - nur den linken Bereich der Renditeverteilung unterhalb einer bestimmten Sollrendite betrachtet. Hierbei handelt es sich um die sogenannten Lower Partial Moments. Sie können wie folgt bestimmt werden[1]

$$LPM_m = \sum_{i=0}^{n} p_i \cdot \left(R_{min} - R_i^-\right)^m$$

[1] Vgl. **Bawa/Lindenberg** (1977), S. 191; **Harlow** (1991), S. 30.

mit

R_i^-	=	Renditeausprägungen, die < R_{min},
n	=	Zahl der möglichen Renditeausprägungen, die < R_{min},
i	=	Index der Renditeausprägungen, die < R_{min},
p_i	=	Eintrittswahrscheinlichkeit der Abweichung,
R_{min}	=	geforderte Mindestrendite und
m	=	Höhe des Momentes.

Mit dem Exponenten m kann angegeben werden, wie der Anleger unterschiedlich hohe negative Abweichungen von der Mindestrendite bewertet.

Für m = 1 werden vom Investor die Abweichungen von der Mindestrendite entsprechend ihrer Höhe bewertet. Gegenüber dem LPM_0 wird also zusätzlich das erwartete Ausmaß, mit dem die Sollrendite unterschritten wird, gemessen.

Bei einem Moment von 2 werden aufgrund der Quadrierung höhere negative Abweichungen relativ stärker gewichtet als im Fall von m = 1. Damit drückt das LPM_2 eine höhere Risikoaversion des Investors aus, als das LPM_1. Der Investor wählt entsprechend aus zwei Renditeverteilungen mit gleichen Mittelwerten, Varianzen und Mindestrenditen diejenige aus, die die größere Rechtsschiefe aufweist. Für den Fall, daß die geforderte Mindestrendite dem Erwartungswert μ entspricht, ist das LPM_2 mit der Semivarianz identisch.

Der Vorteil der Lower Partial Moment-Maße liegt darin, daß sie in Abhängigkeit von alternativen Mindestrenditen für beliebige Verteilungsfunktionen bestimmt werden können. Damit werden - anders als bei der Varianz oder Standardabweichung - auch asymmetrische Verteilungen berücksichtigt.

Bei einem Moment von Null steht der Investor der Ausfallhöhe indifferent gegenüber. In diesem Fall ergibt sich als Risikowert die Wahrscheinlichkeit, unter die Mindestrendite fallen, wobei das Ausmaß des dadurch festgelegten Verlustes nicht berücksichtigt wird. Daher kann LPM_0 auch als Ausfallwahrscheinlichkeit angesehen werden und ist folglich nicht als eigenständiges Risikomaß zu bezeichnen.

Der Ansatz der Ausfallwahrscheinlichkeit stellt die Frage in den Mittelpunkt, wie hoch die Wahrscheinlichkeit ist, eine vorgegebene Ziel- bzw. Mindestrendite zu verfehlen. Wie bei den Lower Partial Moment - Maßen generell, bedarf es zum sinnvollen Einsatz auch der Ausfallwahrscheinlichkeit der Kenntnis der investorspezifischen Mindestrenditen. Je nach Zielsetzung des Investors kann dies z.B. 0% (Ziel: kein nomineller Vermögensverlust), die Inflationsrate (Ziel: kein realer Vermögensverlust), der risikolose Zins (Ziel: mindestens die Kosten der Opportunität), die erwartete Rendite einer anderen Anlage (Ziel: mindestens die erwartete Mehrung des Vermögens) oder eine Benchmark (Ziel: mindestens die erwarteten Kosten der Opportunität) sein.[1]

---

[1] Vgl. **Schmidt-von Rhein** (1996), S. 427ff.

Zur Berechnung der Ausfallwahrscheinlichkeit (AFW) bedient man sich der Formel

$$AFW = N\left[\frac{R_{min} - E(R)}{VOL}\right],$$

mit

R_{min} = Mindestrendite,
E(R) = Renditeerwartungswert,
N(.) = Flächeninhalt der Verteilungsfunktion der Normalverteilung und
VOL = Volatilität der Rendite.

Wie aus Abbildung A.9 ersichtlich ist, gibt die Ausfallwahrscheinlichkeit den Flächeninhalt und damit die Wahrscheinlichkeit an, mit der Renditen unterhalb der festgesetzten Mindestrendite realisiert werden.

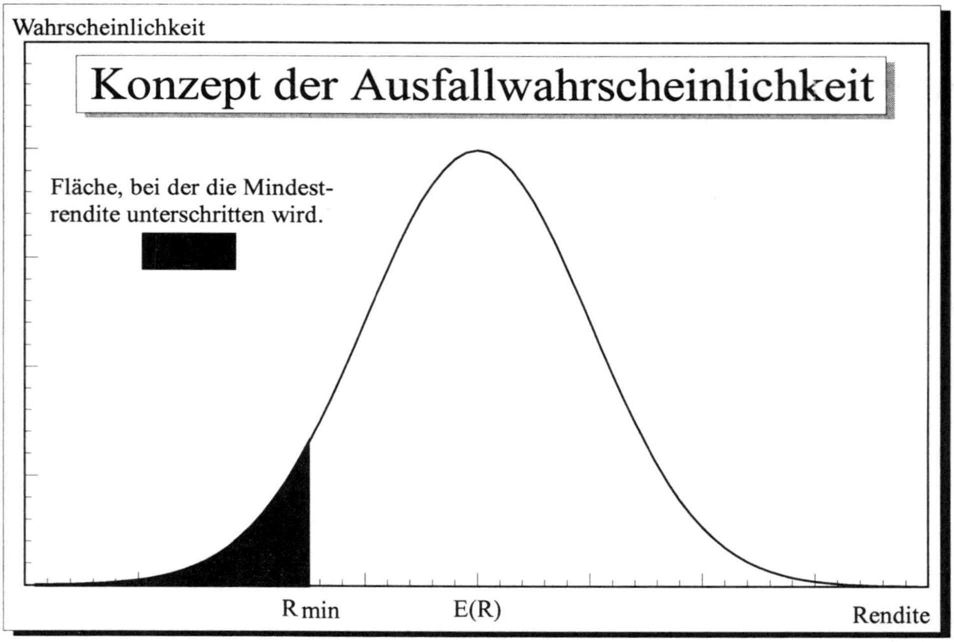

Abb. A.9: Ausfallwahrscheinlichkeit

Ein wichtiges Problem des Ausfallwahrscheinlichkeitsansatzes liegt in der Unbekanntheit des Ausmaßes der Zielverfehlung. Es wird zwar berechnet, mit welcher Wahrscheinlichkeit eine Mindestrendite verfehlt wird, die Höhe der Verfehlung bleibt jedoch unberücksichtigt. Ebenso wie das Risikokonzept der Volatilität fußt auch die Ausfallwahrscheinlichkeit auf der Annahme normalverteilter Renditen.

Ein der Ausfallwahrscheinlichkeit ähnliches Konzept liegt mit dem Value-at-Risk-Ansatz vor, der von J.P. Morgan in der Schrift RiskMetrics™ eingeführt wurde.[1] Hierbei wird gefragt, wie hoch der maximal zu erwartende absolute Verlust ist, der sich unter normalen Bedingungen am Markt ergeben kann. Der Value-at-Risk kann als wahrscheinliche Barwertänderung eines Portfolios beschrieben werden. Die Berechnung erfolgt für eine bestimmte Periode und ein vorgegebenes Wahrscheinlichkeitsniveau (z. B. 1%). So besteht beispielsweise bei einem 99%-igen Wahrscheinlichkeitsintervall eine Restwahrscheinlichkeit von 1%, daß der maximale Verlust (Value-at-Risk) für eine bestimmte Periode überschritten wird. Im Unterschied zur Ausfallwahrscheinlichkeit drückt das Value-at-Risk-Konzept das bestehende Risiko in Geldeinheiten aus.

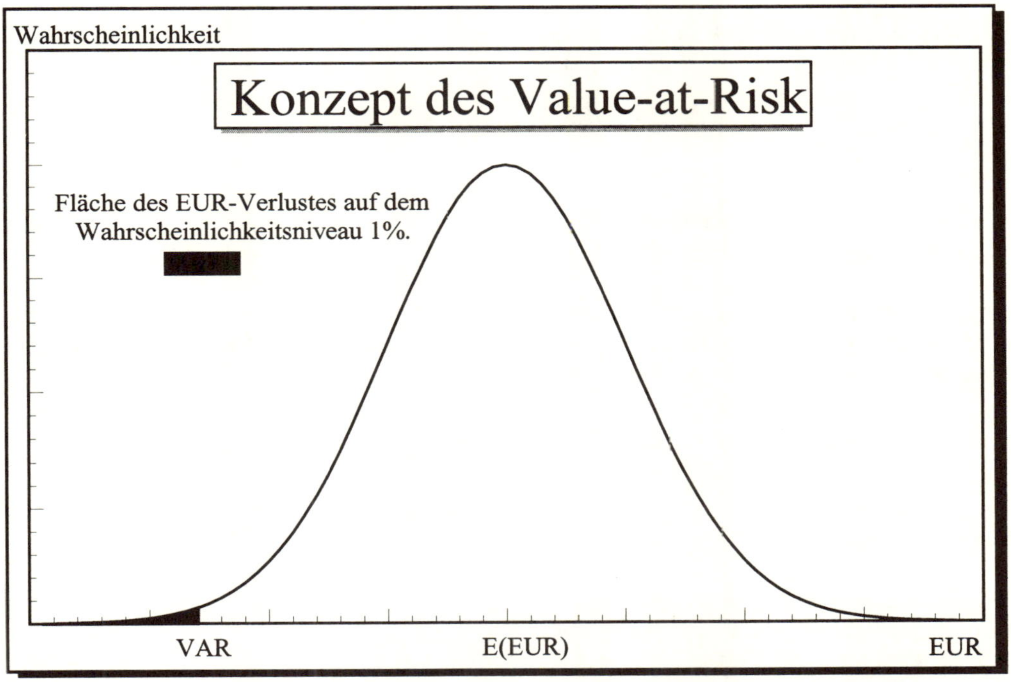

Abb. A.10: Value-at-Risk

Wie beim Vergleich der obigen Graphik zur Ausfallwahrscheinlichkeit (Abbildung A.9) mit Abbildung A.10 deutlich wird, besitzt die Abszisse hier die Dimension EUR. Anstatt des gewählten Wahrscheinlichkeitsniveaus von 1% wird in der Portfoliomanagementpraxis häufig, so z. B. im Rahmen des Risk-Metrics™-Modells von J.P. Morgan, ein Wahrscheinlichkeitsniveau von 5% gewählt.[2]

---

1 Vgl. **Bode/Mohr** (1996), S. 470.

2 Vgl. **JP Morgan** (1995), S. 233ff.

Zur Bestimmung des Value-at-Risk für eine Aktie erfolgt zunächst eine Multiplikation der Standardabweichung mit dem ausgewählten Z-Wert aus der Standardnormalverteilung. Dadurch erhält man die sogenannte Risikomeßzahl, die einen stetigen Wert darstellt. Nach Transformation in einen diskreten Wert ergibt sich der Risikofaktor. Schließlich wird der Wert des Risikofaktors mit dem entsprechenden Volumen multipliziert:[1]

$$\text{VAR} = \text{Volumen} \cdot \underbrace{\left(e^{\text{RMZ}} - 1\right)}_{\text{Risikofaktor}}$$

mit

Volumen	=	anfänglicher Wert der Aktienposition,
e	=	Euler'sche Zahl = 2,718281828,
RMZ	=	Risikomeßzahl
	=	$\mu + z \cdot \sigma$; da μ zumeist = 0 => RMZ = $z \cdot \sigma$.

mit

μ = Renditemittelwert und

σ = Standardabeichung der Renditen.

Liegt eine Normalverteilung der Renditen vor, so kann der Value-at-Risk z.B. einer Aktienanlage im Volumen von EUR 385.000 und einer Standardabweichung von 8,0% bei einem einseitigen Konfidenzniveau von 97,72% wie folgt bestimmt werden:[2]

$$\text{VAR} = \text{Volumen} \cdot \left(e^{z \cdot \sigma} - 1\right) = 385.000\text{EUR} \cdot \left(e^{-2 \cdot 0{,}08} - 1\right) = -56.924{,}64\text{EUR}\,.$$

Das Ergebnis besagt, daß der Verlust dieser Aktienanlage in der betrachteten Periode mit einer Wahrscheinlichkeit von 2,28% höher als EUR 56.924,64 liegt.

Zur Bestimmung des Value-at-Risk eines Aktienportfolios, das aus n Aktien bestimmt, kann auf die folgende Formel zurückgegriffen werden:[3]

$$\text{VAR}_{\text{PF}} = \sqrt{\begin{array}{l} [\text{Risikovektor}] \\ \cdot\ [\text{Korrelationskoeffizientenmatrix}] \\ \cdot\ [\text{Transponente des Risikovektors}] \end{array}}$$

---

1 Vgl. **Schierenbeck** (1999), S. 19.

2 Die standardnormalverteilte Zufallsvariable Z hat in diesem Fall einen Wert von - 2, vgl. **Bleymüller/Gehlert/Gülicher** (1991), S. 61.

3 Vgl. **Schierenbeck** (1999), S. 19, **Arnsfeld** (1999), S. 353ff.

mit

[Risikovektor] = [VAR (Aktie A) VAR (Aktie B) ...... VAR (Aktie n)].

Die Korrelationskoeffizientenmatrix läßt sich wie folgt darstellen:

$$\begin{bmatrix} 1 & \text{Korr (A,B)} & \ldots & \text{Korr (A,n)} \\ \text{Korr (B,A)} & 1 & \ldots & \text{Korr (B,n)} \\ \ldots & \ldots & \ldots & \ldots \\ \text{Korr (n,A)} & \text{Korr (n,B)} & \ldots & 1 \end{bmatrix}$$

Nunmehr soll das folgende, aus drei Aktien bestehende Portfolio betrachtet werden:

	Aktie A	Aktie B	Aktie C
Kurs	50	60	70
Anzahl	7.700	5.000	4.500
Volumen in EUR	385.000	300.000	315.000
σ	8,00%	12,00%	6,00%
Z-Wert	- 2	- 2	- 2
Risikomeßzahl	- 16%	- 24%	- 12%
Risikofaktor	- 14,7856%	- 21,3372%	- 11,3080%
VAR in EUR	- 56.924,64	- 64.011,64	- 35.620,06

Tab. A.7: Value-at-Risk der Aktien im Beispielportfolio

Darüber hinaus wird folgende Korrelationsmatrix zugrunde gelegt:

$$\begin{bmatrix} & 0{,}5 & 0{,}7 \\ 0{,}5 & 1 & 0{,}2 \\ 0{,}7 & 0{,}2 & 1 \end{bmatrix}$$

Aus diesen Angaben läßt sich der Value-at-Risk wie folgt berechnen:

$$\text{VAR}_{\text{PF}} = \sqrt{\begin{bmatrix}-56.924{,}64 & -64.011{,}64 & -35.620{,}06\end{bmatrix} \cdot \begin{bmatrix}1 & 0{,}5 & 0{,}7\\ 0{,}5 & 1 & 0{,}2\\ 0{,}7 & 0{,}2 & 1\end{bmatrix} \cdot \begin{bmatrix}-56.924{,}64\\ -64.011{,}64\\ -35.620{,}06\end{bmatrix}}$$

$$\text{VAR}_{\text{PF}} = \sqrt{16.001.296.092{,}60} = 126.496{,}23\ .$$

Damit beläuft sich mit einer Wahrscheinlichkeit von 97,72% der Verlust des Aktienportfolios innerhalb der betrachteten Periode auf nicht mehr als EUR 126.496,23. Im Umkehrschluß sagt der Value-at-Risk-Wert aus, daß mit einer Wahrscheinlichkeit von 2,28% der Verlust innerhalb der Periode mehr als EUR 126.496,23 beträgt.

Grundsätzlich stehen verschiedene Ansätze zur Berechnung eines Value-at-Risk zur Verfügung, wobei die Auswahl einer bestimmten Methode insbesondere von der Art der vorhandenen Finanzinstrumente, der Datenverfügbarkeit und den Möglichkeiten der Informatik abhängt. Gewöhnlich erfolgt die Berechnung anhand der parametrischen Gleichung und unter der Annahme einer Normalverteilung, wobei die parametrische oder die Delta-Bewertungsmethode Kursveränderungen für jedes Finanzinstrument anhand der Volatilität schätzt und bei der Value-at-Risk-Berechnung für ein Portfolio die Korrelationen zwischen den einzelnen Marktpreisveränderungen berücksichtigt. Bei der Delta-Bewertungsmethode werden entweder die impliziten oder die historischen Volatilitäten zugrunde gelegt.[1]

Die Zielsetzung des Value-at-Risk-Ansatzes besteht darin, Risikoabschätzungen für Worst Case Szenarien abgeben zu können. Daher bietet es sich an, Value-at-Risk-Zahlen als Nebenbedingung zu alternativen Risikokennziffern festzulegen. Als alleiniges Risikomaß im Portfoliomanagement ist der Ansatz allerdings kaum geeignet.

Wenngleich dieser Ansatz häufig nur mit den Handels-Aktivitäten der Banken assoziiert wird, so findet er daneben auch im Asset Management im Rahmen des internen Controllings von Mandaten zunehmend Anwendung.[2] Ausgehend von der Annahme, daß das Wertpapierportfolio auf der Basis quantitativer Modelle anhand einer Benchmark gemessen wird, bietet sich der erwartete Tracking Error als Risikogröße an. Um auch hier zu einer absoluten Risikokennzahl zu gelangen, kann auch ein risikobehafteter relativer Vermögenswert in Geldeinheiten ermittelt werden. Bei normalverteilten Portfolio- und Benchmarkrenditen kann z.B. bei einem geschätzten Tracking

---

1 Vgl. **Weibel/Dubois** (1997), S. 323ff. Zur Möglichkeit, den Value-at-Risk durch Rechentechniken zu reduzieren vgl. **Bode/Mohr** (1997), S. 695ff.

2 Vgl. **Schlenger** (1997), S. 726ff.

Error von 7% p.a. ceteris paribus erwartet werden, daß die Benchmarkrendite nach Ablauf eines Jahres mit einer Wahrscheinlichkeit von 2,28% um mehr als 14%-Punkte unterschritten wird. Damit kann allerdings noch keine Aussage über einen absoluten Kapitalverlust getroffen werden, wenn keine Angabe zur erwarteten Benchmarkrendite vorliegt.[1]

Im Rahmen der Portfoliooptimierung läßt sich der Value-at-Risk ebenfalls nutzen. So kann beispielsweise das Portfolio bestimmt werden, das den minimalen Value-at-Risk aufweist.[2]

Downside Risikomaße beinhalten einige spezielle Probleme. Da bei der Semivarianz nur die Hälfte der Renditeverteilung betrachtet wird, ist die Datenbasis weniger umfangreich als bei der Varianz. Um zu gleichermaßen signifikanten Werten wie beim Konzept der Volatilität zu gelangen, müssen etwa doppelt so viele Renditen beobachtet werden.

Für die Konzeption der Ausfallwahrscheinlichkeit gilt dieses Problem verstärkt, da hier, in Abhängigkeit von der gewünschten Mindestrendite, weniger als nur die Hälfte aller Renditerealisationen betrachtet werden.

Am problematischsten stellt sich dieser Aspekt beim Value-at-Risk-Ansatz dar; denn hier wird nur eine sehr geringe Anzahl von Extremwerten betrachtet. Die statistische Signifikanz leidet dadurch erheblich, so daß unter Umständen mehrere Jahre von täglichen Beobachtungswerten vorliegen müssen, um zu statistisch validen Aussagen gelangen zu können.

Ferner gilt für alle Downside Risikomaße, daß die Symmetrieeigenschaften von Renditeverteilungen im Zeitablauf relativ instabil sind, so daß die Prognose von Downside Risikomaßen im Vergleich zur Volatilität besonders fehleranfällig ist. Hinzu kommt, daß der Einsatz von Downside Risikomaßen als Optimierungskriterium im Rahmen von Portfoliokonstruktionen äußerst komplex ist.[3]

f. Schiefe (Skewness) und Wölbung (Kurtosis)

Bei nicht normalverteilten Renditen reichen der Mittelwert und die Standardabweichung zur vollständigen Verteilungsbeschreibung nicht aus. Zusätzlich müssen die Verteilungsschiefe und die Wölbung der Verteilung berücksichtigt werden.

Als Schiefe (englisch Skewness) wird in der Statistik das dritte zentrale Moment einer Wahrscheinlichkeitsverteilung bezeichnet. Die Schiefe gibt an, wie symmetrisch die jeweilige Verteilung ist. Bekanntermaßen sind Normalverteilungen vollkommen symmetrisch, so daß in diesem Fall für die Schiefe ein Wert von Null resultiert. Unter Verwendung der bekannten Symbolik wird die Schiefe (S) errechnet anhand des Ausdrucks

---

1 Vgl. **Schlenger** (1997), S. 726.

2 Vgl. **Gramlich/Peylo/Staaden** (1997), S. 422ff.

3 Vgl. **Jaeger/Rudolf/Zimmermann** (1995), S. 355ff.

$$S = \frac{\frac{1}{n} \cdot \sum_{i=1}^{n} (R_i - \mu)^3}{\sigma^3}.$$

Negative Werte weisen auf das Vorliegen einer linksschiefen Verteilung hin et vice versa. Von Bedeutung ist die Kenntnis der Schiefe einer Verteilung insofern, als risikoscheue Anleger eine rechtsschiefe Verteilung stets einer linksschiefen Verteilung vorziehen. Denn bei gleichem Mittelwert und gleicher Standardabweichung bergen linksschiefe Verteilungen die Gefahr hoher negativer Extremwerte, wie aus Abbildung A.11 ersichtlich ist.

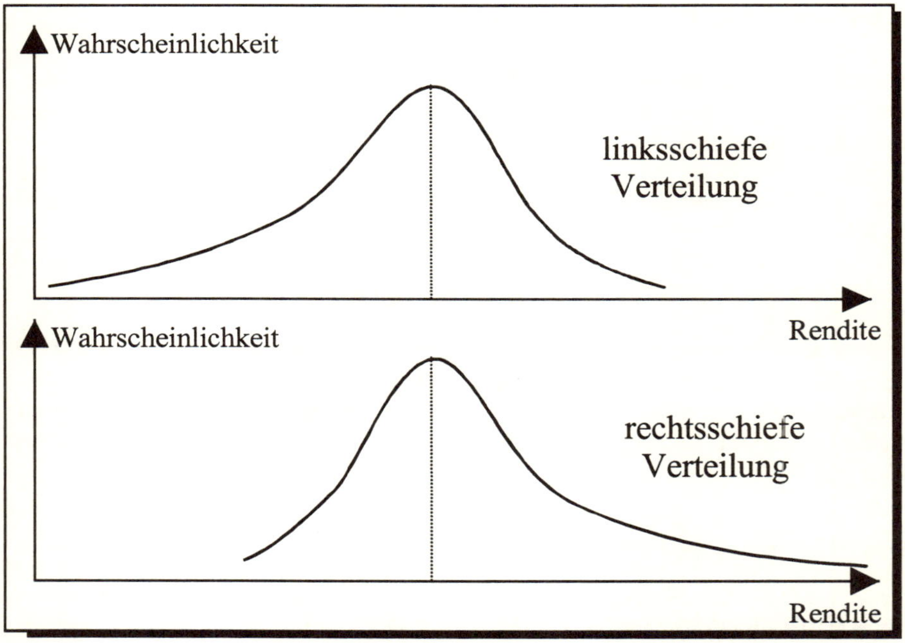

Abb. A.11: Schiefe bei Renditeverteilungen

Die Symmetrieeigenschaften von Renditeverteilungen spielen für Optionsstrategien eine wichtige Rolle, da hier versucht wird, asymmetrische Performanceprofile zu erzeugen. Gerade bei Portfolio-Insurance Konzepten kommt der Kenntnis der Schiefe Bedeutung zu.

Anhand empirischer Untersuchungen konnte nicht nur nachgewiesen werden, daß Renditeverteilungen zeitweilig schief sind, sondern auch, daß die Verteilung von Renditen - besonders bei Aktien und Währungen - oftmals stärker um den Mittelwert der Verteilung konzentriert ist und breitere Enden aufweist als eine Normalverteilung. Damit ist die Wölbung (englisch Kurtosis) der Verteilung angesprochen. Bei Normalverteilungen liegt der mathematische Wert der Wölbung bei drei. Bei Werten oberhalb von drei spricht man von einer spitzgipfeligen bzw. leptokurtischen Verteilung.

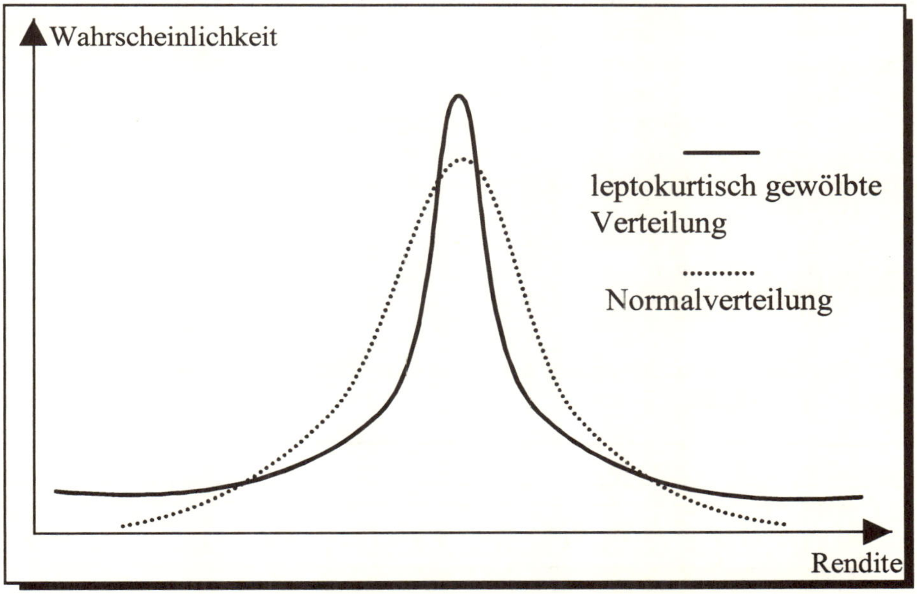

Abb. A.12: Wölbung einer Renditeverteilung

Von Relevanz ist die Wölbung der Renditeverteilung z. B. für Optionspreise, da hierdurch z. T. erklärt werden kann, warum der sog. 'Smile-Effekt' bei out-of-the-money Optionen auftritt.[1] Offenbar ist das Eintreten von Extremwerten wahrscheinlicher, als dies bei normalverteilten Renditen anzunehmen wäre. Die Errechnung der Wölbung einer Renditeverteilung erfolgt mit Hilfe des Ausdrucks

$$W = \frac{\frac{1}{n} \cdot \sum_{i=1}^{n} (R_i - \mu)^4}{\sigma^4}.$$

mit

W = Wölbung einer Renditeverteilung.

[1] Mit dem Smile-Effekt wird die empirische Beobachtung bezeichnet, nach der der Wert von Optionen (insbesondere Verkaufs-Optionen), die weit aus dem Geld liegen, deutlich größer ist als der Wert, den das Black & Scholes Modell anzeigt.

g. Mean-Gini-Koeffizient und stochastische Dominanz

Einen zur Varianz alternativen Ansatz der Quantifizierung des Gesamtrisikos stellt der Mean-Gini-Koeffizient dar. Die Gini-Mittelwert-Differenz ist eine Kennziffer, die - ähnlich der Volatilität - die Variabilität einer Zufallsvariable beschreibt. Sie basiert auf der erwarteten absoluten Differenz zwischen allen Renditeausprägungen eines Assets. Somit hängt die Gini-Mittelwert-Differenz - anders als die Varianz - von der Abweichung der einzelnen Renditeausprägungen untereinander ab und nicht von der Abweichung gegenüber einem Zentralwert.[1] Für die Wahrscheinlichkeitsverteilungen von Wertpapierrenditen ist der einfache Mean-Gini-Koeffizient (MGK) als die halbe Gini-Mittelwert-Differenz gemäß der Formel

$$MGK = \frac{1}{n^2} \cdot \sum_{i=1}^{n} \sum_{j>i}^{n} \left| R_i - R_j \right|$$

definiert.[2] Wie das Berechnungsprinzip des Mean-Gini-Koeffizienten aussieht, läßt sich anhand der folgenden Graphik nachvollziehen:

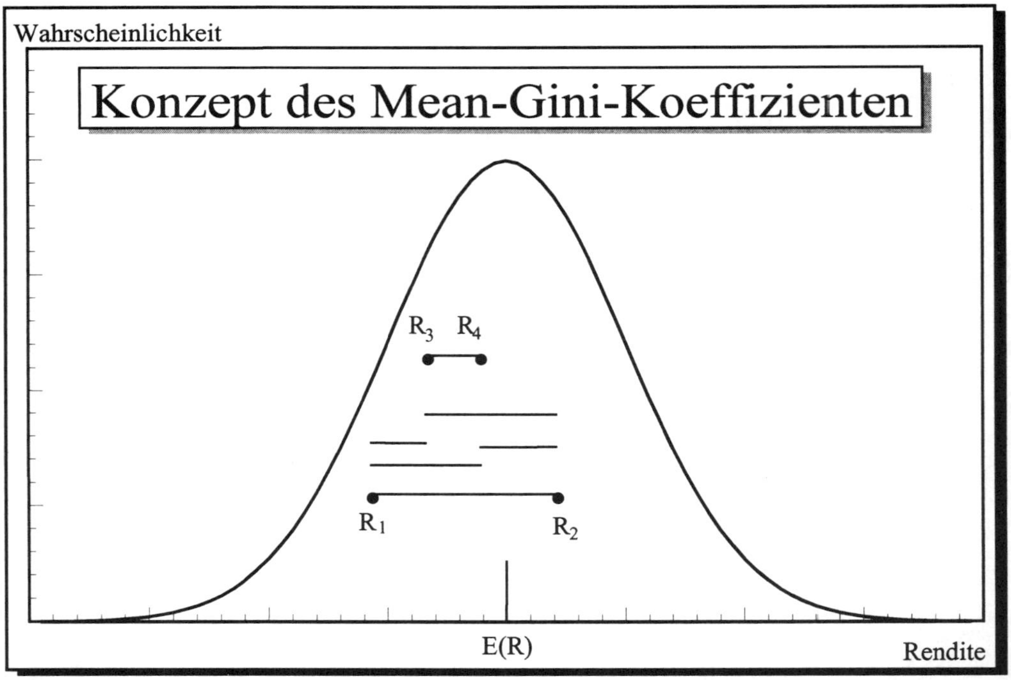

Abb. A.13: Mean-Gini-Koeffizient

---

1 Vgl. **Shalit/Yitzhaki** (1984), S. 1451; **Kendall/Stuart/Ord** (1977), S. 58.

2 Zur Definition des diskreten Gini-Koeffizienten siehe **Bey/Howe** (1984), S. 331.

Es sind insgesamt vier Renditeausprägungen R_1 bis R_4 durch Punkte abgebildet. Die zu summierenden Differenzen sind mit Querstrichen gekennzeichnet. Insgesamt müssen 6 Differenzen erhoben werden, um den Gini-Koeffizienten für die 4 Renditerealisationen berechnen zu können.

Das Risiko eines Wertpapiers wird beim Mean-Gini-Ansatz nicht über einzelne Momente einer Wahrscheinlichkeitsverteilung beschrieben. Mit dem Mittelwert-Varianz-Ansatz stimmt der Mean-Gini-Ansatz insofern überein, als daß er die Wahrscheinlichkeitsverteilung durch zwei Kennziffern charakterisiert, nämlich durch einen Renditeerwartungswert und ein Risikomaß, das in diesem Fall durch den Mean-Gini-Koeffizienten abgebildet wird. Hierbei werden die extremen Abweichungen in geringerem Maße gewichtet als bei der Standardabweichung.[1] Im Gegensatz zum klassischen $\mu\sigma$-Ansatz der Portfoliotheorie ist die Verwendung des Mean-Gini-Ansatzes nicht an das Vorliegen einer Normalverteilung gebunden. So liefert der Mean-Gini-Ansatz über die Normalverteilung hinaus für eine große Anzahl von Verteilungen konsistente Ergebnisse. Für die Normalverteilung und eine Reihe weiterer Verteilungen stimmen die Resultate des Mittelwert-Varianz-Ansatzes mit denen des Mean-Gini-Ansatzes überein.[2]

Analog zur Standardabweichung gilt beim Mean-Gini-Ansatz die Entscheidungsregel, daß bei gleichem Renditeerwartungswert jenes Asset das geringste Risiko aufweist, dessen Gini-Koeffizient der kleinste ist.[3] Der Mean-Gini-Ansatz ist in die Modelle der Portfolio- und Kapitalmarkttheorie integrierbar und kann daher auch für Portfolios als Risikomaß eingesetzt werden.[4]

Ein weiteres Risikomaß, dessen praktische Einsatzmöglichkeiten noch nicht vollständig erforscht sind, ist die sogenannte stochastische Dominanz. Im Gegensatz zum Mittelwert-Varianz-Ansatz (Zwei-Momente-Ansatz) werden bei der stochastischen Dominanz nicht einzelne Momente, sondern gleichzeitig alle Momente der Wahrscheinlichkeitsverteilung betrachtet. Damit wird der exakte Verlauf der Renditeverteilung berücksichtigt.[5] Folglich wird das Risiko eines Wertpapiers nicht länger durch einzelne Momente, sondern durch die vollständige Wahrscheinlichkeitsverteilung der Renditen beschrieben. Damit ist die Identifizierung risikoreicherer Assets komplizierter, da die gesamte Renditeverteilung bekannt sein muß.

Da die stochastische Dominanz das Risiko eines Assets auf der Grundlage der gesamten Wahrscheinlichkeitsverteilung der Renditen erfaßt, brauchen keine Prämissen über die Renditeverteilung gesetzt zu werden. Die stochastische Dominanz ist für alle Renditeverteilungen eine zulässige Methode zur Vorteilsmessung. Hinzu kommt, daß für Optimierungsfragestellungen bei Verwendung der stochastischen Dominanz auf die Kenntnis der mathematischen Form der Nutzenfunktion des Investors (z. B. Polynom zweiter oder dritter Ordnung) verzichtet werden kann.[6]

---

1 Vgl. **Caroll/Thistle/Wei** (1992), S. 420.

2 Dies sind die logarithmierte Normalverteilung, die Exponential- und die Gleichverteilung. Vgl. **Bey/Howe** (1984), S. 332.

3 Vgl. **Shalit/Yitzhaki** (1984), S. 1453.

4 Vgl. **Meyer** (1994a), S. 208ff.

5 Vgl. **Levy/Sarnat** (1972), S. 244.

6 Vgl. **Jean** (1975), S. 151-161; **Jean/Helms** (1988), S. 573.

In der praktischen Anwendung sind die Methoden, die auf den Momenten der Wahrscheinlichkeitsverteilung basieren, vorteilhafter als die stochastische Dominanz. Während bei der stochastischen Dominanz alle einzelnen Renditeausprägungen zweier Assets miteinander verglichen werden müssen, sind z.B. beim Mittelwert-Varianz-Ansatz der Portfoliotheorie nur der Erwartungswert und die Standardabweichung der Assets zu vergleichen. Dies macht die Anwendung der stochastischen Dominanz komplexer und damit unhandlicher.

Die stochastische Dominanz läßt sich in weitere Abstufungen untergliedern, wobei auf jeder höheren Stufe strengere Annahmen bezüglich der generellen Eigenschaften der Nutzenfunktion des Anlegers unterstellt werden. Bedeutung erlangt haben vor allem die stochastischen Dominanzen ersten, zweiten und dritten Grades. Auf die ersten beiden Formen wird im weiteren kurz eingegangen.[1]

Die stochastische Dominanz ersten Grades unterstellt, daß mit zunehmender erwarteter Rendite der Nutzen des Investors stetig ansteigt. Geht man von dem in Abbildung A.14 dargestellten Verlauf der kumulierten Renditewahrscheinlichkeiten der Assets A und B aus, dann zeigt sich, daß an jedem Punkt der Verteilung das Asset B eine zumindest gleiche oder höhere Rendite aufweist. Asset A wird folglich von Asset B dominiert.

Die stochastische Dominanz ersten Grades stellt ein renditeorientiertes Vorteilhaftigkeitskriterium dar. Die Kurve der kumulierten Wahrscheinlichkeitsverteilung des dominanten Wertpapiers verläuft wenigstens in einem Teilstück unterhalb und niemals oberhalb der des dominierten Wertpapiers. Damit dürfen sich die Kurven der kumulierten Wahrscheinlichkeitsverteilungen der Wertpapierrenditen nicht schneiden.

---

[1] Eine detailliertere Diskussion der stochastischen Dominanz und seiner Abstufungen findet sich bei **Meyer** (1994a), S. 199ff. und der dort angegebenen Literatur. Die Ergebnisse einer empirischen Untersuchung zur Effizienz der stochastischen Dominanz und zum Mean-Gini-Ansatz für die Werte des DAX finden sich bei **Steiner/Meyer-Bullerdiek/Spanderen** (1996), S. 57ff.

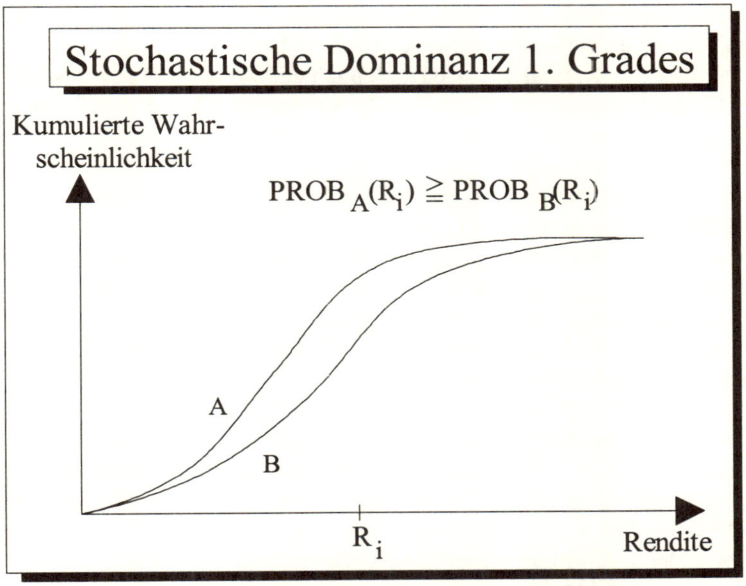

Abb. A.14: Stochastische Dominanz ersten Grades

Für die stochastische Dominanz zweiten Grades sind weiterführende Annahmen über die generellen Eigenschaften der Nutzenfunktion des Investors notwendig. Neben der Präferenz für höhere Renditen wird ferner unterstellt, daß sich der Anleger risikoavers verhält.

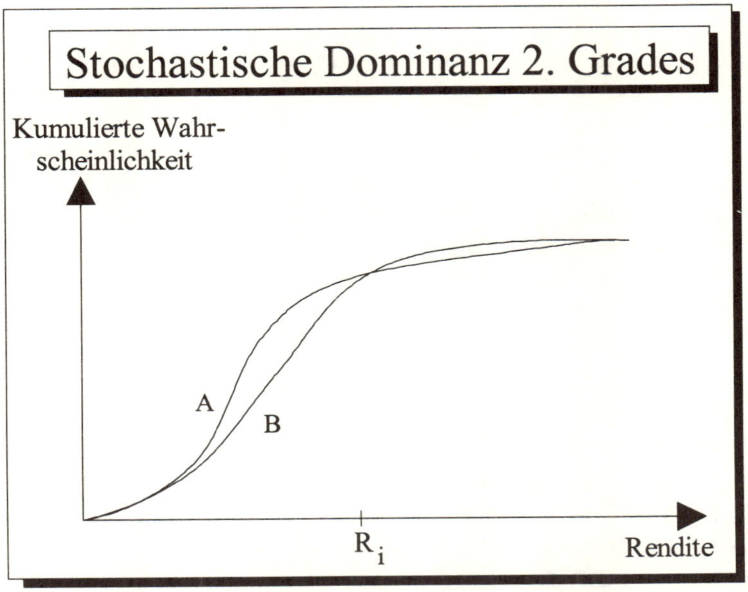

Abb. A.15: Stochastische Dominanz zweiten Grades

Im Gegensatz zur stochastischen Dominanz ersten Grades können sich in diesem Fall die Kurven der kumulierten Wahrscheinlichkeitsverteilungen auch schneiden. Das Asset B dominiert A, wenn die Fläche, in der A höhere kumulierte Wahrscheinlichkeitswerte als B aufweist, größer ist als die Fläche, in der B höhere kumulierte Wahrscheinlichkeitswerte als A besitzt.[1] Dieser Sachverhalt ist in Abbildung A.15 dargestellt.

Durch die stochastische Dominanz zweiten Grades läßt sich eine größere Anzahl von Assets ordnen als mit Hilfe der stochastischen Dominanz ersten Grades. Dies wurde durch die Risikoaversionsannahme möglich. Mit der Anwendung der stochastischen Dominanz zweiten Grades wird nicht impliziert, daß die stochastische Dominanz ersten Grades überflüssig ist. Die stochastische Dominanz ersten Grades wird weiterhin benötigt für Investoren, die sich nicht risikoavers verhalten. Für einen risikoaversen Investor ist die stochastische Dominanz zweiten Grades folglich das optimale Entscheidungskriterium.[2]

Da die stochastische Dominanz zweiten Grades und der Mittelwert-Varianz-Ansatz der klassischen Portfoliotheorie nicht für alle Verteilungen die gleichen Ergebnisse liefern, ist der Mittelwert-Varianz-Ansatz kein generell optimales Entscheidungskriterium. Nur bei Verteilungen, die durch die ersten beiden Momente vollständig beschrieben sind, ist der Mittelwert-Varianz-Ansatz ebenfalls ein optimales Kriterium und erzielt dieselben Ergebnisse wie die stochastische Dominanz zweiten Grades.[3] Daß der Erwartungswert des dominanten Wertpapiers größer ist als der des dominierten Wertpapiers, ist eine notwendige Bedingung für die stochastische Dominanz zweiten Grades. Hierin stimmen beide Entscheidungskriterien überein. Eine entsprechend systematische Bedingung für eine geringere Varianz kann nicht gebildet werden. So können, trotz der Annahme der Risikoaversion, aus der nach der stochastischen Dominanz zweiten Grades effizienten Menge nicht alle Alternativen mit einer relativ hohen Varianz ausgeschlossen werden.[4]

Die Anwendbarkeit des Konzepts der stochastischen Dominanz ist nicht auf singuläre Assets beschränkt, sondern auch Portfolios können mit seiner Hilfe beurteilt werden. Hierbei werden die Wahrscheinlichkeitsverteilungen der Portfoliorenditen miteinander verglichen, es erfolgt also eine eindimensionale Betrachtung der Gesamtrendite des Portfolios. Durch die Betrachtung der Gesamtrendite und nicht der einzelnen Renditen der im Portfolio enthaltenen Wertpapiere gehen aber Informationen verloren. Mit einer multivariaten Analyse kann dieser Nachteil beseitigt werden. Dem steht ein erheblich größerer Rechenaufwand und eine wesentlich aufwendigere Umsetzung als bei eindimensionalen Ansätzen gegenüber.

---

[1] Vgl. **Hanoch/Levy** (1969), S. 340.

[2] Vgl. **Levy** (1973), S. 987f.; **Hadar/Russell** (1969), S. 32f. Ein optimales Entscheidungskriterium liefert unter den gegebenen Annahmen über die Nutzenfunktion des Investors die kleinste effiziente Menge. Vgl. **Levy/Sarnat** (1972), S. 268ff.

[3] Vgl. **Elton/Gruber** (1987), S. 233.

[4] Zur Erklärung dieser Feststellung vgl. **Hanoch/Levy** (1969), S. 341.

3. Liquidität

Die Liquidität eines Portfolios gehört zu den zentralen Zielen des Portfoliomanagements. Oftmals wird diesem Aspekt jedoch nicht in angemessener Weise Rechnung getragen, da eine Konzentration auf Renditen und Risiken stattfindet.

Marktliquidität bzw. Markttiefe kann definiert werden als wertgewichtete Anzahl der Aktien, die gekauft oder verkauft werden kann, ohne den Kurs zu verändern. Insofern orientiert sich diese Definition am sogenannten 'market impact'. In vergleichbarer Weise kann Marktliquidität für andere Anlagegattungen bestimmt werden. Aus Portfoliosicht besteht Liquidität in der jederzeitigen Möglichkeit, sich zu fairen Preisen von dem Portfolio trennen zu können.

Im Gegensatz zu Risiken läßt sich Liquidität nur unzureichend durch quantitative Maße abbilden. Die Liquidität von Assets unterliegt im Zeitablauf zudem erheblichen Schwankungen. Gerade in Krisenszenarien, in denen Liquidität besonders wichtig ist, erweisen sich Assets oftmals als kaum liquide.

Für die Beurteilung der Liquidität können als Indikatoren sowohl qualitative als auch quantitative Kriterien herangezogen werden. Bei Aktien sollte auf die Börsenumsätze und den Streubesitz (free float) geachtet werden. Ferner sollte analysiert werden, wie preisbewegend Kauf- bzw. Verkaufsorders sind. Oft können Charts hierüber eine Aussage liefern. Auch Unterschiede bei Kauf- und Verkaufsorders sind von Bedeutung. Insofern können Kurszusätze, die von der Börse veröffentlicht werden, Informationen bezüglich der Liquidität eines Titels enthalten. Wichtig ist außerdem die Geld-Brief-Spanne, mit der ein Wertpapier gehandelt wird, und die Anzahl der in einer bestimmten Periode abgeschlossenen Geschäfte. Die Handelsplätze können ebenfalls einen Anhaltspunkt für die Liquiditätseinschätzung einer Aktie liefern.

Bei Anleihen stellen Renditespreads zu liquiden Staatsanleihen i. d. R. einen guten Indikator für die Liquidität dar. Zudem liefert das Gesamtvolumen einer Emission Aufschlüsse über die Marktgängigkeit einer Anleihe.

4. Zeithorizontaspekte der Performance

Um der bei der Zielbeschreibung geforderten Operationalität Rechnung zu tragen, müssen die beschriebenen Performancekomponenten in einen Zeitbezug gesetzt werden. Dies gilt sowohl für die Renditen, die Risiken als auch für die Liquidität, wenngleich der Risikoaspekt im Zusammenhang mit Zeithorizontfragen regelmäßig die größte Bedeutung einnimmt. Gerade bei der Anlagegattung Aktien spielen Zeithorizontfragen des Risikos eine große Rolle. Die sich hierbei ergebende zentrale Frage lautet, ob das Risiko einer Aktienanlage mit steigendem Zeithorizont zunehmend, abnehmend oder gleichbleibend ist.

Die Beantwortung der Frage hängt von der Wahl des Risikomaßes ab. Wird - wie oft üblich - zur Risikomessung die Volatilität eingesetzt, dann läßt sich zeigen, daß das absolute Risiko einer Aktienanlage im Zeitablauf zunehmend ist. Denn der aus der Volatilitätsdarstellung bekannte Term $\sigma_{T_1} = \sigma_{T_2} \cdot \sqrt{\frac{T_1}{T_2}}$ = VOL$_i$ (= annualisierte Volatilität) indiziert im Zeitablauf ein Ansteigen des Risikos in Höhe des Faktors $\sqrt{\frac{T_1}{T_2}}$.[1]

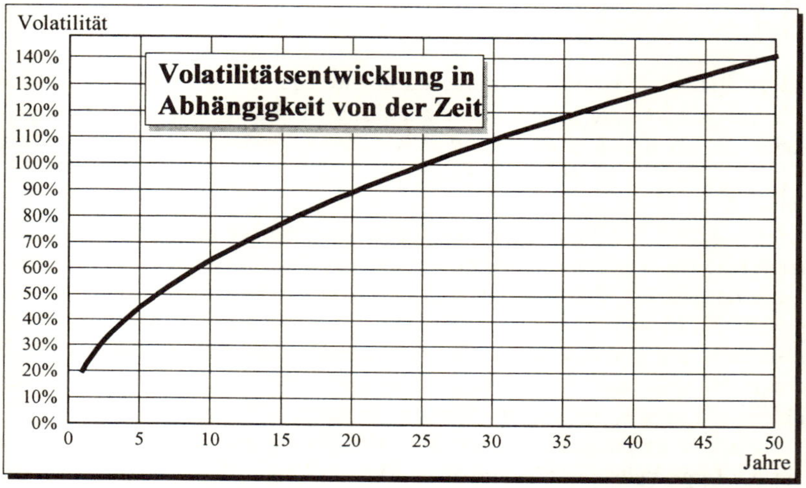

Abb. A.16: Volatilitätsentwicklung einer Aktienanlage in Abhängigkeit von der Zeit

Der degressive Kurvenverlauf der Volatilität in Abbildung A.16 weist auf eine unterproportionale Risikozunahme hin. Die Unterproportionalität der Risikozunahme wird dadurch erklärt, daß sich die Volatilität aus der Quadratwurzel der Zeit multipliziert mit der Einjahresvolatilität errechnet. Hieran läßt sich auch erkennen, daß die Varianz offenbar proportional zur Zeit verlaufen muß. Angesichts dieses Resultates muß festgehalten werden, daß sich das als Volatilität gemessene Risiko mit der Zeit nicht eliminieren läßt, sondern mit zunehmendem Anlagehorizont steigt.[2] Aufgrund seiner inhaltlichen Verwandtschaft zur Volatilität ergibt sich für das Downsiderisikomaß Semivarianz das gleiche Resultat.

Ein anderes Bild ergibt sich bei Verwendung der Ausfallwahrscheinlichkeit zur Risikomessung. Die Gefahr, eine vorgegebene Mindestrendite zu verfehlen, nimmt mit zunehmender Zeitdauer ab, sofern der Renditeerwartungswert oberhalb der Mindestrendite liegt. Je niedriger die Volatilität der Rendite ist, desto früher kann eine Mindestrendite mit an Sicherheit grenzender Wahrscheinlichkeit garantiert werden.

---

[1] Vgl. **Bruns** (1996), S. 38ff.

[2] Vgl. **Samuelson** (1963), S. 1ff.

Die bisherigen Überlegungen zum Zeiteffekt des Risikos bei Aktienanlagen basierten auf der Prämisse normalverteilter Renditen. Die Verteilungseigenschaften der Renditen eines Portfolios lassen sich durch die Verwendung von Optionen und / oder die Hinzunahme von Zerobonds signifikant verändern. Durch die genannten Maßnahmen gehen z. B. die unterstellten Symmetrieeigenschaften verloren.[1] Hieraus folgt, daß die Anwendung des Risikomaßes Volatilität nicht mehr sachgerecht ist. Zur Verdeutlichung kann man sich eine Anlagestrategie vorstellen, bei der zum Ende des Anlagehorizontes zumindest der Anfangswert wieder erreicht wird. Mit Hilfe des Erwerbs von Zerobonds kann dieses Ziel problemlos erreicht werden. Bei einem Marktzinsniveau von 6,5% muß der Investor 93,90% seines Portfoliowertes in einen Zerobond investieren, um am Laufzeitende 100% sicher zu erhalten.[2] Die restlichen 6,10% des Portfoliowertes können dann in Aktien angelegt werden.

Wird dieses Beispiel auf einen Anlagehorizont von 5 (10) Jahren ausgedehnt, dann muß der Investor bei gleichem Zinsniveau von 6,5% lediglich 74,73% (53,27%) seines Vermögens in einen fünfjährigen (zehnjährigen) Zerobond anlegen. Der Anteil der Aktien kann entsprechend auf 25,27% (46,73%) zunehmen. In Abbildung A.17 ist der Zeithorizonteffekt dargestellt. Wie zu erkennen ist, verringert sich unter Zugrundelegung des Substanzerhaltungsziels der Zerobondanteil im Portfolio mit zunehmendem Anlagehorizont. Entsprechend kann der Aktienanteil mit zunehmendem Zeithorizont aufgestockt werden.

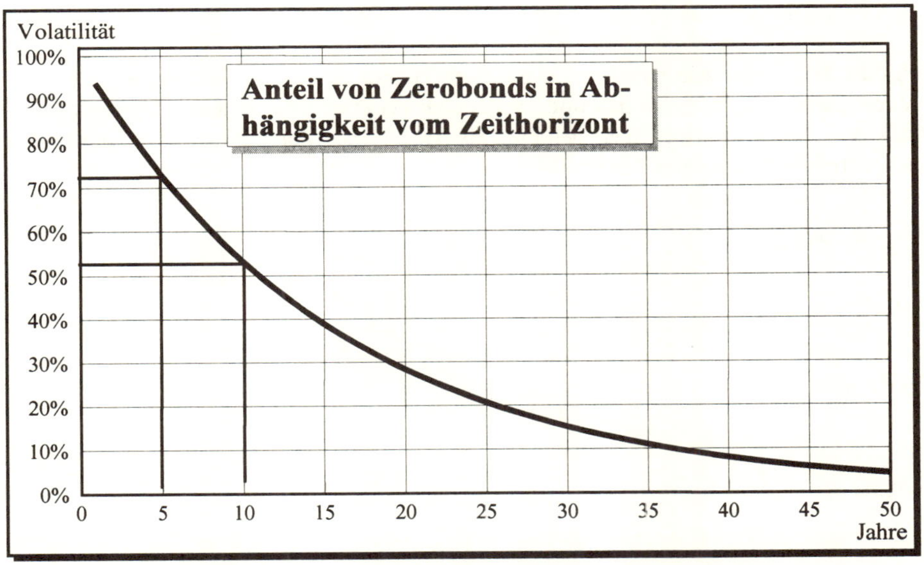

Abb. A.17: Anteil von Zerobonds in Abhängigkeit vom Zeithorizont[3]

---

1 Vgl. **Zenger** (1994), S. 249ff.

2 Dieses Vorgehen wird auch als 90:10-Strategie bezeichnet.

3 Vgl. **Steiner/Bruns** (1998), S. 74ff.; **Zenger** (1994), S. 253f.

Die asymmetrische Renditeverteilung führt offenbar dazu, daß mit zunehmendem Anlagehorizont der Aktienanteil steigen kann, ohne die Zielsetzung eines Mindestportfoliowertes zu verletzen. Gleichzeitig erhöht sich der Vermögenserwartungswert des Portfolios im Zeitablauf, da die Assetklasse Aktien positive Renditeerwartungswerte aufweist.

Zur Beantwortung der Frage nach dem Risiko einer Aktienanlage in Abhängigkeit des Zeithorizonts ist es aufschlußreich, optionspreistheoretische Aspekte zu betrachten. Dabei wird gefragt, ob die zusätzlichen Versicherungskosten für den vom Aktienanleger unerwünschten Fall, daß die Rendite einer Aktienanlage geringer ist als jene einer risikolosen Anlage, im Zeitverlauf sinken. Ist dies der Fall, dann läßt sich hieraus der Schluß ziehen, daß das Aktienrisiko kürzerfristig höher ist als längerfristig.

Versicherungsprämien können als Optionspreise, genauer gesagt als Put-Prämien interpretiert werden. Fällt der Wert des versicherten Gegenstands (hier: Aktienrendite) zu einem bestimmten Zeitpunkt unter einen vertraglich festgelegten Mindestwert (hier: Rendite einer Geldmarktanlage), dann erstattet die Versicherung (Stillhalter der Option) die Differenz. Dafür kassiert sie beim Vertragsabschluß die Versicherungsprämie. Folglich muß der Investor im Zeitpunkt $t = 0$ einen Anlagebetrag von 100 EUR aufteilen auf den in die Aktienanlage fließenden Teil und die Put-Prämie. Es gilt daher der Zusammenhang

$$100 = A + P \quad \text{oder} \quad A = 100 - P.$$

A beschreibt den in die Aktienanlage investierten Betrag und P bezeichnet den Wert des Puts. Unter Verwendung des in der Portfoliomanagementpraxis weit verbreiteten Optionspreismodells von Black & Scholes kann der Wert des Puts als Anteil des Aktienbetrages bestimmt werden, so daß unter Vereinfachungen der Ausdruck

$$\frac{P}{A} = N(d_1) - N(d_2)$$

mit

$$d_1 = \frac{VOL \cdot \sqrt{t}}{2} \quad \text{und}$$

$$d_2 = \frac{-VOL \cdot \sqrt{t}}{2}$$

resultiert.[1] Dabei bezeichnet t die Optionslaufzeit in Jahren und VOL die Volatilität der Aktienrendite. Ferner bezeichnet $N(d_i)$ den Wert der Standardnormalverteilung an der Stelle d_i. Wie der obige Term erkennen läßt, hängt die Höhe der gesuchten Relation ausschließlich von t und VOL ab. Die Zunahme der Absicherungskosten im Zeitablauf ist fallend, so daß eine Absicherung zwar absolut mit der Zeitdauer steigt, jedoch pro zusätzlicher Zeiteinheit immer geringer steigt.

---

1 Vgl. **Bodie** (1995), S. 19.

Das Ergebnis ist konsistent mit dem von Markowitz entwickelten Modell der Portfoliotheorie, das mit der Volatilität als Risikomaß arbeitet.[1] Um beispielsweise den optimalen Aktienanteil im Markowitz-Modell zu bestimmen, kann unter Zugrundelegung einer quadratischen Nutzenfunktion des Investors die Formel

$$a^* = \frac{E(R_A) - R_f}{2 \cdot \lambda \cdot \sigma_{PF}^2}$$

mit

a^* = optimaler Aktienanteil,
σ_{PF}^2 = Portfoliovarianz,
R_f = risikoloser Zinssatz,
$E(R_A)$ = erwartete Aktienrendite und
λ = Risikoaversionsparameter

herangezogen werden.

Falls im Zähler des Ausdrucks geometrische Renditen zugrunde gelegt werden, steigt der optimale Aktienanteil im Zeitablauf kontinuierlich an, da der Zähler schneller wächst als der Nenner. Je länger der Zeithorizont ist, desto höher sollte folglich der Aktienanteil im Vergleich zur risikolosen Anlage sein. Entscheidend für die Höhe des optimalen Aktienanteils ist letztlich der Risikoaversionsparameter, der die investorspezifischen Performancepräferenzen zum Ausdruck bringt.

II. Investorspezifische Performancepräferenzen

In den vorangegangenen Abschnitten wurden die einzelnen Performancekomponenten erläutert. Der Prozeß der Zielfestlegung im Portfoliomanagement hat die einzelnen Zielvariablen im Anschluß an deren Auswahl und Spezifizierung vor dem Hintergrund der Anlegerpräferenzen zu bewerten.[2]

Die eigentliche Zielgröße für Investoren besteht nicht in der Maximierung oder Minimierung einzelner Performancekomponenten, sondern in der Maximierung ihres Nutzens. Im allgemeinen wird davon ausgegangen, daß Investoren risikoscheu sind. Unter dieser Prämisse kann der mathematische Zusammenhang zwischen den beiden zentralen Performanceparametern des Portfoliomanagements, Rendite und Risiko, beschrieben werden. Hierzu ist die Kenntnis eines sog. Risikoaversionsparameters Lambda (λ) notwendig. Er gibt an, wieviel Risiko ein Investor pro zu erwartender Risikoeinheit zu tragen bereit ist.

---

[1] Vgl. **Markowitz** (1952), S. 77ff. und **Markowitz** (1959).

[2] Vgl. **Gügi** (1995), S. 50ff. und S. 138ff.

Nutzenfunktionen lassen sich nur unter Festlegung eines vom Investor akzeptierten Risikomaßes sinnvoll definieren. Überwiegend wird im Rahmen der Definition von Nutzenfunktionen auf die Volatilität als Risikomaß zurückgegriffen. Für einen solchen Fall wird häufig eine quadratische Nutzenfunktion des Typs

$$U_{PF} = E(R_{PF}) - \lambda \cdot \sigma_{PF}^2$$

mit

U_{PF} = Nutzen,
$E(R_{PF})$ = erwartete Portfoliorendite,
λ = Risikoaversionsparameter und
σ_{PF}^2 = Portfoliovarianz.

definiert.

Anhand der Funktion ist erkennbar, daß der Nutzen für den Anleger mit zunehmender erwarteter Rendite steigt. Die Risikoneigung wird durch λ ausgedrückt. Ist λ positiv, dann liegt der Normalfall eines risikoscheuen Investors vor, denn von der Rendite wird das als quadrierte Volatilität gemessene und mit λ gewichtete Risiko abgezogen. Je größer die Werte des Risikoaversionsparameters sind, desto höher ist die Nutzeneinbuße bei hohen Volatilitätsausprägungen. Anstatt des gesamten Portfoliorisikos kann auch das relative Risiko zur Benchmark in Form des Tracking Errors verwendet werden. Dies hängt von den Zielsetzungen des Investors ab. In diesem Fall beschreibt die Nutzenfunktion den Zusammenhang zwischen aktiver Rendite und Tracking Error in der Form

$$U_{PF} = E(R_a) - \lambda \cdot TE_{PF}^2 .$$

Im weithin als unrealistisch angesehenen Fall eines negativen Lambda-Wertes steigt der Nutzen des Investors mit zunehmender Volatilität an. Risikoneutralität wird durch ein Lambda von Null ausgedrückt. In diesem Fall spielt das Portfoliorisiko für den Investor keine Rolle.

Für praktische Überlegungen ist weniger das Vorzeichen als vielmehr die Höhe des Risikoaversionsparameters entscheidend. Denn die Zielfestlegung für ein Portfolio hat den Grad an Risikoscheu des Investors zu berücksichtigen. Anhand von Abbildung A.18 läßt sich die Konsequenz eines unterschiedlichen Risikoaversionsparameters verdeutlichen.

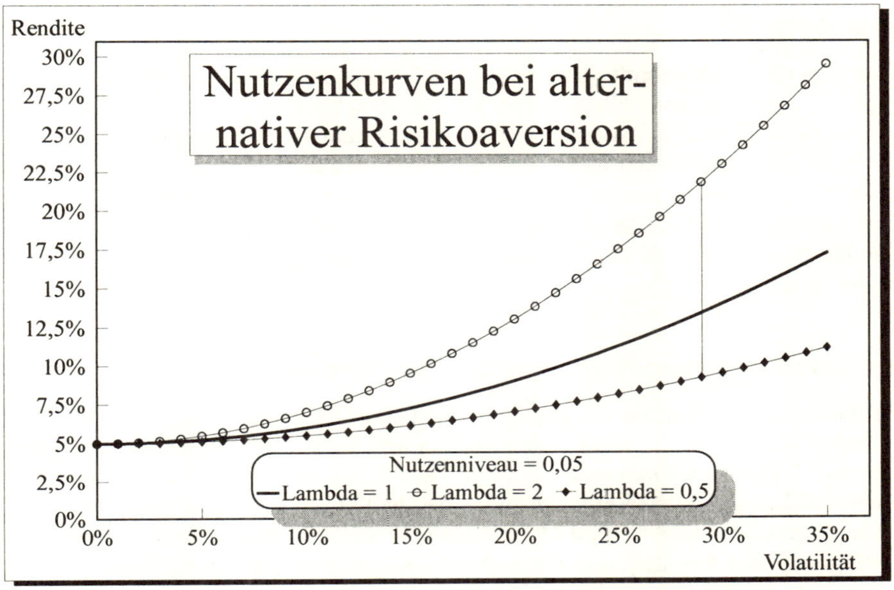

Abb. A.18: Nutzenkurven bei alternativer Risikoaversion

Bei gleichem absoluten Nutzenniveau muß pro in Kauf genommener Risikoeinheit in Abhängigkeit der Risikoeinstellung des Investors eine unterschiedliche Renditeerwartung vorliegen. Ein risikoaverser Anleger A mit dem Lambda-Wert 2 ist nur dann bereit, eine Volatilität seines Portfolios von 30% zu akzeptieren, wenn er dafür mindestens eine Rendite von ca. 23% erwarten kann. Besitzt Lambda bei einem Anleger B nur die Ausprägung 1, dann erreicht dieser Investor bereits bei einem Risiko-/Rendite-Verhältnis von 30% zu 14% ein Nutzenniveau von 0,05.

Die Bestimmung der Risikoaversion und der Form der Nutzenfunktion von Investoren zählt zu den neuralgischen Punkten des Portfoliomanagements. Zwar sind mathematische Festlegungen oftmals kaum möglich, eine approximative Einschätzung kann jedoch vorgenommen werden. Für die Zielfestlegung bei einem Portfolio kann es schon hilfreich sein, eine relative Einschätzung der Risikoeinstellung des Investors zu besitzen.

Es gibt inzwischen mehrere Verfahren, die dabei helfen können, die Risikoaversion von Investoren abzuschätzen. Mit Hilfe von Sensitivitätsanalysen und Fragebögen können Investoren hinsichtlich ihrer Haltung zu simulierten Marktszenarien analysiert werden. Ziel solcher Analysen ist die Einordnung der Investoren in Risikoklassen, die ein bestimmtes Risikoaversionsniveau widerspiegeln. Nicht unüblich ist beispielsweise die Klassifizierung in drei bis fünf Gruppen. Für jede der Gruppen werden sogenannte Musterportfolios gebildet, die ein Performanceprofil aufweisen, das den gruppenspezifischen Nutzenpräferenzen entspricht. Die Musterportfolios werden einem Backtesting unterzogen, das alle Worst-, Best- und Normalcase-Szenarien offenkundig werden läßt. Anschließend ist der Investor erneut mit den Rendite- und Risikowerten der Musterportfolios zu konfrontieren.

III. Benchmarks

Die vorangegangenen Abschnitte haben mit den Komponenten Rendite, Risiko, Liquidität und Nutzen die einzelnen Bestandteile von Performance beschrieben. Um die genannten Ziele erreichen zu können, muß schließlich der Bezug zu den Kapitalmärkten hergestellt werden; denn jedes Portfolio muß - um operational zu sein - ein am Kapitalmarkt orientiertes Ziel aufweisen. Dies gelingt durch die Festlegung einer Benchmark. Sie drückt als Meßlatte für ein Portfolio aus, welches am Markt realisierbare Performance-Profil vom jeweiligen Investor angestrebt wird. Insofern kann die Benchmarkwahl als Transformation der einzelnen Zielvariablen in eine aggregierte Zielsetzung angesehen werden.

1. Benchmarks als marktorientierte Performanceziele

Die verschiedenen Segmente des Kapitalmarktes bieten unterschiedliche Rendite-, Risiko- und Liquiditätsprofile. Mit der Festlegung einer Benchmark durch den Anleger wird die Verknüpfung zwischen der Marktdimension und den Anlegerzielen bewerkstelligt. Dabei muß eine Benchmark nicht ausschließlich auf einen Vergleichsindex beschränkt sein, wie dies häufig in der Portfoliomanagementpraxis der Fall ist. Denn Marktindizes weisen regelmäßig Rendite-Risiko-Profile auf, die nur eingeschränkt den Zielen der Investoren entsprechen. Ein Grund hierfür sind z. B. die Symmetrieeigenschaften von Kapitalmarktindizes.

In der Portfoliomanagementpraxis hat sich gezeigt, daß Anleger oftmals Performanceprofile bevorzugen, wie sie beispielhaft in Abbildung A.19 dargestellt sind.

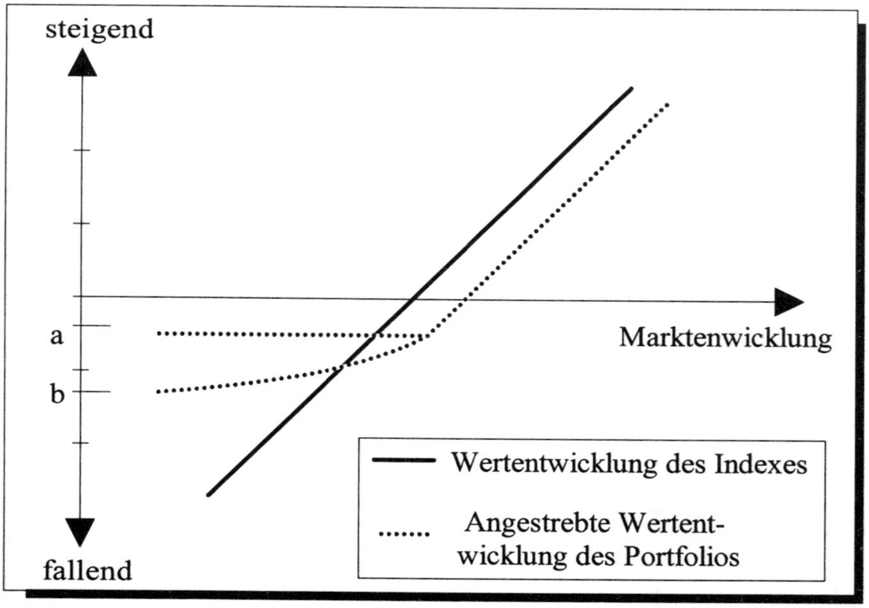

Abb. A.19: Symmetrieeigenschaften von Benchmarks

Offenbar bevorzugt der Investor in diesem Fall ein asymmetrisches Performanceprofil; denn während bei einer positiven Marktentwicklung die Gewinne unbegrenzt sind, führt eine negative Marktentwicklung zu einem maximalen Verlust in Höhe des wahlweise vorgegebenen Wertes von a oder b. Ein solches Performanceprofil läßt sich auf der Basis von Marktindizes nicht konstruieren, da Kapitalmarktindizes stets symmetrisch verlaufen. Gleichwohl kann im Rahmen der Benchmarkfestlegung den Zielsetzungen des Investors entsprochen werden. Insofern läßt sich differenzieren in standardisierte und investorspezifische Benchmarks. Erstere repräsentieren im weitesten Sinne alle verfügbaren Kapitalmarktindizes während letztere als sog. 'customized benchmarks' anzusehen sind. Letztlich stellt eine anspruchsvolle Benchmark die Synthese zwischen Anlegerzielen und Marktmöglichkeiten dar.

2. Benchmarkanforderungen

Bevor im Detail auf die einzelnen Möglichkeiten und Unterscheidungen eingegangen wird, muß zunächst über die grundsätzlichen Anforderungen gesprochen werden, die an Benchmarks zu stellen sind.

In Anlehnung an den Nobelpreisträger für Wirtschaftswissenschaften von 1990, William F. Sharpe, werden fünf Kriterien als bestimmend für Benchmarks definiert.[1]

a) Bei der Benchmark sollte es sich um eine real erwerbbare bzw. darstell- oder nachbildbare Anlagealternative handeln.
b) Der reale Erwerb der Benchmark sollte kostengünstig durchführbar sein.
c) Die Benchmark sollte sehr gut diversifiziert und deshalb schwer risikoadjustiert zu schlagen sein.
d) Die Benchmark sollte bereits bekannt sein, bevor Anlageentscheidungen getroffen werden.
e) Die Benchmark sollte den gleichen Restriktionen unterliegen, wie das Portfolio.

Das erste Kriterium der realen Erwerbbarkeit bzw. Abbildbarkeit stellt sicher, daß die Marktdimension einer Benchmark erfüllt ist. Bei Nichterfüllung dieses Merkmals scheidet die Option passiven Managements, also der bestmöglichen Benchmarknachbildung hinsichtlich ihres Performanceprofils, aus erkennbaren Gründen aus. Eine Neutralposition zur Benchmark kann ohne das Vorliegen des ersten Kriteriums nicht eingenommen werden. Problematisch wird die exakte Benchmarknachbildung vor allem dann, wenn in der Benchmark auch kleine Werte enthalten sind, die häufig nicht mit ausreichender Liquidität gehandelt werden. Ein Erwerb dieser Nebenwerte ist oftmals nicht in der notwendigen Größenordnung möglich bzw. nur zu im Vergleich zum fairen Wert erhöhten Kursen. Darüber hinaus werden insbesondere für den deutschen Rentenmarkt zum Teil synthetische Benchmark-Indizes verwendet, wie z.B. der REX-Index. Da diese Benchmark nicht aus einem tatsächlichen Anleihenportfolio, sondern aus Anleihenrenditen am Markt ermittelt wird und zudem von einer täglichen Reinvestition der Stückzinsen ausgegangen wird, ist sie nicht durch reale Anleihen genau nachbildbar.[2]

---

1 Vgl. **Sharpe** (1992), S. 16.

2 Vgl. **Günther** (1998), S. 168ff.

Mit dem zweiten Merkmal wird sichergestellt, daß die Option des passiven Managements eine sinnvolle Alternative darstellt. Dies ist immer nur dann der Fall, wenn passives Management kostengünstig durchführbar ist. Falls aber z.B. das Volumen des zu managenden Portfolios relativ gering ist, so ist dies - abgesehen davon, daß es mit dem geringen Volumen möglicherweise auch gar nicht möglich ist, den entsprechenden Index (z.B. einen Weltaktienindex) vollständig nachzubilden - mit relativ hohen Kosten verbunden, da nur sehr kleine Volumina in bestimmte Werte investiert werden (möglicherweise nur eine Aktie bei einer aus sehr vielen Werten bestehenden Benchmark).

Merkmal c sichert das Qualitätsniveau der Benchmark und damit auch des Portfoliomanagers. Ist dieses Kriterium nicht gegeben, dann kann eine Benchmark zu leicht geschlagen werden, d.h. daß die Performance des Portfolios das Risiko-Ertrags-Ergebnis der Benchmark sehr leicht übertreffen kann. Da der Portfoliomanager meist nur die Verantwortung für die relative Abweichung zur Benchmark trägt, liegt ein zu starker Einfluß des Portfoliomanagers bei der Benchmarkauswahl nicht im Interesse des Anlegers.[1]

Mit Merkmal d wird die Operationalität der Zielfestlegung sichergestellt, denn ohne die Kenntnis der Benchmark kann keine adäquate Portfoliomanagementstrategie implementiert werden. Nur bei genauer Bekanntheit der Benchmark hat der Portfoliomanager die Möglichkeit, die ihm vorgegebene Richtschnur zu beobachten und die Zusammensetzung des Portfolios notfalls zu revidieren.

Schließlich sorgt das fünfte Kriterium für die fundamentale Vergleichbarkeit zwischen dem zu strukturierenden Portfolio und dessen Benchmark. Kann der Portfoliomanager sich z. B. aus rechtlichen Gründen (etwa den Restriktionen des Gesetzes über Kapitalanlagegesellschaften, KAGG) nicht so exponieren wie die Benchmark, dann sind allein aus diesem Grund Performanceabweichungen zu erwarten. Die Festlegung der Benchmark soll jedoch so vollzogen werden, daß die hiermit gesteckten Ziele erreichbar sind.

Als weitere wichtige Anforderung an eine Benchmark ist die Akzeptanz durch den Anleger zu nennen; denn bei der Benchmark soll es sich um ein Spiegelbild der Zielvorstellungen des Anlegers handeln. Insofern liegt die Verantwortung für die Wertentwicklung der Benchmark bzw. der Risikobereitschaft des Anlegers beim Anleger selbst. Nur wenn die Benchmark vom Anleger akzeptiert wird, hat der Portfoliomanager eine klare Richtschnur, an der er gemessen werden kann.

Problematisch wird dies allerdings dann, wenn der Auftrag des Anlegers auch die Anlage in Werte beinhaltet, die grundsätzlich nicht in der Benchmark enthalten sind. So legen deutsche Anleger häufig eine deutsche Aktien abdeckende Benchmark zugrunde, wie z.B. den DAX. Dennoch wird dem Portfoliomanager die Anlage in internationale Werte gestattet, falls sich hier besondere Chancen ergeben. Wäre in diesem Fall das Resultat ein gegenüber dem DAX erfolgreicheres Portfolio, so kann hieraus nicht unbedingt auf die besonderen Selektionsfähigkeiten des Portfoliomanagers geschlossen werden. Möglicherweise ist der Erfolg lediglich auf die Berücksichtigung von Anlagen zurückzuführen ist, die durch die Benchmark nicht abgedeckt sind, aber

---

[1] Vgl. **Günther** (1998), S. 171.

insgesamt eine höhere Performance als die Benchmark erzielt haben.[1] Falls sich ein anderer Portfoliomanager exakt an die vorgegebene Benchmark gehalten hat und nur die entsprechende Märkte abgedeckt hat, so konnte er allein aus diesem Grund eine nur vergleichsweise geringere Performance erzielen als sein Konkurrent. Insofern sind die Leistungen nicht miteinander vergleichbar.

Für den Fall, daß ein Anleger mehrere Aufträge an verschiedene Portfoliomanager vergeben hat, ist besonders darauf zu achten, daß die vorgegebenen Benchmarks genau eingehalten werden und die Aufträge überschneidungsfrei sind. Andernfalls kann es zu einer Kumulierung von Risiken kommen. Umgekehrt könnte ein Portfoliomanager, der den amerikanischen Markt abdecken soll, einen Wert verkaufen, der gleichzeitig von dem Manager, dem der DAX als Benchmark vorgegeben wurde, als zusätzlicher Wert in das Portfolio gekauft wird. Falls die Aufträge aller Portfoliomanager den Kauf von Werten ermöglichen, die von der jeweiligen Benchmark nicht abgedeckt sind, so kann hierdurch ein sehr hoher Diversifizierungsgrad entstehen und der Anleger infolgedessen eine sehr gute Annäherung an das Marktportfolio erhalten. Somit ist aber in diesem Fall insgesamt das Erzielen einer aktiven Rendite kaum noch möglich, so daß sich ein aktives Portfoliomanagement erübrigen würde.[2]

Sind die genannten Kriterien erfüllt, so lassen sich die Portfolioergebnisse sinnvoll mit den Resultaten der Benchmark vergleichen. Ist eine Benchmark nach den obigen Merkmalen operational bestimmt worden, dann können eventuelle Abweichungen später im Rahmen der Performanceanalyse interpretiert und zugeordnet werden. Somit läßt sich schließlich die Qualität des Portfoliomanagers bewerten, wobei darauf hingewiesen werden muß, daß hierzu zusätzlich ein geeigneter Vergleichszeitraum festzulegen ist. Hierzu wird auf die Ausführungen im Kapitel 'Performance-Analyse' verwiesen.

3. Benchmarkselektion

Die Selektion einer Benchmark sollte nach gemeinsamer Analyse aller Optionen und in enger Übereinstimmung zwischen dem Geldgeber (Sponsor) und dem Portfoliomanager erfolgen. Idealerweise trifft der Sponsor, beraten vom Portfoliomanager, die Entscheidung für eine Benchmark. Nur so ist gewährleistet, daß spätere Performanceverantwortlichkeiten eindeutig geregelt sind. Denn die Zielsetzung für ein Portfolio muß vom Sponsor verantwortet werden, während Zielverfehlungen in den Verantwortungsbereich des Portfoliomanagers fallen. Die Rolle des Portfoliomanagers in dem Stadium der Zielfestlegung besteht zunächst in der Darlegung aller zur Verfügung stehenden Möglichkeiten für die Benchmarkwahl. Ebenso muß der Portfoliomanager die Vor- und Nachteile bestimmter Benchmarks dem Sponsor verdeutlichen.

a. Standardisierte Benchmarks

Charakteristisches Zeichen standardisierter Benchmarks ist deren Orientierung an bestimmten Segmenten des Kapitalmarktes. Nicht ein Performanceprofil des Segments, sondern ein Kapital-

---

1 Vgl. **Günther** (1998), S. 169f.

2 Vgl. **Günther** (1998), S. 170.

marktsegment steht im Mittelpunkt dieser Benchmarkfestlegung. Eine Performanceerwartung ergibt sich daher nur mittelbar aus der Festlegung einer standardisierten Benchmark. Üblicherweise sind mit einem Kapitalmarktsegment Rendite- und Risikoerwartungen verbunden, die zumeist aus den erzielten Werten der Vergangenheit in die Zukunft extrapoliert werden.

Deutsche Anleihen:	REX, REX-P, PEX, J.P. Morgan Government Bond Indizes, Salomon Government Bond Indizes
Deutsche Aktien:	DAX-, MDAX, CDAX, FAZP, FAZ-Index, NEMAX
Europäische Aktien:	Dow Jones Euro STOXX 50, Dow Jones STOXX 50, MSCI Europe
Deutsche Optionsscheine:	TUBOS-Index
Internationale Anleihen:	J.P. Morgan World Government Bond Index, Salomon World Government Bond Index, Merril Lynch Global Government Bond Index, EFFA-Indizes
Internationale Aktien:	Morgan Stanley Capital International (MSCI) Indices, Financial Times-Actuaries World Indices, lokale Marktindizes
Emerging Markets:	International Finance Corporation (IFC) Indizes
US-Anleihen:	J.P. Morgan Government Bond Indizes, Lehman Brothers Bond Indizes, Merrill Lynch Bond Indizes, Salomon Government Bond Indizes, EFFA Indizes
US-Aktien:	Dow Jones Industrials, Transports und Utilities, S&P 500, Major Market Index, Nasdaq-Index, Amex-Index, NYSE-Composite, Russel 1000, 2000 und 3000, Wilshire 5000
Rohstoffe/Commodities:	Commodity Research Bureau Index (CRB), Goldman & Sachs Commodity Index (GSCI), MG-Base Metal Index

Tab. A.8: Standardisierte Kapitalmarktindizes als Benchmarks

Benchmarks müssen nicht statisch sein. Vielmehr kann in bestimmten Zeitabständen eine Benchmarkmodifikation erfolgen. Diese kann durch die Marktentwicklung oder durch Veränderungen der Investorpräferenzen induziert sein. Ein dynamisches Vorgehen kann sich insbesondere bei standardisierten Benchmarks anbieten, da diese an Kapitalmarktsegmente gebunden sind, deren relative Attraktivität im Zeitablauf schwankt. Allerdings verursacht ein Benchmarkwechsel Transaktionskosten, da Umschichtungen erforderlich sind, um das Portfolio in eine neutrale Position zur Benchmark zu bringen. Ohne Umschichtungen wird das aktive Risiko durch einen Benchmarkwechsel erhöht. Ein häufiges Wechseln der Benchmark erscheint daher nicht ratsam.

b. Investorspezifische Benchmarks

Benchmarks, die nach den individuellen Vorgaben der Investoren strukturiert werden, können als 'customized' bzw. 'tailored' Benchmarks bezeichnet werden. Derartige Benchmarks sind immer dann erforderlich, wenn Investoren ein Performanceprofil wünschen, das mit den verfügbaren Marktindizes nicht abgebildet werden kann. Insofern läßt sich von Performancebenchmarks sprechen, die im Gegensatz zu Kapitalmarktsegmentbenchmarks stehen.

Der einfachste Fall einer 'customized' Benchmark ist ein gemischter Index, der sich aus zwei oder mehreren der dargestellten Marktindizes zusammensetzt. Ist es etwa das Ziel eines deutschen Investors, ein auf Deutschland beschränktes und zu gleichen Teilen gemischtes Aktien- und Rentenportfolio zu konstruieren, dann könnte die Benchmark z. B. 50% DAX + 50% REXP lauten. Das Performanceprofil, das dieser Benchmarkauswahl zugrunde liegt, könnte in etwa so lauten: Das zu strukturierende Portfolio soll längerfristig eine höhere Rendite als eine rein deutsche Rentenanlage erwirtschaften, zugleich aber im Risiko - hier gemessen als Volatilität der Renditen - hinter einem rein deutschen Aktienportfolio zurückbleiben.

In der beschriebenen Weise können verschiedene Marktindizes so kombiniert werden, daß von einem Portfolio, das der konstruierten Benchmark stark ähnelt, erwartet werden darf, daß es zukünftig die vom Investor vorspezifizierten Rendite-Risikocharakteristika aufweist.

Wie bereits weiter oben erwähnt, besitzen Kapitalmarktindizes weitgehend symmetrische Verteilungseigenschaften bezüglich ihrer Renditen. Daran ändert auch die Kombination von verschiedenen Indizes zu einer Benchmark nichts. Besitzen Investoren asymmetrische Performanceziele, so muß auch die Benchmark entsprechend angepaßt werden. Wiederum ist der erste Schritt die Quantifizierung des gewünschten und am Kapitalmarkt darstellbaren Rendite-Risikoprofils des Investors. Hieraus folgt die Bestimmung der Benchmark.

Wird, wie im obigen Beispiel, vom Investor ein Rendite-Floor gewünscht, der den maximalen Verlust einer Periode auf einen vorgegebenen Wert beschränkt, so muß das hierzu notwendige Instrumentarium auch in der Benchmark Berücksichtigung finden. Andernfalls handelt es sich bei dem Managementansatz von vornherein um einen aktiven Investmentstil. Dies steht im Widerspruch zu den oben in Anlehnung an Sharpe spezifizierten Benchmarkanforderungen. Folglich sollte eine Benchmark niemals inkongruent mit den Performancezielen des Investors sein. Aus dem Performanceziel eines Anlegers folgt notwendig seine Benchmark. Ob das reale Portfolio stets mit der Benchmark übereinstimmt, ist eine andere Frage. In diesem Zusammenhang stellt sich das Problem des aktiven bzw. des passiven Portfoliomanagements.

Bevor auf einzelne Problembereiche der Benchmarkfestlegung eingegangen wird, soll schließlich die Bestimmung einer Benchmark bei asymmetrischen Performancecharakteristika dargestellt werden.

Angenommen, ein deutscher Investor wünscht längerfristig eine Performance, die den Rendite-Risikorealisationen des deutschen Aktienmarktes der letzten zehn Jahre entspricht. Hinzu kommt, daß in keinem Jahr ein Wertverlust des Portfolios eintreten soll, der 10% überschreitet. Dafür ist der Investor bereit, Abstriche in der Upside-Performance des deutschen Aktienmarktes zu machen. Eine solche Zielsetzung ist z. B. in eine Benchmark zu überführen, bei der neben dem DAX noch ein einjähriger Put auf den DAX einbezogen wird. Der Basispreis der Verkaufsoption muß so festgelegt sein, daß unter Berücksichtigung der auftretenden Kosten der Portfoliomindestwert nicht unterschritten werden kann. Auf diese Weise ist den Zielen des Investors Genüge getan. Wird anschließend ein Portfolio gemäß den Vorgaben der Benchmark gebildet, dann ist gewährleistet, daß die Ziele des Investors zu keinem Zeitpunkt verfehlt werden. Weicht das Portfolio jedoch von der gemäß den Zielen des Investors spezifizierten Benchmark ab, dann besteht das Risiko der Zielverfehlung.

Einem ähnlichen Konstruktionsprinzip folgen sogenannte 'Dual Benchmarks'. Die Benchmark wird so festgelegt, daß der Investor nach Abschluß der Anlageperiode die Wahl zwischen zwei Alternativen hat, beispielsweise der DAX-Performance und dem Geldmarktsatz. Duale Benchmarks verwenden Optionsstrukturen, um die Möglichkeit der Wahl zwischen der Performance von zwei Marktsegmenten zu gewährleisten. Die anfallenden Optionsprämien müssen allerdings als zusätzliche Kosten einkalkuliert werden.

4. Benchmarkproblembereiche

Die Verwendung von gängigen Marktindizes als Benchmark ist in der Praxis nicht unumstritten, weil diese Indizes entsprechend der Marktkapitalisierung der eingehenden Werte gewichtet sind und nicht unter Effizienzgesichtspunkten strukturiert werden. Wie gezeigt werden kann, ist ein kapitalgewichteter Index nur dann effizient, wenn die folgenden Voraussetzungen erfüllt sind: homogene Erwartungen der Anleger, keine Restriktionen bezüglich Leerverkäufen, einheitlicher Steuersatz und kein Kauf von Anlagen, die nicht im Index enthalten sind.[1] In der Portfoliomanagementpraxis hat sich jedoch gezeigt, daß Marktindizes offenbar eine hohe Effizienz aufweisen, da sie von den Portfoliomanagern kaum dauerhaft und signifikant übertroffen werden können.[2]

Darüber hinaus muß bei der Festlegung einer Benchmark seitens eines Investors berücksichtigt werden, welchen Teil des Gesamtvermögens des Investors die Benchmark abdecken soll. Bezieht sich die Benchmark auf das gesamte Vermögen, dann ist die Volatilität als zu verwendendes Risikomaß angebracht. Ist aber das zu managende Geld nur ein Teil des Gesamtvermögens, dann sollte schon bei der Benchmarkfestsetzung berücksichtigt werden, inwiefern das Benchmarkprofil zur Optimierung des Gesamtvermögens beiträgt. Dies kann zur Folge haben, daß es sachgerechter ist, den Beta-Faktor als Risikomaß für die Benchmark vorzugeben.

Nicht unüblich in der Portfoliomanagementpraxis ist oftmals der Vergleich eines Portfolios mit Wettbewerberportfolios. Diese dienen dann als sog. 'Peer-Group Benchmarks'. Gerade in der Investmentfondsbranche - bei Publikums- und Spezialfonds gleichermaßen - tritt ein derartiges Denken häufig zu Tage. Allerdings muß bei einer solchen Benchmarkfestlegung bedacht werden, daß eine auf diese Weise bestimmte Benchmark in ihrer Zusammensetzung ex ante nicht bekannt

---

1 Vgl. **Haugen/Baker** (1991), S. 35ff.; **Kleeberg** (1995), S. 31ff.

2 Auf diesen Aspekt wird noch in Kapitel F im Rahmen der Performancemessung eingegangen. Grundsätzlich könnte eine Gewichtung auch auf Basis des Free Float erfolgen.

ist. Außerdem unterliegt die Benchmark Veränderungen, auf die der Manager keinen Einfluß nehmen kann. Insofern handelt es sich um ein sog. 'moving target', das schwer abzubilden ist. Die Einnahme einer neutralen Position zur Benchmark ist somit ex ante unmöglich. Hinzu kommt, daß der Anlagestil des Vergleichsportfolios irrational bzw. im Zeitablauf wechselnd sein kann. Allein schon durch die Auswechslung des Portfoliomanagers können sich in diesem Bereich Probleme ergeben, die Peer-Group Benchmarks als Referenzgrößen unbrauchbar erscheinen lassen. Ebenso können unterschiedliche Mittelzuflüsse Verzerrungen mit sich bringen. Wenn überhaupt, dann sollte aus Stabilitätsgründen eher ein Median bzw. ein Mittelwert aus mehreren Konkurrenzportfolios herangezogen werden. Als Hauptargument gegen die Verwendung von Peer-Group Benchmarks muß daher deren nicht gegebene Operationalität angesehen werden. Zwar ist es generell wünschenswert, eine bessere Performance als bestimmte Konkurrenzportfolios aufzuweisen, nicht zuletzt aus Marketingsicht, allerdings muß sich dieses Resultat als Folge einer operationalen Benchmarksetzung ergeben.

B. Theoretische Kernfundamente des Portfoliomanagements

Der Zielfestlegung im Rahmen des professionellen Portfoliomanagements folgt die Bestimmung methodischer Grundsätze. Hierbei lassen sich mehrere Ebenen unterscheiden. Zunächst muß der Bereich der Anlagephilosophie geklärt werden. Die Anlage- bzw. Investmentphilosophie stellt das Fundament des weiteren strategischen Vorgehens dar. Anlagephilosophie kann definiert werden als Grundhaltung zu zentralen Fragen der Kapitalmärkte. Eine solche zentrale Frage ist z. B. die nach der Effizienz der Kapitalmärkte. Aus der Anlagephilosophie lassen sich anschließend Folgerungen für den Anlage- bzw. Investmentstil ziehen. Hierbei stehen Fragen der Anlagemethodik im Vordergrund.

Fragen der Investmentphilosophie werden auf der Grundlage der Portfolio- und Kapitalmarkttheorie erörtert. Denn deren Theoriegerüst basiert auf Annahmen der Investmentphilosophie. Aus der Akzeptanz bzw. Nichtakzeptanz der Modellaussagen der Portfolio- und Kapitalmarkttheorie lassen sich direkte Schlußfolgerungen für die Investmentphilosophie ableiten. Ob ein aktiver oder ein passiver Investmentansatz zur Erreichung vorspezifizierter Ziele eingesetzt werden soll, ist eine der wichtigsten Fragen der Anlagephilosophie.

I. Portfolio- und Kapitalmarkttheorie

1. Rendite-Risiko-Effizienz

Während sich die Rendite eines Portfolios aus den (gewichteten) Renditen seiner einzelnen Bestandteile, d.h. Wertpapiere, ergibt, liegen die Risiken für diversifizierte Portfolios unter der Summe der Risiken der Einzelwerte. Dieser Zusammenhang wurde von Markowitz dargestellt.[1] Darüber hinaus wird in diesem Ansatz aus den Renditen der Vergangenheit das zukünftige Risiko abgeleitet. Als Risikomaß wird die Standardabweichung der Vergangenheitsrenditen zugrunde gelegt. Dabei wird gleichzeitig von konstanten Korrelationen zwischen den Anlagen ausgegangen.

Für die erwartete Portfoliorendite (μ_P) ergibt sich:

$$\mu_{PF} = \sum_{i=1}^{n} x_i \cdot \mu_i$$

mit

x_i = Portfolioanteil des Wertpapiers i.

Demgegenüber lautet die allgemeine Formel zur Ermittlung der Portfoliovarianz (σ_P^2):

---

[1] Vgl. **Markowitz** (1952), S. 77ff.

$$\sigma_{PF}^2 = \sum_{i=1}^{n}\sum_{j=1}^{n} x_i \cdot x_j \cdot \sigma_{ij}$$

mit

σ_{ij} = Kovarianz zwischen den Renditen des Wertpapiers i und des Wertpapier j.

Die erwartete Standardabweichung der Renditen des Portfolios läßt sich aus der Quadratwurzel der Varianz bestimmen. Die Varianz kann dabei mit Hilfe der Varianz-Kovarianz-Matrix berechnet werden:[1]

	A	B	C	.....	....	n
A	σ_A^2	σ_{AB}	σ_{AC}			σ_{An}
B	σ_{BA}	σ_B^2	σ_{BC}			σ_{Bn}
C	σ_{CA}	σ_{CB}	σ_C^2			σ_{Cn}
:						
:						
n	σ_{nA}	σ_{nB}	σ_{nC}			σ_n^2

Tab. B.1: Varianz-Kovarianz-Matrix

Unterhalb der Hauptdiagonalen, die die jeweiligen Varianzen angibt, befinden sich die gleichen Kovarianzen wie oberhalb der Diagonalen. Daher kann die obige Formel wie folgt vereinfacht werden:

$$\sigma_{PF}^2 = \sum_{i=1}^{n} x_i^2 \cdot \sigma_i^2 + 2 \cdot \sum_{i=1}^{n}\sum_{j=i+1}^{n} x_i \cdot x_j \cdot \sigma_{ij}$$

Zur Ermittlung des Beitrages eines einzelnen Wertpapiers zum Portfolio-Gesamtrisiko kann die folgende Formel herangezogen werden:

---

1 Vgl. **Garz/Günther/Moriabadi** (1997), S. 44f.

$$\text{Risikobeitrag} = x_i \cdot \sum_{j=1}^{n} x_j \cdot \sigma_{ij} = x_i \cdot \sigma_{iPF}$$

mit

σ_{iPF} = Kovarianz zwischen den Renditen des Wertpapiers i und des Portfolios.

Wird dieser absolute Risikobeitrag auf das Portfolio-Gesamtrisiko bezogen, so ergibt sich der relative Beitrag zum Gesamtrisiko:

$$x_i \cdot \frac{\sigma_{iPF}}{\sigma_{PF}^2} = x_i \cdot ß_i$$

mit

$ß_i$ = Betafaktor des Wertpapiers i, auf den unten noch eingegangen wird.

Anhand der folgenden Tabelle kann die Bestimmung der Varianz des Portfolios nachvollzogen werden:

	A	B	C	.....	....	n	Σ
A	$x_A \cdot x_A \cdot \sigma_A^2$	$x_A \cdot x_B \cdot \sigma_{AB}$	$x_A \cdot x_C \cdot \sigma_{AC}$			$x_A \cdot x_n \cdot \sigma_{An}$	$x_A \cdot \sigma_{APF}$
B	$x_B \cdot x_A \cdot \sigma_{BA}$	$x_B \cdot x_B \cdot \sigma_B^2$	$x_B \cdot x_C \cdot \sigma_{BC}$			$x_B \cdot x_n \cdot \sigma_{Bn}$	$x_B \cdot \sigma_{BPF}$
C	$x_C \cdot x_A \cdot \sigma_{CA}$	$x_C \cdot x_B \cdot \sigma_{CB}$	$x_C \cdot x_C \cdot \sigma_C^2$			$x_C \cdot x_n \cdot \sigma_{Cn}$	$x_C \cdot \sigma_{CPF}$
:							
:							
n	$x_n \cdot x_A \cdot \sigma_{nA}$	$x_n \cdot x_B \cdot \sigma_{nB}$	$x_n \cdot x_C \cdot \sigma_{nC}$			$x_n \cdot x_n \cdot \sigma_n^2$	$x_n \cdot \sigma_{nPF}$
Σ	$x_A \cdot \sigma_{APF}$	$x_B \cdot \sigma_{BPF}$	$x_C \cdot \sigma_{CPF}$			$x_n \cdot \sigma_{nPF}$	σ_{PF}^2

Tab. B.2: Mit den Portfolioanteilen gewichtete Varianz-Kovarianz-Matrix

In Tabelle B.2 geben die Summen jeweils die Risikobeiträge an. Als Gesamtsumme erhält man schließlich die Varianz des Portfolios.

Durch eine Kombination von Anlagen, die möglichst schwach miteinander korrelieren, kann eine Struktur erstellt werden, die trotz gleicher Rendite geringere Wertschwankungen, d. h. ein geringeres Risiko aufweist als jeder einzelne Wert des Portfolios. Dies kann für den einfachen Zwei-Anlagen-Fall anhand des folgenden Beispiels gezeigt werden:

Gegeben sind die nachstehenden logarithmierten Renditen für Anlage A und B (in %) aus den vergangenen sechs Perioden:

Periode	Anlage A	Anlage B
1	5	-2
2	6	11
3	-2	2
4	6	-1
5	1	4
6	2	7
μ	3	3,5
σ	3,2249031	4,92950302

Tab. B.3: Beispiel zur Diversifikation: Ausgangsdaten

Die Korrelation zwischen den Renditen von Anlage A und Anlage B beträgt 0,01258086. Für verschiedene Kombinationen aus beiden Anlagen ergeben sich die folgenden Werte:

Anteil Anlage A	Anteil Anlage B	μ_{PF} (in %)	σ_{PF} (in %)
100%	0%	3,000	3,225
90%	10%	3,050	2,950
80%	20%	3,100	2,773
70%	30%	3,150	2,714
60%	40%	3,200	2,780
50%	50%	3,250	2,962
40%	60%	3,300	3,242
30%	70%	3,350	3,595
20%	80%	3,400	4,004
10%	90%	3,450	4,452
0%	100%	3,500	4,930

Tab. B.4: Beispiel zur Diversifikation: Ergebnisse der Kombinationen

Das Ergebnis dieser Kombinationen läßt sich auch grafisch darstellen (Angaben in %):

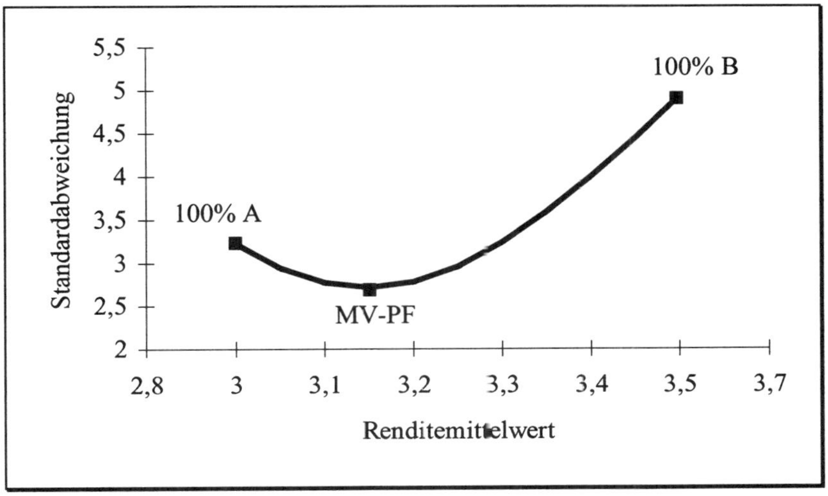

Abb. B.1: Risiko-/Renditeprofil eines aus 2 Anlagen bestehenden Portfolios

In der Graphik charakterisiert jeder Punkt der Kurve das Risiko-/Renditeprofil eines Portfolios, das aus den beiden Anlagen A und B in den jeweiligen Kombinationen zusammengesetzt ist. Erkennbar ist, daß sich durch die Portfoliobildung das Portfoliorisiko auf Werte verringern läßt, die unterhalb der Werte der beiden Einzelrisiken liegen. Das Portfolio mit dem geringsten Risiko wird als Minimum-Varianz-Portfolio (MV-PF) bezeichnet und läßt sich durch partielle Ableitung der Funktion der Portfoliovarianz nach den Gewichten der Einzelanlagen im Portfolio ermitteln.[1]

Werden zusätzliche Anlagen in das Portfolio mit aufgenommen, so kann entsprechend für sämtliche Portfoliokombinationen das Rendite-Risiko-Profil berechnet und mit den anderen Kombinationen verglichen werden. Somit können diejenigen Portfolios ermittelt werden, die im Hinblick auf die beiden Dimensionen Rendite und Risiko effizient sind.

Als effizient werden Portfolios bezeichnet, wenn bei gleicher Rendite kein Portfolio konstruiert werden kann, das ein geringeres Risiko aufweist, bzw. wenn bei gleichem Risiko kein Portfolio konstruiert werden kann, das eine höhere Rendite ergibt. Die Rendite von effizienten Portfolios kann daher nur erhöht werden, wenn auch gleichzeitig das Risiko erhöht wird. Die Menge der Portfolios, die als effizient bezeichnet werden können, wird im Rahmen eines Rendite-Risiko-Diagramms durch eine Effizienzkurve begrenzt, wie aus Abbildung B.2 hervorgeht. Zu beachten ist hierbei, daß - anders als in Abbildung B.1 - nunmehr die häufiger vorzufindende Darstellungsform mit der Ordinate μ und der Abszisse σ gewählt wird.

---

1 Vgl. **Kleeberg** (1995), S. 13ff.

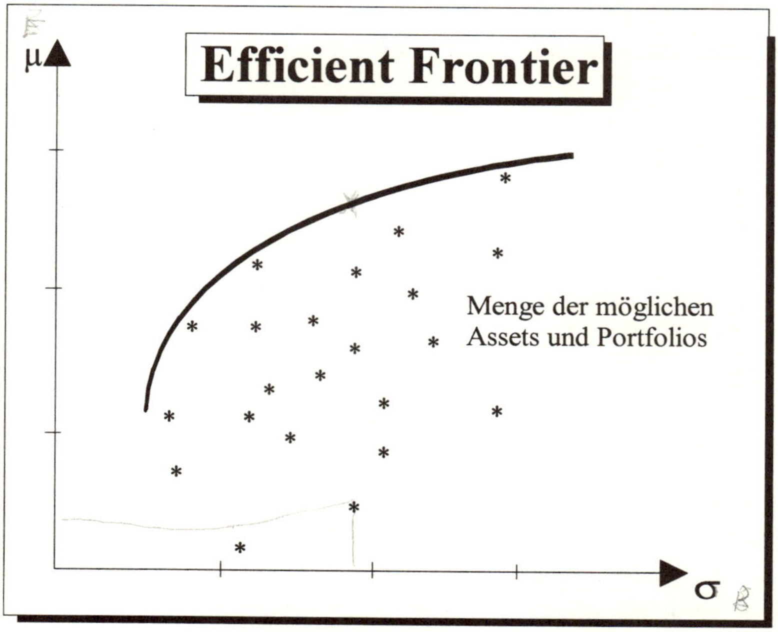

Abb. B.2: Effizienzkurve

In Anlehnung an Markowitz werden von rationalen Anlegern nur solche Portfolios gekauft, die auf der Effizienzkurve liegen. Dieses sogenannte Opportunity-Set entspricht damit der Menge aller zulässigen Portfolios. Die Menge sämtlicher Anlagemöglichkeiten wird als Universum bezeichnet. Bei der dargestellten Effizienzkurve werden ganz bestimmte Annahmen unterstellt:

- Die erwarteten Anlagerückflüsse am Ende der Periode werden mit subjektiven Wahrscheinlichkeiten unterlegt, wobei eine Normalverteilung unterstellt wird.
- Als Risikomaß gilt die Standardabweichung (σ) um den Erwartungswert (μ).
- Zielgrößen sind entsprechend σ und μ.
- Die Anleger sind risikoavers.
- Wertpapiere lassen sich beliebig teilen.
- Es werden keine Transaktionskosten berücksichtigt.

Auf diese Weise kann das erwartete Verhalten des Finanzmarktes abgebildet werden, das als Informationsbasis für die Bildung des optimalen Portfolios gilt. Zur Entscheidung, welches der effizienten Portfolios für den Anleger optimal ist, ist als weitere Information die individuelle Risikoneigung bzw. die entsprechende Nutzenfunktion des Investors erforderlich. Bei Unsicherheit kann dabei auf die sogenannte Neumann-Morgenstern-Nutzenfunktion zurückgegriffen werden.[1] Grundsätzlich wird ein sehr risikoaverser Anleger ein Portfolio auswählen, das links unten auf der Effizienzlinie liegt, während ein etwas risikobereiterer Anleger eines kauft, das sich weiter oben befindet.

---

[1] Vgl. **Gügi** (1995), S. 51ff. und die dort angegebenen Literaturhinweise.

Mit der Entwicklung des Portfolio-Selection-Modells von Markowitz gelang die explizite Berücksichtigung des Risikos von Wertpapieranlagen. Gleichzeitig konnte die bis dahin vorherrschende eindimensionale Betrachtungsweise (Rendite) durch die bis heute aktuelle zweidimensionale Betrachtung ersetzt werden. Dabei kommt es nicht so sehr auf die Menge der ins Portfolio aufgenommenen Werte an, sondern vielmehr auf die Korrelation zwischen den in einem Portfolio befindlichen Werten. Allerdings gelingt die Umsetzung der gewonnenen Erkenntnisse in die Praxis nur unter Datensicherheit bzw. unter Verwendung historischer Daten. Für den Anleger ist aber die Kenntnis zukünftig effizienter Portfolios von Bedeutung. Darüber hinaus ist bei der Ermittlung der Daten zu beachten, daß eine große Menge zu schätzender Werte für die Berechnung der Effizienzlinie erforderlich ist. So müssen für n Anlagetitel n erwartete Renditen, n Varianzen und $n \cdot (n-1)/2$ Kovarianzen ermittelt werden. Zudem wird im Markowitz-Modell das Timing vernachlässigt. Selbst bei Klarheit über die Zusammensetzung des Portfolios besteht immer noch die Notwendigkeit der Suche nach den optimalen Ein- und Ausstiegszeitpunkten. Eine weitere Schwäche des Ansatzes liegt darin, daß die erwarteten Renditen als gegeben angenommen werden und keinerlei Aussagen zu ihren Berechnungen gemacht werden.

Aus Sicht der Praxis ist noch darauf hinzuweisen, daß nicht alle Portfolios auf der Effizienzlinie auch den Rahmenbedingungen der Anleger entsprechen. So können bei Fonds beispielsweise aufgrund rechtlicher Restriktionen Anteile in einzelnen Anlagen beschränkt sein; oder im Rahmen von Vermögensverwaltungen werden bestimmte Grenzen von Seiten des Anlagekunden festgelegt. Darüber hinaus fallen bei Umschichtungen zu effizienteren Portfolios auch Transaktionskosten an. Eine Umschichtung ist aus diesem Grund nur dann sinnvoll, wenn (bei gleichem Risiko) der Renditeanstieg höher ausfällt, als die damit verbundenen Kosten. Durch diese Rahmenbedingungen werden die Möglichkeiten der Optimierung beschränkt, so daß sich möglicherweise das aus Praxissicht effizienteste Portfolio nicht auf der theoretisch korrekten Effizienzlinie befindet. Schließlich können die Investoren unterschiedliche Erwartungen bezüglich der Renditen, Varianzen und Kovarianzen haben, so daß die Effizienzlinie je nach Investor unterschiedlich ausfallen kann.

Trotz dieser Kritikpunkte hat die Portfoliotheorie eine weite Verbreitung erfahren. Sie dient heutzutage in Wissenschaft und Praxis als Grundlage zahlreicher Ansätze zur Implementierung und Kontrolle von Anlagestrategien.

2. Kapitalmarkt- und Wertpapierlinie

Zur Bestimmung des optimalen Portfolios entsprechend der Portfoliotheorie ist die Kenntnis der individuellen Risikonutzenfunktion des Anlegers erforderlich, da die optimalen Portfolios überall auf der Effizienzkurve liegen können. Um dieses Problem zu umgehen, erfolgt im Rahmen der Kapitalmarkttheorie die Berücksichtigung der Anlage zu einem risikolosen Zinssatz (R_f), zu dem jederzeit beliebig viel Geld angelegt und aufgenommen werden kann. Durch die Hinzunahme der risikolosen Anlage kann es nun zu einer Mischung der individuellen Portfolios mit der risikolosen Anlagemöglichkeit kommen. Dies kann grafisch anhand der Abbildung B.3 gezeigt werden. Dabei wird deutlich, daß es eine Effizienzgerade gibt, die alle anderen Geraden in bezug auf die Rendite-Risiko-Effizienz dominiert (bei gleichem Risiko weist sie jeweils eine höhere Rendite bzw. bei gleicher Rendite ein niedrigeres Risiko auf als die übrigen Kombinationen der auf der Effizienzlinie liegenden Portfolios mit der risikolosen Anlage).

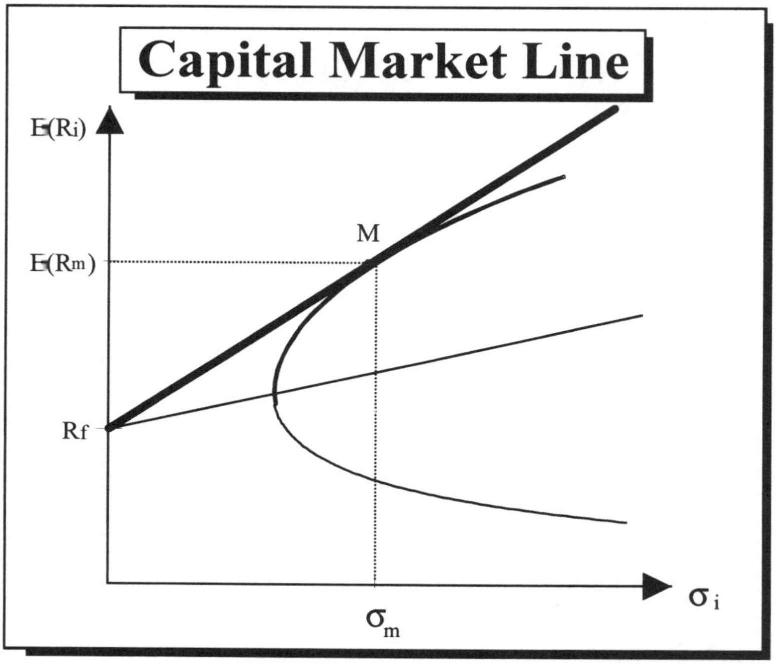

Abb. B.3: Kapitalmarktlinie

Zwei Punkte determinieren die Lage dieser Effizienzgeraden, die als Kapitalmarktlinie bezeichnet wird: Zum einen der Ordinatenabschnitt R_f und zum anderen der Tangentialpunkt mit der Effizienzkurve riskanter Portfolios. Dieser Tangentialpunkt kennzeichnet das sogenannte Marktportfolio M, wobei es sich hierbei um die optimale Zusammensetzung der Wertpapiere handelt. Jegliche andere Kombination kann nicht zu effizienteren Ergebnissen führen, da die Gerade zwischen dem risikolosen Zins und dem Marktportfolio immer oberhalb der anderen Kombinationen liegt. Entsprechend kann daraus abgeleitet werden, daß die Anleger anstelle eines individuellen Portfolios jeweils die gleiche Portfoliozusammensetzung anstreben (bei homogenen Erwartungen). Lediglich der jeweilige Anteil des Marktportfolios und der risikolosen Anleihe werden von Anleger zu Anleger variieren. Dies hängt wiederum von der individuellen Risikoeinstellung des jeweiligen Anlegers ab.

Die mathematische Gleichung der Kapitalmarktlinie entspricht formal einer Geradengleichung, deren Achsenabschnitt und Steigung der Abb. B.3 zu entnehmen sind. Daraus ergibt sich die folgende Gleichung:

$$E(R_i) = R_f + \frac{E(R_m) - R_f}{\sigma_m} \cdot \sigma_i$$

mit

$E(R_i)$ = Renditeerwartungswert des Portfolios i,
$E(R_m)$ = Renditeerwartungswert des Marktportfolios,
σ_i = Standardabweichung des Portfolios i,
σ_m = Standardabweichung des Marktportfolios und
R_f = Zinssatz für eine risikolose Anlagemöglichkeit.

Entsprechend der obigen Formel können also Anleger, die bereit sind, Risiko zu tragen, eine Risikoprämie in Höhe von $\{E(R_m)-R_f\} \cdot \sigma_i/\sigma_m$ erwarten.

Aus der Kapitalmarktlinie und der entsprechenden Quantifizierung der erwarteten Risikoprämie der Anleger läßt sich der Preis bzw. die Renditeerwartung für einzelne Wertpapiere des Marktportfolios im Kapitalmarktgleichgewicht herleiten.[1] Als Ergebnis erhält man die sogenannte Wertpapierlinie, die auch als Security Market Line bezeichnet wird und die Grundlage des Capital Asset Pricing Model (CAPM) bildet. Sie ist in Abbildung B.4 dargestellt.

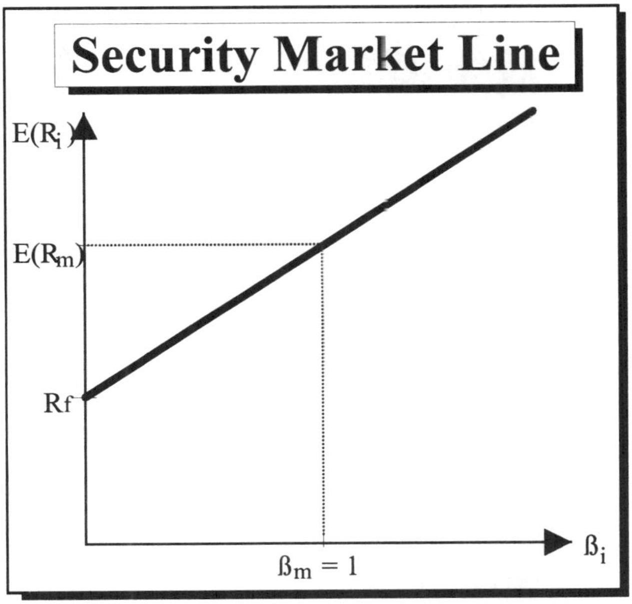

Abb. B.4: Wertpapierlinie

1 Zur Herleitung vgl. **Steiner/Bruns** (1998), S. 24ff.

Aus der Abbildung wird deutlich, daß für ein einzelnes Wertpapier nur der sogenannte Betafaktor ($ß_i$) als Risikomaß von Bedeutung ist. Dieser Faktor beschreibt, wie stark ein Wertpapier auf die Einflußgröße „Markt" reagiert und spiegelt damit lediglich das systematische, d.h. das nicht wegdiversifizierbare Risiko wider. Den systematischen Teil des Risikos muß daher jeder Investor tragen, wofür er aber auch mit einer Risikoprämie belohnt wird. Für die Übernahme von unsystematischen, d.h. titelspezifischen oder wegdiversifizierbaren Risiken wird dagegen keine Risikoprämie gewährt. Begründet wird dies damit, daß diese Risiken durch eine Diversifikation vollständig eliminiert werden können. Der Betafaktor für das Marktportfolio ($ß_m$) beträgt definitionsgemäß eins.

Formal kann die Gleichung für das CAPM bzw. die Wertpapierlinie wie folgt beschrieben werden:

$$E(R_i) = R_f + [E(R_m) - R_f] \cdot ß_i$$

mit

$$ß_i = k_{im} \cdot \frac{\sigma_i}{\sigma_m} = \frac{Cov_{im}}{\sigma_m^2}$$

k_{im}= Korrelationskoeffizient zwischen der Wertpapierrendite und der Marktrendite.

Für eine einzelne risikobehaftete Kapitalanlage kann im Kapitalmarktgleichgewicht offenbar eine Rendite erwartet werden, die sich aus einem risikolosen Zinssatz zuzüglich einer Risikoprämie zusammensetzt.

Zu kritisieren ist am CAPM, daß die reale Welt komplexer ist, als von diesem Modell angenommen.[1] Darüber hinaus lassen sich die zukünftigen Werte von Renditen und Risiken nicht messen und müssen stattdessen auf der Basis von Vergangenheitswerten geschätzt werden. Diese Schätzwerte variieren in der Praxis aber von Anleger zu Anleger, so daß - wie oben bereits erläutert - unterschiedliche Effizienzkurven entstehen können. Entsprechend realisiert jeder einzelne Anleger eine Kombination aus der risikolosen Anlage und dem (individuell) optimalen Tangentialportfolio und damit eine individuelle Effizienzgerade. Infolgedessen unterscheiden sich die Portfolios der Anleger sowohl im Hinblick auf das Mischungsverhältnis zwischen der risikofreien Anlage und dem Tangentialportfolio als auch in bezug auf die Zusammensetzung dieses Portfolios. Das Marktportfolio dürfte entsprechend selten mit dem Tagentialportfolio übereinstimmen.[2]

Darüber hinaus werden im Rahmen des CAPM sämtliche Renditen nur von einem Risikofaktor abgeleitet. Das Modell geht also davon aus, daß die übrigen (unsystematischen) Risiken unkorre-

---

1 Vgl. **Elton/Gruber** (1991), S. 302.

2 Vgl. **Kleeberg** (1995), S. 32ff.

liert sind und sich bei einer hinreichenden Diversifikation gegenseitig aufheben. In der Praxis ist aber zu beobachten, daß noch viele andere Faktoren auf den unsystematischen Teil des Risikos einwirken.

Dennoch liefert das Modell Anhaltspunkte bezüglich der Höhe der zu erwartenden Rendite im Gleichgewicht bei einem bestimmten Risiko. Im Gegensatz dazu sind die Renditen im Rahmen der Portfoliotheorie nach Markowitz vorgegeben.

Das CAPM ist in vielen Untersuchungen im Hinblick auf die Gültigkeit seiner Kernaussagen getestet worden. Dabei konnte weder eine Bestätigung noch eine eindeutige Falsifizierung der Modellthesen festgestellt werden. Häufig wird aber auch die Testbarkeit des CAPM in Frage gestellt, da das theoretisch korrekte Marktportfolio das sämtliche Assets enthält, bei solchen Tests nicht eingesetzt werden kann. Wird stattdessen lediglich ein Index als Ersatz-Marktportfolio verwendet, so kann mit Hilfe eines empirischen Tests grundsätzlich nur geprüft werden, ob der verwendete Index effizient im Sinne der Portfoliotheorie ist. Allerdings weisen andere Untersuchungen darauf hin, daß die Wahl des Marktportfolios von nicht so großer Bedeutung ist.[1]

3. Modellerweiterungen des CAPM

Aufgrund der Kritik an dem klassischen CAPM wurden zahlreiche Modellerweiterungen vorgenommen, die realitätsnähere Modellkonzeptionierungen erlaubten. Beispielhaft seien die sogenannten Intertemporalen Modelle und das Generalized CAPM genannt. Beiden liegt eine mehrdimensionale Interpretation des CAPM zugrunde. Intertemporale Modelle berücksichtigen einen kontinuierlichen Zeitablauf und zugleich mehrere Faktoren. Dabei werden Investitionsentscheidungen über mehrere Perioden berücksichtigt.[2] Auch beim Generalized CAPM werden die realitätsfernen Annahmen des CAPM zum Anlaß genommen, ein allgemeineres Modell zu konstruieren. So wird davon ausgegangen, daß nicht alle Marktteilnehmer dasselbe Marktportfolio halten, sondern aufgrund von Transaktionskosten und neueren Finanzprodukten in erheblich weniger Wertpapiere investieren.[3]

Eine weitere mehrfaktorielle Version des CAPM ist das sogenannte Multi-Beta CAPM. Dabei erfolgt eine Aufspaltung des Betafaktors in eine beliebige Zahl von Einzelbetas, wobei das Marktportfolio als Kombination von Teil-Portfolios interpretiert wird.

Für die Bewertungsgleichung des CAPM ergibt sich in seiner Multi-Beta-Fassung der folgende Ausdruck:[4]

---

1 Vgl. **Steiner/Bruns** (1998), S. 28f. und die dort angegebenen Literaturhinweise.

2 Vgl. **Alexander/Francis** (1986), S. 229.

3 Vgl. **Levy** (1978), S. 644f.; **Levy** (1990), S. 236 und S. 240. Einen guten Überblick über verschiedene Modellerweiterungen des CAPM gibt **Nowak** (1994), S. 40ff.

4 Vgl. **Sharpe** (1977), S. 134, dessen Gleichung aber leicht hiervon abweicht, weil er auf die Annahme unkorrelierter Faktoren verzichtet.

$$E(R_i) = R_f + [E(R_m) - R_f] \cdot \sum_{k=1}^{K} \frac{\sigma(F_k)}{\sigma(R_m)} \cdot ß_{mk} \cdot ß_{ik}$$

mit

$ß_{mk}$ = Sensitivität der Rendite des Marktportfolios in bezug auf die Ausprägungen des Risikofaktors k,

$ß_{ik}$ = Sensitivität der Rendite des Wertpapiers i in bezug auf die Ausprägungen des Risikofaktors k,

$\sigma(F_k)$ = Varianz des k-ten Risikofaktors und

$\sigma(R_m)$ = Varianz der Rendite des Marktportfolios.

Durch das Multi-Beta CAPM wird die erwartete Rendite eines Wertpapiers über den risikolosen Zins und K Risikoprämien erklärt. Durch die Überführung des Marktriskos in faktorbezogene Risiken lassen sich explizit mehrere Risikomaße berücksichtigen. Allerdings ist die Gleichsetzung des Marktrisikos mit den Faktorrisiken nur unter der Voraussetzung eines vollständig diversifizierten Marktportfolios zulässig. Auch hier wird wiederum die zentrale Stellung des Marktportfolios deutlich. Nur wenn die Effizienz dieses Portfolios bewiesen werden kann, läßt sich das CAPM auch empirisch bestätigen.

Ein weiteres Modell sieht die Einbeziehung des sogenannten Gini-Koeffizienten als Risikomaß anstelle der Varianz bzw. Standardabweichung vor.[1] Das CAPM, das auf der Grundlage des Mean-Gini-Ansatzes basiert, beruht im wesentlichen auf denselben Annahmen wie das klassische CAPM.[2] Als zusätzliche Annahmen werden eine spezielle Nutzenfunktion des Investors, die den Erwartungswert gegen den Gini-Koeffizienten gewichtet, und die Minimierung des Gini-Koeffizienten für einen gegebenen Erwartungswert seitens des Investors unterstellt. Anstatt $\mu\sigma$-effiziente Portfolios zu halten, wird der Investor mit Hilfe des Mean-Gini-Ansatzes solche Portfolios konstruieren, die zur effizienten Menge nach der stochastischen Dominanz zweiten Grades gehören.[3]

Für normalverteilte Wertpapierrenditen liegt eine Übereinstimmung des $\mu\sigma$-Betas und des Mean-Gini-Betas vor.[4] Sind die Wertpapierrenditen nicht normalverteilt, so weichen die beiden Betas voneiander ab, wobei das Mean-Gini-Beta allerdings die theoretisch besser fundierten Werte liefern kann.

---

1 Zum Mean-Gini-Ansatz vgl. Kapitel A.I.2.g.

2 Die Herleitung des CAPM auf der Grundlage des Mean-Gini-Ansatzes erfolgt sowohl für den einfachen als auch für den erweiterten Gini-Koeffizienten bei **Shalit/Yitzhaki** (1984), S. 1457ff.

3 Zur stochastischen Dominanz vgl. Kapitel A.I.2.g.

4 Vgl. **Shalit/Yitzhaki** (1984), S. 1460.

4. Ein- und Mehrfaktorenmodelle

Bei Faktormodellen handelt es sich um Modelle, die die Rendite eines Wertpapiers als lineare Funktion zu einem oder zu mehreren Faktoren in Beziehung setzen.[1] Ein bekanntes Einfaktormodell ist das sogenannte Single-Index Modell bzw. Marktmodell. Die zentrale Annahme ist hierbei die Aussage, daß sich die Renditen einzelner Anlagen entsprechend den Bewegungen des Indexes entwickeln.[2] Unterstellt wird ein linearer Zusammenhang zwischen der Rendite eines Wertpapiers und der Rendite des Marktportfolios. Dabei werden die nach der Portfoliotheorie für die Risikoermittlung erforderlichen Kovarianzen der Renditen zwischen den einzelnen Wertpapieren durch die Korrelation mit der Marktrendite substituiert. Als einzige Erklärungsgröße für die Wertpapierrendite ergibt sich die Marktrendite. Bei Unabhängigkeit der Renditen untereinander und einer Normalverteilung der Renditen kann die Marktrendite als Linearkombination der einzelnen Wertpapierrenditen dargestellt werden. Die einzelne Wertpapierrendite wird wie folgt ermittelt:[3]

$$R_i = a_i + ß_i \cdot R_m + u_i$$

mit

a_i = von der Marktrendite unabhängige Wertpapierrendite,
$ß_i \cdot R_m$ = systematische Wertpapierrendite,
R_m = Rendite des Marktportfolios,
R_i = Rendite des Wertpapiers i und
u_i = Zufallsfehler.

Damit läßt sich die Rendite eines Wertpapiers in die beiden Komponenten ‘marktbezogene Rendite’ ($ß_i \cdot R_m$) und ‘unternehmensbezogene Renditebestandteile’ (a_i und u_i) zerlegen. Bei $ß_i$ handelt es sich um den Regressionskoeffizienten, der die Höhe des Einflusses der Marktrendite auf die Wertpapierrendite aufzeigt.

Das Marktmodell basiert nicht auf einem direkten theoretischen Hintergrund, es läßt sich aber ökonomisch begründen. So kann als unbestritten gelten, daß Aktienkursentwicklungen durch gesamtwirtschaftliche Veränderungen beeinflußt werden und infolgedessen von der Entwicklung des Gesamtmarktes abhängen, die wiederum durch einen Marktindex abgebildet wird.

Im Vergleich zum Portfoliomodell von Markowitz werden beim Marktmodell erheblich weniger Inputdaten benötigt. Insbesondere brauchen die zahlreichen Kovarianzen nicht mehr geschätzt zu werden, sondern lassen sich mit Hilfe der folgenden Formel ermitteln:[4]

---

1 Vgl. **Alexander/Sharpe/Bailey** (1993), S. 241ff.

2 Vgl. **Sharpe** (1963), S. 282. Die heute übliche Bezeichnung ‘Marktmodell’ ist auf Fama zurückzuführen, vgl. **Fama** (1968), S. 29ff.; **Fama** (1970), S. 383ff.

3 Vgl. **Brown/Warner** (1980), S. 207ff.; **Fama** (1976), S. 66ff.

4 Vgl. **Steiner/Bruns** (1998), S. 18f.

$$\mathrm{Cov}(R_i, R_j) = ß_i \cdot ß_j \cdot \sigma^2_{Index} .$$

Die anschließende Tabelle zeigt die jeweils zu schätzenden Inputdaten in Anlehnung an beide Modelle für ein Beispiel-Portfolio von 250 Aktien:

Modell von Markowitz		
Variablen	**Anzahl**	**Beispiel**
$E(R_i)$ für alle i	n	250
Var (R_i) für alle i	n	250
Cov (R_i, R_j) für alle $i \neq j$	$\frac{n \cdot (n-1)}{2}$	31.125
Summe	$\frac{n \cdot (n+3)}{2}$	31.625

Marktmodell		
Variablen	**Anzahl**	**Beispiel**
$E(R_{Index})$	1	1
$Var(R_{Index})$	1	1
$Var(u_i)$ für alle i	n	250
a_i für alle i	n	250
$ß_i$ für alle i	n	250
Summe	$3 \cdot n + 2$	752

Tab. B.5: Inputdaten beim Markowitz- und beim Marktmodell

Bei dem Marktmodell besteht die Gefahr der zu starken Vereinfachung, da eine Beschränkung auf nur einen renditebestimmenden Faktor vorgenommen wird. Dabei können wichtige Beziehungen zwischen den Wertpapierrenditen vernachlässigt werden, die jedoch im Modell von Markowitz durch die Kovarianzen zwischen den einzelnen Wertpapieren erfaßt werden. Dies ist vor allem dann der Fall, wenn die Korrelation der Wertpapierrenditen mit dem gewählten Index nicht sehr stark ist und eine entsprechend hohe Residualkorrelation zwischen den Störtermen u_i auftritt. Beispielhaft sei auf bestimmte Brancheneffekte verwiesen, die zwar bei den Aktien der entsprechenden Branche parallele Kursbewegungen auslösen, die aber nicht durch den Marktfaktor erfaßt werden können; denn dieser übt definitionsgemäß einen Einfluß auf alle Wertpapiere aus. Notwendig werden deshalb weitere erklärende Variablen.

Aus dieser Kritik heraus entstanden Mehrfaktorenmodelle, die insbesondere bei der Analyse von Aktienrisiken eine bedeutende Rolle spielen. Dabei wird versucht, das Marktrisiko weiter in seine Einzelbestandteile zu zerlegen, um schließlich einen größeren Anteil des Gesamtrisikos von Aktien zu erklären, als dies Einfaktorenmodelle in der Lage sind. Grundsätzlich liegt Faktormodellen die Annahme zugrunde, daß sich die Renditebewegungen der Wertpapiere durch eine bestimmte Anzahl ökonomischer Faktoren erklären lassen.[1] Im Rahmen dieser Modelle wird eine bestimmte Struktur der Wertpapierrenditen postuliert, wobei allerdings offenbleibt, wie sich die gemeinsa-

1 Vgl. **Albrecht/Maurer/Mayser** (1996), S. 3.

men Renditeeinflüsse inhaltlich unterscheiden. Hierzu wurden einige Möglichkeiten aufgezeigt.[1] So bietet sich beispielsweise die Faktorenanalyse als ein multivariates statistisches Verfahren an, mit dem versucht wird, eine Vielzahl von Variablen durch wenige Faktoren zu erklären. Gleichzeitig lassen sich die Faktorbetas ermitteln, die auch als Faktorladungen bezeichnet werden. Bei der Faktorenanalyse muß entweder die Anzahl der Faktoren im voraus festgelegt werden, oder es wird die Vorgabe von Abbruchkriterien bei Hinzunahme weiterer Einflußgrößen erforderlich. Allerdings kann es zu unterschiedlichen Ergebnissen kommen je nachdem, welche Methode zum Einsatz kommt.[2]

Eine weitere Möglichkeit, die relevanten Faktoren zu bestimmen, besteht in der Vorabauswahl von gesamtwirtschaftlichen Variablen auf der Basis plausibler ökonomischer Überlegungen. Als solche Faktoren kommen beispielsweise die Inflationsrate, die Höhe der industriellen Produktion, die Zinsstrukturkurve und die Risikoprämie in Frage.[3] Letztere wird hierbei als Renditedifferenz zwischen Staatsanleihen bester Bonität und Anleihen mit einem niedrigeren Rating, jeweils bezogen auf die gleiche Laufzeit, verstanden. Dieser Form der Faktorenbestimmung ist ökonomisch unmittelbar nachvollziehbar, während dies bei der Nichtvorgabe bestimmter Faktoren im Rahmen der Faktorenanalyse problematischer ist. Allerdings besteht das Problem der Subjektivität bei der Auswahl der Faktoren. Zudem sind makroökonomische Faktoren häufig untereinander korreliert.[4]

Als weitere Möglichkeit wird auch vorgeschlagen, mikroökonomische Faktoren vorzugeben, von denen die Faktorsensitivitäten abhängen.[5] Bei diesem Ansatz wird unterstellt, daß die Sensitivität gegenüber einem bestimmten Risikofaktor aus einer linearen Verknüpfung von quantifizierbaren Unternehmensmerkmalen bestimmt werden kann, wobei für sämtliche Unternehmen die gleiche Verknüpfungsvorschrift angenommen wird. Die einfließenden fundamentalen Daten sind vorab zu bestimmen, wobei die vielversprechendsten Kennzahlen durch Experimentieren ermittelt werden können. Diese Form der Bestimmung der Faktoren hat im praktischen Portfoliomanagement die größte Bedeutung gewonnen.[6]

Als ein theoretisches Modell, das auf der Annahme eines Faktorenmodells aufbaut, kann die sogenannte Arbitrage Pricing Theory (APT) angeführt werden.[7] Sie stellt eine Alternative zum CAPM dar, wobei der Rendite-Risiko-Zusammenhang durch mehrere, explizit ausgewiesene Risikofaktoren erklärt wird. Anders als beim CAPM, bei dem sämtliche Faktoren in nur einer Risikokennzahl, dem Betafaktor, zusammengefaßt werden, kann bei der APT eine mehrdimensionale Analyse der Risikoquellen erfolgen.[8] Zur Herleitung der APT-Grundgleichung werden zwei Annahmen unterstellt: zum einen wird vorausgesetzt, daß die Entstehung von Wertpapierrenditen

---

1 Vgl. **Wallmeier** (1997), S. 27 und die dort angegebene Literatur.

2 Vgl. **Wallmeier** (1997), S. 28 und die dort angegebene Literatur.

3 Vgl. **Chen/Roll/Ross** (1986), S. 385ff.

4 Vgl. **Wallmeier** (1997), S. 32.

5 Vgl. **Rosenberg** (1974), S. 263ff.

6 Vgl. **Wallmeier** (1997), S. 38f.

7 Vgl. **Ross** (1976), S. 341ff.

8 Vgl. **Perridon/Steiner** (1997), S. 273ff.

durch ein lineares Mehrfaktorenmodell beschrieben werden kann; zum anderen wird angenommen, daß die Märkte arbitragefrei sind. Letzteres bedeutet, daß durch Transaktionen auf den Wertpapiermärkten, bei denen per saldo kein Kapitaleinsatz erfolgt und durch die der Anleger kein Risiko eingeht, keine positive Renditen erzielt werden können. Von Transaktionskosten bei Arbitrageprozessen wird dabei allerdings abstrahiert.

Die allgemeine Grundgleichung der APT lautet:

$$R_i = \alpha_i + \text{ß}_{i1}F_1 + \text{ß}_{i2}F_2 + \ldots + \text{ß}_{in}F_n + \varepsilon_i$$

mit

$F_1, F_2, \ldots, F_n$ = Faktoren 1-n,
α_i = faktorunabhängiger Renditebestandteil,
ß_{ij} = Sensitivität des Faktors j und
ε_i = Zufallsfehler.

Die obige APT-Gleichung beschreibt die Rendite eines Wertpapiers i als Linearkombination aus einem konstanten Teil α_i und mehrerer mit den jeweiligen Sensitivitäten gewichteter Faktoren. Falls es zu Abweichungen der tatsächlichen Wertpapierrendite von der erwarteten kommt, so können diese sowohl durch n gesamtmarktbezogene Risikofaktoren als auch durch wertpapierspezifische Ereignisse, die in dem Zufallsfehler zum Ausdruck kommen, verursacht sein.

Der APT liegen die folgenden Annahmen zugrunde:[1]

- uneingeschränkte Möglichkeit von Leerverkäufen,
- vollkommener arbitragefreier Kapitalmarkt,
- Abhängigkeit der Renditen von mehreren Faktoren,
- risikoscheue Anleger als Nutzenmaximierer,
- homogene Erwartungen bezüglich der Wertpapierrenditen und
- Existenz einer risikolosen Kapitalanlage- und -aufnahmemöglichkeit.

Die Annahmen der APT sind im Vergleich zum CAPM weniger streng. Beispielsweise ist keine Normalverteilung der Wertpapierrenditen bzw. das Vorliegen einer quadratischen Nutzenfunktion für die Anleger erforderlich. Demgegenüber werden aber bei der APT genaue Vorgaben zum Renditegenerierungsprozeß aufgestellt, die beim CAPM nicht benötigt werden. Hierdurch wird der Gültigkeitsbereich der APT eingeschränkt.[2]

Hingegen ist bei der APT die Kenntnis des Marktportfolios - anders als beim CAPM - nicht erforderlich. Auch besteht nicht mehr das Problem der Renditeerklärung über einen Faktor. Aller-

---

[1] Vgl. **Steiner/Bruns** (1998), S. 31.

[2] Vgl. **Perridon/Steiner** (1997), S. 274f. Zur empirischen Anwendung der APT vgl. **Nowak** (1994), S. 114ff.

dings ist für eine gewinnbringende Nutzung die Kenntnis der konkreten Faktoren nötig, die für die Rendite von Wertpapieren bestimmend sind. Bei der empirischen Anwendung der APT werden die Faktoren meist über Plausibilitätsüberlegungen im voraus bestimmt - wie im Rahmen der Mehrfaktorenmodelle dargestellt. In empirischen Tests wird auf die Überlegenheit der APT gegenüber dem CAPM im Hinblick auf die Renditeerklärung abgestellt, wobei bislang allerdings noch keine eindeutige Klärung erfolgt ist.[1]

Für sämtliche Modelle zur Portfoliooptimierung gilt, daß die Qualität der Ergebnisse in besonderer Weise von der Qualität der einfließenden Daten abhängt. Hierbei handelt es sich immer um prognostizierte und damit unsichere Daten für die Zukunft, auch wenn sie mit Hilfe analytischer Modelle und Prognoseverfahren aus der Vergangenheit abgeleitet worden sind. Sollten die Daten nicht zutreffen oder sich im Laufe der Anlageperiode verändern, so sind die Gewichtungen in den Portfolios nicht mehr korrekt, und das optimale Ergebnis ist nicht mehr erzielbar. Zudem müßten in diesen Fällen die Portfolios aufgrund der neuen Datenlage neu angepaßt werden, was mit Transaktionskosten verbunden ist. Diese verhindern das Erreichen der erwarteten Rendite. Somit muß in diesen Fällen jeweils abgewogen werden, ob eine Anpassung des Portfolios zu einem theoretisch optimaleren Portfolio vor dem Hintergrund zusätzlicher Kosten gerechtfertigt ist.

II. Kapitalmarkteffizienz

Kaum eine Frage ist in Theorie und Anlagepraxis derartig ausgiebig untersucht worden, wie die Frage nach der Effizienz der Kapitalmärkte. Zu einer gesicherten Erkenntnis sind die Anstrengungen dabei bislang nicht gelangt. Überraschend ist die Vielzahl der Analysen jedoch keineswegs, wenn man bedenkt, daß mit der Antwort auf die Frage nach der Markteffizienz maßgebliche Implikationen für den Investmentstil verbunden sind. Interessanterweise spaltet die Frage nach der Markteffizienz i. d. R. Theorie und Praxis. Während der überwiegende Teil der akademischen Literatur die Existenz effizienter Märkte mehr oder minder bejaht, findet sich unter Praktikern zumeist eine Ablehnung der Effizienzhypothese. Kritiker der Markteffizienzhypothese argumentieren vielfach mit sog. Kursanomalien, um die ihrer Meinung nach nicht gegebene Markteffizienz nachzuweisen. Ihr Argument lautet, daß auf effizienten Märkten keine wiederkehrenden Kursverlaufsmuster erkennbar sein dürften. Nur dann sei ein echter 'random walk' der Kurse gegeben, wie er durch die Markteffizienzhypothese impliziert werde. Abweichungen von einem reinen Zufallspfad der Kurse widersprechen der Gültigkeit der 'efficient market hypothesis'.

Ökonomisch interessant ist die Frage, bis zu welchem Grad Finanzmärkte effizient sind. Um diese Frage zu beantworten, bedarf es einer Definition von Markteffizienz. Dabei können im Mittelpunkt der Betrachtung sowohl die Kursentwicklungen auf den Kapitalmärkten als auch die Performanceentwicklungen stehen. Entsprechend lassen sich kursorientierte und performanceorientierte Markteffizienz unterscheiden.

---

[1] Vgl. **Steiner/Bruns** (1998), S. 34f.

1. Begriff der Kapitalmarkteffizienz

a. Kursorientierte Markteffizienz

Der Begriff der Kapitalmarkteffizienz ist vielschichtig. Nach Loistl lassen sich folgende drei Formen der Markteffizienz unterscheiden.[1]

Kapitalmarkteffizienz		
Technische Effizienz	**Informationsverarbeitungseffizienz**	**Institutionen-Effizienz**
- Erwartungswert-Varianz-Effizienz - Allokations-Effizienz - Pareto-Effizienz	- Preis-Effizienz - Random Walk-Effizienz - Arbitrage-Effizienz	- Wettbewerbs-Effizienz - Handels-Effizienz - Transaktions-Effizienz - Marktzugangs-Effizienz

Tab. B.3: Formen der Kapitalmarkteffizienz

Unter technischer Effizienz wird letztlich die Gültigkeit der Portfoliotheorie von Markowitz verstanden. Aktienmärkte können in dem Fall als technisch effizient gelten, in dem Vermögensumschichtungen keine Verbesserung der Rendite-Risiko-Position ergeben.

Institutionen-Effizienz beschreibt demgegenüber die institutionellen Durchführungs- bzw. Abwicklungsmöglichkeiten von Kapitalmarkttransaktionen. Je schneller beispielsweise die Ausführung von Kauf- und Verkaufsaufträgen erfolgt, desto effizienter ist das Handelssystem.

Im engeren Sinn entspricht Kapitalmarkteffizienz der Informationsverarbeitungseffizienz (kurz: Informationseffizienz) von Kapitalmärkten. Die bekannteste Definition von Informationseffizienz geht auf Fama zurück, der Märkte als effizient ansieht, falls "security prices at any time 'fully reflect' all available information".[2] Danach können hinsichtlich der Informationseffizienz drei Unterteilungen vorgenommen werden:[3]

---

1 Vgl. **Loistl** (1990), S. 63ff.

2 **Fama** (1970), S. 383.

3 Vgl. **Fama** (1970), S. 383ff.

(1) Schwache Informationseffizienz
Märkte sind schwach informationseffizient, falls alle Informationen über die Kursentwicklung der Vergangenheit bereits in den aktuellen Marktpreisen enthalten sind.[1] Aus der schwachen Informationseffizienz folgt somit, daß durch den Einsatz der technischen Aktienanalyse keine Überrenditen zu erzielen sind.[2]

(2) Halb-strenge Informationseffizienz
Eine halb-strenge Informationseffizienz ist gegeben, falls alle öffentlich verfügbaren Informationen bereits von den Marktpreisen reflektiert werden. Demzufolge erweist sich die Informationsauswertung im Rahmen der fundamentalen Aktienanalyse als nutzlos, da sie zu keinen Überrenditen führen kann.[3]

(3) Strenge Informationseffizienz
Eine strenge Informationseffizienz liegt vor, falls jedwede, also auch nichtöffentliche Informationen (zu denken ist besonders an Insiderinformationen) bereits in den Marktpreisen enthalten sind.

Als hinreichende Bedingungen für das Vorliegen von Markteffizienz werden drei Punkte angesehen:[4] Erstens dürfen keine Transaktionskosten beim Handel von Wertpapieren auftreten. Zweitens müssen die verfügbaren Informationen allen Marktteilnehmern kostenlos zur Verfügung stehen, und drittens bestehen hinsichtlich der Wirkung von Informationen auf die Kurse homogene Erwartungen unter den Anlegern.

Aufgrund der damit verbundenen Problematik hat Fama 1976 eine neue Definition von Markteffizienz eingeführt. Ihrzufolge kann ein Kapitalmarkt als effizient gelten, falls er einerseits keine relevanten Informationen bei der Bepreisung von Wertpapieren vernachlässigt und auf ihm andererseits rationale Erwartungen vorherrschen.[5]

Eine abweichende Terminologie der oben genannten drei Kategorien von Informationseffizienz, die ebenfalls auf Fama zurückgeht, bezieht sich auf die zwischenzeitlich zu diesem Thema durch-

---

1 Prägnant läßt sich auch sagen: "Efficient markets have no memory". **Brealey/Myers** (1988), S. 289.

2 Die technische Aktienanalyse versucht anhand von Kursbildern (Charts) Prognosen über den zukünftigen Trend der Aktienkurse abzuleiten. Deshalb wird sie häufig als Chartanalyse bezeichnet. Zu den Verfahren der Chartanalyse siehe **Welcker** (1991) und **Loistl** (1992), S. 60ff.

3 Gegenstand der fundamentalen Aktienanalyse ist die Bestimmung des inneren Wertes von Aktien anhand von gesamtwirtschaftlichen und unternehmensindividuellen Kriterien. Ist der innere Wert einer Aktie bekannt, dann kann anhand eines Vergleichs mit dem tatsächlichen Kurs eine Über- bzw. Unterbewertung festgestellt werden. Zur fundamentalen Aktienanalyse siehe **Steiner/Bruns** (1998), S. 202ff. und **Loistl** (1992), S. 125ff.

4 Vgl. **Fama** (1970), S. 387.

5 Vgl. **Fama** (1976), S. 7ff.

geführten empirischen Untersuchungen. Erstens wird unterschieden in Tests der Prognosefähigkeit von Renditen der Vergangenheit für künftige Renditen. Dies entspricht der Überprüfung der schwachen Form der Informationseffizienz, wobei allerdings eine Erweiterung hinsichtlich der Problemstellung bzw. des sich hieraus ergebenden Testumfangs vorgenommen wird.[1]

Zweitens werden sogenannte Ereignisstudien angeführt, die dem Test der halb-strengen Informationseffizienz entsprechen. Im Rahmen dieser Studien wird untersucht, wie rasch sich die Informationsverarbeitung auf Kapitalmärkten vollzieht bzw. wie schnell sich die Marktpreise an einen neuen Informationsstand anpassen. Die Ereignisstudien untersuchen demzufolge die Wirkung von 'Public Information' auf Aktienpreise. Unter 'Public Information' versteht man Informationen, die im Moment ihres Bekanntwerdens die Marktpreise bereits beeinflußt haben.[2]

Schließlich besteht weitgehende Kongruenz zwischen dem Test auf private Informationen und der strengen Informationseffizienz. Private Informationen sind dabei zu verstehen als Informationen, die erst durch ihre Umsetzung in ein Handeln (Kaufen oder Verkaufen) zu Preisveränderungen führen und somit gewinnbringend genutzt werden können.

b. Performanceorientierte Markteffizienz

Die oben angeführten Definitionen von Markteffizienz können als preisorientiert bezeichnet werden, da sie sich mit dem Verhalten von Wertpapierkursen im Zeitablauf beschäftigen. Eine um den Kostenaspekt erweiterte Definition von Markteffizienz geht auf Jensen zurück. Hiernach ist ein Markt informationseffizient, wenn auf der Basis verfügbarer Informationen kein ökonomischer Gewinn, gemessen als risikoadjustierter Nettogewinn, erzielbar ist.[3]

Damit liegt eine performanceorientierte Definition vor, die Märkte für effizient erklärt, falls auf diesen keine Überrenditen durch Informationsausnutzung nach Transaktionskosten erzielbar sind. Mit anderen Worten: Märkte sind effizient, falls der Nutzen der Informationsausnutzung die Kosten der Informationsbeschaffung und -auswertung nicht übersteigt. Ökonomisch erscheint diese Definition zweckmäßig, wenn man bedenkt, daß hiermit eine klare Handlungsanweisung verbunden ist.[4]

---

1 Beispielsweise fällt in diese Kategorie nunmehr auch die Untersuchung der Frage, ob aus der Kenntnis aktueller Kurs-Gewinn-Verhältnisse, Book-to-Price-Ratios oder Dividendenrenditen künftige Überrenditen erzielt werden können. Die früheren Tests auf schwache Informationseffizienz beschränken sich ausschließlich auf die Frage, ob anhand der Kurse der Vergangenheit zukünftige Überrenditen erzielbar sind. Vgl. **Fama** (1991), S. 1576f.

2 Vgl. **French/Roll** (1986), S. 9.

3 **Jensen** (1978), S. 96. Siehe hierzu auch die vergleichbare Definition von **Roll** (1992), S. 30f.

4 Vgl. **Fama** (1991), S. 1575.

Entsprechend dieser Definition der Markteffizienz werden offenbar nicht die Zeitreihen von Wertpapierkursen betrachtet, sondern vielmehr die Performance von Investmentprofis, namentlich Investmentfonds und Pensionskassen. Denn aus einer unterstellten Nichtgegebenheit von Markteffizienz folgt, daß offenbar Chancen bestehen, besser als der Markt abzuschneiden. Sind Märkte - ökonomisch betrachtet - nicht hinreichend effizient, dann sollten professionelle Kapitalanleger in der Lage sein, besser als vergleichbare Marktindizes (Benchmarks) abzuschneiden. Um die Frage der Markteffizienz zu beantworten, reicht es folglich aus, die Ergebnisse professioneller Investmentanleger zu analysieren.

Wie sich bei empirischen Untersuchungen zur Anlageperformance herausgestellt hat, läßt sich die Nullhypothese einer 'Outperformance' der Investmentprofis eindeutig verwerfen.[1] Der Median der untersuchten Marktprofis liegt unterhalb der korrespondierenden Benchmarkergebnisse. Eine Normalverteilung der Ergebnisse um das Benchmarkresultat als Zentralwert liegt nicht vor. Hinzu kommt, daß die Ergebnisse wenig stationär sind. Auch Zeithorizonteffekte spielen hierbei eine Rolle. Es hat sich gezeigt, daß mit zunehmendem Investmenthorizont die Anzahl der besser als der Markt liegenden Investoren stetig zurückgeht. Fälschlicherweise argumentieren Kritiker der Markteffizienzhypothese oftmals mit den Ergebnissen weniger ausgewählter Investmentprofis, die aber als Ausnahmen zu qualifizieren sind, die die Regel bestätigen. Dabei wird übersehen, daß ein derartig positives Ergebnis im Vergleich zur Benchmark allein schon statistisch erwartbar ist.

2. Praktische Bedeutung von Kapitalmarkteffizienz

In den Modellen der Kapitalmarkttheorie nimmt die Annahme effizienter Märkte eine zentrale Rolle ein. Die Portfolio- und Kapitalmarkttheorie, die für die Bepreisung von Wertpapieren einen hohen Stellenwert besitzt, baut auf der Prämisse effizienter Kapitalmärkte auf.[2] Die Klärung der Frage nach der Markteffizienz erlaubt Rückschlüsse auf die Güte der genannten Theorien und Modelle.

Auch die praktischen Implikationen sind weitreichend. Auf effizienten Kapitalmärkten ist es z. B. theoretisch nutzlos, für die Beschaffung und Auswertung von Informationen über Wertpapiere Geld auszugeben, wie dies im Research-Bereich bei Banken und Brokern in großem Umfang der Fall ist. Zudem wäre die Suche nach über- und unterbewerteten Wertpapieren bei Vorliegen von Kapitalmarkteffizienz zwecklos, da falsch bewertete Anlagetitel auf effizienten Märkten nicht existieren können. Hingegen erhalten passive Anlagemanagementtechniken im Gegensatz zu auf 'Stock-Picking' und 'Timing' basierenden Strategien durch das Bestehen effizienter Märkte argumentatorische Unterstützung.

---

1 Vgl. **Malkiel** (1995), S. 559ff. und **Kahn/Rudd** (1995), S. 43ff.

2 Am Beispiel der multinationalen Portfoliodiversifikation zeigen Bode/van Echelpoel/Sievi, daß Marktteilnehmer häufig nicht den theoretisch begründeten und praktisch nachgewiesenen Erkenntnissen der Kapitalmarkttheorie folgen. Obwohl der Nutzen multinationaler Diversifikation seit langem bekannt ist, setzen sich die eigenen Wertpapierportefeuilles der deutschen Banken zu ca. 90% aus inländischen Anlagetiteln zusammen. Vgl. **Bode/van Echelpoel/Sievi** (1994), S. 202ff.

Unter der Hypothese der Kapitalmarkteffizienz läßt sich beispielsweise die in den sechziger und siebziger Jahren beobachtbare Tendenz der Unternehmen zur Diversifikation bzw. zur Bildung von Konglomeraten beurteilen. Sind nämlich Kapitalmärkte effizient, dann ist die Diversifizierung der Unternehmen aus Gründen der Risikoreduktion nicht erforderlich, da Anleger diese Art der Diversifikation (unter Berücksichtigung ihrer individuellen Risikoeinstellung) selber durch den Kauf der entsprechenden Aktien herbeiführen können.[1]

Offenbar steht die Theorie der effizienten Kapitalmärkte im Widerspruch zu einigen, in der Portfoliomanagementpraxis vorzufindenden Erscheinungen. Es läßt sich konstatieren, daß kaum ein theoretisches Konzept in der betroffenen Praxis auf soviel Widerstand und Unverständnis gestoßen ist.[2]

3. Markteffizienzforschung

a. Ziele

Im Rahmen der Markteffizienzforschung geht es in erster Linie nicht um die Frage, ob Kapitalmärkte vollkommen informationseffizient sind oder nicht. Vielmehr steht der Grad der Informationseffizienz im Mittelpunkt der Betrachtung. Daß Kapitalmärkte nicht vollkommen informationseffizient sind, wird auch von wissenschaftlicher Seite nicht bestritten. Schließlich ist die Hypothese der Informationseffizienz ein Modell, das ein ungefähres Abbild der Realität liefern soll.

Ziel der Erforschung der Markteffizienz ist es, herauszufinden, ob die Hypothese der Informationseffizienz von Kapitalmärkten eine brauchbare Arbeitshypothese darstellt. Darüber hinaus muß überprüft werden, ob sich das Modell für alle Anlagegattungen gleichermaßen eignet oder ob bedeutende Unterschiede auftreten. Ferner gilt es zu untersuchen, inwiefern die einzelnen Aktienmarktsegmente (in Deutschland: amtlicher Handel, geregelter Markt, Freiverkehr, Telefonhandel, IBIS-Handel) unterschiedliche Grade von Informationseffizienz aufweisen.

b. Methodologische Problembereiche

Wertpapierkurse können theoretisch nur dann alle verfügbaren Informationen beinhalten, wenn die Ware 'Information' zum Nulltarif gehandelt wird. Aus der Nichtgegebenheit kostenloser Informationen in der Realität läßt sich entsprechend die Nichtexistenz informationseffizienter Märkte folgern.[3]

---

1 Vgl. **LeRoy** (1989), S. 1584. Dies gilt insbesondere für Länder, in denen die Rechtsform der börsennotierten Aktiengesellschaft weit verbreitet ist. In diesem Zusammenhang sind vor allem anglo-amerikanische Länder zu nennen. Aufgrund der vergleichsweise geringen Anzahl börsennotierter Aktiengesellschaften in Deutschland verliert das Argument hierzulande an Gewicht.

2 Vgl. **Kromschröder** (1984), S. 1077 und **Schredelseker** (1984), S. 44.

3 Vgl. **Grossman/Stiglitz** (1980), S. 393ff.

Der Begriff der Informationseffizienz ist aber - wie oben bereits angedeutet - in der performanceorientierten Betrachtungsweise weiter zu fassen. Folgt man dieser Definition, so sind neben den Informationsbeschaffungs- und -auswertungskosten auch Transaktionskosten und Steuern ins Kalkül mit einzubeziehen. Um die Hypothese der Markteffizienz eindeutig zu widerlegen, muß daher eine Anlagestrategie entwickelt werden, die unter Berücksichtigung der genannten Aspekte eine risikoadjustierte Überrendite erwirtschaftet.[1]

Das Hauptproblem der Theorie effizienter Märkte besteht in der Notwendigkeit, verbundene Hypothesen (Joint-Hypothesis) zu untersuchen. Zur Feststellung, ob Überrenditen mittels einer Informationsauswertung erzielbar sind, bedarf es einer genauen Quantifizierung von Überrenditen. Da es sich gemäß der Kapitalmarkttheorie um risikoadjustierte Überrenditen handeln muß, ist im Rahmen empirischer Untersuchungen zunächst ein Modell zu bestimmen, das die adäquaten Überrenditen ermitteln kann. Dies erfordert u. a. die Festlegung einer allgemein akzeptierten Risikodefinition. Erst dann läßt sich überprüfen, ob eine Informationsauswertung gewinnbringend ist. Dieses Dilemma wird von Fama beschrieben:

"Thus, market efficiency per se is not testable. ... It is a disappointing fact that, because of the joint-hypothesis problem, precise inferences about the degree of market efficiency are likely to remain impossible."[2]

c. Aktueller Erkenntnisstand der Diskussion um die Markteffizienz

Frühe empirische Untersuchungen in den sechziger Jahren zum Thema Markteffizienz gelangen zu dem Ergebnis, daß dem amerikanischen Aktienmarkt Informationseffizienz zuzumessen sei.[3] Bis in die Mitte der siebziger Jahre finden sich eindeutige Bestätigungen der Theorie. Dies wird auch durch die folgende Feststellung Jensens unterstrichen:

"I believe there is no other proposition in economics which has more solid empirical evidence supporting it than the Efficient Market Hypothesis."[4]

Gegen Ende der siebziger, besonders aber seit Anfang der achtziger Jahre sind erhebliche Zweifel an der Gültigkeit der Hypothese von der Markteffizienz aufgetaucht. Hervorgerufen wurden diese Zweifel durch die Entdeckung sogenannter Kapitalmarktanomalien in empirischen Untersuchungen. Unter Kapitalmarktanomalien versteht man empirisch zu beobachtende Renditeentwicklungen, die im Widerspruch zu den Theorieaussagen der Kapitalmarkttheorie - und somit auch zur

---

1 Vgl. **Shiller** (1988), S. 58f. Dabei kann die Berücksichtigung des Risikos z. B. auf der Basis des CAPM erfolgen.

2 **Fama** (1991), S. 1575f.

3 Dies gilt zumindest für die schwache und die halb-strenge Informationseffizienz. Einen Überblick über die Markteffizienz der europäischen Aktienmärkte findet sich bei **Hawawini/Jaquillat** (1993), S. 80ff. Dabei gelangen die Autoren zu dem Ergebnis, daß zumindest die großen europäischen Märkte halb-streng effizient sind.

4 **Jensen** (1978), S. 95.

Theorie effizienter Märkte - stehen.[1] Kapitalmarktanomalien lassen sich in Saisonalitäten und Anomalien im engeren Sinn differenzieren. Von der Vielzahl der vermeintlichen Phänomene haben sich zunächst besonders der Januareffekt als Renditesaisonalität und der Kleinfirmeneffekt als Renditeanomalie als signifikant erwiesen. Zwischen beiden besteht allerdings eine positive Korrelation.[2] Auch das Minimum-Varianz-Portfolio kann in diesem Zusammenhang angeführt werden.[3]

Entscheidendes Gewicht kommt der Interpretation der beobachteten Anomalien zu. Entweder sind die auftretenden Erscheinungen im Rahmen von effizienten Märkten erklärbar, oder aber sie stehen in fundamentalem Widerspruch zu diesen. In der Literatur gibt es diesbezüglich keine einheitliche Meinung. Da das Auftreten einiger Anomalien nach ihrem Bekanntwerden nicht mehr beobachtbar ist bzw. stichhaltige Begründungen für bestimmte Anomalien gefunden wurden (z. B. fiskalischer Natur), erscheint eine Verwerfung der Hypothese von der Markteffizienz voreilig.[4] Dies um so mehr, als die Ergebnisse der empirischen Untersuchungen nicht widerspruchsfrei und zudem sensitiv hinsichtlich der betrachteten Untersuchungszeiträume sowie weiterer Modellierungsdetails sind.[5]

Dabei ist allerdings zu berücksichtigen, daß sich die Ergebnisse empirischer Untersuchungen nicht ohne weiteres mit den Ergebnissen unter realen Marktgegebenheiten vergleichen lassen. Dies wird auch anhand des untenstehenden Zitats von Fama unterstrichen. Dabei geht es um das sogenannte 'Value Line Enigma'.[6] Die von der Firma 'Value Line' in den USA herausgegebene Publikation 'Value Line Investment Survey' gruppiert amerikanische Aktien in fünf verschiedene Segmente ein. In der Gruppe Eins befinden sich jene Aktien, bei denen Value Line die höchste Wahrscheinlichkeit einer überdurchschnittlichen Performance des Marktes erwartet. Gemäß verschiedener diesbezüglicher empirischer Tests konnte nachgewiesen werden, daß sich die in Gruppe Eins befindlichen Aktien tatsächlich besser als andere Aktien niedrigerer Gruppen entwickeln.[7]

---

1 Vgl. **Tversky/Thaler** (1990), S. 201ff.

2 Vgl. **Roll** (1983), S. 18ff. und **Stock** (1990), S. 518ff. Eine Analyse des deutschen Aktienmarktes hierzu findet sich bei **Beiker** (1993), S. 23ff. sowie bei **Oertmann** (1994), S. 229ff. Zu Saisonalitäten und Anomalien im allgemeinen vgl. **Frantzmann** (1989) und **Schnittke** (1989) und die dort angegebene Literatur. Zum sog. 'Closed-End Fund Puzzle' siehe **Lee/Shleifer/Thaler** (1991), S. 75ff.

3 Vgl. **Kleeberg** (1995), S. 31ff.

4 Der Kleinfirmeneffekt scheint z. B. kaum noch aufzutreten, vgl. **Kolb** (1992), S. 584. Der Januareffekt läßt sich mit der 'Tax-Loss-Selling'-Hypothese und mit dem Portfolio-Rebalancing-Ansatz gut begründen, vgl. **Reinganum** (1983), S. 89ff. und **Beiker** (1993), S. 459. Des weiteren wird mitunter vermutet, daß bei kleinen Firmen die Erfassung des Risikos in Form der Volatilität nicht ausreichend ist. Von Bedeutung könnte stattdessen eine Kennzahlen wie der sog. 'Free Float' sein. Einen ausführlichen Überblick über diesbezügliche Untersuchungen gibt **Beiker** (1993), S. 32ff.

5 Vgl. **Beiker** (1993), S. 463.

6 Zum 'Value Line Enigma' siehe **Huberman/Kandel** (1987), S. 577ff., **Stickel** (1985), S. 121ff. und **Copeland/Mayers** (1982), S. 289.

7 Vgl. **Stickel** (1985), S. 121ff. und **Copeland/Mayers** (1982), S. 289ff.

Ein Vergleich der real erzielbaren Wertentwicklung mit entsprechenden empirischen, aus Simulationen gewonnenen Testergebnissen führt jedoch zu stark abweichenden Werten, wie folgendes Zitat verdeutlicht:

"Over the 6,5 years from 1984 to mid-1990, group 1 stocks earned 16.9% per year compared with 15,2% for the Wilshire 5000 Index. During the same period, Value Line Centurion Fund, which specializes in group 1 stocks, earned 12,7% per year - live testimony to the fact that there can be large gaps between simulated profits from private information and what is available in practice."[1]

Ähnliche Äußerungen finden sich auch bei Roll, der versucht hat, durch die Ausnutzung vermeintlicher Marktanomalien Überrenditen zu erzielen:

"I have attempted to exploit the so called year-end anomalies and a whole variety of strategies supposedly documented by academic research. And I have yet to make a nickel on any of these supposed market inefficiencies."[2]

Bei allen in der Vergangenheit beobachteten Kursanomalien muß auf deren ökonomische Signifkanz geachtet werden. Statistische Signifikanz ist oftmals nicht hinreichend, um von einer echten Anomalie zu sprechen. Erst wenn eine zukünftige ökonomische Ausnutzbarkeit der erkannten Anomalie gegeben ist, müssen Kapitalmarktanleger hellhörig werden.

Nachdem zunächst die Entdeckung einiger vermeintlicher Kursanomalien zu einer breiten Infragestellung der Markteffizienzhypothese geführt hatte, erwiesen sich die gefundenen Anomalien ganz überwiegend als nicht ökonomisch signifikant. Der Analysefokus wandte sich daher seit Mitte der achtziger Jahre der Rationalität des Anlageverhaltens der Marktteilnehmer zu. Um die Falsifikation der Markteffizienzhypothese nachweisen zu können, wurde das Verhalten und die Psychologie der Marktteilnehmer untersucht. Irrationalitäten, die sich in übertriebener Volatilität und in Abweichungen der Aktienkurse von deren inneren Werten zeigten, wurden zum Anlaß genommen, die Effizienz der Märkte aus dieser Richtung in Frage zu stellen.

In diesem Zusammenhang haben insbesondere spekulative 'Bubbles' und überhöhte Volatilitäten an den Kapitalmärkten zur Infragestellung der Rationalität der Marktteilnehmer geführt.[3] Dabei wird nicht in erster Linie mit Überrenditen argumentiert, sondern mit Abweichungen zwischen den Marktkursen und den fundamental gerechtfertigt erscheinenden Kursen.

Entsprechend versteht man unter 'Bubbles' die temporären Abweichungen von Preisen für Anlageobjekte von ihren fundamentalen Werten. Zumeist handelt es sich dabei um Aktien, bei denen die fundamentale Werte mit Hilfe von Dividendendiskontierungsmodellen bestimmt werden. Aber auch für andere Assetklassen, wie z. B. Währungen oder Commodities sind Bubbles denk-

---

[1] **Fama** (1991), S. 1604f. Der Wilshire 5000 ist ein kapitalgewichteter Aktienindex, der die Wertentwicklung von fünftausend amerikanischen Aktiengesellschaften umfaßt.

[2] **Roll** (1992), S. 30.

[3] Vgl. dazu den Überblick bei **Shiller** (1988), S. 56ff. Eine gute Einführung hierzu findet sich bei **Jüttner** (1987), S. 1ff.

bar. Dies gilt auch für überhöhte Volatilitäten, die auch als 'Excess Volatility' bezeichnet werden und sich auf die Schwankungen der fundamentalen Kurse im Vergleich zu den am Markt beobachtbaren Aktienkursen beziehen. Die Hypothese von der 'Excess Volatility' besagt, daß die Marktkurse permanent stärker schwanken, als dies durch die fundamentale Informationslage gerechtfertigt ist. Liegt Markteffizienz vor, dürften Wertpapierkurse nur in solchen Fällen schwanken, in denen neue relevante Informationen an den Markt gelangen.[1]

Immerhin wäre die Grundprämisse der Markteffizienz, derzufolge sich die Marktteilnehmer rational verhalten, falsifiziert, falls temporäre 'Bubbles' und permanent überhöhte Volatilitäten überzeugend nachgewiesen werden können. Hinsichtlich der Interpretation von 'Bubbles' und überhöhten Volatilitäten im Kontext der Forschung zur Effizienz von Kapitalmärkten besteht zur Zeit in der einschlägigen Literatur aber kein Konsens.[2]

III. Erklärungsansätze für Irrationalitäten auf Kapitalmärkten

Anders als etwa auf dem Gebiet des Marketing spielen psychologische, d. h. über die Rationalität hinausgehende Einflußfaktoren in der wissenschaftlichen Diskussion über die Preisbildung auf den Finanzmärkten nur eine geringe Rolle. Stattdessen steht das rational handelnde Individuum (Homo Oeconomicus) nach wie vor im Mittelpunkt kapitalmarkttheoretischer Modelle.[3] Es wird zwar in der Kapitalmarktforschung nicht geleugnet, daß psychodynamische Faktoren (z. B. Emotionen, Motivationen etc.) Einfluß auf die Kurse von Finanzierungstiteln und dabei vor allem auf Aktien besitzen.[4] Aus Gründen der einfacheren Modellbildung wird i. d. R. aber auf deren explizite Berücksichtigung verzichtet.[5]

Wenn psychodynamische bzw. behavioristische Komponenten einen wesentlich stärkeren Kurseinfluß auf Wertpapiere besitzen, als dies in den Modellen der Finanzierungs- und Kapitalmarkttheorie zum Ausdruck kommt, so hätte dies weitreichende Implikationen. Durch eine geschickte Investor-Relation-Strategie müßte dann z. B. eine positive Beeinflussung der Anleger möglich sein, die höhere Aktienkurse nach sich zieht. Die sich derzeit in Deutschland vollziehende Diskussion um die Mehrung des Shareholder Value ist möglicherweise ein Indiz für die kurssteigernden Folgen derartiger Strategien.

---

1 Vgl. **Bruns** (1994), S. 2, **Smith/Suchanek/Williams** (1988), S. 1119ff.

2 Vgl. **Allen/Gorton** (1993), S. 813.

3 Vgl. **Menkhoff/Röckmann** (1994), S. 278.

4 Vgl. **Roll** (1992), S. 29ff.

5 Vgl. **Stöttner** (1992), S. 271. De Bondt/Thaler haben nachgewiesen, daß sich auch Wertpapieranalysten z. T. irrational verhalten, vgl. **De Bondt/Thaler** (1990), S. 52ff.

1. Fads und Fashions

Zur Begründung von rational kaum erklärlichen Kapitalmarktanomalien wird seit Mitte der achtziger Jahre häufig auf sog. 'Market-Fads' bzw. -'Fashions' verwiesen.[1] Unter den Begriffen 'Fads' und 'Fashions' sind Launen bzw. Modeströmungen des Marktes zu verstehen, bei denen die Kurse durch irrationales Verhalten der Investoren spekulativ verzerrt sind. 'Fads'- und 'Fashion'-Modelle gehen folglich davon aus, daß die Transaktionsentscheidungen der Marktteilnehmer mit der ökonomischen Realität unkorreliert sind.

Das Zurückführen von Kursabweichungen zwischen dem Marktkurs und dem fundamentalen Wert auf 'Fads' klingt intuitiv plausibel. 'Fads' und 'Bubbles' können identisch sein, falls steigende (fallende) Kurse zu einer irrationalen Hausse- (Baisse-) Laune unter den Marktteilnehmern führen.

Aus der Existenz von 'Fads' lassen sich keine direkten Handelsstrategien ableiten. Hierin könnte der Grund dafür bestehen, daß die gewinnbringende Ausnutzung von 'Fads' nicht in dem Umfang möglich ist, wie dies intuitiv zu erwarten wäre. Für die Beurteilung der Kapitalmarkteffizienz besitzt diese Aussage eine große Bedeutung, da Kritiker des 'Fads'-Ansatzes damit argumentieren, daß systematische Überrenditen mit diesem Ansatz nicht erzielbar seien.[2]

Problematisch an 'Fads'-Modellen ist zudem deren fehlende ökonometrische Beschreibbarkeit. Modelle, die - wie bei psychologischen Modellen nicht unüblich - lediglich auf nachvollziehbaren Plausibilitätsüberlegungen beruhen, entziehen sich zumeist einer empirischen Überprüfung. Es besteht daher eine Kontroverse darüber, welchen Wert derartige Modelle besitzen.

Die Bezeichnung 'Fads' wird von manchen Autoren als eine geschickte Bezeichnung für jenes Residuum bei Aktienkursen dargestellt, das bei Regressionsanalysen nicht irgendwelchen erklärenden Kursbestimmungsfaktoren zugeordnet werden kann.

"The central problem for fad models is overcoming this charge that they are just a catchy name for a residuum."[3]

2. Market Overreaction

Gemäß der Hypothese von der 'Market Overreaction' an Aktienmärkten kommt es infolge der Veröffentlichung neuer kursrelevanter Informationen zu einem 'Overshooting' bzw. übertriebenen Kursreaktionen seitens der Marktteilnehmer.[4] Dies wird beschrieben in folgender behavioristischer Aussage:

---

1 Vgl. **Shiller** (1989), S. 9ff. und **Shiller** (1984), S. 29.

2 Vgl. **Shiller** (1988), S. 58f. und **Roll** (1992), S. 30f.

3 **Cochrane** (1991), S. 480.

4 Vgl. **DeBondt/Thaler** (1985), S. 795. Das Problem des 'Overshooting' im Bereich von Währungen stellen **Fastrich/Hepp** (1991), S. 65f. dar.

"... people show a tendency to 'overreact', i.e., they overweight recent information and underweight base rate data."[1]

Die Hypothese von der 'Market Overreaction' unterstellt, daß Aktienkurse temporär von ihren fundamentalen Werten abweichen. Zurückzuführen sind die temporären Abweichungen auf Wellen von Optimismus und Pessimismus.[2] Stimmungen können einen Herdentrieb ('Herding') auslösen, der das Eintreten von Überreaktionen beschleunigt.

Diese Hypothese kann zur Erklärung erhöhter Volatilität auf den Aktienmärkten beitragen. Mit 'Market Overreaction' läßt sich möglicherweise auch das in Crashs zu beobachtende Verhalten erklären, welches die Kurse auf ein scheinbar ungerechtfertigt niedriges Niveau fallen läßt.[3]

3. Mean Reversion

Die empirische Beobachtung, daß ökonomische Daten im allgemeinen und Aktienkurse im besonderen eine ausgeprägte Tendenz aufweisen, zu ihren längerfristigen Mittelwerten bzw. fundamentalen Werten zurückzukehren, wird als 'Mean Reversion' bezeichnet. Inhaltlich ist der 'Mean Reversion'-Prozeß eng mit der These von der 'Market Overreaction' verwandt; denn als Begründung für den 'Mean Reversion'-Prozeß wird die Umkehrung von Überreaktionen genannt. Aktuelle Daten - gleichgültig, ob positiv oder negativ - werden von den Investoren bei der Erstellung von Prognosen zu Lasten der langfristig wertbestimmenden Daten übergewichtet, und erst nach einer bestimmten Zeitspanne kehren die Kurse zu ihren fundamentalen Werten zurück.[4]

Wenn die These von der 'Mean Reversion' zutrifft, dann sind Aktienkurse zum Teil prognostizierbar, da sie keinem reinen Random Walk folgen. Dann können aus der 'Mean Reversion'-These Handlungsstrategien abgeleitet werden. Diese lassen sich mit der Handlungsregel 'Buy Losers, Sell Winners' charakterisieren. Infolgedessen sollen Portefeuilles, die aus Aktien mit einer 'Underperformance' in der Vergangenheit zusammengesetzt sind, sich positiver entwickeln als Portefeuilles, die aus Aktien bestehen, deren Vergangenheitsperformance überdurchschnittlich war.[5]

---

1 **DeBondt/Thaler** (1987), S. 557.

2 Vgl. **Conrad/Kaul** (1993), S. 39. Als Begründung für 'Market Overreaction' geben **De Long/Shleifer/Summers/Waldmann** (1990a), S. 394 'Positive Feedback' an.

3 Vgl. **Stöttner** (1989), S. 157.

4 Vgl. **DeBondt/Thaler** (1989), S. 190ff.

5 Siehe bezüglich empirischer Untersuchungen zur Mean-Reversion **DeBondt/Thaler** (1985), S. 799, **Shefrin/Statman** (1985), S. 777ff., **Zarowin** (1990), S. 113ff., **Stock** (1990), S. 518ff., **Fama/French** (1988), S. 246, **Cutler/Poterba/Summers** (1990), S. 63ff., **Cutler/Poterba/Summers** (1991), S. 529, **Kim/Nelson/Startz** (1991), S. 516, **McQueen** (1992), S. 1ff., **Schwert/Seguin** (1990), S. 1139.

Zur Messung einer möglichen 'Mean Reversion' können Autokorrelationstests herangezogen werden. Mit deren Hilfe messen empirische Untersuchungen jeweils die Korrelation aufeinanderfolgender Aktienrenditen (serielle Korrelation). Insgesamt zeigen die Ergebnisse der empirischen Untersuchungen eine Tendenz zu positiver Autokorrelation bei kurzfristigen und negativer Autokorrelation bei längerfristigen Renditen auf.[1] Zur Einordnung von Mean-Reversion muß auf die konzeptionelle Nähe zu charttechnischen Methoden hingewiesen werden. Die Verwendung von Trendlinien, Trendkanälen und (gleitenden) Durchschnittslinien stellt einen andersnamigen Versuch dar, Preisschwankungen um Durchschnittswerte auszunutzen.

Die besondere Gefahr des Mean-Reversion-Ansatzes liegt, wie bei der Chartanalyse auch, in der fehlenden Theorieunterstützung. Für die Dauer einer Rückkehr zum Mittelwert gibt es allenfalls Meßdaten der Vergangenheit. Schocks oder sog. Regime-Shifts können nicht prognostiziert werden. Gerade deren korrekte Prognose birgt die Chance hoher Überrenditen. Zudem läßt sich über die Höhe der Abweichungen vom Mittelwert keine fundierte Aussage treffen.

4. Noise

Der Terminus 'Noise' - zu deutsch 'Rauschen' - ist abzugrenzen gegen den Begriff der 'Information' und beschreibt eine nicht objektiv nachprüfbare Kurskomponente.[2] Diese sorgt für zufällige Schwankungen der erwarteten Aktienrenditen im Zeitablauf und setzt sich aus vielen - im einzelnen schwer zu identifizierenden und im Zeitablauf veränderlichen - Faktoren zusammen, die für Abweichungen zwischen dem Marktkurs und dem fundamentalen Wert verantwortlich sind.[3]

Die Marktteilnehmer auf Kapitalmärkten lassen sich unterscheiden in sogenannte 'Noise Trader' und 'Information-Investors' bzw. 'Smart Money-Investors'. Erstere folgen bei ihren Kauf- bzw. Verkaufsentscheidungen Stimmungen, Gerüchten und Marktlaunen. Daher fußen ihre Investitionsentscheidungen auf einer verzerrten Wahrscheinlichkeitsverteilung künftiger Renditen.[4] Die 'Smart Money-Investors' treffen ihre Transaktionsentscheidungen auf der Basis von Informationen. Dies deutet darauf hin, daß 'Smart Money Investors' im Gegensatz zu 'Noise Tradern' risikoavers eingestellt sind.[5] 'Noise Trader' neigen zudem zu Überreaktionen in die positive wie auch in die negative Richtung.

---

1 Vgl. **De Long/Shleifer/Summers/Waldmann** (1990a), S. 394 und **Poterba/Summers** (1988), S. 27ff. Dort sind auch empirische Untersuchungen für den deutschen Aktienmarkt durchgeführt worden, siehe S. 40f.

2 Vgl. **Black** (1986), S. 529.

3 Vgl. **Campbell/Kyle** (1993), S. 4. Ein mathematisches Modell zur Beschreibung von 'Noise' formulieren **De Long/Shleifer/Summers/Waldmann** (1990b), S. 703ff. Hierbei hängt die Preisverzerrung von der Anzahl der 'Noise-Trader' und der Risikoneigung der Marktteilnehmer ab.

4 Vgl. **Menkhoff/Röckmann** (1994), S. 283.

5 Vgl. **Campbell/Kyle** (1993), S. 2.

Auch die Anhänger der Technischen Analyse basieren ihre Entscheidungen nicht auf Überlegungen hinsichtlich des fundamentalen Wertes von Aktien. Vielmehr können Transaktionen, die infolge der Technischen Analyse durchgeführt werden, zu 'Noise' und damit zu einer zunehmenden Kursabweichung vom fundamentalen Wert führen, da derartige Strategien i. d. R. prozyklisch sind ('Trend Chasing'). Infolgedessen werden sie auch als 'Momentum-Strategies' im Gegensatz zu 'Value-Strategies' bezeichnet.[1]

Der Einfluß von 'Noise' auf Aktienkurse führt dazu, daß diese verzerrt (noisy) sind und folglich nur ein ungefähres Abbild ihres fundamentalen Wertes darstellen. Für das Funktionieren von Kapitalmärkten ist die Existenz von 'Noise' wichtig, da ansonsten kein Handel stattfinden würde. 'Noise Trader' sorgen durch ihre Transaktionen für Marktliquidität.[2]

Allerdings ist darauf hinzuweisen, daß 'Noise' für die Marktteilnehmer ein zusätzliches systematisches Risiko bedeutet und deshalb - je nach seinem Umfang - hohe volkswirtschaftliche Wohlfahrtskosten verursachen kann.[3]

Im Zusammenhang mit 'Bubbles' wird häufig die Frage aufgeworfen, ob nicht durch Arbitrageprozesse eine erkennbare Überbewertung eines Marktes sofort ausgeglichen wird. Arbitrageprozesse können lediglich auf friktionsfreien und effizienten Märkten die Entstehung von 'Bubbles' verhindern. Liegt 'Noise' vor, dann bildet Arbitrage nur einen unzureichenden Schutz vor Kursabweichungen vom fundamentalen Wert.[4]

Wie schon die Parabel vom Schönheitswettbewerb bei Keynes zeigt, können Investoren auf Märkten, auf denen 'Noise' existiert, Arbitragegewinne nicht aufgrund besserer Informationen bezüglich des fundamentalen Wertes, sondern nur dann erzielen, falls sie in der Lage sind, zu antizipieren, "what average opinion expects average opinion to be".[5] Ein gutes Beispiel für das Nichtfunktionieren des Arbitragearguments sind börsennotierte geschlossene Länderfonds. Diese notieren häufig deutlich unter- oder oberhalb ihrer inneren Werte.

Aktienkurse sind als Signale für den Wert eines Unternehmens (z. B. den Strom der zukünftigen Cash Flows) zu deuten. Auch wenn die Aktienkurse durch 'Noise' verzerrt sind, so sind sie nicht deshalb als Wert-Signale wertlos bzw. unbrauchbar.

---

1 Vgl. **Hill/Jones** (1988), S. 29.

2 Vgl. **Black** (1986), S. 529ff. Würden auf einem Markt hingegen ausschließlich 'Information Investors' existieren mit der Folge effizienter Preise, dann kommt es nicht zu Umsätzen, da Transaktionen auf der Basis von neuen Informationen keinen Gewinn versprechen; denn die Kurse reflektieren im Augenblick der Informationsbekanntgabe bereits die Information. Vgl. dazu insbesondere **Grossman/Stiglitz** (1979), S. 393ff., **Schredelseker** (1984), S. 44ff. und **Schneider** (1993), S. 1429ff.

3 Das durch 'Noise' induzierte Risiko ist nicht diversifizierbar, da es sich um ein Gesamtmarktrisiko handelt. Vgl. **De Long/Shleifer/Summers/Waldmann** (1989), S. 681ff. Ähnlich äußern sich auch **Menkhoff/Röckmann** (1994), S. 284.

4 Vgl. **Girard/Gruber** (1993), S. 11f.

5 **Keynes** (1936), S. 156.

Aus den Ausführungen läßt sich folgern, daß 'Noise' für Kursabweichungen von den fundamentalen Werten verantwortlich sein kann und so die Entstehung von 'Bubbles' wie auch eine erhöhte Volatilität unterstützt.[1] Einschränkend muß jedoch angemerkt werden, daß so manche Kursabweichung vom fundamentalen Wert, die in statistischen Tests als 'Bubble' erscheint, sich schließlich als 'Noise' erweist.

5. Positive Feedback

'Positive Feedback' entstammt massenpsychologischen Ursprüngen und kann als positive Rückkopplung verstanden werden. Häufig äußert sich 'Positive Feedback' in einem zeitweiligen Herdentrieb ('Herding') unter den Investoren oder zumindest einer Anzahl von Marktteilnehmern. Charakteristisch für 'Feedback-Trader' ist die Fundierung ihrer Transaktionsentscheidungen auf vergangene Kursentwicklungen anstatt auf fundamentale Daten.[2]

Ein Herdentrieb zeichnet sich durch gleichgerichtetes Verhalten einer Gruppe von Marktteilnehmern aus, wobei sowohl fundamentale als auch nichtfundamentale Gründe diesen Herdentrieb bewirken können. Die in einem Herdentrieb zum Vorschein kommende Homogenisierung von Anlagemeinungen wird möglicherweise von den bestehenden Entlohnungssystemen für Portfoliomanager verursacht oder zumindest begünstigt.[3] Ein existierender Performancedruck, wie er zumindest für institutionelle Vermögensanleger, wie z. B. Investmentfonds und Pensionskassen besteht, kann zu gleichgerichtetem Anlageverhalten beitragen, um nicht schlechter als die Konkurrenz dazustehen. Das Verhalten anderer Marktteilnehmer kann bestimmend für die Entscheidungen einzelner Investoren sein. Fundamentale Überlegungen spielen dabei zeitweilig eine unbedeutende Rolle.

Für die Existenz von ‘Positive Feedback’ lassen sich drei plausible Begründungen anführen:[4]

- Das menschliche Denken neigt zur Extrapolation von Trends der Vergangenheit.
- Komplexe Entscheidungssituationen werden häufig durch die Verwendung vereinfachter Methoden (z. B. die Nutzung von Kurscharts) bewältigt.
- Aufgrund massenpsychologischer Untersuchungen ist bekannt, daß sich der Mensch mit seinen Entscheidungen wohler fühlt, falls diese im Einklang mit dem Verhalten anderer Marktteilnehmer stehen.

'Positive Feedback' wird des öfteren als Ursache für diverse empirisch beobachtbare Preisabweichungsphänomene, wie sie z. B. im Rahmen von 'Bubbles' hervortreten, genannt.[5] Dies steht im Einklang mit den sich selbst erfüllenden Erwartungen, die für die Kursentwicklung im Rahmen

---

1 Vgl. **Menkhoff/Röckmann** (1994), S. 284f.

2 Vgl. **Cutler/Poterba/Summers** (1990), S. 63.

3 Vgl. **Wallich** (1979), S. 38.

4 Vgl. **Menkhoff** (1992), S. 131.

5 Vgl. **Menkhoff/Röckmann** (1994), S. 286.

von 'Bubbles' verantwortlich sind. Wie das obige Zitat gezeigt hat, vermag ein Herdentrieb unter völliger Vernachlässigung fundamentaler Bewertungskriterien Kurse maßgeblich zu beeinflussen.

Einem Herdentrieb kann duch eine 'Signalling'-Strategie Vorschub geleistet werden. Dabei veröffentlichen wichtige Marktteilnehmer ihre Anlagestrategie in der Hoffnung, daß weitere Marktteilnehmer dieser Strategie aufgrund des ausgesendeten Signals folgen. Auch der Börsencrash des Oktobers 1987 wurde maßgeblich durch 'Positive Feedback' beeinflußt.[1]

'Feedback'-Modelle erscheinen plausibel und können zur Erklärung scheinbar irrationaler Kursbewegungen beitragen. Dies gilt um so mehr, je kurzfristiger die Betrachtung ist. Allerdings scheinen 'Feedback'-Modelle derzeit noch nicht ausgereift zu sein, um einen allumfassenden Erklärungsansatz für das langfristige Verhalten von Investoren auf Kapitalmärkten zu bieten.[2]

6. Informationswahrnehmungs-, -beurteilungs- und -speicherungsprozesse

Zur Erklärung des Kursverhaltens bei Aktien kann es fruchtbar sein, den Prozeß der Informationsgewinnung bei Marktteilnehmern zu analysieren. Dabei steht z. B. die Frage im Vordergrund, wie zu erklären ist, daß über eine bestimmte Aktie zur Zeit besonders viel gesprochen wird, d. h., daß sie in Mode ist. Zu klären ist in diesem Zusammenhang ebenfalls, welche situativen Umweltbedingungen die Aufmerksamkeit von Anlegern bezüglich bestimmter Aktien ansteigen lassen. Angesichts des beschränkten menschlichen Aufnahmevermögens können einzelne Anleger nicht zur gleichen Zeit alle Aktien im Sinn haben. Daher ist die Art und Weise von Interesse, wie Anleger auf jene Titel aufmerksam geworden sind, über die sie sich derzeit eine Anlageeinschätzung bilden wollen.

Die psychologische Wahrnehmungsforschung kommt zu dem Ergebnis, daß Informationen von Personen dann besonders schnell aufgenommen werden, wenn die Informationen sich konsistent zu den bereits vorliegenden Einstellungen verhalten. Aufgrund dieser selektiven Wahrnehmung beansprucht die Aufnahme bzw. Verarbeitung von Informationen, die den eigenen Haltungen widersprechen, oft mehr Zeit.[3] Die Informationswahrnehmung, die Informationsbeurteilung und die Informationsspeicherung sind als kognitive Prozesse einzustufen. Dabei ist die Verarbeitung von Informationen durch den Verstand angesprochen. Maßgeblich für die Anlageentscheidungen von Marktteilnehmern können Erlebnisse und Erfahrungen sein. Hier kommt es zunächst darauf an, wie ein Anleger Informationen aufnimmt. Ist ein Anleger leicht beeinflußbar, so wird er Informationen anders aufnehmen und verarbeiten, als wenn er weniger leicht beeinflußbar ist.[4]

---

[1] Vgl. **Cochrane** (1991), S. 481 und **Jüttner** (1989), S. 477. Während des Oktober-Crashs kam es zu einer Art Kettenreaktion, die - ausgehend von dem US-amerikanischen Markt - alle bedeutenden Weltbörsenplätze in Mitleidenschaft gezogen hat.

[2] Vgl. **Shiller** (1990), S. 61.

[3] Vgl. **Langfeldt** (1993), S. 211ff., **Oehler** (1991), S. 600.

[4] Vgl. **Bitz/Oehler** (1993), S. 376 u. S. 385ff. Die Beeinflussung von Aktienmarktteilnehmern durch andere Investoren haben **Shiller/Pound** (1989), S. 47ff. und **Lakonishok/Shleifer/Vishny** (1991) untersucht. Dabei kommen die Autoren zu dem Ergebnis, daß von einem starken Einfluß der Marktteilnehmer untereinander ausgegangen werden muß.

Individuen besitzen einen natürlichen Spieltrieb ('Homo Ludens'). In der Kapitalmarkttheorie wird jedoch davon ausgegangen, daß Anlageentscheidungen von Investoren ausschließlich auf der Basis (ihnen bekannter) Nutzenfunktionen getroffen werden. Die Existenz eines Spieltriebes, der möglicherweise für manche Anleger die eigentliche Motivation zu einem Engagement an Kapitalmärkten darstellt, wird oftmals nicht hinreichend berücksichtigt.[1] Die Investition in Aktien ist nicht frei von Emotionen. Wie Studien zeigen, empfinden Anleger es als befriedigend und z. T. freudvoll, eigene Entscheidungen hinsichtlich der Aktienauswahl zu treffen.[2] Es ist deshalb denkbar, daß ein Teil der Investoren seine Entscheidungen nicht auf der Basis von Informationen trifft, die mit dem fundamentalen Wert eines Anlagetitels in Zusammenhang stehen.

"Individuals often do apparently stupid things. Economic theories that ignore this fact are often remarkably successful at explaining market - or aggregate - level phenomena."[3]

---

1 Vgl. **Fischer/Koop/Müller** (1994), S. 15.

2 Vgl. **Shiller** (1988), S. 62f. und die dort angegebenen Untersuchungen.

3 **Cochrane** (1991), S. 483.

C. Strategiedimension des Portfoliomanagements

Die Festlegung geeigneter Portfoliomanagementstrukturen ist Kernbestandteil des Portfoliomanagements. In diesen Bereich fallen die strategischen Entscheidungen über die Investment- bzw. Anlagephilosophie und den Investment- bzw. Anlagestil. Sowohl die Anlagephilosophie als auch der Anlagestil besitzen weitreichende Auswirkungen auf die Performance von Portfolios. Zur Verdeutlichung der Bedeutung von Anlagephilosophie und -stil erfolgt zunächst eine Einordnung in den Ablauf des Investmentprozesses. Sodann werden die Fragen der Investmentphilosophie erörtert. Anschließend erfolgt die Darstellung unterschiedlicher Investmentstile. Des weiteren wird die Asset Allocation in ihren Einzelbestandteilen aufgezeigt, wobei die Probleme der Währungsallokation im Vordergrund stehen.

I. Investmentprozeß

Der Investment- bzw. Anlageprozeß beschreibt in chronologischer Reihenfolge die Abläufe des Portfoliomanagements. Ein grobes Schema des Investmentprozesses findet sich in Abbildung C.1. Dabei wird unterstellt, daß sich der Investor für einen aktiven Managementansatz entschieden hat. Ist dies nicht der Fall, dann entfallen der zweite und dritte Schritt weitgehend.

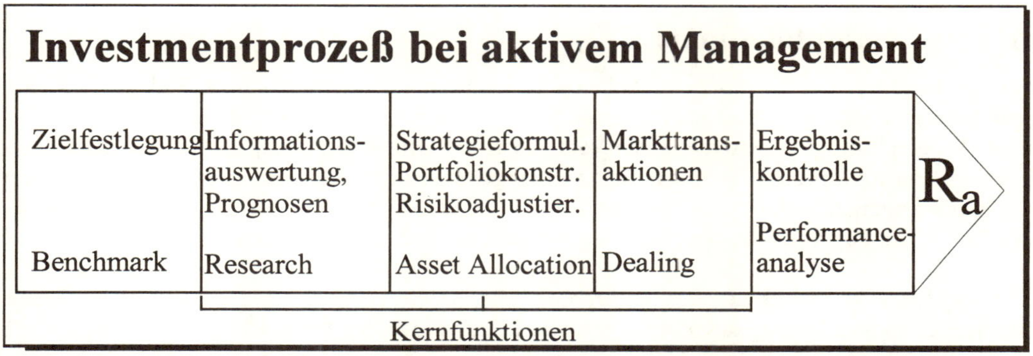

Abb. C.1: Schematische Darstellung des Investmentprozesses[1]

Am Anfang des Investmentprozesses steht die Zielfestlegung. Wie in Kapital A dargestellt, sollte der Diskussion einzelner Zielvariablen die Transformation in eine i. d. R. marktorientierte Benchmark folgen. Als Ziel der obigen Wertkette ist der Ausdruck R_a für die aktive Rendite angegeben.[2] Falls ein passiver Managementansatz verfolgt werden soll, liegt der Zielwert für R_a bei Null. Letztlich muß es dem Investor überlassen sein, zu entscheiden, welche Zielvariable er anstrebt.

Dem Schritt der Zielformulierung folgt i. d. R. die Informationssammlung und -auswertung. Im Rahmen dieses Researchprozesses werden schließlich Total-Return-Prognosen für die Assetklas-

---

[1] Der Aufbau der Graphik ist angelehnt an die Wertkettendarstellung von Porter. Vgl. **Porter** (1986), S. 72ff.

[2] Es handelt sich um eine risikoadjustierte Rendite.

sen in den einzelnen Ländern bzw. einzelnen Assets - je nach gewähltem Investmentscope - abgeleitet. Allerdings ist gegenwärtig ein Trend weg von der Punktprognose hin zu ordinalskalierten Prognosen festzustellen. Ordinalskalierte Prognosen (z. B. +, 0, -) weisen gegenüber Punktprognosen ein geringeres sogenanntes 'Rauschen' auf.[1] Auf der Basis der gewonnenen Prognosen wird anschließend die Anlagestrategie formuliert. Unter Anlagestrategie wird das prognosebasierte und am Kapitalmarkt umzusetzende Resultat der Asset Allocation verstanden. Der Begriff der Asset Allocation ist hierbei weit zu interpretieren und umfaßt auf der oberen Entscheidungsebene Anlagegattungen, Länder und Währungen. Dies schließt Optimierungsüberlegungen bezüglich der Portfoliokonstruktion mit ein.

Wenn die Anlagestrategie festgelegt ist, können die Transaktionen am Markt erfolgen. Schließlich hat in regelmäßigen Zeitabständen ein Ergebniscontrolling zu erfolgen. Dabei wird auf die Übereinstimmung zwischen Strategie und deren Realisation sowie auf die Performanceabweichungen eines Portfolios zu vorgegebenen Zielen - Benchmarks - geachtet. Darüber hinaus wird im Rahmen der Performanceanalyse auch eine Erfolgsquellenanalyse durchgeführt. Deren Ziel liegt in der Aufspaltung der erzielten Performance in ihre einzelnen Komponenten. Sind die Ursachen für die Performance bekannt, dann kann der Versuch einer Attribution in 'Können' und 'Glück' vorgenommen werden.

II. Investmentphilosophie

Für die Begriffe Investment- bzw. Anlagephilosophie und Investment- bzw. Anlagestil können sehr unterschiedliche Definitionen vorgenommen werden. Um begriffliche Klarheit zu schaffen, wird Anlagephilosophie im folgenden verstanden als Grundsatzhaltung des Portfoliomanagers bzw. der Portfoliomanagementinstitution zu maßgeblichen theoretischen und praktischen Fragen des Investmentmanagements. Wichtig ist festzuhalten, daß sich der Begriff Anlagephilosophie auf die Person des Portfoliomanagers bzw. der Portfoliomanagementinstitution bezieht.

In erster Linie ist im Rahmen der Anlagephilosphie an die Frage der Markteffizienz zu denken. Aus der Grundsatzhaltung des Portfoliomanagers zur Frage der Markteffizienz ergeben sich für den Anlagestil wichtige Folgen. Unter Anlagestil ist die Art und Weise zu verstehen, nach der ein Portfolio gemanagt wird. Auch der Anlageprozeß wird von der Anlagephilosophie wesentlich beeinflußt. Die wichtigste Frage der Anlagephilosophie führt zu der Unterscheidung in aktives und passives Management. Allerdings kann die Antwort auf diese Frage nicht generell, sondern nur markt- bzw. assetklassenspezifisch ausfallen. Denn es gilt sowohl theoretisch als auch praktisch als gesicherte Erkenntnis, daß der Grad an erreichter Markteffizienz an den Weltmärkten sich von lokalem Markt zu lokalem Markt bzw. von Assetklasse zu Assetklasse unterscheidet. Das Segment der 30 Dow Jones Werte an der New York Stock Exchange ist sicherlich effizienter als z. B. der polnische Aktienmarkt. Neben anderen Einflußfaktoren liegt dies auch an der Verfügbarkeit derivativer Instrumente, die sich auf die einzelnen Dow Jones Titel beziehen.[2]

---

1 Zu dem Begriff des sogenannten 'Rauschens' - oder auch 'Noise' genannt - vgl. Kapitel B.III.4.

2 Als weitere Gründe sind z. B. Marktabdeckung durch Researcher und Portfoliomanager sowie gesetzliche Publizitäts- und Anlegerschutzbestimmungen anzuführen.

Die Frage der Markteffizienz muß auch vor dem Hintergrund des Zeithorizonts gestellt werden. Es erscheint nicht ausgeschlossen, daß Kapitalmärkte ihre Informationsauswertung und Prognoseausrichtung auf einen bestimmten Zeitbereich der Zukunft beziehen. Daher muß die Anlagephilosophie auch die Frage der Markteffizienz in Abhängigkeit der (Prognose-) Zeit beantworten. Während eine Vielzahl von Modellen wie z. B. neuronale Netze, Trendfolgesysteme etc. versucht, kurzzeitige Preisineffizienzen auszunutzen, gehen fundamental orientierte Portfoliomanager implizit von Ineffizienzen im längerfristigen Bereich aus.

Ähnlich wie bei Renditestruktur- und Volatilitätskurven kann auch für die Markteffizienz eine zweidimensionale Darstellung gewählt werden, die den Effizienzgrad von Kapitalmärkten in Abhängigkeit des Zeitablaufs darstellt. Im Unterschied zu Renditestruktur- und Volatilitätskurven handelt es sich jedoch um konjekturale Kurven, da die Markteffizienz nicht anhand von Marktpreisen ablesbar oder gar meßbar ist.

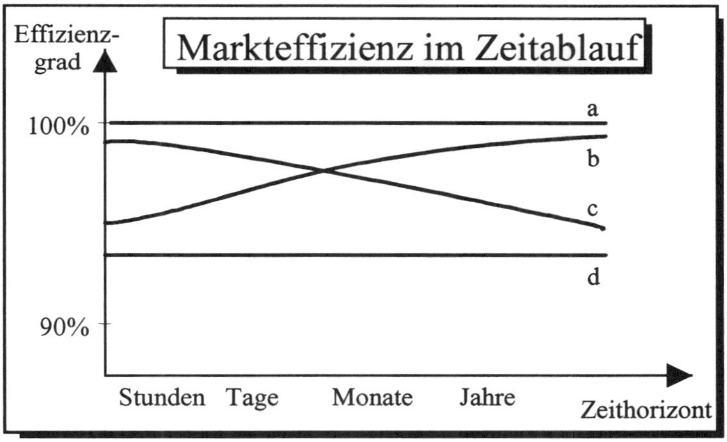

Abb. C.2: Markteffizienz im Zeitablauf

In Abbildung C.2 sind derartige Markteffizienzkurven dargestellt. Es werden vier verschiedene Szenarien für die Markteffizienz unterschieden. Szenario a kennzeichnet einen zu 100 Prozent effizienten und im Zeitablauf konstant effizient bleibenden Markt. Dieser Fall ist nur von theoretischem Interesse. Die Gerade d beschreibt ebenfalls ein zeitkonstantes Niveau der Markteffizienz. Die Höhe des Niveaus ist für die Darstellung hier nicht entscheidend. Szenario c weist auf ein im Zeitablauf abnehmendes Niveau der Markteffizienz hin. Prognosen sind folglich um so angebrachter, je länger ihr Prognosezeithorizont ist. Der umgekehrte Fall ist in Szenario b dargestellt. In diesem Fall zeigen sich die Märkte allenfalls kurzfristig, d. h. in einer Frist von Minuten, Stunden und Tagen ineffizient. Bei einer unterstellten Richtigkeit dieses Szenarios bieten sich Kurzfristprognosen an.

Eine definitive Entscheidung bezüglich des Grades an vorliegender Markteffizienz ist schwer zu treffen, zumal zeitliche Schwankungen auftreten können. Für das praktische Portfoliomanagement sollte trotzdem eine diesbezügliche Arbeitshypothese aufgestellt werden. Üblicherweise wird im

Portfoliomanagement mit der Nullhypothese gearbeitet, daß Märkte nicht effizient sind. Erst beim Beweis einer nicht systematisch erzielbaren Outperformance wird die These verworfen. Es stellt sich die Frage, ob nicht die regelmäßig seltener anzutreffende Nullhypothese, nämlich daß Märkte effizient sind, eine bessere Ausgangslage bietet. Insoweit könnte man von einer Beweislastumkehr sprechen, die ggf. zu disziplinierteren Investmententscheidungen führt.

Eine weitere wichtige Frage der Anlagephilosophie ist die nach der grundsätzlichen Attraktivität von Assetklassen. Kommt die Anlagephilosophie zu dem Ergebnis, daß bestimmte Assetklassen effizient sind, dann stellt sich immer noch die Frage, ob die erwartbaren Renditen dieser Assetklasse bzw. des jeweiligen Marktes ein attraktives Investment darstellen. Die Sinnhaftigkeit dieser Aussage läßt sich am Beispiel von Währungen aufzeigen, obwohl Währungen streng genommen keine Assetklasse im eigentlichen Sinne darstellen.[1] Wenn Portfoliomanager keine Informationen über die zukünftige Entwicklung von Währungen besitzen, dann werden sie i. d. R. eine Neutralposition in bezug auf die vereinbarte Benchmark einnehmen wollen.

Da Währungen aber im Gegensatz zu Aktien und Anleihen keine zukünftigen Cash Flows erwarten lassen, läßt sich in diesem Fall vereinfachend eine zukünftige Währungsrendite von Null annehmen.[2] Im Rahmen der Anlagephilosophie muß dann erwogen werden, ob ein Engagement in einem Anlagegegenstand, dessen Markt als effizient angesehen wird und der einen Erwartungswert für die Währungsrendite von Null aufweist, sinnvoll ist. Wird diese Frage bejaht, dann eignet sich eine passive Managementstrategie zur Umsetzung. In bezug auf andere Anlagegattungen muß vergleichbar vorgegangen werden.

Die zentralen Fragen der Anlagephilosophie betreffen die Fragen der Markteffizienz und der grundsätzlichen, d. h. nicht zeitabhängigen Markt- bzw. Assetklassenattraktivität. Aus der Beantwortung dieser Fragen ergeben sich weitergehende Problemstellungen, wie etwa jene nach der Methodik zur Marktprognose.

---

1 Der Begriff Asset läßt sich treffend mit Vermögensgegenstand übersetzen. Bei Währungen bzw. Wechselkursen handelt es sich jedoch nur um eine Austauschrelation zwischen den Zahlungsmitteln zweier Währungsgebiete. Auch in den Begriffsrahmen des Kapitalmarktes passen Währungen bei enger Auslegung kaum, da sie weder Eigen- noch Fremdkapital darstellen. Siehe hierzu die ausführliche Darstellung im Bereich der Währungsallokation, Abschnitt IV. 3. dieses Kapitels.

2 Die Vereinfachung besteht in der Vernachlässigung des sogenannten 'Siegel-Paradoxons'. Dieses zeigt auf, daß bei prozentualer Betrachtungsweise ein leicht positiver Währungsreturn zu erwarten ist. Vgl. **Siegel** (1972), S. 303ff. Ein praktisches Beispiel zum Siegel-Paradoxon findet sich bei **Gügi** (1995), S. 182.

Prognoseverfahren	**Anlagephilosophie**	**Theoriefundierung**[1]
technisch / quantitativ	aktives Management	keine Markteffizienz
fundamental / qualitativ	aktives Management	schwache Markteffizienz
passiv / implizit	passives Management	halbstrenge Markteffizienz

Tab. C.1: Verfahren und Grundlagen der Anlagephilosophie

Aus den investorspezifischen Antworten auf die dargestellten Fragen der Anlagephilosophie lassen sich praktische Implikationen für das Portfoliomanagement ableiten. Beispielhaft sind die sich für ein Aktienportfolio ergebenden Optionen in Abbildung C.3 aufgeführt.

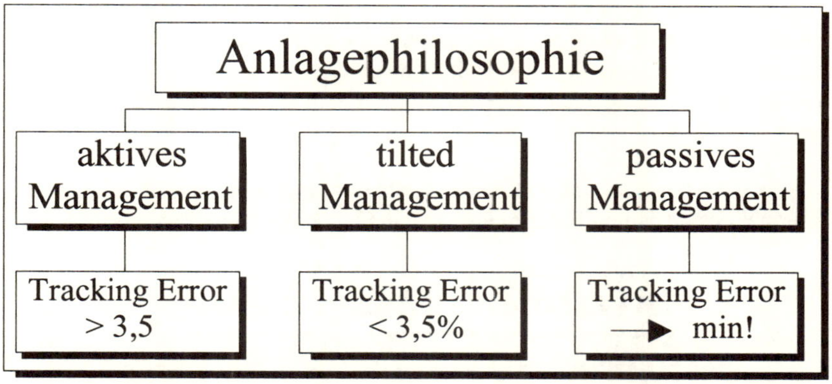

Abb. C.3: Potentielle Optionen der Anlagephilosophie bei Aktienportfolios

Wird der Tracking Error als richtiges Maß der aktiven Abweichung eines Aktienportfolios von seinem Ziel akzeptiert, dann lassen sich die drei dargestellten Optionen entwickeln. Die Höhe des Tracking Errors ist letztlich vom Anleger festzulegen. Anzumerken ist, daß mit dem Ansatz des 'Tilted Management' der Versuch eines Mittelwegs unternommen werden kann. 'Tilted Management' bedeutet - ausgehend von einer passiven Strategie - die systematische Abweichung in bezug auf einige ausgewählte Faktoren. Aktive Portfoliowetten werden dabei nur in begrenztem und vor allem kontrolliertem Umfang eingegangen.

[1] Vgl. **Fama** (1970), S. 395ff.

1. Aktives Management

In den überwiegenden Fällen der Portfoliomanagementpraxis bildet aktives Management die anlagephilosophische Grundlage der Investmententscheidungen. Das Ziel des aktiven Managements besteht in der Erzielung einer Performance, die oberhalb der angestrebten Benchmarkperformance liegt. Insofern steht die risikoadjustierte aktive Rendite, verstanden als Differenz zwischen risikoadjustierter Portfolio- und Benchmarkrendite im Mittelpunkt aktiven Portfoliomanagements.

Um Mißverständnissen vorzubeugen, muß darauf hingewiesen werden, daß der Begriff 'aktives Management' sich nicht auf die Handlungshäufigkeit innerhalb eines Portfolios bezieht. Der Begriff 'aktiv' weist lediglich auf die bewußte (Rendite-Risiko-) Exposuredifferenz zur Benchmark hin. Im Kern besteht aktives Management in der Abgabe von Prognosen.[1]

Da aktives Management auf der Annahme einer nicht gegebenen Markteffizienz beruht, zumindest in bestimmten Marktsegmenten und/oder Ländern, muß über Methodiken nachgedacht werden, die eine performancesteigernde Ausnutzung der angenommenen Marktineffizienzen wahrscheinlich werden lassen. Hierzu lassen sich zwei grundsätzliche Konzepte anführen: Zum einen der fundamental / qualitative Weg. Kernbestandteil dieser Methodik ist die Schätzung zukünftiger Cash Flows bzw. Gewinne. Zum anderen läßt sich der technisch / quantitative Weg zur Prognose von Marktineffizienzen und damit Fehlbewertungen nennen. Hierbei wird anhand von Vergangenheitsdaten versucht, Kurse zu schätzen.

Bevor auf die grundsätzlichen Ansätze der Prognosefindung eingegangen wird, soll auf den eigentlichen Engpaß des gesamten Investmentmanagements hingewiesen werden.

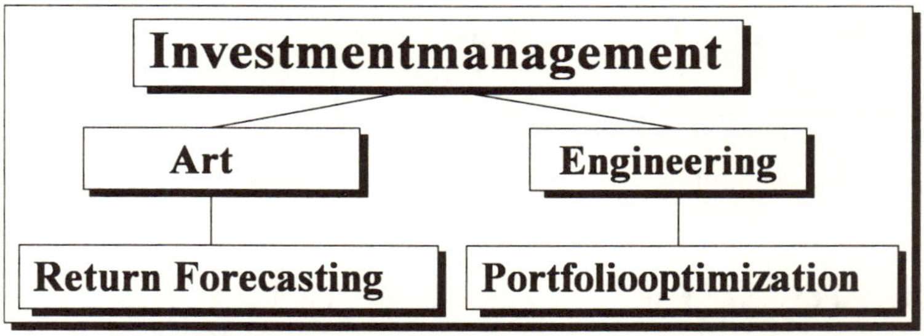

Abb. C.4: Aufteilung des Investmentmanagements in Art und Engineering

Wie Abbildung C.4 verdeutlicht, läßt sich das Investmentmanagement in zwei inhaltliche Kategorien unterscheiden. Der wichtigste Teil wird dabei mit 'Art' (Kunst) bezeichnet, da es keine abgesicherte Wissenschaft der Renditeprognosen gibt. Im Gegensatz dazu können die computergestützten Techniken der Portfoliooptimierung bzw. Konstruktion als eine Art 'Engineering' (Ingenieurleistung) verstanden werden. Der Engpaß des Investmentmanagements bzw. der entschei-

---

[1] Vgl. **Grinold/Kahn** (1995), S. 217.

dende Unterschied zwischen Portfoliomanagern dürfte deshalb in der Methodik der Renditeprognosen liegen.[1]

a. Technisch / Quantitative Prognosen

Im Rahmen der technisch / quantitativen Prognosemethoden wird ausschließlich auf der Basis von Vergangenheitsdaten vorgegangen. Insofern kommen prinzipiell die Verfahren der statistischen Trendextrapolation zur Anwendung. Hinter diesem Vorgehen steht die Annahme, daß Kapitalmärkte und / oder bestimmte Marktsegmente nicht einmal schwach effizient sind. Wenn diese Annahme zutrifft, dann lassen sich durch die Auswertung vergangener Zeitreihen Prognosen für die Zukunft ableiten. Ein Grund für die in den letzten Jahren zunehmende Verbreitung technisch / quantitativer Methoden ist in der inzwischen kostengünstigen Verfügbarkeit großer Computerkapazitäten zu sehen.

Während die technische Analyse, die oftmals auch als charttechnische Analyse bezeichnet wird, sich um die vorwiegend visuelle Auswertung von Vergangenheitsschaubildern kümmert, versucht die sog. 'quantitative' Analyse Prognosesignale aus der mathematisch / statistischen Auswertung von Zeitreihen zu gewinnen. Das verbindende Element zwischen technischer und quantitativer Analyse besteht in dem ausschließlichen Rückgriff auf vergangene Zeitreihen. Zudem basieren beide auf der gleichen Prämisse, nämlich der Prognostizierbarkeit zukünftiger Kurs- und Renditeentwicklungen aus der Vergangenheit.

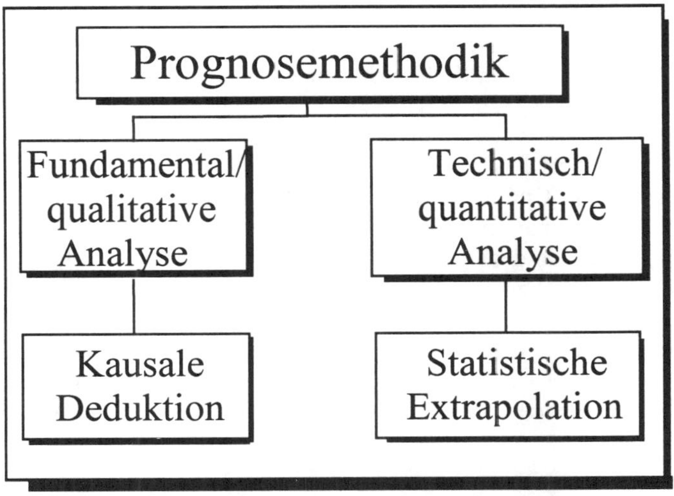

Abb. C.5. Optionen der Prognosemethodik

[1] Zum Thema 'Güte von Renditeprognosen' vgl. **Dowen** (1989), S. 71ff. und **Elton/Gruber** (1987), S. 598ff.

Da die quantitative Analyse z. T. viele einzelne Indikatoren - und zwar i. d. R. fundamentale Faktoren - in mathematisch aufwendiger Weise verknüpft, kann sie als anspruchsvoller gegenüber der rein visuellen Chartanalyse gelten. Es darf jedoch nicht übersehen werden, daß quantitative Analysemethoden sich auf einer theoretischen Grundlage mit der technischen Analyse befinden. Am Beispiel der als ausgefeilt geltenden GARCH-Modelle, die regelmäßig zur Volatilitätsprognose eingesetzt werden, wird dies deutlich. Die Prognose der zukünftigen Volatilität geschieht ausschließlich auf der Basis vergangener Volatilitätsrealisationen.

Zu den am häufigsten verwendeten technisch / quantitativen Verfahren zählen Filtertechniken, neuronale Netze und sog. 'Screening'-Modelle, die eine Vielzahl von Einzelindikatoren verknüpfen.[1] Diese Techniken sowie auch das von den Mehrfaktorenmodellen bekannte Faktor-Tilting werden begrifflich in die Rubrik der aktiven quantitativen Managementtechniken eingeordnet. Ein Vorteil der benannten Verfahren liegt in der Schnelligkeit der Informationsverarbeitung, dem großen Volumen an verarbeitbaren Daten, der disziplinierten Signalumsetzung (emotionsloses Handeln), der Konsistenz mit den aufgestellten Handelsregeln sowie der intersubjektiven Nachvollziehbarkeit. Ferner eignen sich technisch / quantitative Methoden recht gut zur Prognose von quantitativen Risikokennzahlen. Dem stehen Nachteile wie eine geringe Flexibilität, eine nicht gegebene Kreativität, eine vollkommene Vergangenheitsbasierung und die Gefahr von zu schlechter Qualität der verwendeten Zeitreihen aufgrund von Noise gegenüber. Gerade bei Renditeprognosen reicht die Stabilität vergangener Zeitreihen i. d. R. nicht aus, um mit Hilfe quantitativer Verfahren zu geeigneten Schätzungen zu gelangen.[2] Zudem können Strukturbrüche, wie z. B. die fundamentalen Auswirkungen politisch-gesellschaftlicher Veränderungen in technisch / quantitativen Modellen nicht angemessen berücksichtigt werden, wenn es sich beispielsweise um sich in naher Zukunft abzeichnende Veränderungen handelt. Aber auch vergangene außergewöhnliche Ereignisse, wie z. B. ein Marktcrash können zu Verzerrungen führen.

In diesem Zusammenhang ist eine Relativierung des oben verwendeten Begriffs 'Optimierung' angebracht. Keineswegs darf der Terminus 'optimiert' mit 'optimal' im Sinne von nichtverbesserbar verwechselt werden. Optimieren lassen sich Portfolios nur bei gegebenen Datensituationen. Die im Rahmen der technisch / quantitativen Analysemethodik häufig anzutreffenden Optimierungsverfahren sind nur in der Lage, für die bekannte Datenlage der Vergangenheit optimale Portfolios zu konstruieren. Da zukünftige Kapitalmarktdaten mit Unsicherheit behaftet sind, kann die Optimalität eines optimierten Portfolios nur ex post festgestellt werden. Eine Optimierung der Zukunft ist definitionsgemäß unmöglich. Allenfalls können Portfolios hinsichtlich gegebener Zukunftserwartungen und Nebenbedingungen optimiert werden. Hinzu kommt, daß Optimierungsmodelle hinsichtlich ihres Outputs sehr sensibel auf kleine Inputveränderungen bei den Renditeprognosen reagieren.[3]

---

1 Zum Einsatz künstlicher neuronaler Netze in der Finanzanalyse vgl. **Wittkemper** (1994).

2 Vgl. **Sittampalam** (1993), S. 153f.

3 Vgl. zur Portfoliooptimierung und Inputformulierung **Black/Litterman** (1992), S. 28ff.

b. Fundamental / Qualitative Prognosen

Kernpunkt der fundamental / qualitativen Prognosen ist die kausal-deduktive Schätzung des inneren Wertes von Assets. Der innere Wert ergibt sich als Barwert aller aus dem jeweiligen Titel erwartbaren Cash Flows. Problematisch an der Bestimmung des inneren Wertes eines Assets ist, daß einige der zur Bestimmung notwendigen Variablen unbekannt oder zumindest im Zeitablauf veränderlich sind. Besonders augenfällig ist dies bei Aktien, da diese keine fixierten Zahlungsschemata besitzen und zudem in ihrer Laufzeit nicht festgelegt sind.

Der zukünftige Cash Flow einer Aktie kann hinsichtlich seiner Höhe nur geschätzt werden, zumal wenn es sich um weit in der Zukunft liegende Größen handelt. Hinzu kommt die Unbestimmtheit des zeitlichen Anfalls der Zahlungen. Selbst der Diskontierungszinssatz, der im Rahmen von Dividendendiskontierungsmodellen von Bedeutung ist, kann nicht einfach festgelegt werden, da i. d. R. eine gekrümmte Renditestrukturkurve am Kapitalmarkt vorliegt und eine Risikoberücksichtigung ebenfalls angebracht ist.[1]

Das wesentliche Charakteristikum der fundamental / qualitativen Prognose besteht in der Zukunftsorientierung. Indem versucht wird, alle zukünftig preisbeeinflussenden Variablen zu schätzen und anschließend in ihrer Bedeutung zu gewichten, gelangt dieser Ansatz zu Prognosen bezüglich des künftigen Wertes von Assets. Um operationale Prognosen abgeben zu können, ist es sinnvoll, einen Prognosehorizont festzulegen. Hierbei ist die Haltung der Anlagephilosphie bezüglich der Frage nach der Markteffizienz zu beachten. Aussichtsreich können Prognosen nur in dem Bereich der Markteffizienzkurve sein, der ex ante eine hinreichend große Ineffizienz erwarten läßt.

Die bisherigen Darstellungen haben den Eindruck entstehen lassen, als bestünde ein striktes entweder / oder in der Frage der technisch / quantitativen oder fundamental / qualitativen Prognosemethodik. Mischformen sind jedoch denkbar. Im Rahmen der technisch / quantitativen Prognosemethodik kann ein sog. 'qualitativer Overlay' die erhaltenen Signale auf Plausibilität und Konsistenz überprüfen. Bei der fundamental / qualitativen Prognosemethodik können technisch / quantitative Signale als Input verwendet werden. Gerade bei der Vorselektion großer Anlageuniversen können quantitative Instrumente wichtige Hilfestellungen leisten.

Entscheidend bleibt letztlich die Frage, wie die Investmententscheidung zustande kommt. Angesichts der dynamischen Marktentwicklungen mit im Detail nicht wiederkehrenden Preisverläufen und dem daraus zu folgernden Resultat, daß es sich bei Kapitalmärkten nicht um mathematisch exakt bestimmbare naturgesetzliche Verläufe handelt, liegt eine Tendenz zugunsten der Vorherrschaft der fundamental / qualitativen Prognosemethodik nahe. Anders ausgedrückt ließe sich sagen, daß Portfoliomanagement - anders als etwa die Naturwissenschaften - mit einer Situation andauernder Unsicherheit bezüglich der Variablenausprägung in der Zukunft konfrontiert ist. Rein technisch / quantitative und damit vergangenheitsorientierte Tools, die durch die Angabe mathematischer Bewertungsniveaus den Anschein von Objektivität erwecken, können nicht dar-

---

1 Die Risikoberücksichtigung im Diskontierungszinssatz kann z. B. auf der Basis des CAPM vorgenommen werden.

über hinwegtäuschen, daß Portfoliomanager (subjektive) Bewertungsentscheidungen treffen müssen.

2. Passives Management

Die Entscheidung, passives Management zu betreiben, basiert zumeist auf der Überzeugung, daß Kapitalmärkte effizient sind. Diese Überzeugung ist durch die Existenz der Theorie effizienter Märkte theoretisch fundiert.[1] Ein weiterer Grund für die Anwendung passiver Portfoliomanagementtechniken, die allesamt quantitativ ausgerichtet sind, kann in der Nichtverfügbarkeit von Ressourcen liegen, die einen aktiven Managementansatz aussichtsreich erscheinen lassen. Dies gilt insbesondere für die Assetklasse Aktien, da angesichts der Vielzahl von zur Verfügung stehenden Werten ein großer Researchaufwand betrieben werden muß. Der Begriff 'Ressourcen' kann im übrigen sowohl qualitativ als auch finanziell interpretiert werden.

Auch Risikoüberlegungen sind für Entscheidungen bezüglich einer passiven Anlagephilosophie mitunter bedeutsam. Denn das vorliegende Paradoxon der Investmentphilosophie besteht in der Erkenntnis, daß passives Management zum ersten äußerst kostengünsig ist, zum zweiten nur ein minimales relatives Risiko entstehen läßt und zum dritten eine Rendite gewährleistet, die - bei ex post Betrachtng - i. d. R. für einen Platz im oberen Quartil der meisten Rankinglisten qualifiziert. Demgegenüber ist aktives Portfoliomanagement deutlich aufwendiger, risikoreicher (bei Verwendung des Tracking Errors als Risikomaß) und oftmals inferior hinsichtlich der erzielten Renditen. Insofern ist die Klassifizierung einer passiven Investmentphilosophie als 'Risikomanagement' gegenüber einem in erster Linie an der erzielbaren Rendite orientierten aktiven Portfoliomanagement sachgerecht.

Ein weiterer Grund für passives Management besteht in der vorliegenden Theoriefundierung. Die empirisch zu beobachtenden Performanceergebnisse werden von der Theorie der Kapitalmarkteffizienz deutlich gestützt. Ähnlich wie bei vielen sog. 'Kapitalmarktanomalien' hat sich gezeigt, daß ein auch theoretisch erklärbares Phänomen nachhaltiger wirkt als rein empirisch festgestellte Sachverhalte.[2]

Allerdings ist auf die Existenz des sog. Informationsparadoxons' hinzuweisen. Kapitalmärkte können nur dann effizient sein, wenn sich hinreichend viele Marktteilnehmer um die Verbreitung, Auswertung und Umsetzung von Informationen bemühen. Mit anderen Worten: Kapitalmarkteffizienz kann nur vorliegen, wenn genügend viele Marktteilnehmer nicht an deren Existenz glauben. Passives Portfoliomanagement verdankt seine überdurchschnittlichen Vergangenheitsergebnisse mithin dem Umstand, daß die Mehrheit der Akteure eine aktive Investmentphilosophie besitzt. Ändert sich dies, so könnte die Argumentationslage zugunsten eines passiven Portfoliomanagements tendenziell erodieren.

Im Rahmen des passiven Portfoliomanagements findet i. d. R. eine Konzentration auf kostenminimales Management statt. Ziel hierbei ist es, eine vorgegebene Benchmark kostengünstig und

---

[1] Vgl. **Fama** (1970), S. 395ff. und **Fama** (1991), S. 1575ff.

[2] Vgl. hierzu die ausführlichen Darstellungen im Kapitel B.

möglichst genau hinsichtlich ihres Rendite-Risikoprofils abzubilden.[1] Die beiden genannten Zielsetzungen verhalten sich konfliktär.

Anhand des DAX als Benchmark eines deutschen Aktienportfolios soll das Problem genauer betrachtet werden. Eine präzise Benchmarkabbildung gelingt um so besser, je mehr der im DAX enthaltenen 30 Werte auch mit ihrer DAX-Gewichtung in das Portfolio übernommen werden. Sieht man einmal von Ganzzahligkeitsproblemen ab, dann kann der Tracking Error auf Null minimiert werden, indem das komplette DAX-Portfolio gehalten wird. Da aber mit zunehmender Aktienanzahl im Portfolio auch die Transaktions-, Informations- und Dokumentationskosten ansteigen, kann es sinnvoll sein, von einer vollkommenen Nachbildung (full replication approach) des DAX abzusehen. Bei enger Auslegung des passiven Managementbegriffs erfüllt jedoch nur ein vollständiger Nachbildungsansatz die Kriterien des passiven Managements. Jede Abweichung von dem abzubildenen Index ist somit ein aktives Managementvorgehen.

In dem speziellen Fall des DAX haben in der Vergangenheit die Vorschriften des deutschen Gesetzes über Kapitalanlagegesellschaften (KAGG) die vollständige Nachbildung des DAX zusätzlich erschwert, da nicht mehr als 10% des Portfolios in einem Wert investiert sein dürfen.[2] Die Gewichtung der Allianz Aktie im DAX lag beispielsweise zum Ende des Jahres 1995 mit ca. 12,7% oberhalb dieser Grenze, so daß eine vollständige Replizierung bei institutionellen Portfolios nicht möglich war.[3] Dies gilt nach wie vor für die Abbildung bestimmter Länder durch deren Indizes, so z.B. für die Niederlande, wo die Royal Dutch-Aktie im FT-Niederlande-Index mit ca. einem Drittel gewichtet ist.[4]

In diesem Fall bietet sich ein 'sampling approach' als Verfahren des passiven Portfoliomanagements an. Hierbei wird der Tracking Error des zu bildenden Portfolios minimiert. Als Nebenbedingung wird die Anzahl der maximal im Portfolio enthaltenen Aktien formuliert. Für das Beispiel des DAX könnte der Zusammenhang zwischen Tracking Error (TE) und Kosten (K_T) folgendermaßen aussehen:

---

[1] Vgl. **Meyer/Padberg** (1995), S. 270.

[2] Vgl. § 8a KAGG.

[3] Durch die Aufnahme neuer Aktien kann es zu Gewichtungsverschiebungen innerhalb des DAX kommen. Dies traf z. B. Ende 1996, Anfang 1997 zu, als die Aktie der Deutschen Telekom in den DAX aufgenommen wurde und infolgedessen die Gewichte der übrigen Werte reduziert wurden.

[4] Vgl. **Günther** (1998), S. 170.

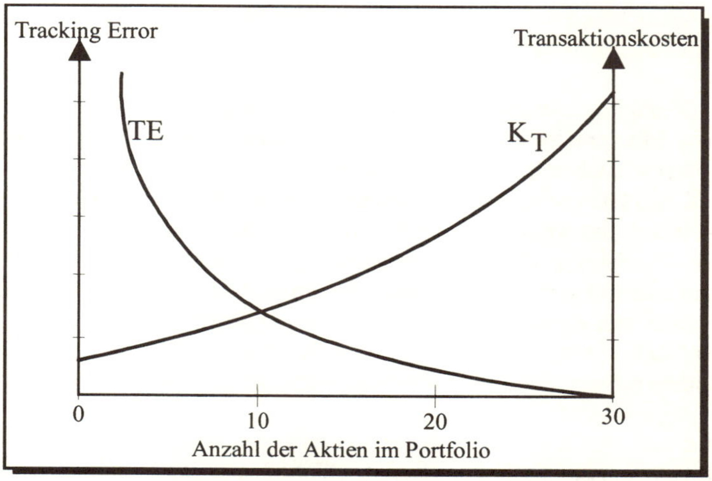

Abb. C.6: Gegensätzlicher Verlauf von Tracking Error und Transaktionskosten

Die sinnvolle Anzahl an DAX-Werten beträgt in Abbildung C.6 genau 10 und liegt im Schnittpunkt der beiden Kurven. Ab diesem Punkt wirkt sich der abnehmende Nutzen aufgrund der zunehmenden Transaktionskosten höher aus, als der zusätzliche Nutzen einer Tracking Error-Reduzierung. Der DAX sollte folglich mit 10 Aktien abgebildet werden.

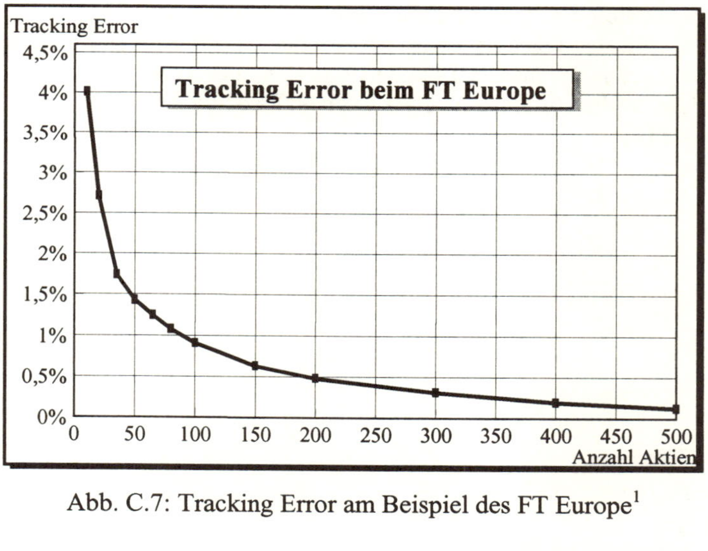

Abb. C.7: Tracking Error am Beispiel des FT Europe[1]

Schließlich sei noch auf ein praktisches Beispiel verwiesen, anhand dessen die ungefähre Dimension des Tracking Errors in Abhängigkeit der in das Portfolio aufzunehmenden Aktien bestimmt wird (Abbildung C.7). Wie zu erkennen ist, fällt das Ausmaß der Tracking Error-Reduzierung

---

1 Vgl. **Kleeberg/Schlenger** (1994), S. 229ff.

und damit auch der zusätzliche Nutzen der Diversifikation sehr rasch. Der FT-Europe Index, der aus 500 großen europäischen Aktiengesellschaften besteht, - gemessen an der Marktkapitalisierung - kann mit ca. 100 Titeln gut hinsichtlich seines Rendite-Risikoprofils nachgebildet werden. In diesem Fall beträgt der Tracking Error ca. 1%.

Eine Möglichkeit der Renditeerhöhung bei passivem Management liegt in der Nutzung der Wertpapierleihe, bei der die im Portfolio befindlichen Aktien gegen Entgelt anderen Marktteilnehmern zur vorübergehenden Nutzung überlassen werden.[1]

Passiv werden insbesondere Indexfonds gemanagt, die sich in Europa und in den USA einer immer größer werdenden Popularität erfreuen. Vor dem Hintergrund einer zunehmenden Kapitalmarkteffizienz ist dies auch nachzuvollziehen, da es aktive Portfoliomanager bei relativ geringen Ineffizienzen schwer haben, eine aktive Rendite zu erzielen, zumal sie nicht vollständig in den jeweiligen Benchmarks investiert sein können und Kassepositionen aufrechterhalten müssen. Darüber hinaus sind die Kosten für den Anleger bei Indexfonds häufig günstiger.[2]

Berücksichtigt man neben den deutschen Fonds auch die Luxemburger Publikumsfonds deutscher Provenienz, so entwickelte sich in Deutschland die Anzahl der Indexfonds von 3 Fonds in 1992 bis auf 15 Fonds in 1997. Das Volumen belief sich per 12/1997 auf ca. 4 Mrd. DM, wobei Indexfonds auf den DAX ein Volumen von 2,7 Mrd. DM aufweisen konnten. Auch in den USA stieg das von (Publikums-)Indexfonds verwaltete Vermögen von 37 Mrd. USD in 1992 bis auf ca. 180 Mrd. USD per Mitte 1997 an. Die Zahl der (Publikums-)Indexfonds stieg in diesem Zeitraum von 144 bis auf 376 an. Der größte Indexfonds, der „Vanguard Index-500 Portfolio“, der mit einer Full Replication-Strategie den S&P 500 nachbildet, hatte per 12/1997 mit einem Volumen von 49,4 Mrd. USD eine Ausnahmestellung.[3]

III. Investmentstil

Der Investmentstil bezieht sich im Gegensatz zur Investmentphilosophie i. d. R. auf Portfolios. Er beschreibt die gewählte Grundsatzmethodik, die ein Portfoliomanager zur Zielereichung im Rahmen seines Managementprozesses in bezug auf ein Portfolio einsetzt. Hierzu zählt auch die gewählte Methodik der Informationsverarbeitung. Zu denken ist dabei etwa an die Unterscheidung in primäres und sekundäres Research, wobei Portfoliomanager sich i. d. R. aus Zeit- und Kapazitätsgründen auf sekundäres Research beschränken.

In den letzten Jahren sind besonders auf dem Markt des Pensionsfondsmanagements Tendenzen erkennbar, die auf eine Diversifizierung der Investmentstile abzielen. Es ist üblich, daß große Pensionskassen mehrere Portfoliomanagementmandate vergeben. Hiermit wird versucht, der Erkenntnis Rechnung zu tragen, daß Portfoliomanager i. d. R. Stärken auf speziellen Gebieten besitzen. So erzielen manche Portfoliomanager z. B. in bestimmten Marktphasen (Bull- oder

---

[1] Vgl. zur Wertpapierleihe die Ausführungen im Kapitel E.V.

[2] Vgl. **Groffmann/Weber** (1998), S. 536.

[3] Vgl. **Groffmann/Weber** (1998), S. 538f.

Bearmarket) herausragende Resultate. Andere wiederum scheinen besondere Fähigkeiten in bestimmten Marktsegmenten (z. B. Small-Caps) zu besitzen.

Im einzelnen lassen sich mehrere typische Investmentstile beschreiben. Zu denken ist dabei etwa an die Zeithorizontfragen, Risikotoleranzen, Marktsegmente etc. Im folgenden werden die wesentlichen Optionen, die im Bereich des Investmentstils vorliegen, erörtert. Dabei ist zu bedenken, daß die einzelnen Investmentstile Interdependenzen mit anderen Investmentstilen aufweisen. Insofern wird sich ein Investmentstil in der Portfoliomanagementpraxis als Mischung mehrerer Stilelemente darstellen.

1. Long-Term versus Short-Term

Einer der maßgeblichen Aspekte des Investmentstils für ein Portfolio ist der gewählte Investmenthorizont. Die Festlegung eines Investmenthorizontes wird im allgemeinen der Antwort auf die Frage folgen, auf welchen Zeithorizont hin der Portfoliomanager die treffsichersten Prognosen abgeben kann. Hier unterscheiden sich Portfoliomanager. Während einige Portfoliomanager bessere Trefferquoten bei Kurzfristprognosen aufweisen, konzentrieren sich andere Portfoliomanager auf längerfristige Prognosen.

Eine grobe Einteilung des Investmenthorizontes läßt sich der Abbildung C.8 entnehmen.

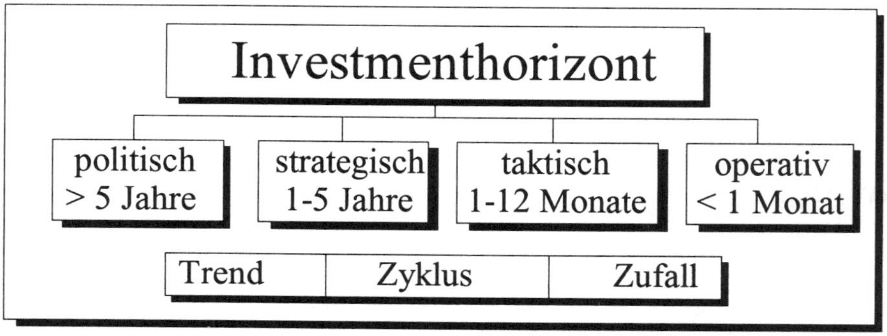

Abb. C.8: Investmenthorizont bei Wertpapierportfolios

Dabei werden zunächst vier zeitliche Einteilungen vorgenommen. Während Broker und Händler am kurzen Ende des Zeitspektrums operieren, sollten sich Portfoliomanager eher um mittel- und längerfristige Prognosehorizonte bemühen. Denn Markttrends weisen in aller Regel längere Verläufe auf, so daß ein entsprechender Investmenthorizont erforderlich ist, um einen Trend effektiv ausnutzen zu können. Insofern ist die Einteilung in Taktik und Strategie von Bedeutung. Gegebenenfalls kann außerdem die Zusatzkategorie ‘Politik’ gewählt werden. Pensionsfonds und Versicherungen sind z. B. für ihre ausgewiesene Langfristorientierung bekannt.

Der Investmenthorizont ist nicht unabhängig von der Assetklasse. Je nach Länge von Trends und je nach Einstellung zur Frage der Markteffizienzkurve können für verschiedene Anlagegattungen unterschiedliche Investmenthorizonte angebracht sein. Im allgemeinen kann man davon ausgehen, daß der Prognosehorizont bei Anleihen kürzer ist als bei Aktien. Denn die Rentenmärkte weisen eine größere Synchronität zur realen Wirtschaftsentwicklung auf als die Aktienmärkte. Bei letzteren ist der Umfang an preisbestimmenden Einflußfaktoren umfassender und aufgrund der unlimitierten Laufzeiten schwieriger zu prognostizieren.

Eine Rolle spielt auch die gewählte Prognosemethodik, denn wenn beispielsweise quantitativ / technische Prognosemodelle eingesetzt werden, dann ergibt sich oftmals ein kürzerer Investmenthorizont. Dies hängt jedoch von den verwendeten Modellen ab und kann nicht generalisiert werden.

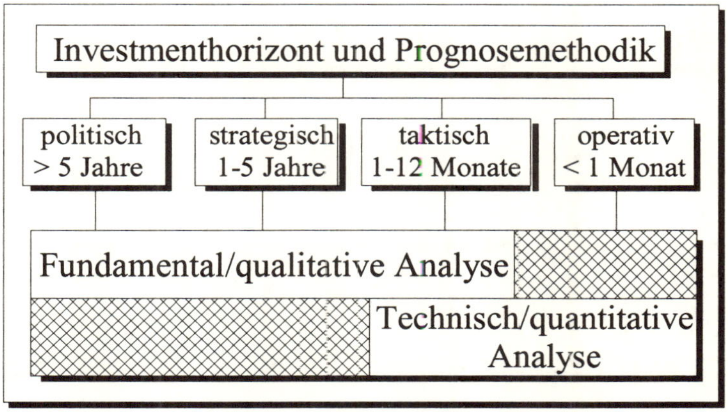

Abb. C.9: Investmenthorizont und Prognosemethodik

Wie aus Abbildung C.9 ersichtlich wird, decken technisch / quantitative Prognosen i. d. R. den taktisch / operativen Zeitbereich ab. Längerfristige Prognosen bleiben im wesentlichen einer fundamental / qualitativen Analyse vorbehalten.

2. Top-Down versus Bottom-Up

Eine weitere Frage des Investmentstils betrifft die Entscheidungsfindungsmethodik bei der Portfoliokonstruktion. Zwei grundsätzliche Methoden bieten sich an. Zum einen der Top-Down-Ansatz, der eine Portfoliostrukturierung gemäß der Größenordnung von Performancebeiträgen vornimmt und zum anderen der Bottom-Up-Ansatz, der über die Einzeltitelanalyse und -selektion zu einer Portfoliokonstruktion gelangt. Bei Verwendung eines reinen Top-Down-Ansatzes wird das Abweichungspotential des Portfoliomanagers auf die Bereiche der Assetklassen-, Länder- und Währungsselektion beschränkt. Die Umsetzung in Einzelwerte erfolgt passiv, so daß beispielsweise ein Länderaktienmarkt übergewichtet wird, jedoch die einzelnen Aktien möglichst genau den gewählten Länderindex abbilden. Im Rahmen eines reinen Top-Down-Ansatzes werden daher ausschließlich Makrowetten eingegangen.

Umgekehrt hält sich ein reiner Bottom-Up-Ansatz an die Benchmarkvorgaben in den Fragen der Assetklassen-, Länder- und Währungsselektion. Innerhalb der einzelnen Bereiche wird jedoch versucht, die besten Einzeltitel ausfindig zu machen und diese überzugewichten. Somit konzentriert sich der Bottom-Up-Ansatz im wesentlichen auf titelspezifische Auswahlkriterien. Insofern ist der Begriff der Mikrowetten angebracht.[1]

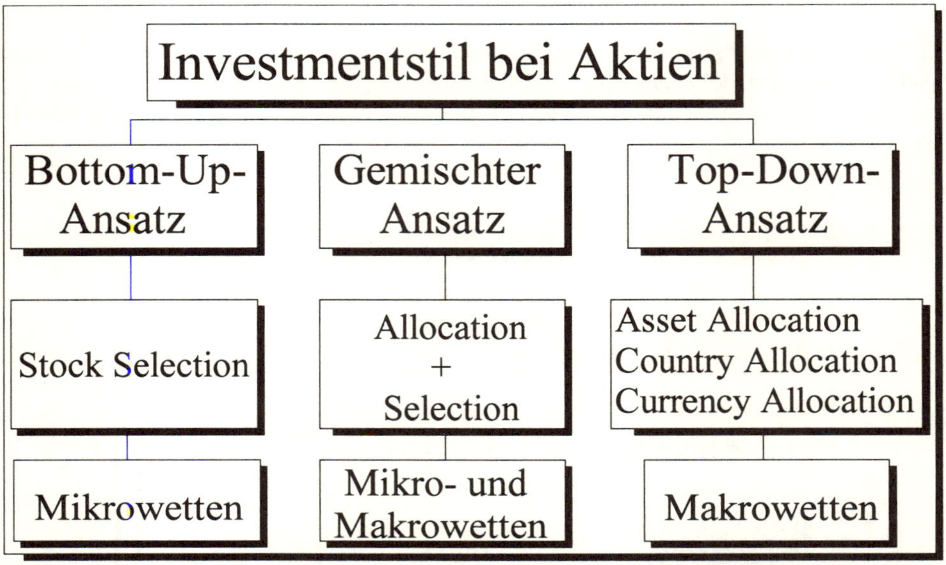

Abb. C.10: Investmentstil bei Aktienportfolios

Neben den beiden genannten Extrema lassen sich auch Mischformen der Ansätze entwickeln. Es kann sogar als weit verbreitet angenommen werden, daß die überwiegende Anzahl der Portfoliomanager sowohl Mikro- als auch Makrowetten eingeht. Nicht unberücksichtigt bleiben kann in diesem Zusammenhang der Risikoaspekt eines reinen Vorgehens. Denn Makrowetten sind in aller Regel risikoreicher als Mikrowetten, so daß die Gefahr, in diesem Bereich falsch zu liegen, größer ist als bei Verfolgung eines reinen Bottom-Up-Ansatzes. Außerdem ist die Verfolgung eines bestimmten Investmentstils marktphasenabhängig.

Die Auffassungen über die Vorziehenswürdigkeit einer der beiden Ansätze gehen in der Portfoliomanagementpraxis weit auseinander. Insgesamt scheint eine Tendenz zugunsten des Top-Down-Ansatzes vorzuliegen. Dies steht im Einklang mit der sog. 'Modern Portfolio Theory', die letztlich Grundlage des Top-Down-Ansatzes ist. Insbesondere empirische Mehrfaktorenmodelle liegen dem Top-Down-Ansatz zugrunde.

Die Argumentation zu Gunsten eines Top-Down Investmentansatzes stützt sich im wesentlichen auf empirische Renditedekompositionen, die ihrerseits auf Modelle der Portfolio- und Kapitalmarkttheorie zurückgreifen. Bei empirischen Untersuchungen zur Frage der Performancequellen hat sich gezeigt, daß die größten Performancebeiträge regelmäßig aus strategischen Asset Alloca-

[1] Vgl. **Sittampalam** (1993), S. 134f.

tion Entscheidungen resultieren.[1] Folglich ist die richtige Anlagegattungs- bzw. Länder- und Währungswahl performancerelevanter als die Auswahl von Einzeltiteln. In Abbildung C.11 sind die Entscheidungsvariablen der strategischen Asset Allocation dargestellt.

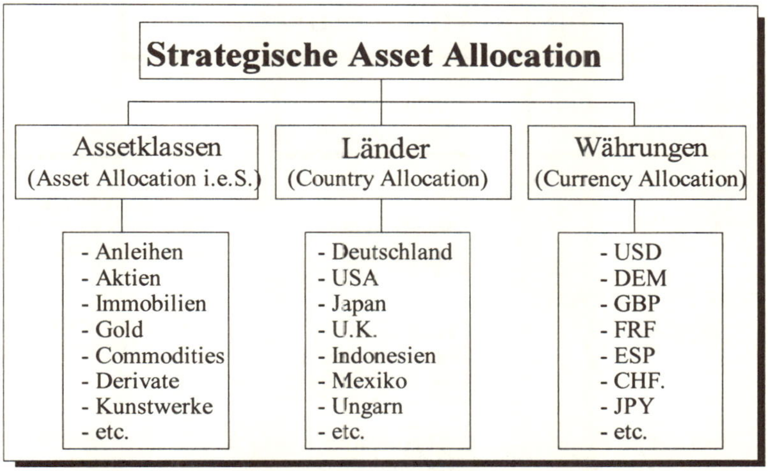

Abb. C.11: Strategische Asset Allocation

Als zusätzliches Argument zugunsten eines Top-Down-Ansatzes läßt sich anführen, daß ein vom Umfang her kleineres Entscheidungsuniversum gegenüber dem Bottom-Up-Ansatz vorliegt. Insoweit ist der notwendige Analyseaufwand erheblich geringer und damit kostengünstiger. Dies trifft für Aktienportfolios zu, während bei Anleiheportfolios der Titelselektion nur eine geringe Bedeutung zukommt. Daher stellt sich die Frage nach dem angemessenen Investmentansatz in erster Linie bei Aktienanlagen. Auch in der einschlägigen Investmentliteratur läßt sich eine Tendenz zugunsten eines Top-Down-Ansatzes feststellen, wie folgendes typische Zitat zeigt:

„Indeed a variety of international performance measurement services have shown that the performance of international money managers is attributable mainly to asset allocation, not to superior security selection. This, in turn, suggests that an international investment organization should be organized along pimarily top-down lines, and its analysts should be specialized by country, and possibly by a few international sectors, such as oil stocks.“[2]

Die Ausgestaltung des Top-Down-Ansatzes läßt sich anhand der Abbildung C.12 gut nachvollziehen. Als entscheidendes Argument zu Gunsten des Ansatzes sind die Performancebeiträge anzusehen. Die Graphik weist darüber hinaus auf die Interdependenz zur Entscheidungsfindungsmethodik und zum Investmenthorizont hin. Denn Asset Allocation Entscheidungen weisen i. d. R. strategischen Charakter auf, so daß ein längerer Investmenthorizont gewählt wird. Bei

---

[1] Vgl. **Brinson/Hood/Beebower** (1984), S. 39ff. und **Brinson/Singer/Beebower** (1991), S. 40ff.

[2] **Solnik** (1991), S. 43.

strategischen Entscheidungen spielt tendenziell ein fundamental / qualitativer Prognoseansatz die größte Rolle.

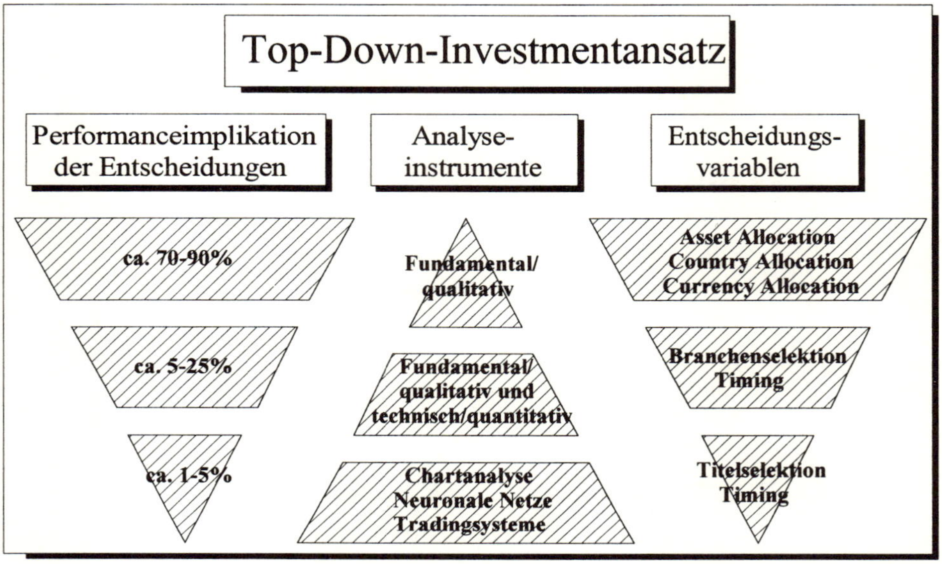

Abb. C.12: Top-Down Investmentstil bei Aktienportfolios

Die Wahl eines bestimmten Entscheidungsfindungsansatzes besitzt direkte Folgen für die Umsetzung von Portfolioentscheidungen. Der eingangs dieses Kapitels beschriebene vierte Schritt des Investmentprozesses - Dealing - wird z. B. bei Verwendung eines Top-Down-Ansatzes die Methoden des Basket- bzw. Portfolio-Tradings einsetzen. Ziel dieser Handelsmethoden ist die möglichst transaktionskostengünstige Implementierung der strategischen Allokationsentscheidungen in dem Portfolio. Dies gelingt, indem ganze Portfolios bzw. Körbe von Einzelwerten auf einmal gehandelt werden. Derartige Körbe sind in der Regel diversifiziert und können daher, im Gegensatz zu Einzelwerten, kostengünstig von dem Handelspartner mittels gängiger Derivate gehedgt werden. Auf diese Weise lassen sich die Transaktionskosten auf einige Basispunkte reduzieren.

Wenn auch durch Rendite- und Risikodekompositionen nachgewiesen werden kann, daß die Asset Allcoation Entscheidung wichtiger im Hinblick auf Performancebeiträge ist als die Wertpapierselektionsentscheidung, so muß doch zumindest darauf hingewiesen werden, daß Asset Allocation Entscheidungen damit auch wesentlich risikoreicher im Vergleich zu Wertpapierselektionsentscheidungen sind. Falsche Prognosen auf der Länderallokationsebene sind schwerer in ihren Performanceauswirkungen zu korrigieren als eine falsche Einzeltitelauswahl. Folglich bedarf es zum Treffen von Asset Allocation Entscheidungen sehr guter Prognosefähigkeiten, da einzelne Fehlentscheidungen mitunter erhebliche und kaum reversible Performancekonsequenzen beinhalten.

Des weiteren ist dem Top-Down-Ansatz die Gefahr inhärent, daß bei einer Makrobetrachtung eines Landes ein falsches Bild von der Gewinndynamik der einzelnen Unternehmen entsteht.

Oftmals kommt die Aggregation der Bottom-Up geschätzten Gewinne zu anderen Einschätzungen für einen Markt als ein rein an volkswirtschaftlichen Gesamtdaten (Makroanalysen) ausgerichtetes Top-Down-Verfahren.[1]

Insgesamt erscheint daher ein gemischter Ansatz, der sowohl Entscheidungen auf der Makroebene als auch Entscheidungen auf der Mikroebene zuläßt, grundsätzlich am sinnvollsten. Welche Marktwetten schließlich eingegangen werden sollen, kann dann von der Prognosekonfidenz abhängig gemacht werden. Ein 'Added Value' kann auf beiden Gebieten bei entsprechenden Prognosefähigkeiten erzielt werden.

3. Timing versus Selektion

Eine der Hauptfragen im Bereich des Investmentstils betrifft den Bereich von Timing und Selektion. Wie ein einfacher Blick auf den Kurschart eines Bonds, einer Aktie oder eines Indexes zeigt, eröffnen richtige Timingentscheidungen gewaltige Gewinnpotentiale. Mit nahezu jedem liquiden Anlagevehikel ließen sich bei perfekten Timingkenntnissen große Gewinne erzielen. Allerdings wird diese enorme Chance von dem beträchtlichen Risiko der falschen Timingentscheidung begleitet. Aus diesem Grund sind Timingentscheidungen äußerst risikoreich im Vergleich zu Selektionsentscheidungen. Denn letztere finden im Kontext eines diversifizierten Portfolios statt, mit der Folge, daß einzelne Fehlentscheidungen mit einer gewissen Wahrscheinlichkeit von anderen Selektionsentscheidungen ausgeglichen werden.

Das Diversifikationsprinzip funktioniert bei Timingentscheidungen hingegen nicht. Insofern ist eine Klassifizierung von Timingentscheidungen als 'risikoreich' angebracht. Ein Investmentstil, der sich allein auf Timingentscheidungen verläßt, sollte daher mit sehr guten Prognosefähigkeiten unterlegt sein. Timingstrategien basieren häufig auf technisch/ quantitativen Modellen. Diese konzentrieren sich zumeist auf einen operativen bis taktischen Investmenthorizont. Insofern ist erklärlich, daß Timingstrategien häufig bei handelsorientierten Marktteilnehmern anzutreffen sind. Demgegenüber liegt der Fokus von Selektionsentscheidungen eher auf einem strategischen Investmenthorizont.

Vergleicht man die an der Kapitalmarkttheorie angelehnten Renditeformeln für Timing und Selektion, so erkennt man das Diversifikationsproblem beim Timing:[2]

$$\alpha_{PF} = R_{PF_{ü}} - ß_{PF} \cdot R_{BM_{ü}}$$

---

1 Ein Beispiel für diese Entwicklung ist der amerikanische Aktienmarkt im Jahr 1995. Obwohl bei makroökonomischer Analyse vielen professionellen Anlegern eine neutrale Marktgewichtung angemessen erschien, konnten die Gewinne durch strukturelle Maßnahmen der Unternehmen (Mikroebene!) deutlich verbessert werden, und es wurde eine durchschnittliche Jahresrendite von ca. 35% erzielt.

2 Vgl. Kapitel A.I.1.

mit

α_{PF} = Residualrendite, d. h. der Teil der Überschußrendite, der nicht mit der Benchmark-Überschußrendite korreliert ist,

$R_{PF_ü}$ = Überschußrendite (= Gesamtrendite abzüglich dem risikolosen Zins) und

$ß_{PF}$ = Sensitivität eines Portfolios in bezug auf die Überschußrendite der Benchmark.

Während bei Selektionsstrategien eine risikoadjustierte Selektionsrendite durch die Auswahl der besten Einzelwerte gegenüber der Benchmark im Vordergrund steht, konzentrieren sich Timingstrategien auf die Prognose des optimalen Zeitpunktes für einen Gesamtmarkteinstieg.

$$R_{PF_T} = (ß_{PF} - 1) \cdot \Delta R_{BM_ü}$$

mit

$R_{BM_ü}$ = Überschußrendite der Benchmark und

R_{PF_T} = Timingrendite.

Für den Fall einer positiven Renditeveränderung der Benchmark wird bei Zugrundelegung einer Timingstrategie das Marktexposure - hier gemessen als Portfoliobetafaktor - erhöht et vice versa.

Ein Hauptproblem bei Timingstrategien ist offenbar der zeitlich unregelmäßige Prozeß der Renditegenerierung. An den Kapitalmärkten finden große Wertveränderungen oftmals in nur wenigen Zeitperioden statt, während die restliche Zeit von unterdurchschnittlichen Preisveränderungen geprägt ist. Ob die Phasen wesentlicher Preisveränderungen kurzfristig vorhersehbar sind, ist im Rahmen der Anlagephilosophie vor dem Hintergrund der Markteffizienzhypothese zu beantworten. Empirische Studien lassen die Bejahung dieser Frage zweifelhaft erscheinen.[1]

Wie schon bei der Kontroverse um den Bottom-Up- und den Top-Down-Ansatz lassen sich aus den beschriebenen Extrempositionen praxistaugliche Mittelwege ableiten. Eine ausschließliche Spezialisierung auf entweder Selektion oder Timing erscheint nicht angeraten, zumal methodische Fragen nicht vollkommen unabhängig von der Marktlage beantwortet werden können.

Die Festlegung des richtigen Timings erfolgt in der Portfoliomanagementpraxis zumeist mit Rückgriff auf das Instrumentarium der Chartanalyse bzw. auf die markttechnische Analyse. Investoren kommen nicht umhin, sich bezüglich der Bestimmung geeigneter Kauf- und Verkaufszeitpunkte für die einzelnen Anlagen ihrer Portfolios Gedanken zu machen. Insofern kann die Frage des Timings keinesfalls vollständig vernachlässigt werden. Im Falle nicht gegebener Timing-Fähigkeiten kann sich eine Strategie des 'cost-averaging' anbieten. Dabei wird die Position in

---

1 Vgl. **Admati/Bhattacharya/Pfleiderer/Ross** (1986), S. 715ff., **Chang/Lewellen** (1984), S. 57ff., **Henriksson** (1984), S. 73ff., **Lee/Rahman** (1990), S. 261ff., **Samuelson** (1989), S. 4ff., **Steiner/Wittrock** (1994), S. 593ff., **Vandell/Stevens** (1989), S. 38ff., **Wittrock** (1995), S. 55ff. und **Zimmermann/Zogg-Wetter** (1992), S. 133ff.

einem Anlagetitel sukzessive und nicht ad hoc aufgebaut. Der Kauf bzw. Verkauf einer Assetklasse oder eines Einzeltitels in mehreren Tranchen führt dazu, daß ein von der jeweiligen Tagesverfassung unabhängiger Kurs erzielt wird. Es handelt sich dann um einen Durchschnittskurs.

4. Universell versus speziell

Im Zusammenhang mit dem Investmentstil steht die Frage nach dem Anlageuniversum, auf das sich ein Portfolio bezieht. Das Anlageuniversum kann sowohl nach Regionen als auch nach Anlageinstrumenten bzw. Assetklassen bestimmt werden. Zur Kennzeichnung des Anlageuniversums läßt sich der Begriff 'Investmentscope' verwenden. In Abbildung C.13 ist das denkbare Spektrum dargestellt.

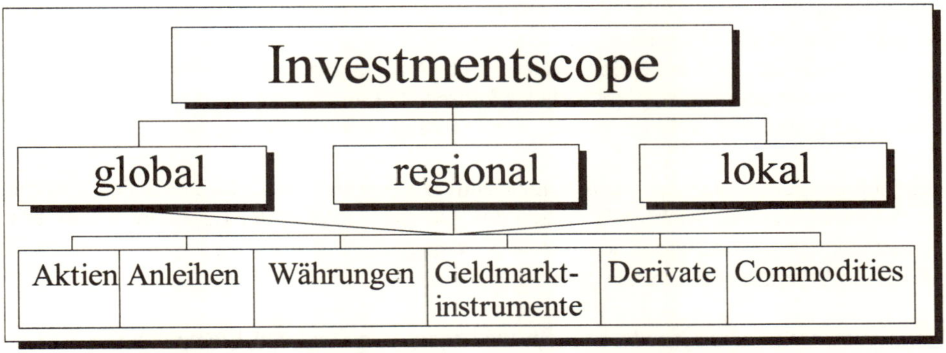

Abb. C.13: Investmentscope des Portfoliomanagements

Eine Konzentration auf eine Assetklasse und/oder eine Region macht insbesondere dann Sinn, wenn die zu verteilenden Ressourcen zu knapp sind, um alle gebotenen Möglichkeiten auf einem hohen Qualitätsniveau abzudecken. Dies wird bei den meisten Portfoliomanagern der Fall sein, da die Vielzahl der Märkte und Instrumente eine Konzentration auf einige Segmente naheliegend erscheinen läßt.

Es stellt sich in diesem Zusammenhang die Frage nach der Spezialisierung des Portfoliomanagers. Gerade im Bereich gemischter Portfolios, die eine aus mehreren Assetklassen bestehende Benchmark aufweisen, tritt dieses Problem auf. Das Argument der Marktkomplexität und der daraus ableitbaren Marktspezialisierung spricht z. B. für eine Betrachtung gemischter Aktien- und Anleiheportfolios als drei separate Portfolios: Zum einen der Aktienteil, zum anderen der Anleiheteil und schließlich der Asset Allocationteil, der über die Aufteilung in Aktien, Anleihen und Geldmarkttitel befinden muß.

5. Value versus Growth

a. Vergleich der Investmentstile

Eine der klassischen Fragen des Investmentstils bei Aktienportfolios und mithin der Unterscheidung von Portfoliomanagern besteht in dem Begriffspaar 'Value' und 'Growth'. Gelegentlich wird für den Begriff 'Value' der Begriff 'Yield' verwendet. Die Klassifizierung von Portfolios und Managern in die genannten Kategorien ist in den USA und in Großbritannien weit verbreitet.

Ein wertorientierter Anlagestil konzentriert sich auf Anlagen, die gemessen an den Marktdurchschnittswerten bestimmter Kennzahlen zu niedrig bewertet sind. Derlei Kennzahlen können z. B. das Kurs-Gewinn-Verhältnis (KGV), das Kurs-Buchwert-Verhältnis (KBV) oder die Dividendenrendite sein. Eine dem wertorientierten Investmentstil zugrundeliegende Prämisse betrifft die oftmals empirisch zu beobachtende Tendenz von Aktienkursen, längerfristig zu ihren durchschnittlichen Bewertungskennzahlen zurückzukehren. Dieser Prozeß wird als 'Mean-Reversion' bezeichnet und konnte bei anderen Assetklassen ebenfalls festgestellt werden.[1]

Demgegenüber zeichnet sich ein wachstumsorientierter Investmentstil durch die Fokussierung auf überdurchschnittlich stark wachsende Aktien aus. Da diese Titel in der Regel auch hoch bewertet sind, lautet die Grundannahme eines 'Growth'-Managers, daß die Bewertung durch die hohen längerfristigen Wachstumspotentiale gerechtfertigt ist.

Die Frage nach Value und Growth ist nicht unabhängig von anderen Elementen des Investmentstils zu beantworten. Wie sich gezeigt hat, befinden sich die echten Wachstumsaktien oftmals in der gleichen Branche oder sind zumindest in einigen wenigen Branchen konzentriert, so daß mit der Festlegung eines Stils gleichzeitig eine Branchenwette eingegangen wird.[2] Diese Frage tangiert wiederum die Top-Down / Bottom-Up Diskussion. Fragen des Investmenthorizonts sind ebenfalls betroffen.

b. Shareholder Value

Im Zusammenhang mit der investmentstrategischen Diskussion um Value und Growth kommt dem Aspekt des sog. 'Shareholder Value' gerade in Deutschland eine besondere Bedeutung zu, zumal es sich um ein bislang vernachlässigtes Feld handelt. In den angelsächsischen Ländern wird

---

1 Vgl. **DeBondt/Thaler** (1985), S. 799, **Shefrin/Statman** (1985), S. 777ff., **Zarowin** (1990), S. 113ff., **Stock** (1990), S. 518ff., **Fama/French** (1988), S. 246, **Cutler/Poterba/Summers** (1990), S. 63ff., **Cutler/Poterba/Summers** (1991), S. 529, **Kim/Nelsen/Startz** (1991), S. 516, **McQueen** (1992), S. 1ff. und **Schwert/Seguin** (1990), S. 1139.

2 Zu denken ist beispielsweise an den Computer- und Biotechnologiesektor, in dem sich sehr viele Wachstumswerte befinden, während etwa in der Ölbranche i. d. R. ausschließlich 'Value'-Aktien vorzufinden sind.

die Anerkennung des Shareholder Value-Prinzips als primäres Management- und Rechnungslegungsziel bei öffentlich gelisteten Aktiengesellschaften bereits seit Jahren erfolgreich praktiziert. Eine auf Shareholder Value angelegte Unternehmenspolitik versucht, das marktwirtschaftliche Prinzip konsequent umzusetzen und die Eigentümerinteressen prioritär zu berücksichtigen. Insofern wird bei Aktiengesellschaften darauf abgezielt, die Aktionäre an der gesunden Unternehmensentwicklung und der damit verbundenen Wertsteigerung des Unternehmens teilhaben zu lassen. Diese Wertsteigerung umfaßt nicht nur eine attraktive Dividende, sondern vor allem auch eine Kurssteigerung der Aktien und damit des Marktwertes des Gesamtunternehmens.

Zur Ermittlung des Shareholder Value-Potentials der strategischen Unternehmensausrichtung kann der Fair Value des Unternehmens ermittelt werden. Dazu werden die Barwerte der erwarteten Free Cash Flows bestimmt. Der Free Cash Flow kann indirekt in der folgenden Weise ermittelt werden:[1]

Free Cash Flow =		operatives Ergebnis vor Zinsen und Steuern
	-	Steuern auf dieses Ergebnis
	+	Abschreibungen
	+	Erhöhung der Pensionsrückstellungen
	-	Minderung der Pensionsrückstellungen
	-	Investitionen in das Anlagevermögen
	-	Erhöhung des Working Capital
	+	Minderung des Working Capital.

Der Gesamtwert V des Unternehmens ergibt sich wie folgt:[2]

$$V = EK^M + FK^M = \sum_{i=1}^{n} \frac{\text{Free Cash Flow}}{(1 + k_{GK})^i}$$

mit

EK^M = Eigenkapital zu Marktwerten,
FK^M = Fremdkapital zu Marktwerten (= nominales Fremdkapital) und
k_{GK} = Gesamtkapitalkostensatz.

Wird ein unendlicher Planungszeitraum zugrunde gelegt und zusätzlich eine Wachstumsrate g des Free Cash Flow mit einbezogen, so kommt man zu dem folgenden Wert:[3]

$$V = \frac{\text{Free Cash Flow}}{k_{GK} - g} \quad .$$

---

1 Vgl. **Steiner/Wallmeier** (1999), S. 2.

2 Vgl. **Gomez** (1995), Sp. 1720ff., **Brühl/Singer** (1998), S. 613.

3 Vgl. **Perridon/Steiner** (1997), S. 215ff., **Brühl/Singer** (1998), S. 613.

Von zentraler Bedeutung ist in diesem Zusammenhang der für die Abzinsung herangezogene Kapitalkostensatz. Zur Bestimmung der Gesamtkapitalkosten kann auf die folgende Formel zurückgegriffen werden:[1]

$$k_{GK} = \frac{EK^M}{EK^M + FK^M} \cdot r^*_{EK} + \frac{FK^M}{EK^M + FK^M} \cdot i_{FK} \cdot (1 - s)$$

mit

r^*_{EK} = Eigenkapitalkosten (= geforderte Rendite der Eigenkapitalgeber),
i_{FK} = Fremdkapitalzins und
s = Grenzsteuersatz des Unternehmens.

Bei den Fremdkapitalzinsen wird noch berücksichtigt, daß die Zinsen steuerlich abzugsfähig sind. Problematisch ist hierbei die Bestimmung der Eigenkapitalkosten, die sich grundsätzlich aus dem Zinssatz für risikolose Anlagen zuzüglich eines Risikozuschlages ermitteln lassen. Bei den Eigenkapitalkosten handelt es sich um die Renditeforderungen der Aktionäre an das Unternehmen. Diese sind grundsätzlich unterschiedlich je nach Aktionär. Zur Objektivierung können Marktdaten bzw. Markterwartungen herangezogen werden. Infolgedessen entsprechen die Eigenkapitalkosten der Rendite, die der Investor erzielen könnte, wenn er bei gleichem Risiko eine Anlage außerhalb des Unternehmens tätigen würde.

Zur Bestimmung der Eigenkapitalkosten von börsennotierten Unternehmen kann auf das CAPM zurückgegriffen werden.[2] Die für die CAPM-Gleichung notwendigen Parameter lassen sich aus vergangenen Börsendaten ermitteln.

Problematischer wird die Bestimmung der Eigenkapitalkosten von Unternehmensbereichen, da insbesondere der Betafaktor und damit das systematische Risiko des zu bewertenden Bereichs nicht aus Börsendaten ermitteln werden kann. Häufig wird dieses Risiko nicht berücksichtigt, so daß von einem konstanten, über alle Unternehmensbereiche gleich hohen Erwartungswert für die Mindestrendite ausgegangen wird. Da aber bei einem geringen Risiko auch nur niedrige Eigenkapitalkosten erwartet werden können, würde möglicherweise in diese Unternehmensbereiche nicht investiert, obwohl sie risikobereinigt positiv zu bewerten sind.[3] Infolgedessen ist denkbar, daß nicht in diese Bereiche, sondern in Bereiche, die zwar eine höhere als die durchschnittliche Mindestrenditeerwartung erwirtschaften, die aber unter Berücksichtigung des eingegangenen Risikos negativ zu bewerten wäre. In diesem Fall würden Mittel fehlgeleitet bzw. bestimmte Sparten subventioniert, was nicht im Interesse der Investoren sein kann. Sie könnten privat die zur Verfü-

---

1 Vgl. **Gomez** (1995), Sp. 1725.

2 Vgl. Kapitel B.

3 Wird das CAPM zur Bewertung zugrunde gelegt, so würde es sich hier um solche Unternehmensbereiche handeln, deren Renditeerwartung sich oberhalb der Wertpapierlinie befindet, bei denen aber der Renditewert unterhalb der konstanten Mindestrenditeerwartung liegt. Vgl. dazu auch **Arbeitskreis „Finanzierung“ der Schmalenbach-Gesellschaft** (1996), S. 550ff.

gung stehenden Mittel sinnvoller am Kapitalmarkt anlegen, da sie hier eine relativ bessere risikobereinigte Rendite erwarten können.

Die Bestimmung der Eigenkapitalkosten einzelner Unternehmensbereiche kann mit Hilfe eines geschätzten Beta-Faktors vorgenommen werden. Hierzu werden z.B. die folgenden Ansätze vorgeschlagen:[1]

- Pure Play Beta-Ansatz,
- Industry Beta-Ansatz (Branchenvergleich) und
- Peer Group-Ansatz.

Im Rahmen des Pure Play Beta-Ansatzes wird ein einzelnes, an der Börse notiertes Referenz-Unternehmen für jeden Geschäftsbereich ausgewählt und der entsprechende Beta-Faktor herangezogen. Dabei kann die Auswahl dieses Unternehmens anhand objektiver Kriterien (z.B. Branchenklassifizierung, Unternehmensgröße) und subjektiver Einschätzungen des Managements (z.B. Wettbewerbspositionierung) erfolgen.

Der Industry Beta-Ansatz beruht auf dem Grundgedanken, daß das Risiko vor allem durch die jeweilige Branche beeinflußt wird. Entsprechend wird auf den durchschnittlichen Beta-Faktor der entsprechenden, an der Börse notierten Unternehmen zurückgegriffen. Gegenüber dem Pure Play Beta-Ansatz ist hierbei vorteilhaft, daß Ausreißer reduziert werden können.

Ähnlich wie beim Industry-Beta-Ansatz erfolgt auch beim Peer Group-Ansatz ein Vergleich mit mehreren börsennotierten Unternehmen. Hierbei handelt es sich aber nicht um sämtliche Unternehmen einer Branche, sondern um Unternehmen, die mit dem Geschäftsbereich in etwa vergleichbar sind, z.B. in bezug auf die wirtschaftlichen Aktivitäten, die Marktanteile, die Kostenstruktur, das Vertriebsnetz etc.

Mit den auf diese Art und Weise ermittelten Eigenkapitalkosten kann entsprechend der Marktwert des Eigenkapitals berechnet werden. Der theoretisch richtige Wert des Unternehmens (Fair Value) muß aber nicht mit dem aktuellen Marktpreis z.B. an der Börse übereinstimmen.

hängt vor allem auch von ab und stimmt i.d.R. nicht mit dem Börsenwert überein. Gründe dafür können z.B. heterogene Erwartungen in bezug auf die künftige Entwicklung des Free Cash Flow und heterogene Informationsstände der Marktteilnehmer sein, so daß es möglich ist, daß verschiedene Analysten eine Aktie gleichzeitig über- und unterbewerten.

Ein weiterer Grund können aber auch nicht genutzte Werterhöhungspotentiale, wie z.B. Restrukturierungspotentiale, Optimierungspotentiale in bezug auf das Geschäftsfeldportfolio und Verbesserungspotentiale der Kapitalstruktur sein. Um durch Nutzung dieser Potentiale aber auch den Aktienkurs zu erhöhen, sind begleitende Investor Relation-Maßnahmen erforderlich. Diese können einen kontinuierlichen Informationsfluß vom Management zu den Aktionären gewährleisten.[2]

---

1 Vgl. **Arbeitskreis „Finanzierung" der Schmalenbach-Gesellschaft** (1996), S. 552ff.

2 Vgl. **Brühl/Singer** (1998), S. 612f.

Wie bereits deutlich wurde, steht die von der Geschäftsleitung einer börsennotierten Unternehmung schwer zu manipulierende Größe 'Aktienkurs' im Mittelpunkt des Shareholder Value-Ansatzes. Damit ist ein Beurteilungskriterium gefunden, das sich im Gegensatz zu manipulierbaren Bilanzkennzahlen direkt am Markt bildet und daher am ehesten geeignet ist, eine Aussage über die Schaffung und Mehrung von Shareholder Value innerhalb eines Unternehmens zu liefern.

In der Diskussion um Shareholder Value spielt oftmals das Argument eine Rolle, Aktienkursmaximierung entspräche kurzfristigem Denken und sei daher abzulehnen. Ein solcher Denkansatz läßt die theoretischen Bepreisungszusammenhänge von Aktien außer acht. Denn der heutige Aktienkurs einer Unternehmung ergibt sich - wie gezeigt - als die abgezinste Summe aller künftigen Free Cash Flows aus dem Titel. Insofern berücksichtigt der heutige Kurs einer Aktie durchaus die längerfristige und damit strategische Geschäftsperspektive einer Gesellschaft. Von Kurzfristorientierung kann bei Strategien zur Mehrung des 'Shareholder Value' folglich nicht gesprochen werden.

Zur Mehrung des Shareholder Value von börsengelisteten Aktiengesellschaften können vielerlei Maßnahmen innerhalb der einzelnen Unternehmen ergriffen werden. Ein Blick in die USA gibt diesbezüglich hilfreiche Aufschlüsse. Eine Hinwendung zum eigentlichen Kerngeschäft - sofern eine hinreichende Eigenkapitalrendite (ROE) erwirtschaftet wird - ist ebenso angezeigt wie Abspaltungen von Unternehmenseinheiten, die keinerlei Synergien aufweisen. Die Erkenntnis, daß Diversifikation unter der Vorgabe vermeintlicher Synergien letztlich mehr dem Management als den Eigentümern dient, beginnt langsam auch in Deutschland Platz zu greifen. Auch im Hinblick auf den Umgang mit nicht betriebsnotwendigen Finanzmitteln läßt sich eine klare Tendenz ableiten. Mit Hilfe von Aktienrückkaufprogrammen wird ein weiterer Weg für den Aktionär beschrittten, Shareholder Value zu schaffen.

c. Aktienrückkäufe zur Erhöhung des Shareholder Value

Der Rückkauf eigener Aktien (Share Buyback) kann in den Fällen, in denen die Aktie unterbewertet ist und das Unternehmen über überschüssige Liquiditätsreserven verfügt, den fundamentalen Unternehmenswert erhöhen. Gerade liquide Mittel sind aufgrund der relativ geringen Verzinsung i.d.R. nicht in der Lage, die Kapitalkosten zu decken. Im Vergleich zur Dividendenausschüttung bieten Aktienrückkäufe dabei eine höhere Flexibilität und beeinträchtigen nicht die Dividendenkontinuität.

Auch kann bei nicht ausgeschöpften kostenneutralen Fremdfinanzierungspotentialen eines Unternehmens durch zusätzliche Fremdkapitalaufnahme die Eigenkapitalrentabilität des Unternehmens und damit der Marktwert des Eigenkapitals erhöht werden. Der hierbei zugrunde liegende Leverage-Effekt wirkt sich allerdings nur dann positiv aus, wenn die Gesamtkapitalrentabilität bzw. aus Sicht des Unternehmens der Gesamtkapitalkostensatz höher ausfällt als der Fremdkapitalzins.

Dies kann anhand der folgenden Formeln gezeigt werden, wobei von Steuern abstrahiert wird. Aus Anlegersicht gilt entsprechend:[1]

$$r_{EK} = r_{GK} + \left(r_{GK} - i_{FK}\right) \cdot \frac{FK}{EK}$$

mit

r_{EK} = Eigenkapitalrentabilität,
i_{FK} = Zinssatz für Fremdkapital und
r_{GK} = Gesamtkapitalrentabilität.

Somit erhöht sich die Eigenkapitalrentabilität für den Fall, daß $r_{GK} > i_{FK}$ bei steigendem Verschuldungsgrad.

Unter Berücksichtigung der obigen Formeln kann der Marktwert des Eigenkapitals wie folgt bestimmt werden, wobei hier von Steuern und von der Wachstumsrate des Free Cash Flow abstrahiert wird:

$$EK^M + FK^M = \frac{\text{Free Cash Flow}}{k_{GK}} == \frac{\text{Free Cash Flow}}{\frac{EK^M \bullet r^*_{EK} + FK^M \bullet i_{FK}}{EK^M + FK^M}}$$

$$\Leftrightarrow \qquad EK^M = \frac{\text{Free Cash Flow - } i_{FK} \bullet FK}{r^*_{EK}}.$$

Mit Hilfe des Eigenkapitalmarktwertes kann der Kurswert als maßgebliche Größe für den Aktionär ermittelt werden:

$$K = \frac{EK^M}{EK^{nom}} = \frac{\text{Free Cash Flow - } i_{FK} \bullet FK}{r^*_{EK}} \bullet \frac{1}{EK^{nom}} = \frac{\text{Free Cash Flow - } i_{FK} \bullet FK}{EK^{nom}} \bullet \frac{1}{r^*_{EK}}$$

Setzt man anstelle des Free Cash Flows den Kapitalgewinn, d. h. dem erzielten Gewinn aus dem gesamten eingesetzten Kapital vor Abzug der Fremdkapitalzinsen in die Formel ein, so läßt sich folgender Zusammenhang feststellen:

---

[1] Vgl. **Brühl/Singer** (1998), S. 613ff., **Perridon/Steiner** (1997), S. 478ff. Aus Sicht des Unternehmens wird durch die zusätzliche Fremdkapitalaufnahme in diesem Fall teures Eigenkapital durch billigeres Fremdkapital ersetzt, so daß sich die gewichteten Kapitalkosten verringern und der Marktwert des Eigenkapitals entsprechend erhöht.

$$K = \frac{EK^{M}}{EK^{nom}} = \frac{r_{EK}}{r^{*}_{EK}}$$

mit

$$r_{EK} = \frac{\text{Kapitalgewinn} - i_{FK} \cdot FK}{EK^{nom}}.$$

Entsprechend würde eine steigende Verschuldung zu einer höheren Eigenkapitalrentabilität führen und damit auch den Kurs erhöhen. Dabei ist allerdings zu beachten, daß möglicherweise die Renditeforderungen der Aktionäre bei steigendem Kapitalstrukturrisiko ebenfalls ansteigen. Steigen darüber hinaus auch die Forderungen der Fremdkapitalgeber, so kann sich die Leverage-Chance in ein Leverage-Risiko umkehren, wenn $i_{FK} > r_{GK}$ wird. Insofern wirken sowohl der Rentabilitäts- als auch der Risikoeffekt auf den Kurswert. Dieser sinkt, wenn der negative Risikoeffekt zunimmt und den positiven Rentabilitätseffekt überkompensiert.

Neben der Ausschüttung von überschüssigen liquiden Mitteln und der Erhöhung der Leverage-Chance kann auch die Investition in eine möglichst rentable Anlage ein Grund für den Rückkauf von Aktien sein. Dies gilt dann, wenn der Marktpreis an der Börse geringer ist als der oben ermittelte Barwert des Free Cash Flows.

Bei den vorgestellten Möglichkeiten im Rahmen eines Share Buybacks handelt es sich jeweils um Maßnahmen, die den fundamentalen Unternehmenswert erhöhen können. Zur höheren Börsenbewertung ist dabei eine entsprechende Kommunikation erforderlich.[1]

Entschließt sich eine Aktiengesellschaft zum Rückkauf eigener Aktien, so muß sie das Volumen der zurückzukaufenden Aktien, den zu zahlenden Preis für die Aktien und das Rückkaufverfahren festlegen. Das optimale Volumen ist nur schwer zu bestimmen, da die von einem Aktienrückkauf ausgehende Signalwirkung und die damit verbundene Aktienkurssteigerung kaum zu schätzen ist. Zu geringe Quoten haben möglicherweise nicht die erhoffte Wirkung, zu hohe Quoten können aber das Kapitalstrukturrisiko deutlich erhöhen.[2]

Im Hinblick auf das Volumen gilt für deutsche Aktiengesellschaften, daß sie nach Inkrafttreten des Gesetzes zur Kontrolle und Transparenz im Unternehmensbereich (KonTraG) am 1. Mai 1998 eigene Aktien bis zu einem Gesamtvolumen von 10% des Grundkapitals zurückkaufen können, wobei eine entsprechende Ermächtigung der Hauptversammlung erforderlich ist, die für maximal 18 Monate gilt. Dies ergibt sich aus § 71 Abs. 1, Nr. 8 AktG. Die Aktien dürfen nicht zum Zwecke des Handels mit eigenen Aktien zurückgekauft werden. Zudem muß der Kauf aus frei verfügbaren Mitteln erfolgen.

Im Rahmen dieser Ermächtigung ist zudem die Angabe des maximalen und minimalen Gegenwerts für die zurückzukaufenden Aktien erforderlich. Einer Untersuchung für den deutschen

---

1 Vgl. **Brühl/Singer** (1998), S. 613ff.

2 Vgl. **Brühl/Singer** (1998), S. 616.

Markt zufolge unterscheidet sich der Preisrahmen für den Erwerb der eigenen Aktien je nach Unternehmen. I. d. R. wird der Börsenpreis als Durchschnittskurs aus einer bestimmten Anzahl an Börsentagen (häufig 5 oder 3 Tage) vor dem Erwerb zugrunde gelegt. Von diesem Kurs kann in gewissen prozentualen Grenzen nach oben und unten abgewichen werden.[1]

Bei der Festlegung des Preises ist zu beachten, daß auf der einen Seite ein niedriger Rückkaufpreis im Falle einer Unterbewertung zu einer rentableren Anlage führt, während auf der anderen Seite bei einem höheren Rückkaufpreis die Signalwirkung auf den Aktienmarkt höher ausfällt und somit eine Höherbewertung wahrscheinlicher wird.

Schließlich ist noch das Verfahren zum Rückkauf der eigenen Aktien festzulegen. In den USA erfolgt dies zumeist über die Börse. Der Rückkauf kann grundsätzlich aber auch über ein öffentliches Angebot bzw. ein fixed price self-tender-Verfahren erfolgen. Bei letzterem ist besonders die Signalwirkung höher. Dabei kann das Rückkaufvolumen festgelegt und gleichzeitig zu Beginn des Verfahrens eine Preisspanne festgelegt werden.[2]

In Deutschland haben schon in 1998 mehrere Aktiengesellschaften eine Ermächtigung zum Rückkauf eigener Aktien erhalten, der aber vor dem Hintergrund der bis Ende 1998 nicht geklärten steuerlichen Behandlung nicht durchgeführt worden ist. Dies änderte sich mit Klärung der steuerlichen Fragen, so daß mittlerweile einige Unternehmen eigene Aktien gekauft haben. In der bereits angesprochenen Untersuchung für den deutschen Markt wurden auch die Motive ermittelt, die der Entscheidung für die Ermächtigung zum Erwerb eigener Aktien zugrunde lagen. Angegeben wurden u.a. die Nutzung der eigenen Aktien als Akquisitionswährung, die Veränderung der Kapitalstruktur, die Ausschüttung überschüssiger Liquidität, die Optimierung der Aktionärsstruktur sowie die Abwehr von feindlichen Übernahmen. Die Unternehmen, die keinen Rückkauf planen, haben dies u.a. mit dem Vorhandensein eines Großaktionärs bzw. einer Konzernzugehörigkeit, mit einer Nutzung der liquiden Mittel für die weitere Expansion bzw. einer profitableren Verwendung dieser Mittel, mit einer fehlenden überschüssigen Liquidität sowie mit einer ausgewogenen Kapitalausstattung begründet.[3]

Entschließt sich ein Unternehmen zu einem Aktienrückkauf, so ist dabei zu beachten, daß der Free Cash Flow auch nach dem Rückkauf noch ausreicht, um die notwendigen Investitionen zu tätigen. Müssen diese Investitionen aufgrund der nach einem Rückkauf mangelnden Liquidität unterbleiben, so würde möglicherweise der Aktienkurs zwar kurzfristig aufgrund des Erwerbs eigener Aktien steigen. Langfristig erscheint aber die Steigerung des Shareholder Value fraglich. Offenbar ist das Management in diesen Fällen nicht in der Lage, Möglichkeiten zu finden, das ihm zur Verfügung gestellte Kapital rentierlich zu verwenden, so daß es an die Aktionäre zurückgezahlt wird. Dies kann aber z.B. in einer Rezension durchaus sinnvoll sein.

---

1 Vgl. **Deutsches Aktieninstitut** (1999), S. 11.

2 Vgl. **Brühl/Singer** (1998), S. 616.

3 Vgl. **Deutsches Aktieninstitut** (1999), S. 9f. und S. 16f.

Grundsätzlich trägt auch eine am Shareholder Value ausgerichtete Vergütungspolitik für Führungskräfte dem Gedanken der notwendigen Mehrung des Shareholder Value Rechnung.[1] Allerdings kann dies auch dazu führen, daß allein aus diesem Grund Aktienrückkäufe vorgenommen werden, die Kurssteigerungen zur Folge haben können. Zudem ist auf den Verwässerungseffekt hinzuweisen, der beispielsweise durch zu viele Stock Options, die den Führungskräften zur Verfügung gestellt werden, entstehen kann.

6. Small Cap versus Large Cap

Ebenso wie es Portfoliomanager gibt, die sich auf Value- oder Growth-Titel konzentrieren, existieren Spezialisten für bestimmte Größensegmente von Aktien. Größe wird dabei zumeist als Marktkapitalisierung gemessen. Beide Investmentstilentscheidungen sind nicht gänzlich unabhängig voneinander. Eine Vielzahl empirischer Untersuchungen hat gezeigt, daß echte Wachstumswerte eher im Bereich der sog. 'Small-Caps' zu finden sind. Die Diskussion um überdurchschnittliche Renditen bei Kleinfirmen hat in den achtziger Jahren breiten Platz im einschlägigen Schrifttum eingenommen.[2]

Zumindest in Ländern mit mittlerer und kleinerer Marktkapitalisierung ist in den letzten Jahren jedoch ein Trend zu sog. 'Large Cap Stocks' erkennbar. Ein Grund hierfür stellt neben der größeren Liquidität, die gerade institutionellen Investoren ein Engagement überhaupt erst ermöglicht, die Verfügbarkeit von derivativen Instrumenten zum Hedging dar. Damit können erweiterte Möglichkeiten des Aktienhandels genutzt werden. Zu denken ist beispielsweise an Volatilitäts- und Downside-Strategien. Der sogenannte Market Impact, der die Kursveränderung einer Aktie aufgrund einer Order beschreibt, ist bei Large Caps im Vergleich zu Small Caps geringer. Außerdem eignen sich Large Caps aufgrund ihrer höheren Marktgängigkeit besser zur Durchführung von Basket Trades.

Neben den genannten Spezialisierungen auf bestimmte größenabhängige Marktsegmente oder inhaltliche Eigenschaften wie Value und Growth lassen sich weitere denkbare Positionierungen im Bereich der Investmentstile bestimmen. Zu denken ist hierbei z. B. an sog. 'Turn-around'-Werte oder Portfolios, die sich auf potentielle 'Take-over'-Unternehmen, d. h. Übernahmekandidaten spezialisieren.

7. Aggressiv versus defensiv

Das Aggressivitätsniveau innerhalb von Portfolios kann ebenfalls kennzeichnend für einen Investmentstil sein. Dabei steht die Frage im Vordergrund, wie aggressiv bzw. defensiv vorliegende Prognosen in einem Portfolio umgesetzt werden. Als Maßstab für die Aggressivität von Aktienportfolios lassen sich die klassischen Risikomaße Volatilität, Korrelation, ß-Faktor und Tracking Error heranziehen. Bei eher fundamentaler Betrachtung kann eine aggressive Strategie so defi-

---

[1] Vgl. **Bruns** (1995), S. 20.

[2] Vgl. **Roll** (1983), S. 18ff., **Stock** (1990), S. 518ff., **Beiker** (1993), S. 23ff., **Oertmann** (1994), S. 229ff., **Frantzmann** (1989) und **Schnittke** (1989).

niert werden, daß ein Portfolio aus solchen Aktien eines Marktes gebildet wird, welche die höchsten erwarteten Zuwächse in der Größe 'Gewinn pro Aktie' erwarten lassen.

Im Anleihebereich eignen sich die verschiedenen Durations- und Konvexitätsmaße zur Charakterisierung des vorliegenden Aggressivitätsniveaus. Darüber hinaus sind qualitative Daten wie z. B. Ratings unerläßlich. Es ist zu berücksichtigen, daß nur bei Bekanntheit einer Benchmark die Feststellung gelingen kann, ob ein Portfolio einem aggressiven oder einem defensiven Investmentstil folgt. Letztlich betrifft die Bestimmung des Aggressivitätsniveaus die vom Portfoliomanager aufzubringende Risikotoleranz.

IV. Grundstruktur eines umfassenden Asset Allocation Ansatzes

Das Kernstück der Portfoliobildung ist die Asset Allocation. Sie kann weit interpretiert werden als dreigliedrige Form der Vermögensstrukturierung. Ihre einzelnen Elemente sind die Assetklassenentscheidung (z. B. Aktien oder Anleihen), die Länderentscheidung und die Währungsallokation. Alle genannten Komponenten, die in ihrer Gesamtheit den Entscheidungsrahmen der strategischen Asset Allocation darstellen, wie er in der Graphik im Abschnitt über den Top-Down- und den Bottom-Up-Ansatz bereits dargestellt wurde, besitzen erhebliche Auswirkungen auf die Portfolioperformance. In empirischen Studien konnte gezeigt werden, daß die Performancebeiträge der strategischen Asset Allocation Entscheidungen weit höher liegen als z. B. Entscheidungen über die Einzeltitelauswahl.[1] Insofern bietet die strategische Asset Allocation die beste Gelegenheit, Prognosen in Portfolios umzusetzen.[2]

Auf einer taktischen Ebene können dann nach erfolgter strategischer Asset Allocation die Detailentscheidungen vorgenommen werden. Bei Aktienportfolios betreffen diese Entscheidungsvariablen Branchen- und Titelselektion. Demgegenüber besteht bei Anleihen der primäre Grund für eine Diversifikation auf der taktischen Ebene nicht in der Reduktion des Marktrisikos, das durch die Duration oder ihr verwandte Maße bestimmt wird, sondern in der Vermeidung von Schuldnerausfallrisiken. Insofern läßt sich der Prozeß der taktischen Asset Allocation im Aktienbereich grundsätzlich sinnvoller untergliedern. Gleichwohl bestehen auch bei Anleihen Entscheidungsoptionen auf der taktischen Ebene. Welche Entscheidungsparameter bei Anleihen betroffen sind, geht aus Abbildung C.14 hervor.

---

[1] Vgl. **Brinson/Hood/Beebower** (1984), S. 39ff. und **Brinson/Singer/Beebower** (1991), S. 40ff., **Hensel/Ezra/Ilkiw** (1991), S. 65ff. und die dort angegebene Literatur.

[2] Vgl. **Black/Litterman** (1992), S. 28ff.

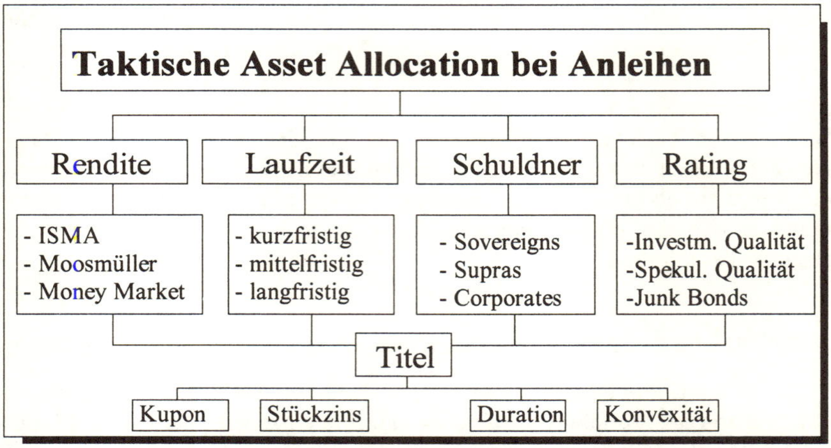

Abb. C.14: Taktische Asset Allocation bei Anleihen

Alternativ zu der oben dargestellten Definition von Asset Allocation wird in der Portfoliomanagementpraxis bisweilen von 'Tactical Asset Allocation' (TAA) gesprochen. Mit diesem Terminus Technicus sind in aller Regel technisch / quantitative Verfahren zur kürzerfristigen Ausnutzung von Markttrends gemeint.

1. Assetklassenallokation

Die Aufgabe der Assetklassenallokation, die hier als Asset Allocation im engeren Sinne definiert wird, besteht in der Aufteilung des Portfoliovermögens auf verschiedene Assetklassen. Eine Assetklasse ist als Set von Vermögenswerten anzusehen, die hinsichtlich ihres Rendite-Risiko-Profils vergleichbare Charakteristika aufweisen. Die Vermögenswerte können die unterschiedlichsten Ausprägungen annehmen. Für die Klassifikation als eigenständige Assetklasse ist nicht die Verbriefung oder die Handelbarkeit ausschlaggebend, sondern das heterogene Performanceprofil im Vergleich zu anderen Assetklassen.

Zur Beschreibung der verschiedenen denkbaren Assetklassen ist eine Unterscheidung in standardisierte und nicht standardisierte Assets zweckmäßig. Denn die Portfoliomanagementpraxis hat gezeigt, daß sich der weit überwiegende Teil des institutionellen Portfoliomanagements auf standardisierte Anlageformen konzentriert.

a. Standardisierte Assets

Die im Rahmen der Asset Allocation in Frage kommenden Assets lassen sich bezüglich ihrer Handelbarkeit kategorisieren. Im Vordergrund des Portfoliomanagements stehen eindeutig die standardisierten Assetklassen. Mit Standardisierung ist die Handelbarkeit und Fungibilität der Assets gemeint. In diesem Zusammenhang läßt sich die Grundaussage treffen, daß standardisierte Assets in aller Regel eine höhere Liquidität aufweisen als nicht standardisierte Assets. Gleichwohl spielen die Letztgenannten gerade im Bereich von Privatkundenportfolios eine Rolle. Die Berücksichtigung nicht standardisierter Assets in einem Portfolio hängt von dem Portfoliovolumen und insbesondere von der Risikotoleranz des Anlegers ab.

Bei den standardisierten Assets stehen Wertpapieranlagen im Vordergrund. In erster Linie ist dabei an Aktien und Anleihen zu denken. Als typischerweise genannte dritte Komponente können Geldmarktanlagen angesehen werden, d.h. die Anlage liquider Mittel für einen fest vereinbarten Zeitraum als Termingeld oder als täglich verfügbare Anlage am Geldmarkt.[1] Alle drei genannten Assetklassen lassen sich auch mit Hilfe von Investmentfonds und Derivaten abbilden.

Abb. C.15: Potentielle Assetklassen

Derivate sind in der Abbildung lediglich in Klammern gesetzt worden, da sie grundsätzlich nicht als Assetklasse charakterisiert werden können, aus praktischen Erwägungen heraus aber eine solche Einteilung sinnvoll erscheint. Diese Instrumente weisen Rendite-Risikoprofile auf, die sich auch mit den anderen Assetklassen bzw. mit Kombinationen aus diesen herstellen lassen. Insofern sind Derivate lediglich als Substitute und nicht als Assetklasse zu charakterisieren. Dennoch ist zu berücksichtigen, daß die Herstellung der Rendite-Risiko-Profile von Derivaten mit Hilfe anderer Assetklassen in der Praxis zum Teil recht kostenintensiv und zeitaufwendig ist. Eine schnellere, einfachere und billigere Abbildung der entsprechenden Profile ist über Derivate möglich. Diese

---

[1] Vgl. **Tilley/Latainer** (1985), S. 33.

Argumente sprechen grundsätzlich für eine Einordnung von Derivaten als eigenständige Assetklasse.

Dies gilt besonders für Derivate auf Commodities. Angesichts der problematischen Liefer- und Lagerbarkeit von Commodities können Portfoliomanager ein Exposure in diesen Märkten oftmals nur mittels des Einsatzes von Derivaten bewerkstelligen. Insofern stellen diese Instrumente bei exotischen Assets die einzige praktikable Möglichkeit dar, auf diesen Märkten Investments für Portfolios zu tätigen. Zudem gelingt durch den Einsatz von Derivaten die Transformation z. T. nicht standardisierter Assets in standardisierte Assets. Sofern es sich nämlich um börsengehandelte Futures und Optionen handelt, sind die Kontraktmerkmale genau spezifiziert.

Darüber hinaus spielen für die Asset Allocation auch Währungen und Waren (Commodities) eine Rolle, zumal wenn der Investmentscope über das eigene Referenzland hinausreicht. Während Währungen i. d. R. direkt am Devisenmarkt erworben werden, bietet sich auch bei Investments in Commodities das Zurückgreifen auf entsprechende derivative Instrumente an.

b. Nicht standardisierte Assets

Als nicht standardisierte Assets können solche Vermögensgegenstände klassifiziert werden, die aufgrund ihrer Produkteigenschaften als nicht austauschbare Einzelstücke anzusehen sind. Aufgrund der nicht gegebenen Fungibilität findet in nicht standardisierten Assets kein regelmäßiger Handel statt. Daher besteht das größte Problem dieser Assetklassen in der geringen Marktliquidität.

Die wichtigsten nicht standardisierten Assets sind Immobilien, Kunstwerke, Antiquitäten, Münzen, Briefmarken, Uhren und ggf. Tiere (z. B. Rennpferde). Am ehesten sind nicht standardisierte Assets mit der Assetklasse 'Commodities' zu vergleichen. Laufende Zahlungen in Form von Zinsen oder Dividenden fließen i. d. R. nicht, es sei denn, die Gegenstände werden Dritten zur Nutzung überlassen, wie dies etwa bei Immobilien in Form von Vermietungen der Fall ist.[1] Positive Renditen müssen sich nahezu vollständig aus dem Wertzuwachs der Vermögensgegenstände ergeben.

Dem Problem der geringen Liquidität nicht standardisierter Assets kann u. U. begegnet werden, indem diese in einem Fonds gehalten werden. Bei Immobilien ist dieses Vorgehen nicht unüblich. Offene Immobilienfonds können täglich vom Investor zum Nettoinventarwert zurückgegeben werden und können daher als liquide angesehen werden. Geschlossene Fondskonzepte kommen ebenfalls vor. Ein liquider Handel kann jedoch nur entstehen, wenn die geschlossenen Fonds an einer Börse notiert werden. Bei geschlossenen Fonds, die ihre Anlagepolitik auf nicht standardisierte Assetklassen konzentrieren, ist dies die Ausnahme.

---

[1] In diesem Zusammenhang sollte der fundamentale Unterschied zwischen Mieteinnahmen bei Immobilien und beispielsweise Zinseinnahmen bei Anleihen bedacht werden. Während Mieteinnahmen nur bei Nutzungsüberlassung des erworbenen Gegenstandes (Immobilie) fließen, ergeben sich bei Anleihen Kuponzahlungen ohne die Überlassung der Anleihenutzung. Durch die Nutzungsüberlassung in Form der Wertpapierleihe können zusätzliche Erträge erzielt werden.

Trotz der Problembereiche, die mit nicht standardisierten Assets verbunden sind, kann die Aufnahme dieser Anlageformen aus Gründen der Diversifikation sinnvoll sein, zumal die erwartbaren Korrelationen mit anderen Assetklassen niedrig sind. Bei großen institutionellen und privaten Vermögen ist eine breite Streuung, die neben den gängigen Assetklassen auch nicht standardisierte Assets berücksichtigt, nicht unüblich.

2. Länderallokation

Die im Rahmen der umfassenden Asset Allocation vorzunehmende Länderallokation gestaltet sich relativ einfach. Auf der Basis gegebener Rendite- und Risikoprognosen lassen sich die einzelnen Länderanteile in dem zu konstruierenden Portfolio bestimmen. Risikokennzahlen und Prognosekonfidenzen müssen zur Portfoliobildung ebenfalls herangezogen werden. Dieses Vorgehen entspricht einem zweistufigen Ansatz der Portfoliobildung, der z. T. auch als Asset Allocation mit Währungsoverlay bezeichnet wird. Dabei wird zunächst aufgrund gegebener Prognosen eine Assetklassen- und Länderallokation vorgenommen. Währungseinflüsse bleiben zunächst unberücksichtigt und werden erst in einer zweiten Stufe integriert.[1]

Ein alternatives Verfahren zu dem vorgestellten zweistufigen Ansatz besteht in der Verwendung von Gesamtprognosen, die die Assetklassen- und Länderrenditen unter Berücksichtigung von Wechselkursüberlegungen prognostizieren. Problematisch an diesem Ansatz ist, daß eine aus zwei Einzelteilen bestehende Gesamtrendite prognostiziert werden muß. Da beide Teile separat zu handeln sind und unterschiedliche Rendite-Risikocharakteristika aufweisen, bietet sich eine getrennte Prognose an. Nicht zuletzt unterstützt dieses Vorgehen eine im letzten Schritt des Investmentprozesses vorzunehmende Performanceattribution.

Eine ausschließlich quantitativ zustande kommende Country Allocation, wie sie z. B. mit Hilfe gängiger Optimierungsprogramme[2] generierbar ist, sollte zumindestens durch einen qualitativen Overlay begleitet sein. Dies dient einer Risikokontrolle, die sich mit potentiellen Wertänderungsrisiken in der Zukunft beschäftigt, die in Vergangenheitszeitreihen nicht berücksichtigt sind.

Assetklassenbestimmung und Länderallokation haben simultan zu erfolgen. Daher lassen sie sich nicht hierarchisieren. In den einzelnen gewählten Ländern kann sich die Wahl der Anteile der Assetklassen durchaus unterscheiden. Dies hängt von den geschätzten Rendite-Risikoprofilen ab.

3. Währungsallokation

Als neuralgischer Teil einer umfassenden Asset Allocation stellt sich die Währungsallokation dar, besonders aus der DEM-Perspektive.[3] Die Währungsallokation hat getrennt von der Länderallokation zu erfolgen, es sei denn, alle zukünftigen Währungsrenditen werden auf Null geschätzt. In

---

1 Vgl. **Layard-Liesching** (1994), S. 69ff.

2 Z. B. das Softwarepaket ‘BARRA’.

3 Aus Sicht eines in Schweizer Franken rechnenden Investors gestaltet sich das Problem ähnlich. Vgl. **Gügi** (1995), S. 178ff.

der Regel unterscheidet sich die Währungsallokation von den durch die Länderallokation implizierten Währungsexposures. Die Problematik der Währungsallokation steht im Zusammenhang mit der Besonderheit der 'Assetklasse' Währung im Vergleich mit den Performanceeigenschaften von Aktien und Anleihen.

Bei strenger begrifflicher Auslegung sind Währungen nicht als Assetklasse zu interpretieren, da sie reine Austauschverhältnisse darstellen. Der Hauptunterschied zu Aktien und Anleihen besteht in den Renditeeigenschaften von Währungen. Als Aggregat betrachtet ist die Summe aller Wechselkursveränderungen Null, so daß bei Währungen von einem Nullsummenspiel gesprochen werden kann. Da Wechselkurse sich nicht absolut, sondern nur relativ beschreiben lassen, nämlich als Austauschverhältnis zu einer anderen Währung, muß der Wechselkursanstieg der einen Währung dem Wechselkursverlust der anderen Währung entsprechen.[1] Aus diesem Grund ist die Währungsperspektive für die Währungsallokation von herausragender Bedeutung. Für einen Investor, der sein Portfolio in einer weichen Währung berechnet, stellt sich die Währungsallokation nicht so problematisch dar wie für einen Investor, dessen Referenzwährung zu den harten Weltwährungen zählt.

Verwendet man zur Beurteilung der Währungsallokation den Entscheidungsrahmen der Portfoliotheorie, dann ist zunächst die Kenntnis von erwarteter Rendite und dessen Risiko, gemessen als Volatilität, erforderlich. Liegen dem Portfoliomanager keinerlei Informationen bezüglich der zukünftigen Wechselkursentwicklung vor, so erscheint die Annahme zukünftig unveränderter Wechselkurse gerechtfertigt.[2] Da Währungen keine eigenständige Verzinsung aufweisen, können sich Währungsrenditen nur aus Wechselkursveränderungen ergeben. Aus deutscher Perspektive ist, sofern Vergangenheitserfahrungen berücksichtigt werden, die Aussage nicht fernliegend, daß tendenziell die D-Mark handelsgewichtet an Wert gewinnt. Wird dieser Trend extrapoliert, dann gelangt man zu negativen erwarteten Währungsrenditen. Eine Argumentation mit Hilfe der Currency Forward Rates kommt zum gleichen Resultat.

---

1 Bei prozentualer Betrachtung spielt allerdings das 'Siegel-Paradoxon' eine Rolle, nach dem ein prozentualer Gewinn von einem darauffolgenden prozentualen Verlust in gleicher Höhe nicht absolut ausgeglichen wird. Vgl. **Siegel** (1972), S. 303ff.

2 Vgl. **Perold/Schulman** (1988), S. 45ff.

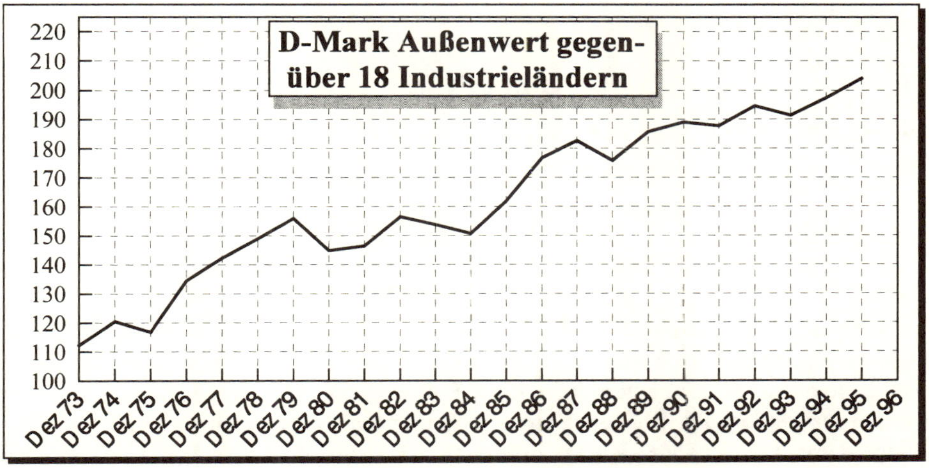

Abb. C.16: Entwicklung des D-Mark Außenwertes

Im Anschluß an die Renditeseite ist die Risikoseite von Währungsexposures zu analysieren. Bei Betrachtung der Risikokomponente von Währungen ist zunächst auf die Unterscheidung von Währungs- und Wechselkursrisiko hinzuweisen. Während mit dem Wechselkursrisiko die Schwankung (Volatilität) des Wechselkurses gemeint ist, umschreibt das Währungsrisiko lediglich die zusätzliche Schwankung, die bei der Umrechnung einer Fremdwährungsanlage in die Währung des Investors auftritt.

Eine Analyse der auf Markowitz zurückgehenden Risikoformel für das Gesamtrisiko einer Fremdwährungsanlage läßt erkennen, daß die Korrelation zwischen dem Fremdwährungsasset bzw. der Fremdwährungsassetklasse und dem Wechselkurs bestimmend für die Risikohöhe ist. Zunächst wird der Fall eines einzigen Fremdwährungsassets betrachtet: als Beispiel eine US-Aktienanlage. Es gilt

$$\sigma^2[R] = \sigma^2[A] + \sigma^2[C] + 2 \cdot k_{A,C} \cdot \sigma[A] \cdot \sigma[C]$$

mit

$\sigma^2[R]$ = Varianz der Asset-Renditen kalkuliert in DEM,

$\sigma^2[A]$ = Varianz der Asset-Renditen kalkuliert in Fremdwährung,

$\sigma^2[C]$ = Varianz der Wechselkursrenditen zwischen DEM/Fremdwährung und

$k_{A,C}$ = Korrelation zwischen Asset- und Wechselkursrenditen.

Offenbar beträgt das Währungsrisiko Null, wenn $\sigma^2[R] = \sigma^2[A]$ gilt. In diesem Fall errechnet sich die Varianz der Wechselkursrenditen bzw. das Wechselkursrisiko zu

$$\sigma^2[C] = -2 \cdot k_{A,C} \cdot \sigma[A] \cdot \sigma[C].$$

Anhand des gewonnenen Terminus läßt sich schließlich der kritische Korrelationskoeffizient bestimmen, bei dem kein Währungsrisiko besteht:

$$k_{A,C}^{krit} = -0{,}5 \cdot \frac{\sigma[C]}{\sigma[A]}.$$

Für die Währungsallokationsentscheidung ist die Kenntnis der zukünftigen Korrelation zwischen Fremdwährungsasset und Wechselkurs offenbar von entscheidender Wichtigkeit. Da verschiedene Assetklassen i. d. R. auf unterschiedlichen Preisdeterminanten beruhen, und Korrelationen oftmals schwierig ohne den Rückgriff auf die Vergangenheit zu schätzen sind, bietet sich als Arbeitshypothese die Annahme einer Korrelation von Null an. Liegt der errechnete kritische Korrelationskoeffizient unterhalb des tatsächlichen Korrelationskoeffizienten (im Beispiel Null), dann besteht ein positives Währungsrisiko. Andernfalls kann das Währungsrisiko sogar negativ sein, d. h. die Volatilität der Fremdwährungsanlage in D-Mark ist geringer als in der Originalwährung des Assets. Zur Schätzung der zukünftigen Korrelationen lassen sich statistische Schätzverfahren wie z. B. GARCH-Modelle oder implizite Korrelationen heranziehen. Hierbei bestimmt sich die geschätzte Korrelation nach dem Ausdruck

$$k_{A,C} = \frac{\sigma^2[R] - \sigma^2[A] - \sigma^2[C]}{2 \cdot \sigma[A] \cdot \sigma[C]}.$$

Anhand eines einfachen Beispiels können die beschriebenen Effekte nachvollzogen werden. Aus der Perspektive eines in D-Mark rechnenden Anlegers wird ein Aktienindexinvestment im amerikanischen Standard & Poor's 500 Index betrachtet.[1] Um dem Analyserahmen der Portfoliotheorie zu entsprechen, wird zunächst eine Renditeanalyse durchgeführt.[2]

---

1 Der Startzeitpunkt des empirischen Beispiels wird auf den April 1971 gelegt, da seither der US-Dollar gegenüber der D-Mark frei schwankt. Ursächlich hierfür ist der Zusammenbruch des Systems fester Wechselkurse, das nach dem amerikanischen Ort 'Bretton Woods' benannt war.

2 Währungsrisiken spielen bei Anleihen eine größere Rolle als bei Aktien. In der empirischen Kapitalmarktforschung konnte festgestellt werden, daß bei Fremdwährungsanleihen - je nach Währungsperspektive - ca. die Hälfte der Renditeschwankungen durch Währungseinflüsse erklärt werden kann. Vgl. **Levich/Thomas** (1993), S. 63ff. und **Gügi** (1995), S. 1792.

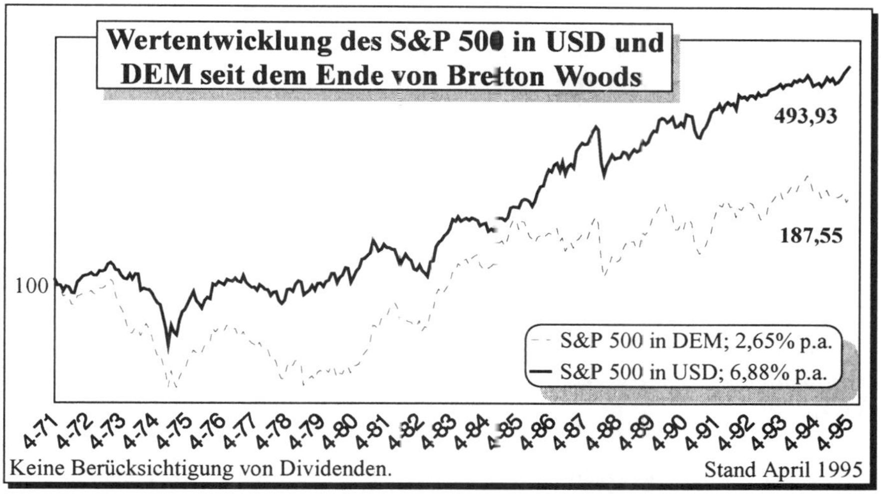

Abb. C.17: Wertentwicklung von S&P 500 und US-Dollar[1]

Wie anhand der Abbildung zu erkennen ist, liegt die lokale Rendite des S&P 500 mit 6,88% p. a. deutlich oberhalb der in DEM umgerechneten Rendite von 2,65% p. a.. Die Renditedifferenz geht auf die negative Währungsrendite zurück. Führt man anschließend eine Risikobetrachtung durch, dann erhält man das in Abbildung C.18 dargestellte Resultat.

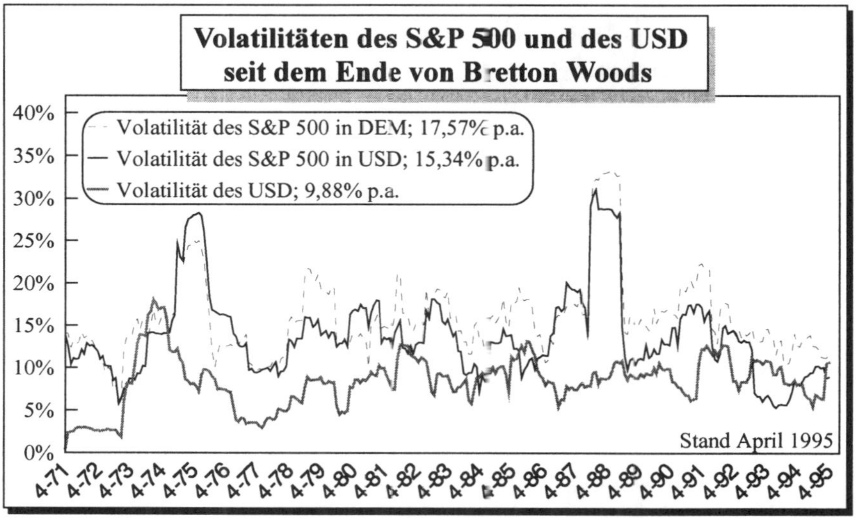

Abb. C.18: Volatilitätsentwicklung von S&P 500 und US-Dollar

[1] Bei den zugrundeliegenden Daten handelt es sich um Monatswerte.

Offenbar ist das als Volatilität der Renditen gemessene Gesamtrisiko der in die D-Mark umgerechneten Werte höher als die in USD gemessenen Schwankungen. Folglich bestand in dem Betrachtungszeitraum ein positives Währungsrisiko, das zusätzlich zu dem Wertschwankungsrisiko des S&P 500 vorgelegen hat. Die Höhe des Währungsrisiko berechnet sich als Differenz aus der Assetschwankung in der Lokal- und in der Referenzwährung. Somit betrug das Währungsrisiko durchschnittlich 2,23% p. a. Das Wechselkursrisiko wies im gleichen Zeitraum einen Wert von durchschnittlich 9,88% p. a. auf, d. h. die Renditen der DEM/USD-Austauschrelation besaßen eine Volatilität von annähernd 10%.

Wie erkennbar ist, lag das Wechselkursrisiko ca. 4,4 mal höher als das Währungsrisiko. Der Grund hierfür ist die Korrelation zwischen den S&P 500-Renditen und den Wechselkursrenditen. Als Wert des Korrelationskoeffizienten zwischen diesen beiden Größen wurde 0,08 errechnet, so daß die Renditen des amerikanischen Aktienmarktes nahezu unkorreliert mit den Wechselkursrenditen waren.

Berechnet man nun den oben eingeführten kritischen Korrelationskoeffizienten anhand der angegebenen Formel, dann ergibt sich ein Wert von -0,32. Die Interpretation der Zahl lautet: Hätte der empirische Korrelationskoeffizient zwischen S&P 500 und DEM/USD bei -0,32 gelegen, dann wäre das Risiko der amerikanischen Aktienanlage für einen in D-Mark rechnenden Anleger gleich dem Risiko eines in US-Dollar anlegenden Investors gewesen. Das Währungsrisiko hätte, trotz des Bestehens eines signifikanten Wechselkursrisikos, bei Null gelegen.

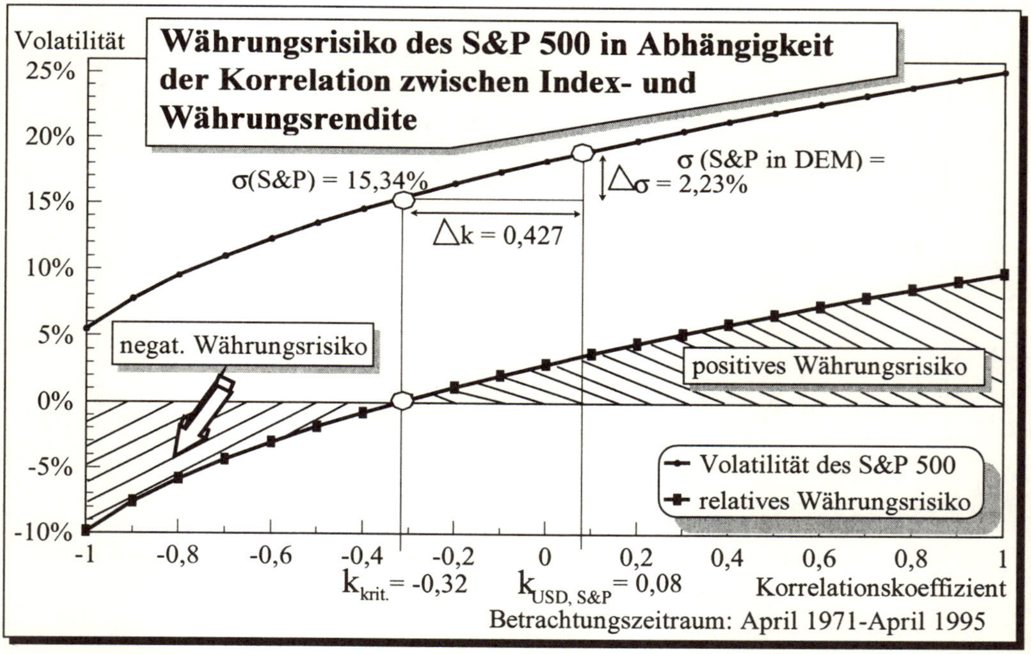

Abb. C.19: Zusammenhang zwischen Währungsrisiko und Asset-Wechselkurskorrelation

Die auf der Abszisse abgetragenen Korrelationskoeffizienten bilden das gesamte Korrelationsspektrum ab. Auf der Ordinate ist die Volatilität abgetragen, wobei die negativen Werte so zu deuten sind, daß das Assetrisiko durch das negative Währungsrisiko z. B. auf 5% verringert werden kann. Links der gestrichelten Linie des kritischen Korrelationskoeffizienten beginnt der Bereich des negativen Währungsrisikos. Liegt die empirische Korrelation mithin unter diesem Wert, dann ist das Gesamtrisiko der Anlage für den D-Mark Investor geringer als für den in Lokalwährung investierenden Anleger. Aus der Graphik geht ebenfalls hervor, daß bei Zugrundelegung der Beispieldaten ein positives - mithin zusätzliches - Währungsrisiko auftritt.

Angesichts der bedeutenden Rolle der Korrelation für die Höhe und das Vorliegen eines Währungsrisikos müssen Investoren mit Blick auf die Zukunft stets prognostizieren, wie hoch die Korrelation zwischen dem jeweiligen Fremdwährungsasset und dem zugehörigen Wechselkurs sein wird. Liegen keinerlei Informationen über die zukünftige Ausprägung der Korrelation vor, dann sollte eine Arbeitshypothese zugrunde gelegt werden. Eine solche Arbeitshypothese könnte z. B. lauten, daß die erwartete Korrelation zwischen einem Fremdwährungsaktienmarkt und dem entsprechenden Wechselkurs Null beträgt.

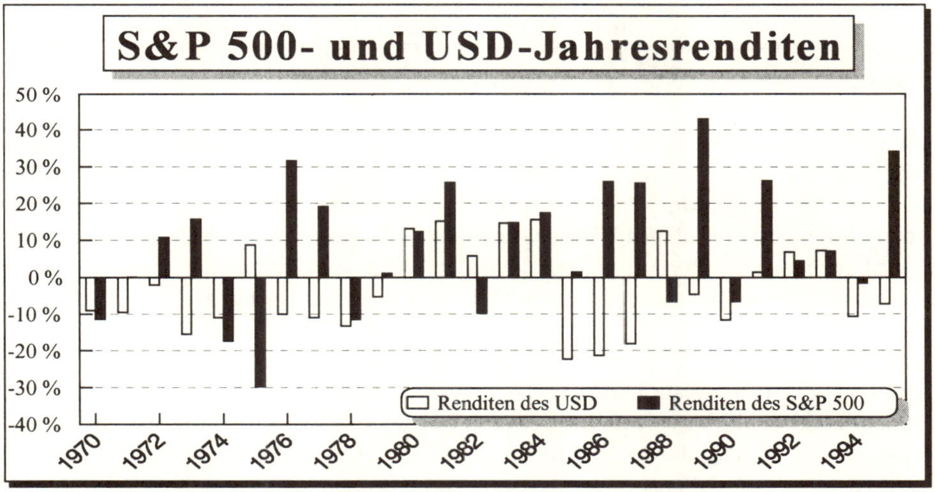

Abb. C.20: Jahresrenditen von S&P und US-Dollar seit 1970

Damit würde man die vielfach als realistisch anzusehende Prämisse setzen, daß die Kursdeterminanten von Aktien und Währungen verschieden sind und daher eine Korrelation von Null wahrscheinlich ist. I. d. R. wird ein Korrelationskoeffizient von Null oberhalb des kritischen Korrelationskoeffizienten liegen. Die Unterstellung dieser Annahme führt zu dem Resultat, daß der Erwartungswert von Währungsrisiken i. d. R. positiv ist. Gestützt wird diese Schlußfolgerung von den in Tabelle C.2 wiedergegebenen Korrelationswerten für den S&P 500 und den DEM/USD-Wechselkurs. Alle errechneten Werte liegen jeweils deutlich über dem kritischen Korrelationskoeffizienten.

Korrelation zwischen S&P 500 und DEM/USD		
Zeitraum	Korrelation	Datenperiode
Jan. 3 1995 - Jun. 16 1995	**0.276**	Tagesdaten
Jan. 3 1994 - Jul. 21 1994	**0.138**	Tagesdaten
Jan. 6 1995 - Jun. 16 1995	**0.305**	Wochendaten
Jan. 7 1994 - Jul. 15 1994	**0.089**	Wochendaten
Jan. 8 1993 - Jun. 16 1995	**0.071**	Wochendaten
Jan. 10 1992 - Jul. 15 1994	**0.000**	Wochendaten
Jan. 29 1993 - Mai 31 1995	**0.126**	Monatsdaten
Jan. 31 1992 - Jun. 30 1994	**0.192**	Monatsdaten
Jan. 31 1990 - Mai 31 1995	**0.031**	Monatsdaten
Jan. 31 1986 - Mai 31 1995	**0.105**	Monatsdaten
Dez. 31 1980 - Dez. 30 1994	**0.045**	Jahresdaten
Dez. 31 1971 - Dez. 30 1994	**0.253**	Jahresdaten

Tab. C.2: Historische Asset-Wechselkurskorrelation zwischen S&P 500 und DEM/USD

Anhand der vorgenommenen Ausführungen offenbart sich die Besonderheit des Rendite-Risikoprofils von Wechselkursen als 'Assetklasse'. Denn das Halten eines Assets ist nur bei positiver Renditeerwartung vernünftig. Da Wechselkursrenditen ausschließlich aus Kursveränderungen resultieren, impliziert ein offenes Währungsexposure eine positive Wechselkursrenditeerwartung. Diese wird auch von der Portfoliotheorie gefordert, denn die Übernahme eines Währungsrisikos ist nur durch die Erwartung einer positiven Risikoprämie zu rechtfertigen.

Wird die Betrachtung auf ein Portfolio mit mehreren Ländern und Währungen ausgedehnt, dann sind zusätzliche Diversifikationseffekte zu berücksichtigen. Das Risiko eines internationalen Aktienportfolios besteht insgesamt aus sechs zu prognostizierenden Komponenten.[1] Der Index n gibt dabei jeweils die Anzahl der benötigten Werte an. Es ist zu beachten, daß die Korrelationen der Punkte 3), 4), 5) und 6) paarweise identisch sind und daher die Anzahl durch 2 dividiert wird:

1) n Assetvarianzen,
2) n Wechselkursvarianzen,
3) n(n-1)/2 Assetkorrelationen,
4) n(n-1)/2 Korrelationen zwischen den Wechselkursen in der Referenzwährung,
5) 2n/2 Korrelationen zwischen Assets und zugehörigen Wechselkursen sowie
6) 2n(n-1)/2 Kreuzkorrelationen zwischen Assets und Wechselkursen verschiedener Länder.[2]

---

[1] Vgl. **Drummen/Zimmermann** (1992), S. 80ff.

[2] Eine ausführliche und am Beispiel dargestellte Beschreibung der Komponenten findet sich bei **Steiner/Bruns** (1998), S. 103ff.

Wie die Risikozerlegung eines internationalen Portfolios in seine Komponenten deutlich macht, kann ein Großteil des Währungsrisikos durch Diversifikation eliminiert werden. Je mehr verschiedene Währungen im Portfolio enthalten sind, und je niedriger der Set an Korrelationen ist, desto geringer ist das verbleibende Währungsrisiko. Vollständig kann das Währungsrisiko jedoch nicht durch Diversifikation eliminiert werden, so daß es als systematisches Risiko zu klassifizieren ist.

Eine Analyse der obigen sechs Risikokomponenten verdeutlicht, daß die Risikokomponenten 2), 4), 5) und 6) von Wechselkursschwankungen betroffen sind. Die Risikokomponente 2), die Wechselkursvolatilität, läßt sich durch Diversifikation erheblich reduzieren. Durch die Aufteilung des Anlagekapitals auf mehrere Währungen ergibt sich das Portfoliogewicht der einzelnen Wechselkursvolatilitäten zu 1/n, so daß mit steigender Anzahl (n) an Währungen das Portfoliogewicht der Wechselkursvolatilitäten immer geringer wird und somit eliminiert werden kann.

Für die Korrelationskoeffizienten zwischen den nationalen Assets und den dazugehörigen Wechselkursen läßt sich ebenfalls zeigen, daß durch Diversifikation eine erhebliche Risikoverringerung bewirkt werden kann. Auch hier wird die Bedeutung der genannten Korrelation geringer, je mehr Währungen in das Portfolio aufgenommen werden; denn es errechnet sich ein Portfoliogewicht von 2(1/n). Mit steigendem n sinkt folglich das Portfoliogewicht dieser Risikokomponente. Die verbleibenden Risikokomponenten 4) und 6) lassen sich auch bei einer großen Zahl von Währungen im Portfolio nicht wegdiversifizieren. Deshalb besteht das Währungsrisiko eines gut diversifizierten internationalen Portfolios im theoretischen Grenzfall aus den Korrelationen zwischen den Wechselkursen und den Kreuzkorrelationen zwischen den Assets und den Wechselkursen.[1]

Für das Management von Währungen im Rahmen eines umfassenden Asset Allocation Ansatzes resultieren folgende Schlußfolgerungen. Ausländische Assets müssen als zusammengesetzte Anlagen angesehen werden. Sie beinhalten sowohl ein Assetmarkt- als auch ein Währungsexposure. Über Assetmarkt- und Währungsexposure sollte im Rahmen eines zweistufigen Ansatzes separat entschieden werden.

Da Wechselkurse im Aggregat einem Nullsummenspiel gleichen, sollten Währungsexposures bei gegebenen Hedgingmöglichkeiten nur bei superioren Informationen bezüglich der Währungsrenditen eingegangen werden. Interessant ist, daß ein Währungshedging beiden Transaktionspartnern eine Risikoreduktion ermöglicht. Dieser Umstand zusammen mit der Erkenntnis, daß Hedging renditemäßig ebenfalls einem Nullsummenspiel gleicht, führt zur Klassifikation von Währungshedging als sog. 'Free Lunch'.[2] Angesichts des empirisch belegbaren Umstands, daß Risikokennzahlen von Portfolios im allgemeinen zeitstabiler als Renditen sind, läßt sich zudem argumentieren, daß ein Risikomanagement einem Renditemanagement gerade im Währungsbereich vorzuziehen ist. Von besonderer Bedeutung für den Umfang des Hedgings ist die Währungsperspektive des Anlegers.

---

[1] Vgl. **Drummen/Zimmermann** (1992), S. 80ff.

[2] Vgl. **Black** (1989), S. 16ff., **Gastineau** (1995), S. 8ff., **Gügi** (1995), S. 176ff. und **Perold/ Schulman** (1988), S. 45ff.

Zur effizienten Steuerung von Währungsexposures eignet sich der Einsatz von Derivaten. Dies wird an einem Beispiel klar. Ein in D-Mark rechnender Anleger prognostiziert ein deutlich fallendes Renditeniveau für französische Staatsanleihen. Das Risiko eines Fremdwährungsexposures im französischen Franken will der Investor jedoch nicht tragen. Daher bietet es sich an, eine D-Mark Geldmarktposition mit dem Kauf von OAT-Futures zu kombinieren. Während sich das Zinsrisiko des Investors weitgehend aus der Veränderung des französischen Anleihemarktes ergibt, besteht das Währungsexposure nur in Höhe der anfallenden Marginleistungen, die nur ca. 2,5% des Gesamtbetrages ausmachen.[1] Dieser Betrag kann im Bedarfsfall mit Hilfe konventioneller Methoden abgesichert werden. Die Verwendung von Optionen führt zu ähnlichen Resultaten. Insgesamt läßt sich festhalten, daß durch den Einsatz von Derivaten eine z. T. sehr kostengünstige und effiziente Umsetzung von Prognosen in Portfolios bewirkt werden kann. Die Handhabung der Währungsallokation läßt sich mit Hilfe von Derivaten somit vereinfachen.

Als Hedginginstrumente kommen Terminverkäufe (Forwards), Futures und Optionen in Frage. Alle drei genannten Hedgingformen können als 'Plain Vanilla'-Instrumente angesehen werden. Es ist davon auszugehen, daß Forwards die größte praktische Bedeutung im Rahmen des Währungshedgings besitzen. Forwards, bei denen die entsprechende Währung auf Termin verkauft wird, lassen sich mit Hilfe der Zinsdifferenz zwischen den beiden beteiligten Währungen berechnen. Für Währungsfutures gilt ähnliches.[2] Der Unterschied zwischen beiden besteht in der Standardisierung. Während Forwards individuell mit einem Kontraktpartner vereinbar sind, werden Futures aufgrund ihrer Standardisierung an Terminbörsen gehandelt. Somit verfügen sie grundsätzlich über jederzeitige Liquidität. Des weiteren können kompliziertere Hedgingformen angewendet werden. Hierbei ist an 'Compound Options', 'Contingent Options', 'Collars' und diverse Swap-Konstruktionen zu denken.[3] Das primäre Ziel dieser Instrumente besteht jeweils darin, die Kosten des Währungshedgings gegenüber den 'Plain Vanilla'-Produkten zu reduzieren.[4]

Für die Währungsallokation ist zudem die Erkenntnis hilfreich, daß sich die Weltwährungen in Blöcke einordnen lassen. Mit Hilfe von Faktorenanalysen läßt sich der enge Zusammenhang mancher Währungen zeigen.[5] Die Bekanntheit von Währungsblöcken kann zu sog. Cross-Hedges genutzt werden, da oftmals nur eine Währung des entsprechenden Währungsblocks abgesichert zu

---

1 Der Wert ergibt sich als prozentuale Initial Margin in bezug auf das Kontraktvolumen des Underlyings. Preisveränderungen des Underlyings können den Wert erhöhen.

2 Da die Hedgingkosten bei Verwendung von Forwards und Futures ganz überwiegend von der Zinsdifferenz der beteiligten Währungen abhängen, kann die paradoxe Situation auftreten, daß neben einer hedginginduzierten Risikoreduktion im Portfolio eine positive Währungsrendite auftritt. Am Beispiel des japanischen Yens im Jahr 1995 läßt sich zeigen, daß in D-Mark kalkulierende Anleger durch Terminverkäufe des Yens eine Zusatzrendite bei gleichzeitiger Risikoreduktion erzielen konnten. Grund hierfür war der Terminaufschlag des Yens gegenüber der D-Mark, der auf den im Vergleich zu Deutschland niedrigeren japanischen Zinsen beruhte.

3 Vgl. zum Einsatz von Swaps **Campenhausen von** (1994), S. 259ff.

4 Zu den genannten derivativen Instrumenten vgl. Kapitel E.

5 Vgl. **Drummen/Zimmermann** (1992), S. 94f.

werden braucht. Da nicht für alle Währungen liquide Terminmärkte zur Verfügung stehen, erleichtert ein Cross-Hedge das Währungshedging.

V. Problembereiche der Portfoliokonstruktion

Die Güte der Asset Allocation Entscheidungen hängt zentral von der Güte der verwendeten Prognosen ab. Daher sind die Prognosen, die als Input in den Asset Allocation Prozeß eingehen, der eigentliche Engpaß des Portfoliomanagements. Es ist insbesondere auf die Bereinigung und Kompatibilität von Prognosen Wert zu legen, um die Prognosen auf eine objektiv vergleichbare Grundlage zu stellen. Hierzu gehört die Dimensionsgleichheit von Prognosen. Dahinter steht die Frage, welche Arten von Variablen prognostiziert werden. Wie im Eingangskapitel beschrieben wurde, lassen sich verschiedene Rendite- und Risikomaße verwenden.

Eine Portfoliokonstruktion auf der Basis des vorgestellten Asset Allocation Ansatzes hat dem Prinzip betriebswirtschaftlicher Kosteneffizienz zu folgen. Entsprechend ist über die Anzahl von Titeln nachzudenken, aus denen ein Portfolio bestehen soll. Argumente der Transparenz und der Praktikabilität, d. h. der Managebarkeit sind dabei zu berücksichtigen.[1]

Im Detail ergeben sich weitere Problemfelder, die mit der Portfoliokonstruktion in Zusammenhang stehen. Beispielsweise müssen institutionelle Portfoliomanager gesetzlichen und statutarischen Anforderungen Genüge tragen. Diese Anforderungen sind als Nebenbedingungen bei der Portfoliobildung zu berücksichtigen. Zu denken ist hierbei z. B. an die Auflagen des KAGG, die bestimmte Beschränkungen in der Auswahl der Anlageinstrumente und der Höchstgrenzen für bestimmte Anlageformen vorsehen.[2] Statutarische Auflagen beziehen sich auf Restriktionen, die der Investor oder der Portfoliomanager sich selbst auferlegt. Beispielhaft seien hierzu die sog. 'Umweltfonds' genannt, die das Universum ihrer Anlagen freiwillig beschränken.

Gerade in den Emerging Markets stellen gesetzliche Regelungen oftmals echte Einschränkungen der Handlungsmöglichkeiten für Portfoliomanager dar. Viele asiatische Märkte (z. B. Südkorea) beschränken z. B. den ausländischen Besitz an inländischen Unternehmen. In anderen Märkten kann oftmals nur eine speziell für ausländische Investoren geschaffene Aktiengattung (z. B. in Singapur) von diesen erworben werden, wobei z. T. erhebliche Prämien bezahlt werden müssen. Auf die Effizienz der jeweiligen Portfolios wirken die genannten Restriktionen in aller Regel mindernd.

Probleme bereiten kann die Vernachlässigung oder falsche Berücksichtigung von Steuern. Steuern sind eine schwer zu kalkulierende Größe, da ihre Höhe oftmals von der zukünftigen Portfolioperformance oder z. T. von den individuellen Einkommensverhältnissen des Investors abhängt. Außerdem sind Steuerfragen i. d. R. länderspezifisch geregelt, so daß die genaue Kenntnis der jeweiligen Steuermodalitäten wichtig ist. Von besonderer Bedeutung ist dies z. B. bei Anleihen, da einige Länder (wie z. B. Japan, UK, Australien, Italien etc.) eine Quellensteuer auf Zinserträge

---

[1] Hierzu wird auf die Darstellung im Abschnitt über 'Passives Management' verwiesen.

[2] Siehe z. B. § 8 KAGG.

erheben, die trotz bestehender Doppelbesteuerungsabkommen kaum zu umgehen ist. Vergleichbar verhält es sich mit Transaktionskosten, die von Land zu Land und von Markt zu Markt verschieden sind. Ihre sachgerechte Berücksichtigung bei Portfolioentscheidungen ist für die Erzielung einer angemessenen Performance sehr bedeutsam.[1] Da Transaktionskosten eine Funktion der Umschichtungshäufigkeit und -volumina eines Portfolios sind, besteht zudem eine klare Interdependenz zur Frage des richtigen Investmenthorizontes.

[1] Für ein internationales Aktienportfolio kann bei Vorliegen eines aktiven Investmentansatzes ein Kostensatz von ca. 1,5% als realistisch angesetzt werden. Vgl. **Garcia/Gould** (1991), S. 11.

D. Marktdimension des Portfoliomanagements

Nachdem in den bisherigen Kapiteln Ziele und Strategien des Portfoliomanagements erörtert worden sind, wird nunmehr der Schritt zu den Kapitalmärkten vollzogen. Die Kapitalmärkte stellen den Ort einer jeden Strategieumsetzung dar. Ziel des Kapitels ist die Darstellung der wichtigsten Marktparameter und -instrumente. Darüber hinaus werden bedeutende Emittenten und marktspezifische Usancen beschrieben. Auf diese Weise lassen sich Einblicke in die Struktur der jeweiligen Märkte gewinnen. Der Aufbau des Kapitels folgt zunächst geographischen Überlegungen, so daß eine separate Diskussion der einzelnen Blöcke der sogenannten 'Triade' (Nordamerika, Europa, Japan) vorgenommen wird. Innerhalb der Regionen wird nach Anlageinstrumenten differenziert, obwohl Überschneidungen im Einzelfall auftreten können.

I. Die 'Triade' als regionaler Kernbereich der Finanzmärkte

Gemessen an der Marktkapitalisierung läßt sich die Anlagewelt in die Triade Europa, Nordamerika und Japan aufteilen. Welchen Anteil die genannten Länder und Regionen an der Weltmarktkapitalisierung besitzen, kann anhand von gängigen Marktindizes nachvollzogen werden. Im Rahmen des professionellen Aktienmanagements stellt der Morgan Stanley Capital Index (MSCI) ein weit verbreitetes Marktbarometer dar. Wie ein Blick auf Graphik D.1 verdeutlicht, weisen die USA per 30.06.1998 mit ca. 50% vor Japan und Großbritannien (jeweils ca. 10%) die größten Ländergewichte im MSCI-Welt auf, wenn man die Kapitalmarktgewichtung zugrunde legt.

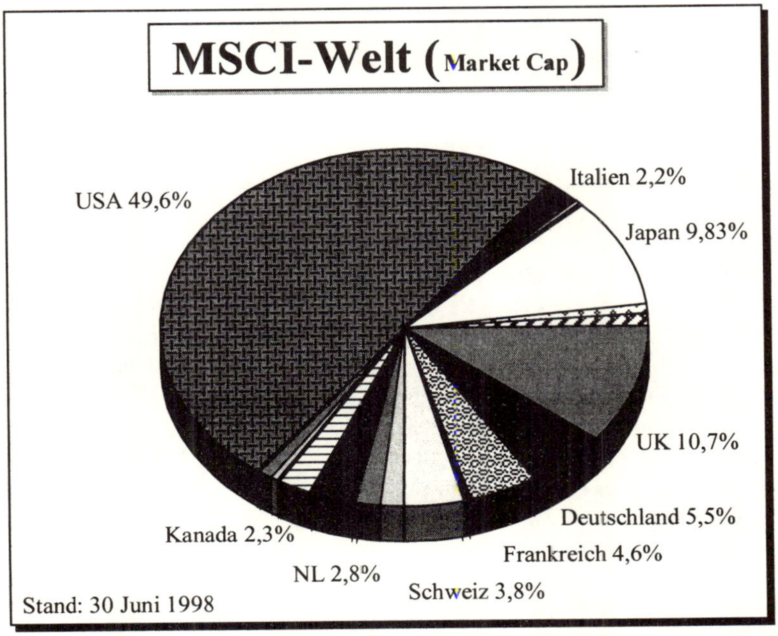

Abb. D.1: Länderaufteilung des MSCI-Welt Aktienindex (Stand 30.06.1998)

Wird hingegen die Ländergewichtung auf der Basis der volkswirtschaftlichen Bedeutung der Länder, gemessen am Bruttosozialprodukt, vorgenommen, so verschieben sich die Einzelgewichtungen erheblich. Länder, die nicht über eine ausgeprägte Aktientradition und -kultur verfügen, nehmen bei dieser Betrachtung eine wesentlich größere Gewichtung an. Hierzu zählen insbesondere die europäischen Länder Deutschland, Frankreich und Italien, deren volkswirtschaftliche Bedeutung jene der jeweiligen Aktienmärkte deutlich übersteigt. Umgekehrt verlieren die USA und Großbritannien bei einer volkswirtschaftlichen Betrachtung an absolutem Gewicht.

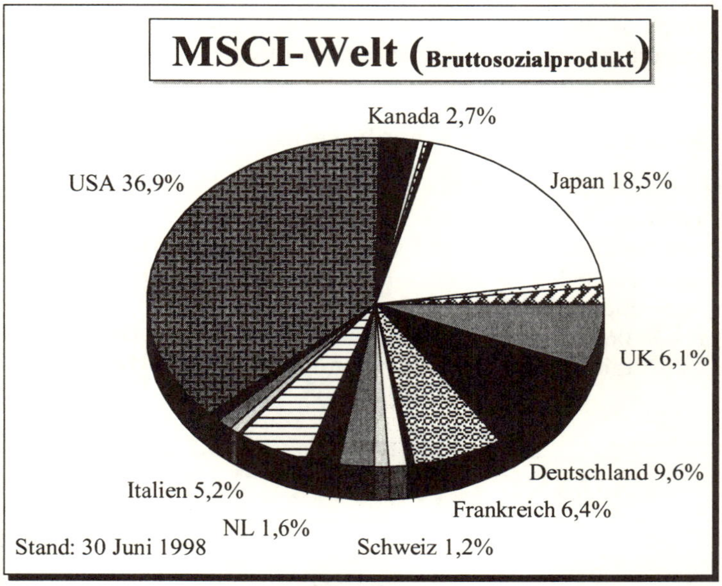

Abb. D.2: Länderaufteilung des MSCI-Welt Aktienindex (Stand 30.06.1998)

Allerdings handelt es sich bei diesen Zahlen um Bestandszahlen, die im Zeitablauf mitunter erheblichen Veränderungen unterworfen sein können. Gegen Ende der achtziger Jahre lag z.B. die Gewichtung des japanischen Aktienmarkts gemessen an der Marktkapitalisierung höher als die der Vereinigten Staaten. Die mehrjährige Baisse am japanischen Aktienmarkt bei gleichzeitiger Aufwärtsentwicklung in den USA hat jedoch zu den gezeigten Verschiebungen geführt. Die Veränderungen der Währungsparitäten an den Kapitalmärkten besitzen ebenfalls einen Einfluß auf die Ländergewichtungen. Mit dem steigenden Pfundkurs ist z.B. unter anderem zu erklären, warum Großbritannien in den letzten Jahren sein Ländergewicht, gemessen an der Marktkapitalisierung, erhöhen konnte. Die genaue Länderzusammensetzung und -gewichtung kann der folgenden Tabelle entnommen werden.

Land	Marktgewichtung	BSP-Gewichtung
Australien	1,1%	1,6%
Hong Kong	1,8%	0,8%
Japan	9,9%	18,5%
Malaysia	0,2%	0,3%
Neuseeland	0,1%	0,3%
Singapur	0,3%	0,4%
Kanada	2,3%	2,7%
USA	49,6%	36,9%
Österreich	0,2%	0,9%
Belgien	0,9%	1,1%
Dänemark	0,5%	0,7%
Irland	0,2%	0,3%
Italien	2,2%	5,4%
Niederlande	2,8%	1,6%
Norwegen	0,3%	0,7%
Spanien	1,6%	2,4%
Schweden	1,5%	1%
Schweiz	3,8%	1,0%
Finnland	0,5%	0,5%
Frankreich	4,6%	6,4%
Großbritannien	10,7%	6,1%
Deutschland	5,5%	9,6%

Tab. D.1: Gewichtungsschema des MSCI-Welt Aktienindex (Stand 30.06.1998)

Vergleicht man nunmehr die Regionen der Triade miteinander, so zeigt sich eine deutliche Dominanz Nordamerikas und Europas an den Weltaktienmärkten. Selbst unter Verwendung einer am Bruttosozialprodukt angelehnten Gewichtung nimmt Asien nur ca. ein Fünftel der Weltmarktgewichtung ein. Werden nur die Aktienmärkte selbst betrachtet, so kommt Asien nur auf ein Gewicht von einem Achtel der Weltmarktkapitalisierung. Zusammengefaßt ergeben sich per 30.06.1998 für die Bereiche Europa, Nordamerika und Asien die folgenden Gewichtungen:

Region	Marktgewichtung	BSP-Gewichtung
Europa	35,6%	38,1%
Nordamerika	51,9%	39,6%
Asien/Pazifik	12,4%	21,9%

Tab. D.2: Zusammenfassende Gewichtung im MSCI-Welt Aktienindex (Stand 30.06.1998)

In den Tabellen werden neben den Marktgewichten auch die Gewichte entsprechend dem Bruttosozialprodukt gezeigt. Letzteres führt, abgesehen von Großbritannien, zu höheren Gewichtungen Europas und speziell Deutschlands. Dies wiederum deutet auf die relativ geringe Bedeutung der dortigen Aktienmärkte für die entsprechenden Volkswirtschaften hin. Allerdings ist in den letzten Jahren in Kontinentaleuropa eine Verringerung der Lücke zwischen der Aktienmarktkapitalisierung und der volkswirtschaftlichen Bedeutung der jeweiligen Länder festzustellen.

Zu ähnlichen Resultaten gelangt man bei Betrachtung der Weltanleihenmärkte. Gemessen am JP Morgan Welt-Staatsanleihenindex ergibt sich das folgende Gewichtungsbild:

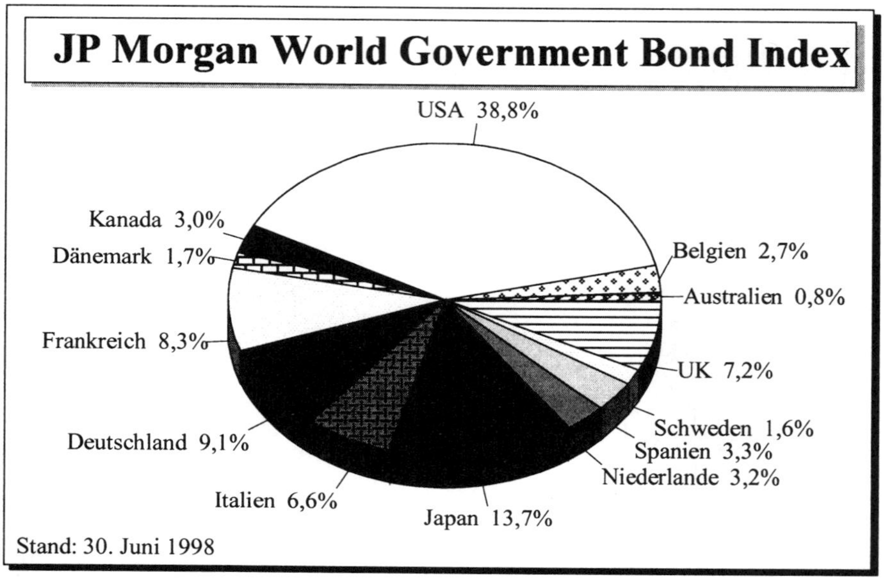

Abb. D.3: Prozentuale Marktkapitalisierung des JP Morgan Welt-Staatsanleihenindex

Vor Japan, Deutschland und Großbritannien dominieren die USA hinsichtlich der Marktgröße auch den Markt für Staatsanleihen. Eine genauere Beschreibung der einzelnen Märkte erfolgt - geordnet nach Assetklassen - in den nächsten Abschnitten. Dabei wird im wesentlichen eine Konzentration auf Aktien, Anleihen und Derivate vorgenommen. Aufgrund der engen inhaltlichen Verwandtschaft wird die Beschreibung der verfügbaren Geldmarktinstrumente in den Bondbereich integriert.

1. Die Anlagemärkte Europas

a. Aktien

Um einen guten Überblick über die Struktur der europäischen Aktienmärkte zu gewinnen, bietet sich analog zur obigen Vorgehensweise die Betrachtung des MSCI-Europa an. Bei Verwendung der marktgewichteten Variante fällt das große Gewicht Großbritanniens mit knapp einem Drittel im MSCI-Europa auf.

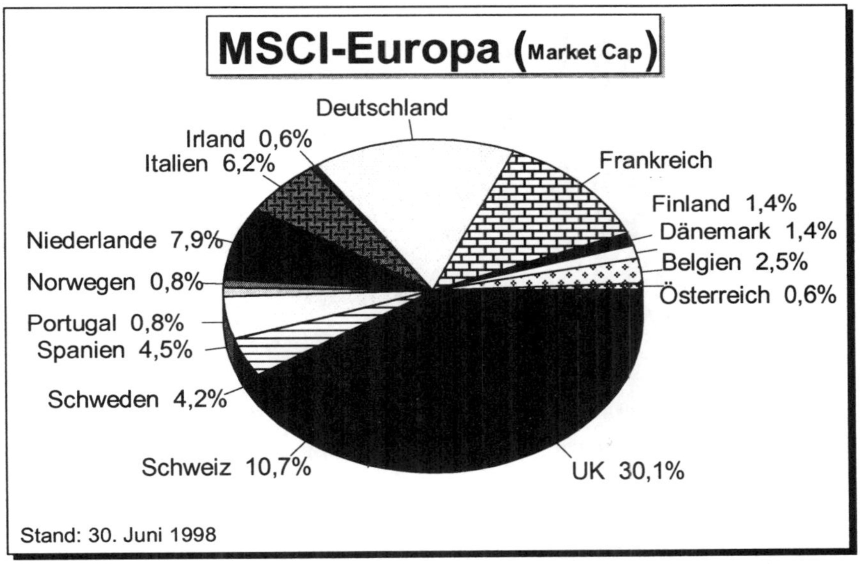

Abb. D.4: Marktgewichtung des MSCI-Europa (Stand 30.06.1998) Aktienindex

Der deutsche Aktienmarkt besitzt hiernach ein Gewicht von gut 15% gegenüber einem 25%igem Anteil am europäischen Bruttosozialprodukt. Demgegenüber liegt die Bedeutung des britischen Aktienmarktes etwa doppelt so hoch, wie die des britischen Bruttosozialproduktes.

Ursächlich für die deutlichen Gewichtungsunterschiede sind besonders die unterschiedlichen Steuer-, Rechts,- und Pensionssysteme sowie die Aktienkulturen in den jeweiligen Ländern. Während z. B. in der Schweiz die Rechtsform der börsennotierten Aktiengesellschaft sehr weit verbreitet ist, dominieren in Deutschland die in Privatbesitz gehaltenen GmbH-Rechtsformen. Eigenkapitalfinanzierung ist gegenüber der Fremdkapitalfinanzierung oftmals steuerlich benachteiligt. Neben haftungsrechtlichen und steuerlichen Aspekten können auch Mentalitätsunterschiede bei den Anlegern als ursächlich für die heterogene Aktienmarktstruktur in Europa angesehen werden. Shareholder Value Überlegungen mögen ebenfalls bedeutsam für die unterschiedliche Aktienmarktgröße in den einzelnen Ländern sein. In den letzten Jahren gibt es Anzeichen für das Entstehen einer kontinentaleuropäischen Aktienkultur. Diese könnte maßgeblich durch die Umstellung der Altersvorsorgesysteme von sog. 'defined benefits' zu sog. 'defined contributions' begünstigt werden. Letztgenannte ersetzen ein gernerationenbasiertes Umlagesystem durch ein kapitalmarktorientiertes Kapitaldeckungsverfahren, wie es in einigen Ländern bereits praktiziert wird.

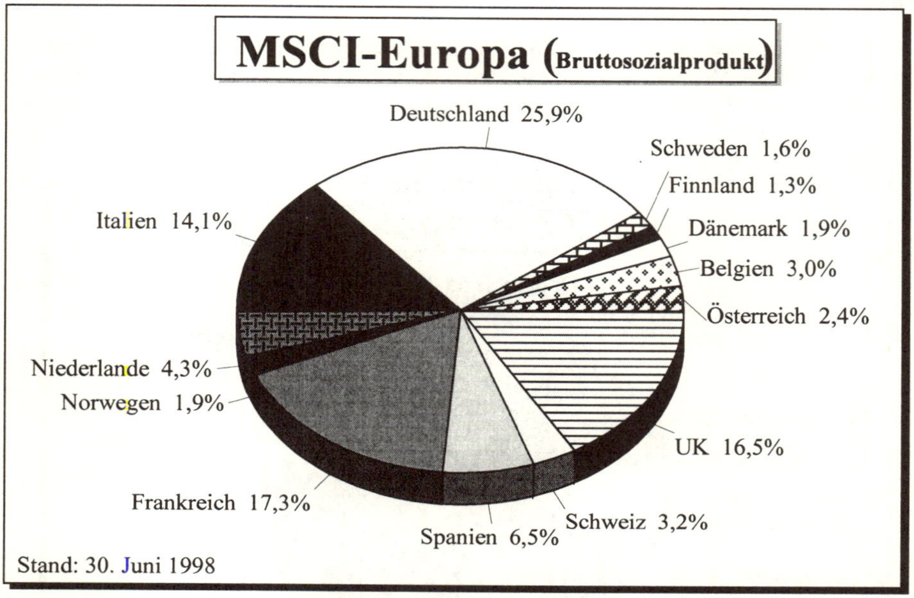

Abb. D.5: Bruttosozialproduktgewichtung des MSCI-Europa Aktienindex (Stand 30.06.1998)

In Deutschland gab es am Jahresende 1995 ca. 4.300 Unternehmen in der Rechtsform der Aktiengesellschaft. Von diesen Gesellschaften waren 668 an einer deutschen Börse notiert. Seither ist die Zahl der börsennotierten Gesellschaften, nicht zuletzt durch das neu ins Leben gerufene Börsensegment „Neuer Markt“ auf ca. 800 gestiegen. Insgesamt wird in acht deutschen Städten ein organisierter Börsenhandel betrieben (Frankfurt, Düsseldorf, München, Hamburg, Berlin, Stuttgart, Bremen und Hannover), wobei sich die Frankfurter Börse als der mit Abstand bedeutendste Handelsplatz entwickelt hat, wozu der elektronische Handel wesentlich beiträgt. Der gesamte Börsenwert aller an deutschen Börsen gehandelten Aktien betrug am Ultimo 1995 826 Mrd. DM und hat sich seither mehr als verdoppelt. Bei Betrachtung der Struktur des deutschen Börsenhandels ist auffällig, daß 10 Gesellschaften knapp 50% des gesamten deutschen Börsenumsatzes auf sich vereinigen (Reihenfolge: DaimlerChrysler, Deutsche Bank, Siemens, Allianz, SAP, Volkswagen, Mannesmann, Bayer, Veba, BASF). Gemessen an der Marktkapitalisierung decken die 10 größten Aktiengesellschaften ca. 40% des Gesamtmarktes ab (Reihenfolge: DaimlerChrysler, Allianz, SAP, Mannesmann, Münchener Rück, Siemens, Volkswagen, Deutsche Telekom, Deutsche Bank, Bayerische Hypo-Vereinsbank). Insofern ist die Feststellung angebracht, daß der deutsche Aktienmarkt ein hohes Maß an Konzentration auf wenige Werte aufweist. Insgesamt spielen an der deutschen Börse die Branchen Automobile, Banken, Chemie, Elektronik und Versorgung - gemessen am Börsenumsatz - die wichtigste Rolle.

Eine weitere Besonderheit des deutschen Aktienmarktes liegt in der hohen Festbesitzquote bzw. dem international niedrigen ‘Free Float’. Knapp die Hälfte des gesamten deutschen börsennotierten Aktienkapitals liegt in festen Händen und ist damit dem Aktienhandel nicht zugänglich. Ein detailliertes Bild über die Besitzverhältnisse am deutschen Aktienmarkt vermittelt Abbildung D.6.[1] Künftig wird die Erhebung der Aktienhalter leichter und genauer sein, da mit der Umstellung auf Namensaktien die jeweiligen Aktionäre ins Aktienbuch eingetragen werden.

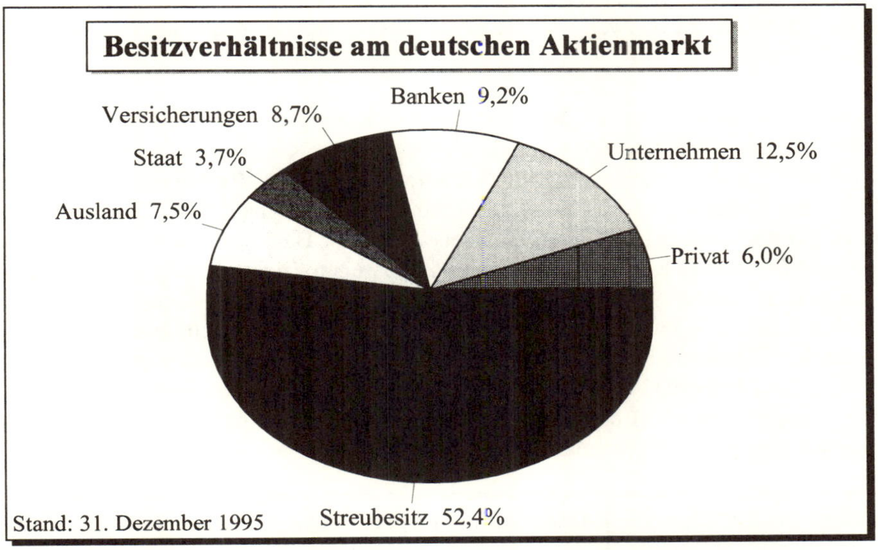

Abb. D.6: Besitzverhältnisse am deutschen Aktienmarkt

Eine Betrachtung der Börsenumsätze in deutschen Aktien offenbart, daß der Handelsplatz Frankfurt seinen Anteil seit Jahren zu Lasten der anderen sieben Börsenplätze ausweitet. In Anlehnung an die Angaben der Deutschen Börse AG ergeben sich die folgenden Zahlen:

Jahr	**Aktienumsatz in Mrd. Euro**	**davon in Frankfurt (in %)**
1990	930,35	61,96
1991	694,59	66,59
1992	723,60	68,96
1993	1.015,34	71,16
1994	1.031,74	74,09
1995	886,18	75,34
1996	1.248,50	79,36
1997	1.900,72	79,49
1998	2.677,99	85,37

Tab. D.3: Börsenumsätze in Aktien in Deutschland

[1] Vgl. **Mella/Jähnke** (1996), S. 6.

Von zunehmender Bedeutung für den Aktienhandel sind inzwischen auch außerbörsliche bzw. parkettungebundene elektronische Handelssysteme. So werden im Xetra-System inzwischen ca. 70% aller deutschen Aktientransaktionen abgewickelt. Auch ausländische Titel, z.B. die nichtdeutschen Werte des STOXX 50 und des Euro STOXX 50 können auf dem System gehandelt werden. Es ist seitens der Deutschen Börse vorgesehen, den elektronischen Handel auf der Basis der XETRA-Plattform europaweit zumindest auf Blue Chips, also hochkapitalisierte Titel, auszudehnen.

Es ist darauf hinzuweisen, daß an den jeweiligen europäischen Börsenplätzen z. T. sehr unterschiedliche Usancen vorherrschen, wenngleich ein Trend zur Konvergenz erkennbar ist. Unterschiede betreffen insbesondere die zeitliche Abwicklung von Börsengeschäften. Während in Deutschland die Lieferung und Zahlung zwei Bankarbeitstage nach dem Handelsdatum stattfindet, sind in Großbritannien und Italien beispielsweise fünf Bankarbeitstage üblich. Ein dreitägiges Settlement findet man z. B. in Schweden und Norwegen. In Frankreich gelten sogar zum Teil längere Erfüllungsusancen, wenn das Börsengeschäft nicht über den Computerhandel abgewickelt wird. Ein Überblick über die zeitlichen Erfüllungsusancen der wichtigsten Aktienmärkte läßt sich anhand der folgenden Tabelle gewinnen. Mit T ist dabei der Handelstag bezeichnet, so daß der Ausdruck T+2 bedeutet, daß Lieferung und Zahlung am zweiten Börsentag nach dem Handelstag zu erfolgen haben. In den letzten Jahren erfolgte eine Angleichung der internationalen Usancen in Richtung T+3 als Standard.

Aktienmarkt	Erfüllungs-termin	Aktienmarkt	Erfüllungs-termin	Aktienmarkt	Erfüllungs-termin
USA	T+3	UK	T+5	Schweden	T+3
Kanada	T+3	Frankreich	var.[1]	Österreich	T+3
		Deutschland	T+2	Belgien	T+3
Japan	T+3	Italien	T+5	Dänemark	T+3
Hong Kong	T+2	Schweiz	T+3	Norwegen	T+3
Australien	T+3	Niederlande	T+3	Finnland	T+3
Neuseeland	var.[2]	Spanien	T+3	Polen	T+3

Tab. D.4: Internationale Erfüllungsusancen bei Aktien

Ferner verwenden die einzelnen internationalen Börsen und Börseninformationsanbieter unterschiedliche Kennnummern für Wertpapiere. Für die Abwicklung von Transaktionen (Settlement) ist die eindeutige Identifikation von Wertpapieren unerläßlich. Die bekanntesten Code-Nummern lauten CUSIP, SEDOL, ISIN, WPKN und Valoren-Nummer. Das Akronym CUSIP steht für Committee on Uniform Securities Identification Procedures und besteht aus acht Ziffern zuzüg-

[1] T+3 für den Computerhandel im Super-CAC-System, für alle anderen Geschäfte Monatsultimo

[2] T+3 für alle Geschäfte > 100.000 NZ-$, bis zu T+3 für alle übrigen Geschäfte (Durchschnitt liegt derzeit bei 1,9 Tagen)

lich einer Prüfziffer. Die CUSIP-Nummern werden vor allem für nordamerikanische Wertpapiere benutzt. Die Londoner Börse verwendet bevorzugt SEDOL-Nummern. Das Akronym steht für Stock Exchange Daily Official List und verwendet eine siebenstellige Zahl. Die ISIN-Nummer (International Securities Identification Number) ist für grenzüberschreitende Transaktionen entwickelt worden und zeigt in einem Zweibuchstaben-Präfix zunächst das Herkunftsland des Wertpapiers an. In Deutschland ist die sechsstellige Wert-Papier-Kenn-Nummer (WPKN) weit verbreitet. Die i. d. R. sechsstelligen Valoren-Nummern werden von dem Börseninformationsanbieter Telekurs vergeben und als offizielle Identifikationsnummern in der Schweiz verwandt. Weitere nationale Kennnummern existieren.

In den einzelnen Ländern fallen bei Aktientransaktionen unterschiedliche Gebühren und Steuern (z. B. Stempelsteuer) an. In Deutschland gibt es z. B. eine Maklercourtage, die bei allen über die Börse (Parkett) abgewickelten Transaktionen fällig wird. Oftmals sind die Gebühren nach der Ordergröße gestaffelt. Für ausländische Investoren gibt es in einigen Ländern Sonder- und Ausnahmeregelungen. Auch die Arten des Börsenhandels unterscheiden sich. Während die meisten europäischen Börsen nach dem Auktionsverfahren (Open Outcry) organisiert sind, ist in einigen Ländern eine Zunahme von Computerhandelssystemen auf Market Maker Basis zu beobachten.[1] Das deutsche Xetra-System zählt zu dieser Kategorie von Handelsplattformen. Computerbörsen weisen i. d. R. geringere Transaktionskosten auf. Allerdings ist der Durchbruch der Computerbörsen auf dem Bereich der Small- und Mid-Caps noch nicht vollständig gelungen, da in diesem Segment nicht selten die Liquidität gering ist.

Ab der Mitte der neunziger Jahre haben sich in Europa mehrere zumeist nationale Marktsegmente für kleinere und stark wachsende Unternehmen etabliert. Beginnend mit dem AIM (Alternative Investment Market) in Großbritannien, der im Juni 1995 entstanden ist, bildeten sich zunächst unter dem kontinentalen Pendant EURO NM vier nationale Aktiensegmente für kleine Wachstumswerte. Hierzu zählen der französische Nouveau Marché (Februar 1996), der niederländische NMAX (Februar 1997), der deutsche Neuer Markt (März 1997) und der Euro NM in Belgien (Oktober 1996).

Nemax 50

Am 01. Juli 1999 wurde von der Deutschen Börse der Nemax 50-Index eingeführt. Er umfaßt die 50 liquidesten Werte des Neuen Marktes und wird als Preis- und Performanceindex berechnet. Basiszeitpunkt des Index ist Ende 1997 mit dem Wert 1.000.

Die Gesamtheit der Werte im Neuen Markt wird im Nemax-All-Share-Kursindex erfaßt, der ebenfalls als Preis- und Performanceindex berechnet wird.

SMAX

Am 26. April 1999 startete das neue Qualitätssegment für Small Caps an der Deutschen Börse. Ziel ist es, Unternehmen außerhalb des Dax 100, die nicht für ein Neuer Markt Listing in Frage kommen, eine effizientere Eigenkapitalbeschaffung zu ermöglichen. Vielversprechende Small Caps, die bereits seit einigen Jahren am Markt sind, aber auch Unternehmen, die ein IPO planen, haben die Möglichkeit, sich aus der Masse der Nebenwerte herauszuheben.

---

[1] Die zunehmende Bedeutung der Nasdaq in den USA bestätigt diesen Trend.

Voraussetzung für die Zulassung zum SMAX ist eine Zulassung für den Geregelten Markt oder den Amtlichen Handel an der Frankfurter Wertpapierbörse. Bereits gelistete Unternehmen verbleiben in ihrem Segment, verpflichten sich aber zur Einhaltung spezieller Anforderungen:[1]

- Der Free Float muß bei mindestens 20% liegen.
- Ein Finanzdienstleister muß als Designated Sponsor fungieren, d. h. er muß auf Anfrage verbindliche Geld-Brief-Spannen stellen.
- Zwei Monate nach Ablauf des 3., 6. und 9. Geschäftsmonats ist ein Quartalsbericht zu publizieren, der die Beurteilung der Geschäftstätigkeit ermöglicht. Vier Monate nach Abschluß des Geschäftsjahres ist der Jahresabschluß zu publizieren.
- Die Berichterstattung kann wahlweise nach HGB, IAS bzw. US-GAAP in Deutsch oder Englisch erfolgen. Nach Abschluß der Euroumstellung im Jahr 2002 wird eine englische Fassung vorgeschrieben.
- Anerkennung des Übernahmekodex, der eine transparente und faire Durchführung von Übernahmen vorschreibt.
- Jährlich ist eine Informationsveranstaltung für Analysten durchzuführen.
- Der Anteilsbesitz von Vorstand und Aufsichtsrat ist jährlich zu veröffentlichen.

SMAX-Werte können nicht gleichzeitig im DAX, M-DAX oder dem Neuen Markt gelistet werden.

Das typische SMAX-Unternehmen stammt aus traditionellen Bereichen, die schon einen gewissen historischen Datenbestand aufweisen. Zukünftige Entwicklungen lassen sich hier besser einschätzen als in neuen Branchen. Der Markt ist heterogen zusammengesetzt. Einen Schwerpunkt bilden zwar Einzelhandel, Bausektor, Nahrungsmittel- und Getränkeindustrie. Darüber hinaus sind jedoch auch Finanzdienstleister, Maschinenbau-, Medien- und Telekommunikationsunternehmen vorzufinden.

Daß mit den im SMAX gelisteten Unternehmen andere Risikopräferenzen angesprochen werden, als bei Werten aus dem Neuen Markt, zeigt der folgende Vergleich:[2]

---

1 Vgl. **Nägel** (1999), S. 181f.

2 Bei allen Ziffern handelt es sich um gerundete Mittelwerte (SMAX: ausgenommen die ersten und letzten fünf Unternehmen, Neuer Markt: ausgenommen die ersten und letzten drei Unternehmen). Vgl. **Nägel** (1999), S. 183.

SMAX versus Neuer Markt		
	SMAX	Neuer Markt
Umsatz 1997 (Mill. DM)	798	106
Umsatzwachstum 1997 (%)	10	91
Jahresüberschuß 1997 (Mill. DM)	31	8
Mitarbeiterzahl	2.137	355
Gründungsjahr	1915	1985
Jahr des Börsengangs	1989	1998

Tab. D.5: Vergleich der Unternehmensstruktur von SMAX- und Neuer Markt-Werten

Als Benchmark werden zwei Indizes berechnet. Der SMAX-All-Share-Index umfaßt sämtliche Unternehmen in diesem Segment und wird bei jeder Änderung der Zusammensetzung von SMAX angepaßt. Der SDAX repräsentiert die 100 größten und umsatzstärksten Unternehmen aus dem SMAX. Seine Zusammensetzung und Indexgewichtung wird vierteljährlich überprüft.

VDAX

Der 1994 eingeführte VDAX wird seit Dezember 1997 mit seinen Subindizes alle 10 Sekunden in der Zeit von 08:30 bis 17:00 Uhr berechnet. Er beschreibt die vom Terminmarkt erwartete Schwankungsbreite des DAX. Diese implizite Volatilität bezieht sich beim VDAX auf eine konstante Restlaufzeit von 45 Tagen. Darüber hinaus werden 8 Subindizes berechnet, die in ihrer Laufzeit den an der Eurex gehandelten Optionen auf den Dax entsprechen.

Bei der Berechnung der Subindizes werden nicht alle Optionen eines Verfalltermins herangezogen, sondern lediglich vier at-the-money Optionen. Mit Hilfe eines iterativen Näherungsverfahren aus dem Optionspreismodell von Black werden dann vier implizite Einzelvolatilitäten bestimmt, aus denen sich der Wert des Subindex ergibt. Die Subindizes werden mit dem Schreibschema:

VXmj
mit: m = Verfallsmonat (A=Januar...L=Dezember) und
j = Jahr des Verfalls (0,.,9)

veröffentlicht.

Die beiden Subindizes, die die Restlaufzeit 45 Tage umschließen, dienen im Rahmen eines linearen Interpolationsverfahrens zur Bestimmung des VDAX. Aufgrund dieser Interpolation kann der VDAX jeweils mit einer konstanten Restlaufzeit ermittelt werden. Die Angabe der Volatilität erfolgt in Prozent pro Jahr. Um die erwartete Volatilität für den DAX innerhalb der nächsten 45 Tage in Punkten zu erhalten, ist eine Umrechnung vorzunehmen.

$$\text{Erwartete Schwankungsbreite des DAX} = \text{VDAX}\,(\%\ \text{p.a.}) \cdot \sqrt{\frac{45\,\text{Tage}}{365\,\text{Tage}}} \cdot \text{DAX}\,(\text{in Punkten})\,.$$

So ergibt sich bei einem Volatilitätsindex von 15% und einem DAX von 6.000 Punkten eine erwartete Schwankungsbreite von 316 Punkten. Die Marktteilnehmer erwarten den DAX also innerhalb des Bereiches von 5.684 und 6.316 Punkten. Die gleiche Volatilität bei unterschiedlichen DAX-Ständen impliziert differierende Schwankungsbreiten in Punkten.

b. Anleihen

Die vom Volumen her weltweit gewichtigste gehandelte Assetklasse stellen Anleihen dar. Dies gilt auch für Europa. Der theoretische Wert von Anleihen läßt sich bei Kenntnis der preisbestimmenden Variablen (Marktzinsniveau, Zinsstrukturkurve, Zins- und Tilgungszeitpunkt, Kuponhöhe) mit Hilfe finanzmathematischer Methoden (Barwertverfahren) berechnen. Hierzu ist es wichtig zu wissen, mit welchen Usancen an den einzelnen nationalen Bondmärkten gerechnet wird.

Zur Ermittlung des effektiven Zinses einer Anleiheinvestition sind verschiedene Methoden der Effektivzinsberechnung entwickelt worden. Auf der Basis der sog. 'Internen Zinsfußmethode' haben sich einige dynamische Effektivzinsverfahren herausgebildet, die zu unterschiedlichen Ergebnissen kommen, wenn unterjähige Zahlungen geleistet werden und / oder sogenannte 'gebrochene' Laufzeiten, z. B. über 1,25 oder 1,5 Jahre vorliegen. Als wichtigste Methode für die Kapitalmärkte kann die Berechnung des 'internationalen' Effektivzinses der Association of International Bond Dealers (AIBD) angesehen werden, die sich mittlerweile in International Securities Markets Association (ISMA) umbenannt hat. Die AIBD-Methode arbeitet mit exponentieller Verzinsung, d. h. mit einer Zinseszinsrechnung auch im unterjährigen Bereich. Dabei erfolgt die Zinsverrechnung quasi täglich, so daß die für einen Tag angefallenen Zinsen, unabhängig davon, ob eine Zahlung erfolgt oder nicht, täglich kapitalisiert werden und am nächsten Tag entsprechend mitverzinst werden.

Darüber hinaus haben sich hinsichtlich der Zinsberechnung auf den nationalen und internationalen Kapitalmärkten unterschiedliche Marktkonventionen herausgebildet, wobei sich die wesentlichen Unterschiede beziehen auf die

- Häufigkeit der Zinszahlungen,
- Zinstagezählung und die
- Stückzinsberechnung.

In der Schweiz wird beispielsweise das Jahr zumeist mit 360 Tagen und der Monat mit 30 Tagen gezählt. Dagegen werden in Euroland und an einigen internationalen Märkten die Tage eines Jahres und / oder einer Teilperiode genau ausgezählt, d. h. es werden die tatsächlichen Tage ('Actual') zugrunde gelegt. Als Varianten, die am Geld- und Kapitalmarkt auftreten, kommen die folgenden vor:

- 30/360,
- Actual/360,
- Actual/365 und
- Actual/Actual.

Zunächst sollen verschiedene Methoden der Ermittlung der Zinszahlungen vorgestellt werden:

(1) Annual Bond Basis

Entsprechend der Annual Bond Basis wird das Jahr mit 360 Tagen bzw. 12 Monaten à 30 Tage gezählt. Der Kupon einer Anleihe, die auf dieser Zinsberechnungsmethode basiert, wird jährlich ausgezahlt an bestimmten festen Terminen. Falls der Kupon aufgrund eines Wochenendes oder Feiertages an dem festen Termin nicht gezahlt werden kann, so erfolgt die Zahlung am darauffolgenden Bankarbeitstag, ohne daß für die verspätete Zahlung Extra-Zinsen berechnet werden.

(2) Annual Money Market

Nach der Annual Money Market-Methode erfolgt die Zinsberechnung auf einer Actual/360 Basis. Beispielsweise entspricht eine Annual Money Market Rate von 4 % für USD 100 Mio in einem Nichtschaltjahr einer jährlichen Zinszahlung von 4% · 365/360 · USD 100 Mio = USD 4,0556 Mio.

(3) Semi-Annual Bond Basis

Wie bei der Annual Bond Basis-Methode wird auch auf Semi-Annual Bond Basis das Jahr mit 360 Tagen bzw. 12 Monaten à 30 Tage gezählt. Entsprechend würden bei einer halbjährlichen Zinszahlung von 4 % auf USD 100 Mio pro Periode USD 2 Mio gezahlt. Der Unterschied zwischen der Semi-Annual Bond Basis und der 30/360 Methode kommt dann zum Tragen, wenn der Zinszahlungstag kein Bankarbeitstag ist. Wenn beispielsweise der Zahltag auf einen Samstag fällt, so ist der anschließende Montag der tatsächliche Zahltag. Entsprechend wird das halbe Jahr zu 182 Tagen berechnet.

(4) Semi-Annual Money Market

Bei der Semi-Annual Money Market-Methode wird auf der Basis von Actual/360 gerechnet. Beispielsweise würde ein halbjährlicher Zins von 4 % für die Periode vom 20. Januar bis zum 20. Juli auf einen Nominalwert von USD 100 Mio einen Zins von USD 2,0111 Mio erbringen (181 Tage). Im Unterschied zur Semi-Annual Bond Basis-Methode werden hier die Monate nicht mit 30 Tagen berechnet, sondern genau entsprechend der tatsächlichen Tage.

Im folgenden werden die verschiedenen Konventionen, die sich auf den internationalen Märkten im Hinblick auf die Zinstagezählung herausgebildet haben, für die wichtigsten Märkte für Staatsanleihen dargestellt:

Land	Methode	Coupon
Euroland	Actual/Actual	jährlich/halbjährlich
Schweiz	30/360	jährlich
Großbritannien	Actual/Actual	halbjährlich
Japan	Actual/365	halbjährlich
USA	Actual/Actual	halbjährlich
Canada	Actual/365	halbjährlich
Australien	Actual/Actual	halbjährlich

Tab. D.6: Internationale Berechungsusancen bei Staatsanleihen

Neben diesen Konventionen ist noch zu berücksichtigen, daß die Abwicklung von Wertpapiertransaktionen auf verschiedenen Märkten unterschiedliche Zeitdauer in Anspruch nehmen kann. Wenngleich es Harmonisierungsbestrebungen der ISMA gibt, diese Zeitdauer auf drei Tage festzulegen, so gibt es jedoch an vielen nationalen Kapitalmärkten - wie auch bei den Aktienmärkten - unterschiedliche Usancen. So findet man z. B. auf dem amerikanischen Markt noch ein sogenanntes 'Corporate Settlement' von sieben Tagen vor. Im internationalen Maßstab ungewöhnlich ist auch das in Deutschland übliche zweitägige Settlement, während sich ein dreitägiges Settlement mehr und mehr als internationaler Standard etabliert.

ba. Deutschland

Der deutsche Rentenmarkt ist mit einem Anteil von 44% des Gesamtvolumens der mit Abstand größte Markt für festverzinsliche Wertpapiere in Europa.[1] Hinter dem USD und dem Japanischen Yen lag das Volumen von in D-Mark begebenen Anleihen 1998 weltweit auf dem dritten Rang. Angesichts der Einführung des Euro dürfte die nationale Marktbetrachtung zugunsten einer europaweiten Betrachtung zurückgehen. In den gängigen internationalen Bondindizes, die oftmals nur Staatsanleihen berücksichtigen, nimmt Deutschland, das mit einem Triple-A Rating versehen ist, mit ca. 10% nach den USA und Japan den dritten Platz ein.[2] Der Handel mit Anleihen vollzieht sich in Deutschland zum größten Teil außerbörslich.

Neben dem Bund, der Staatsanleihen emittiert, treten die Bundesländer und Gebietskörperschaften sowie im Staatsbesitz befindliche Einrichtungen, z. B. die Kreditanstalt für Wiederaufbau (KfW) als öffentliche Emittenten am deutschen Markt auf. Die früheren Sondervermögen des Bundes Bahn und Post sind mittlerweile in privater Rechtsform und nach der Privatisierung nicht mehr zu den öffentlichen Emittenten zu zählen.

---

1 Vgl. **WestLB-Research** (1999), S. 2.

2 Vgl. hierzu auch die Abbildung D.1.

Der Markt für Pfandbriefe als klassisches Refinanzierungsmittel der Hypothekenbanken stellt mittlerweile das größte Segment des deutschen Rentenmarktes dar.[1] Wenn auch das kumulierte Volumen des Pfandbriefmarktes sehr hoch ist, so darf nicht übersehen werden, daß sich das Marktvolumen auf eine Vielzahl von Emittenten und eine noch weitaus größere Anzahl von Emissionen verteilt. Daher besteht die Problematik des Pfandbriefmarktes in der oftmals geringen Liquidität vieler Emissionen. Dennoch besitzt der Pfandbriefmarkt eine hohe Attraktivität, da Pfandbriefe mit besonderen Eigenschaften und Privilegien versehen sind, die andere festverzinsliche Anlagen so nicht aufweisen. Neben der Mündelsicherheit und der Lombard- und Dekkungsstockfähigkeit werden Pfandbriefe bei der Anrechnung von Wertgrenzen bei Investmentfonds, Pensionsfonds und Versicherungen bevorzugt behandelt. Außerdem besitzen sie ein Konkursvorrecht. Zudem gibt es in Deutschland ein eigenes Gesetz sowie eine eigene Aufsichtsbehörde für Pfandbriefe.

In den letzten Jahren ist es den Pfandbriefemittenten gelungen, den wahrgenommenen Liquiditätsmangel der bisherigen Emissionen durch die Begebung sogenannter Jumbo-Pfandbriefe mit einem Mindestemissionsvolumen von 500 Mio DM bis zu mehreren Mrd. DM zu heilen. Dabei wird eine Marktpflege durch die Konsortialführer vereinbart, die permanent Geld- und Briefkurse für die Papiere stellen. Annähernd zwei Drittel der Emissionen sind mit Ursprungslaufzeiten zwischen 4 und 7 Jahren ausgestattet. Zum Ultimo 1998 hat der Jumbo Pfandbriefmarkt ein Volumen von über 400 Milliarden DM erreicht. Angesichts des internationalen Interesses an dem großen Pfandbriefsegment haben einzelne Emittenten inzwischen sog. „Globals" begeben. Diese Papiere werden bevorzugt von außereuropäischen Investoren erworben und ggf. auch in USD begeben. Für die Begebung von Globals ist ein Rating unerläßlich, zumal die am deutschen Markt bekannten Vorzüge außerhalb Deutschlands kaum bekannt sind. Die Ratings der deutschen Pfandbriefemittenten, die in der untenstehenden Tabelle genannt sind, befinden sich ausnahmslos im Bereich erstklassiger Bonität (Investment Grade).

In der folgenden Übersicht sind deutsche Pfandbriefemittenten aufgeführt. Die im Verband deutscher Hypothekenbanken (VDH) organisierten privaten Institute erreichten 1998 bezogen auf das Pfandbriefemissionsvolumen einen Marktanteil von rund 65% (326,1 Mrd. DM). Daneben stellten die öffentlich-rechtlichen Institute einen Anteil von 35% (176,8 Mrd. DM).[2]

---

[1] Vgl. **VDH** (1999), S. 1.

[2] Vgl. **VDH** (1999), S. 17.

Hypothekenbanken	Öffentlich-rechtliche Institute
Allgemeine Hypothekenbank AG	Bayerische Landesbank
Bayerische Handelsbank AG	Bremer Landesbank Kred.anst. Oldenburg
BfG Hypothekenbank AG	DGZ-Bank
Berliner Pfandbrief- und Hypothekenbank AG	DSL-Bank
HypoVereinsbank AG	Hamburgische Landesbank
Hypothekenbank in Essen AG	HKB Hypotheken- und Kommunalkreditbank
DePfa Deutsche Pfandbriefbank AG	Landesbank Baden-Württemberg
Deutsche Hyp Frankfurt-Hamburg AG	Landesbank Berlin
Deutsche Hyp.bank Hannover-Berlin AG	Landesbank Hessen-Thüringen
Dexia Hypothekenbank Berlin AG	Landesbank Rheinland Pfalz
DG Hypothekenbank AG	Landesbank Sachsen
Düsseldorfer Hypothekenbank AG	Norddeutsche Landesbank
EUROHYPO AG der Deutschen Bank	Westdeutsche Landesbank
Münchener Hypothekenbank eG	
Nürnberger Hypothekenbank AG	
Rheinboden Hypothekenbank AG	
RHEINHYP AG	
Schlesw.-Holst. Landschaft Hyp.bank AG	
Süddeutsche Bodencreditbank AG	
Westfälische Hypothekenbank AG	
Württembergische Hypothekenbank AG	
Wüstenrot Hypothekenbank AG	

Tab. D.7: Pfandbriefemittenten in Deutschland 1999

Zur weiteren Förderung des deutschen Pfandbriefmarktes wurden im April 1995 mit dem Kursindex PEX und dem Performanceindex PEXP eigens Pfandbriefindizes kreiert, die die Wertentwicklung dieses wichtigen Marktsegmentes auf der Basis eines Notional-Bond Konzeptes, vergleichbar dem REX, abbilden

Dem Segment der Pfandbriefe und öffentlichen Anleihen folgen als drittwichtigster Bereich am deutschen Rentenmarkt die Bankschuldverschreibungen und dann die DM-Auslandsanleihen. Industrieobligationen machen nur einen äußerst geringen Marktanteil aus. Stattdessen finanziert sich die deutsche Industrie tendenziell am unregulierten Euromarkt. Durch die Einführung des Euro wird allgemein mit einer Belebung des Corporate Bond Marktes in Europa gerechnet.

In Deutschland sind auch Wertpapierleihtransaktionen und Repogeschäfte möglich. Daneben existiert ein liquider Markt für Forwardgeschäfte. Allerdings wird der Handel dieser Instrumente in Deutschland durch die Belastung mit Mindestreserve gegenüber anderen Handelsplätzen -

insbesondere London - benachteiligt. Hierin ist ein Grund für den relativ hohen Anteil ausländischer Handelsplätze am DM-Rentenhandel zu sehen.[1]

Mit Einführung des Euros ist eine nationale Betrachtung des deutschen Rentenmarktes mittelfristig nicht mehr sinnvoll. Die Orientierung wird mehr und mehr am Euroland-Bondmarkt erfolgen. Einen Überblick über die Struktur des Euroland-Anleihemarktes gibt daher die folgende Abbildung, der die Volumina ausstehender Anleihen zugrunde liegen. Der Anteil deutscher Pfandbriefe am gesamten Eurobondmarkt lag Anfang 1999 bei rund 17%. Sie gehen gemeinsam mit den deutschen Bankschuldverschreibungen in das Segment der Bankanleihen ein.

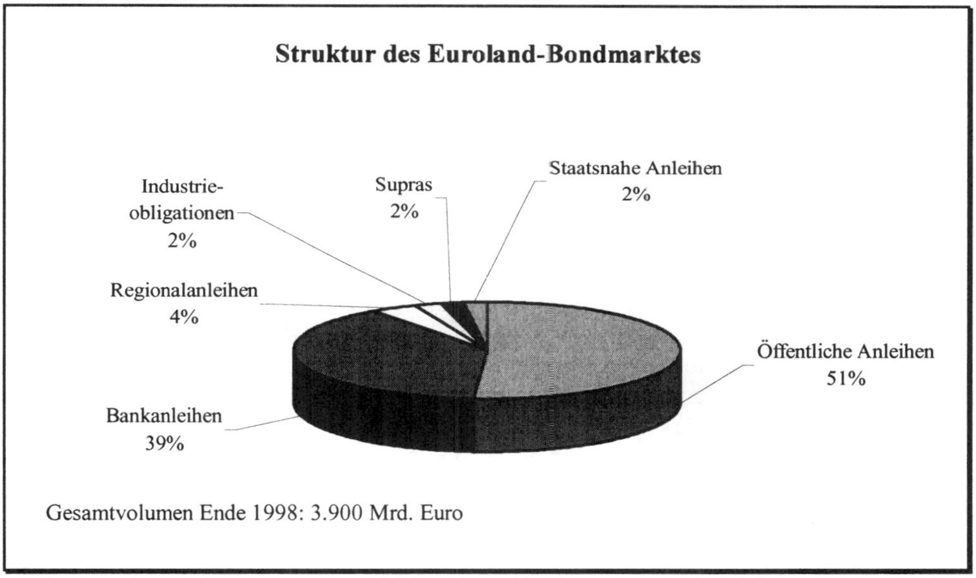

Abb. D.7: Struktur des Euroland-Bondmarktes[2]

Der deutsche Markt für Derivate wird seit dem September 1998 über die Eurex abgewickelt. Die Eurex hat sich mittlerweise zur größten Terminbörse der Welt entwickelt. Sie ist ein Gemeinschaftsunternehmen der Deutschen Börse AG und dem Swiss Exchange. Beide Gesellschaften fusionierten ihre Derivatebörsen DTB und Soffex zu einer eigenständigen elektronischen Handelsplattform mit eigenem Clearinghaus. Die Eurex wickelt somit den Futures- und Options-Markt sowohl für Deutschland als auch für die Schweiz ab. Im Juni 1999 vereinbarte die Eurex mit dem Chicago Board of Trade (CBoT) eine transatlantische Allianz zur Nutzung der Eurex-Plattform. Ab Oktober 1999 wird auch der Helsinki Exchange seine Produkte auf derselben Plattform anbieten.

---

[1] Nach Schätzungen lag der Anteil Londons am Handel mit Bundesanleihen bei ca. 50% bis 70%. Vgl. **Breuer** (1995), S. 1197.

[2] Vgl. **WestLB-Research** (1999), S. 1.

An der Eurex werden derzeit sechs verschiedene Futures auf Euro-Zinsinstrumente gehandelt. Neben dem Euro-Bund-Future, der sich auf den Laufzeitenbereich zwischen 8,5 und 10,5 Jahren bezieht, werden Euro-Bobl-, Euro-Schatz-, 1- und 3-Monats-Euribor- sowie Euro-Buxl-Futures gehandelt. Der Euro-Bobl-Future deckt den Laufzeitenbereich von 3,5 bis 5 Jahren und der Euro-Schatz-Future den 2-jährigen Laufzeitenbereich ab. Der Euribor-Future bezieht sich auf Ein- bzw. bis Drei-Monatsgeld. Der Handel mit Euro-Buxl-Futures, die sich auf Bundesanleihen mit einer Restlaufzeit zwischen 20 und 30,5 Jahren beziehen, wurde nach einer Unterbrechung aufgrund fehlender Liquidität mit Einführung des Euro wieder aufgenommen. Betrachtet man jedoch die Umsatztätigkeit, spricht einiges für die (Wieder-)Aufgabe des Buxl-Futures: sowohl das gehandelte Volumen als auch das Open Interest fallen sehr gering aus.[1]

Die drei wichtigsten öffentlichen Anleiheformen sind Bundesanleihen, Bundesobligationen und Bundesschatzanweisungen. Bundesanleihen (Bunds) weisen i. d. R. eine Ursprungslaufzeit von 10 Jahren auf. Längere Laufzeiten sind eine Ausnahme. Die Begebung der Anleihen erfolgt entweder im Konsortial- oder im Tenderverfahren. Abgesehen von FRN's, deren vierteljährliche Verzinsung seit der Einführung des Euro zum 01. Januar 1999 an den Euribor gebunden ist, sind Bundesanleihen mit einem jährlichen Kupon ausgestattet. Mittlerweile können die Kupons der Bundesanleihen auch separat (als sog. STRIPS) gehandelt werden. Ökonomisch interpretiert stellen diese separat gehandelten Kupons Nullkuponanleihen dar.

Den mittleren Laufzeitenbereich deckt der Bund mit der Emission von Bundesobligationen ab. Sie weisen eine Ursprungslaufzeit von fünf Jahren auf und sind ebenfalls mit einem jährlichen Kupon ausgestattet. Die in fortlaufenden Serien aufgelegten Bobls können erst nach ihrer Börseneinführung von Banken und ausländischen Investoren erworben werden.

Einem regelmäßigen Emissionskalender folgend, werden Bundesschatzanweisungen emittiert. Sie sind mit einer theoretischen Restlaufzeit zwischen zwei und sieben Jahren ausgestattet und werden im Tenderverfahren begeben.

Neben den genannten drei Anleiheformen bestehen weitere festverzinsliche Instrumente, die vom Bund emittiert werden. Bundesfinanzierungsschätze besitzen eine Laufzeit von einem bis zwei Jahren und werden als Abzinsungspapiere an Nichtbanken verkauft. Ein Sekundärmarkt besteht für Bundesfinanzierungsschätze nicht. Das Gleiche gilt für Bundesschatzbriefe , die in den Typen A und B begeben werden. Typ A besitzt eine Laufzeit von sechs Jahren und Typ B von sieben Jahren. Bundesschatzbriefe zahlen im Zeitablauf steigende Jahreskupons.

Schuldscheindarlehen ergänzen das vom Bund bzw. von den Ländern und sonstigen staatlichen Organisationen begebene Anleihespektrum. Der Vorteil von Schuldscheinen liegt in der individuellen Ausgestaltung von Kupon und Laufzeit. Zudem brauchen Kursverluste aufgrund der mangelnden Börsenfähigkeit - anders als bei Anleihen - nicht abgeschrieben zu werden. Dafür ist der Sekundärmarkt allerdings relativ illiquide.

---

[1] Vgl. auch **DG Bank-Research** (1999), S. 5.

Die Bundesländer bedienen sich zur mittelfristigen Finanzierung ihrer Haushalte des Instrumentes der Kassenobligation. Dabei handelt es sich um Anleihen, die eine Laufzeit von einem bis zu acht Jahren aufweisen.

Den kürzeren Laufzeitenbereich deckt der Bund mit der Emission von sog. U-Schätzen (Unverzinsliche Schatzanweisungen) ab, die als Diskontpapiere begeben werden. Ihre Laufzeit liegt zwischen drei Monaten und zwei Jahren. Ein liquider Sekundärmarkt für U-Schätze besteht nicht.

Zur kurzfristigen Finanzierung des Bundes, staatlicher Institutionen und der Länder werden Schatzwechsel begeben. Sie weisen eine maximale Laufzeit von 90 Tagen auf. Ein Sekundärmarkt existiert für Schatzwechsel nicht.

Am deutschen Rentenmarkt finden sich darüber hinaus noch weitere vom Bund garantierte Anleihen. Es handelt sich dabei um Emissionen des Fonds Deutsche Einheit und der Treuhandanstalt. Diese Anleihen besitzen den gleichen Status wie Bundesanleihen bzw. Bundesobligationen und sind auch in die Futurekontrakte an der Eurex und der LIFFE lieferbar.

Neben den öffentlichen Anleihen spielen die von Banken begebenen festverzinslichen Wertpapiere eine bedeutende Rolle am deutschen Rentenmarkt. Dies gilt in erster Linie für Pfandbriefe und in zweiter Linie für Kommunalobligationen. Erstgenannte sind hypothekarisch gesicherte Schuldverschreibungen, während Letztgenannte zur Finanzierung der Kommunen begeben werden und von diesen besichert sind. Das Segment der Pfandbriefe und Kommunalobligationen wird - wie oben bereits deutlich wurde - vornehmlich von Hypotheken- und Landesbanken bedient. Pfandbriefe und Kommunalobligationen unterliegen den strengen Vorschriften des Hypothekenbankgesetzes und besitzen insofern eine gute Bonität. I. d. R. weisen die Emissionen eine Laufzeit zwischen fünf und zehn Jahren auf.

Im Bereich der Geldmarktinstrumente hat sich in den letzten Jahren in Deutschland viel bewegt. Neue Instrumente wie Commercial Paper, Swaps, Floater, Bulis[1], Certificates of Deposits etc. gehören mittlerweile zum gängigen Bestand der Geldmärkte. Die Zulassung echter Geldmarktfonds durch das zweite Finanzmarktförderungsgesetz von 1994 hat daran maßgeblichen Anteil, da es die Nachfrage nach derlei Instrumenten erheblich gefördert hat.

Als Geldmarktinstrumente werden gemeinhin solche festverzinslichen Anlageformen bezeichnet, deren Laufzeit nicht länger als ein Jahr beträgt. Sinnvoller als diese formale Definition von Geldmarktinstrumenten ist jedoch die wirtschaftliche Betrachtungsweise. Demnach sind als Geldmarktinstrumente solche Anlageformen zu klassifizieren, deren Preisverhalten der Kursreagiblität maximal einjähriger Anlagen entspricht. Variabel verzinsliche Anleihe (Floating Rate Notes, FRN's oder kurz: Floater) zählen demzufolge zu den Geldmarktinstrumenten, obwohl ihre Laufzeit i. d. R. der von längerfristigen Anleihen entspricht.

---

[1] Die Emission von Bulis, die zur Absorbtion von Liquidität und zur Bereicherung des bonitätsstarken Geldmarktsegmentes seitens der Deutschen Bundesbank begeben wurden, ist inzwischen wieder eingestellt worden.

Charakteristisch für Geldmarktinstrumente ist deren geringes Marktzinsänderungsrisiko. Kurzlaufende Geldmarktinstrumente erstklassiger Bonittenten, d. h. von Emittenten mit einer Top-Bonität, gelten daher vielfach als risikolose Anlageformen.[1]

bb. Frankreich

Der zweitgrößte Markt für Staatsanleihen in Europa nach dem deutschen Markt findet sich in Frankreich . Frankreich, dessen Bonität von den internationalen Rating-Agenturen derzeit mit AAA bewertet wird, emittiert drei verschiedene Arten von Anleihen: Obligations Assimilables de Trésor (OAT's) , Bons du Trésor à Taux Fixe et à Intérêt Annuel (BTAN's) und Bons du Trésor à Taux Fixe et à Intérêt Precompté (BTF's). OAT's sind langlaufende Anleihen, deren Laufzeit bis zu 30 Jahren reichen kann. Seit 1989 emittiert der französische Staat OAT's auch in ECU. Ähnlich wie in Nordamerika können die Kupons der OAT's auch separat (als STRIPS) gehandelt werden.

Bei BTAN's handelt es sich um Anleihen des mittelfristigen Laufzeitenbereichs der französischen Renditestrukturkurve. Ihre Emissionslaufzeit liegt zwischen zwei und fünf Jahren. Der Geldmarktbereich bis zu einem Jahr wird abgedeckt durch die BTF's. An der französischen Terminbörse MATIF werden Derivate auf OAT's und den Pibor gehandelt. Ein liquider Repo-Markt existiert ebenso.

bc. UK

Der Markt für britische Staatsanleihen - Gilts - gehört zu den größeren Märkten Europas . Die Bank von England, die im Auftrag des Schatzkanzlers für die Emission von Staatsanleihen sorgt, absorbiert ca. 66% der aufzunehmenden Gelder durch die Begebung von Gilts. Dem Giltmarkt liegt eine Einteilung in Kurzläufer (bis zu 7 Jahren), mittelfristige Gilts (7 bis 15 Jahre) und Langläufer (länger als 15 Jahre) zugrunde. Insofern gehört der britische Bondmarkt zu den Anleihemärkten, die eine überwiegend längere Emissionslaufzeitstruktur aufweisen. Gilts sind mit halbjährlichen Kupons ausgestattet.

Eine Besonderheit des britischen Anleihemarktes besteht in der Verfügbarkeit sog. Index-linked Gilts seit 1981. Die Kupons und der Rückzahlungswert im Tilgungszeitpunkt dieser Papiere werden an den Konsumentenpreisindex der Lebenshaltung angepaßt. Insofern verfügen die Index-linked Gilts über einen Inflationsschutz. Preisschwankungen dieser Gilts, die oftmals mit sehr langen Laufzeiten ausgestattet sind, reflektieren daher in erster Linie Veränderungen des Realzinsniveaus.

Die darüber hinaus noch existierenden Formen britischer Staatsanleihen treten hinsichtlich ihrer Bedeutung gegenüber den Gilts und den Index-linked Gilts in den Hintergrund. Es handelt sich dabei um Emissionen ohne festgelegten Tilgungstermin (Undated issues), Gilts mit vorzeitigem Kündigungsrecht des Gläubigers (Optional redemption gilts), FRN's und sog. 'Convertible Gilts', die ein Umtauschrecht in eine längere Laufzeit beinhalten.

---

[1] Risikolose Anlagen spielen in vielen Modellen der Kapitalmarkttheorie ebenso wie auch in der Optionspreistheorie eine große Rolle.

Als weitere öffentliche Emittenten von Sterlinganleihen treten Counties und Kommunen (Municipal bonds) auf. Am Sterling Bond Markt haben diese Institutionen einen Anteil von ca. 11%. Allerdings ist die Liquidität dieses Marktes gering. Eine gewisse Rolle spielt auch der Eurosterlingmarkt, der aufgrund seiner geringen Regulierung besonders attraktiv für privatrechtliche Emittenten, wie Unternehmen ist. Nach dem Giltmarkt stellt er mit einem Marktanteil von ca. 23% das zweitgrößte Marktsegment im Sterling-Bereich dar. Dieses Segment beinhaltet die von nichtbritischen Emittenten begebenen Anleihen, die auch als 'Bulldog Bonds' bezeichnet werden.

Im Bereich der Geldmarktpapiere weist der britische Markt ein breites Spektrum auf. Es umfaßt T-Bills, BAs, CDs und CPs. T-Bills, für die ein liquider Markt besteht, werden von der Bank of England als Diskontpapiere begeben. BAs dienen i. d. R. der Warenhandelsfinanzierung und werden am Sekundärmarkt gehandelt, sofern die Schuldner erstklassig sind. Ähnliches gilt für CDs, CPs und ECPs (Euro Commercial Papers).

Der Repo Markt für britische Papiere gilt inzwischen als gut entwickelt. STRIPS sind verfügbar. MTN-Programme sind bereits seit 1990 auflegbar. An der LIFFE werden Futurekontrakte auf Long Gilts gehandelt. Darüber hinaus stehen Optionen auf Gilts zur Verfügung.

Die Besteuerungspraxis stellt allerdings ein Problem in Großbritannien dar, denn Kapitalgewinne auf Anleihen werden mittlerweile besteuert. Zur Quellensteuer werden Investoren solcher Länder nicht veranlagt, mit denen ein Doppelbesteuerungsabkommen mit Großbritannien besteht.

bd. Italien

Zu den großen Bondmärkten Europas gehört der italienische Rentenmarkt . Italien zählt zu den Ländern, die Anleihen auch in Fremdwährungen - vor allem in USD - begeben.

Längerlaufende italienische Staatsanleihen - BTPs (Buoni del Tesoro Poliennnali) werden mit Ursprungslaufzeiten bis zu 30 Jahren und halbjährlichen Kupons ausgestattet.[1] Traditionell bevorzugt die italienische Notenbank kürzerlaufende Anleihen. Im Geldmarktbereich werden BOTs (Buoni Ordinari del Tesoro) begeben. Die Laufzeit dieser Diskontpapiere beträgt bis zu 12 Monaten.

Ein beträchtliches Volumen weisen FRN's am italienischen Staatsanleihemarkt auf. Diese als CCTs (Certificati di Credito del Tesoro a Cedola Variable) bezeichneten Papiere werden i. d. R. mit einer Ursprungslaufzeit von 7 Jahren begeben und verfügen über einen halbjährlichen Kupon. Während die erste Kuponhöhe fixiert ist, richten sich die anderen zukünftigen Kupons nach der Verzinsung der BOTs. Ab der Einführung des Euro ist eine Referenzierung der Kupons am Euribor-Satz naheliegend.

---

1 Eine besondere Marktkonvention bei BTPs besteht in der Quotierung der Anleihen auf jährlicher Kuponbasis.

Der Handel in italienischen Staatsanleihen vollzieht sich mittels eines computerisierten Market Maker Systems (Mercato Telematico). Market Maker sind durch verbindliche Vorgaben verpflichtet, für eine hinreichende Marktliquidität zu sorgen. In London hat sich ebenfalls ein Markt für italienische Staatsanleihen etabliert, zumal an der LIFFE auch ein liquider BTP-Futurekontrakt sowie Optionen auf diesen zur Verfügung steht. Seit 1992 können Termingeschäfte auf italienische Staatsanleihen auch an der MIF, der italienischen Terminbörse, abgeschlossen werden.

Ein Problem für ausländische Investoren stellt zur Zeit noch die 12,5%ige italienische Quellensteuer dar, die sich sowohl auf den Kupon als auch auf das Emissionsdisagio bezieht. Die Rückerstattung der zunächst einbehaltenen Steuer kann u. U. Monate dauern. Es gibt jedoch Bestrebungen, diese Quellensteuer abzuschaffen. In der Vergangenheit gehörte der italienische Rentenmarkt neben z. B. Australien, Japan und UK zu den Märkten, in denen ein Anleiheverkauf vor dem Kupontermin mit anschließendem Rückkauf sinnvoll war. Bei italienischen Euro- bzw. Globalbonds wurde auch in der Vergangenheit keine Quellensteuer erhoben. In Italien existiert ein Repo Markt, der eine ausreichende Liquidität aufweist.

be. Niederlande

Am niederländischen Rentenmarkt werden Staatsanleihen mit einer Laufzeit bis zu 30 Jahren gehandelt, wobei zehnjährige Emissionen seitens des Finanzministeriums dominieren. Diese sind regelmäßig ausgestattet mit einjährigen Kupons. Bei einzelnen Emissionen sind STRIPS zugelassen, so daß Zerobonds des Staates existieren. Ca. 70% des Rentenmarktes besteht aus Titeln der öffentlichen Hand. Der Großteil des Handels in niederländischen Staatsanleihen vollzieht sich im computergestützten ATM (Amsterdam Treasury Market). Hierbei handelt es sich um ein Market Maker System, das für hinreichende Marktliquidität sorgt.

Neben den Staatsanleihen, die mit AAA bewertet sind, existieren in den Niederlanden Marktsegmente für CP's, CD's und MTN's. Darüber hinaus gibt es einen Futurekontrakt auf 8 bis 10 jährige Staatsanleihen (Notional Bond Konzept) sowie Optionen und Futureoptionen, die an der EOE (European Options Exchange) gehandelt werden. Die Liquidität dieser Kontrakte ist allerdings eingeschränkt. Eine Quellensteuer wird in den Niederlanden nicht erhoben.

bf. Spanien

Zur Budgetfinanzierung werden in Spanien vornehmlich die drei Instrumente Treasury Bills (Letras del Tesoro), Bonos (Bonos del Estado) und Obligaciones (Obligaciones del Estado) eingesetzt. Treasury Bills, die noch den größten Anteil an der Staatsfinanzierung haben, besitzen eine Ursprungslaufzeit bis zu 18 Monaten, werden jedoch zumeist als 3, 6 oder 12 monatige Papiere begeben. Bonos sind bis zu siebenjährige Kuponanleihen, die mit einem jährlichen Zins versehen sind. Auch hier sind die regelmäßig gewählten Laufzeiten mit 3 bis 5 Jahren kürzer als die maximal möglichen. Grundsätzlich entsprechen sich Bonos und Obligaciones, wobei letztere keinen fixierten Laufzeitbereich aufweisen. Die am Euromarkt gehandelten Pesetenanleihen werden als 'Matador Bonds' bezeichnet.

In Spanien existiert ein Repo Markt für Staatsanleihen. Zudem werden an der Terminbörse in Madrid, der MEFF , Futures und Optionen auf alle verfügbaren Laufzeitbereiche gehandelt. Der spanische Staat begibt einen Teil seiner Anleihen in ausländischen Währungen. Ein Besteuerungsproblem besteht für ausländische Investoren in Spanien nicht, sofern Doppelbesteuerungsabkommen vorliegen.

Zu dem Bereich der europäischen Hochzinsländer werden vor allem die Zinsmärkte Griechenlands, Polens, Ungarns und der Tschechischen Republik gezählt. Die Aussicht auf einen Beitritt zum Euro und in die europäische Staatengemeinschaft (nicht im Fall Griechenlands, das schon EU-Mitglied ist) hat bei Investoren zu der Erwartung einer Zinskonvergenz geführt.

Zur Entwicklung der festverzinslichen Wertpapiere aus dem Euroland (außer Luxemburg) wird am 27. September 1999 der Rentenindex EBOX an der Deutschen Börse eingeführt. Darüber hinaus erfolgt im Rahmen der europäischen BOX-Rentenindexfamilie auch die Einführung des BOX als Barometer für die Performance der Anleihen des EU-Raums (ohne Griechenland, aber zuzüglich der Schweiz). In die Rentenindizes gehen lediglich von Regierungen begebene Kuponanleihen ein. Neben den beiden genannten Indizes erfolgt eine Berechnung von 13 Laufzeitindizes (Laufzeiten von 1 – 10 Jahren, 15, 20 und 30 Jahren). Die Indizes werden sowohl als Korbindizes als auch als synthetische Indizes sowie als Kurs- und als Performanceindex berechnet.[1]

bg. Exkurs: Internationale Bond-Ratings

Von großer Bedeutung für die Einschätzung der Preiswürdigkeit einer Anleihe ist die Bonität des Emittenten. Internationale Ratingagenturen haben sich zur Aufgabe gestellt, die Wahrscheinlichkeit und das potentielle Ausmaß von Zins- und Tilgungsausfällen bei festverzinslichen Wertpapieren anhand von Ratingsymbolen zu klassifizieren.[2] Die bekanntesten Rating-Agenturen heißen Moody's, Standard & Poor's, Fitch und IBCA. Anhand des folgenden Tableaus kann die Einschätzung von Anleihen anhand von Ratingsymbolen nachvollzogen werden.

---

[1] Vgl. **Deutsche Börse AG** (1999c), S. 1f.

[2] Zum Rating vgl. insbesondere **Heinke** (1998), S. 7ff., und **Steiner/Heinke** (1996), S. 579ff.

Bonitätsbewertung	Rating-Symbol	
	Moody's	S&P
Sehr gute Anleihen:		
Beste Qualität, geringstes Ausfallrisiko.	**Aaa**	**AAA**
Hohe Qualität, aber etwas größeres Risiko	**Aa1**	**AA+**
als die Spitzengruppe.	**Aa2**	**AA**
	Aa3	**AA-**
Gute Anleihen:		
Gute Qualität, viele gute Investmentattribute, aber auch	**A1**	**A+**
Elemente die sich bei veränderter Wirtschaftsentwicklung	**A2**	**A**
negativ auswirken können.	**A3**	**A-**
Mittlere Qualität, dabei mangelnder Schutz gegen	**Baa1**	**BBB+**
die Einflüsse einer sich verändernden Wirtschafts-	**Baa2**	**BBB**
entwicklung.	**Baa3**	**BBB-**
Spekulative Qualität:		
Spekulative Anlage, nur mäßige Deckung für Zins-	**Ba1**	**BB+**
und Tilgungsleistungen.	**Ba2**	**BB**
	Ba3	**BB-**
Sehr spekulativ, generell fehlende Charakteristika	**B1**	**B+**
eines sicheren Investments, langfristige	**B2**	**B**
Zinszahlungserwartung gering	**B3**	**B-**
Junk Bonds:		
Niedrigste Qualität, geringster Anlegerschutz. In	**Caa**	**CCC**
Zahlungsverzug oder indirekte Gefahr des Verzugs.	**Ca**	**CC**
	C	**C**

Tab. D.8: Ratingsymbole der Agenturen Moody's und Standard and Poor's

Emittenten, die ein Rating von mindestens Baa3 bzw. BBB- aufweisen, können für sich die Klassifizierung 'Investment Grade' beanspruchen. Dies ist insofern von Bedeutung, als viele institutionelle Portfoliomanager oftmals Vorgaben haben, in Anleihen zu investieren, die in die Kategorie Investment Grade einzuordnen sind.

Das Rating spielt infolgedessen für das Portfoliomanagement im Anleihenbereich eine wichtige Rolle. Empirisch konnte gezeigt werden, daß zwischen dem Ausfall eines Schuldners und dem ihm zugehörigen Rating-Symbol ein enger Zusammenhang besteht. Dies wird auch durch die folgende Abbildung unterstrichen, die auf der Basis einer Untersuchung der amerikanischen Ratinggesellschaft Moody's Investors Service erstellt wurde:[1]

---

[1] Vgl. **Moody's** (1995), S. 19.

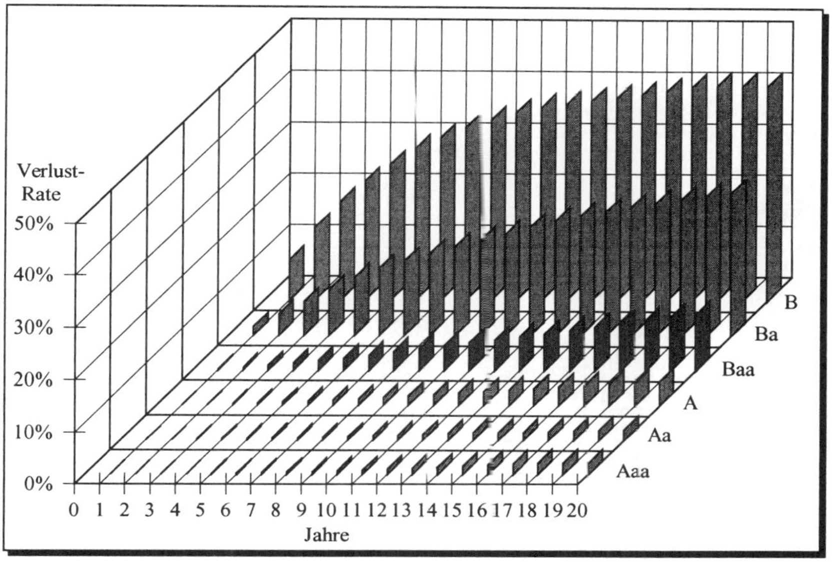

Abb. D.8: Durchschnittliche kumulierte Verlustraten in Abhängigkeit der Rating-Kategorie

Die Abbildung beschreibt die durchschnittlichen Verlustraten von amerikanischen Corporate Bonds im Gesamtzeitraum zwischen 1970 bis 1994. Emittenten, die von Moody's im Jahr eins mit einem Spitzenrating von Aaa benotet wurden, wiesen selbst nach zwanzig Jahren eine durchschnittliche Verlustrate von nur 2,3% auf. Dabei ist die Verlustrate definiert als Produkt aus der Eintrittswahrscheinlichkeit und der Höhe eines Bondausfalls. Je niedriger das Rating in der Ausgangssituation war, desto höher ist mit der Zeit der durchschnittliche Wertverlust.

Im weiteren werden die Ratings bekannter Anleiheemittenten in tabellarischer Form dargestellt. Es ist darauf hinzuweisen, daß Ratings durchaus veränderlich sind und insofern die Gültigkeit der Einschätzung nur für den Erhebungsstichtag (Juli 1999) gelten kann. Zunächst sind in der folgenden Tabelle die Ratings der Agenturen Moody's und Standard and Poor's für sämtliche OECD-Staaten angegeben.

OECD-Staaten	**Moody's**	**S&P**
Australien	Aa2	AA+
Belgien	*)	AA+
Dänemark	Aa1	AA+
Deutschland	*)	AAA
Finnland	*)	AA
Frankreich	*)	AAA
Griechenland	A2	BBB

Tab. D.9: Ratings der OECD-Staaten (Stand: 30.07.99)

OECD-Staaten	Moody's	S&P
Großbritannien	Aaa	AAA
Irland	*)	AA+
Island	Aa3	A+
Italien	*)	AA
Japan	Aa1	AAA
Kanada	Aa2	AA+
Luxemburg	*)	AAA
Mexiko	Ba2	BB
Neuseeland	Aa2	AA+
Niederlande	*)	AAA
Norwegen	Aaa	AAA
Österreich	*)	AAA
Portugal	*)	AA
Schweden	Aa2	AA+
Schweiz	Aaa	AAA
Spanien	*)	AA+
Türkei	B1	B
USA	Aaa	AAA
*) Euroland	Aaa	

Noch Tab. D.9: Ratings der OECD-Staaten (Stand: 30.07.99)

Deutliche Unterschiede in der Bonität der einzelnen Länder sind unübersehbar. Deutschland gehört zu den wenigen Staaten in der Welt, die von beiden Ratingagenturen die beste Bonitätsbewertung erhalten. Ratings liegen auch für die meisten Länder Mittel- und Südamerikas per Juli 1999 vor, die in der folgenden Tabelle wiedergegeben sind:

Mittel- und südamerikanische Staaten	Moody's	S&P
Argentinien	Ba3	BB
Bolivien	B1	BB-
Brasilien	B2	B+
Chile	Baa1	A-
Kolumbien	Baa3	BBB-
Mexiko	Ba2	BB
Panama	Baa1	BB+
Peru	Ba3	BB
Uruguay	Baa3	BBB-
Venezuela	B2	B+

Tab. D.10: Ratings mittel- und südamerikanischer Staaten (Stand: 30.07.99)

Nach der Schuldenkrise der achtziger Jahre, in deren Folge sich ein Teil der Anleihen der südamerikanischen Problemländer den Namen 'Brady-Bonds' zugezogen haben, konnten sich die Benotungen auf einem niedrigen Niveau kontinuierlich verbessern. Die nach dem ehemaligen amerikanischen Finanzminister Nicholas Brady benannten Anleihen sind durch US-Treasury Bonds hinterlegt. Gleichwohl weisen die meisten südamerikanischen Staaten nur knapp eine sog. Investmentqualität (Investment Grade) auf. Nach der Bewältigung der krisenhaften Entwicklung im vergangenen Jahr scheinen die südamerikanischen Anlagemärkte nach und nach wieder Fuß zu fassen. Diese Tendenz schlägt sich u.a. darin nieder, daß einige Staaten vor einer möglichen Aufwertung ihrer Ratings stehen.

Ein recht komplettes Bild der Bonitätsbewertung kann für die Länder Asiens gezeichnet werden. Im Vergleich zu Südamerika liegen die Ratings per Juli 1999 etwas höher. Im Vergleich zu 1995 weisen die asiatischen Anlagemärkte, insbesondere Indonesien und Südkorea, deutlich schlechtere Bewertungen auf. Die vormals bestehende Heterogenität der Ratings ist durch die krisenhaften Geschehnisse der vergangenen Jahre aufgebrochen worden. Das beste Rating weist Singapur auf.

Asiatische Staaten	**Moody's**	**S&P**
China	A3	BBB+
Hong Kong	A3	A
Indien	Ba2	BB
Indonesien	B3	CCC+
Malaysia	Baa3	BBB-
Pakistan	Caa1	not rated
Philippinen	Ba1	BB+
Singapur	Aa1	AAA
Südkorea	Baa3	BBB-
Taiwan	Aa3	AA+
Thailand	Ba1	BBB-

Tab. D.11: Ratings asiatischer Staaten (Stand: 30.07.99)

Auch für die Reformstaaten des früheren Ostblocks liegen Ratings vor. Wie aus den Zahlen hervorgeht, wird die Bonität dieser Staaten im Vergleich zu den Staaten Westeuropas bislang noch zurückhaltend eingeschätzt (Stand: Juli 1999).

Osteuropäische Staaten	**Moody's**	**S&P**
Polen	Baa3	BBB
Slowakische Republik	Ba1	BB+
Slowenien	A3	A
Tschechien	Baa1	A-
Ungarn	Baa1	BBB

Tab. D.12: Ratings osteuropäischer Staaten (Stand: 30.07.99)

In bezug auf Ratings weist der afrikanische Kontinent noch viele weiße Flecken auf. Lediglich für Ägypten, Marokko, Süd-Afrika und Tunesien liegen Ratings per Juli 1999 vor.

Afrikanische Staaten	Moody's	S&P
Ägypten	Ba1	BBB-
Marokko	Ba1	BB
Süd-Afrika	Baa3	BB+
Tunesien	Baa3	BBB-

Tab. D.13: Ratings afrikanischer Staaten (Stand: 30.07.99)

Neben den Staaten als Anleiheemittenten treten auch sog. Government Agencies als Begeber von Bonds auf den internationalen Kapitalmärkten auf. Da es sich bei Government Agencies um staatlich gestützte bzw. garantierte Einrichtungen handelt, weisen die Emittenten i. a. R. Ratings entsprechend der jeweiligen Staaten auf. Beispiele für derartige Emittenten lassen sich der folgenden Tabelle entnehmen.

Government Agencies	Moody's
Caisse Nationale des Autoroutes	Aaa
Export Development Corp.	Aa2
Export-Import Bank of Japan	Aa1
Fannie Mae	Aaa
FHLB	Aaa
Finish Export Credit Ltd.	A1
Japan Development Bank	Aa1
Kreditanstalt für Wiederaufbau	Aaa
L-Bank	Aaa
National Bank of Hungary	Baa1
Österreichische Kontrollbank AG	Aaa
Student Loan Marketing Assoc.	Aaa
Svensk Exportkredit AB	Aa1
Swedish National Housing Fin. Corp. (SBAB)	A1

Tab. D.14: Ratings von international emittierenden Government Agencies (Stand: 30.07.99)

Von Bedeutung an den internationalen Bondmärkten sind, nicht zuletzt aufgrund ihrer hohen Bonität, die Emissionen sog. supranationaler Emittenten (Supras). Dabei handelt es sich um internationale Organisationen, die von einer Mehrzahl von Staaten getragen werden. Neben der i. d. R. hohen Bonität der Emissionen von Supras macht auch das oftmals große Emissionsvolumen die Attraktivität dieser Papiere aus. Die Ratings supranationaler Emittenten per Juli 1999 sind in der folgenden Tabelle angegeben.

Supranationale Emittenten	Moody's
African Development Bank	Aaa
Asian Development Bank	Aaa
Council of Europe Fund	Aa1
EBRD	Aaa
Eurofima	Aaa
European Coal and Steel Community	Aaa
European Investment Bank (EIB)	Aaa
European Union	Aaa
IBRD (Weltbank)	Aaa
Inter-American Development Bank	Aaa
International Finance Corporation	Aaa
Nordic Investment Bank	Aaa

Tab. D.15: Ratings international emittierender supranationaler Institutionen (Stand: 30.07.99)

Schließlich werden zum Abschluß des Rating-Exkurses noch die Bewertungen für Anleihen der sog. Regional Governments per Oktober 1998 dargestellt. Bei Regional Governments handelt es sich um Bundesstaaten bzw. Provinzregierungen, die sich auf den internationalen Anleihenmärkten finanzieren. Insbesondere australische und kanadische Provinzregierungen sind in der Vergangenheit verstärkt als Emittenten aufgetreten.

Regional Governments	Moody's
Australien:	
New South Wales	Aa2
Northern Territories	Aa2
Queensland	Aa2
South Australia	Aa2
Tasmania	Aa2
Western Australia	Aa2
Canada:	
Alberta	Aa2
British Columbia	Aa2
Manitoba	A1
New Brunswick	A1
Newfoundland	Baa1
Nova Scotia	A3
Ontario	Aa3
Prince Edward Island	A3
Quebec	A2
Saskatchewan	A3

Tab. D.16: Ratings von international emittierenden Bundesländern und Provinzen (Regional Governments) (Stand: 31.10.98)

bh. Exkurs: Der europäische Markt für Unternehmensanleihen (Corporate Bonds) und Hochzinsanleihen

Die Einführung des Euros Anfang 1999 wird als Chance angesehen, den gegenüber den USA unterentwickelten Markt für Unternehmensanleihen in Europa fortzuentwickeln. Bislang litt dieses Marktsegment neben fehlenden Ratings von Emittenten unter anderem an der Währungsvielfalt in Europa. Das Gesamtvolumen ausstehender Emissionen betrug im Dezember 1998 ca. 95 Milliarden Euro, wovon mit 67% der größte Anteil auf französische Unternehmen entfiel. Deutsche Unternehmen spielen mit einem Marktanteil von 2,4% eine untergeordnete Rolle. Doch auch für sie scheint die Finanzierung über Bonds an Popularität zu gewinnen.[1] Unter Hinzuzählung der Volumina internationaler Emittenten ergab sich Ende 1997 ein Gesamtvolumen des europäischen Corporate Bond Marktes in Höhe von ca. 230 Milliarden ECU.

c. Derivative Instrumente

In Europa haben derivative Instrumente in den letzten Jahren eine große Verbreitung gefunden. Zum Ende der achtziger Jahre und besonders zu Beginn der neunziger Jahre sind viele Terminbörsen in Europa entstanden. Damit wurde einem Trend gefolgt, der in den frühen achtziger Jahren seinen Ursprung in den USA hatte. Seither sind die weltweiten Umsätze mit Optionen und Futures sehr dynamisch gewachsen. Einen Eindruck von der Größe und Rangordnung der Terminkontrakte im Aktienbereich vermittelt die folgende Tabelle. In ihr sind - geographisch getrennt - die Kontraktvolumina und deren Nominalwerte dargestellt.

Futureskontrakte	Anzahl der in 1998 gehandelten Kontrakte	Nominalvolumen des Underlyings (Mrd. $)
S&P 500	31.430.523	$8.529,458
DAX	6.937.139	$1.977,741
MIB 30	5.896.316	$1.090,688
Nikkei 225 (Osaka)	8.191.130	$973,288
FTSE 100	6.955.096	$648,866
IBEX 35	8.627.374	$534,148
CAC 40	16.443.276	$514,875
Hang Seng	6.969.708	$424,099
All ordinaries Share Price Index	3.678.151	$390,508
SMI	7.454.870	$364,824
AEX	3.291.024	$362,552
Nikkei 225 (SIMEX)	5.537.558	$328,992
Dow Jones Industrial Average	3.567.512	$307,905
KOSPI 200	17.893.592	$300,038
Topix	2.726.985	$245,710
E-Mini S&P 500	4.466.032	$242,394
IBOVESPA	9.926.890	$237,599

Tab. D. 17: Größe und Rangordnung von Terminkontrakten

[1] Vgl. **WestLB-Research** (1999), S. 16.

Futureskontrakte	Anzahl der in 1998 gehandelten Kontrakte	Nominalvolumen des Underlyings (Mrd. $)
NYSE Regukar Composite	590.327	$162,532
NASDAQ 100	1.063.328	$138,498
OMX	9.265.510	$80,717
Russell 2000	276.662	$58,699
BEL 20	658.573	$56,431
Toronto 35	431.971	$54,002
S&P 400 MidCap	310.008	$53,421
MSCI Taiwan (SIMEX)	1.842.977	$48,378
JSE Top 40 All Share	4.620.298	$46,024
Nikkei 225 (CME)	479.248	$36,797
JSE Top 25 Industrial	2.457.892	$29,840
Nikkei 300 (Osaka)	1.531.004	$27,295
Italian Exchange MidCap (MIDEX)	315.697	$20,205
PSI 20	2.164.664	$13,846
FTSE Eurotop 100 (NYMEX)	50.619	$13,340
Dow Jones Euro STOXX 50 (Eurex)	366.435	$13,082
Taiwan Stock Exchange Index (TAIEX)	277.909	$11,691
Dow Jones Euro STOXX 50 (MONEP)	314.606	$11,231
Kuala Lumpur Composite	771.244	$10,146
KFX	273.878	$9,032
BUX	2.139.055	$7,031
Mini Value Line	76.345	$6,847
ATX	618.358	$6,670
FOX	216.848	$5,727
FTSE Mid 250	65.219	$5,575
Dow Jones Euro STOXX 50 Index (MONEP)	139.298	$4,996
Dow Jones Euro STOXX 50 (Eurex)	94.771	$3,399
OBX	354.602	$2,912
S&P 500 / BARRA Value	21.245	$2,762
FTSE Eurotop 100 (LIFE)	42.058	$2,496
TSE 100	16.566	$2,318
PSE Tech 100	60.020	$2,062
Nikkei 300 (SIMEX)	95.255	$1,698
S&P 500 / BARRA growth	9.816	$1,430
MidCap DAX (MDAX)	58.013	$1,375
Value Line	5.741	$1,290
Hang Seng Red Chip	170.385	$1,211
Russian Traded Index (RTX)	197.986	$0,683
Hungarian Traded Index (HTX)	67.041	$0,632
MSCI Singapore Free	27.727	$0,593

Noch Tab. D. 17: Größe und Rangordnung von Terminkontrakten

Futureskontrakte	Anzahl der in 1998 gehandelten Kontrakte	Nominalvolumen des Underlyings (Mrd. $)
JSE Top 15 Financial	77.974	$0,536
Polish Trade Index (PTX)	116.364	$0,512
OSE High Technology Sector	3.794	$0,456
OSE Consumer Sector	2.626	$0,360
TOPIX Electric Appliances	2.671	$0,340
Czech Traded Index (CTX)	87.685	$0,252
OSE Financial Sector	3.576	$0,176
Hang Seng 100	15.450	$0,168
SIMEX MSCI Hong Kong Index	6.124	$0,132
Warsaw Stock Exchange WIG 20	24.298	$0,105
New Zealand Excahnge NZSE-10	2.138	$0,103
TOPIX Transportaton Equipment	429	$0,044
TOPIX Banks	1.127	$0,032
JSE Top 15 Mining	3.010	$0,028
CECE Index (CEX)	3.001	$0,015
SIMEX Dow Jones Thailand Index	721	$0,009
HKFE Taiwan Index	71	$0,002
Bucharest Exchange (BET) Index	3.450	$0,001
Total	**182.886.884**	**$18.433,870**

Noch Tab. D. 17: Größe und Rangordnung von Terminkontrakten

Ein ähnliches Bild ergibt sich im Segment der Zinsderivate. Während im Anleihebereich der US-Treasury Bond Future der mit Abstand umsatzgrößte Kontrakt der Welt ist, weist im Geldmarktbereich der Euro-Dollar-Future die bei weitem höchsten Umsatzvolumina auf. Des weiteren sind der Euro-Bund-Future und die französischen ELT-Futures als umsatzstarke Long Bond Futures zu nennen. Im Geldmarktbereich ist insbesondere der Euribor-Future anzuführen. Für die Optionen auf Zinsinstrumente ergibt sich im Hinblick auf die Bedeutung entsprechend der Umsatzvolumina ein mit den Zinsfutures vergleichbares Bild.

ca. Futures

In Europa haben sich besonders gegen Ende der achtziger Jahre und zu Anfang der neunziger Jahre Märkte für derivative Instrumente entwickelt. Mittlerweile verfügen nahezu alle größeren europäischen Aktien- und Bondmärkte über entsprechende Terminkontrakte . Während auf der Bondseite eine größere Vielfalt von Kontrakten besteht, gibt es mit Ausnahme von Großbritannien und Deutschland pro Land i. d. R. einen Aktienindexfuturekontrakt. Seit 1990 wird an der Deutschen Terminbörse bzw. der Eurex mit dem DAX-Future ein Aktienindexfuture auf den Deutschen Aktienindex (DAX) gehandelt. Gemessen am Underlying- und am Handelsvolumen ist der DAX-Future inzwischen der größte Aktienindexfuturekontrakt in Europa. Er bezieht sich auf den DAX, bei dem es sich um einen mit dem Grundkapital der einzelnen im Index vertretenen Aktiengesellschaften gewichteten Performanceindex handelt. Insgesamt umfaßt der DAX 30 deutsche Standardwerte. Zweimal jährlich wird überprüft, ob die Zusammensetzung des DAX den Ansprüchen bezüglich Marktkapitalisierung, Börsenhandelsvolumen, Free Float und Branchenrepräsentativität hinreichend genügt.

DAX		
ADIDAS-SALOMON AG	DEUTSCHE TELEKOM AG	MÜNCHENER RÜCK AG
ALLIANZ HOLDING AG	DRESDNER BANK AG	PREUSSAG AG
BASF AG	DT. LUFTHANSA AG	RWE ST
BMW AG	FRESENIUS M.C. AG	SAP AG VZ
HYPO-VEREINSBANK AG	HENKEL KGAA VZ	SCHERING AG
BAYER AG	KARSTADT AG	SIEMENS AG
COMMERZBANK AG	LINDE AG	THYSSEN AG
DAIMLER-CHRYSLER AG	MAN AG	VEBA AG
DEGUSSA-HÜLS AG	METRO AG	VIAG AG
DEUTSCHE BANK AG	MANNESMANN AG	VOLKSWAGEN AG

Tab. D.18: Indexzusammensetzung des DAX (Stand: 20.09.1999)

Der Wert des DAX wurde zum 31.12.1987 mit 1.000 festgesetzt. Neben dem DAX-Future existiert seit 1996 mit dem sog. MDAX-Future ein zweiter Aktienterminkontrakt für den deutschen Aktienmarkt. Der MDAX mißt die Performanceentwicklung der 70 größten deutschen Aktiengesellschaften, die nicht im DAX vertreten sind.

DAX-Futures	
Basiswert:	DAX
Kontraktvolumen:	DAX mal 25,- EUR
Settlement:	Barausgleich
Notierung:	In Punkten
Tick-Größe und -Wert:	0,5 Punkte bzw. 12,5 EUR
Verfallmonate:	März, Juni, September, Dezember
Verfalltag:	3. Freitag des Liefermonats
Letzter Handelstag:	Letzter Börsentag vor dem Schlußabrechnungstag
Margin:	Risk Based Margin
Optionskontrakte verfügbar:	Nein

Tab. D.19: Kontraktspezifikationen des DAX-Futures

Die im Vorfeld der Euro-Realisierung wachsende Anlegernachfrage nach europäischen Aktien hat zur Konstruktion entsprechender europäischer Indizes geführt. Die sog. STOXX Indizes wurden im Jahr 1998 angesichts des steigenden Bedarfs an europäischen Indexprodukten von Dow Jones und Eurex, der gemeinsamen deutschen und schweizerischen Terminbörse, im Rahmen einer größeren Indexfamilie entwickelt. Diese Indexfamilie differenziert nach Gesamteuropa und den Ländern des Euro-Währungsraumes. Des weiteren liegen breite sowie konzentrierte (50 Blue Chip Titel) Varianten vor, die jeweils als Preis- und Performanceindizes berechnet werden. Die Preisindexvariante erweist sich mittlerweile als die gängigere Indexvariante. Performanceindizes sind jedoch ebenfalls verfügbar. Die Abrechnungswährung der STOXX-Indizes lautet auf Euro. Der Basiszeitpunkt des bekanntesten STOXX Produktes, des DJ Euro STOXX 50 ist der 31.12.1991 mit einem Ausgangswert von 1.000 Punkten. Die aktuellen Indexgesellschaften können dem folgenden Tableau entnommen werden. Die fünf schwersten Gesellschaften sind dabei Royal Dutch, Deutsche Telekom, France Telekom, Allianz und ENI.

DJ Euro STOXX 50			
ABN AMRO	DEUTSCHE BANK	L'OREAL	SIEMENS
AEGON	DEUTSCHE TELEKOM	LVMH	SOCIETE GENERALE
AHOLD	DRESDNER BANK	MANNESMANN	ST. GOBAIN
AIR LIQUIDE	ELECTRABEL	METRO	SUEZ LYONNAISE
ALCATEL	ELF AQUITAINE	MÜNCHENER RÜCK	TELECOM ITALIA
ALLIANZ	ENDESA	NOKIA	TELEFONICA
AXA	ENI	PARIBAS	TOTAL FINA
BANCO BILBAO	FORTIS	PHILIPS	UNICREDITO
BANCO SANTANDER	FRANCE TELECOM	REPSOL	UNILEVER
BAYER	GENERALI ASSIC:	RHONE-POULENC	VEBA
BASF	HYPOVEREINSBANK	ROYAL DUTCH	VIVENDI
CARREFOUR	ING GROEP	RWE	
DAIMLERCHRYSLER	KPN	SANOFI	

Tab. D.20: Indexzusammensetzung des DJ Euro STOXX 50 (Stand: 20.09.1999)

Die Kontraktmerkmale des inzwischen eingeführten Indexfutures auf den DJ Euro STOXX 50, der an der Eurex gehandelt wird, sehen wie folgt aus.

DJ Euro STOXX 50-Futures	
Basiswert:	DJ Euro STOXX 50 (Preisindex)
Kontraktvolumen:	Index mal 10,- EUR
Settlement:	Barausgleich
Notierung:	In Punkten
Tick-Größe und -Wert:	1 Punkt bzw. 10,- EUR
Verfallmonate:	März, Juni, September, Dezember
Verfalltag:	3. Freitag des Liefermonats
Letzter Handelstag:	Letzter Börsentag vor dem Schlußabrechnungstag
Margin:	Risk Based Margin
Optionskontrakte verfügbar:	Ja

Tab. D.21: Kontraktspezifikationen des DJ Euro STOXX 50-Futures

Inzwischen sind auf den DJ Euro STOXX 50 auch Optionen handelbar. Diese sind als amerikanische Optionen konzipiert.

Der gesamteuropäische Schwesterindex verfügt über eine parallele Indexkonstruktion. Die in ihm derzeit enthaltenen Aktien sind:

DJ STOXX 50			
ABN AMRO	CREDIT SUISSE	ING GROEP	ROYAL DUTCH
AEGON	DAIMLERCHRYSLER	KPN	SCHWEIZER RÜCK
AHOLD	DEUTSCHE BANK	L'OREAL	SHELL
ALCATEL ALSTOM	DEUTSCHE TELEKOM	LLOYDS TSB	SIEMENS
ALLIANZ	DIAGEO	MANNESMANN	TELECOM ITALIA
AXA UAP	ELF AQUITAINE	MÜNCHENER RÜCK	TELEFONICA
BANCO BILBAO	ENI	NATL. WESTMIN.	UBS
BANCO SANTANDER	ERICSSON	NESTLE	UNILEVER
BARCLAYS	FRANCE TELECOM	NOKIA	VEBA
BAYER	GEC	NOVARTIS	VIVENDI
BP AMOCO	GENERALI ASSIC.	PHILIPS	VODAFONE
BRITISH TELECOM	GLAXO WELLCOME	PRUDENTIAL	
CARREFOUR	HSBC HOLDINGS	ROCHE	

Tab. D.22: Indexzusammensetzung des DJ STOXX 50 (Stand: 20.09.1999)

Die Kontraktmerkmale des ebenfalls eingeführten Indexfutures auf den DJ Euro STOXX 50, der an der Eurex gehandelt wird, sehen wie folgt aus:

DJ STOXX 50-Futures	
Basiswert:	DJ Euro STOXX 50 (Preisindex)
Kontraktvolumen:	Index mal 10,- Euro
Settlement:	Barausgleich
Notierung:	In Punkten
Tick-Größe und -Wert:	1 Punkt bzw. 10,- Euro
Verfallmonate:	März, Juni, September, Dezember
Verfalltag:	3. Freitag des Liefermonats
Letzter Handelstag:	Letzter Börsentag vor dem Schlußabrechnungstag
Margin:	Risk Based Margin
Optionskontrakte verfügbar:	Ja

Tab. D.23: Kontraktspezifikationen des DJ STOXX 50-Futures

Ab dem 11. Oktober 1999 wird DJ STOXX eine neue Indexfamilie zur Verfügung stellen. Die Blue Chip-Indizes bleiben wie bisher bestehen. Der DJ STOXX wird zukünftig aus 600 europäischen Unternehmen bestehen, deren Free Float bei mindestens 25% liegt. Entscheidend für die Aufnahme in die neue Indexfamilie ist nunmehr ausschließlich die Marktkapitalisierung des Unternehmens, der Börsenumsatz wird in die Betrachtung nicht länger einbezogen. Aus dem Pool dieser 600 Aktiengesellschaften, der vierteljährlich überprüft und angepaßt wird, werden die folgenden Indizes generiert:

- Large-Index (bestehend aus den größten 200 Unternehmen)
- Mid-Index (bestehend aus den mittleren 200 Unternehmen)
- Small-Index (bestehend aus den kleinsten 200 Unternehmen)
- Large & Mid-Index (bestehend aus den 400 größten und mittleren Unternehmen).

Der Large & Mid-Index wird künftig die Berechnungsbasis für die Branchenindizes sein. Die bestehenden DJ STOXX Sektorenindizes werden dadurch jedoch nicht abgelöst, sondern werden auch weiterhin in der gewohnten Form ermittelt.

Aus den neuen europäischen STOXX-Indizes werden jeweils auch Indizes für die Eurozone und Europa ohne Euroland gebildet. Der Large-Index für Euroland besteht somit aus den 112 der 200 Aktiengesellschaften, die in Euroland ihren Hauptsitz haben. Ebenso werden verschiedene Indizes für Europa ohne Großbritannien und Nordic angeboten. Die Anzahl der angebotenen Indizes kann der folgenden Tabelle entnommen werden.

DJ STOXX Size Indexfamilie	Europa	Euroland	Europa ex Euroland	Europa ex UK	Nordic
Anzahl der Länder	16	10	6	15	4
Large	1	1	1	1	1
Mid	1	1	1	1	1
Large & Mid	1	1	1	1	1
Small	1	1	-	1	-
Large & Mid Sectors	19	19	-	19	-
Summe	23	23	3	23	3

Tab. D.24: Anzahl der Indizes innerhalb der neuen europäischen DJ STOXX-Indexfamilie

Die Indexfamile unterstützt Investoren, die den europäischen Aktienmarkt modular nach Unternehmensgrößen und Regionen abbilden wollen und sich dabei nicht an den nur 50 Werte umfassenden Blue Chip-Indizes orientieren möchten. Darüber hinaus strebt DJ STOXX an, über die drei Größenindizes Large, Mid und Small Allokationsstrategien hinsichtlich der Marktkapitalisierung zu ermöglichen.

In der folgenden Tabelle ist die Zusammensetzung des DJ STOXX Large-Index Europe abgebildet.

Gesellschaft	Marktkap. (Mio. Euro)	Gesellschaft	Marktkap. (Mio. Euro)
BP AMOCO PLC	170.907	SAP AG-VORZUG	16.550
DEUTSCHE TELEKOM AG	127.599	SAINT GOBAIN	16.524
ROYAL DUTCH PETROL	124.798	PARIBAS	16.287
VODAFONE AIRTOUCH	117.806	KBC BANCASSURANCE	15.736
HSBC HLD	98.431	GRANADA GROUP PLC	15.576
NOVARTIS AG -R-	98.214	KINGFISHER PLC	15.497
NOKIA OYJ -A-	95.797	BRITISH SKY BROAD.	15.465
BRITISH TELECOM PLC	93.813	HEINEKEN NV	14.801
GLAXO WELLCOME PLC	90.463	CABLE & WIRE COM.	14.758
ROCHE HOLDING AG -PC-	76.881	STANDARD CHARTERED	14.710
FRANCE TELECOM	75.514	BANK OF SCOTLAND	14.653
NESTLE SA -R-	75.360	TRACTEBEL	14.605
SHELL TRANSP.&TRAD.	75.044	FORTIS NV	14.288
DAIMLERCHRYSLER AG	72.026	VIAG AG	13.729
LLOYDS TSB GROUP PLC	71.271	LEGAL + GENERAL GRP	13.293
SMITHKLINE BEECH	69.089	COLT TELECOM	13.110

Tab. D.25: Zusammensetzung DJ STOXX Large-Index Europe (Stand: 31.08.99)

Gesellschaft	Marktkap. (Mio. Euro)	Gesellschaft	Marktkap. (Mio. Euro)
ASTRAZENECA	66.813	AKZO NOBEL	12.568
ALLIANZ AG	60.494	SAINSBURY (J) PLC	12.522
UBS -R-	57.396	NORWICH UNION	12.470
MANNESMANN AG	55.753	IBERDROLA SA	12.261
ERICSSON LM -B-	54.565	BRITISH AEROSPACE PLC	12.246
AEGON NV	54.445	RENAULT SA	12.230
TELECOM ITALIA SPA	50.081	CADBURY SCHWEPPES	12.206
ING GROEP N.V.	49.106	AIR LIQUIDE	12.049
CREDIT SUISSE GROUP	48.389	PEARSON PLC	11.927
TELEFONICA DE ESPANA	48.303	TELE DANMARK A/S-B	11.592
SIEMENS AG	46.036	BANCA COM. ITALIANA	11.491
ELF AQUITAINE	45.709	CAP GEMINI	11.329
ENI SPA	45.521	ROYAL SUN ALLIANCE	11.212
BARCLAYS PLC	42.368	FIAT SPA	11.206
TOTALFINA	42.014	KRUPP-THYSSEN AG	11.113
AXA-UAP	41.513	TNT POST GROEP	11.110
L'OREAL	41.336	RENTOKIL INITIAL PLC	10.891
DEUTSCHE BANK AG -R-	39.633	ALMANIJ NV	10.879
UNILEVER NV	37.638	NAT.BANK OF GREECE	10.775
TIM SPA	36.582	BOOTS COMPANY PLC	10.696
VIVENDI	36.205	ALLIED IRISH BANKS PLC	10.583
CARREF. SUPERMARCHE	35.893	CORP BANC DE ESPANA	10.567
BANCO SANTANDER CEN	34.881	BAA PLC	10.520
ABN AMRO HOLDING NV	33.241	LAFARGE	10.453
DIAGEO PLC	32.833	NEW SCOTTISH POWER	10.447
NAT WEST	32.808	NORSK HYDRO ASA	10.427
ASSICURAZIONI GEN.	32.777	GKN PLC	10.344
MUENCHENER RUECK	32.028	PREUSSAG AG	10.247
PHILIPS ELECTRONICS	31.112	BASS PLC	10.148
VEBA AG	29.725	CENTRICA	10.076
BAYER AG	29.710	PENINS.&ORIENT STEAM	9.983
ABB LTD	28.951	GAS NATURAL SDG-E-	9.972
ALCATEL	28.813	SCHNEIDER ELECTRIC	9.960
SANOFI-SYNTHELABO	28.786	HELLENIC TELECOM.	9.886

Noch Tab. D.25: Zusammensetzung DJ STOXX Large-Index Europe (Stand: 31.08.99)

Gesellschaft	Marktkap. (Mio. Euro)	Gesellschaft	Marktkap. (Mio. Euro)
LVMH MOET HENNESSY	28.200	SKANDIA FORSAKRINGS	9.870
SWISS RE	27.765	MEDIASET	9.852
PRUDENTIAL CORP.	27.555	BOC GROUP PLC	9.776
ZUERICH ALLIED AG -R-	27.486	WOLTERS KLUWER-CVA	9.731
BNP	27.015	BCA INTESA	9.678
BASF AG	26.789	ELECTR. DE PORTUGAL	9.600
BANCO BILBAO VIZCAYA	26.243	GREAT UNIV. STORES	9.595
CABLE & WIRELESS PLC	26.190	BORD TELECOM EIR.	9.516
UNILEVER CVA	26.005	CASTORAMA DUBOIS	9.420
GENERAL ELECTRIC	25.365	CREDIT LYONNAIS	9.396
HALIFAX	23.792	CIE FINANC RICHEMONT	9.390
SUEZ LYONN. DES EAUX	23.773	NATIONAL GRID GROUP	9.338
DRESDNER BANK AG	23.528	RAILTRACK GROUP PLC	9.198
FORTIS (B)	23.301	NEW ALLIED DOMECQ	9.149
HOECHST AG	23.224	INA - ISTITUT NAZ	9.125
ABBEY NATIONAL PLC	23.049	OLIVETTI SPA	9.090
SWISSCOM -R-	22.947	AGF	9.012
REPSOL-YPF	22.606	ADECCO N	8.917
BG	22.442	BANK OF IRELAND	8.914
BAY. HYPO&VEREINSBK.	21.694	BCA. MONTE DEI PASCHI	8.886
KONINKLIJKE AHOLD NV	21.320	PEUGEOT	8.721
UNICREDITO ITALIANO	21.226	UPM-KYMMENE OYJ	8.676
KONINKLIJKE KPN NV	20.205	HAYS PLC	8.675
ENDESA S.A.	20.116	CCF	8.640
REUTERS GROUP PLC	19.734	AEROSPATIALE MATRA	8.599
PINAULT-PRINTEMPS	19.260	SVENSKA HANDELSBK.	8.544
SOCIETE GENERALE -A-	19.249	NATIONAL POWER PLC	8.344
ORANGE	19.137	ELAN CORP	8.330
TESCO PLC	18.995	ASM LITHOGRAPHY	8.279
RWE AG	18.944	PORTUGAL TELECOM	8.274
BAY. MOTOREN WERKE	18.542	CRH PLC	8.250
INVENSYS	18.477	BILLITON	8.238
CGU PLC	18.467	ACCOR SA	8.233
ALLIED ZUERICH PLC	18.193	CANAL +	8.185
MARKS & SPENCER PLC	18.151	ROLO BANCA 1473 SPA	8.171

Noch Tab. D.25: Zusammensetzung DJ STOXX Large-Index Europe (Stand: 31.08.99)

Gesellschaft	Marktkap. (Mio. Euro)	Gesellschaft	Marktkap. (Mio. Euro)
RIO TINTO PLC	18.079	ERGO VERSICHERUNG	8.161
VOLKSWAGEN AG	18.051	VOLVO AB -B-	8.033
STMICROELECTRONIC	17.867	WOOLWICH PLC	8.021
SAN PAOLO-IMI	17.822	TELEWEST	7.892
HENNES & MAURITZ	17.481	IMPERIAL CHEMICAL	7.827
COMMERZBANK AG	17.430	COMM.BK. OF GREECE	7.787
ROYAL BK. O. SCOTLAND	17.430	GUCCI GROUP N.V.	7.747
BRITISH AMERICAN TOB.	17.333	DIXONS GROUP PLC	7.737
ELECTRABEL SA	17.230	ALLIANCE & LEICESTER	7.685
METRO AG	17.109	BCO. POPULAR ESPANOL	7.682
RHONE-POULENC	17.089	SCOT.&SOUTH. ENERGY	7.604
GROUPE DANONE	17.087	SUN LIFE & PROVINCIAL HLDGS	7.548
EQUANT NV	16.874	FORENINGSSPARBK.	7.513
PROMODES	16.841	NORDTSCHE PETROLEUM	7.511
SONERA YHTYMA OYJ	16.570	3I GROUP PLC	7.474

Noch Tab. D.25: Zusammensetzung DJ STOXX Large-Index Europe (Stand: 31.08.99)

Die Gestaltung der Derivate auf die neue Indexfamilie ist zum gegenwärtigen Zeitpunkt noch nicht abgeschlossen.

Um einen seit längerem bestehenden Aktienterminkontrakt handelt es sich bei dem britischen FT-SE 100 Future. Anders als beim DAX-Future sind bei der Ermittlung des fairen Preises des FT-SE 100-Futures sämtliche Erträge des zugrundeliegenden Indexes zu berücksichtigen, da es sich hierbei um einen reinen Kursindex handelt. Ähnliches gilt auch für den FT-SE Mid 250 Future, der sich auf das Marktsegment mittelgroßer britischer Unternehmen bezieht. Von den beiden an der LIFFE gehandelten Aktienindexfutures weist der FT-SE 100-Future das wesentlich höhere Handelsvolumen auf.

FT-SE 100-Futures	
Basiswert:	FT-SE 100 Index
Kontraktvolumen:	FT-SE mal 10,- GBP
Settlement:	Barausgleich
Notierung:	In Punkten
Tick-Größe und -Wert:	0,5 Punkte bzw. 5,- GBP
Verfallmonate:	März, Juni, September, Dezember
Letzter Handelstag:	3. Freitag des Verfallmonats
Optionskontrakte verfügbar:	Ja

Tab. D.26: Kontraktspezifikationen des FT-SE 100-Futures an der LIFFE

Die an der LIFFE verfügbaren Optionen auf den FT-SE 100 Future weisen in Abweichung zu der üblichen Form von (Kassa-) Indexoptionen die Besonderheit der jederzeitigen Ausübbarkeit auf (amerikanische Optionen).

Die Indexzusammensetzung des FT-SE 100, der am 3. Januar 1984 von einem Ausgangsniveau von 1.000 gestartet ist, kann dem nachfolgenden Tableau entnommen werden.

FT-SE 100			
ABBEY NATIONAL	CARLTON COMM	LEGAL & GEN GRP	SCOTTISH & NEWCA
ALLIANCE & LEICE	CENTRICA PLC	LLOYDS TSB GRP	SCOTTISH & SOUTH
ALLIED DOMECQ	CGU PLC	LUCASVARITY PLC	SCOTTISH POWER
ALLIED ZURICH	COLT TELECOM GRP	MARKS & SPENCER	SECURICOR PLC
AMVESCAP PLC	COMPASS GROUP	NATL GRID GROUP	SEVERN TRENT
ASDA GROUP	DAILY MAIL & GEN.	NATL POWER PLC	SHELL TRANSP-REG
ASSOC BR FOODS	DIAGEO PLC	NATL WESTMINSTER	SMITHKLINE BEECH
BAA PLC	DIXONS GROUP	NORWICH UNION	SMITHS INDS
BANK OF SCOTLAND	EMI GROUP PLC	ORANGE PLC	STAGECOACH HLDG
BARCLAYS PLC	GALLAHER GROUP	PEARSON PLC	STANDARD CHARTER
BASS PLC	GEN ELEC PLC	PENINS & ORIENT	SUN LIFE & PROVI
BG PLC	GKN PLC	POWERGEN PLC	TELEWEST COMM
BILLITON PLC	GLAXO WELLCOME	PRUDENTL CORP	TESCO PLC
BOC GROUP PLC	GRANADA GROUP	RAILTRACK GRP	THAMES WATER
BOOTS CO PLC	GREAT UNIV STORE	RECKITT & COLMAN	3 i GROUP
BP AMOCO PLC	GUARDIAN ROYAL	REED INTL PLC	TOMKINS PLC
BRIT AEROSPACE	HALIFAX PLC	RENTOKIL INITIAL	UNILEVER PLC
BRIT AIRWAYS PLC	HANSON PLC	REUTERS GRP PLC	UNITED NEWS
BRIT AMER TOB	HAYS PLC	RIO TINTO PLC-R	UNITED UTILITIES
BRIT ENERGY PLC	HSBC HLDGS PLC	ROLLS ROYCE	VODAFONE GROUP
BRIT SKY BROADCA	IMPERIAL CH INDS	ROYAL & SUN ALLI	WHITBREAD PLC
BRIT TELECOM PLC	IMPERIAL TOBACCO	ROYAL BK SCOTLAN	WILLIAMS PLC
BTR SIEBE PLC	KINGFISHER PLC	SAFEWAY PLC	WOOLWICH PLC
CABLE & WIRELESS	LADBROKE GRP	SAINSBURY PLC	WPP GROUP PLC
CADBURY SCHWEPPE	LAND SECURITIES	SCHRODERS PLC	ZENECA GROUP

Tab. D.27: Indexzusammensetzung des FT-SE 100 (Stand: 05.02.99)

Der am Pariser MATIF und auch im GLOBEX-System gehandelte CAC 40 Aktienindexfuture weist gegenüber dem FT-SE 100- und dem DAX-Future andere Kontraktfälligkeiten auf. Angeboten werden Futurefälligkeiten in den üblichen Kontraktmonaten und in den jeweils nächsten drei Kalendermonaten. Im Einklang mit den Handelsusancen an der Pariser Aktienbörse liegt die Fälligkeit der jeweiligen Kontrakte stets am Monatsende.

CAC 40			
ACCOR SA	CASINO GUICHARD	LEGRAND	SOC GENERALE-A
AGF	CCF	LVMH	SODEXHO ALLIANCE
AIR LIQUIDE	DANONE	MICHELIN-B	ST GOBAIN
ALCATEL	DEXIA FRANCE	PEUGEOT CITROEN	STMICROELECTRONI
AXA	ELF AQUITAINE	PINAULT-PRINTEMP	SUEZ LYONNAISE
BANQ NATL PARIS	ERIDANIA BEGHIN	PROMODES	THOMSON CSF
BIC	FRANCE TELECOM	RENAULT SA	TOTAL SA-B
CANAL PLUS	L'OREAL	RHONE-POULENC	USINOR
CAP GEMINI SA	LAFARGE	SANOFI SA	VALEO
CARREFOUR	LAGARDERE SCA	SCHNEIDER SA	VIVENDI

Tab. D.28: Indexzusammensetzung des CAC 40 (Stand: 31.07.1999)

Der CAC 40 wurde parallel zum DAX am 31. Dezember 1987 konstruiert und wies zu diesem Zeitpunkt ebenfalls einen Ausgangswert von 1.000 Punkten auf. Allerdings handelt es sich beim CAC 40 im Gegensatz zum DAX um einen reinen Preisindex, so daß Dividenden nicht in Form einer Wiederanlage berücksichtigt werden. Die aktuellen Indexgesellschaften des CAC 40 können dem obigen Tableau entnommen werden. In der folgenden Tabelle sind die Kontraktspezifikationen des CAC 40-Futures aufgeführt.

CAC 40-Futures	
Basiswert:	CAC 40 Index
Kontraktvolumen:	CAC 40 mal 10,-- EUR
Settlement:	Barausgleich
Notierung:	In Punkten
Tick-Größe und -Wert:	0,5 Punkte bzw. 5,-- EUR
Verfallmonate:	3 quartalsweise (März, Juni, September, Dezember) und 2 halbjährliche Liefermonate
Letzter Handelstag:	Letzter Handelstag des Verfallmonats
Optionskontrakte verfügbar:	Nein

Tab. D.29: Kontraktspezifikationen des CAC 40 Index-Futures am MATIF

Der 1992 an der Madrider MEFF ins Leben gerufene IBEX-35-Future zeichnet sich durch seinen besonders niedrigen Kontraktgegenwert aus. Als Underlying fungiert der 35 Standardwerte umfassende IBEX, der ein mit der Marktkapitalisierung gewichteter Index ist. Bei Einführung des IBEX am 29.12.1989 wurde der Indexstand auf 3.000 festgelegt. Die derzeitigen Indexkomponenten sind im folgenden Tableau wiedergegeben.

IBEX 35		
ACERALIA	BANCO SANTANDER	REPSOL SA
ACERINOX SA	BANKINTER	SEVILLANA
ACESA	CONTINENTE SA	SOL MELIA SA
ACS ACTIVIDADES	DRAGADOS & CONST	TABACALERA
AGUAS BARCELONA	ENDESA SA	TELEFONICA SA
AMPER SA	FCC	TELEPIZZA
ARGENTARIA	GAS NATURAL SDG	TUBACEX
ASTURIA.ZINC	HIDROELEC CANTAB	UNION FENOSA
AUMAR-R	IBERDROLA SA	URALITA
BANCO BILBAO VIZ	MAPFRE	VALLEHERMOSO SA
BANCO CEN HISPAN	PRYCA (CENTROS C)	VISCOFAN ENVOL
BANCO POPULAR	PULEVA, S.A.	

Tab. D.30: Indexzusammensetzung des IBEX 35 (Stand: 31.07.1999)

Die Kontraktspezifikationen des IBEX-35-Futures können dem folgenden Tableau entnommen werden:

IBEX-35-Futures	
Basiswert:	IBEX
Kontraktvolumen:	IBEX mal 10,-- EUR
Settlement:	Barausgleich
Notierung:	In Punkten
Tick-Größe und -Wert:	1 Punkt bzw. 10,-- EUR
Verfallmonate:	Die jeweils nächsten drei Monate und drei Monate aus dem Zyklus März, Juni, September, Dezember
Letzter Handelstag:	3. Freitag des Verfallmonats
Optionskontrakte verfügbar:	Nein

Tab. D.31: Kontraktspezifikationen des IBEX-35-Futures an der MEFF

Zu den jüngeren europäischen Aktienindexfuturekontrakten zählt auch der italienische MIB-30-Future. Dieser Kontrakt wird am Italian Derivatives Market (IDEM) gehandelt und bezieht sich auf den mit der jeweiligen Marktkapitalisierung seiner Indexmitglieder gewichteten MIB 30 der wichtigsten 30 an der Mailänder Börse gehandelten Aktien.

MIB 30		
AEM	COMIT	MEDIOLANUM SPA
ALITALIA	EDISON SPA	MONTEDISON SPA
ALLEANZA	ENI SPA	OLIVETTI
AUTOSTRADE	FIAT SPA	PIRELLI SPA
BANCA FIDEURAM	FINMECCANICA	RAS SPA
BANCA INTESA SPA	GENERALI ASSIC	SAN PAOLO-IMI
BANCA ROMA	INA	TELECOM ITALIA
BANCA ROLO	ITALGAS	TIM SPA
BANCA POP BS	MEDIASET SPA	UNICREDITO ITALI
BNL	MEDIOBANCA	UNIM

Tab. D.32: Indexzusammensetzung des MIB 30 (Stand: 31.07.1999)

Die Kontraktusancen des MIB-30-Futures sind weitgehend analog zu den weiter oben besprochenen europäischen Aktienindexfutures ausgestaltet.

MIB-30-Futures	
Basiswert:	MIB-30
Kontraktvolumen:	MIB 30 mal 5,-- EUR
Settlement:	Barausgleich
Notierung:	In Punkten
Tick-Größe und -Wert:	5 Punkte bzw. 25,-- EUR
Verfallmonate:	Die nächsten drei Monate des Zy
....	klus März, Juni, September, De
....	zember
Letzter Handelstag:	3. Freitag im Verfallmonat
Optionskontrakte verfügbar:	Nein

Tab. D.33: Kontraktspezifikationen des MIB 30 Index-Futures an der IDEM

An der ÖTOB in Österreich wird seit 1992 der ATX-Future gehandelt, der sich auf den österreichischen Fließhandelsindex ATX bezieht. Der ATX setzt sich wie folgt zusammen:

ATX	
AUSTRIA AIRLINES	KTM-SPORTMOTORCY.
AUSTRIA MIKRO SY	MAYR-MELNHOF KAR
AUSTRIA TABAK	OMV AG
BANK AUSTRIA AG	RHI AG
BOEHLER-UDDEHOLM	SEMPERIT AG HLDG
BRAU-UNION GOESS	VA STAHL AG
BWT AG	VA TECHNOLOGIE
ERSTE BANK	VERBUND AG
EVN AG	WIENERBERGER BAU
FLUGHAFEN WIEN	WOLFORD AG
GENERALI HLDG	

Tab. D.34: Indexzusammensetzung des ATX (Stand: 31.07.1999)

Der ATX wurde bei einem Anfangsniveau von 1.000 am 2. Januar 1991 ins Leben gerufen und bildet derzeit die Wertentwicklung von 21 Aktiengesellschaften ab. Die Liquidität ist gegenüber der großen europäischen Aktienindexfutures recht gering.

ATX-Futures	
Basiswert:	ATX
Kontraktvolumen:	ATX mal 5,-- EUR
Settlement:	Barausgleich
Notierung:	In Punkten
Tick-Größe und -Wert:	0,1 Punkte bzw. 0,5-- EUR
Verfallmonate:	Die nächsten drei Monate und der erste Monat des Zyklus März, Juni, September, Dezember
Letzter Handelstag:	3. Freitag des Verfallmonats
Margin:	Risk Based Margin
Optionskontrakte verfügbar:	Nein

Tab. D.35: Kontraktspezifikationen des ATX-Futures an der ÖTOB

Der SMI-Future an der Eurex bezieht sich auf den Swiss Market Index, der ein mit der Marktkapitalisierung gewichteter Index ist und am 30. Juni 1988 einen Anfangswert von 1.500 aufwies. Aktuell wird die Kursentwicklung von 22 schweizerischen Aktiengesellschaften im SMI abgebildet.

SMI	
ABB AG-B	RENTENANSTALT
ADECCO	ROCHE HLDG-GENUS
ALUSUISSE-LON RG	SAIRGROUP-REG
BALOISE HLDG-R	SGS SURV-B
CIBA SPECIALTY-R	SULZER AG-REG
CLARIANT AG-REG	SWATCH GROUP-B
CREDIT SUISSE-R	SWATCH GROUP-REG
EMS-CHEMIE HLDG	SWISSCOM AG-REG
HOLDERBANK-B	SWISS RE
NESTLE SA-R	UBS AG-REG
NOVARTIS	ZURICH ALLIED

Tab. D.36: Indexzusammensetzung des SMI (Stand: 31.07.1999)

Der SMI hat sich in den letzten Jahren hinsichtlich seiner Zusammensetzung mehrfach verändert. Durch Fusionen und Übernahmen im Finanz- und Industriesektor hat sich die Indexstruktur deutlich zugunsten neuer nachrückender Gesellschaften verschoben. Die Kontraktspezifikationen des SMI-Futures können der folgenden Tabelle entnommen werden.

SMI-Futures	
Basiswert:	SMI
Kontraktvolumen:	SMI mal 10,-- SFR
Settlement:	Barausgleich
Notierung:	In Punkten
Tick-Größe und -Wert:	1 Punkt bzw. 10,- SFR
Verfallmonate:	Die nächsten drei Monate des Zyklus März, Juni, Sept., Dez.
Letzter Handelstag:	3. Freitag des Verfallmonats
Margin:	Risk Based Margin
Optionskontrakte verfügbar:	Nein

Tab. D.37: Kontraktspezifikationen des SMI-Futures an der Eurex

Der an der Amsterdam Exchanges gehandelte AEX-Future mißt die Wertentwicklung der 25 größten niederländischen Aktiengesellschaften. Es handelt sich beim AEX ebenfalls um einen mit der Marktkapitalisierung gewichteten Preisindex. Dessen Ausgangswert betrug am 1. Februar 1983 genau 100.

AEX		
ABN AMRO HLDG	FORTIS (NL)	OCE NV
AEGON NV	HAGEMEYER NV	PHILIPS ELECTRON
AHOLD NV	HEINEKEN NV	TNT POST GROUP
AKZO NOBEL	HOOGOVENS-CVA	UNILEVER NV-CVA
ASM LITHOGRAPHY	ING GROEP NV	VENDEX NV
BAAN COMPANY NV	KLM	VNU NV
BUHRMANN NV	KON OLIE	WOLTERS KLUWER-C
DSM NV	KPN (KONIN) NV	
ELSEVIER	NUMICO NV	

Tab. D.38: Indexzusammensetzung des AEX (Stand:31.07.1999)

Der Futureshandel mit AEX-Kontrakten ist das wichtigste Standbein der Amsterdamer Terminbörse. Optionen auf diesen Kontrakt werden indessen nicht angeboten.

AEX-Futures	
Basiswert:	AEX
Kontraktvolumen:	AEX mal 200,-- EUR
Settlement:	Barausgleich
Notierung:	In Punkten
Tick-Größe und -Wert:	0,05 Punkte bzw. 10,-- EUR
Verfallmonate:	Die nächsten drei Monate und
	Januar, April, Juli, Oktober
Letzter Handelstag:	3. Freitag des Verfallmonats
Margin:	Risk Based Margin
Optionskontrakte verfügbar:	Nein

Tab. D.39: Kontraktspezifikationen des AEX-Futures an der Amsterdam Exchanges

Neben den einzelnen Länderaktienindexfutures existiert an der Amsterdam Exchanges zusätzlich ein europäischer Futurekontrakt, der sich aus 100 europäischen Standardwerten aus neun verschiedenen Ländern zusammensetzt. Die Gewichtung der einzelnen Länder entspricht der Marktkapitalisierung der jeweiligen Ländermärkte, so daß z. B. Großbritannien das größte Indexgewicht aufweist. Der Ausgangswert des EUROTOP 100 betrug am 29.12.1989 genau 1.006,01. Besonders für internationale Investoren kann es Sinn machen, einen gesamteuropäischen Index anstatt einzelner Länderindizes zu handeln. Daher ist der EUROTOP 100 Index ein Konkurrenzprodukt zu den 1998 eingeführten STOXX-Indexprodukten. Nicht zuletzt die Liquidität in den zugehörigen Indexderivaten wird in den nächsten Jahren über die Akzeptanz dieser Indizes unter den Kapitalmarktteilnehmern entscheiden.

EUROTOP 100			
ABB AG-B	CARREFOUR	GLAXO WELLCOME	ROYAL DUTCH
ABBEY NATL	CGU	GRANADA GROUP	SAP
ABN AMRO HLDG	CIBA SPECS. CHEM	HALIFAX GROUP	SHELL
AEGON NV	CLARIANT	HOECHST	SIEMENS
AHOLD NV	COMMERZBANK	HSBC HLDG.	SKAND ENSKILDA
AKZO NOBEL	CREDIT SUISSE GP.	IMPERIAL CHEM	SMITHKLINE BEECH.
ALCATEL	DAIMLERCHRYSLER	ING GROUP	SOC. GENERALE
ALLIANZ AG-REG	DANONE	INVENSYS	STANDARD CHART.
ALLIED ZURICH	DEUTSCHE BANK	KBC HLDG.	SUEZ-LYONNAISE
ALUSUISSE-LON RG	DEUTSCHE TELEKOM	LLOYDS TSB	SWISS REINSURANCE
ASTRA ZENECA	DIAGEO	MANNESMANN	TELECOM ITALIA
AXA	DIXONS GROUP	MARKS & SPENCER	TELECOM IT. MOBILE
BANCA COMM ITAL.	DRESDNER BANK	NAT. WESTMINSTER	TELEFONICA
BANCO BV	ELECTRABEL	NESTLE	TESCO
BANCO SANTANDER	ELECTROLUX	NOVARTIS	TOTAL FINA
BNP	ELF AQUITAINE	OLIVETTI	UBS
BARCLAYS	ELSEVIER-NDU	PARIBAS	UNI CREDITO
BASF	ENDESA	PHILIPS	UNILEVER NV
BAYER	ENI	PRUDENTIAL	UNILEVER PLC
BG	ERICSSON	RAILTRACK	VEBA
BP AMOCO	FIAT	REED INT.	VIVENDI
BRIT. AEROSPACE	FORTIS	REUTERS	VODAFONE
BRIT. AIRWAYS	FRANCE TELECOM	RHONE-POULENC	VOLKSWAGEN
BRIT. TELECOM	GENERAL ELECTRIC	ROCHE HLDG.	VOLVO
CABLE & WIRELESS	GENERALI ASSIC:	ROYAL & SUN	ZURICH ALLIED

Tab. D.40: Indexzusammensetzung des EUROTOP 100 (Stand: 31.07.1999)

Der zugehörige Futurekontrakt wird in London, Amsterdam und in New York an der dortigen COMEX gehandelt. Es ist zu beachten, daß beide Kontrakte in unterschiedlichen Währungen abgewickelt werden.

EUROTOP 100-Futures	
Basiswert:	EUROTOP 100
Kontraktvolumen:	Index mal 20,- EUR
Settlement:	Barausgleich
Notierung:	In Punkten
Tick-Größe und -Wert:	0,5 Punkte bzw. 10,- EUR
Verfallmonate:	März, Juni, September, Dezember
	(die nächsten 3 Monate, in denen gehandelt werden kann)
Schlußabrechnungstag:	3. Freitag des Verfallmonats
Margin:	Risk Based Margin
Optionskontrakte verfügbar:	Ja

Tab. D.41: Kontraktspezifikationen des EUROTOP 100-Futures an der LIFFE

Auf die Darstellung der restlichen europäischen Aktienindexkontrakte wird aus Platzgründen verzichtet. Es handelt sich dabei um den OMX-Future in Schweden, den BEL20-Future in Belgien, den KFX-Future in Dänemark, den FOX-Future in Finnland und den OBX-Future in Norwegen. Gemessen an ihrem Handelsvolumen ist die internationale Bedeutung dieser Kontrakte gering. Es kommt hinzu, daß europäisch zusammengestellte Indizes in den nächsten Jahren eine größere Bedeutung zu Lasten nationaler Indizes gewinnen werden.

Im Anleihebereich ist, gemessen am Handelsvolumen und am Open Interest, der Euro-Bund-Future der mit Abstand wichtigste europäische Terminkontrakt. Der Euro-Bund-Future wird sowohl in Frankfurt an der Eurex als auch in London an an der LIFFE gehandelt. Der überwiegende Teil des Tagesumsatzes (1998: 86,07%) vollzieht sich mittlerweile an der Eurex, während die LIFFE bis 1997 den Handel weitgehend dominierte. Die Kontraktmerkmale des Euro-Bund-Futures können dem nachfolgenden Tableau entnommen werden.

Euro-Bund-Futures	
Basiswert:	Idealtypische fiktive Bundesanleihe
Nominalwert:	100.000,- EUR
Laufzeit der fiktiven Anleihe:	10 Jahre
Zins:	6%
Laufzeitbereich der lieferb. Anleihen:	8,5 – 10,5 Jahre
Lieferbare Papiere:	Bundesanleihen mit Mind.emissions-volumen von 2 Mrd. EUR
Notierung:	In Prozent vom Nominalwert
Tick-Größe und -Wert:	0,01% bzw. 10,- EUR
Liefermonate:	Die nächsten 3 Monate aus dem Zyklus März, Juni, September, Dezember
Liefertag:	10. Kalendertag des Liefermonats
Letzter Handelstag:	Zweiter Börsentag vor dem Liefertag
Margin:	Risk Based Margin
Optionskontrakte verfügbar:	Ja

Tab. D.42: Kontraktspezifikationen des Euro-Bund-Futures an der Eurex

Ähnliche Kontraktmerkmale wie für den Euro-Bund-Future gelten für den Euro-Bobl-Future, der das mittlere Laufzeitsegment der deutschen Zinsstrukturkurve abdeckt.

Euro-Bobl-Futures	
Basiswert:	Idealtypische fiktive Bundesschuld-verschreibung
Nominalwert:	100.000,- EUR
Laufzeit der fiktiven Anleihe:	5 Jahre
Zins:	6%
Laufzeitbereich der lieferb. Anleihen:	3,5 - 5 Jahre
Lieferbare Papiere:	Bunds, Bobls, Schatzanweisungen sowie Treuhandobligationen
Notierung:	In Punkten auf 2 Dezimalstellen
Tick-Größe und -Wert:	0,01% bzw. 10,- EUR
Liefermonate:	Die nächsten 3 Monate aus dem Zyklus März, Juni, September, Dezember
Liefertag:	10. Kalendertag des Liefermonats
Letzter Handelstag:	Zweiter Börsentag vor dem Liefertag
Margin:	Risk Based Margin
Optionskontrakte verfügbar:	Ja

Tab. D.43: Kontraktspezifikationen des Euro-Bobl-Futures an der Eurex

Der kurzfristige Laufzeitbereich der deutschen Zinsstrukturkurve wird vom Euro-Libor-Future und dem Euribor-Future abgedeckt. Diese Kontrakte werden in London an der LIFFE gehandelt und beziehen sich auf dreimonatige Bankeinlagen. Der an der Eurex gehandelte Euribor-Future, der über vergleichbare Kontraktspezifikationen verfügt, kann demgegenüber nur ein geringeres Handelsvolumen aufweisen. Der LIFFE-Kontrakt ist derzeit deutlich liquider. Die Ausgestaltung des Euro-Libor- und des Euribor-Futures an der LIFFE sind in den folgenden Tableaus angegeben.

3-Monats-Euro-Libor-Futures

Basiswert:	Euro-Libor (3-Monats-Termingeld)
Nominalwert:	1.000.000,- Euro
Settlement:	Barausgleich
Notierung:	100 minus Zinssatz
Tick-Größe und -Wert:	0,005 % bzw. 12,50 Euro
Verfallmonate:	März, Juni, September, Dezember
Letzter Handelstag:	Montag vor dem Liefertag
Optionskontrakte verfügbar:	Ja

3-Monats-Euribor-Futures

Basiswert:	Euribor (3-Monats-Termingeld)
Nominalwert:	1.000.000,- Euro
Settlement:	Barausgleich
Notierung:	100 minus Zinssatz
Tick-Größe und -Wert:	0,005 % bzw. 12,50 Euro
Verfallmonate:	März, Juni, September, Dezember
Letzter Handelstag:	Montag vor dem Liefertag
Optionskontrakte verfügbar:	Ja

Tab. D.44: Kontraktspezifikationen des Euro-Libor- und Euribor-Futures an der LIFFE

Seitens der Eurex ist vorgesehen, als Ergänzung zu den Terminkontrakten auf deutsche Staatspapiere den sog. PEX-Future zu handeln, der sich auf das Segment der deutschen Pfandbriefe, gemessen am PEX Pfandbriefindex PEX beziehen soll.

Beim Gilt-Future handelt es sich um einen Terminkontrakt auf langlaufende britische Staatsanleihen. Dieser Kontrakt wird an der LIFFE gehandelt und weist einen Laufzeitbereich der lieferfähigen Anleihen zwischen 10 und 15 Jahren auf. Ein den mittelfristigen Zinsbereich abdeckender Zinsfuture wird an der LIFFE derzeit nicht gehandelt.

Gilt-Futures	
Basiswert:	Idealtypische fiktive Gilt-Anleihe
Nominalwert:	100.000,- GBP
Laufzeit der fiktiven Anleihe:	10 Jahre
Zins:	7 %
Laufzeitbereich der lieferbaren Gilts:	10-15 Jahre
Tick-Größe und -Wert:	0,01% bzw.10,- GBP
Quotierung:	100 GBP nominal
Liefermonate:	März, Juni, September, Dezember
Optionskontrakte verfügbar:	Ja

Tab. D.45: Kontraktspezifikationen des Gilt-Futures an der LIFFE

Insgesamt ist die LIFFE mit 194 Mio. gehandelten Kontrakten in 1998 die zweitgrößte Terminbörse Europas (Eurex: 248 Mio.), wenngleich mit fallenden Marktanteilen. An der LIFFE werden einige Terminkontrakte gehandelt, die sich nicht auf britische Underlyings beziehen. Schließt man die Geldmarktkontrakte mit ein, dann werden vier der wichtigsten Finanzmärkte der Welt abgedeckt:

Verfügbare Terminkontrakte				
Währung	Euro	GBP	SFR	Yen
Kurzfristige Zinssätze	ja	ja	ja	ja

Tab. D.46: An der LIFFE verfügbare Zinsfutures

Zu den großen Terminbörsen Europas zählt auch die Pariser Terminbörse MATIF, an der neben Finanzterminkontrakten auch Warentermingeschäfte abgeschlossen werden können. Der wichtigste Zins-Kontrakt ist der ELT-Future, dessen Kontraktmerkmale unten dargestellt sind. Eine Besonderheit des ELT-Futures ist darin zu sehen, daß sowohl französische OATs als auch deutsche Bundesanleihen lieferbar sind. Mit der Ausweitung des Korbes lieferbarer Anleihen hofft die MATIF möglichen Sorgen über Lieferengpässe zu begegnen und insbesondere gegenüber der Eurex Wettbewerbsvorteile zu erzielen. Auf den 30-jährigen Kontrakt sind bereits französische, deutsche und niederländische Papiere lieferbar.

ELT-Futures	
Basiswert:	Idealtypische fiktive OAT
Nominalwert:	100.000,- EUR
Laufzeit der fiktiven Anleihe:	10 Jahre
Zins:	3,5 %
Lieferbare Papiere:	OATs und BUNDs zw. 8,5-10,5 Jahren
Notierung:	In Prozent von 100,- FRF Nominalwert
Tick-Größe und -Wert:	0,01 % bzw. 10,- EUR
Liefermonate:	März, Juni, September, Dezember
Liefertag:	3. Freitag des Liefermonats
Margin:	Risk Based Margin
Optionskontrakte verfügbar:	Ja

Tab. D.47: Kontraktspezifikationen des ELT-Futures an der MATIF

Italienische Staatsanleihefutures werden in London und in Mailand gehandelt. Der Großteil des Handelsvolumens wird derzeit an der LIFFE abgewickelt.

BTP-Futures	
Basiswert:	Idealtyp. fiktiver 10 Year-Bond
Nominalwert:	100.000 Euro
Laufzeit der fiktiven Anleihe:	10 Jahre
Zins:	6 %
Tick-Größe und -Wert:	0,01% = 10 Euro
Quotierung:	100 Euro nominal
Liefermonate:	März, Juni, September, Dezember
Optionskontrakte verfügbar:	Ja

Tab. D.48: Kontraktspezifikationen des BTP-Futures an der LIFFE

Ein größeres Eigenleben gegenüber dem deutschen Bund-Future führt hingegen der an der Eurex gehandelte schweizerische CONF-Future, der sich auf idealtypische eidgenössische Bundesanleihen bezieht.

CONF-Futures	
Basiswert:	Idealtypische fiktive Bundesanleihe
Nominalwert:	100.000,- SFR
Laufzeit der fiktiven Anleihe:	10 Jahre
Zins:	6%
Laufzeitbereich der lieferbaren Anleihen:	8 - 13 Jahre
Lieferbare Papiere:	schweizer. Bundesanleihen
Notierung:	In Prozent von 100,- SFR Nominalwert
Tick-Größe und -Wert:	0,01% bzw. 10,- SFR
Liefermonate:	März, Juni, September, Dezember
Margin:	Risk Based Margin
Optionskontrakte verfügbar:	Ja

Tab. D.49: Kontraktspezifikationen des CONF-Futures an der Eurex

Zum Abschluß des Abschnitts werden noch die drei nach dem Euro-Libor- und dem Euribor-Future wichtigsten europäischen Geldmarktfutures dargestellt. Die Kontraktmerkmale von Geldmarktfutures ähneln sich recht stark. Lediglich die dem Future zugrunde liegenden Nominalbeträge und Währungen weichen deutlich voneinander ab. Einen hohen Nominalbetrag weist z. B. der Pibor-Future auf, der an der MATIF in Paris gehandelt wird und sich auf den Interbankenzinssatz (Pibor = Paris Interbank Offered Rate) für dreimonatige Geldleihgeschäfte am Pariser Bankenplatz bezieht. Trotz der Einführung des Euribor existiert der Pibor an der MATIF weiter. Er entspricht dem ebenfalls auch dort gehandelten Euribor-Future bis auf die Tatsache, daß der Pibor nach wie vor in FRF notiert wird (5.000.000 FRF statt 1.000.000 Euro).

PIBOR-Futures	
Basiswert:	3-Monats PIBOR
Nominalwert:	5.000.000,- FRF
Settlement:	Barausgleich
Notierung:	100 minus Zinssatz
Tick-Größe und -Wert:	0,5 Basispunkte bzw. 62,50 FRF
Verfallmonate:	März, Juni, September, Dezember
Optionskontrakte verfügbar:	Ja

Tab. D.50: Kontraktspezifikationen des PIBOR-Futures an der MATIF

Analoges läßt sich für den 3-Monats-Sterling-Future feststellen, der den Dreimonatsgeldmarkt in Großbritannien abdeckt. Referenzgröße für den Zinssatz ist die London Interbank Offered Rate (LIBOR). Wie bei allen Geldmarktfutures ergibt sich die Preisberechnung gemäß der Konvention 100 minus Zinssatz. Ebenso gilt bei allen Geldmarktfutures, daß eine physische Geschäftserfüllung ausgeschlossen ist. Stattdessen wird ein Barausgleich vorgenommen.

3-Monats-Sterling-Futures	
Basiswert:	3-Monats GBP-LIBOR
Nominalwert:	500.000,- GBP
Settlement:	Barausgleich
Notierung:	100 minus Zinssatz
Tick-Größe und -Wert:	0,01 % bzw. 12,50 GBP
Verfallmonate:	März, Juni, September, Dezember
Optionskontrakte verfügbar:	Ja

Tab. D.51: Kontraktspezifikationen des 3-Monats-Sterling-Futures an der LIFFE

An der LIFFE in London wird auch der Euro-Franken-Future gehandelt. Er bezieht sich auf den SFR-LIBOR als Referenzgröße.

Euro-Franken-Futures	
Basiswert:	3-Monats SFR-LIBOR
Nominalwert:	1.000.000,- SFR
Settlement:	Barausgleich
Notierung:	100 minus Zinssatz
Tick-Größe und -Wert:	0,01 % bzw. 25,00 SFR
Verfallmonate:	März, Juni, September, Dezember
Optionskontrakte verfügbar:	Ja

Tab. D.52: Kontraktspezifikationen des Euro-Franken-Futures an der LIFFE

cb. Optionen

Auf die bekanntesten europäischen Aktienindizes werden an den jeweiligen Terminbörsen Optionen gehandelt. Bei den Futures-Optionen handelt es sich um amerikanische Optionen, die jederzeit während der Laufzeit ausgeübt werden können. Im Gegensatz dazu sehen die Optionen auf den Kassaindex zumeist ausschließlich eine Ausübung zum Verfalltermin vor (europäische Optionen). Eine Ausnahme von dieser Regel bilden die CAC 40 Aktienindexoptionen. Neben den Indexoptionen bieten die meisten Terminbörsen auch Optionen auf Aktien großer Aktiengesellschaften an. Für den deutschen Markt läßt sich feststellen, daß die Anzahl der gehandelten Aktienoptionen auf einzelne Gesellschaften mittlerweile unterhalb der Anzahl der gehandelten DAX-Optionen liegt, wobei die DAX-Optionen im Gegensatz zu den Aktienoptionen in den letzten Jahren ständig zulegen konnten, wie der folgenden Tabelle zu entnehmen ist.

Jahr	DAX-Optionen	Aktienoptionen
1990		6.687.530
1991	2.045.707	9.390.329
1992	13.944.986	9.996.329
1993	21.419.890	12.252.791
1994	23.499.552	9.885.393
1995	24.299.078	8.770.002
1996	26.042.463	10.018.130
1997	31.521.286	9.632.689
1998	29.948.503	30.575.860

Tab. D.53: Derivateumsätze an der Eurex (Anzahl der Kontrakte)[1]

An der DTB bzw. Eurex wurden bis zum Juni 1997 mit der DAX-Option und der DAX-Future-Option zwei Arten von Aktienindexoptionen angeboten. Seitdem ist nur noch die DAX-Option handelbar. Für sie ist zum einen die normale Prämienzahlung bei Positionseröffnung und die auf den Verfallzeitpunkt beschränkte Ausübbarkeit charakteristisch, wobei jeweils ein Barausgleich stattfindet.

DAX-Option	
Basiswert:	DAX
Kontraktwert:	5,-- EUR pro Indexpunkt
Optionstyp:	Europäisch
Notierung:	Vielfaches von 0,1 Indexpunkten
Schlußabrechnung:	Barausgleich (Cash Settlement)
Tick-Größe und -Wert:	0,1 bzw. 0,50 EUR
Verfallmonate:	Die jeweils drei nächsten sowie die drei nächsten darauffolgenden Monate aus dem Zyklus März, Juni, Sept., Dez., wobei die längeren Laufzeiten 12, 18 und 24 Monate laufen; längerlaufende DAX-Optionen sind aufgrund des höheren Risikos sehr selten.
Letzter Handelstag:	3. Freitag im Verfallmonat
Margin:	Risk Based Margin

Tab. D.54: Kontraktspezifikationen bei der DAX-Option

[1] Vgl. **Deutsche Börse AG** (1999a), S. 97ff.

Durch die Einführung längerlaufender Optionen auf den DAX wird den Anlegern an der Eurex ermöglicht, auch längerfristige Markt- bzw Volatilitätseinschätzungen umzusetzen. In dem Fall, daß die neuen Optionsserien vom Markt gut aufgenommen werden, sind auch noch längere Optionen denkbar, mit denen allerdings ein entsprechend höheres Risiko einhergeht.

Im Bereich der festverzinslichen Instrumente bietet die Eurex Optionen auf drei Instrumente an. Es existieren Optionen auf den Euro-Bund-, den Euro-Bobl- und den Euro-Schatz-Future. Im Vordergrund stehen aufgrund ihrer Bedeutung die Euro-Bund- sowie die Euro-Bobl-Future-Option. Hinsichtlich ihrer Kontraktausgestaltungen sind die beiden Optionen nahezu identisch, wie den folgenden beiden Tableaus zu entnehmen ist.

Euro-Bund-Future-Option	
Basiswert:	Euro-Bund-Future
Kontraktwert:	Ein Euro-Bund-Futurekontrakt
Optionstyp:	Amerikanisch
Notierung:	In Punkten auf 2 Dezimalstellen
Tick-Größe und -Wert:	0,01 Punkte bzw. 10,- EUR
Verfallmonate:	Die jeweils drei nächsten sowie der darauffolgende Monat aus dem Zyklus März, Juni, September, Dezember
Letzter Handelstag:	6 Börsentage vor dem ersten Kalendertag im Liefermonat des Bund-Futures
Optionsprämienabrechnung:	Future Style Verfahren

Tab. D.55: Kontraktspezifikationen bei der Bund-Future-Option in Euro

Im Gegensatz zu den Bobl-Future-Optionen werden Bund-Future-Optionen auch in London an der LIFFE gehandelt. Ihr Volumen ist seit dem Start der Eurex jedoch stark rückläufig. Zu beachten ist jeweils, daß die Optionsprämienberechnung anhand des Future-Style-Verfahrens vorgenommen wird. Eine Prämienzahlung zum Zeitpunkt des Positionsaufbaus erfolgt daher nicht.

Euro-Bobl-Future-Option	
Basiswert:	Euro-Bobl-Future
Kontraktwert:	Ein Euro-Bobl-Futurekontrakt
Optionstyp:	Amerikanisch
Notierung:	in Punkten auf 2 Dezimalstellen
Tick-Größe und -Wert:	0,01 Punkte bzw. 10,- EUR
Verfallmonate:	s. Euro-Bund-Future-Option
Letzter Handelstag:	6 Börsentage vor dem ersten Kalendertag im Liefermonat des Bobl-Futures
Optionsprämienabrechnung:	Future Style Verfahren

Tab. D.56: Kontraktspezifikationen bei der Euro-Bobl-Future-Option

d. Investmentmarkt Euroland

Der Investmentmarkt Euroland kann bislang noch nicht als einheitlicher Investmentmarkt bezeichnet werden. Dennoch gibt es Bestrebungen für ein grenzüberschreitendes Wachstum: strategische Allianzen und Übernahmen innerhalb der EWU-Teilnehmerstaaten sind derzeit wichtige Themen bei den großen Fondsgesellschaften. Mit 290 Mio. Menschen bildet Euroland nach den USA den zweitgrößten Währungsraum der Welt. Mit 2,6 Billionen Euro verwaltetem Fondsvermögen stand es Mitte 1999 ebenfalls auf dem weltweit zweiten Rang. In den Vereinigten Staaten sind es 5,9 Bill. Euro.[1]

In Euroland ist das Fondsvermögen in den vergangen Jahren um über 30% jährlich gewachsen. Dafür können u.a. die folgenden Gründe angeführt werden:

- Die niedrigen Zinsen führten Anleger in rentierlichere Anlageformen.
- Wachstums- und Fusionserwartungen erzeugten insbesondere bei amerikanischen und europäischen Aktien eine große Kursphantasie.

Den wichtigsten Beitrag zum Wachstum leistete dabei Italien. Hier gelang in wenigen Jahren eine Verdoppelung des privaten Fondsvermögens. Begründet ist dies durch den erheblichen Zinsabbau durch die Teilnahme der Lira am Euro. Die gewohnt hohen Geldmarktzinsen sanken stark, so daß die als zinssensibel geltenden Italiener Anlagealternativen suchten. Diese wurden zunächst in Rentenfonds, dann aber aufgrund der Kursentwicklungen an europäischen und nordamerikanischen Börsen auch in Aktienfonds gefunden.[2]

Nach Italien bekleidet Spanien den zweiten Rang im Hinblick auf die Wachstumsdynamik. Wegen des starken Rückgangs der Anlagezinsen suchten auch hier die Anleger verstärkt nach anderen Investments. Durch die Rücknahme von Steuervorteilen wurde das Fondswachstum im Vergleich zu Italien jedoch gebremst.

Bezogen auf das Investmentvermögen pro Einwohner ist Frankreich mit rund 9.150 Euro die in Europa führende Nation und steht damit hinter den USA auf dem weltweit zweiten Platz. Die Entwicklung der letzten Jahre weist jedoch kaum Dynamik auf, da in Frankreich Geldmarktfonds vorherrschen, die aufgrund der Zinsentwicklung für Anleger unattraktiver geworden sind. Abflüsse aus dem Geldmarkt-Bereich konnten durch Zuflüsse in Aktien- und gemischte Fonds kompensiert werden.

Der größte Markt für Fonds in Europa ist Deutschland, sofern die luxemburger und irischen Fonds, die im wesentlichen in Deutschland vertrieben werden, hinzugerechnet werden. Neben den Publikumsfonds spielen in Deutschland die Spezialfonds für überwiegend institutionelle Anleger eine wichtige Rolle. Mittelzuflüsse der letzten Jahre erfolgten fast ausschließlich in Aktienfonds, wobei eine europäische Ausrichtung bevorzugt wurde. Auch Branchenfonds, insbesondere Telekommunikation, Internet und Biotechnologie, konnten stark profitieren. Hinzu kommt die wachsende Nachfrage nach neuen Fondsprodukten, wie Dachfonds oder Altersvor-

---

[1] Vgl. **Behrenwaldt** (1999), S. 584.

[2] Vgl. **Behrenwaldt** (1999), S. 584f.

sorge-Sondervermögensfonds (AS-Fonds) , die durch das 3. Finanzmarktförderungsgesetz erst möglich wurden.[1]

Die Fondsanlage wird künftig bei den Anlegern in Euroland noch an Bedeutung zunehmen. Als Hauptgründe dafür werden der Verhaltenswandel von Privatanlegern zu mehr Risikobereitschaft und Performanceorientierung, das wachsende Einkommen in Euroland, die Anlageimpulse aus der Erbengeneration und die Insuffizienz der staatlichen Altersversorgung genannt. Euroland ist jedoch noch alles andere als ein einheitlicher Fondsmarkt. Mit der Einführung einer gemeinsamen Währung wurde die erste Hürde genommen, jedoch bestehen noch erhebliche Unterschiede hinsichtlich

- Besteuerung,
- Fondsgesetzgebung,
- Vertriebsstrukturen,
- Kosten und Provisionen sowie
- Marketing.

Die führenden Fondsgesellschaften sind derzeit dabei, sich auf dem europäischen Markt zu positionieren. Zu den größten europäischen Fondsanbietern zählen beispielsweise die Deutsche Bank Gruppe, die Schweizer UBS, ABN Amro, Barclays und AXA. Bezogen auf die sogenannten „non-domestic-assets“, die außerhalb des Heimatmarktes vertrieben werden, fallen die im wesentlichen national ausgerichteten Unternehmen zurück.

Da eine Präsenz in jedem Land als zu teuer und ein reiner Export von einem zentralen Ort aus als unzureichend erachtet werden, muß eine Marktstrategie zwischen diesen beiden Polen gefunden werden. Denkbar ist dabei das folgende Modell:[2]

- Präsenz auf den wichtigsten Märkten; Fondsauflegung und –management erfolgen vor Ort, um die jeweiligen Marktusancen optimal zu erfüllen (Genehmigungen, Aufsicht etc.),
- ein zentrales Back-Office für das gesamte Euroland,
- Marketing und Vertrieb erfolgen lokal, um den Kundenanforderungen vor Ort richtig zu begegnen. Am schnellsten, aber auch am teuersten zu realisieren, ist diesbezüglich die Übernahme lokaler Vertriebsgesellschaften. Alternativ dazu ist die Kooperation mit freien Vertrieben und unabhängigen Beratern zu sehen. Auch dem elektronischen Vertrieb via Internet werden gute Chancen eingeräumt.

Dachfonds in Deutschland

Die Fonds-Vermögensverwaltung hat im Anlagegeschäft mit vermögenden Privatkunden in den vergangenen Jahren stark an Bedeutung gewonnen. Eine Anlagemöglichkeit zumeist schon ab 15.000,- Euro, das Angebot unterschiedlicher Portfoliotypen und ein zeitnahes Reporting tragen zur Bedarfsorientierung stark bei. Für die rund 50 deutschen Anbieter bedeutet das Produkt eine

---

[1] Vgl. **Behrenwaldt** (1999), S. 585f.
[2] Vgl. **Behrenwaldt** (1999), S. 588.

Bruttomarge von ca. 2% gegenüber 1% bei einem Kundendepot um 50.000,- Euro im normalen Depotgeschäft.

Erhebliche Nachteile für den Kunden werden in den folgenden Punkten gesehen:[1]

- Der Anleger ist über sein Depot direkt an den Einzelfonds beteiligt. Bei jeder Erstanlage, Umschichtung, Aufstockung, Auflösung etc. erhält er entsprechende Belege, die schon innerhalb kurzer Zeit zu einer Papierflut führen können.
- Die jährliche Vergütung als Preis der Vermögensverwaltung wird als separate Gebühr vom Kundenkonto eingezogen. Der entsprechende Betrag kann zwar steuerlich als Werbungskosten angesetzt werden, die Rechnung muß jedoch gesondert beim Finanzamt eingereicht werden.
- Aufgrund der auf 12 Monate verlängerten Spekulationsfrist bedeutet jede schnelle Veränderung der Fondsstrukturen potentielle Steuerverpflichtungen. Die Vermögensverwaltung ist fast zur Handlungsunfähigkeit gezwungen, wenn es um die schnelle Mitnahme von Gewinnen geht.
- Häufig werden nur Fondsanteile von Tochtergesellschaften der Verwalter ausgewählt. Anbieterübergreifendes Fondspicking ist noch die Ausnahme.

Diese Nachteile wurden jedoch in Kauf genommen, da bis zum April 1998 die Auflegung von „echten" Dachfonds nicht zulässig war. Da keine Ausführungsbestimmungen vorlagen, kamen die ersten Dachfonds erst über ein Jahr danach auf den deutschen Markt. Das Prinzip der Dachfonds besteht darin, in andere Investmentfonds zu investieren. Es hat die Nachteile der klassischen Fonds-Vermögensverwaltung überwunden und sichert gleichzeitig exakt den gleichen Kundennutzen.[2]

- Da der Anleger nur noch an einem Investmentfonds beteiligt ist, reduziert sich der „Papierkrieg" ganz erheblich. Abrechnungen werden nur noch für den Dachfonds erstellt.
- Die Erstellung und Verbuchung der Management Fee in einer separaten Gebührenabrechnung entfällt, da diese direkt mit den erzielten Erträgen verrechnet wird.
- Anleger und Anbieter profitieren davon, daß die Spekulationsfrist bei Transaktionen innerhalb des Dachfonds steuerlich keine Rolle spielt.
- Die Fondsauswahl wird zunehmend auf die Breite der verfügbaren Fonds ausgeweitet. So bezieht beispielsweise die Advance Bank bereits eine Grundgesamtheit von 4.000 unterschiedlichen Fonds in die Anlageentscheidung ein.

Kritisiert wird am Dachfondskonzept, daß der Anleger nicht automatisch über die genaue Zusammensetzung des Fonds informiert ist. Dieser potentiellen Intransparenz wird seitens der Dachfondsgesellschaften mit einem umfangreichen Reporting begegnet, das über die Struktur, aber auch über die Strategien der Einzelfonds informiert.

Mittelfristig werden Dachfonds die klassische Fonds-Vermögensverwaltung aufgrund der dargestellten Vorteile nach weitläufiger Meinung ablösen.

---

[1] Vgl. **Broschinski** (1999), S. 608f.

[2] Vgl. **Broschinski** (1999), S. 609ff.

2. Die entwickelten Anlagemärkte Asiens

a. Aktien

Der mit Abstand größte Aktienmarkt Asiens ist, gemessen an der Marktkapitalisierung, der japanische Markt. Die Marktkapitalisierung des japanischen Aktienmarktes (Tokyo Stock Exchange 1. Sektion) betrug zum 30.12.1998 rund 3.884 Mrd. DM[1], wobei ein Umrechnungskurs von 1,4505 (DM pro 100 Yen) unterstellt wurde.[2] Hinzu kommt noch die Marktkapitalisierung der 2. Sektion in Japan. Der vergleichbare Wert dieses Marktsegmentes für Japan betrug ca. 107,3 Mrd. DM.[3] Alle genannten Zahlen schwanken in Abhängigkeit der Währung und der Aktienkursentwicklung relativ stark und sind daher als Punktgrößen zu interpretieren. Dennoch geben sie einen ungefähren Eindruck von der Größe des Marktes.

Ähnliches gilt für die anderen hochentwickelten Aktienmärkte Asiens. In der folgenden Tabelle sind die Marktkapitalisierungen für die wichtigsten Kapitalmärkte Asiens und zusätzlich Australiens wiedergegeben.

Land	Marktkapitalisierung in Mrd. DEM
Singapur	265,2
Australien	901,2
Hong Kong	574,7
Japan	3.991,8

Tab. D.57: Marktkapitalisierung hochentwickelter pazifischer Aktienmärkte zum 30.12.1998[4]

Mit klarem Abstand dominiert - gemessen an der Marktgröße - der Aktienmarkt in Hong Kong nach Japan die Region. Dies liegt nicht zuletzt an der Rolle Hong Kongs als Tor zum chinesischen Markt. Daran konnte auch der Übergang Hong Kongs in chinesische Verwaltungshoheit 1997 nichts ändern. Zudem sind am Hong Konger Aktienmarkt sehr viele internationale Investoren vor Ort präsent und engagiert.

Der japanische Aktienmarkt war lange durch die hohe Gewichtung der Finanzwerte - Banken, Broker und Versicherungen - und der Konsumgüterhersteller geprägt. Die Bankenkrise seit Mitte der neunziger Jahre hat jedoch zu einer größeren relativen Bedeutung der Elektronik- und Exportwerte geführt. Eine erheblich Strukturveränderung im japanischen Finanzsektor wird von dem sog. Big Bang, der Deregulierung und Liberalisierung der japanischen Finanzmarktstrukturen gegen Ende des Jahres 1998 erwartet. Ein Ergebnis der Liberalisierung ist das zunehmende Engagement ausländischer Marktteilnehmer, die sich häufig über Joint Ventures Zutritt auf den

---

1 Vgl. **Salomon Smith Barney** (1999), S. 284.

2 Vgl. **Deutsche Börse AG** (1999a), S. 15.

3 Vgl. **Salomon Smith Barney** (1999), S. 284.

4 Vgl. **Salomon Smith Barney** (1999), S. 284, 445, 54, 224; **Federal Reserve Board** (1999), Internet-Homepage H.10.

japanischen Markt verschafft haben. Die erhoffte Lösung der tiefgreifenden strukturellen Probleme Japans scheiterte jedoch an der Asienkrise in 1998. Die gesamtwirtschaftliche Produktion ging unerwartet stark zurück, und der japanische Yen fiel gegenüber dem Dollar trotz weltweiter Interventionen der Notenbanken im Juli 1998 auf den tiefsten Stand seit 8 Jahren.[1]

Eine im Weltmaßstab sehr hohe Gewichtung von Finanz- und Immobilienaktien weist der Aktienmarkt in Hong Kong auf. Hiermit ist auch erklärlich, warum der Aktienmarkt in Hong Kong als relativ zinssensitiv gilt.

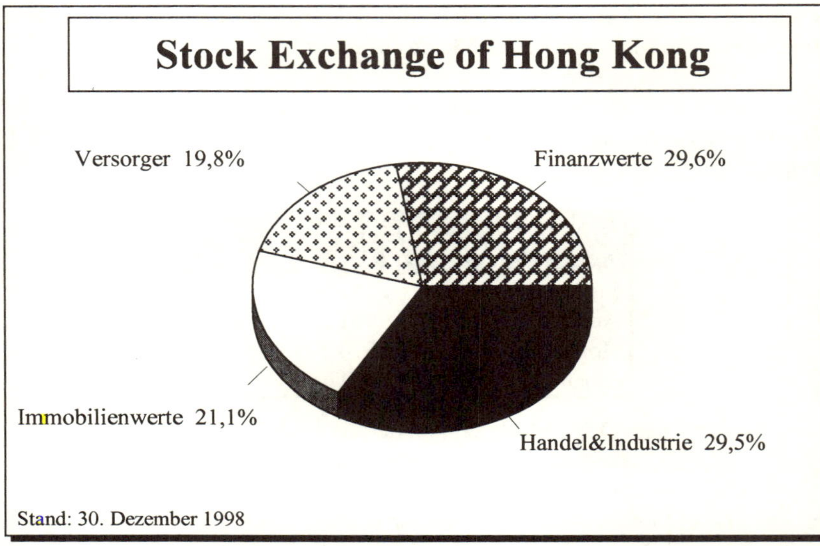

Abb. D.9: Sektorengewichtung an der Stock Exchange of Hong Kong[2]

Ähnliches gilt auch für Singapur, wo der Anteil der Finanzwerte bei knapp 30% des gängigen Benchmarkindex Straits Times liegt.

Eine ausgewogenere Sektorenstruktur weist demgegenüber der neuseeländische Aktienmarkt auf. Hier spielt die Medien- gefolgt von der Grund- und Rohstoffindustrie sowie den Versorgungswerten mit zusammen rund 55% Indexgewichtung die größte Rolle[3]. In Australien dominierten lange Zeit Grund- und Rohstoffaktien, die jedoch von der Bank-, Medien- und Telekommunikationsbranche mit einer ungefähren Indexgewichtung von 40% abgelöst wurden.[4]

---

1 Vgl. **VDH** (1999), S. 5f.
2 Vgl. **Salomon Smith Barney** (1999), S. 226.
3 Vgl. **Bloomberg** (1999).
4 Vgl. **Bloomberg** (1999).

b. Anleihen

ba. Japan

Sieht man von dem gesamten Euroland-Bondmarkt einmal ab, ist der japanische Anleihenmarkt hinter den USA der zweitgrößte Rentenmarkt der Welt. Den größten Teil der japanischen Government Bonds (JGBs) stellen langlaufende Staatsanleihen dar. Diese mit Triple A bewerteten Anleihen werden i. d. R. mit einer Ursprungslaufzeit von 10 Jahren ausgestattet. Da Japan als Long-Bond-Markt gilt, sind längere Laufzeiten bis zu 30 Jahren nicht ungewöhnlich. Die nominal unterstellte Futurelaufzeit beträgt 20 Jahre. Der mittlere Laufzeitbereich weist Emissionslaufzeiten von bis zu 5 Jahren auf. Im Geldmarktsegment werden 90 bzw. 180 tägige T-Bills begeben. Zusätzlich werden am japanischen Geldmarkt CPs und CDs gehandelt. Terminmärkte dekken zudem mit entsprechenden Kontrakten den gesamten Laufzeitbereich der japanischen Zinsstrukturkurve ab. Ferner besitzt Japan einen hochliquiden Repo Markt.

bb. Australien

Der Staat Australien begibt zur Finanzierung von Haushaltsdefiziten T-Bonds und T-Notes. Diese sind mit halbjährlichen Kupons ausgestattet. Ähnlich wie am UK-Markt werden auch Index-linked Anleihen emittiert. Eine bedeutende Rolle nehmen am australischen Rentenmarkt die Semi Government Bonds ein, die von den Territorialregierungen begeben werden. Dieses Marktsegment besitzt am australischen Bondsmarkt einen Anteil von ca. einem Drittel.

An der Sydney Futures Exchange, die zu den ältesten Terminbörsen der Welt zählt, werden Financial Futures Kontrakte auf 90-Tage Bills sowie 3- und 10-jährige Staatsanleihen gehandelt. Daneben existieren liquide OTC-Märkte für Swaps, Repos und FRAs.

Auf Kuponzahlungen an ausländische Investoren werden in Australien 10% Quellensteuer erhoben. Insofern macht es für internationale Anleger oftmals Sinn, in australischen Dollar emittierte Eurobonds oder Globalbonds zu erwerben, da bei diesen die Steuerproblematik entfällt.

c. Derivative Instrumente

ca. Futures

Aktienindexfuturekontrakte existieren in Japan, Hong Kong, Malaysia, Australien und Neuseeland. Der bekannteste Futurekontrakt dürfte der Nikkei 225-Future sein, der parallel an drei verschiedenen Börsen gehandelt wird. Als erste bot 1986 die Terminbörse in Singapur (SIMEX) einen Futurekontrakt auf den Nikkei-Index an. Der Nikkei-Index ist ein mit den jeweiligen Kursen gewichteter Index - ähnlich wie der Dow Jones Index in den USA, der sich auf 225 große Aktiengesellschaften der ersten Handelssektion der Tokyo Stock Exchange bezieht. Das größte Handelsvolumen im Nikkei 225-Future findet man in Osaka an der dortigen Stock Exchange vor. Darüber hinaus wird dieser Future auch an der Chicago Mercantile Exchange (CME) gehandelt. Zu beachten ist, daß die Kontraktgrößen an allen drei Terminbörsen (OSE, SIMEX, CME) differieren. Details können dem nachfolgenden Tableau entnommen werden.

Nikkei 225-Futures	
Basiswert:	Nikkei 225 Index
Kontraktvolumen:	Nikkei mal 500,- JPY (SIMEX)
Kontraktvolumen:	Nikkei mal 1.000,- JPY (OSE)
Kontraktvolumen:	Nikkei mal 5,- USD (CME)
Settlement:	Barausgleich
Notierung:	In Punkten
Tick-Größe und -Wert:	5 Punkte bzw. 2.500,- JPY (SIMEX)
Tick-Größe und -Wert:	10 Punkte bzw. 10.000,- JPY (OSE)
Tick-Größe und -Wert:	5 Punkte bzw. 5,- USD (CME)
Verfallmonate:	März, Juni, September, Dezember
Letzter Handelstag:	Donnerstag vor dem 2. Freitag des Verfallmonats
Optionskontrakte verfügbar:	Ja (SIMEX), Nein (OSE), Ja (CME)

Tab. D.58: Kontraktspezifikationen des Nikkei 225-Futures
an der SIMEX, der OSE und der CME

Mit dem TOPIX-Future besteht ein zweiter Aktienindexfuturekontrakt, der sich auf einen japanischen Aktienindex bezieht. Im Gegensatz zum Nikkei handelt es sich beim TOPIX (Tokyo Price Index) um einen mit der Marktkapitalisierung der im Index vertretenen Aktiengesellschaften gewichteten Index, der alle Werte der ersten Sektion der Tokyo Stock Exchange umfaßt. Gehandelt wird der Kontrakt ausschließlich in Tokio. Die Kontraktspezifikationen des TOPIX-Futures lauten wie folgt:

TOPIX-Futures	
Basiswert:	TOPIX
Kontraktvolumen:	TOPIX mal 10.000,- JPY
Settlement:	Barausgleich
Notierung:	In Punkten
Tick-Größe und -Wert:	1 Punkt bzw. 10.000,- JPY
Verfallmonate:	März, Juni, September, Dezember
Letzter Handelstag:	Donnerstag vor dem 2. Freitag des Verfallmonats
Optionskontrakte verfügbar:	Nein

Tab. D.59: Kontraktspezifikationen des TOPIX-Futures an der Tokio Stock Exchange

Der in Hong Kong gehandelte Hang Seng-Future bezieht sich auf den zur Zeit 33 Werte umfassenden Hang Seng Index, der am 13. Januar 1984 ein Ausgangsniveau von 975,45 aufwies.

Hang Seng-Futures	
Basiswert:	Hang Seng Index
Kontraktvolumen:	Hang Seng mal 50,- HKD
Settlement:	Barausgleich
Notierung:	In Punkten
Tick-Größe und -Wert:	1 Punkt bzw. 50,- HKD
Verfallmonate:	Die nächsten zwei Monate und
	März, Juni, September, Dezember
Letzter Handelstag:	Letzter Handelstag des Monats
Optionskontrakte verfügbar:	Nein

Tab. D.60: Kontraktspezifikationen des Hang Seng-Futures an der Hong Kong Futures Exchange

Zu den ältesten Aktienindexfutures der Welt zählt der All Ordinaries Kontrakt in Sydney. Dieser Future existiert bereits seit 1983 und bezieht sich auf den australischen All Ordinaries Index. Es handelt sich dabei um einen mit der jeweiligen Marktkapitalisierung der im Index vertretenen Gesellschaften gewichteten Index, der bei seiner Einführung am 31.12.1979 einen Ausgangswert von 500 besaß.

All Ordinaries-Futures	
Basiswert:	All Ordinaries Index
Kontraktvolumen:	All Ordinaries mal 25,- AUD
Settlement:	Barausgleich
Notierung:	In Punkten
Tick-Größe und -Wert:	1 Punkt bzw. 25,- AUD
Verfallmonate:	März, Juni, September, Dezember
Letzter Handelstag:	Letzter Handelstag des Monats
Optionskontrakte verfügbar:	Ja

Tab. D.61: Kontraktspezifikationen des All Ordinaries-Futures an der Sydney Futures Exchange

Zu den jüngeren Kontrakten zählt demgegenüber der in Wellington, Neuseeland gehandelte NZ-SE Top 10 Aktienindexfuture. Er bezieht sich auf die zehn größten Titel des marktabdeckenden NZ-SE All Ordinaries Index.

NZ-SE Top 10 Futures	
Basiswert:	NZ-SE Top 10 Index
Kontraktvolumen:	NZ-SE Top 10 mal 25,- NZD
Settlement:	Barausgleich
Notierung:	In Punkten
Tick-Größe und -Wert:	1 Punkt bzw. 25,- NZD
Verfallmonate:	März, Juni, September, Dezember
Letzter Handelstag:	Letzter Handelstag des Monats
Optionskontrakte verfügbar:	Ja

Tab. D.62: Kontraktspezifikationen des NZ-SE Top 10 Futures an der New Zealand Options and Futures Exchange

Neben Aktienindexfutures existieren in Asien und Australien auch einige Terminkontrakte auf Zinsinstrumente. Zwar entspricht die Anzahl der gehandelten Instrumente nicht der Anzahl europäischer und amerikanischer Kontrakte, die großen Märkte weisen jedoch eine hinreichend große Zahl von Instrumenten auf. Dies gilt besonders für den japanischen Markt, an dem vier verschiedene Zinsinstrumente zur Verfügung stehen. Interessanterweise werden Terminmarktinstrumente auf japanische Zinsen nicht nur in Japan, sondern auch in London und Singapur gehandelt. Dies unterstreicht das weltweite Interesse an japanischen Zinsanlagen.

Das Segment der langlaufenden japanischen Staatsanleihen (Japanese Government Bonds, JGB) wird duch den Long Bond Future abgedeckt. Dieser wird an der Tokyo Stock Exchange (TSE) gehandelt.

20-jährige JGB-Futures	
Basiswert:	Idealtypische fiktive JGB-Anleihe
Nominalwert:	100.000.000,- JPY
Laufzeit der fiktiven Anleihe:	20 Jahre
Zins:	6%
Laufzeitbereich der lieferb. Bonds:	15-21 Jahre
Tick-Größe und -Wert:	0,01% = 10.000 JPY
Quotierung:	100 JPY nominal
Liefertag:	20. Tag des Liefermonats
Liefermonate:	März, Juni, September, Dezember
Optionskontrakte verfügbar:	Nein

Tab. D.63: Kontraktspezifikationen des 20-jährigen JGB-Futures an der TSE

Das in Japan als mittelfristig zu betrachtende Anleihenmarktsegment der bis zu elfjährigen Bonds wird durch den Kontrakt auf 10-jährige JGB-Futures abgedeckt. Lieferbar in diesen

Kontrakt sind Anleihen mit einer Restlaufzeit zwischen 7 und 11 Jahren. Zehnjährige JGB-Futures werden an der TSE, an der LIFFE und an der SIMEX gehandelt. Der im nachfolgenden dargestellte Kontrakt entspricht den in Tokio und London gehandelten Kontraktusancen. In Singapur beträgt der Nominalwert des Underlying lediglich 50 Mio Yen.

10-jährige JGB-Futures	
Basiswert:	Idealtypische fiktive JGB-Anleihe
Nominalwert:	100.000.000,- JPY
Laufzeit der fiktiven Anleihe:	10 Jahre
Zins:	6%
Laufzeitbereich der lieferb. Bonds:	7-11 Jahre
Tick-Größe und -Wert:	0,01% = 10.000 JPY
Quotierung:	100 JPY nominal
Liefertag:	20. Tag des Liefermonats
Liefermonate:	März, Juni, September, Dezember
Optionskontrakte verfügbar:	Ja

Tab. D.64: Kontraktspezifikationen des 10-jährigen JGB-Futures an der TSE

Der 3-Monats-Euro-Yen-Future wird in Tokio und in Singapur gehandelt. Beide Kontrakte sind identisch und hinsichtlich ihrer Kontraktspezifikationen dem nachfolgenden Tableau zu entnehmen.

3-Monats-Euro-Yen-Futures	
Basiswert:	Yen-TIBOR (3-Monats-Termingeld)
Nominalwert:	100.000.000,- Yen
Settlement:	Barausgleich
Notierung:	100 minus Zinssatz
Tick-Größe und -Wert:	0,01% bzw. 2.500,- Yen
Verfallmonate:	März, Juni, September, Dezember
Letzter Handelstag:	Montag vor dem Liefertag
Optionskontrakte verfügbar:	Ja

Tab. D.65: Kontraktspezifikationen des 3-Monats-Euro-Yen-Futures an der TIFFE

Eine Besonderheit liegt mit dem 1-Jahres Euro-Yen-Future vor, denn Terminkontrakte auf einjährige Zinsen sind nicht weit verbreitet. Die Kontraktspezifikationen entsprechen bis auf die Laufzeit des zugrundeliegenden Zinses denen des 3-Monats-Euro-Yen-Futures.

Der wichtigste australische Zinsfuture ist neben dem Kontrakt auf dreijährige Staatsanleihen der sog. Commonwealth T-Bond-Kontrakt, der sich auf zehnjährige australische Staatsanleihen als Underlying bezieht.

Commonwealth T-Bond-Futures	
Basiswert:	Idealtypischer fiktiver australischer 10 Year-Bond
Nominalwert:	100.000,- AUD
Laufzeit der fiktiven Anleihe:	10 Jahre
Zins:	12%
Tick-Größe:	0,005 (Tick-Wert kann variieren)
Quotierung:	100 - Rendite
Liefermonate:	März, Juni, September, Dezember
Optionskontrakte verfügbar:	Ja

Tab. D.66: Kontraktspezifikationen des australischen Commonwealth T-Bond-Futures an der SFE

Australische Zinsfutures weisen die Besonderheit auf, wie Geldmarktfutures quotiert zu werden. Die Preisstellung ergibt sich folglich zu 100 minus der Marktrendite der Cheapest to Deliver (CTD) Anleihe. Zudem ist bei australischen Zinsfutures stets ein Cash Settlement vorgesehen. Dies gilt auch für den an der Sydney Futures Exchange gehandelten Terminkontrakt auf eine idealtypische 3-jährige australische Staatsanleihe.

Australische 3-Year-Bond-Futures	
Basiswert:	Idealtypischer fiktiver australischer 3 Year-Bond
Nominalwert:	100.000,- AUD
Laufzeit der fiktiven Anleihe:	3 Jahre
Zins:	12%
Tick-Größe:	0,01 (Tick-Wert kann variieren)
Quotierung:	100 - Rendite
Liefermonate:	März, Juni, September, Dezember
Optionskontrakte verfügbar:	Ja

Tab. D.67: Kontraktspezifikationen des australischen 3-jährigen-Bond-Futures an der SFE

Der Geldmarktbereich in Australien wird abgedeckt durch sog. 90-Tages Bank Accepted Bill-Futures.

90-Tages Bank Accepted Bill-Futures	
Basiswert:	Austr. 3-Monats-Termingeld
Nominalwert:	1.000.000,- AUD
Settlement:	Barausgleich
Notierung:	100 minus Zinssatz
Tick-Größe:	0,01% (Tick-Wert kann variieren)
Verfallmonate:	März, Juni, September, Dezember
Letzter Handelstag:	Tag vor dem dritten Freitag des Monats
Optionskontrakte verfügbar:	Ja

Tab. D.68: Kontraktspezifikationen des 90-Tages Bank Accepted Bill-Futures an der SFE

Ein vergleichbares Spektrum an Zinstermininstrumenten steht auch für den neuseeländischen Bondmarkt zur Verfügung, so daß neben einem dreimonatigen Geldmarktfuture ein Zehnjahres- und ein Dreijahreskontrakt existieren. Da das Handelsvolumen dieser Terminmarktinstrumente im Vergleich zu den oben dargestellten Kontrakten relativ gering ist, wird auf eine detaillierte Beschreibung der Kontrakte verzichtet. Grundsätzlich gelten die gleichen Kontraktusancen, wie für die australischen Kontrakte.

cb. Optionen

Auf drei der dargestellten Aktienindexfuturekontrakte können an den jeweiligen Terminbörsen Optionen ge- und verkauft werden. Es handelt sich dabei um den Nikkei 225 Kontrakt, auf den Optionen an der SIMEX und der CME gehandelt werden. Ferner bietet die SIMEX Optionen auf den Nikkei 300 an. Bei den genannten Optionen handelt es sich um Optionen auf den Future-kontrakt.

Auch beim australischen All Ordinaries-Future und dem NZ-SE 10-Future stehen Optionen zur Verfügung. Die Optionen auf den All Ordinaries-Future wurden bereits 1985 in den Handel eingeführt und zählen damit zu den ersten Indexfutureoptionen weltweit. Demgegenüber wurde der neuseeländische Optionskontrakt erst 1995 ins Leben gerufen. Diese genannten Optionen können jederzeit während der Optionslaufzeit ausgeübt werden.

Anders sieht dies bei den Optionen auf die jeweiligen Kassaindizes aus. Hier handelt es sich zumeist um Optionen europäischen Typs. Die Optionen auf den TOPIX bilden eine Ausnahme. Insgesamt stehen Optionen auf den Nikkei 225, den Nikkei 300, den TOPIX, den Japan-Index der American Stock Exchange (AMEX) und den Hang Seng Index zur Verfügung. In Australien und Neuseeland werden keine terminbörsenmäßig gehandelten Optionen auf die jeweiligen Kassaindizes angeboten. Allerdings existieren OTC-Kontrakte auf die Kassaindizes.

Der mit Abstand wichtigste der genannten Kontrakte ist der Nikkei 225 Optionskontrakt in Osaka. Dieser Optionskontrakt wurde 1989 eingeführt und war das erste börsengehandelte Optionsprodukt, das sich auf den japanischen Aktienmarkt bezog. Seine Kontraktspezifikationen sind dem folgenden Tableau zu entnehmen.

Nikkei 225-Option	
Basiswert:	Nikkei 225
Optionstyp:	Europäisch
Notierung:	Vielfaches von 5 Indexpunkten
Schlußabrechnung:	Barausgleich (Cash Settlement)
Tick-Größe und -Wert:	5 = 5000,- Yen
Verfallmonate:	Die jeweils drei nächsten Monate
Verfalltag:	2. Freitag im Verfallmonat
Letzter Handelstag:	Ein Tag vor dem Verfalltag

Tab. D.69: Kontraktspezifikationen der Nikkei 225-Option an der OSE

3. Die Anlagemärkte Nordamerikas

a. Aktien

Der US-amerikanische Aktienmarkt ist der größte singuläre Markt für Eigenkapital in der Welt. Entsprechend hoch ist seine Ländergewichtung in den internationalen Aktienindizes.[1] Am 30.12.1994 wies der US-Aktienmarkt eine Marktkapitalisierung von 4,84 Billiarden US-Dollar auf.[2] Vier Jahre später betrug die Kapitalisierung bereits 13,59 Billiarden Dollar.[3] Seit Anfang des Jahres 1999 haben die Werte nochmals um gut 15% zugelegt. Die Vielzahl an verfügbaren Marktindizes und Terminkontrakten wird von keinem anderen Aktienmarkt der Welt auch nur annähernd erreicht. Der bekannteste Index ist der Dow Jones Industrial Average-Index (DJIA), der die Wertentwicklung von 30 der wichtigsten und größten US-Aktiengesellschaften mißt. Die Besonderheit des Dow Jones Index gegenüber anderen amerikanischen Marktbarometern liegt in seinem Gewichtungsschema, das sich an den absoluten Kursen und nicht an der Marktkapitalisierung der einzelnen im Index vertretenen Gesellschaften orientiert.

Dow Jones Industrial Average		
ALCOA	EASTMAN KODAK	MCDONALDS CORP
ALLIED SIGNAL	EXXON CORP	MERCK & CO
AMER EXPRESS CO	GENERAL ELEC CO	MINNESOTA MINING
AT & T	GENERAL MOTORS	PHILIP MORRIS
BOEING CO	GOODYEAR TIRE	PROCTER & GAMBLE
CATERPILLAR INC	HEWLETT-PACKARD	SEARS ROEBUCK

Tab. D.70: Indexzusammensetzung des Dow Jones Industrial Average, Stand: 31.07.1999

---

1 Vgl. hierzu die Tabelle D.1 zu Beginn des Kapitels.

2 Vgl. **Standard & Poor's** (1995), S. 6.

3 Vgl. **Salomon Smith Barney** (1999), S. 555.

CHEVRON CORP	IBM	UNION CARBIDE CP
CITIGROUP INC.	INTL PAPER CO	UNITED TECH CP
COCA COLA CO	JOHNSON & JOHNSON	WAL MART
DU PONT CO	J P MORGAN & CO	WALT DISNEY CO

Noch Tab. D.70: Indexzusammensetzung des Dow Jones Industrial Average, Stand: 31.07.1999

Der bedeutendste US-Index ist jedoch der S&P 500. Er mißt die Wertentwicklung von 500 großen und wichtigen Aktiengesellschaften in Nordamerika. Kanadische Werte sind im S&P 500 ebenfalls vorzufinden. Mit Royal Dutch Petroleum und Unilever N.V. befinden sich sogar zwei Gesellschaften aus den Niederlanden in dem Indexuniversum des S&P 500. Der S&P 500 wird wegen seiner Breite häufig als Benchmark für die Wertentwicklung des amerikanischen Marktes herangezogen. Die 10 Werte mit der größten Gewichtung sind Microsoft, General Electric, IBM, Intel Corp., Lucent Tech, Wal-Mart Stores, Cisco Systems, Exxon Corp., AT&T Corp. und MCI Worldcom.

Die Branchenzusammensetzung des S&P 500 wird mittlerweile von Computer- und Elektronik-Unternehmen dominiert. Diese Branche findet sich dem Sektor Capital Goods zugeordnet und besitzt ein Branchengewicht von ca. 27%. Durch die zunehmende Verbreitung von Branchenansätzen im Investmentbereich kommt der Sektorenanalyse inzwischen eine herausragende Bedeutung zu.

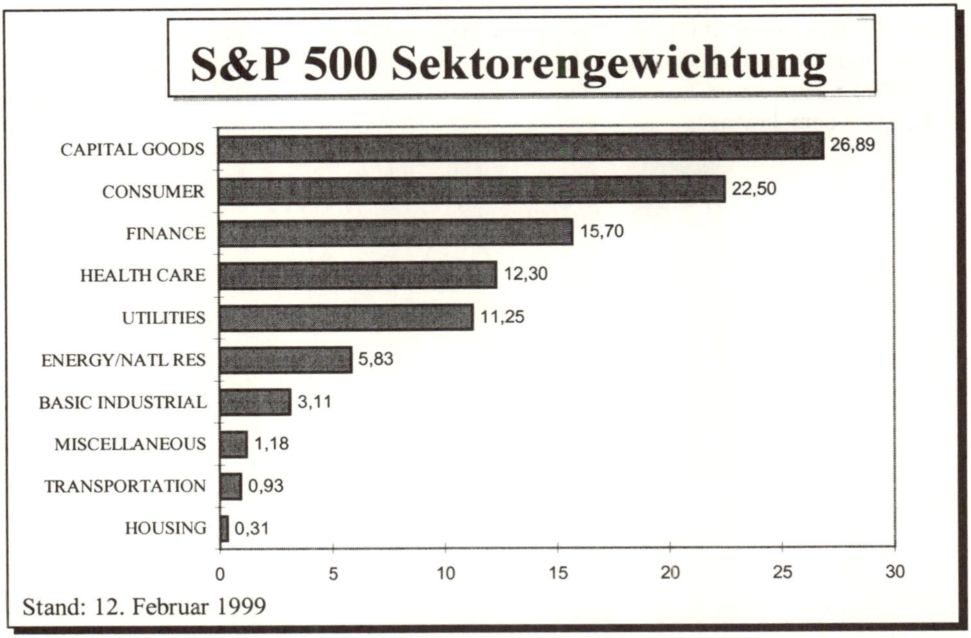

Abb. D.10: Sektorengewichtung des S&P 500

Auch im Rahmen wissenschaftlicher Untersuchungen dient der S&P 500 vielfach als Proxy für den US-Aktienmarkt; denn er repräsentiert ca. 70% des Marktes.[1] Zu seiner weiten Akzeptanz und Verbreitung trägt auch die Verfügbarkeit von derivativen Produkten bei. In Chicago werden Optionen und Futures auf den S&P 500 gehandelt. Auch im OTC-Bereich dominiert der S&P 500 als zumeist verwendetes Underlying.

In den letzten Jahren hat in den USA insbesondere der sog. NASDAQ-Index an Bedeutung gewonnen. Er mißt die Wertentwicklung von rund 6.500 Aktiengesellschaften und wurde am 5. Februar 1971 mit einem Wert von 100 eingeführt. Charakteristisch für den NASDAQ ist die Abdeckung vieler kleiner Aktiengesellschaften. Die Marktentwicklungen der letzten Jahre haben dazu geführt, daß der NASDAQ einen hohen Gewichtungsanteil an Technologiewerten aufweist. Zu den bekannten und inzwischen äußerst marktbreiten NASDAQ-Titeln gehören Gesellschaften wie Microsoft, Intel, Dell, Compaq, Sun Microsystems, Amazon, Novell, Yahoo, MCI-Worldcom, Oracle, Netscape etc.

Gemessen am mengen- und wertmäßigen Handelsvolumen steht der Freiverkehrsmarkt NASDAQ der New York Stock Exchange (NYSE), an der ca. 3.000 Unternehmen gehandelt werden, inzwischen nicht mehr nach. Der wichtigste Unterschied zwischen beiden Märkten besteht im Handelssystem. Während an der NYSE das sog. Open Outcry System dominiert, handelt es sich bei NASDAQ um ein elektronisches Handelssystem.

Einen geeigneten Maßstab für die Wertentwicklung kleinerer Unternehmen (Small Caps) in den USA stellt der Russel 2000 Index statt. Es handelt sich um einen marktwertgewichteten Kursindex, der die Wertentwicklung amerikanischer Aktiengesellschaften in einer Kapitalisierungsbandbreite von 170 bis 1,7 Milliarden US-Dollar abdeckt. Die jährliche Größenüberprüfung des Russel 2000 findet stets im Juni statt. Die Brancheneinteilung des Russel 2000 ist der folgenden Darstellung zu entnehmen.

---

[1] Vgl. **Standard & Poor's** (1995), S. 6.

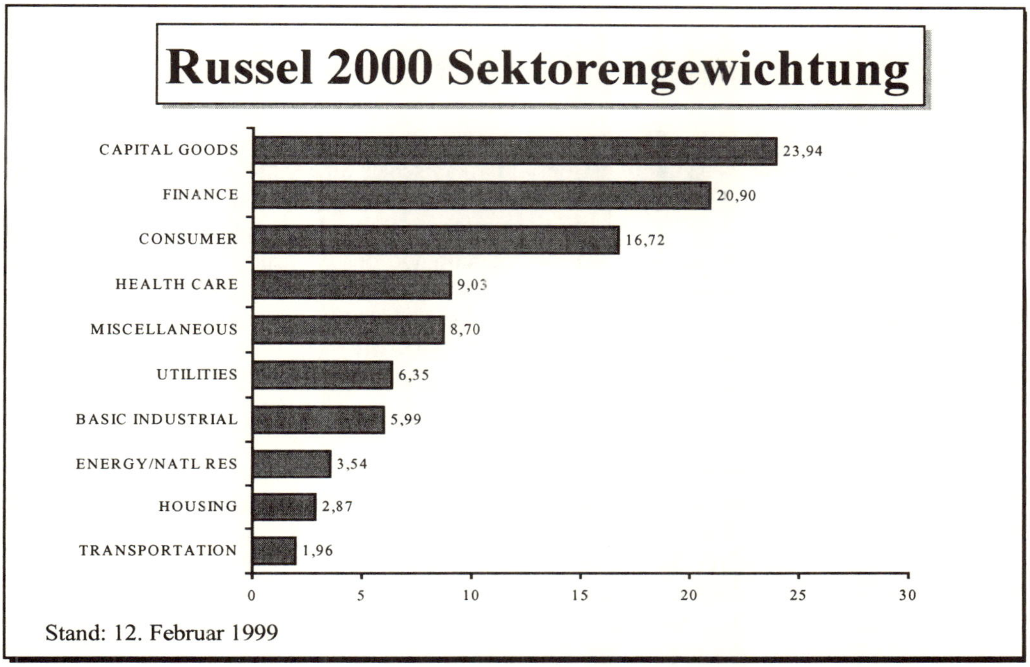

Abb. D.11: Sektorengewichtung des Russel 2000

Der amerikanische Aktienhandel wird von dem Handelsplatz New York mit seinen drei Börsen NYSE, NASDAQ und AMEX dominiert. Den Regionalbörsen in Chicago, San Francisco und Philadelphia kommt demgegenüber nur eine recht geringe, oftmals regionale Bedeutung zu.

Im Vergleich mit den USA ist der kanadische Aktienmarkt relativ klein. Charakteristisch für den kanadischen Aktienmarkt ist die große Anzahl an Rohstoffgesellschaften, die in den einzelnen Marktindizes vertreten sind. Der Handelsplatz Toronto verfügt über das größte Handelsvolumen in Kanada. Große kanadische Aktiengesellschaften sind zumeist auch in New York gelistet.

b. Anleihen

ba. USA

Der US Staatsanleihenmarkt ist der größte nationale Anleihenmarkt der Welt, wie seine Gewichtung in den gängigen Welt-Anleihen-Indizes belegt (JP Morgan World Government Bond Index ca. 39%). Neben seiner Größe zeichnet er sich besonders durch seine Liquidität, Effizienz und Bonität aus. Die amerikanische Notenbank - FED (Federal Reserve Bank) - emittiert zwei verschiedene Arten von festverzinlichen Wertpapieren: Kuponanleihen und abgezinste Papiere. Letztere zeichnen sich durch eine Restlaufzeit von zumeist maximal einem Jahr aus. Diese 'Bills' genannten Papiere werden unter Pari begeben und am Laufzeitende zu Pari zurückgezahlt. Im

Gegensatz dazu werden die Kuponanleihen, die halbjährliche Zinszahlungen aufweisen, mittels eines Auktionsverfahrens zu Kursen um die 100% versteigert. Anleihen mit einer Laufzeit zwischen 2 und 10 Jahren werden als 'Notes' bezeichnet, während länger laufende Titel 'Bonds' genannt werden.

Der separate Handel von Zinskupons ist bei amerikanischen Staatsanleihen schon seit langem möglich. Diese Zerobondswerden als STRIPS (Separate Trading of Registered Interest and Principal Securities) bezeichnet. Somit ist es Investoren möglich, langlaufende Nullkuponanleihen zu erwerben, die nicht separat von der FED als Ausführende des Treasury Departments emittiert werden. Von den (kontinental-) europäischen Rentenmärkten unterscheidet sich der US-Bondmarkt nicht nur hinsichtlich seiner Marktbreite und -tiefe, sondern auch im Hinblick auf die Kuponzahlung und Preisquotierung. In den USA sind halbjährliche Zinszahlungen bei Kuponanleihen üblich. Die Kurse werden nicht in Prozent, sondern in Zweiunddreißigstel und gegebenenfalls in Vierundsechzigstel quotiert

Zur großen Liquidität des US-Anleihenmarktes trägt neben den genannten Faktoren auch das Bestehen eines hochliquiden Repo-Marktes bei. Dieser wird nicht nur von den Investoren und Händlern genutzt, sondern auch von der FED für Offenmarkttransaktionen in Anspruch genommen. Nicht minder wichtig für die Marktliquidität ist auch die Verfügbarkeit liquider Derivatemärkte, die sich auf Staatsanleihen als Underlying beziehen. Futures und Optionen werden insbesondere am Chicago Board of Trade (CBoT) und an der Chicago Mercantile Exchange (CME) auf nahezu alle Laufzeitsegmente der Renditestrukturkurve gehandelt.

Neben den Staatsanleihen existiert noch eine Anzahl weiterer wichtiger staatlicher oder halbstaatlicher Emittenten am US-Rentenmarkt. Dabei handelt es sich um Emissionen einzelner Bundesstaaten, Kommunen (Municipals), Gebietskörperschaften (Counties) sowie weitere halbstaatliche Einrichtungen (Agencies), wie z. B. Studentenwerke. Ein wesentlicher Unterschied zu Staatsanleihen besteht z.B. in der Steuerbefreiung für Kommunalanleihen. Agencies können auch in anderen Währungen als dem US-Dollar emittieren sowie sog. Medium-Term-Notes-Programme (MTN's) auflegen. Derartige MTN's erlauben die fortwährende Emission von Schuldverschreibung unter sehr flexiblen Bedingungen.

Darüber hinaus verfügen die Vereinigten Staaten über einen großen und liquiden Markt für Corporate Bonds. Hypothekenanleihen (Mortgage Linked Bonds) und handelbare verbriefte Forderungen (Asset Backed Securities) runden das breite Spektrum des US-Anleihemarktes ab. Im kurzfristigen Laufzeitsegment dominieren Commercial Paper (CP) den Corporate Bond Markt. Commercial Paper haben selten eine längere Laufzeit als ein Jahr und sind, analog zu den T-Bills, als Diskontpapiere konstruiert. Vergleiche zwischen T-Bills und CP's zeigen, daß die Staatspapiere einen liquideren Markt aufweisen.

Der US-Geldmarkt bietet neben Fed Funds, T-Bills und CP's zusätzlich handelbare Bankeinlagenzertifikate (Certificates of Deposit, CD's). CD's werden nicht auf abgezinster Basis gehandelt und unterscheiden sich dadurch von den T-Bills und den CP's. Je nach Bonität der emittierenden Unternehmung bei CP's bzw. der Bank bei CD's weisen diese Instrumente einen positiven Renditespread zu T-Bills auf. Ähnliches gilt auch für die sog. 'Banker's Acceptances' (BA's), die als handelbare Wechsel angesehen werden können, welche auf eine Bank gezogen sind. Vom Volumen her ist der Markt für BA's jedoch relativ unbedeutend. Wichtiger sind hingegen die sog. 'Eurodollars', die als USD-Einlagen bei außerhalb der USA angesiedelten Banken definiert sind. Diese Einlagen unterfallen nicht den mitunter strengen Regularien der US-Aufsichtsbehörden und sind somit kostengünstiger. Daher liegen die Zinssätze für Eurodollars i. d. R. oberhalb der Sätze für inländische CD's. Im Gefolge des Eurodollar-Marktes hat sich auch eine Euro Commercial Paper Markt (ECP) herausgebildet.

Ausländische Investoren werden, sofern deren Heimatland ein Doppelbesteuerungsabkommen mit den USA abgeschlossen hat, von der Quellensteuer (Withholding Tax) befreit.

bb. Kanada

Der kanadische Bond Markt ist ähnlich strukturiert wie der US-Bond Markt. Sein Laufzeitspektrum reicht ebenfalls von 3 Monaten bis zu 30 Jahren. Es werden diskontierte Geldmarkttitel begeben, die auf Renditebasis gehandelt werden. Die emittierten Kuponanleihen sind mit halbjährlicher Zinszahlungsweise ausgestattet. Gemessen an der volkswirtschaftlichen Größe des Landes besitzt Kanada einen sehr liquiden Anleihenmarkt. Hierzu trägt auch der bestehende Repo-Markt und die Verfügbarkeit von Bond-Derivaten bei. Hinzu kommen die von den kanadischen Provinzregierungen und Kommunen (Municipals) begebenen Anleihen, die ein Gesamtanteil von ca. einem Viertel ausmachen. Am kanadischen Bondmarkt dominieren lange Ursprungslaufzeiten die Marktstruktur (Longbondmarkt). In den letzten Jahren hat sich ein kanadischer Markt für High Yield Bonds entwickelt, der sich an der Entwicklung des entsprechenden US-Segmentes orientiert. Eine Besonderheit des kanadischen Anleihenmarktes liegt in dem Handel, der sich ausschließlich am OTC-Markt, d. h. nicht an einer Börse vollzieht. Ein Quellensteuerproblem für ausländische Investoren besteht i. d. R. nicht, sofern ein Doppelbesteuerungsabkommen zwischen den Ländern vorliegt.

c. Derivative Instrumente

ca. Futures in den USA

Die nordamerikanischen Kapitalmärkte weisen nicht nur - gemessen an der Marktkapitalisierung - große Aktien- und Bondmärkte auf, sondern verfügen auch über eine Vielzahl an derivativen Instrumenten. Besonders in den USA existiert sowohl im Aktienbereich als auch im Bondsektor eine große Palette an verfügbaren Terminmarktinstrumenten. Dabei ist in erster Linie an Futures und Optionen zu denken, die an den großen Terminbörsen gehandelt werden. Neben den börsenmäßig gehandelten Kontrakten existiert eine große Anzahl von Derivaten, die im Interbankenhandel (OTC) angeboten werden. Aufgrund der nichtgegebenen Standardisierung der OTC gehandelten Kontrakte beschränken sich die weiteren Ausführungen auf börsengehandelte Termininstrumente. Ziel der folgenden Darstellung ist die Beschreibung der wichtigsten Instrumente hinsichtlich ihrer Charakteristika.

Was Aktienindexterminkontrakte angeht, so werden die mit Abstand höchsten Handelsvolumina mit dem S&P 500 Futurekontrakt an der Mercantile Exchange in Chicago (CME) erzielt. Grund ist die weite Verbreitung des S&P 500 als international akzeptiertem Benchmarkindex für den

US-Aktienmarkt. Nicht zuletzt aufgrund seiner marktabdeckenden Breite wird der S&P 500 Futurekontrakt zur Absicherung und zur Exposureadjustierung bei US-Aktienportfolios eingesetzt. Die Kontraktspezifikationen des S&P 500 Futures sind dem folgenden Tableau zu entnehmen.

S&P 500-Futures	
Basiswert:	S&P 500 Index
Kontraktvolumen:	S&P mal 500,- USD
Settlement:	Barausgleich
Notierung:	In Punkten
Tick-Größe und -Wert:	0,05 Punkte bzw. 25,- USD
Verfallmonate:	März, Juni, September, Dezember
Letzter Handelstag:	Donnerstag vor dem 3. Freitag des Verfallmonats
Optionskontrakte verfügbar:	Ja

Tab. D.71: Kontraktspezifikationen des S&P 500 Futures an der CME

Das Marktsegment der mittelgroßen amerikanischen Aktiengesellschaften wird ebenfalls durch ein Mitglied aus der Indexfamilie von Standard & Poor's abgedeckt. Dabei handelt es sich um den S&P 400 MidCap Index. Die Kontraktmerkmale des entsprechenden Futures , die weitgehend denen des S&P 500-Futures entsprechen, können der nachstehenden Tabelle entnommen werden.

S&P MidCap-Futures	
Basiswert:	S&P 400 MidCap Index
Kontraktvolumen:	S&P mal 500,- USD
Settlement:	Barausgleich
Notierung:	In Punkten
Tick-Größe und -Wert:	0,05 Punkte bzw. 25,- USD
Verfallmonate:	März, Juni, September, Dezember
Letzter Handelstag:	Donnerstag vor dem 3. Freitag des Verfallmonats
Optionskontrakte verfügbar:	Ja

Tab. D.72: Kontraktspezifikationen des S&P 400 MidCap Futures an der CME

Anleger, die in erster Linie an den großen amerikanischen Blue Chip Aktien interessiert sind, finden im Major Market Index-Future einen Finanzterminkontrakt, der entsprechende Exposuredispositionen erlaubt. Der Major Market Index mißt die Wertentwicklung von 20 großen amerikanischen Aktiengesellschaften und wird vielfach als Substitut für den Dow Jones Industrial Average-Index (DJIA) verwendet, auf den es bis vor kurzem keine Derivate gab. Im Unterschied zu den beiden obigen Aktienindexfutures werden jedoch auf den Major Market Index keine börsengehandelten Optionen angeboten.

Major Market Index-Futures	
Basiswert:	Major Market Index
Kontraktvolumen:	MMI mal 500,- USD
Settlement:	Barausgleich
Notierung:	In Punkten
Tick-Größe und -Wert:	0,05 Punkte bzw. 25,- USD
Verfallmonate:	Die nächsten drei Monate und
	März, Juni, September, Dezember
Letzter Handelstag	3. Freitag des Verfallmonats
Optionskontrakte verfügbar:	ja

Tab. D.73: Kontraktspezifikationen des MMI-Futures an der CME

Der Future auf den Dow Jones Industrial Average wird am CBoT gehandelt. Seine Spezifikationen lauten wie folgt:

Dow Jones Industrial Average Index-Futures	
Basiswert:	DJ Industrial Average-Index
Kontraktvolumen:	DJIA mal 10,- USD
Settlement:	Barausgleich
Notierung:	In Punkten
Tick-Größe und -Wert:	1 Punkt bzw. 10,- USD
Verfallmonate:	März, Juni, September, Dezember
Letzter Handelstag	3. Freitag des Verfallmonats
Optionskontrakte verfügbar:	ja

Tab. D.74: Kontraktspezifikationen des DJIA-Futures am CBoT

Amerikanische Aktienindexfutures werden nicht ausschließlich in Chicago gehandelt. Auch andere Terminbörsenplätze wie New York und Kansas City verfügen über eigene Aktienderivate. So z. B. der Value Line Composite Index-Future, der am Kansas City Board of Trade gehandelt wird. Dieser Kontrakt bezieht sich auf den Value Line Index, der die Wertentwicklung von ca. 1.700 amerikanischen Aktiengesellschaften mißt. Eine Besonderheit des Value Line Index besteht in der Gleichgewichtung aller im Index vertretenen Gesellschaften. Neben dem S&P 500- und dem NYSE-Composite-Future zählt der Value Line-Future zu den ersten Aktienindexfutures in den USA. Der Handel in allen drei Kontrakten wurde bereits 1982 aufgenommen.

Value Line Composite Index-Futures	
Basiswert:	Value Line Composite Index
Kontraktvolumen:	VLCI mal 500,- USD
Settlement:	Barausgleich
Notierung:	In Punkten
Tick-Größe und -Wert:	0,05 Punkte bzw. 25,- USD
Verfallmonate:	März, Juni, September, Dezember
Letzter Handelstag:	3. Freitag des Verfallmonats
Optionskontrakte verfügbar:	Nein

Tab. D.75: Kontraktspezifikationen des Value Line Composite Index-Futures am KCBoT

Ein äußerst marktbreiter Aktienindexfuture wird mit dem NYSE Composite Kontrakt an der New York Futures Exchange (NYFE) gehandelt. Dieser Aktienindex umfaßt alle an der New York Stock Exchange (NYSE) gelisteten Unternehmen.

NYSE Composite-Futures	
Basiswert:	NYSE Composite Index
Kontraktvolumen:	NYSE Composite mal 500,- USD
Settlement:	Barausgleich
Notierung:	In Punkten
Tick-Größe und -Wert:	0,05 Punkte bzw. 25,- USD
Verfallmonate:	März, Juni, September, Dezember
Letzter Handelstag:	Donnerstag vor dem 3. Freitag des Verfallmonats
Optionskontrakte verfügbar:	Ja

Tab. D.76: Kontraktspezifikationen des NYSE Composite-Futures an der NYFE

Das Spektrum der Aktienindexfuturekontrakte in den USA umfaßt darüber hinaus noch weitere Indizes, wie z. B. den Russel 2000 Index, der aktuell knapp 2000 amerikanische Aktien in ihrer Wertentwicklung abbildet und damit ebenfalls als sehr marktbreit anzusehen ist. Des weiteren existieren seit 1995 Futures auf eigens von dem amerikanischen Softwarehaus BARRA konstruierte Subindizes von S&P, die sich zum einen auf ein Universum von 'Growth'-Aktien und zum anderen auf 'Value'-Aktien beziehen. Derlei Indizes werden nicht selten von sog. Style-Investoren im Portfoliomanagement verwendet.

Gemessen am täglichen Handelsvolumen und am Open Interest übersteigt der Umsatz in Bond-Futures jenen in Aktienindexkontrakten deutlich. In den USA existieren Futures für alle Laufzeitsegmente der Zinsstrukturkurve. Geordnet nach der Laufzeit der jeweils in den Futurekontrakt lieferbaren Anleihen werden die einzelnen Instrumente im folgenden kurz erläutert. Im Unterschied zu den oben beschriebenen Aktienindexfutures ist bei Anleihenfutures regelmäßig eine physische Andienung des Kontraktunderlyings zur Geschäftserfüllung möglich.

Der bedeutendste Bond-Futurekontrakt in den USA ist der US-Long Bond Futures mit einer Mindestlaufzeit der in den Kontrakt lieferbaren US-Staatsanleihen von mindestens 15 Jahren. Gehandelt wird der Kontrakt am Chicago Board of Trade (CBoT).

T-Bond-Futures	
Basiswert:	Idealtypischer fiktiver 20-jähriger T-Bond
Nominalwert:	100.000,- USD
Laufzeit der fiktiven Anleihe:	20 Jahre
Zins:	8%
Laufzeitbereich der lieferb. Bonds:	15 Jahre und länger
Tick-Größe und -Wert:	1/32% = 31,25 USD
Quotierung:	100 nominal
Liefermonate:	März, Juni, September, Dezember
Lieferform:	Wild Card
Optionskontrakte verfügbar:	Ja

Tab. D.77: Kontraktspezifikationen des T-Bond-Futures am CBoT

Eine Besonderheit in bezug auf die Lieferbedingungen bei physischer Andienung besteht bei den meisten amerikanischen Bond-Futures in der Existenz einer Wild Card Option, die dem zur Lieferung Verpflichteten für einen bestimmten Zeitraum nach der Feststellung des Settlementpreises die Auswahl zwischen verschiedenen lieferfähigen Anleihen gestattet. Für den T-Note-Future gelten die gleichen Lieferusancen. Ebenso sind die Kontraktspezifikationen weitgehend identisch.

10-jährige T-Note-Futures	
Basiswert:	Idealtyp. fiktive 10 Year T-Note
Nominalwert:	100.000,- USD
Laufzeit der fiktiven Anleihe:	10 Jahre
Zins:	8%
Laufzeitbereich der lieferb. Notes:	6,5-10 Jahre
Tick-Größe und -Wert:	1/32% = 31,25 USD
Quotierung:	100 nominal
Liefermonate:	März, Juni, September, Dezember
Lieferform:	Wild Card
Optionskontrakte verfügbar:	Ja

Tab. D.78: Kontraktspezifikationen des 10-jährigen T-Note-Futures am CBoT

Im Gegensatz zu den meisten anderen Bondmärkten der Welt sind in den USA auch Futures auf 5- und 2-jährige Staatsanleihen verfügbar. Sie unterscheiden sich von den längerlaufenden Kontrakten im Laufzeitbereich der lieferbaren Anleihen und in der Tick-Größe, die 1/64% beträgt.

5-jährige T-Note-Futures	
Basiswert:	Idealtypische fiktive 5Year T-Note
Nominalwert:	100.000,- USD
Laufzeit der fiktiven Anleihe:	5 Jahre
Zins:	8%
Laufzeitbereich der lieferb. Bonds:	3,5-5 Jahre
Tick-Größe und -Wert:	1/64% = 15,625 USD
Quotierung:	100 nominal
Liefermonate:	März, Juni, September, Dezember
Lieferform:	Wild Card
Optionskontrakte verfügbar:	Ja

Tab. D.79: Kontraktspezifikationen des 5-jährigen T-Note-Futures am CBoT

Sämtliche Futurekontrakte müssen mit Margins unterlegt werden. Die Marginhöhe hängt davon ab, ob der Positionsinhaber eine Hedgeposition besitzt oder ein spekulatives Engagement betreibt. Grundsätzlich gilt, daß die Höhe der Margins (Initial und Variation Margin) positiv mit der Zinssensitivität des Underlyings korreliert. Daher sind die zu erbringenden Marginleistungen bei dem unten dargestellten 2-jährigen T-Note-Future geringer als etwa beim Long Bond-Future.

2-jährige T-Note-Futures	
Basiswert:	Idealtypische fiktive 2Year T-Note
Nominalwert:	200.000,- USD
Laufzeit der fiktiven Anleihe:	2 Jahre
Zins:	8%
Laufzeitbereich der lieferb. Notes:	1,75-2 Jahre
Tick-Größe und -Wert:	1/128% = 15,625 USD
Quotierung:	100 nominal
Liefermonate:	März, Juni, September, Dezember
Lieferform:	Wild Card
Optionskontrakte verfügbar:	Ja

Tab. D.80: Kontraktspezifikationen des 2-jährigen T-Note-Futures am CBoT

Das kurze Ende der Zinsstrukturkurve - der Geldmarktbereich - wird durch den Euro-Dollar-Futurekontrakt am International Monetary Market (IMM) an der Chicago Mercantile Exchange abgedeckt. Er ist der mit Abstand umsatzstärkste Geldmarktfuture der Welt.

3-Monats Euro-Dollar-Futures	
Basiswert:	3-Monats USD Termineinlage
Nominalwert:	1.000.000,- USD
Settlement:	Barausgleich
Notierung:	100 minus Zinssatz
Tick-Größe und -Wert:	0,01% bzw. 25,- USD
Verfallmonate:	März, Juni, September, Dezember
Optionskontrakte verfügbar:	Ja

Tab. D.81: Kontraktspezifikationen des Eurodollar-Futures am IMM an der CME

Die im gleichen Segment der Zinsstrukturkurve anzusiedelnden 3-Monats T-Bill-Futures und die Fed-Funds-Futures weisen gegenüber dem Eurodollar-Future nur ein vergleichsweise geringes Umsatzvolumen auf. Es ist darauf hinzuweisen, daß Geldmarktfutures gegenüber Bond-Futures zwei Besonderheiten aufweisen. Zum einen erfolgt i. d. R. ein Barausgleich am Erfüllungstag, da eine physische Andienung nicht möglich ist und zum anderen werden Geldmarktfutures abweichend zu Bond-Futures in der Notation 100 minus Zinssatz gelistet. Daher erfolgt die Preisstellung nicht in Zweiunddreißigstel bzw. Vierundsechzigstel, wie dies bei den amerikanischen Bond-Futures der Fall ist. Zu der ersten Regel bilden T-Bill- und Fed-Funds-Futures jedoch eine Ausnahme, da hier ein physische Lieferung möglich ist. Die Kontraktspezifikationen des T-Bill-Futures sind der folgenden Tabelle zu entnehmen.

T-Bill-Futures	
Basiswert:	T-Bills mit 3 Monaten Restlaufzeit
Nominalwert:	1.000.000,- USD
Notierung:	100 minus Zinssatz
Tick-Größe und -Wert:	0,01% bzw. 25,- USD
Verfallmonate:	März, Juni, September, Dezember
Lieferform:	Wild Card
Optionskontrakte verfügbar:	Ja

Tab. D.82: Kontraktspezifikationen des T-Bill-Futures am IMM der CME

Neben den genannten Kontrakten existieren weitere Futures auf Zinsinstrumente, die allerdings als relativ unbedeutend einzustufen sind. Dabei ist z. B. an den Municipal Bond-Index zu denken, der sich auf steuerreduzierte Anleihen von Gebietskörperschaften in den USA bezieht. Aufgrund der einheitlichen Bonität spielen die auf US-Staatsanleihen bezogenen Futures jedoch eine wesentlich größe Rolle am US-Bondmarkt.

cb. Optionen in den USA

Die bisherigen Ausführungen über Futurekontrakte in den USA haben einen Eindruck über die Größe des Terminmarktes vermittelt. Allerdings wird die Vielzahl der Futurekontrakte von der Menge an zur Verfügung stehenden Optionskontrakten noch deutlich übertroffen.

Auf nahezu alle gängigen Futurekontrakte - Aktienindizes und Bonds - werden in den USA Optionen gehandelt. Der wichtigste Optionskontrakt auf Aktienindexfutures ist die S&P 500 Futuresoption, die an der CME gehandelt wird. Vom Volumen her bedeutender sind indessen die Optionen auf Kassaindizes. Dieser Marktbereich wird dominiert von Optionen auf den S&P 500 und den S&P 100 Aktienindex. Der Handel in diesen Optionen vollzieht sich an der Chicago Board Options Exchange (CBOE), die als mit Abstand größte Optionsbörse für Finanzoptionen der Welt angesehen werden kann.

Während in früheren Jahren der Handel in S&P 100 Optionen (im Fachjargon OEX genannt) dominierte, hat das Volumen in S&P 500 Optionen (im Fachjargon SPX genannt) inzwischen deutlich zugenommen und ein fast ähnliches Ausmaß erreicht. Gleichwohl ist der S&P 100 Optionskontrakt gemessen an der Zahl der durchschnittlich täglich offenen Kontrakte die größte Aktienindexoption der Welt. Neben der Marktbreite des Underlyings unterscheiden sich beide Optionskontrakte hinsichtlich der Ausübungsart. Während der S&P 100 Optionskontrakt als amerikanische Option konzipiert ist, kann der S&P 500 Optionskontrakt nur zum Kontraktverfall ausgeübt werden. Ansonsten ähneln sich die Kontraktmerkmale.

S&P 100-Option	
Basiswert:	S&P 100
Optionstyp:	Amerikanisch
Notierung:	1/16 Punkte
Schlußabrechnung:	Barausgleich (Cash Settlement)
Tick-Größe und -Wert:	1/16 bzw. 6,25 US-Dollar
Verfallmonate:	Die jeweils drei nächsten sowie der
	nächste darauffolgende Zyklusmonat
	März, Juni, Sept., Dez.
Letzter Handelstag:	3. Freitag im Verfallmonat

Tab. D.83: Kontraktspezifikationen der S&P 100-Option an der CBOE

Neben Optionen auf Aktienindizes und einzelne amerikanische Aktiengesellschaften haben sich in den letzten Jahren auch Optionen auf Branchenindizes etablieren können. Angeboten werden Branchenindexoptionen unter anderem von der CBOE in Chicago, der AMEX in New York und der Philadelphia Stock Exchange. An letzterer werden mit Erfolg z. B. Optionen auf den Semiconducter Index gehandelt, der die Kursentwicklung von 16 wichtigen Halbleiterherstellern abbildet. Des weiteren stehen beispielsweise Optionen auf einen Biotechnologiewerteindex, einen Ölwerteindex und einen Bankwerteindex zur Verfügung.

Im Bondbereich zählen die Optionen auf Staatsanleihenfutures zu den wichtigsten Kontrakten. Insbesondere die Optionen auf den US-Long Bond Future nehmen, gemessen am Handelsvolumen, weltweit eine exponierte Stellung ein. Es folgen Optionen auf den zehnjährigen, den fünfjährigen und den zweijährigen Bond-Futurekontrakt. Der Handel vollzieht sich am Chicago Board of Trade.

T-Bond Future-Option	
Basiswert:	T-Bond Future
Optionstyp:	Amerikanisch
Notierung:	1/64 Punkte
Schlußabrechnung:	Barausgleich (Cash Settlement)
Tick-Größe und -Wert:	1/64 bzw. 15,625 US-Dollar
Verfallmonate:	Die jeweils drei nächsten sowie der nächste darauffolgende Zyklusmonat März, Juni, Sept., Dez.
Letzter Handelstag:	3. Freitag im Verfallmonat

Tab. D.84: Kontraktspezifikationen der T-Bond Future-Option an der CBOE

Äußerst lebhaft ist auch der Handel in Optionen auf amerikanische Geldmarktfutures. Wesentlicher Handelsplatz in diesem Marktsegment ist der International Monetary Market an der CME in Chicago. Die mit Abstand größte Bedeutung weisen die Optionen auf dreimonatige Euro-Dollar-Futures auf, deren Kontraktmerkmale im nachfolgenden Tableau dargestellt sind.

3-Monats Euro-Dollar-Future-Option	
Basiswert:	3-Monats Euro-Dollar Future
Optionstyp:	Amerikanisch
Notierung:	0,005 Punkte
Schlußabrechnung:	Barausgleich (Cash Settlement)
Tick-Größe und -Wert:	0,005 bzw. 12,5 US-Dollar
Verfallmonate:	Die jeweils drei nächsten Monate sowie die nächsten vier darauffolgenden Zyklusmonate März, Juni, Sept., Dez.
Letzter Handelstag:	Montag nach dem 3. Freitag im Verfallmonat

Tab. D.85: Kontraktspezifikationen der Euro-Dollar-Option am IMM

cc. Futures und Optionen in Kanada

Verglichen mit dem Umfang an existierenden Derivaten in den USA fällt der kanadische Derivatemarkt relativ klein aus. Am Aktienmarkt existiert mit dem TSE-35-Future ein Instrument zur Exposuresteuerung von kanadischen Portfolios. Der TSE-35 Index ist ein mit der Marktkapitalisierung gewichteter Index und umfaßt die wichtigsten 35 kanadischen Aktiengesellschaften.

TSE-35-Futures	
Basiswert:	TSE-35 Index
Kontraktvolumen:	TSE-35 mal 500,- CAD
Settlement:	Barausgleich
Notierung:	In Punkten
Tick-Größe und -Wert:	0,02 Punkte bzw. 10,- CAD
Verfallmonate:	Die nächsten zwei Monate und März, Juni, September, Dezember
Letzter Handelstag:	Handelstag vor dem 3. Freitag im Verfallmonat
Optionskontrakte verfügbar:	Nein

Tab. D.86: Kontraktspezifikationen des TSE-35-Futures an der Toronto Stock Exchange

Daneben existiert mit dem TSE-100-Future seit 1994 ein den breiteren kanadischen Aktienmarkt abdeckender Aktienindexfuture. Allerdings ist sein Volumen im Vergleich zum TSE-35-Future relativ gering.

TSE-100-Futures	
Basiswert:	TSE-100 Index
Kontraktvolumen:	TSE-100 mal 500,- CAD
Settlement:	Barausgleich
Notierung:	In Punkten
Tick-Größe und -Wert:	0,05 Punkte bzw. 25,- CAD
Verfallmonate:	nächsten zwei Monate und März, Juni, September, Dezember
Letzter Handelstag:	Handelstag vor dem 3. Freitag im Verfallmonat
Optionskontrakte verfügbar:	nein

Tab. D.87: Kontraktspezifikationen des TSE-100-Futures an der Toronto Stock Exchange

Börsengehandelte Optionen auf die beiden dargestellten Aktienindexfutures werden nicht angeboten. Es besteht jedoch die Möglichkeit, Optionen auf die Kassaindizes TSE-35 und TSE-100 zu handeln. Allerdings ist der letztgenannte Kontrakt relativ illiquide, so daß sich Engagements auf Optionen im TSE-35 konzentrieren sollten. Gehandelt werden die Kassaoptionskontrakte an der Toronto Stock Exchange. Es handelt sich, wie bei den meisten Kassaindexoptionen, jeweils um endfällig ausübbare Optionen.

Im Anleihenbereich liegt mit dem Future auf 10-jährige kanadische Staatsanleihen ein liquider Bond-Future vor, der an der Montreal Stock Exchange (MSE) gehandelt wird. Von den amerikanischen Bond-Futures unterscheidet er sich unter anderem durch die Prozentnotierung.

10-jährige kanadische Bond-Futures	
Basiswert:	Idealtypische fiktive kanadische Staatsanleihe
Nominalwert:	100.000,- CAD
Laufzeit der fiktiven Anleihe:	10 Jahre
Zins:	9%
Laufzeitbereich der lieferb. Bonds:	6,5-10 Jahre
Tick-Größe und -Wert:	0,01% = 10 CAD
Quotierung:	100 nominal
Liefermonate:	März, Juni, September, Dezember
Optionskontrakte verfügbar:	Ja

Tab. D.88: Kontraktspezifikationen des 10-jährigen kanadischen Bond-Futures an der MSE

Darüber hinaus wird an der Montreal Stock Exchange auch ein Bond-Future auf 5-jährige kanadische Staatsanleihen gehandelt. Allerdings steht er gegenüber dem 10-jährigen Kontrakt hinsichtlich des Handelsvolumens und des Open Interests deutlich zurück.

Von größerer Bedeutung ist der Bankers Acceptances-Future, der ebenfalls an der Montreal Stock Exchange gehandelt wird. Als 3-Monats-Future deckt der Kontrakt das Geldmarktsegment der kanadischen Zinsstrukturkurve ab. Die Kontraktmerkmale können der nachfolgenden Tabelle entnommen werden.

Bankers Acceptances-Futures	
Basiswert:	3-Monats CAD Termingeld
Nominalwert:	1.000.000,- CAD
Settlement:	Barausgleich
Notierung:	100 minus Zinssatz
Tick-Größe und -Wert:	0,01% bzw. 25,- USD
Verfallmonate:	März, Juni, September, Dezember
Optionskontrakte verfügbar:	Ja

Tab. D.89: Kontraktspezifikationen des Bankers Acceptances-Futures an der MSE

II. Die Emerging Markets als Randbereich der Finanzmärkte

Innerhalb des letzten Jahrzehnts ist die internationale Aufmerksamkeit, die den Aktien- und Bondmärkten von Schwellen- und Entwicklungsländern gewidmet wird, stark gestiegen. Dies liegt zum einen an der teilweisen Sättigung der großen Weltaktienmärkte und der damit verbundenen Suche nach neuen Investitionschancen und zum anderen an den z. T. spektakulären Kursentwicklungen, die diese Märkte zeitweise zu verzeichnen hatten. Auch die Ausbreitung der Portfoliotheorie mit ihrer Forderung nach internationaler Diversifikation hat ebenfalls zu der stärkeren Beachtung der Emerging Markets beigetragen.

1. Marktcharakteristika der Emerging Markets

Um Emerging Markts von Developed Markets sachgerecht unterscheiden zu können, bietet es sich an, zunächst eine Begriffsdefinition vorzunehmen. Zweckmäßig zur Charakterisierung von Emerging Countries ist eine Definition der International Finance Corporation (IFC), die auch einen bekannten Emerging Market-Index berechnet. Die IFC ist eine Tochtergesellschaft der Weltbank und stuft solche Länder als Emerging Countries ein, in denen das Bruttoinlandsprodukt pro Kopf der Bevölkerung unterhalb von ca. 8.000 USD liegt.[1] Damit aus einem Emerging Country ein Emerging Market wird, muß zudem in dem jeweiligen Land ein öffentlicher Kapitalmarkt (Aktien- und Rentenmarkt) bestehen. Zudem ist kennzeichnend für Emerging Markets, daß sie nicht im Morgan Stanley Capital Index (MSCI) oder im Financial Times Actuaries Index (FT-Index) berücksichtigt werden.[2] Letztgenannte Indexanbieter haben inzwischen eigene Emerging Markets Indizes kreiert.

Die Kapitalmärkte Mittel- und Südamerikas sind mit ca. 25 % im IFC-Index gewichtet. Gemessen an der Marktgröße sind insbesondere Mexiko und Brasilien in dieser Region von hoher Bedeutung. Viele der großen lokalen Aktiengesellschaften in den einzelnen Ländern werden an den Börsen in den USA als ADRs (American Depository Receipts) oder Global Depository Receipts) gehandelt. Mitunter ist das Handelsvolumen dort sogar deutlich höher als an der entsprechenden Heimatbörse. Das größte Gewicht am IFC Index besitzen die Emerging Markets in Asien mit ca. 43 %.

Der Versuch einer regionalen Aufteilung der Emerging Markets führt i. d. R. zu vier Blöcken. Als weitgehend etabliert können die Märkte Asiens und Lateinamerikas angesehen werden, zumal hier schon langjährige Markterfahrungen vorliegen. Seit dem Zusammenbruch des Sozialismus in Osteuropa haben sich auch in den ehemals sozialistischen Staaten Aktien- und Bondmärkte entwickelt. Selbst einige Länder des afrikanischen Kontinents besitzen inzwischen Kapitalmärkte.

Die genannten Kriterien treffen für die Länder Mittel- und Südamerikas, Osteuropas, Afrikas und zu weiten Teilen Asiens zu. Zusätzlich müssen gemäß der obigen Definition auch Portugal, Griechenland und die Türkei als Emerging Countries eingeschätzt werden. Ein ungefähres Bild von der Größe wichtiger Emerging Marktes gibt das folgende Tableau.

---

1 Vgl. **Heri** (1993), S. 401ff.

2 Vgl. **Divecha/Drach/Stefek** (1992), S. 42.

Marktkapitalisierung der im IFC-Index vertretenen Emerging Markets (in Mio. US-Dollar)[1]			
Taiwan, China	335.814,5	Thailand	37.618,4
Südafrika	275.825,4	Indonesien	25.816,1
Brasilien	271.823,3	Ägypten	21.240,6
China	217.039,2	Kolumbien	16.984,9
Indien	141.917,3	Peru	16.362,6
Mexiko	141.176,3	Ungarn	16.338,1
Malaysia	127.758,2	Polen	15.473,3
Rußland	102.331,0	Tschechien	13.280,9
Chile	70.628,1	Marokko	13.040,9
Südkorea	67.739,9	Venezuela	11.921,5
Argentinien	60.256,2	Pakistan	9.753,5
Portugal	57.987,2	Jordanien	5.579,9
Türkei	51.119,3	Nigeria	3.173,8
Saudi Arabien	50.651,8	Zimbabwe	2.836,3
Israel	46.242,6	Sri Lanka	2.158,7
Griechenland	43.001,4	Slow. Republik	1.457,9
Philippinen	39.913,7		
		Summe:	**2.314.262,8**

Tab. D.90: Marktkapitalisierung der im IFC-Index vertretenen Emerging Markets

Inzwischen gibt es in einzelnen Ländern der Emerging Markets Terminbörsen, an denen Finanzterminkontrakte gehandelt werden. Zu denken ist dabei etwa an die Bolsa De Mercadorias y Futuros in Brasilien, wo neben Warenterminkontrakten auch Futures auf den BOVESPA Aktienindex gehandelt werden. Dieser Index bildet die Wertentwicklung von zur Zeit 46 brasilianischen Gesellschaften ab, die an der Sao Paulo Stock Exchange notiert sind. Aktienindexoptionen auf den BOVESPA können in Brasilien ebenfalls gehandelt werden.

Auch in Afrika gibt es eine Terminbörse. An der South African Futures Exchange werden unter anderem Aktienindex- und Bondfutures gehandelt.

Mit Ausnahme Malaysias existieren in den Emerging Markets Asiens keine Terminbörsen, an denen Finanzterminkontrakte gehandelt werden. In Malaysia existiert mit dem Kuala Lumpur Capital Index Future ein Aktienindexterminkontrakt.

---

1 Die Daten beziehen sich auf Oktober 1998. Vgl. dazu **International Finance Corporation** (1998), S. 8.

2. Performancecharakteristika der Emerging Markets

Bezüglich der wichtigsten Performancekomponente, der Rendite[1], weisen die Emerging Markets bei aggregierter Betrachtung im Vergleich zu den Developed Markets hohe längerfristige Erwartungswerte auf. Derlei Wachstumserwartungen werden häufig aus der geringen Marktsättigung und Güterpenetration in diesen Regionen abgeleitet. Unter Berücksichtigung der Bevölkerungsdichte werden somit hohe Wachstumsraten für die Unternehmensgewinne, zumal in einem z. T. liberalisierten und deregulierten Umfeld, erwartet.

Aus der Perspektive internationaler Investoren ist auch die Zusammensetzung der Renditen aus Gründen der Risikodiversifikation recht interessant. Wie die folgende Abbildung verdeutlicht, lassen sich die Renditen in verschiedene Elemente aufspalten.

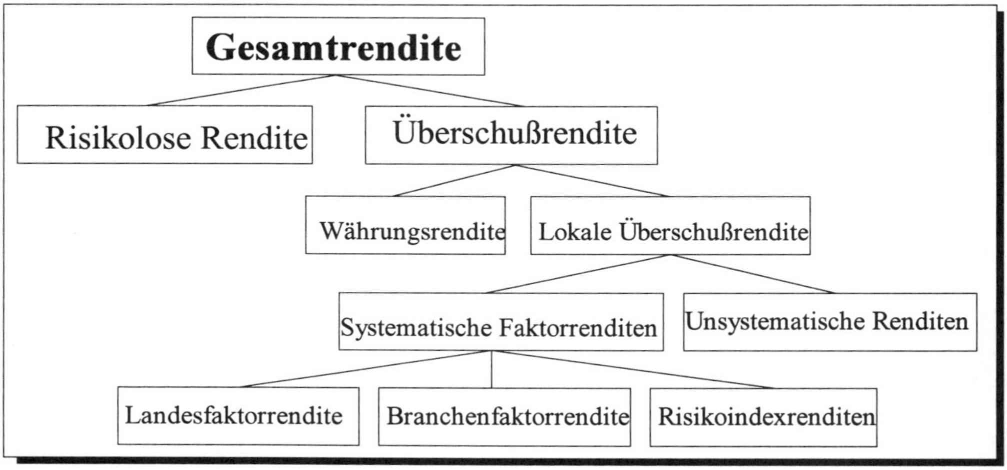

Abb. D.12: Renditedekomposition bei Aktienanlagen in Emerging Markets[2]

Empirische Renditedekompositionen, die auf Mehrfaktorenmodellen fußen, kommen hinsichtlich der Emerging Markets zu dem Ergebnis, daß der jeweilige Landesfaktor (Country Factor) die bei weitem wichtigste Stellung für die Gesamtrendite einnimmt.[3] Demgegenüber ist die Branchenfaktorrendite weniger bedeutend. Entsprechendes gilt auch für weitere Risikofaktorrenditen (Kurs-/Buchwert-Verhältnis, Dividendenrendite, Unternehmensgröße etc.), die in der obigen Abbildung unter der Bezeichnung Risikoindexrenditen subsummiert sind.

Während die Renditen der einzelnen Emerging Markets untereinander recht gering orreliert sind, verläuft die Renditeentwicklung innerhalb der meisten Emerging Markets sehr homogen.[4] Daher

---

1 Vgl. **Bühler/Zimmermann** (1994), S. 212ff.

2 Vgl. **Divecha/Drach/Stefek** (1992), S. 43.

3 Vgl. **Errunza** (1994), S. 85; **Nielsen** (1993), S. 286ff.; **Divecha/Drach/Stefek** (1992), S. 45.

4 Vgl. **Divecha/Drach/Stefek** (1992), S. 47; **Errunza** (1994), S. 82ff.; **Nielsen** (1993), S. 286ff.

ist die Branchen- und Aktienselektion im Vergleich zu den Developed Markets von nachrangiger Bedeutung in den Emerging Markets. Ein Grund für die homogene Kursentwicklung innerhalb der einzelnen Märkte liegt in der Marktkonzentration auf wenige liquide Werte.[1]

Den hohen Renditeerwartungen steht - im Einklang mit den Aussagen der modernen Portfoliotheorie - ein hohes Risiko gegenüber. Gemessen als Volatilität der Renditen äußert es sich in mehreren Komponenten. Verglichen mit den Industrieländern spielen neben den wirtschaftlichen Risiken (Inflationsrisiko, Abwertungsrisiko, Insiderrisiko, Bonitätsrisiko etc.) politische Risiken (Instabilitäten, Aufstände, Kriege) mitunter eine bedeutsame Rolle für die Kursentwicklung der Emerging Markets.

Die für die Emerging Markets charakteristische hohe Volatilität liegt zumeist zwischen 30% und 80%.[2] Zum Teil lassen sich diese Schwankungen mit der geringen Marktliquidität, die ihrerseits als Risikoindikator einzustufen ist, begründen.[3] Hinzu kommt, daß die Länderindizes der Emerging Markets weit weniger diversifiziert sind als jene der Developed Markets.[4]

Hinsichtlich der Risikobetrachtung der Emerging Markets ist allerdings anzumerken, daß die Volatilität eines Emerging Markets im Falle seiner Hinzunahme in ein bereits diversifiziertes Portfolio gemäß der Kapitalmarkttheorie nicht das adäquate Risikomaß darstellt. Im Rahmen der Asset Allocation steht nämlich die Portfoliosicht gegenüber der Einzelwertbetrachtung im Vordergrund. Daher muß in diesem Fall anhand des Beta-Faktors beurteilt werden, welchen zusätzlichen Risikobeitrag die Investition in einen Emerging Market zu einem bereits bestehenden Portfolio leistet. Folglich ist der spezifische Performancebeitrag eines Emerging Markets in bezug auf das bereits bestehende Portfolio zu überprüfen. Mit Hilfe des Beta-Faktors lassen sich Aussagen über das Marktrisiko der Emerging Markets treffen. Dazu ist die Kenntnis des Beta-Faktors des jeweiligen Emerging Markets erforderlich. Dieser errechnet sich anhand der bekannten Formel

$$\beta_{EM} = k_{EM,PF} \cdot \frac{\sigma_{EM}}{\sigma_{PF}}$$

mit

β_{EM}	=	Beta-Faktor des Emerging Markets,
$k_{EM,PF}$	=	Korrelationskoeffizient zwischen dem Emerging Market und dem bestehenden Portfolio,
σ_{EM}	=	Volatilität der Renditen des Emerging Markets und
σ_{PF}	=	Volatilität der Renditen des bestehenden Portfolios.

1 Vgl. **Divecha/Drach/Stefek** (1992), S. 43 u. 45.
2 Vgl. **Heri** (1993)., S. 403; **Nielsen** (1993), S. 288; **Wilcox** (1992), S. 51ff.
3 Vgl. **Hauser/Marcus/Yaari**, (1994), S. 80.
4 Vgl. **Roll** (1992), S. 29ff.; **Divecha/Drach/Stefek** (1992), S. 43.

Anhand der Formel erkennt man, daß der Korrelation zwischen dem jeweiligen Emerging Market und dem gehaltenen Portfolio entscheidende Bedeutung hinsichtlich der Risikobeurteilung zukommt. Die niedrigen Korrelationen zwischen den Märkten der Developed Countries und den Emerging Markets deuten insgesamt auf ein hohes Diversifikationspotential hin.[1] Das Gesamtrisiko des Portfolios nimmt gemäß des obigen Zusammenhangs zu, falls der Beta-Faktor oberhalb von 1 liegt. Dies ist stets der Fall, wenn $k_{EM,PF} \cdot \sigma_{EM} > \sigma_{PF}$ gilt. Beträgt die Volatilität des bereits bestehenden diversifizierten Portfolios 15% ($\sigma_{PF} = 0{,}15$), dann ergeben sich in Abhängigkeit der Korrelation zwischen beiden Portfolios und der Volatilität des Emerging Markets folgende Beta-Faktoren:

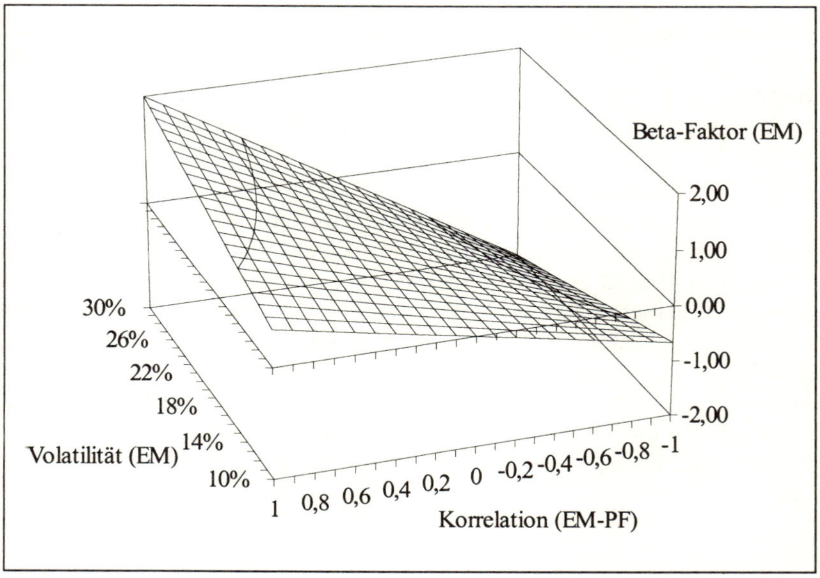

Abb. D.13: Beta-Faktor eines Emerging Markets in Abhängigkeit seiner Volatilität und der Korrelation mit dem bereits bestehenden Portfolio

Offenbar führen die niedrigen Korrelationen zwischen den Emerging und den Developed Markets dazu, daß Investitionen in die Emerging Markets nicht notwendigerweise Risikosteigerungen zur Folge haben müssen. Die breitere Diversifikation durch die Ergänzung von Emerging Market Exposure zu einem bestehenden Portfolio kann bei entsprechend niedriger Korrelation sogar eine Risikoreduktion im Gesamtportfolio bewirkt werden. Von Bedeutung ist in diesem Falle auch, wie die Portfolioanteile der Emerging Markets an dem zu konstruierenden Gesamtportfolio gewählt werden. In Abhängigkeit der Portfolioanteile läßt sich auf der Basis der Portfoliotheorie von Markowitz für das obige Beispiel ($\sigma_{EM} = 40\%$ und $\sigma_{PF} = 15\%$) folgende Risikowirkung berechnen.[2]

---

1 Vgl. **Nielsen** (1993), S. 287.

2 Vgl. **Markowitz** (1952), S. 77ff. und **Markowitz** (1959).

Anteil des bisherigen Portfolios	Anteil des Emerging Markets	Portfolio-Volatilität bei $k_{EM, PF} = 0{,}3$	Portfolio-Volatilität bei $k_{EM, PF} = 0{,}0$
100%	0%	15,00%	15,00%
95%	5%	*14,56%*	*14,39%*
90%	10%	*14,40%*	*14,08%*
85%	15%	*14,55%*	*14,09%*
80%	20%	15,00%	*14,42%*
75%	25%	15,73%	15,05%
70%	30%	16,70%	15,95%
65%	35%	17,88%	17,06%
60%	40%	19,22%	18,36%
55%	45%	20,69%	19,80%
50%	50%	22,26%	21,36%
45%	55%	23,90%	23,01%
40%	60%	25,60%	24,74%
35%	65%	27,34%	26,52%
30%	70%	29,12%	28,36%
25%	75%	30,91%	30,23%
20%	80%	32,72%	32,14%
15%	85%	34,53%	34,07%
10%	90%	36,36%	36,03%
5%	95%	38,18%	38,01%
0%	100%	40,00%	40,00%

Tab. D.91: Gesamtrisiko eines Portfolios mit Emerging Market-Komponente

Selbst bei einer als hoch anzusehenden Korrelation von 0,3 kann durch die sachgerechte Wahl der Portfolioanteile eine Verringerung des Gesamtrisikos des Portfolios (unterlegte Kästchen) herbeigeführt werden. Dieses Ergebnis ist graphisch in der folgenden Abbildung wiedergegeben, wobei zwei Rendite-Risiko-Profile, die jeweils auf der Effizienzlinie liegen, beispielhaft hervorgehoben sind.

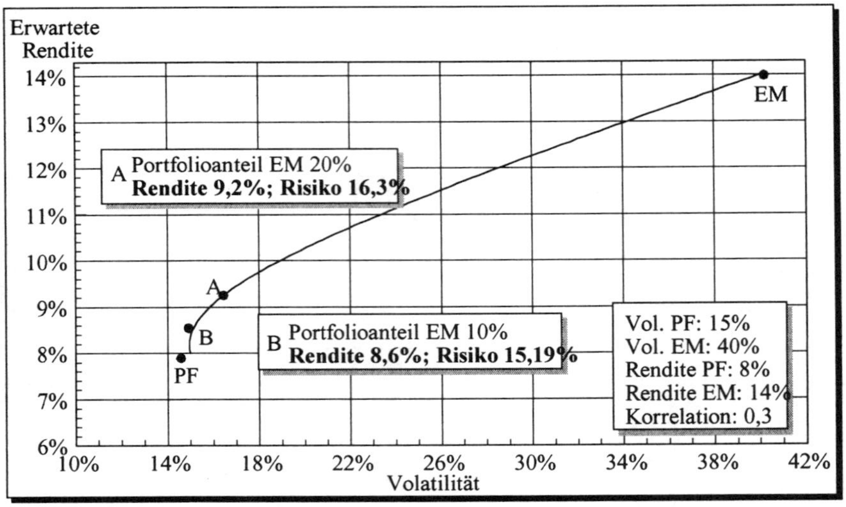

Abb. D.14: Portfolioeffizienzlinie in Abhängigkeit der gewählten Portfolioanteile

Die Marktliquidität der Emerging Markets ist vielfach unterentwickelt. Engagements in den Emerging Markets bergen daher ein mitunter hohes Liquiditätsrisiko.[1] Oftmals ist nur eine geringe Anzahl von Titeln an der jeweiligen Börse des Landes liquide. Hinsichtlich der Anzahl der aktiv gehandelten Titel unterscheiden sich die einzelnen Emerging Markets erheblich. Kapitalverkehrsbeschränkungen und Höchstgrenzen für den Anteilsbesitz ausländischer Investoren sowie weitere administrative Bestimmungen verringern die Marktliquidität zudem. Dies hat zur Folge, daß Direktinvestitionen in die Emerging Markets problematisch sein können.[2] Ein Ausweichen auf ADRs, GDRs oder Länderfonds ist denkbar.

III. Währungen

Währungen zählen zu den umsatzstärksten Investmentformen der Welt. Anders als bei Anleihen und Aktien, bei denen viele verschiedene Titel und Emissionen vorhanden sind, ist der große Vorteil bei Währungen, daß es seit der Einführung des Euro nur etwa 10 verschiedene liquide Investmentwährungen gibt. Dies macht Währungstransaktionen zum einen sehr überschaubar und zum anderen volumenintensiv. Die riesige Dimension des Devisenhandels läßt sich anschaulich am Beispiel des US-Dollar Handels belegen.

---

1 Vgl. **Heri** (1993), S. 401.

2 Ausländische Investoren haben z. B. eingeschränkte Anlagemöglichkeiten in Taiwan, Singapur, Korea, Malaysia, Thailand usw. In Mexiko dürfen Ausländer z. B. keine Beteiligungen in den Sektoren Öl, Gas und Elektrizität halten. Ähnliche Bestimmungen bestehen in vielen der Emerging Markets. Vgl. **De Long/Shleifer** (1992), S. 46ff. Mit Hilfe von Equity Swaps lassen sich derartige Bestimmungen jedoch z. T. umgehen. Vgl. **von Campenhausen** (1994) S. 259ff. und die Ausführungen hierzu in Kapitel E.

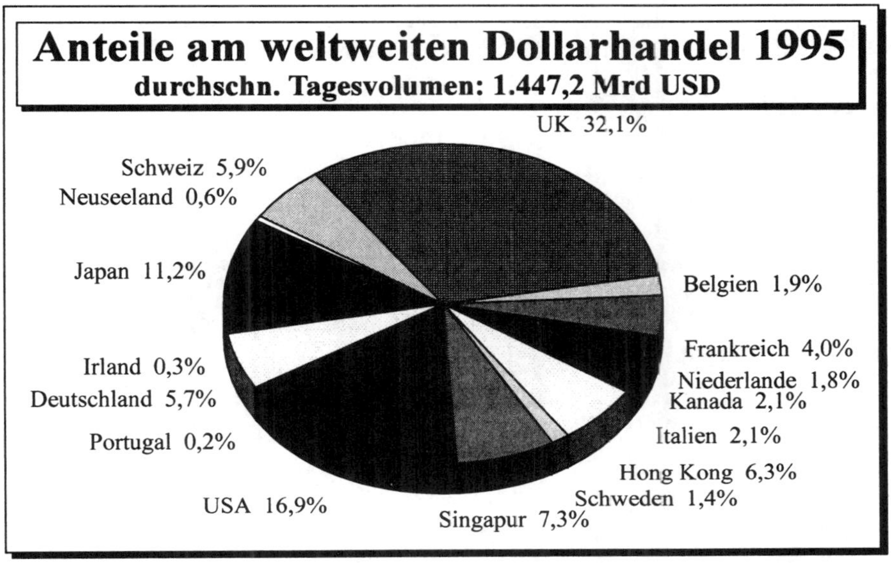

Abb. D.15: Dollarhandel in 1995 weltweit

Allein im US-Dollar wurden im Jahr 1995 täglich durchschnittlich 1.447 Milliarden umgesetzt. Dabei sind jene Transaktionen unberücksichtigt geblieben, die mittels Terminmarktinstrumente getätigt wurden. Der größte Handelsplatz für US-Dollar und weitere Währungen ist London gefolgt von New York und Tokio.

Die wichtigsten Währungen der Welt sind der US-Dollar, der Euro und der Japanische Yen. Obwohl der US-Dollar unangefochten die Weltreservewährung Nummer eins darstellt, nehmen international die in Euro gehaltenen Währungsreserven zu. Wie empirische Untersuchungen gezeigt haben, lassen sich mit Hilfe von Clusteranalysen Währungsblöcke identifizieren.[1] Dabei läßt sich neben einem sog. Dollar-Block auch die Existenz eines Euro-Blocks (vormals D-Mark-Block) nachweisen. Zum Dollar-Block gehören USD, AUD, CAD, SGD, NZD und HKD. Weniger eindeutig sind die Zusammenhänge zwischen dem Japanischen Yen und weiteren asiatischen Währungen.

Für Portfoliomanager ist die Kenntnis der Existenz von Währungsblöcken wichtig, da hierdurch Hedgingoperationen erleichtert werden. Durch die Konzentration auf die jeweils liquideste Währung eines Blocks lassen sich u. U. hinreichend gute Hedgingergebnisse auch für andere Währungen des Blocks erzielen. Zudem gibt es nicht für alle Weltwährungen liquide Derivate. Vielmehr beschränkt sich die Liquidität auf wenige wichtige Währungen.

An den Terminbörsen in Chicago und Philadelphia findet der größte Umsatz in Währungskontrakten statt, wobei Chicago den Bereich der Währungsfutures dominiert und Philadelphia im Bereich von Wärhungsoptionen eine gute Marktposition besitzt. Das an den Terminbörsen ge-

---

1 Vgl. **Drummen/Zimmermann** (1992), S. 94f.

handelte Volumen dürfte jedoch von dem unter Banken (OTC) gehandelten Volumen in Form von Forwards und Swaps noch deutlich übertroffen werden.

Die wichtigsten Währungsfutures werden in Chicago am IMM gehandelt. Angeboten werden Futures auf USD/EUR, USD/DEM, USD/JPY, USD/GBP, USD/FRF, USD/AUD, USD/CAD, USD/SFR und einige mittel- und südamerikanische Währungen, südafrikanische Rand, Neuseeland-Dollar sowie russische Rubel. Das größte Handelsvolumen weist dabei der USD/EUR-Kontrakt auf. Von einiger Bedeutung ist außerdem der in New York an der FINEX (Financial Instruments Exchange) gehandelte Kontrakt auf den US-Dollarindex, der die Wertentwicklung der US-Währung gegenüber den wichtigsten Weltwährungen abbildet. Neben den jeweils auf den US-Dollar bezogenen Währungskontrakten werden in Chicago auch sog. Cross-Rate-Futures z. B. auf JPY/EUR gehandelt.

USD/EUR-Currency-Futures	
Basiswert:	USD/EUR-Wechselkurs
Kontraktvolumen:	125.000,- EUR
Settlement:	Barausgleich
Notierung:	In Punkten
Tick-Größe und -Wert:	1 Punkt bzw. 0,0001 USD/EUR
	= 12,50 USD
Verfallmonate:	März, Juni, September, Dezember
Letzter Handelstag:	2. Handelstag vor dem 3. Mittwoch
	des Verfallmonats
Optionskontrakte verfügbar:	Ja

Tab. D.92: Kontraktspezifikationen des USD/DEM-Futures am IMM der CME

Bei dem oben dargestellten Währungsfuturekontrakt auf den USD/EUR-Wechselkurs ist zu beachten, daß die Notierung in US-Dollar pro Euro erfolgt. Ein ähnliches Bild ergibt sich bei Währungsoptionen, die sich entweder auf Währungsfutures oder auf Kassapreise (Spot) beziehen. Der deutlichste Unterschied beider Kontrakte liegt in der Optionsart. Während Future-Optionen i. d. R. als amerikanische Optionen ausgestattet sind, können Spot-Optionen häufig nur am Verfalltag ausgeübt werden. Dies gilt auch für die Währungsoptionen, die in Chicago und Philadelphia gehandelt werden.

IV. Commodities

Einen in den letzten Jahren wachsenden und dennoch eher spekulativen Randbereich des Portfolio Managements nehmen sog. Commodities ein. Im Vordergrund stehen dabei Edelmetalle, die zu den sog. 'Financial Commodities' gezählt werden. Aber auch Waren, wie Rohstoffe und Halbfertigmaterialien können sich zur Portfoliobeimischung eignen. Dies nicht zuletzt aufgrund der z. T. erheblichen Preisschwankungen, die an den organisierten Warenmärkten festzustellen sind. Zudem sind die Korrelationen zwischen Commodities und den gängigen Finanzanlageformen wie Aktien und Anleihen i. d. R. sehr gering und evtl. sogar negativ. Die Zielsetzung einer

Anlage in Commodities besteht jedoch nicht primär in der Reduktion von Risiken im Portfoliozusammenhang sondern in der Partizipation an Wertsteigerungen. Da ähnlich wie bei Währungen keine laufende Rendite durch ein Engagement in Commodities erzielbar ist, müssen positive Renditen ihren Grund in Preissteigerungen haben.

Ein Engagement in Commodities erfolgt nahezu ausschließlich durch den Einsatz von derivativen Instrumenten. Ausnahmen stellen bisweilen physische Investitionen in Gold, Silber und weitere bestimmte Edelmetalle da. Der Grund für die Verwendung derivativer Instrumente als Substitute für die Commodities liegt in ihrer Standardisierung und insbesondere einfachen und damit kostengünstigen Verwahrungsmöglichkeit.

Zum Handel mit Commodities eignen sich jene Waren am besten, die einen liquiden Futures- bzw. Optionsmarkt aufweisen. Indikativ für die Struktur der Commodity-Märkte ist die Unterteilung des Commodity Research Bureau Index (CRB-Index), zumal er auf der Preisentwicklung der entsprechenden Futurekontrakte basiert. Der CRB-Index nimmt eine Aufteilung in Fleisch, Edelmetalle, Softs, Getreide/Ölsaat, Industriegüter und Energie vor. Diesen sechs Gruppierungen werden die einzelnen 17 Waren und Materialien zugeordnet.

Warengruppen	**Waren**
Fleisch	Lebende Schweine, Lebende Rinder
Edelmetalle	Gold, Platin, Silber
Softs	Kaffee, Kakao, Zucker, Orangensaftkonzentrat
Getreide/Ölsaat	Mais, Sojabohnen, Weizen
Industriegüter	Baumwolle, Kupfer
Energie	Rohöl, Heizöl, Erdgas

Tab. D.93: Indexeinteilung des CRB-Index (Stand: 31.07.1999)

Als Handelsgegenstand ist der CRB-Index geeignet, da an der New York Futures Exchange (NYFE) Futures und Optionen auf diesen Index gehandelt werden. Es können daher sowohl in den einzelnen Indexkomponenten als auch in dem Index selber mittels derivativer Instrumente Engagements eingegangen werden.

Ähnliches gilt für den Goldman Sachs Commodity Index (GSCI), der ebenfalls verschiedene Rohstoffe abbildet und an der Chicago Mercantile Exchange mittels Futurekontrakten und Optionen gehandelt wird. Seine Zusammensetzung hat folgendes Aussehen:

Warengruppen	Waren
Agrargüter	Mais, Baumwolle, Kaffee, Kakao, Sojabohnen, Weizen, Zucker, Orangensaftkonzentrat
Vieh	Lebende Schweine, Lebende Rinder
Energie	Heizöl, Rohöl, Erdgas, Bleifreies Benzin
Edelmetalle	Gold, Platin, Silber
Industriemetalle	Zinn, Aluminium, Blei, Kupfer, Zink, Nickel

Tab. D.94: Indexeinteilung des GSCI (Stand: 31.07.1999)

Der Hauptunterschied beider Indizes besteht in Gewichtungsabweichungen und in der Verfügbarkeit handelbarer Instrumente auf die Indizes selber. Da der GSCI nach den realen Verbrauchsmengen der im Index enthaltenen Rohstoffe gewichtet ist, vermittelt er ein realistischeres Bild über die aggregierten Preisentwicklungen bei Warenmärkten. Darüber hinaus steht der GSCI auch als Performanceindex zur Verfügung.

Was die jeweiligen Futurekontrakte angeht, so weisen sowohl der CRB- als auch der GSCI-Kontrakt einen Tick-Wert von 25,- US-Dollar auf. Die Kontraktgröße ist jedoch unterschiedlich, da beim CRB-Indexfuture der Stand des CRB-Index mit 500 US-Dollar multipliziert wird. Der entsprechende Multiplikator beim GSCI-Indexfuture beträgt lediglich 250,- US-Dollar. Über die verschiedenen Tick-Größen (0,05 beim CRB und 0,1 beim GSCI) wird der gleiche Tick-Wert hergestellt.

Da aus Lagerhaltungsgründen der physische Erwerb von Commodities i. d. R. nicht für Finanzinvestoren attraktiv ist, bedarf es offenbar eines Terminmarktes, um standardisierte Mengen und Qualitäten vordefinierter Rohstoffe und -produkte (oder Rohstoffindizes) auch für Finanzinvestoren attraktiv zu machen.

Die Anfänge des Warenterminhandels können in Deutschland auf die zweite Hälfte des 19. Jahrhunderts zurückdatiert werden.[1] Im Jahre 1896 wurde das Börsengesetz eingeführt, da der Handel durch zahlreiche Spekulationen und unseriöse Praktiken geprägt war. Infolgedessen wurden sämtliche Termingeschäfte an deutschen Börsen in Getreide und Erzeugnissen der Getreidemüllerei verboten. Allerdings waren und sind im Ausland abgeschlossene oder zu erfüllende Termingeschäfte dieser Art weiterhin erlaubt. In Deutschland wurden bis 1914 Warentermingeschäfte in Berlin, Bremen, Danzig, Hamburg, Köln, Leipzig, Magdeburg und Mannheim getätigt. Die Hamburger Kaffeeterminbörse nahm nach der New York Coffee, Sugar & Cocoa Exchange den zweiten Platz in der Welt ein.[2]

---

1 Für einen Überblick über die Geschichte des Warenterminhandels vgl. **von Arnim** (1979), S. 5ff.

2 Vgl. **Bröker** (1994), S. 26.

Die deutschen Warenterminbörsen wurden nach dem ersten Weltkrieg zwar wiedereröffnet. Jedoch wurde im Jahre 1931 aufgrund der weltweiten Wirtschaftskrise und den damit verbundenen geringen Umsätzen der Handel eingestellt. Auch die drei 1954 und 1956 eröffneten Warenterminbörsen in Hamburg (Zucker und Kaffee) und Bremen (Baumwolle) wurden schon bald darauf wieder geschlossen.

In Deutschland wurde im April 1998 eine Warenterminbörse (WTB) in Hannover eröffnet.[1] Die Trägergesellschaft, die Warenterminbörse Hannover AG, war bereits im Juli 1996 gegründet worden. An der WTB werden zunächst Futures auf die Agrarprodukte Speisekartoffeln, Schlachtschweine und Weizen gehandelt. Bis zum Jahresende 1998 wurden insgesamt 10.446 Kontrakte an der WTB gehandelt, der offene Kontraktbestand (open interest) stieg kontinuierlich auf 1.029. Vom 1. April 1999 bis zum 30 Juni 1999 wurden insgesamt bereits 7.485 Kontrakte gehandelt, wobei sich der Tagesdurchschnitt für diesen Zeitraum auf 123 Kontrakte belief. Die Einführung von Futures auf Altpapier, Heizöl sowie auf Raps und Rapsprodukte befindet sich im Planungsstadium. Im folgenden werden die Kontraktspezifikationen der bereits gehandelten Futures dargestellt:[2]

Kartoffel-Futures	
Gehandelte Einheit:	250 Dezitonnen
Settlement:	physische Lieferung
Notierung:	EUR pro Dezitonne
Tick-Größe und -Wert:	0,10 EUR pro Dezitonne bzw. 25 EUR
Liefermonate:	Oktober, Februar, März, April
Letzter Handelstag:	siebtletzter Börsentag des Liefermonats
Optionskontrakte verfügbar:	Nein

Tab. D.95: Kontraktspezifikationen des Kartoffel-Futures an der WTB Hannover

---

[1] Zur Diskussion um die Einführung einer deutschen Warenterminbörse vgl. **Meyer/Meyer** (1994), S. 458ff. und **Hartmann/Meyer-Bullerdiek** (1996), S. 724ff.

[2] Vgl. **WTB** (1999a), Internet-Homepage.

Schlachtschweine-Futures	
Gehandelte Einheit:	lebende Schweine mit einem Schlachtgewicht von 8.000 kg und einem Muskelfleischanteil von 56%
Settlement:	physische Lieferung
Notierung:	EUR pro Kilogramm auf drei Dezimalstellen
Tick-Größe und -Wert:	0,001 EUR pro kg bzw. 8 EUR
Lieferwochen:	die nächsten fünf Wochen und danach die jeweils letzte volle Woche der nächsten elf Monate
Letzter Handelstag:	der vorletzte Börsentag vor der Lieferwoche
Optionskontrakte verfügbar:	Nein

Tab. D.96: Kontraktspezifikationen des Schlachtschweine-Futures an der WTB Hannover

Weizen-Futures	
Gehandelte Einheit:	50 Tonnen Brotweizen
Settlement:	physische Lieferung
Notierung:	EUR pro Tonne auf zwei Dezimalstellen
Tick-Größe und -Wert:	0,10 EUR pro Tonne bzw. 5 EUR
Liefermonate:	September, Dezember, Februar, Mai
Letzter Handelstag:	der 10. Börsentag vor dem letzten Tag des Liefermonats
Optionskontrakte verfügbar:	Nein

Tab. D.97: Kontraktspezifikationen des Weizen-Futures an der WTB Hannover

Die Kontraktspezifikationen der derzeit noch geplanten Heizöl- und Altpapier-Futures sind in den folgenden Tabellen abgebildet.[1]

[1] Vgl. **WTB** (1999a), Internet-Homepage sowie **WTB** (1999b), S. 2.

Heizöl-Futures	
Gehandelte Einheit:	100.000 Liter leichtes Heizöl nach DIN 51603
Settlement:	Barausgleich
Notierung:	EUR pro 100 Liter (ohne Mineralölsteuer und EBV-Abgabe)
Tick-Größe und -Wert:	0,01 EUR pro 100 Liter bzw. 10 EUR
Liefermonate:	alle Kalendermonate; gleichzeitig stehen jeweils 12 Liefermonate zum Handel zur Verfügung
Letzter Handelstag:	5. Börsentag des Liefermonats
Optionskontrakte verfügbar:	Nein

Tab. D.98: Geplante Kontraktspezifikationen des Heizöl-Futures an der WTB Hannover

Kaufhausaltpapier-Futures	
Gehandelte Einheit:	100 Tonnen Kaufhausaltpapier
Settlement:	physische Lieferung
Notierung:	EUR pro Tonne
Tick-Größe und -Wert:	0,1 EUR pro Tonne bzw. 10 EUR
Liefermonate:	Februar, Mai, August, November
Letzter Handelstag:	der 10. des Liefermonats
Optionskontrakte verfügbar:	Nein

Tab. D.99: Geplante Kontraktspezifikationen des Kaufhausaltpapier-Futures an der WTB Hannover

Deinkingwaren-Futures	
Gehandelte Einheit:	100 Tonnen Deinkingware
Settlement:	physische Lieferung
Notierung:	EUR pro Tonne
Tick-Größe und -Wert:	0,1 EUR pro Tonne bzw. 10 EUR
Liefermonate:	Februar, Mai, August, November
Letzter Handelstag:	der 10. des Liefermonats
Optionskontrakte verfügbar:	Nein

Tab. D.100: Geplante Kontraktspezifikationen des Deinkingwaren-Futures an der WTB Hannover

In den USA existieren mehrere Terminbörsen, an denen rund 100 verschiedene Waren aller Art gehandelt werden. In Europa sind im Hinblick auf den Agrarbereich bislang nur die Terminbörsen in Amsterdam, London und Lille von Bedeutung. Die Etablierung Hannovers bleibt abzuwarten.

Die wichtigsten Börsen im Commodity Bereich finden sich in den USA und Großbritannien an den Börsenplätzen New York, Chicago und London. Der gesamte Commodity Exchange-Sektor ist aufgrund des sich verschärfenden Wettbewerbs durch Kooperationen und Fusionen stark geprägt. Allein in New York bestehen mit der fusionierten NYMEX und COMEX (Commodity Exchange), der NYCE (New York Cotton Exchange) und der CSCE (Coffee Sugar and Cocoa Exchange) drei wichtige Warenterminbörsen. Da NYMEX und COMEX als zwei unabhängige und spezialisierte Divisionen (NYMEX: Energie, COMEX: Metalle) weiterbestehen, wird z.T. auch von vier wichtigen Commodity-Exchanges in New York gesprochen. Darüber hinaus verfügt Chicago mit dem CBoT, der CBOE, der Mid America Commodity Exchange und der CME über bedeutende Warenterminbörsen. Weitere Handelsplätze wie Minneapolis, Kansas City und Winnipeg in Kanada runden das Angebot an Terminmarktinstrumenten auf Commodities ab. In London haben neben der International Petroleum Exchange (IPE) noch die London Metal Exchange (LME) und die London Commodity Exchange (LCE) eine Bedeutung für den Warenterminhandel.

Zu den wichtigsten Termininstrumenten im Commodity-Bereich zählen die Rohöl- und Metallkontrakte. Verfügbar sind oftmals sowohl Futures als auch Optionen. In den einzelnen Ländern werden zumeist jene Kontrakte gehandelt, die hinsichtlich ihrer Standardisierung und Qualität den lokalen Erfordernissen entsprechen. Während folglich an der IPE in London Futures und Optionen auf Nordseeöl der Qualität 'Brent' gehandelt werden, handelt man in New York an der NYMEX (New York Mercantile Exchange) 'Crude Oil'-Kontrakte, die sich auf amerikanische Ölsorten konzentrieren. Die größeren Terminmarktumsätze in Energierohstoffen werden in New York getätigt, wo zusätzlich zu den Rohölkontrakten noch Kontrakte auf verschiedene Erdgassorten sowie Heizöl und Benzin gehandelt werden. Hinsichtlich der jeweiligen Kontraktspezifikationen ist es wichtig festzuhalten, daß die Größen der Underlyings nicht in metrischen Einheiten angegeben werden, sondern in regionalspezifischen Gewichtsmaßen, wie z. B. Gallonen und Barrels. Die Größendefinition von Maßeinheiten, wie z. B. Gallonen kann darüber hinaus von Land zu Land unterschiedlich sein.

Im Handel mit Metallen und Edelmetallen weist die New Yorker COMEX die größten Handelsvolumina auf. Besonders lebhaft werden Kontrakte auf Gold, Silber und Kupfer gehandelt. Ergänzt wird das Spektrum durch Futures auf Platin und Palladium. Diese Kontrakte werden allerdings an der New Yorker NYMEX gehandelt. Neben den Futurekontrakten werden zusätzlich Optionen auf die genannten Metallfutures an den jeweiligen Warenterminbörsen angeboten. Auch bei den Optionen sind die Volumina in Silber- und Goldkontrakten am höchsten.

Die bedeutendsten Futures- und Optionskontrakte im Nahrungsmittelbereich werden an der CSCE (Coffee Sugar and Cocoa Exchange) umgesetzt. Insbesondere in den Zucker-, Kakao- und Rohkaffeekontrakten findet ein lebhafter Umsatz statt. Auch in London werden Terminkontrakte auf Zucker, Kakao und Kaffee gehandelt. Für diese Waren steht außerdem eine liquider Optionsmarkt zur Verfügung. Neben den Kontrakten auf die genannten Nahrungsmittel existieren an verschiedenen Warenterminbörsen zudem Handelsmöglichkeiten in Milch-, Schrimps-, Käse-, Kartoffel-, Erbsen- und Orangensaftfutures.

Der Bereich der Getreidekontrakte wird in regionaler Hinsicht von den Terminbörsen in Chicago dominiert. Am Chicago Board of Trade werden große Umsätze in Mais-, Sojabohnen-, Hafer- und Weizenfutures getätigt. Darüber hinaus besteht ein Terminmarktangebot in Flachs-, Bohnen-, Roggen-, Gerste-, Reis- und Rapsfutures. Optionen auf die genannten Underlyings sind ebenfalls verfügbar.

Eine ähnliche Dominanz wie bei Getreidesorten weist der Handelsplatz Chicago bei Fleischkontrakten auf. An der Chicago Mercantile Exchange findet unter anderem ein liquider Handel in Kontrakten auf lebende Rinder, lebende Schweine und Schweinebäuche statt.

In den Ländern der Welt, die über eine besonders starke Stellung in der Erzeugung bestimmter Rohmaterialien verfügen, findet man oftmals Warenterminbörsen, die sich auf diese landesspezifisch wichtigen Erzeugnisse spezialisiert haben. Ein Beispiel hierfür ist die Sydney Futures Exchange, an der ein Terminkontrakt auf Schafswolle gehandelt wird. Eine ähnliche Beispiel trifft auf Singapur zu, wo Kontrakte auf Gummi angeboten werden.

In jüngster Zeit etablieren sich zunehmend auch Elektrizitätsterminmärkte. Im Vergleich zu den sonstigen Commodities weist Strom jedoch einige Besonderheiten auf:[1]

- Es ist eine Kuppelprodukt bestehend aus einer Erzeugungs- und einer Transportleistung.
- Aufgrund von Netzengpässen und steigenden Übertragungsverlusten bei zunehmenden Distanzen ist eine gewisse regionale Leistungsgebundenheit gegeben. Preisunterschiede und –volatilitäten können durch Arbitragegeschäfte nicht wirkungsvoll eingedämmt werden.
- Da Strom nicht gespeichert werden kann, ist die Stromerzeugung stets der aktuellen Nachfrage anzupassen.
- Die Stromerzeugung basiert auf unterschiedlichen Primärenergieträgern, wie z.B. Gas, Kohle oder Öl. Abweichende Preisentwicklungen bei diesen Gütern, können zeitlich und regional differierende Stromerzeugungspreise zur Folge haben.

Aufgrund dieser Eigenschaften weisen Strompreise hohe Volatilitäten auf, die bei Elektrizitäts-Optionen zu relativ hohen Prämien führen können. Bedeutender sind Future- und Forward-Kontrakte .

Ein Strom-Future ist ein standardisierter Terminkontrakt auf Strom. Er legt fest,[2]

- eine standardisierte Menge und Qualität Strom
- zu einem festgelegten Preis
- zu einem festgelegten, standardisierten Zeitpunkt
- zu liefern (Verkauf des Futures) oder abzunehmen (Kauf des Futures).

---

1 Vgl. **Schäfer/Rodt** (1999), S. 548.

2 Vgl. **Deutsche Börse AG** (1999b), S. 3.

Bereits 1990 wurde an der norwegischen Nord Pool der erste Forward-Kontrakt gehandelt, der Börsenhandel mit Futurekontrakten wurde 1993 aufgenommen. 1996 erfolgte eine Ausweitung auf das schwedische Gebiet. Die Future-Kontrakte sehen einen täglichen Gewinn- und Verlustausgeich (Barausgleich) vor. Sie sind auf eine Lieferrate von 1 MW festgelegt, so daß z.B. ein 1-Wochen-Kontrakt 168 MWh umfaßt. Seit dem 01.01.1999 hat auch die Electricity Exchange in Helsinki die Handelsabwicklung und das Produktspektrum der Nord Pool übernommen.

Seit März 1996 werden auch an der NYMEX Stromkontrakte gehandelt. Die Kontraktspezifikationen dieses Strom-Futures zeigt das folgende Tableau:[1]

Strom-Futures	
Erfüllungsort:	- Califonia/Oregon Border (COB)
	- Palo Verde, Arizona (PV)
Handelseinheit:	736 MWh
Preisermittlung:	in USD auf 2 Dezimalstellen
Tick-Größe:	0,01 USD pro MWh
Maximale Preisschwankung:	7,50 USD pro MWh in beiden Richtungen des Vortags-schlußkurses
Settlement:	physische Lieferung
Letzter Handelstag:	Vierter Börsentag vor dem ersten Tag des Liefermonats
Laufzeit:	18 aufeinanderfolgende Monate

Tab. D.101: Kontraktspezifikationen von Strom-Futures an der NYMEX

[1] Vgl. **Schäfer/Rodt** (1999), S. 549ff.

Strom-Future-Optionen	
Basis:	- COB-Electricity-Options
	- PV-Electricity-Options
Handelseinheit:	1 NYMEX-Strom-Future-Kontrakt
Basispreise:	20 Basispreise in 0,50 USD-Schritten über und unter dem at the money Basispreis; Schrittweite von 2,50 USD bei den nächsten 10 Basispreisen
Preisermittlung:	in USD auf 2 Dezimalstellen
Tick-Größe:	0,01 USD pro MWh
Ausübung:	Amerikanische Option
Letzter Handelstag:	Vortag des Verfalls des zugrunde liegenden Future-Kontrakts
Laufzeit:	12 aufeinanderfolgende Monate

Tab. D.102: Kontraktspezifikationen von Strom-Future-Optionen an der NYMEX

Der Handel mit Elektrizitäts-Futures und –Futures-Optionen wurde an der CBoT im September 1998 aufgenommen. Als Lieferorte stehen hier das Commonwealth Edison- und das Tennessee Valley Authority-System zur Verfügung.

Im Osten der USA haben sich noch keine Future-Märkte für Elektrizität gebildet. Hier finden Swap-Kontrakte Verwendung, die einen Gewinn- bzw. Verlustausgleich und damit keine physische Lieferung vorsehen.

In England werden Stromderivate aufgrund der geringen Deregulierung des heimischen Strommarktes und der damit verbundenen geringen Liquidität des entsprechenden Kassamarktes ausschließlich OTC gehandelt. Neben den Contracts of Difference (CfD) , die bilateral ausgehandelt werden und damit wenig standardisiert sind, werden seit 1991 auch über Broker-Häuser Kontrakte angeboten, die Electricity Forward Agreements (EFA).

An der Sydney Future Exchange (SFE) werden zwei Lieferorte für Stromfutures angeboten. Der NSW Electricity Future Contract bezieht sich auf den Großhandelsmarkt von New South Wales, während das Underlying des Victorian Electricity Future Contracts die auf dem Großhandelsmarkt von Victoria gehandelte Elektrizität ist.

In Neuseeland wird der NZFOE-Electricity-Future gehandelt, der als Settlement einen Barausgleich vorsieht.

Auf Initiative der deutschen Energiewirtschaft wird im Jahr 2000 voraussichtlich die europäische Energiebörse in Frankfurt den Handel aufnehmen. Im April 1999 unterzeichneten die Deutsche

Börse AG und die NYMEX einen Kooperationsvertrag. Der amerikanische Partner wird vor allem Markt- und Produkt-Know-how in die Zusammenarbeit einbringen. Neben der europäischen Energiebörse soll in Leipzig die LPX (Leipzig Power Exchange) in einem Gemeinschaftsprojekt von Nord Pool mit der Stadt Leipzig entstehen.

Ob Wettbewerb, Liquidität und Transparenz für die Etablierung eines deutschen Elektrizitätsmarktes ausreichen, lässt sich nur schwer prognostizieren.

E. Zeitgemäße Instrumente des professionellen Portfoliomanagements: Derivate

Bei derivativen Finanztiteln handelt es sich um Finanzinstrumente, die aus anderen Finanzprodukten (Basiswerten oder 'Underlyings') abgeleitet sind. Dazu zählen Termingeschäfte, Futures, Optionen oder Swaps. Die zugrundeliegenden Werte können beispielsweise Devisen, Aktien, festverzinsliche Titel oder Indizes sein. Auch kann das Underlying selbst wiederum ein derivatives Instrument sein, wie z. B. eine Option auf eine Option (sogenannte Compound Option). Unterschieden wird zwischen börsengehandelten und OTC-Termingeschäften. Während die von Banken oder Wertpapierbörsen 'over the counter' emittierten und vertriebenen Finanzderivaten vielfältige Möglichkeiten von maßgeschneiderten Lösungen bieten, sind die an den Börsen gehandelten Derivate in verschiedener Art und Weise standardisiert. Durch eine weitgehende Standardisierung kann die Vielfalt und Komplexität einzelner Transaktionen an den Terminbörsen im Gegensatz zu den OTC-Märkten vermindert werden. Auf diese Weise wird an den Terminbörsen in Verbindung mit der Marktorganisation in Form einer Computerbörse und dem Market-Maker-System eine Beschleunigung des Vertragsabschlusses und vor allem eine verbesserte Liquidität erreicht.[1]

Die zunehmende Nutzung derivativer Instrumente gehört zu den bestimmenden Trends im Portfoliomanagement. Für den vermehrten Einsatz derivativer Instrumente sprechen wichtige Argumente. Mit Hilfe von Derivaten lassen sich Zahlungsströme bzw. Cash Flow Strukturen konstruieren, die bei alleiniger Verwendung originärer Instrumente nicht oder nur zu sehr hohen Kosten darstellbar sind. Derivate Anlageformen, die sich stets auf marktgehandelte Kassainstrumente beziehen und nach den Prinzipien der Duplikation und Arbitragefreiheit bepreist werden, reduzieren die Kosten des Portfoliomanagements signifikant. Durch den Einsatz von Derivaten lassen sich erhebliche Gebührenreduktionen herbeiführen. Allein dieser Faktor stellt die weitere zukünftige Verbreitung von Derivaten im Portfoliomanagement sicher. Neben den geringeren Transaktionskosten aufgrund der an Computerbörsen tendenziell geringeren Abwicklungskosten sind auch die Informationskosten häufig geringer, da an vielen Terminbörsen die Clearingstelle das Erfüllungsrisiko übernimmt und eine hohe Markttransparenz vorliegt.

Neben Kostenargumenten sprechen noch weitere Argumente für den Einsatz von Derivaten. Die i. d. R. hohe Marktliquidität bei börsengehandelten Derivaten sorgt für faire Preise und einen nur geringen 'Market Impact' bei Auftragsausführungen. Die Handelszeiten für börsengehandelte Derivate sind oftmals länger als bei Kassainstrumenten, zumal wenn sich der Handel an elektronischen Börsen (z. B. Globex) vollzieht.

Derivate Instrumente könnnen sehr flexibel kombiniert werden. Neben der Möglichkeit auf fallende Märkte zu spekulieren versetzen sie Investoren in den Stand, asymmetrische Performanceprofile zu konstruieren. Zusätzlich zu direktionalen Anlagestrategien ermöglicht ein gezielter Einsatz von Derivaten auch eine genaue Steuerung des Anlagerisikos.

---

[1] Vgl. **Meyer/Wittrock** (1993), S. 92.

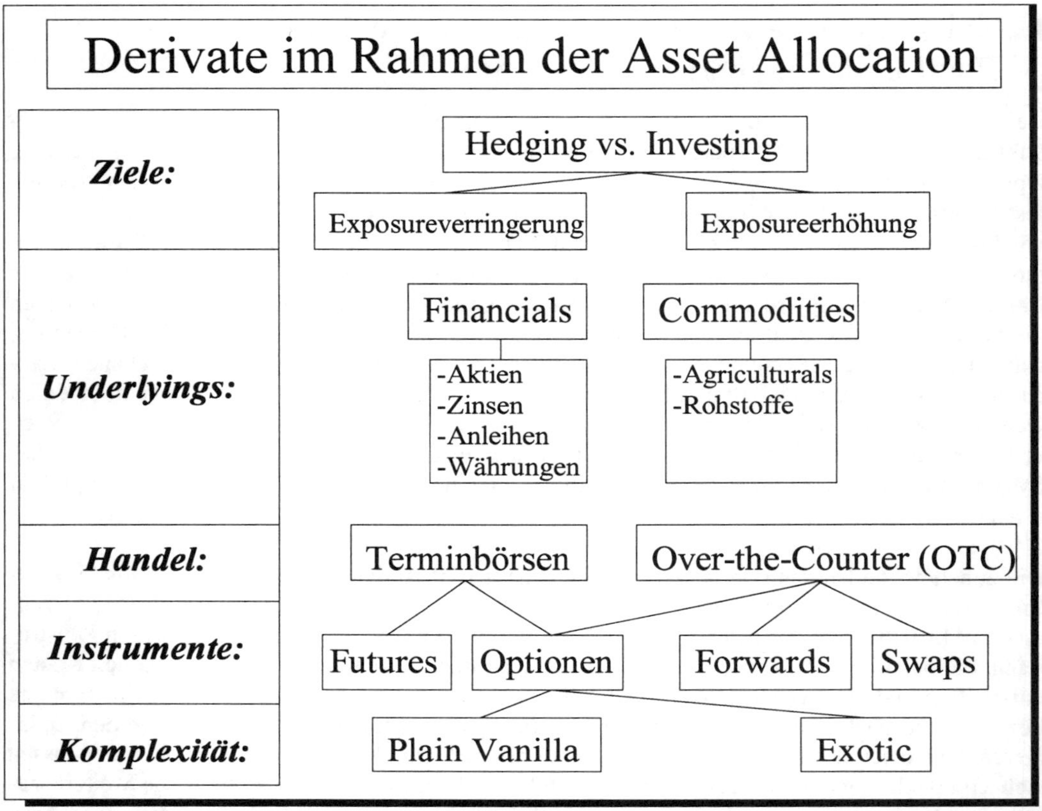

Abb. E.1: Überblick über derivative Instrumente in der Asset Allocation

Die Strukturen bzw. die Verwendungsmöglichkeiten von einigen Derivaten können eine Klassifikation als eigenständige Assetklasse möglich erscheinen lassen. Allerdings sind Derivate lediglich als Substitute für bestimmte Assetklassen anzusehen. Entsprechend bilden sie Rendite-Risikoprofile ab, die grundsätzlich auch mit den zugrundeliegenden Finanztiteln oder einer Kombination daraus zu erreichen sind.[1] Vor diesem Hintergrund ist eine Einordnung von Derivaten als Assetklasse kaum zu rechtfertigen, es sei denn, es werden Rendite-Risikoprofile konstruiert, die nicht oder nur unter sehr hohen Kosten mit den zugrunde liegenden Assetklassen abzubilden sind.

---

[1] Zur Diskussion um die Einordnung von Derivaten als Assetklasse vgl. die Ausführungen in Kapitel C.IV.1.a.

I. Portfoliomanagement mit Optionen

1. Bewertung von 'Plain Vanilla' Optionen

Optionen gewähren als bedingte Termingeschäfte dem Käufer das Recht, während einer bestimmten Laufzeit (amerikanische Option) bzw. zu einem bestimmten Zeitpunkt (europäische Option) eine bestimmte Menge eines Basisobjekts zu einem bestimmten Preis (Basispreis) zu kaufen (Call) bzw. zu verkaufen (Put). Der Verkäufer der Option hat die Pflicht, im Falle der Ausübung die entsprechende Menge des Basisobjekt zum Basispreis zu verkaufen (im Falle eines Calls) bzw. abzukaufen (im Falle eines Puts).

Optionen an Terminbörsen wurden erstmals in den USA im Jahre 1983 an der Chicago Board Options Exchange gehandelt. Dabei handelte es sich um Aktienindexoptionen auf den S&P 100 und den S&P 500. Bei dem S&P 100 handelt es sich um den umsatzvolumensmäßig größten Optionskontrakt der Welt, der als amerikanische Option konzipiert ist, während der S&P 500 eine europäische Option ist. In 1983 wurde auch eine Option auf den S&P 500 Future eingeführt. In Europa wurden Optionen an Terminbörsen zum ersten Mal in London eingeführt (Option auf den FT-SE 100), wobei es sich zunächst um eine amerikanische Option handelt. Heute werden auch europäische Optionen auf den FT-SE 100 gehandelt. Als zweite europäische Börse führte in 1986 die Terminbörse in Stockholm Aktienindexoptionen ein.

Grundsätzlich läßt sich der Preis bzw. die Prämie einer Option in die beiden Komponenten 'innerer Wert' und 'Zeitwert' unterteilen.[1] Der innere Wert eines Calls ergibt sich aus der Differenz zwischen dem aktuellen Kurs des Basiswertes und dem Basispreis (bzw. umgekehrt beim Put). Eine Option, die einen inneren Wert besitzt, wird als in-the-money-Option bezeichnet. Entsprechen sich der Basispreis und der aktuelle Kurs des Basiswertes, so handelt es sich um eine at-the-money-Option. Andernfalls liegt eine out-of-the-money-Option vor. Der Zeitwert stellt die Differenz zwischen dem Marktpreis der Option und dem inneren Wert dar und wird vom Käufer für die Chance einer gewinnbringenden Kursentwicklung des Basiswertes gezahlt.

Der Preis einer Option hängt im wesentlichen von der Kursentwicklung bzw. dem aktuellen Kurs des zugrundeliegenden Basiswertes ab. Darüber hinaus lassen sich aber noch weitere Einflußgrößen auf die Höhe des Optionspreises identifizieren:

- Basispreis,
- Volatilität des Basiswertes,
- Restlaufzeit der Option,
- Zinsniveau und
- allgemeine Börsentendenz.

---

[1] Der Begriff der Optionsprämie wird in der Literatur unterschiedlich definiert. Während darunter in Deutschland vornehmlich der gesamte Optionspreis verstanden wird, ist mit der Optionsprämie im amerikanischen Sprachgebrauch vor allem das Aufgeld einer Option gemeint, d. h. der relative Wert, um den der Preis den inneren Wert der Option übersteigt.

Zusätzlich sind bei Aktienoptionen noch Dividendenzahlungen zu berücksichtigen, die einen negativen (positiven) Einfluß auf den Wert eines Calls (Puts) ausüben. Handelt es sich um den DAX als Underlying, der einen Performance-Index darstellt, so brauchen Dividendenzahlungen bei der Optionspreisermittlung nicht berücksichtigt zu werden; denn ein Performanceindex beinhaltet die Wiederanlage der Dividendenzahlungen der im Index enthaltenen Aktien. Allerdings wird beim DAX davon ausgegangen, daß der im Rahmen der Körperschaftsteuer abgeführte Anteil der Bruttodividende - unterstellt wird ein Steuersatz von 30% - der durchschnittlichen Steuerbelastung der Anleger entspricht. Damit unterstellt die Bereinigung des Indexes um die Bardividende, daß jedem Anleger letztlich dieser Dividendenertrag gutgeschrieben wird, obwohl er aufgrund steuerlicher Gesichtspunkte variieren kann.[1]

Die theoretische Ober- und die Untergrenze des Optionspreises wird bestimmt durch den aktuellen Kurs des Basiswertes und den Basispreis. Bei einem Call ist die Untergrenze durch den inneren Wert der Option gegeben, während der aktuelle Kurs des Basiswertes die Obergrenze darstellt. Steigt dieser an, so erhöht sich der innere Wert eines Calls (vorausgesetzt, er ist größer als Null). Falls der innere Wert trotz des Anstiegs des Basiswertes weiterhin bei Null verbleibt, läßt sich beim Call trotzdem ein Wertanstieg beobachten, da der Zeitwert sich erhöht. Am Verfalltag entspricht der Optionswert dem inneren Wert, so daß dann keine Zeitprämie mehr vorhanden ist.[2]

Ein wichtiger Einflußfaktor auf den Optionspreis ist die erwartete Volatilität des Basispreises innerhalb der Optionslaufzeit. Die Volatilität stellt - wie bereits in Kapitel A ausführlich dargestellt wurde - ein Maß für die Höhe und die Häufigkeit der Kursschwankungen des Basiswertes um den Mittelwert dar und kann durch die Varianz σ^2 oder die Standardabweichung σ gemessen werden. In den Fällen, in denen der Basiswert eine hohe Volatilität aufweist und damit das Erreichen der Gewinnzone wahrscheinlicher ist als bei Werten mit geringer Volatilität, liegt der Optionspreis höher. In diesem Fall hat der Optionsverkäufer ein größeres Ausübungsrisiko, das er durch eine entsprechend höhere Zeitprämie entgolten haben möchte. Die Problematik in der Praxis ergibt sich daraus, daß die zukünftige Volatilität nicht bekannt ist und aus Vergangenheitsdaten geschätzt werden muß.[3]

Darüber hinaus ist zu beachten, daß der Optionspreis bei sonst gleichen Bedingungen um so höher liegt, je größer die Restlaufzeit der Option ist; denn bei langen Laufzeiten ist das Kursentwicklungspotential größer und damit auch das Ausübungsrisiko des Stillhalters, so daß wiederum eine höhere Zeitprämie verlangt wird. Diese Prämie nimmt zum Ende der Laufzeit ab - allerdings nicht in einer linearen Weise. Dabei steht die Rate, mit der die Option an Zeitwert verliert, in einer Beziehung zur Quadratwurzel der verbleibenden Zeit.

Weiterhin wird der Optionspreis noch vom Zinsniveau beeinflußt. Da der Basispreis erst zum Zeitpunkt der Ausübung vom Käufer eines Calls bzw. dem Verkäufer eines Puts zu zahlen ist,

---

1 Vgl. **Janßen/Rudolph** (1992), S. 25 f.

2 Für eine genauere Betrachtung dieser Zusammenhänge vgl. **Steiner/Bruns** (1998), S. 270ff.

3 Entsprechend kommen hier komplexere Verfahren zum Einsatz, wie z. B. das GARCH-Modell, vgl. **Mayhew** (1995), S. 8ff. sowie die Ausführungen in Kapitel A.

kann dieser Betrag bis zu diesem Zeitpunkt noch verzinslich angelegt werden. Entsprechend führen ceteris paribus höhere Zinssätze theoretisch zu höheren Call- und niedrigeren Put-Preisen.

Schließlich beeinflußt auch die allgemeine Börsentendenz den Optionspreis. So weisen in Haussephasen Calls einen relativ höheren Wert auf als in Baissephasen; denn bei dieser Börsentendenz erhöht sich für den Call-Käufer die Gewinnchance und für den Verkäufer das Verlustrisiko. Bei Puts verhält sich dieser Zusammenhang in umgekehrter Weise.

Die exakte Bestimmung eines korrekten, fairen Preises für eine Option kann mit Hilfe von verschiedenen Optionsbewertungsmodellen vorgenommen werden, von denen in der Praxis am häufigsten das Modell von Black & Scholes zur Bewertung einer europäischen Kaufoption auf Aktien angewandt wird. Das Black & Scholes-Modell basiert auf mehreren Annahmen, wie z. B. der Unterstellung, daß die Aktienkurse einem stetigen Zufallspfad (sog. geometrische Brownsche Bewegung) folgen und ihre Renditen lognormalverteilt sind.[1] Das Modell ist durch einen relativ komplexen Aufbau gekennzeichnet. Es beruht auf dem Gedanken eines risikolosen Arbitrageportfolios, wobei das Duplikationsprinzip eine konstante Volatilität und Arbitragefreiheit unterstellt. An dieser Stelle soll lediglich seine grundlegende Struktur kurz zusammengefaßt werden.

Aus den Annahmen des Black & Scholes-Modells ergibt sich, daß der Optionspreis im wesentlichen von den beiden Faktoren Aktienkurs und Restlaufzeit der Option abhängt. Entsprechend kann für den Preis eines Calls der folgende Ausdruck abgeleitet werden:[2]

$$C = K \cdot N(d_1) - B \cdot e^{-R_f \cdot t} \cdot N(d_2)$$

mit

$$d_1 = \frac{\ln\frac{K}{B} + (R_f + 0{,}5 \cdot \sigma^2) \cdot t}{\sigma\sqrt{t}}$$

$$d_2 = \frac{\ln\frac{K}{B} + (R_f - 0{,}5 \cdot \sigma^2) \cdot t}{\sigma\sqrt{t}}$$

$$d_2 = d_1 - \sigma\sqrt{t}$$

1 Der Begriff 'lognormalverteilte Renditen' deutet darauf hin, daß es sich um logarithmierte Renditen handelt, die normalverteilt sind. Im übrigen konnte in empirischen Untersuchungen gezeigt werden, daß logarithmierte Renditen eher einer Normalverteilung unterliegen als diskrete Renditen. Vgl. **Meyer** (1994a), S. 10f. und die dort angegebene Literatur.

2 Vgl. **Steiner/Bruns** (1998), S. 298ff.

C = Callpreis,
K = Aktienkurs,
B = Basispreis,
R_f = risikoloser Zinssatz p. a.,
e = Euler'sche Zahl = 2,718281828,
$N(d_i)$ = Flächeninhalt unter der Verteilungsdichtefunktion der Standardnormalverteilung,
σ = Erwartete Volatilität des Aktienkurses p. a.,
t = Restlaufzeit des Calls in Jahren und
ln = natürlicher Logarithmus.

Die Werte von $N(d_i)$ können aus den Wertetabellen für die Verteilungsfunktion der Standardnormalverteilung abgelesen werden.[1] Der Ausdruck $N(d_1)$ wird auch als Optionsdelta bezeichnet. In der Praxis können sich allerdings von dem so ermittelten Fair Value aufgrund der vorgenommenen Annahmen Abweichungen ergeben. Hier ist insbesondere der sogenannte 'Smile-Effekt' bei out-of-the-money Puts zu erwähnen.[2]

Der Wert eines (europäischen) Puts (P) kann mit Hilfe der Black & Scholes-Formel wie folgt bestimmt werden:

$$P = B \cdot e^{-R_f \cdot t} \cdot N(d_2) - K \cdot N(d_1)$$

mit

$$d_1 = \frac{\ln \frac{B}{K} - (R_f + 0,5 \cdot \sigma^2) \cdot t}{\sigma \sqrt{t}}$$

$$d_2 = \frac{\ln \frac{B}{K} - (R_f - 0,5 \cdot \sigma^2) \cdot t}{\sigma \sqrt{t}}$$

$$d_2 = d_1 + \sigma \sqrt{t} \ .$$

Durch die Verwendung der Put-Call-Parität läßt sich ebenfalls der Wert des Puts bei Bekanntheit des Callpreises errechnen. Dies kann durch die Bildung eines entsprechenden Arbitrageportfolios gezeigt werden. Im Gegensatz zu dem auf ähnlichen Annahmen wie das Black & Scholes-Modell basierenden Binomialmodell muß die Barwertbildung des Basispreises im Rahmen des Black &

1 Zu den Werten der Normalverteilung vgl. die Tabelle im Anhang.

2 Mit dem Smile-Effekt wird die empirische Beobachtung bezeichnet, nach der der Wert von Optionen (insbesondere Verkaufs-Optionen), die weit aus dem Geld sind, deutlich größer ist als der Wert, den das Black & Scholes Modell anzeigt, vgl. auch Kapitel A.

Scholes-Modells durch die Verwendung einer kontinuierlichen Abzinsungsrate erfolgen.[1] Für den Putpreis ergibt sich deshalb allgemein:

$$P = C + B \cdot e^{-R_f \cdot t} - K \ .$$

Für den Fall, daß die Differenz zwischen den Marktpreisen von Call und Put kleiner als die rechnerische Differenz ist, kann auf eine Überbewertung des Puts bzw. eine Unterbewertung des Calls geschlossen werden.

Das von Black & Scholes entwickelte Modell ist mittlerweile weit verbreitet und wird an vielen Terminbörsen von den Marktteilnehmern zur Optionsbewertung genutzt. Dabei ist zu berücksichtigen, daß - im Gegensatz zu amerikanischen Calls - bei amerikanischen Puts eine vorzeitige Ausübung anstatt einer Glattstellung an der Börse lohnend sein kann. Infolgedessen sind für diese Optionen lediglich Preisuntergrenzen mit Hilfe dieses Modells zu ermitteln. Daher ist die Preisbestimmung von amerikanischen Puts mit Hilfe des Binomial-Modells von Cox/Ross/ Rubinstein sinnvoller, da es eine schrittweise Überprüfung des Ausübungswertes des Puts ermöglicht und damit die Möglichkeit einer vorteilhaften Ausübung bei der Preisermittlung berücksichtigt wird.[2]

2. 'Griechische Variablen'

Fünf Variablen determinieren die Optionspreise im Black & Scholes-Modell. Dies sind die Aktienkursvolatilität, die Restlaufzeit der Option, der Aktienkurs im Bewertungszeitpunkt, das Niveau des als risikolos anzusehenden Zinssatzes und schließlich die Höhe des Basispreises. Bezüglich dieser Variablen lassen sich Sensitivitätskennzahlen bilden, die anzeigen, wie stark der Optionspreis bei Konstanz aller anderen Variablen auf Veränderungen der betrachteten Variablen reagiert. Als Bezeichnung für diese Sensitivitätskennzahlen hat sich der Begriff 'griechische Variablen' durchgesetzt, da jeder Kennzahl ein Buchstabe des griechischen Alphabetes zugeordnet wird. Die Darstellung der griechischen Variablen erfolgt in alphabetischer Reihenfolge, die nicht unbedingt der Bedeutungsreihenfolge entspricht.

Die Sensitivität des Optionspreises bezüglich einer Veränderung des Aktienkurses wird durch den Delta-Wert ausgedrückt. Der numerische Wert ergibt sich als Quotient der zugrundeliegenden Aktien- und Optionspreisveränderungen. Für Kaufoptionen gilt:

$$\text{Delta (C)} = \frac{\partial C}{\partial K} = N(d_1).$$

Der Delta-Wert gibt an, wieviele Aktien benötigt werden, um die Preisveränderung der Option genau zu neutralisieren. Das Delta bei Calls liegt stets zwischen Null und eins. Der Wertebereich

---

1 Die Vorgehensweise zur Ermittlung der Put-Call-Parität entspricht der im Rahmen des Binomialmodells. Zum Binomialmodell vgl. **Steiner/Bruns** (1998), S. 274ff.

2 Vgl. **Cox/Ross/Rubinstein** (1979), S. 229ff.; **Steiner/Wittrock** (1993), S. 713 f.

des Put-Deltas liegt zwischen minus eins und Null. Seine Berechnung geschieht mit Hilfe des Ausdrucks

$$\text{Delta (P)} = \frac{\partial P}{\partial K} = N(d_1) - 1.$$

Im Black & Scholes-Modell erhält man den Delta-Wert durch die Bildung der ersten Ableitung nach dem Aktienkurs, so daß sich in diesem Fall Delta (C) als $N(d_1)$ und Delta (P) als $N(d_1) - 1$ ergibt. Bei einem Delta-Wert von ca. 0,5 beim Call bzw. ca. -0,5 beim Put entsprechen sich Basispreis und Aktienkurs ungefähr. In diesem Fall handelt es sich um Optionen, die am Geld bzw. 'at-the-money' notieren.

Die Delta-Werte bei at-the-money-Optionen ändern sich am schnellsten. Bei deep-in-the-money-Calls liegen die Delta-Werte nahe eins, während sie bei deep-out-of-the-money-Calls nahe Null liegen.[1] Das Optionsdelta hängt keineswegs nur vom Aktienkurs ab. Auch die anderen Inputvariablen des Black & Scholes-Modells nehmen Einfluß auf den Verlauf der Delta-Kurve.

Eine weitere Kennzahl, der Gamma-Wert von Optionen gibt die Sensitivität des Options-Deltas bezüglich der Aktienkursveränderungen an. Im Bereich von am Geld liegenden Optionen kann eine hohe Delta-Elastizität festgestellt werden. Mathematisch drückt das Gamma das Verhältnis zwischen der Veränderung des Options-Deltas und der Veränderung des Aktienkurses aus. Da der Gamma-Wert für Calls und Puts identisch ist, ergibt sich:

$$\text{Gamma (C)} = \text{Gamma (P)} = \frac{\partial \text{Delta(C)}}{\partial K} = \frac{\partial \text{Delta(P)}}{\partial K}.$$

Für das Options-Gamma des Black & Scholes-Modells gilt folgende Überlegung: Da Gamma die Veränderung des Options-Deltas beschreibt, muß es sich um die zweite Ableitung der Black & Scholes-Funktion nach dem Aktienkurs handeln. Insofern kann Gamma auch als Delta-Wert des Options-Deltas interpretiert werden.[2] Auf entsprechende Maße im Zusammenhang mit der Risikoanalyse von Anleihen bezogen, entsprechen Delta grundsätzlich der Duration und Gamma der Konvexität. Der entsprechende mathematische Ausdruck im Rahmen des Black & Scholes-Modells lautet:

$$\text{Gamma(C)} = \text{Gamma(P)} = \frac{N'(d_1)}{K\sigma\sqrt{t}}.$$

$N'(d_1)$ stellt dabei den Funktionswert und nicht den Flächeninhalt der Standardnormalverteilungsdichte an der Stelle d_1 dar.[3]

---

1 Vgl. **Cox/Rubinstein** (1985), S. 222.

2 Vgl. **Lingner** (1991), S. 111.

3 Zu den Werten der Normalverteilung vgl. die Tabelle im Anhang.

Als weitere Sensitivitätskennzahl ist das Options-Omega als Maß für die Elastizität des Optionspreises in bezug auf Veränderungen des Aktienkurses bekannt. Mitunter wird für Omega auch der Begriff Leverage-Faktor oder Hebel verwendet. Inhaltlich stellt Omega das prozentuale Wertänderungsverhältnis zwischen Option und Aktie dar. Die mathematische Berechnung erfolgt, indem die prozentuale Veränderung des Optionspreises zu der prozentualen Veränderung des Aktienkurses ins Verhältnis gesetzt wird. Für das Call-Omega gilt:

$$\text{Omega (C)} = \frac{\partial C/C}{\partial K/K}.$$

Das Put-Omega lautet entsprechend:

$$\text{Omega (P)} = \frac{\partial P/P}{\partial K/K}.$$

Gemäß der Schreibweise des Black & Scholes-Modells kann unter Verwendung des Options-Deltas für das Omega der Kaufoption geschrieben werden:

$$\text{Omega (C)} = N(d_1) \cdot \frac{K}{C}.$$

Das Put-Omega lautet:

$$\text{Omega (P)} = (N(d_1) - 1) \cdot \frac{K}{P}.$$

Das Options-Rho drückt die Sensitivität des Optionspreises in bezug auf Veränderungen des risikolosen Zinssatzes aus. Mathematisch wird das Options-Rho aus dem Verhältnis der Veränderung der Option zur Veränderung des risikolosen Zinssatzes dargestellt. Für das Rho eines Calls bedeutet dies:

$$\text{Rho (C)} = \frac{\partial C}{\partial R_f}.$$

Der Wert von Rho (C) ist stets größer oder gleich Null. Beim Put-Rho ist dies umgekehrt:

$$\text{Rho (P)} = \frac{\partial P}{\partial R_f}.$$

Innerhalb des Black & Scholes-Modells ist Rho anhand der partiellen Ableitung der Bewertungsformel nach dem risikolosen Zinssatz R_f zu ermitteln. Es ergeben sich die Ausdrücke

$$\text{Rho (C)} = t \cdot B \cdot e^{-R_f \cdot t} \cdot N(d_2) \quad \text{und}$$

$$\text{Rho (P)} = -t \cdot B \cdot e^{-R_f \cdot t} \cdot N(-d_2).$$

Die Bedeutung des risikolosen Zinssatzes für den Optionswert nimmt mit abnehmender Restlaufzeit immer mehr zu. Zunehmend ist die Bedeutung des Rho auch bei steigenden Aktienkursen, da dann die Kapitalbindung im risikolosen Arbitrageportfolio anwächst und die Zinskomponente an Bedeutung gewinnt.[1] Folglich ist bei Optionen, die im Geld liegen (in-the-money), der Rho-Wert größer als bei Optionen, die aus dem Geld liegen (out-of-the-money).

Der Theta-Wert einer Option mißt die Sensitivität des Optionspreises bezüglich der Veränderung der Optionsrestlaufzeit. Damit kann das Options-Theta als Maß für den Zeitwertverfall von Optionen angesehen werden. Für das Call-Theta ergibt sich der folgende mathematische Ausdruck:[2]

$$\text{Theta (C)} = -\frac{\partial C}{\partial t}.$$

Das Put-Theta lautet:

$$\text{Theta (P)} = -\frac{\partial P}{\partial t}.$$

In der Terminologie des Black & Scholes-Modells stellt das Options-Theta die partielle Ableitung der Optionspreisformel nach der Restlaufzeit dar. Beim Call lautet der Theta-Wert entsprechend:

$$\text{Theta (C)} = \frac{-K \cdot N'(d_1) \cdot \sigma}{2\sqrt{t}} - B \cdot R_f \cdot e^{-R_f t} \cdot N(d_2).$$

Analog dazu ergibt sich das Put-Theta zu:

$$\text{Theta (P)} = \frac{K \cdot N'(d_1) \cdot \sigma}{2\sqrt{t}} - B \cdot R_f \cdot e^{-R_f \cdot t} \cdot N(-d_2).$$

Wie bereits bekannt, nimmt der Zeitwertverfall bei Annäherung an den Ausübungszeitpunkt stark zu. Ohne daß sich die sonstigen Daten der Option ändern, verliert eine Option deshalb gegen Ende der Laufzeit stärker an Wert als vorher, was stets die Stillhalter von Optionen begünstigt.

Den größten Einfluß auf den Optionspreis besitzt neben dem Kurs des Underlyings - zumindest bei am Geld liegenden Optionen - die Volatilität. Anhand des Options-Vegas wird die Sensitivi-

---

1 Zum risikolosen Arbitrageportfolio vgl. **Steiner/Bruns** (1998), S. 274ff.

2 Da die Ableitung einen positiven Wert erbringt, wird ein Minuszeichen davorgesetzt, denn die Restlaufzeit einer Option kann nicht ansteigen, sondern nur geringer werden.

tät des Optionspreises hinsichtlich einer Veränderung der Volatilität gemessen. Somit gibt Vega die Veränderungen des Optionspreises in Abhängigkeit infinitesimal kleiner Volatilitätsveränderungen an. Letztere wirken sich gleichartig auf Call- und Putoptionen aus. Eine steigende Volatilität führt c. p. zu steigenden Optionspreisen und umgekehrt. Für das Call-Vega kann geschrieben werden:

$$\text{Vega (C)} = -\frac{\partial C}{\partial \sigma}.$$

Der Ausdruck beim Put-Vega lautet:

$$\text{Vega (P)} = -\frac{\partial P}{\partial \sigma}.$$

Innerhalb des Modellrahmens des Black & Scholes-Modells führt die Bildung der partiellen Ableitung der Optionspreisformel nach der Volatilität zur Bestimmung des Options-Vegas. Da Call- und Put-Vega identisch sind - eine steigende Volatilität daher sowohl den Call- als auch den Put-Wert erhöht - berechnet sich Vega nach der Formel:

$$\text{Vega(C)} = \text{Vega(P)} = K \cdot \sqrt{t} \cdot N'(d_1).$$

Die größten Werte nimmt das Options-Vega bei at-the-money notierenden Optionen an. Zudem lassen sich durch die Darstellung des Options-Vegas bei unterschiedlichen Restlaufzeiten Einblicke in den Zusammenhang von Restlaufzeit und Volatilität gewinnen. Mit einer Verringerung der Optionsrestlaufzeit geht ein Bedeutungsverlust der Volatilität für die Optionspreise einher. Insoweit steht dieser Effekt in umgekehrt proportionalem Verhältnis zur Bedeutung des Options-Thetas, das mit abnehmender Restlaufzeit an Bedeutung für den Optionspreis zunimmt.

Das folgende Beispiel gibt einen Überblick über die Wirkung der verschiedenen Sensitivitätskennzahlen. Ausgangspunkt ist die Novartis-Aktie, bei der ein Kurswert von 2.100 SFR unterstellt wird. Die entsprechende Option soll einen Basispreis von ebenfalls 2.100 SFR aufweisen. Die jeweiligen Werte für verschiedene Verfalldaten können der folgenden Tabelle entnommen werden:

Optionsvergleichstableau mit Sensitivitätskennzahlen				
Novartis-Aktie	2.100	2.100	2.100	2.100
Volatilität	14,68%	14,68%	14,68%	14,68%
Verfalldatum	27.03.00	27.03.01	27.03.02	27.03.03
Risikoloser Zins	4,43%	4,43%	4,43%	4,43%
Basispreis	2.100	2.100	2.100	2.100
Restlaufzeit in Tagen	302	667	1032	1397
Dividendenrendite	1%	1%	1%	1%
Call-Preis	140,91 SFR	228,45 SFR	300,09 SFR	362,96 SFR
Put-Preis	82,63 SFR	103,18 SFR	111,40 SFR	114,31 SFR
DELTA (Call)	0,6050 SFR	0,6490 SFR	0,6777 SFR	0,6987 SFR
GAMMA (Call)	0,0014 SFR	0,0009 SFR	0,0007 SFR	0,0005 SFR
THETA (Call)	-0,28 SFR	-0,21 SFR	-0,18 SFR	-0,16 SFR
RHO (Call)	9,35 SFR	20,73 SFR	31,76 SFR	42,27 SFR
VEGA (Call)	7,27 SFR	10,20 SFR	11,99 SFR	13,17 SFR
DELTA (Put)	-0,3868 SFR	-0,3329 SFR	-0,2944 SFR	-0,2637 SFR
GAMMA (Put)	0,0014 SFR	0,0009 SFR	0,0007 SFR	0,0005 SFR
THETA (Put)	-0,09 SFR	-0,03 SFR	-0,01 SFR	0,00 SFR
RHO (Put)	-7,40 SFR	-14,66 SFR	-20,63 SFR	-25,57 SFR
VEGA (Put)	7,27 SFR	10,20 SFR	11,99 SFR	13,17 SFR

Tab. E.1: Absolute Betrachtung des Einflusses der 'griechischen Variablen' auf den Optionswert bei zunehmender Restlaufzeit

Die Werte der Kennzahlen zeigen die Veränderung in SFR auf, wenn die jeweiligen Einflußvariablen der griechischen Sensitivitätskennzahlen (z. B. der Kurs der Novartis-Aktie bei Delta oder die Volatilität bei Vega) um eine Einheit ansteigen. Dabei ist zu beachten, daß beim Theta immer von einer Verringerung der zugrundeliegenden Größe (Restlaufzeit der Option) ausgegangen wird, da sich die Restlaufzeit einer bestimmten Option nur verringern kann. Erhöht sich beispielsweise der Kurs der Novartis-Aktie um 1 SFR auf 2.101, so wird der Preis eines Calls um 0,6050 auf 141,52 SFR steigen. Bezogen auf das Rho bedeutet der in der Tabelle angegebene Wert z. B., daß bei einer Erhöhung des risikolosen Zinsen um einen Prozentpunkt (von 4,43% auf 5,43%) der Callpreis um 9,35 SFR ansteigt (bei einer Restlaufzeit bis zum 27.03.00).

Mit zunehmender Länge der Optionsrestlaufzeit nehmen bei Calls die Werte für Delta, Rho und Vega zu, während die Gamma- und Theta-Werte abnehmen. Beispielsweise geht im Hinblick auf Vega eine Erhöhung der Optionsrestlaufzeit mit einem Bedeutungsgewinn der Volatilität für den Optionspreis einher. Dies gilt sowohl für Calls als auch für Puts, da sich die Vega-Werte entsprechen. Insoweit steht dieser Effekt in einem umgekehrten Verhältnis zur Bedeutung des Options-Thetas, das mit zunehmender Restlaufzeit an Bedeutung für den Optionspreis verliert. Während z. B. bei einer Restlaufzeit bis zum 27.03.00 (s. Beispiel) der Callpreis (bzw. der Zeitwert) 0,28 SFR verliert, wenn sich die Restlaufzeit um einen Tag verringert, so beträgt der entsprechende Wertverlust bei einer um ein Jahr erhöhten Restlaufzeit nur noch 0,21 SFR. Hingegen nehmen der Einfluß des Aktienkurses (Delta) und des risikolosen Zinses (Rho) mit zunehmender Restlaufzeit der Calls zu.

Vergleicht man die Ergebnisse für Puts und Calls, so erkennt man zunächst, daß eine Erhöhung der den Sensitivitätskennzahlen jeweils zugrundeliegenden Größen nur in bezug auf Gamma und Vega zu steigenden Putpreisen führen, während dies bei Calls grundsätzlich für alle Sensitivitätskennzahlen gilt.[1] So verringert sich der Putpreis um 0,39 SFR, wenn der Aktienkurs um 1 SFR ansteigt (siehe Delta). Während bei Calls eine zunehmende Restlaufzeit der Option eine Erhöhung des Deltas zur Folge hat, gilt dies - in absoluten Zahlen betrachtet - nicht für Puts. Bei einer längeren Restlaufzeit verliert entsprechend der Anstieg des zugrundeliegenden Basiswertes an Bedeutung. Auch Gamma (also die Veränderung des Deltas) hat - wie auch bei Calls - mit zunehmender Restlaufzeit einen immer geringer werdenden Einfluß auf den Wert eines Puts. Dagegen steigt die Wirkung von Veränderungen des risikolosen Zinses steigt. Dies gilt auch für Puts, jedoch bedeutet hier der Anstieg um einen Prozentpunkt eine Verringerung des Put-Wertes.

Nunmehr ist von Interesse, wie sich der Optionspreis verändert, wenn sich die jeweilige Einflußvariable um 1% erhöht. Damit ist also die relative bzw. dimensionsgleiche Veränderung angesprochen. Beispielsweise wird in bezug auf das Delta nach der Veränderung des Optionspreises gefragt, wenn der Basiswert (Kurs der Novartis-Aktie) um 21 SFR (= 1% von 2.100) ansteigt. Im Hinblick auf Rho steht die Veränderung des Optionspreises bei einer Erhöhung des risikolosen Zinses um 0,0443% (= 1% von 4,43%) im Mittelpunkt des Interesses. Grundsätzlich ergeben sich die gleichen Effekte wie oben, so daß eine erneute Interpretation der Ergebnisse nicht vorgenommen zu werden braucht.

---

[1] Dabei ist wiederum zu beachten, daß beim Theta jeweils von einer Verringerung der zugrundeliegenden Größe (Restlaufzeit der Option) ausgegangen wird.

Einfluß auf den Optionswert				
Novartis-Aktie	2.100	2.100	2.100	2.100
Volatilität	14,68%	14,68%	14,68%	14,68%
Verfalldatum	27.03.00	27.03.01	27.03.02	27.03.03
Risikoloser Zins	4,43%	4,43%	4,43%	4,43%
Basispreis	2.100	2.100	2.100	2.100
Restlaufzeit in Tagen	302	667	1032	1397
Dividendenrendite	1%	1%	1%	1%
Call-Preis	140,91 SFR	228,45 SFR	300,09 SFR	362,96 SFR
Put-Preis	82,63 SFR	103,18 SFR	111,40 SFR	114,31 SFR
DELTA Call	12,70 SFR	13,63 SFR	14,23 SFR	14,67 SFR
GAMMA (Call)	0,0285 SFR	0,0181 SFR	0,0137 SFR	0,0112 SFR
THETA (Call)	-0,8429 SFR	-0,6423 SFR	-0,5515 SFR	-0,4924 SFR
RHO (Call)	0,41 SFR	0,92 SFR	1,41 SFR	1,87 SFR
VEGA (Call)	1,07 SFR	1,50 SFR	1,76 SFR	1,93 SFR
DELTA (Put)	-8,12 SFR	-6,99 SFR	-6,18 SFR	-5,54 SFR
GAMMA (Put)	0,0285 SFR	0,0181 SFR	0,0137 SFR	0,0112 SFR
THETA (Put)	-0,27 SFR	-0,10 SFR	-0,04 SFR	-0,01 SFR
RHO (Put)	-0,33 SFR	-0,65 SFR	-0,91 SFR	-1,13 SFR
VEGA (Put)	1,07 SFR	1,50 SFR	1,76 SFR	1,93 SFR

Tab. E.2: Relative Betrachtung des Einflusses der 'griechischen Variablen' auf den Optionswert bei zunehmender Restlaufzeit

Die Bewertung von Optionen und der Einfluß wichtiger Preiskomponenten auf die Optionspreisentwicklung hat insbesondere für den erfolgreichen Einsatz von Optionen eine große Bedeutung, da der Erfolg nicht zuletzt auch von einer fairen Bewertung und der korrekten Kalkulation möglicher Preisveränderungen abhängt. Optionen lassen sich im Rahmen zahlreicher Strategien einsetzen, von denen die im Hinblick auf das Portfoliomanagement wichtigsten im folgenden erläutert werden. Zunächst werden dazu gängige Tradingstrategien mit Optionen dargestellt. Dabei geht es in erster Linie um die mit der jeweiligen Optionsposition verbundenen Zahlungsverlaufscharakteristika.

3. Tradingstrategien mit Optionen

Optionsstrategien lassen sich in einfache und kombinierte Strategien unterteilen. Erstere zeichnen sich durch ein isoliertes Geschäft aus, bei dem nur eine Option ge- oder verkauft wird. Letztere hingegen sind jeweils aus mehreren Optionen zusammengesetzt. Bevor anschließend die einzelnen Strategien kurz (vor allem graphisch) vorgestellt werden, wird in Abbildung E.2 ein Überblick über die betrachteten Strategien gegeben, die entsprechend den erwarteten Entwicklungen der Preise und Volatilitäten der zugrundeliegenden Basiswerte systematisiert werden:

Optionsstrategien

Volatilität	Preis: steigend	Preis: neutral	Preis: fallend
steigend	Long Call Call Backspread Call Spread	Long Straddle Long Strangle Short Butterfly	Long Put Put Backspread Put Spread
neutral	Call Spread	Arbitrage Spread	Put Spread Collar Hedge
fallend	Short Put Reverse Collar	Short Straddle Short Strangle Long Butterfly	Short Call

Abb. E.2: Kurs- und volatilitätsorientierte Optionsstrategien

Wie in Abbildung E.2 dargestellt ist, können im Hinblick auf die erwarteten Entwicklungen der Volatilität und der Preise der zugrundeliegenden Basiswerte verschiedene Strategien empfohlen werden. Geht man jeweils von steigenden, neutralen und fallenden Entwicklungen aus, so lassen sich die Strategien in neun Bereiche unterteilen.

Mit Hilfe von Graphiken lassen sich die aus den Optionspositionen resultierenden Zahlungsverläufe im Verfallszeitpunkt in Abhängigkeit vom Kurs des Basiswertes am besten darstellen, so daß das jeweilige Chance/Risiko-Profil gut zu erkennen ist. Dick ausgezogene Linien stellen jeweils die Wertverlaufslinie der Gesamtoptionsposition dar. Die dünnen, nicht durchgängig gezeichneten Linien symbolisieren den Verlauf der einzelnen Optionen. Unterschiedliche Schraffierungen deuten jeweils auf Gewinn- bzw. Verlustbereiche hin. Dabei stellt eine von links unten nach rechts oben linierte Schraffierung einen Gewinnbereich dar. Ein Verlustbereich ist durch eine von rechts unten nach links oben linierte Schraffierung erkenntlich. Bei karierten Schraffierungen befindet sich die Position jeweils in einer Teilerfolgszone. An Punkten werden nur Basispreise in die Abbildungen aufgenommen. Ein Break-Even-Punkt ergibt sich jeweils als Schnittpunkt der dick ausgezogenen Linie mit der Abszisse. Es ist darauf hinzuweisen, daß im Fall einer Strategieumsetzung in der Realität weitere Gesichtspunkte berücksichtigt werden müssen. Dazu zählen insbesondere Marginverpflichtungen, Steuern, Transaktionskosten und ähnliches.

a. Einfache Tradingstrategien

Als einfache Tradingstrategien können Long und Short Call- sowie Long- und Short Put-Strategien unterschieden werden. Die Optionsstrategie Long Call sieht den Kauf einer Kaufoption vor. Steigt der Kurs des Basiswertes während der Optionslaufzeit, so nimmt grundsätzlich auch der Wert eines Calls zu, wobei allerdings zu berücksichtigen ist, daß der Zeitwert abnimmt. Dem negativen Zeitwerteffekt steht aber ein positiver Volatilitätseffekt gegenüber. Eine zunehmende Volatilität des Basiswertes erhöht c. p. den Wert der Optionsposition. In dem 'Hockeystick'-Diagramm auf der linken Seite der Abbildung E.3 ist die Zahlungsstruktur einer Long Call Strategie abgetragen. Dabei wird deutlich, daß das Verlustrisiko auf den Betrag der gezahlten Optionsprämie begrenzt ist, während die Gewinnmöglichkeiten eines Long Call unlimitiert sind.

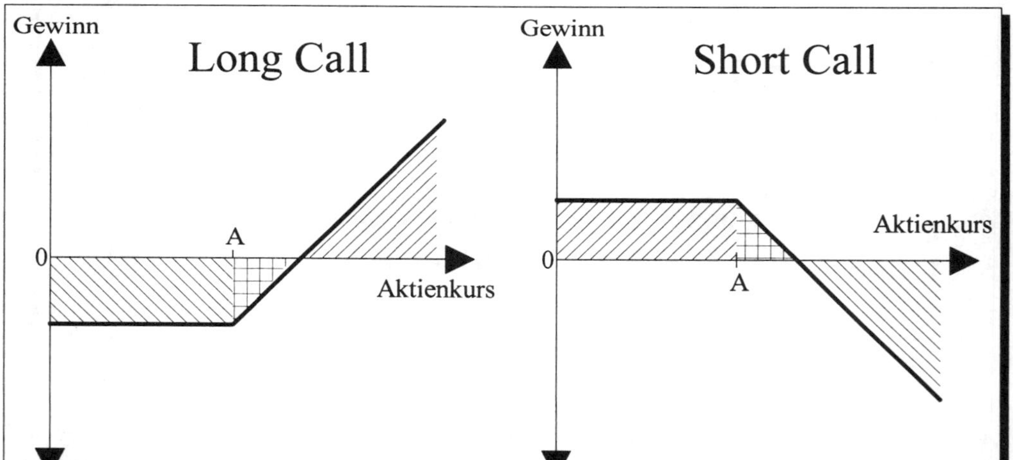

Abb. E.3: Long und Short Call

Die Long Call Strategie eignet sich sowohl zu spekulativen Zwecken, als auch für alternative Anwendungen. Zu denken ist dabei z. B. an Diversifikationsmöglichkeiten oder die Fixierung eines Einstiegskurses. Ferner kann eine Hebelerhöhung im Portfolio erfolgen oder der Kapitaleinsatz einer bestehenden Aktienposition verringert werden. Abschließend sei erwähnt, daß ein Long Call auch synthetisch gebildet werden kann, indem der Basiswert und gleichzeitig ein Put darauf gekauft wird.

Wird eine Kaufoption verkauft, dann handelt es sich um einen Short Call. Das Zahlungsverlaufsdiagramm verhält sich spiegelbildlich zur Long Call Strategie, wenn die Abszisse als Spiegelachse verwendet wird. Wie in dem rechten Diagramm von Abb. E.3 zu erkennen ist, ist der maximale Gewinn auf die vereinnahmte Optionsprämie beschränkt. Hingegen sind die Verlustmöglichkeiten beim Short Call praktisch unbegrenzt. Die Anwendung der Short Call Strategie empfiehlt sich bei einer stagnierenden bis leicht sinkenden Kurserwartung.

Je nach Ausprägung der Markterwartung ist der Basispreis festzulegen. Der Basispreis kann um so niedriger festgelegt werden, je deutlicher der zu erwartende Kursverlust ist. Dem Verkäufer kommt der Zeiteffekt zugute, denn die vereinnahmte Prämie beinhaltet neben dem inneren Wert der Option auch den Zeitwert. Dieser wird sich mit zunehmender Verringerung der Restlaufzeit abbauen. Demgegenüber steigert eine anziehende Volatilität des Underlyings die Gefahr einer Call-Ausübung. Insofern kann von einem negativen Volatilitätseffekt der Short Call Strategie gesprochen werden.

Neben spekulativen Gründen eignet sich die Short Call Strategie auch für andere Zwecke. Besonders häufig wird die Short Call Strategie angewendet von Investoren, die bereits über eine entsprechende Aktienposition verfügen.[1] Durch das Schreiben (Verkaufen) von Calls auf die im Portfolio befindlichen Aktien soll die Portfoliorendite aufgebessert werden. Es läßt sich auch argumentieren, daß durch die Vereinnahmung der Optionsprämie der Einstandspreis der im Portfolio befindlichen Aktien verringert werden kann. Alternativ läßt sich die Short Call Strategie als Verankerung eines Verkaufslimits verstehen. Übersteigt der Aktienkurs den festgelegten Basiswert, dann ist mit einer Optionsausübung zu rechnen. Damit hat der Stillhalter sein Verkaufslimit erreicht und zudem noch eine Prämie erzielt.

Synthetisch kann die Short Call Strategie betrieben werden, indem die entsprechende Aktie leerverkauft wird und zusätzlich ein Put darauf geschrieben wird.

Bei der Erwartung fallender bis stark fallender Aktienkurse bietet sich die Long Put Strategie an. Deshalb handelt es sich beim Long Put um eine Baisse Strategie. Aus dem linken Diagramm in Abb. E.4 ist der Wertverlauf der Strategie ersichtlich. Die Gewinnmöglichkeit beim Long Put ist praktisch unbegrenzt. Allerdings ist zu beachten, daß der Kurs des Basiswertes nicht niedriger als Null sein kann. Die Festlegung des Basispreises A erfolgt in Anlehnung an die Kurserwartung des Basiswertes. Je stärker das erwartete Absinken des Kurses ist, desto niedriger kann der Basispreis liegen. Mit einem niedrigen Basispreis ist ein entsprechend geringer Optionspreis verbunden. Folglich führt ein sehr niedriger Basispreis zu einem großen Hebel, der eine hohe prozentuale Partizipation an sinkenden Kursen erwarten läßt.

---

[1] Vgl. **Welcker/Kloy/Schindler** (1992), S. 73.

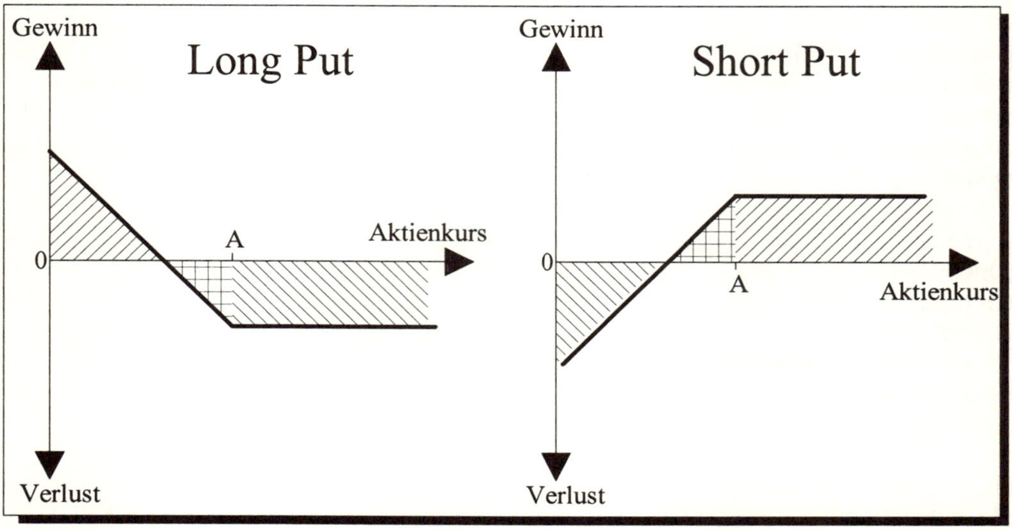

Abb. E.4: Long und Short Put

Häufig erfolgt ein Put-Kauf nicht aus spekulativen Gründen, sondern aus einem Absicherungsmotiv heraus. Bestehende Aktienpositionen lassen sich durch einen Long Put gegen Kursverluste absichern. Dabei kann durch Variation des Basispreises den Portfolioanforderungen des Investors entsprochen werden. Bedeutsam ist auch die mit einem Long Put verbundene Absicht, bestehende Aktiengewinne, die innerhalb der Sechs-Monats-Frist angefallen sind, auf diese Weise abzusichern, um die Gewinne nach Ablauf der Sechs-Monats-Frist steuerfrei realisieren zu können.

Als gekaufte Option unterliegt der Long Put einem negativen Zeiteffekt, da sich die Zeitprämie mit abnehmender Restlaufzeit verringert. Dies führt zu einer geringeren Ausübungschance des Puts. Umgekehrt erhöht eine steigende Volatilität des Aktienkurses den Wert des Puts. Synthetisch läßt sich ein Long Put durch einen Leerverkauf des Basiswertes bei gleichzeitigem Kauf eines Calls auf den Basiswert konstruieren.

Aus Abb. E.4 wird deutlich, daß ein Short Put das spiegelbildliche Pendant zum Long Put darstellt. Dem Put-Verkauf liegt die Erwartung eines leicht steigenden Kurses des Basiswertes zugrunde. Zwar zählt der Short Put deshalb zur Gruppe der Hausse-Strategien, von einer aggressiven Hausse-Strategie kann aber keineswegs gesprochen werden. Das Gewinnpotential ist beim Short Put auf die vereinnahmte Prämie beschränkt. Kurssteigerungen der Aktie werden nicht mitgemacht. Allerdings ist das Verlustpotential nur insofern begrenzt, als der Kurs des Basiswertes nicht unter Null fallen kann. Fallende Kuse bewirken aber ein Abgleiten der Short Put Position in den Verlustbereich. Bei einem unterhalb des Basispreises A liegenden Kurs befindet sich die Position zunächst in der karierten Teilgewinnzone. Ab dem Schnittpunkt der Wertverlaufslinie mit der Abszisse beginnt die Verlustzone.

Die Short Put Strategie findet vornehmlich aus Gründen der Renditesteigerung Anwendung. Durch die Einnahme der Putprämie läßt sich bei entsprechender Markterwartung die Rendite einer bestehenden Position erhöhen. Zudem eignet sich die Short Put Strategie zur Substitution eines Kauflimits. Durch die Wahl des Basispreises wird das Limit determiniert, da bei einem Unterschreiten des Limits mit einer Aktienandienung gerechnet werden muß. Wird das Limit nicht erreicht, so verbleibt dem Put Verkäufer zumindest die Optionsprämie, die seinen Einstiegskurs verringert.

Wie bei jeder Stillhalterstrategie ergibt sich beim Short Put ein positiver Zeiteffekt, da mit sich verringernder Restlaufzeit der Zeitwert der Option sinkt. Diese Zeitwertverringerung trägt der Optionskäufer. Bezüglich des Volatilitätseffekts ergibt sich ein umgekehrtes Bild, da eine zunehmende Volatilität zu einem höheren Putwert führt, der zu Lasten des Putverkäufers geht. Je mehr die Volatilität steigt, desto wahrscheinlicher wird es, daß der geschriebene Put ins Geld kommt. Somit wird auch die Putausübung mit steigender Volatilität wahrscheinlicher.

Durch einen Aktienkauf bei gleichzeitigem Verkauf eines entsprechenden Calls läßt sich die Short Put Position nachbilden.

Zusammenfassend weisen die vier dargestellten Grundstrategien die in Tab. E.3 wiedergegeben Charakteristika auf.

Options-Strategie	**Strategietyp**	**Kurserwartung für Basiswert**	**Volatilitätseffekt**	**Zeiteffekt**	**Gewinn-potential**	**Verlust-potential**
Long Call	Directional	↑ stark steigend	positiv	negativ	unlimitiert	limitiert
Short Call	Directional	↘ leicht fallend	negativ	positiv	limitiert	unlimitiert
Long Put	Directional	↓ stark fallend	positiv	negativ	unlimitiert	limitiert
Short Put	Directional	↗ leicht steigend	negativ	positiv	limitiert	unlimitiert

Tab. E.3: Optionscharakteristika der einfachen Tradingstrategien

b. Kombinierte Tradingstrategien

An Terminbörsen kann die Möglichkeit zur Ausführung von kombinierten Optionsstrategien bestehen. Von kombinierten Strategien wird gesprochen, falls gleichzeitig Calls oder Puts ge- oder verkauft werden und gleichzeitig Calls und Puts auf dieselbe Aktie ge- oder verkauft werden. Solche kombinierten Optionsstrategien sind standardisiert und können als Strategien in das Handelssystem der jeweiligen Terminbörse eingegeben werden. Der große Vorteil einer derartigen kombinierten Ausführung liegt in der Ausführungssicherheit. Es besteht somit nicht die Gefahr, daß ein Teil des Auftrags nicht oder erst später ausgeführt wird. Als mögliche Kombinationspositionen kommen bestimmte Spreads, Straddles, Strangles, Conversions und Reversals in

Frage.[1] Im folgenden werden zahlreiche Kombinationsstrategien dargestellt, die z.T. auch als Kombinationsmöglichkeiten in die jeweiligen Terminbörsen-Systeme eingegeben werden können.[2] In diesem Fall empfiehlt sich zur Konstruktion der gewünschten Position eine separate Durchführung der notwendigen Einzeltransaktionen.

ba. Die Erzeugung synthetischer Futures mit Optionen

Durch die Kombination von Optionen lassen sich auch synthetische Futurespositionen auf Aktien und Aktienindizes bilden. Durch den gleichzeitigen Kauf eines Calls mit dem Basispreis A und den Verkauf eines Puts mit dem Basispreis A kann ein Long Future synthetisch konstruiert werden, wie in Abbildung E.5 gezeigt wird.

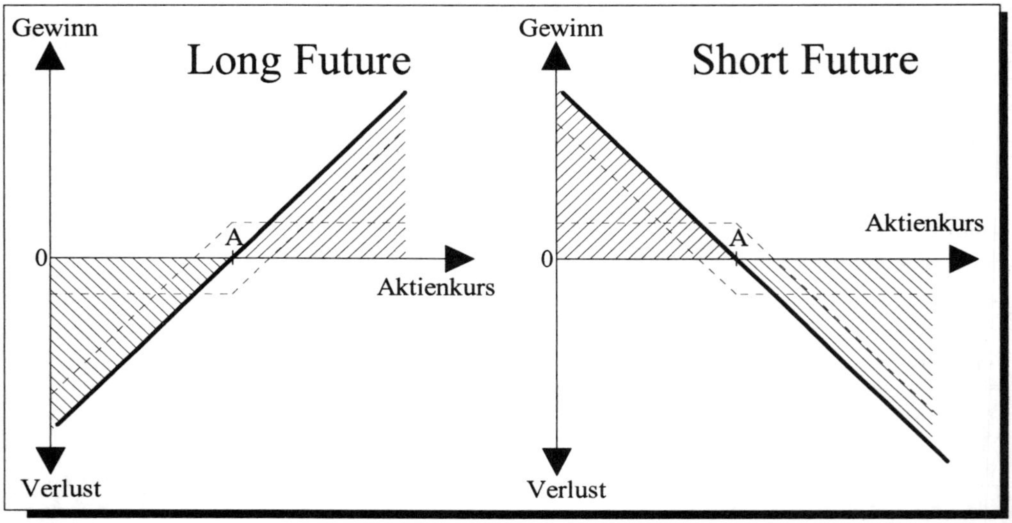

Abb. E.5: Long und Short Future

Der Vorteil eines synthetischen Long Futures liegt in dem geringen Kapitaleinsatz, der zum Eingehen einer Aktienposition erforderlich ist. Die mit dem gekauften Call verbundenen Kosten werden durch die Einnahme der Optionsprämie aus dem Putverkauf gesenkt, so daß ein im Vergleich zur direkten Aktienanlage kleinerer Mitteleinsatz verbleibt.

Für einen Investor, der in sechs Monaten einen größeren Betrag erhält und heute schon in eine bestimmte Aktie einsteigen möchte, kann sich ein synthetischer Long Future durchaus anbieten.

---

1 Vgl. **Pilz** (1991), S. 132ff.

2 Eine Übersicht über die am Londoner Terminmarkt LIFFE angebotenen Kombinationsstrategien findet sich bei **Loistl** (1992), S. 326f.

Wichtiger als der synthetische Long Future dürfte ein Short Future auf Aktien sein. Durch den Aufbau einer Short Futureposition lassen sich Aktien leerverkaufen. Dabei wird ein Put mit dem Basispreis A gekauft und zugleich ein Call mit dem gleichen Basispreis verkauft.

Wie aus dem Wertverlaufsdiagramm erkennbar ist, werden synthetische Futures weder von einem Zeit- noch von einem Volatilitätseffekt tangiert. Denn bei einer Kauf- und einer Verkaufposition neutralisieren sich die jeweils bei den einzelnen Optionen auftretenden Zeit- und Volatilitätseffekte. Dies gilt allerding nur, falls jeweils at-the-money Optionen gehandelt werden. Dies vereinfacht die Überwachung der Strategie, da keine Gefahren von sich ändernden Restlaufzeiten und Volatilitäten ausgehen.

Als weitere Variante können sogenannte Split Strike Futures synthetisch mit Optionen konstruiert werden. Durch die Wahl verschiedener Basispreise erhalten die Strategien eine neutrale Wertverlaufszone zwischen den gewählten Basispreisen, in der die jeweilige Position keinem Kursrisiko ausgesetzt ist. Die maximalen Gewinn- und Verlustmöglichkeiten sind jeweils unbegrenzt. Die entsprechenden Kurvenverläufe sind in Abbildung E.6 dargestellt.

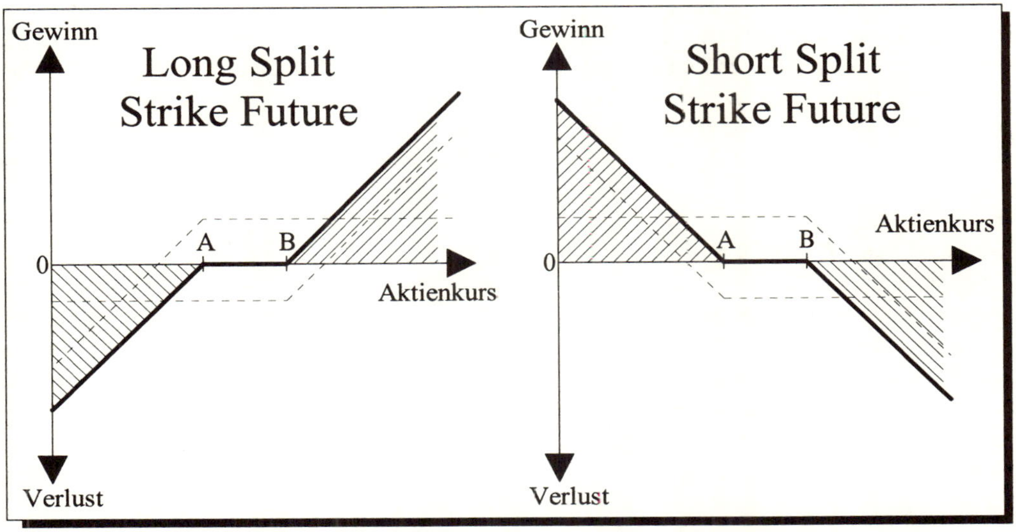

Abb. E.6: Long und Short Split Strike Futures

Im Gegensatz zu den oben dargestellten Short Futures ergibt sich ein Zeiteffekt, der von der Höhe des Aktienkurses und der Lage der Basispreise abhängt. Dieser Zeiteffekt kann sowohl positiv, als auch negativ sein. Die Wirkung einer steigenden Volatilität ist - wie bei den synthetischen Futurespositionen - auch hier neutral.

bb. Spread-Strategien mit Optionen

Spreads sind die am meisten vorkommenden Optionskombinationen. Ihr Grundprinzip ist, daß entweder nur Calls oder nur Puts in der Kombination vorkommen. Dabei wird jeweils eine Option gekauft, während die andere Option zeitgleich verkauft wird. Im Hinblick auf die Volatilität verhalten sich die Positionen jeweils nahezu neutral, da eine verkaufte mit einer gekauften Option kombiniert ist. Die auftretenden Einzeleffekte kompensieren sich dabei. Da dies bei Spreads allgemein so ist, sind viele Spreads recht insensitiv in bezug auf Volatilitätsveränderungen.

Innerhalb der Spreads lassen sich weitere Differenzierungen vornehmen. Es gibt Spreads, bei denen sich lediglich die Basispreise unterscheiden. Dabei handelt es sich um Vertical- bzw. Price-Spreads. Differieren stattdessen nicht die Basispreise, sondern die Laufzeiten der kombinierten Einzeloptionen, dann spricht man von Horizontal- oder Time-Spreads. Besitzen die gewählten Spreadkombinationen sowohl unterschiedliche Basispreise, als auch verschiedene Restlaufzeiten, so handelt es sich um Diagonal-Spreads. Diese Spreadstrategien werden im folgenden kurz dargestellt.

Ein sogenannter Bull-Price-Spread kann durch den Kauf eines Calls mit Basispreis A bei gleichzeitigem Verkauf eines Calls mit Basispreis B erzeugt werden. Dasselbe Ergebnis läßt sich - wie in Abbildung E.7 dargestellt - auch durch den Kauf eines Puts mit dem Basispreis A und dem gleichzeitigen Verkauf eines Puts mit dem Basispreis B erzielen. Schließlich kann ein Bull-Price-Spread auch synthetisch erzeugt werden. Dies geschieht entweder durch den Kauf des Basiswertes bei gleichzeitigem Kauf eines Puts mit Basispreis A und gleichzeitigem Verkauf eines Calls mit Basispreis B, oder durch den Leerverkauf des Basiswertes bei gleichzeitigem Erwerb eines Calls mit Basispreis A und gleichzeitigem Verkauf eines Puts mit Basispreis B.

Charakteristisch für einen Bear-Price-Spread ist der Verkauf der Option mit dem geringeren Basispreis und der Kauf der Option mit dem höheren Basispreis. Werden Calls zur Positionsbildung benutzt (siehe Abbildung E.7), so wird ein Call mit Basispreis A verkauft und gleichzeitig ein Call mit Basispreis B gekauft. Auf synthetische Weise läßt sich ein Bear-Price-Spread bilden, indem der Basiswert gekauft wird und gleichzeitig ein Call mit Basispreis A verkauft, sowie ein Put mit Basispreis B gekauft wird. Die zweite synthetische Möglichkeit zur Bildung eines Bear-Price-Spread besteht im Leerverkauf des Basiswertes bei gleichzeitigem Callkauf mit Basispreis B und Putverkauf mit Basispreis A.

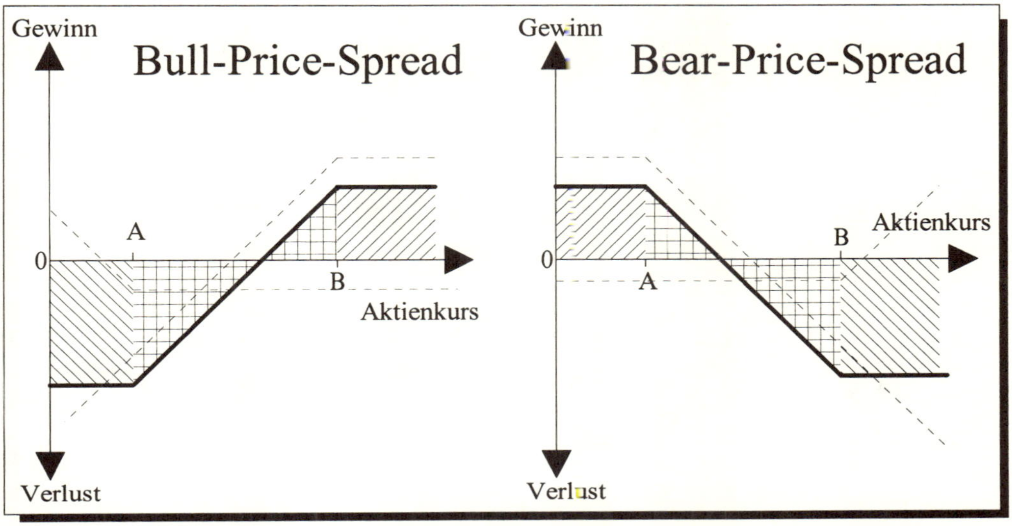

Abb. E.7: Bull- und Bear-Price-Spread

Darüber hinaus können sogenannte Butterflies erzeugt werden. Die Gewinn- und Verlustmöglichkeiten sind aus Abbildung E.8 erkennbar. Die Konstruktion eines Long Butterfly kann auf mehrfache Weise erfolgen. Die erste Möglichkeit besteht im Kauf eines Calls mit Basispreis A, dem gleichzeitigen Verkauf von zwei Calls mit Basispreis B und dem gleichzeitigen Kauf eines Calls mit Basispreis C (vgl. Abbildung E.8). Bei Verwendung von Puts werden ein Put mit Basispreis A gekauft, zwei Puts mit Basispreis B geschrieben und ein Put mit Basispreis C gekauft. Insgesamt müssen dementsprechend drei Optionen gehandelt werden, was bei den Transaktionkosten negativ zu Buche schlägt. Es ist darauf hinzuweisen, daß die Differenz zwischen A und B derjenigen zwischen B und C entsprechen muß.

Ein Long Butterfly kann auch als Kombination aus einem Bull-Price-Spread mit einem Bear-Price-Spread gebildet werden. Da Price-Spreads sowohl mit Calls als auch mit Puts zu erzeugen sind, ergeben sich zwei Konstruktionsmöglichkeiten. Der Bull-Price-Spread wird durch den Kauf eines Calls mit dem Basispreis A und dem gleichzeitigen Verkauf eines Calls mit Basispreis B konstruiert, während beim Bear-Price-Spread ein Call mit Basispreis B verkauft und ein Call mit Basispreis C gekauft wird.

Das Spiegelbild zum Long Butterfly stellt der Short Butterfly dar. Mittels dieser Optionsstrategie versuchen Anleger, von starken Kursveränderungen des Underlyings zu profitieren. Folglich liegt dem Short Butterfly die Erwartung einer steigenden Volatilität zugrunde. Zur Positionsgenerierung bedarf es, wie im rechten Diagramm von Abbildung E.8 dargestellt, des Verkaufs eines Calls mit Basispreis A, des gleichzeitigen Kaufs von zwei Calls mit Basispreis B und des gleichzeitigen Verkaufs eines Calls mit Basispreis C. Alternativ kann ein Short Butterfly auch durch einen verkauften Put mit Basispreis A, zwei gleichzeitig gekauften Puts mit Basispreis B und einem gleichzeitig verkauften Put mit Basispreis C konstruiert werden. In der Summe wird stets die gleiche Menge an Optionen gekauft wie verkauft.

Analog zum Long Butterfly läßt sich durch die Kombination eines Bear-Price-Spread mit einem Bull-Price-Spread ein Short Butterfly erzeugen. Der Unterschied zum Long Butterfly besteht darin, daß beim Short Butterfly der Bear-Price-Spread die Basispreise A und B und der Bull-Price-Spread die Basispreise B und C aufweist.

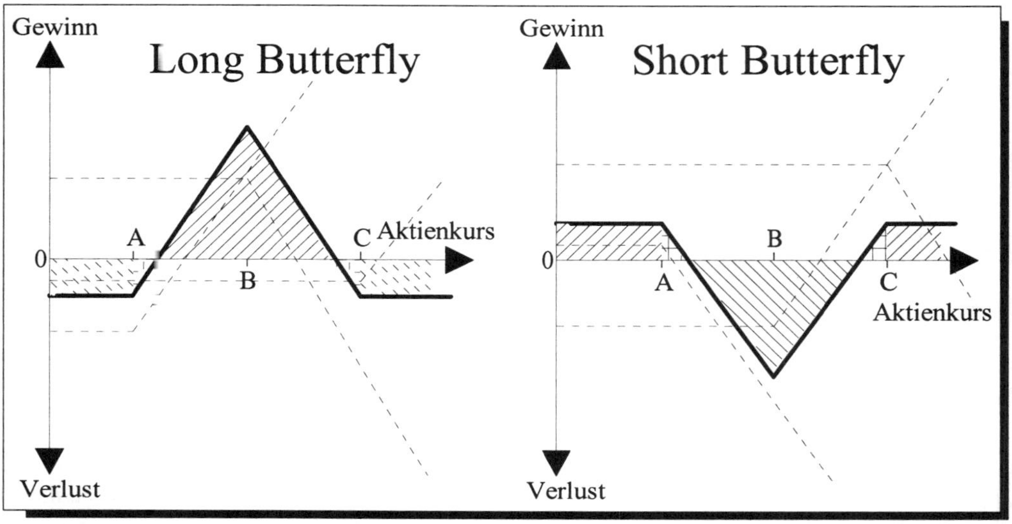

Abb. E.8: Long und Short Butterfly

Als weitere Spread-Strategie gilt der sogenannte Condor. Dabei charakterisiert nicht ein Punkt, sondern ein Bereich die maximalen Gewinnmöglichkeiten. Entsprechend dem Diagramm der Abbildung E.9 erfolgt die Erzeugung eines Long Condor, indem ein Call mit Basispreis A gekauft, gleichzeitig ein Call mit Basispreis B verkauft, gleichzeitig ein weiterer Call mit Basispreis C verkauft und schließlich ein Call mit Basispreis D gekauft werden. Insgesamt sind folglich vier verschiedene Optionspositionen eingegangen worden. Grundsätzlich gilt beim Long Condor, daß die beiden mittleren Basispreisoptionen verkauft und die Optionen mit den außen liegenden Basispreisen gekauft werden. Die Abstände der Basispreise zueinander müssen gleich sein, um eine symmetrische Position zu konstruieren. Unter Verwendung von Puts hätte ein Put mit Basispreis A gekauft werden müssen, zugleich ein Put mit Basispreis B verkauft, ein weiterer Put mit Basispreis C verkauft und schließlich ein Put mit Basispreis D gekauft werden müssen. Analog der Konstruktion eines Long Butterfly läßt sich der Long Condor auch durch die Kombination von Spreads erzeugen.

Ein Short Condor läßt sich mit Hilfe von Calls konstruieren, indem ein Call mit Basispreis A verkauft, ein Call mit Basispreis B gekauft, ein Call mit Basispreis C gekauft und schließlich ein Call mit Basispreis D geschrieben wird. Werden Puts zum Aufbau einer Short Condor Position eingesetzt, so muß ein Put mit Basispreis A verkauft, ein Put mit Basispreis B gekauft, ein Put mit Basispreis C gekauft und ein Put mit Basispreis D verkauft werden. Daneben kann auch durch die Kombination von Spreads ein Short Condor konstruiert werden.

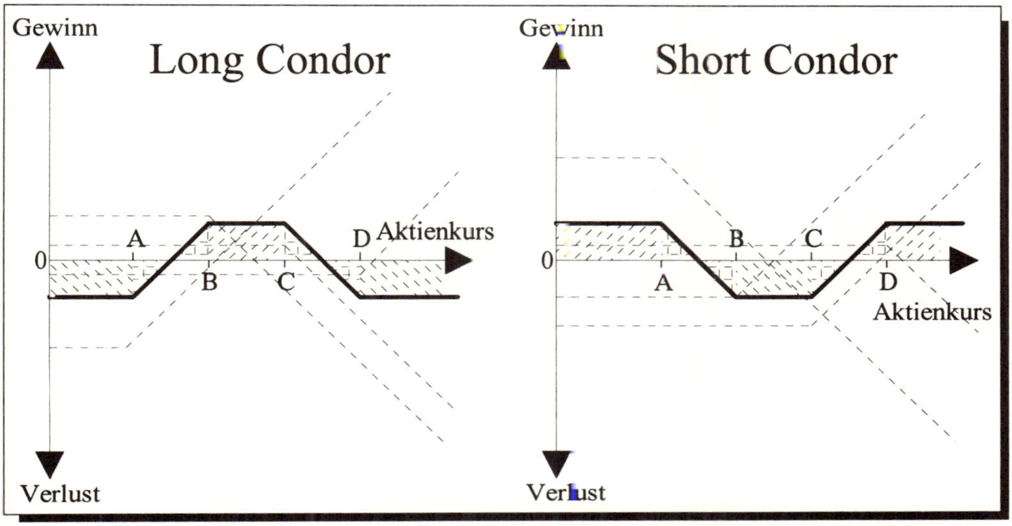

Abb. E.9: Long und Short Condor

Eine weitere Variante der Spread-Strategien mit Optionen stellen die sogenannten Ratio-Spreads dar. Dabei differiert die Anzahl von ge- und verkauften Optionen.

Die Durchführung eines Ratio-Spreads geschieht mit Hilfe einer gekauften Option mit Basispreis A und mehreren geschriebenen Optionen mit Basispreis B. In bezug auf das Verhältnis der gekauften Calls zu den verkauften Calls (Spread Ratio) gilt, daß stets mehr Optionen geschrieben als gekauft werden. In Abbildung E.10 wird ein Ratio-Call-Spread durch den Verkauf von drei Calls dargestellt.

Beim Ratio-Put-Spread geht der Investor von leicht fallenden Kursen und einer sinkenden Volatilität des Basiswertes aus. Der Positionsaufbau erfolgt wiederum durch den Kauf der wertvolleren Option bei gleichzeitigem Verkauf mehrerer geringwertigerer Optionen. Da im Gegensatz zu Calls Verkaufsoptionen einen höheren Wert annehmen, je höher der Basispreis ist, wird ein Put mit dem Basispreis B gekauft. Gleichzeitig werden mehrere Puts mit Basispreis A verkauft. Die Anzahl der zu verkaufenden Puts wird mittels der Spread-Ratio bestimmt.

Im Hinblick auf den Volatilitätseffekt kann festgestellt werden, daß dieser bei Ratio Spreads im Ganzen negativ ist, da mehr Optionen geschrieben als gekauft werden.

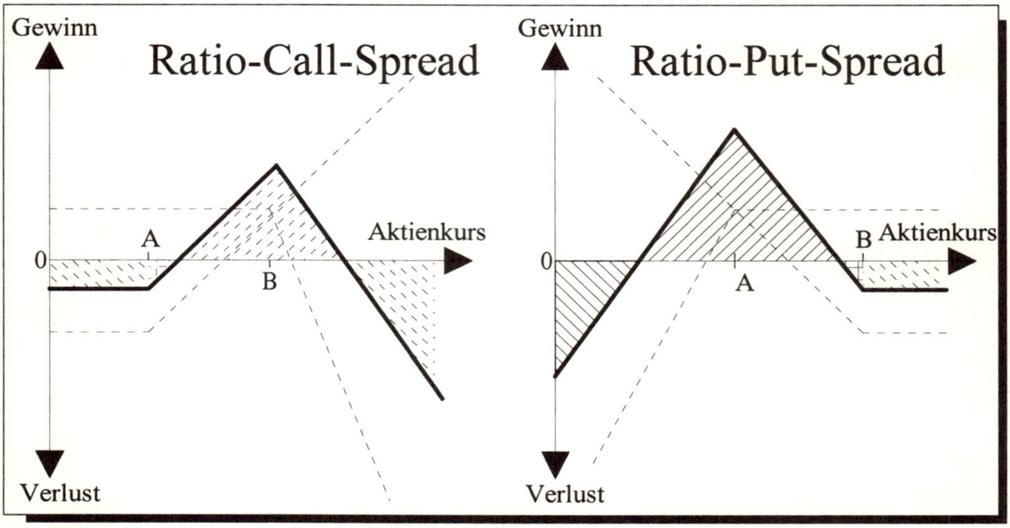

Abb. E.10: Ratio-Call- und Ratio-Put-Spread

Geht man bei Ratio-Spreads in umgekehrter Weise vor, so lassen sich sogenannte Ratio-Back-Spreads konstruieren. Dabei wird jeweils die wertvollere Option verkauft anstatt gekauft. Die weniger wertvollen Optionen werden demgegenüber in größerer Anzahl gekauft. Somit werden stets mehr Optionen gekauft als geschrieben. Ein Call-Ratio-Back-Spread wird beispielsweise konstruiert, indem ein Call mit Basispreis A verkauft wird und mehrere Calls mit Basispreis B gekauft werden.

Fallende Kurse bei steigender Volatilität sind die Erwartungshaltung bezüglich des Basiswertes, der einer Optionsstrategie mit Put-Ratio-Back-Spreads zugrunde liegt. Zum Positionsaufbau wird der teurere Put verkauft und gleichzeitig die Puts mit dem niedrigeren Basispreis gekauft. Konkret folgt daraus der Kauf von mehreren Puts mit Basispreis A und das gleichzeitige Schreiben eines Puts mit Basispreis B.

In der Summe besteht beim Ratio-Back-Spread ein positiver Volatilitätseffekt, da mehr Optionen gekauft als verkauft werden. Eine Volatilitätserhöhung steigert deshalb den Wert der gekauften Optionen. Dies überkompensiert die Wertminderung der Short Position. Je mehr Optionen pro verkaufter Option gekauft werden, desto stärker profitiert die Gesamtstrategie von einer steigenden Volatilität.

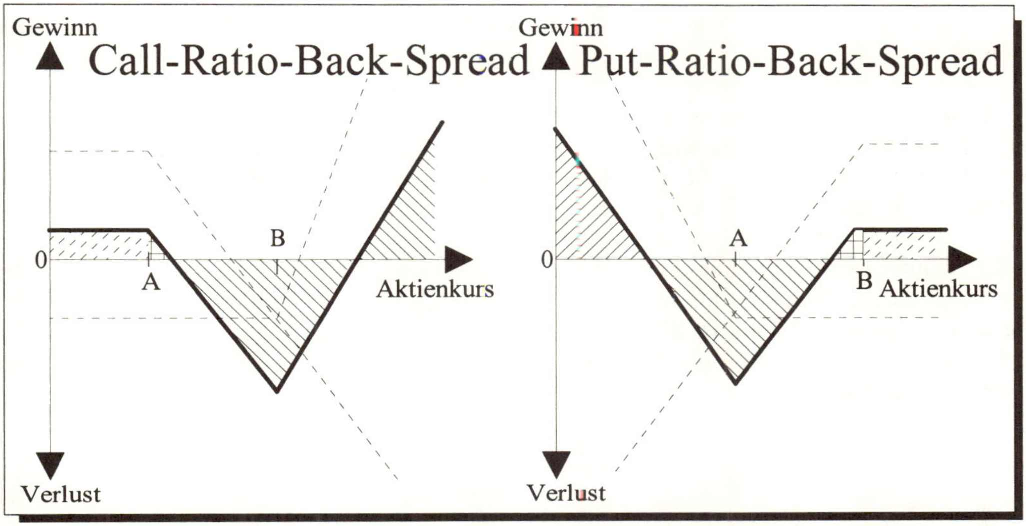

Abb. E.11: Call- und Put-Ratio-Back-Spread

Im Gegensatz zu den bisher vorgestellten Optionsstrategien werden bei Horizontal-Spreads Optionen mit verschiedenen Laufzeiten eingesetzt. Aus diesem Grund finden auch die Ausdrücke 'Time-Spread' oder 'Calendar-Spread' Verwendung.

Time-Spreads profitieren von der Tatsache, daß sich der Zeitwertverfall einer Option bei abnehmender Restlaufzeit beschleunigt. In Abbildung E.12 wird darauf verzichtet, die einzelnen Optionen in Form einer gestrichelten Linien in das Wertverlaufsdiagramm einzuzeichnen. Notwendig wäre bei Time-Spreads nämlich eine weitere Achse, die zu einer dreidimensionalen Darstellung führen würde. Da eine solche Zeitachse aber die Anschaulichkeit beeinträchtigen würde, bleibt es bei dem bisher verwendeten Darstellungstyp.

Die Ausnutzung einer unterschiedlichen Zeitwertverfallintensität bei in naher Zukunft stabilen bis unveränderten Kursen des Basiswertes ist das Ziel eines Long Time-Spreads. Dazu wird eine Option mit kürzerer Laufzeit verkauft und zugleich eine Option mit längerer Laufzeit und gleichem Basispreis gekauft. Dies kann sowohl mit Calls als auch mit Puts geschehen, da beide dieselben Zeiteffekte aufweisen. In der Regel entspricht der Basispreis dabei ungefähr dem aktuellen Kurs des Underlying. In diesem Fall läßt sich von einem Neutral-Time-Spread sprechen. Von einem Bull-Time-Spread wird gesprochen, falls der Basispreis oberhalb des aktuellen Kurses liegt. Diese Strategie empfiehlt sich bei der Erwartung steigender Kurse. Umgekehrt spricht man von einem Bear-Time-Spread, wenn der Basispreis unterhalb des momentanen Kurses liegt.

Ein Long Time-Spread mit Calls entsteht durch den Verkauf eines Calls mit kürzerer Laufzeit bei gleichzeitigem Kauf eines Calls mit längerer Laufzeit. Die Basispreise sind dabei identisch. Der Investor hofft, daß der kürzere Call unausgeübt verfällt. Am Verfallszeitpunkt des kürzer laufenden Calls besitzt der gekaufte Call noch einen Zeitwert. Zur Sicherung dieses Zeitwerts, und damit keine offene Position entsteht, wird der gekaufte Call i. d. R. mit Verfall des geschriebenen Calls glattgestellt.

Bei Short Time-Spreads, die auch als Reverse-Time-Spreads bekannt sind, kaufen die Anleger die kürzere und schreiben die längerlaufende Option. Werden Calls zum Aufbau einer solchen Position verwendet, so wird - bei Gleichheit der Basispreise - ein längerlaufender Call geschrieben und ein kürzer laufender Call gekauft.

Während mit einem Long Time-Spread ein leicht werterhöhender Volatilitätseffekt verbunden ist (die langlaufende Option profitiert stärker von steigenden Volatilitätswerten des Basiswertes als die kürzer laufende Option), ist der Short Time-Spread durch einen leicht negativen Volatilitätseffekt gekennzeichnet; denn der Wert der längerlaufenden Option profitiert etwas stärker von einer steigenden Volatilität.[1]

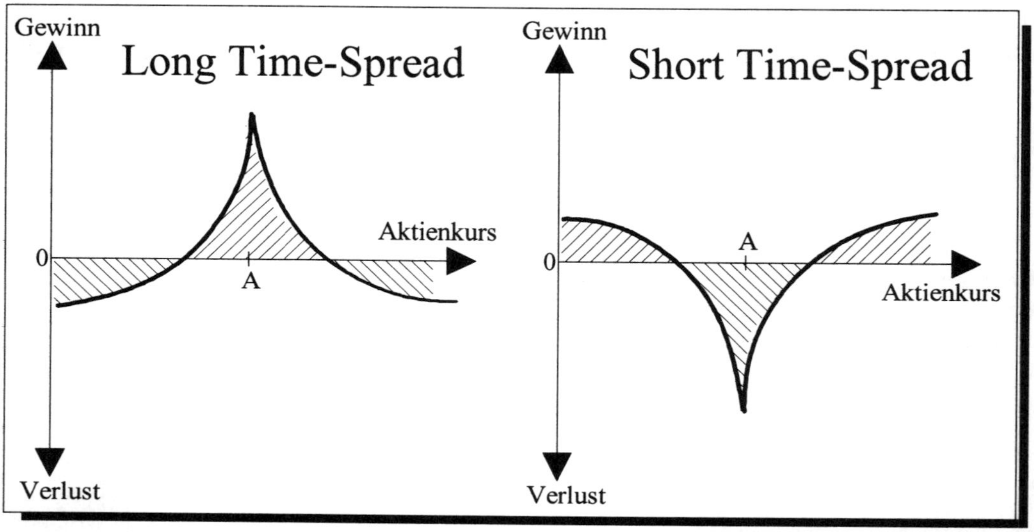

Abb. E.12: Long und Short Time-Spread

Neben Vertical- und Horizontal-Spreads besteht noch eine dritte Möglichkeit, Spreads zu konstruieren. Diese liegt in der Kombination beider vorgenannten Spread-Varianten. Bei Diagonal-Spreads werden im Vergleich zu den bisher dargestellten Spreads unterschiedliche Basispreise und verschiedene Optionslaufzeiten verwendet. Bei einem Bull-Diagonal-Spread besitzt die geschriebene Option grundsätzlich den höheren Basispreis und die kürzere Restlaufzeit. Entsprechend weist die gekaufte Option den niedrigeren Basispreis und die längere Restlaufzeit auf.

---

1 Vgl. die Ausführungen zu den 'griechischen Variablen' in diesem Kapitel sowie die Tabellen E.1 und E.2.

Analog zum Bull-Diagonal-Spread besitzt auch beim Bear-Diagonal-Spread die gekaufte Option die längere Restlaufzeit. Lediglich die Basispreise werden ausgewechselt, so daß die gekaufte Option stets den höheren Basispreis besitzt. Wiederum kann die Position sowohl mit Calls als auch mit Puts konstruiert werden.

Werden Calls verwendet, dann wird ein gekaufter Call mit Basispreis B und längerer Restlaufzeit mit einem zugleich verkauften Call mit Basispreis A und einer kürzeren Restlaufzeit kombiniert. Alternativ kann ein Put mit Basispreis B und längerer Restlaufzeit gekauft werden und zugleich ein Put mit Basispreis A und kürzerer Restlaufzeit geschrieben werden.

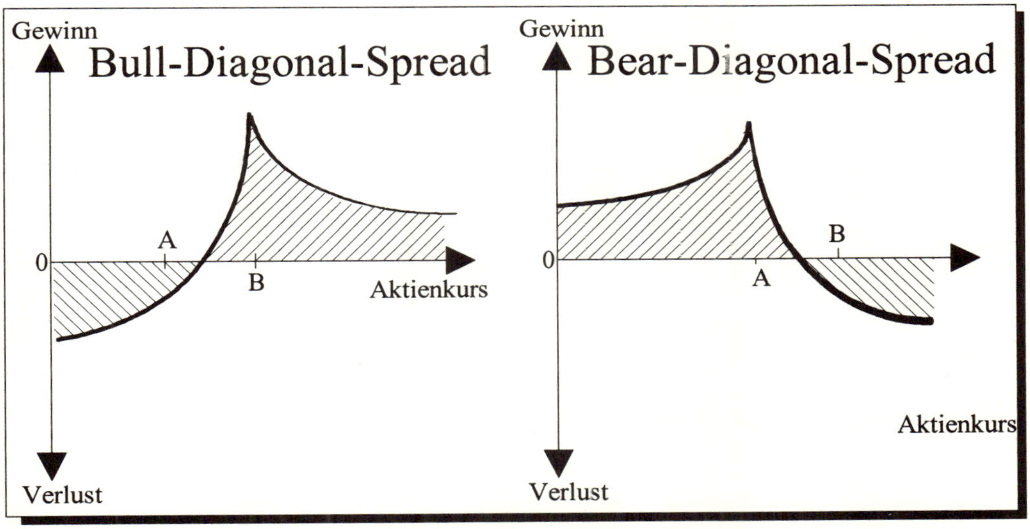

Abb. E.13: Bull- und Bear-Diagonal-Spread

bc. Straddle-Strategien mit Optionen

Die Bildung von Straddle-Positionen erfolgt im Gegensatz zu den bisher dargestellten Strategien aus der Erwartung einer bestimmten Volatilitätsentwicklung des Basiswertes. Die Richtung der Marktentwicklung spielt dabei keine Rolle. Straddle-Positionen bestehen immer aus Calls und Puts. Entweder werden beide gekauft oder aber verkauft.

Dem Long Straddle liegt die Erwartung einer steigenden Volatilität zugrunde, die zu großen Kursveränderungen führt. Dabei spielt es keine Rolle, ob der Basiswert im Kurs steigt oder fällt. Lediglich die Kursveränderung ist wichtig. Durch den Kauf eines Calls und gleichzeitigen Kauf eines Puts mit demselben Basispreis läßt sich die Long Straddle Position konstruieren.

Mit Hilfe eines Short Straddle kann auf eine sinkende Volatilität des Basiswertes spekuliert werden. Dabei werden ein Call und ein Put mit demselben Basispreis gleichzeitig verkauft. Bewegt sich der Kurs des Basiswertes während der Optionslaufzeit kaum vom Basispreis weg, so ergibt sich ein maximaler Gewinn. Dieser besteht in der Vereinnahmung zweier Optionsprämien. Gegenüber einem Long Straddle ist beim Short Straddle allerdings ein unbegrenztes Verlustpotential gegeben, wie aus Abbildung E.14 deutlich wird.

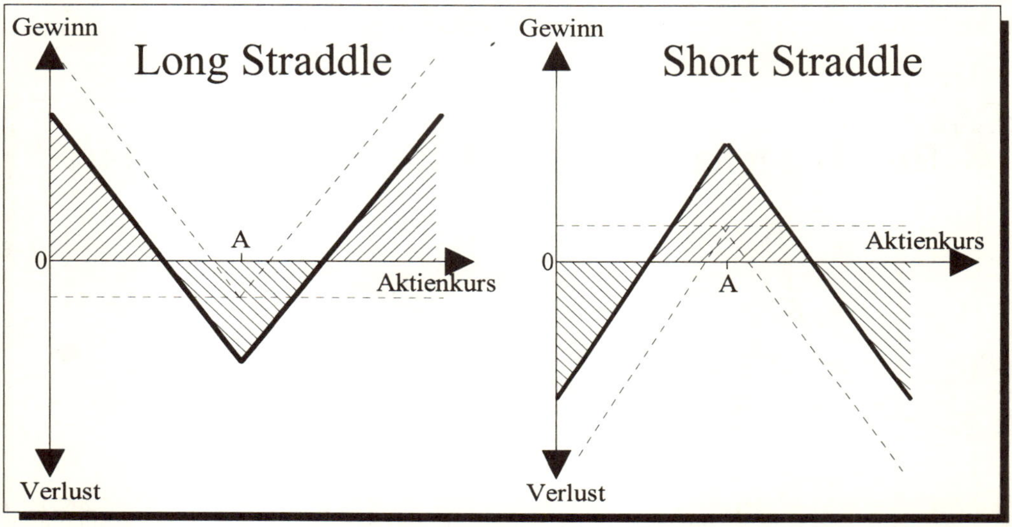

Abb. E.14: Long und Short Straddle

Eng verwandt mit einem Straddle ist ein sogenannter Strangle. Die strategische Zielrichtung ist sogar identisch, lediglich das Ausmaß der erwarteten Kursveränderung des Basiswertes differiert. Eine Long Strangle-Position kann erzeugt werden, indem ein Call mit Basispreis B und zugleich ein Put mit Basispreis A gekauft werden. Ein Short Strangle läßt sich aus einem verkauften Put mit Basispreis A und einem zugleich verkauften Call mit Basispreis B erzeugen.

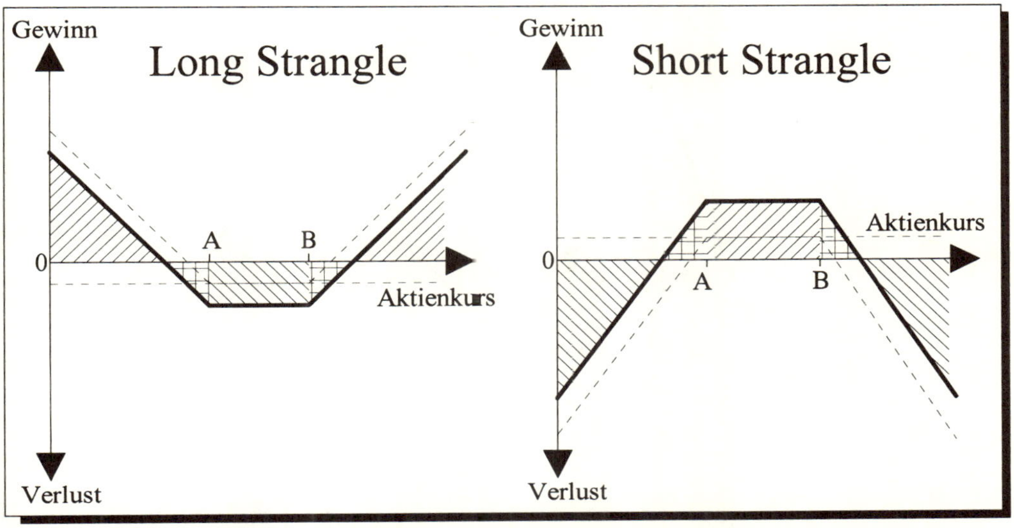

Abb. E.15: Long und Short Strangle

Als weitere, den Straddles ähnliche Variante können Calls und Puts mit gleichem Basispreis im Rahmen von Straps kombiniert werden. Beide Strategien unterscheiden sich nur hinsichtlich des Mengenverhältnisses von Calls und Puts. Während bei Straddles ein symmetrisches Verhältnis von 1:1 besteht, kommt es bei Straps zur mengenmäßigen Übergewichtung der Calls. Üblicherweise werden dabei pro Put zwei Calls gehandelt. Somit entsteht ein Call/Put-Verhältnis von 2:1, das zu einem steileren Wertverlauf oberhalb des Basispreises führt. Andere Mengenverhältnisse sind auch möglich.

Beim Long Strap werden beispielsweise zwei Calls mit Basispreis A gekauft und zugleich ein Put mit demselben Basispreis gekauft. Hingegen verhält sich ein Put Strap spiegelbildlich zum Long Strap, so daß zur Konstruktion z. B. zwei Calls mit Basispreis A verkauft werden und zugleich ein Put mit dem gleichen Basispreis geschrieben wird.

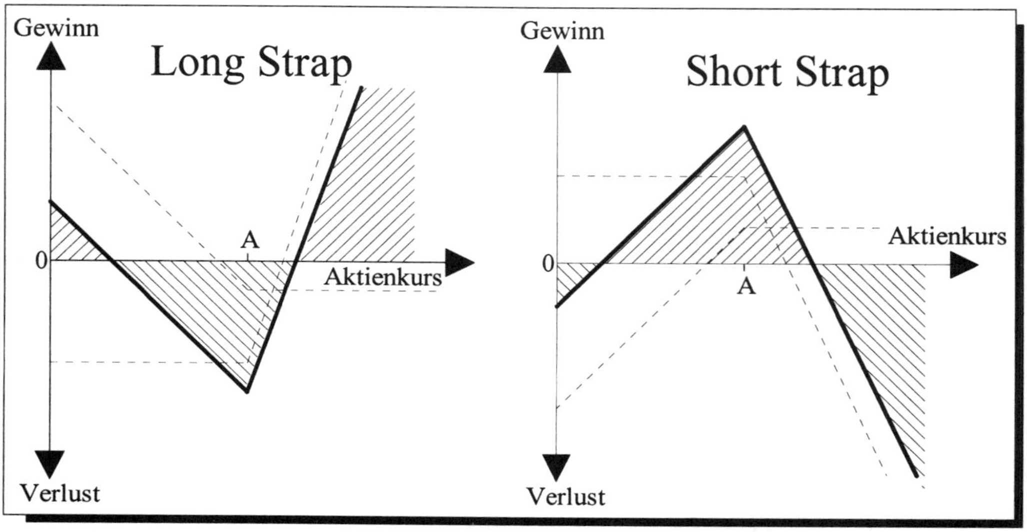

Abb. E.16: Long und Short Strap

Das Verhältnis bei Straps kann auch umgekehrt werden, wobei es sich dann um sogenannte Strips handelt. Während bei Straps ein Übergewicht an Calls besteht, ist für Strips die Übergewichtung von Puts charakteristisch. Üblicherweise werden dabei pro Call zwei Puts gehandelt. Somit entsteht ein Put/Call-Verhältnis von 2:1. Die entsprechenden Diagramme sind in Abbildung E.17 gezeigt.

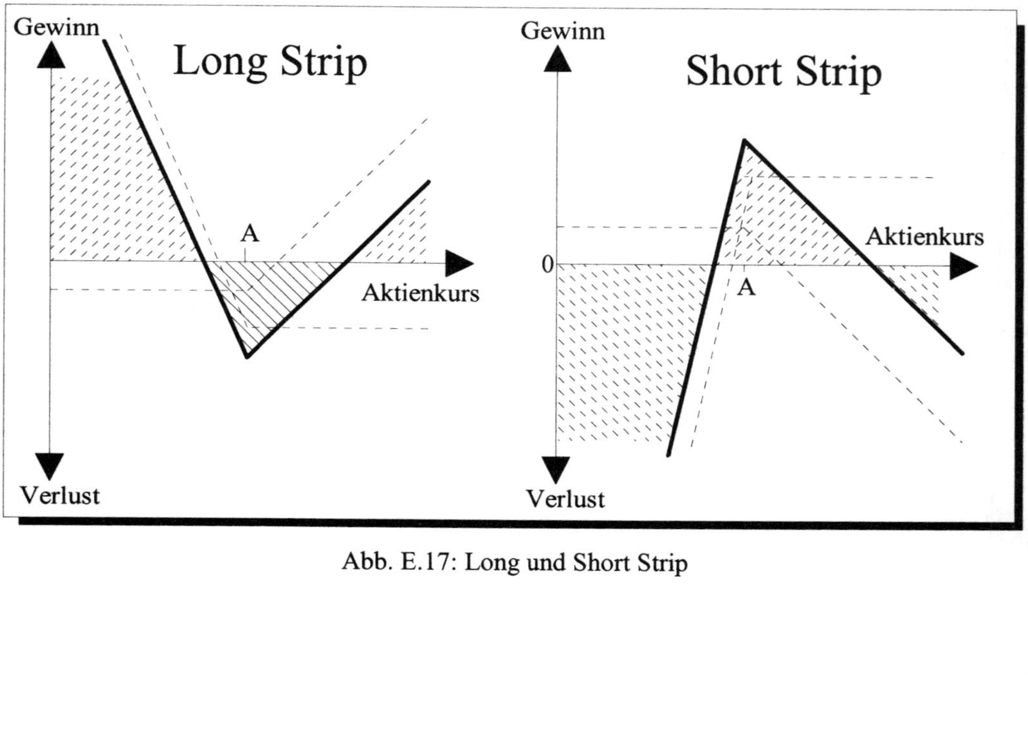

Abb. E.17: Long und Short Strip

Zusammenfassend ergibt sich für die dargestellten kombinierten Optionshandelsstrategien die in Tab. E.4 wiedergegebene synoptische Darstellung.

Optionsstrategie	**Strategie-typ**	**Primäre Markterwartung**	**Volatilitäts-effekt**	**Zeiteffekt**	**Gewinn-potential**	**Verlust-potential**
Synth. Long Futures	Directional	↑steigender Kurs	neutral	neutral	unlimitiert	unlimitiert
Synth. Short Futures	Directional	↓fallender Kurs	neutral	neutral	unlimitiert	unlimitiert
Long Split Strike Futures	Directional	↑steigender Kurs	neutral	unbestimmt	unlimitiert	unlimitiert
Short Split Strike Futures	Directional	↓fallender Kurs	neutral	unbestimmt	unlimitiert	unlimitiert
Bull-Price-Spread	Directional	↗leicht steigender Kurs	neutral	unbestimmt	limitiert	limitiert
Bear-Price-Spread	Directional	↘leicht fallender Kurs	neutral	unbestimmt	limitiert	limitiert
Long Butterfly	Precision	→unveränderter Kurs	neutral	unbestimmt	limitiert	limitiert
Short Butterfly	Precision	↑↓volatiler Kurs	neutral	unbestimmt	limitiert	limitiert
Long Condor	Precision	→unveränderter Kurs	neutral	unbestimmt	limitiert	limitiert
Short Condor	Precision	↑↓stark volatiler Kurs	neutral	unbestimmt	limitiert	limitiert
Ratio-Call-Spread	Precision	↗sinkende Volatilität	negativ	unbestimmt	limitiert	unlimitiert
Ratio-Put-Spread	Precision	↘sinkende Volatilität	negativ	unbestimmt	limitiert	unlimitiert
Call-Ratio-Back-Spread	Precision	↗steigende Volatilität	positiv	unbestimmt	unlimitiert	limitiert
Put-Ratio-Back-Spread	Precision	↘steigende Volatilität	positiv	unbestimmt	unlimitiert	limitiert
Long Time-Spread	Precision	→unveränderter Kurs	positiv	positiv	limitiert	limitiert
Short Time-Spread	Precision	↑↓volatiler Kurs	negativ	negativ	limitiert	limitiert
Bull-Diagonal-Spread	Directional	↑steigender Kurs	positiv	positiv	limitiert	limitiert
Bear-Diagonal-Spread	Directional	↓fallender Kurs	positiv	positiv	limitiert	limitiert
Long Straddle	Precision	↑↓volatiler Kurs	positiv	negativ	unlimitiert	limitiert
Short Straddle	Precision	→unveränderter Kurs	negativ	positiv	limitiert	unlimitiert
Long Strangle	Precision	↑↓stark volatiler Kurs	positiv	negativ	unlimitiert	limitiert
Short Strangle	Precision	→unveränderter Kurs	negativ	positiv	limitiert	unlimitiert
Long Strap	Precision	↗steigende Volatilität	positiv	negativ	unlimitiert	limitiert
Short Strap	Precision	→sinkende Volatilität	negativ	positiv	limitiert	unlimitiert
Long Strip	Precision	→steigende Volatilität	positiv	negativ	unlimitiert	limitiert
Short Strip	Precision	→sinkende Volatilität	negativ	positiv	limitiert	unlimitiert

Tab. E.4: Charakteristika von kombinierten Optionsstrategien

3. Anlagestrategien mit Optionen

a. Portfolio Insurance mit Puts

Portfolio Insurance Konzepte beziehen sich - im Gegensatz zu den oben erläuterten Optionshandelsstrategien - regelmäßig auf Portfolios und nicht nur auf Einzelwerte. Das Ziel besteht dabei in der Teilnahme an steigenden Marktbewegungen bei gleichzeitiger Verlustbegrenzung im Fall sinkender Kurse. Da Portfolio Insurance-Konzepte einen wirksamen Schutz vor systematischen Kapitalmarktrisiken bieten können, stellen sie ein interessantes Instrument im Rahmen der Gesamtanlagekonzeption für Portfolios dar. Der Portfolio Insurance liegen Überlegungen einer asymmetrischen Renditeverteilung zugrunde, wie sie in Abbildung E.18 dargestellt werden.[1]

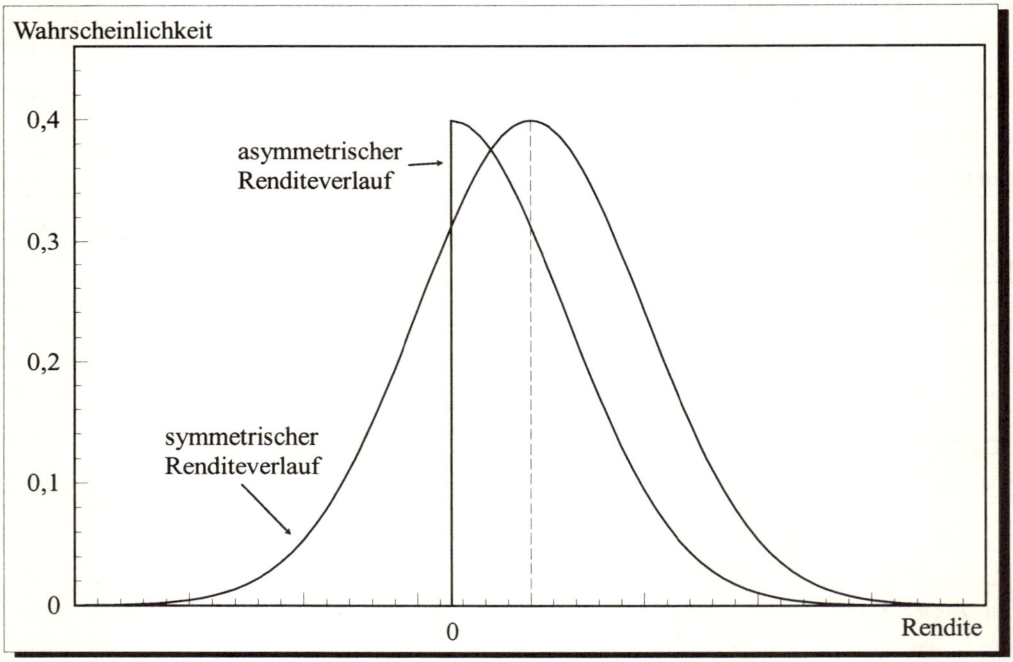

Abb. E.18: Symmetrische versus asymmetrische Renditeverteilung

Wie aus der Graphik zu erkennen ist, liegt die Verteilungsuntergrenze im dargestellten Fall der asymmetrischen Renditeverteilung bei Null, während bei der symmetrischen Verteilung eine negative Rendite möglich ist. Andererseits reichen die unter der asymmetrischen Verteilung möglichen positiven Renditen nicht an die maximal möglichen Renditen der Normalverteilung heran. Dies gilt zumindest für Portfolio Insurance Strategien, die auf der Verwendung von Optionen basieren.

---

1 Vgl. die Erläuterungen zu den asymmetrischen Risikomaßen in Kapitel A.

Hinsichtlich der zu betrachtenden Portfolios lassen sich solche mit zinsinduzierten Risiken und solche mit Preisrisiken unterscheiden. Bei Portfolios mit zinsinduzierten Risiken ist an Anleiheportfolios zu denken, die in erster Linie dem Zinsänderungsrisiko ausgesetzt sind.[1] Preisrisiken in Form von Marktpreisänderungen dominieren i. d. R. bei Aktien- und Optionsscheinportfolios.[2] Der bedeutendste Anwendungsbereich für Portfolio Insurance Techniken liegt bei Aktienportfolios, da die Gefahr und besonders das Ausmaß unerwünschter Marktentwicklungen bei Aktien besonders ausgeprägt ist.

Neben sogenannten Stop-Loss- und Constant-Proportion Portfolio Insurance (CPPI-) Strategien kommen vor allem Strategien mit Optionen in Betracht.[3] Dabei ist die Verwendung von Puts zur Portfolioabsicherung gegen mögliche Kursverluste als Basismöglichkeit der Implementierung einer Portfolio Insurance Strategie anzusehen. Diese als 'Protective Put' bezeichnete Strategie führt zu einem bereits im Anlagezeitpunkt bekannten Portfolio-Mindestwert während der gesamten Anlageperiode. Dieser besteht in Höhe des Basispreises abzüglich des Optionspreises und der mit dem Put-Kauf verbundenen Transaktionskosten. Im Fall eines am Verfalltag unter dem Basispreis liegenden Portfoliowerts wird der Put-Kontrakt ausgeübt. Die Implikationen einer solchen Strategie sind graphisch in Abbildung E.19 dargestellt. Dabei entspricht der mit V bezeichnete Punkt dem Einstiegskurs der Aktienanlage und dem Basispreis des Puts.

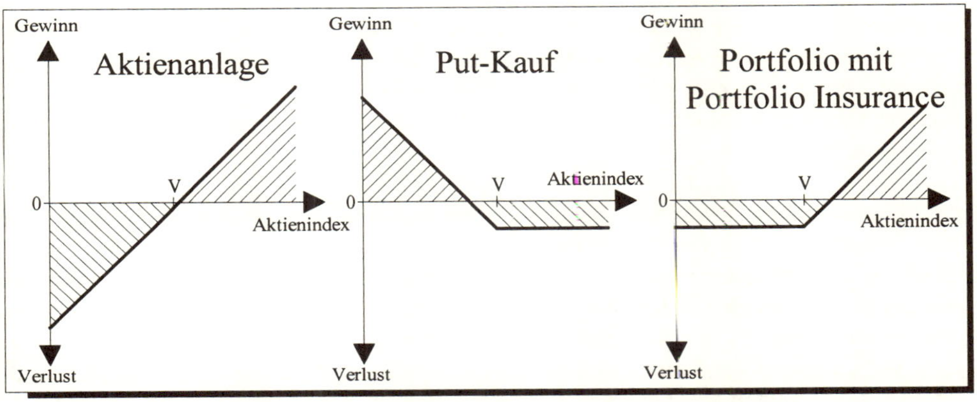

Abb. E.19: Portfolio Insurance mit einem Protective Put

---

1 Vgl. **Bühler** (1993), S. 73.

2 Die Implementierung einer Portfolio Insurance Strategie für Optionsscheinportfolios zeigt **Zwirner** (1992), S. B5f.

3 Die Stop-Loss Strategie, die als einfachste und wohl auch am meisten verbreitete Portfolio Insurance Strategie gilt, besteht in der Anwendung von Stop-Loss Regeln, d. h. bei Erreichen einer vorher festgelegten Preisuntergrenze werden Verkäufe der entsprechenden Aktien ausgelöst und der Erlös in eine risikolose Anlage investiert. Bei CPPI-Strategien wird versucht, durch Portfolioumschichtungen zwischen Aktien und einer Anlage zum risikolosen Zins einen Portfoliomindestwert bei gleichzeitiger Wahrnehmung von Kursgewinnchancen zu garantieren. Vgl. **Steiner/Bruns** (1998), S. 356ff. und S. 368ff. sowie **Meyer-Bullerdiek** (1999), S. 182ff.

Grundsätzlich bestehen zwei Alternativen bezüglich der Portfolio Insurance mit Puts. Zum einen können Index-Puts erworben werden, die von der Gesamtmarktentwicklung (Index) abhängen. Ein solcher Fall ist in der obigen Graphik dargestellt. Diese Absicherungsvariante ist nur sinnvoll, wenn das gehaltene Portfolio in seiner Zusammensetzung und Gewichtung ungefähr dem Index entspricht, auf den sich der Put bezieht. Liegt keine entsprechende Übereinstimmung von Index und Portfolio vor, dann kann ein Tracking Error entstehen.

Zum anderen kann der Kauf von Puts für jede einzelne im Portfolio gehaltene Aktie betrachtet werden. Diese Strategie kann u. U. zu erheblichen Unterschieden in der Portfolioperformance im Vergleich zur Strategie mit Index-Puts führen.[1] Denn ein Portfolio aus Optionen weist nicht die Eigenschaften eines Aktienportfolios auf. Voraussetzung für den Einsatz dieses Konzeptes ist das Vorhandensein von Optionen auf die im Portfolio gehaltenen Aktien. Zudem erfordert der Kauf einzelner Aktienputs mehr Zeitaufwand und höhere Transaktionskosten. Da Indizes aufgrund ihres Diversifikationsgrades weniger schwanken als Aktien, sind Indexoptionen i. d. R. kostengünstiger als Optionen auf einzelne Aktien.

Beiden Strategien gemeinsam ist das Laufzeitproblem. Der Planungshorizont für das zu managende Portfolio ist i. d. R. länger als die Laufzeit von Index- bzw. Aktienoptionen. Um das Portfolio dauerhaft gegen unerwünschte Marktentwicklungen abzusichern, müssen nach dem Auslaufen der alten Optionen neue Kontrakte erworben werden. Dieser Vorgang wird als 'Rolling Hedge' bezeichnet, da die entsprechenden Optionen bei Verfall in die nächste Optionsposition hinübergerollt (roll over) werden. Allerdings verliert dieses Problem etwas an Bedeutung, da an den Terminbörsen zunehmend Long-Term Options gehandelt werden, die eine Laufzeit bis zu drei Jahren besitzen können.[2]

Anhand eines Beispiels wird im folgenden die Implementierung einer Portfolio Insurance Strategie mit Protective Puts veranschaulicht.[3] Dabei wird von einem Portfolio im Wert von 4.200.000,- EUR ausgegangen, das in seiner Zusammensetzung und Gewichtung dem Deutschen Aktienindex (DAX) entspricht. Das Portfolio-Beta besitzt folglich den Wert eins. Der Planungszeitraum beträgt alternativ sechs Monate und eineinhalb Jahre. Für jeden der beiden Fälle werden zwei verschiedenartige Kursentwicklungen des DAX unterstellt, wobei der DAX-Stand zu Beginn mit 7.000 Punkten angenommen wird. Somit werden insgesamt vier Fälle betrachtet. Von Transaktionskosten wird abstrahiert. Im Fall eines Planungshorizonts von sechs Monaten wird ein sechsmonatiger DAX-Put mit Basispreis 7.000 gekauft. Im Fall eines Planungshorizonts von

---

[1] Vgl. **Zurack** (1989), S. 108ff.

[2] An der Chicago Board Options Exchange (CBOE) werden seit 1990 mit großem Erfolg sog. LEAPS (**L**ongterm **E**quity **A**ntici**P**ation **S**ecurities) gehandelt, die eine bis zu dreijährige Laufzeit besitzen. Vergleichbare lang laufende Optionen lauten LTOs (Long-Term Options) an der AMEX und ETOs (Extended-Term Options) an der Pacific Stock Exchange (PSE). Als erste Terminbörse der Welt hat die European Options Exchange in Amsterdam 1986 lang laufende Optionen in ihr Produktprogramm aufgenommen. Auch an der Eurex werden lang laufende Aktienoptionen auf deutsche Basistitel mit Laufzeiten bis zu 24 Monaten gehandelt (XXL-Optionen).

[3] Vgl. **Beilner** (1989), S. 418.

eineinhalb Jahren soll ein Rolling Hedge durchgeführt werden. Dies geschieht in diesem Beispiel mit drei sechsmonatigen DAX-Verkaufsoptionen.

Die Anzahl der zu kaufenden Puts ergibt sich allgemein zu

$$\frac{\text{Portfoliowert (in EUR)}}{\text{Indexstand} \cdot 5 \text{ EUR}} \cdot \text{Beta}_{\text{Portfolio}} \quad .$$

Daraus folgt für die Beispieldaten: $\frac{4.200.000 \text{ EUR}}{7.000 \cdot 5 \text{ EUR}} \cdot 1 = 120$.

Dabei wird unterstellt, daß der Kontraktgegenwert des DAX-Put dem 5fachen Indexstand entspricht, d.h. 5 EUR pro Indexpunkt. Es sollen nun 120 Puts gekauft werden. Mit Hilfe der Black/Scholes-Formel ergibt sich bei den angenommenen Inputdaten (Basispreis = 7.000, σ = 18%, R_f = 3,5%, t = 0,5) ein Putpreis von 295,- EUR, der zur Ermittlung des Kontraktgegenwertes noch mit 5 EUR zu multiplizieren ist. Ferner wird unterstellt, daß die Zahlungen für den Put zu Lasten des Portfolios erfolgen, das aber weiterhin in seiner Struktur dem DAX entspricht. Folgendes Tableau gibt die anfallenden Zahlungsströme wieder:

	21. Juni 2000	20. Dez. 2000
DAX	7.000	8.400
Portfolio-Wert (ohne Put)	4.200.000 EUR	5.040.000 EUR
Put-Wert	295 EUR	0
Wert der Put-Position	177.000 EUR*	0
Portfolio-Wert abzüglich Put	4.023.000 EUR	
Portfolio-Wert am 20. Dez. 2000		4.827.600 EUR**

*	= 295 · 120 ·5; damit belaufen sich die Kosten der Absicherung in Abhängigkeit vom eingesetzten Portfoliowert in Höhe von 4.200.000 EUR auf 4,21%.
**	= 4.023.000 · 1,20, da auch der DAX um 20% gestiegen ist.

Tab. E.5: Protective Put bei sechsmonatigem Planungshorizont und steigendem DAX

In diesem Fall errechnet sich für den 20. Dezember 2000 eine Gesamtrendite von 14,94% auf den Ausgangsbetrag von 4.200.000 EUR. Ohne Portfolio Insurance hätte die Rendite 20% betragen. Die Portfolio Insurance hat damit die Gesamtrendite um 5,06 %-Punkte vermindert. Bei fallendem DAX ergeben sich folgende Werte:

	21. Juni 2000	20. Dez. 2000
DAX:	7.000	5.600
Portfolio-Wert (ohne Put)	4.200.000 EUR	3.360.000 EUR
Put-Wert	295 EUR	1.400 EUR*
Wert der Put-Position	177.000 EUR	840.000 EUR**
Portfolio-Wert abzüglich Put	4.023.000 EUR	
Portfolio-Wert am 20. Dez. 2000		4.058.400 EUR***
*	= 7.000 – 5.600	
**	= 1.400 · 120 ·5	
***	= 4.023.000 EUR · 0,80 + 840.000 EUR (der DAX fiel ebenfalls um 20%)	

Tab. E.6: Protective Put bei sechsmonatigem Planungshorizont und fallendem DAX

Die Rendite des abgesicherten Portfolios beträgt in diesem Fall - 3,37%, bezogen auf 4.200.000 EUR. Bei Verzicht auf die Portfolio Insurance hätte die Rendite allerdings - 20% betragen.

Im folgenden wird der Planungshorizont von 1,5 Jahren betrachtet. Nach Ablauf der ersten Optionsfrist von sechs Monaten wird eine neue sechsmonatige Option erworben. Nach wiederum sechs Monaten wird schließlich ein weiterer sechsmonatiger Put gekauft, so daß insgesamt eineinhalb Jahre abgesichert sind. Es werden jeweils at-the-money-Puts gekauft. Die verwendeten Putpreise entsprechen näherungsweise den Black & Scholes Optionspreisen.[1] Ferner wird unterstellt, daß Zahlungen für die Put-Käufe wiederum zu Lasten des Portfolios erfolgen. Zu berücksichtigen ist dabei, daß die Put-Positionen am Verfalltag jeweils keinen Wert mehr haben, da der DAX-Stand jeweils über dem Basispreis des DAX-Put liegt.

---

1 Inputdaten der Optionsbewertung jeweils: $\sigma = 18\%$, $R_f = 3{,}5\%$, $t = 0{,}5$, Basispreise = 7.000, 8.400, 9.240 bzw. 7.000, 5.600, 5.040.

	21. Juni 2000	20. Dez. 2000	20. Juni 2001	19. Dez. 2001
DAX	7.000	8.400	9.240	9.702
Portfolio-Wert (ohne Put)	4.200.000 EUR	5.040.000 EUR	5.544.000 EUR	5.821.200 EUR
Wert des Put-Kaufs	177.000 EUR (120 Puts à 295)	203.449 EUR* (115 Puts à 354)	213.950 EUR (110 Puts à 389)	---
Portfolio-Wert vor Put-Kauf	4.200.000 EUR	4.827.600 EUR	5.086.566 EUR	5.116.247 EUR
Portfolio-Wert nach Put-Kauf	4.023.000 EUR	4.624.151 EUR	4.872.616 EUR	---

* $\frac{4.827.000\ \text{EUR}}{8.400 \cdot 5\ \text{EUR}} \cdot 1 = 115$ Kontrakte , $115 \cdot 354 \cdot 5 = 203.449$

Tab. E.7: Protective Put bei eineinhalbjährigem Planungshorizont und steigendem DAX

Bezieht man den Portfolio-Wert unter Berücksichtigung von Put-Transaktionen am Ende des Betrachtungszeitraums auf das eingesetzte Anfangskapital von 4.200.000, so ergibt sich eine Rendite dieses mittels Portfolio Insurance abgesicherten Portfolios von 21,82% (auf 1,5 Jahre gerechnet) ergeben. Ein ungesichertes Portfolio hätte eine Rendite von 38,60% erzielt. Bei sinkendem DAX sieht das Tableau wie folgt aus:

	21. Juni 2000	20. Dez. 2000	20. Dez. 2000	20. Juni 2001
DAX	7.000	5.600	5.040	4.788
Portfolio-Wert (ohne Put)	4.200.000 EUR	3.360.000 EUR	3.024.000 EUR	2.872.800 EUR
Put-Gutschrift wegen Ausübung	---	840.000 EUR* (120 Puts à 1400)	406.000 EUR (145 Puts à 560)	195.300 EUR (155 Puts à 252)
Wert des Put-Kaufs	177.000 EUR (120 Puts à 295)	171.100 EUR** (145 Puts à 236)	164.300 EUR (155 Puts à 212)	---
Portfolio-Wert vor Put-Kauf und vor Put-Gutschrift	4.200.000 EUR	3.218.400 EUR***	3.498.570 EUR	3.553.257 EUR
Portfolio-Wert vor Put-Kauf und nach Put-Gutschrift	4.200.000 EUR	4.058.400 EUR	3.904.570 EUR	3.748.557 EUR

Tab. E.8: Protective Put bei eineinhalbjährigem Planungshorizont und fallendem DAX

	21. Juni 2000	20. Dez. 2000	20. Dez. 2000	20. Juni 2001
Portfolio-Wert nach Put-Kauf und nach Put-Gutschrift	4.023.000 EUR	3.887.300 EUR	3.740.270 EUR	3.748.557 EUR

*	$= (7.000 - 5.600) \cdot 120 \cdot 5$
**	$\frac{4.058.400 \text{ EUR}}{5.600 \cdot 5 \text{ EUR}} \cdot 1 = 145 \text{ Kontrakte}, \quad 145 \cdot 236 \cdot 5 = 171.100$
***	= 4.023.000 EUR ·0,8 (der DAX fiel ebenfalls um 20%)

Noch Tab. E.8: Protective Put bei eineinhalbjährigem Planungshorizont und fallendem DAX

Die Gesamtrendite für die eineinhalb Jahre beträgt mit Portfolio Insurance - 10,75% (3.748.557 / 4.200.000 -1). Demgegenüber hätte ein ungesichertes Portfolio einen Verlust von 31,60% aufzuweisen. Die Ergebnisse sind der unten stehenden Gesamtübersicht zu entnehmen.

	6 Monate		**18 Monate**	
DAX-Entwicklung	+ 20%	- 20%	+ 38,6%	- 31,6%
Mit Portfolio Insurance	+ 14,94%	- 3,37%	+ 21,82%	- 10,75%
Ohne Portfolio Insurance	+ 20%	- 20%	+ 38,6%	- 31,6%

Tab. E.9: Zusammenfassung der Ergebnisse der Protective Put-Strategie

Insgesamt ist dem Ergebnistableau zu entnehmen, daß durch eine Portfolio Insurance Strategie mit Protective Puts eine wirksame 'downside protection' bei gleichzeitiger 'upside participation' gewährleistet ist.

Ein Vorteil einer Portfolio Insurance Strategie mit Protective Puts liegt in der im Planungszeitpunkt gegebenen Bekanntheit der Transaktionskosten. Damit ist auch der Portfoliomindestwert im Planungszeitpunkt genau bekannt. Dies gilt allerdings nur, wenn kein Rolling Hedge durchgeführt werden muß. Denn in diesem Fall hängen die Transaktionskosten, und somit das Absicherungsergebnis, von der Entwicklung des Aktienmarktes ab. Ansonsten bedarf die Strategie keiner Revision während der Laufzeit.[1]

Hinsichtlich des Absicherungsumfanges können verschiedene Abstufungen je nach Risikotoleranz des Anlegers vorgenommen werden. Im einfachsten Fall des Protective Put ist ein Full Coverage vorgesehen, d. h. der gesamte Portfoliowert wird durch einen Put-Kauf abgesichert. Zudem kann durch die Wahl des Basispreises im Fall der Absicherung mit Index-Puts eine den individuellen Vorstellungen gemäße Portfoliowertuntergrenze festgelegt werden.

---

1 Vgl. **Leland** (1988), S. 81.

Dennoch ist die Protective Put Strategie nicht problemlos. Die an Optionsmärkten gehandelten Optionen eignen sich oft nicht uneingeschränkt zur Verwendung im Rahmen einer Portfolio Insurance Strategie. Mehrere Gründe sprechen gegen ihre Verwendung:[1] Zunächst entsprechen die Optionslaufzeiten häufig nicht dem Planungshorizont einer Portfolio Insurance Strategie, da sie oftmals maximal nur neunmonatige Laufzeiten besitzen.[2] Zum zweiten handelt es sich bei gehandelten Optionen i. d. R. um amerikanische Optionen, die i.a. teurer sind als die benötigten europäischen Optionen. Drittens bestehen an manchen Optionsbörsen Positionslimite, so daß keine volumenkongruente Absicherung gewährleistet ist.[3] Schließlich führt die Kontraktstandardisierung zu Basispreisen, die oft nicht den gewünschten Werten entsprechen.

b. Portfolio Insurance mit Calls

Auch unter Verwendung von Kaufoptionen läßt sich Portfolio Insurance betreiben. Dazu werden Long Calls mit Festzinsanlagen kombiniert. Im Ergebnis läßt sich daraus das gleiche Gewinn-/ Verlustdiagramm konstruieren, wie beim Protective Put.[4] Werden als Festzinsanlage z. B. Zerobonds mit einer dem Planungszeitraum entsprechenden Restlaufzeit gewählt, so bildet der Tilgungsbetrag der Zerobonds am Ende des Planungszeitraums den Portfoliomindestwert. Die Möglichkeit, an zwischenzeitlich gestiegenen Aktienkursen zu partizipieren, wird gleichzeitig durch den Erwerb von Calls gewährleistet. Dabei können sowohl Aktienindex-Calls, als auch Calls auf einzelne Aktien erworben werden. Sollte der Planungshorizont des Portfolios länger sein als die maximale Laufzeit der Calls, so muß ein Rolling Hedge durchgeführt werden. Die Vorgehensweise entspricht derjenigen beim Protective Put. In Abbildung E.20 sind die zugehörigen Wertverlaufslinien der einzelnen Transaktionen dargestellt.

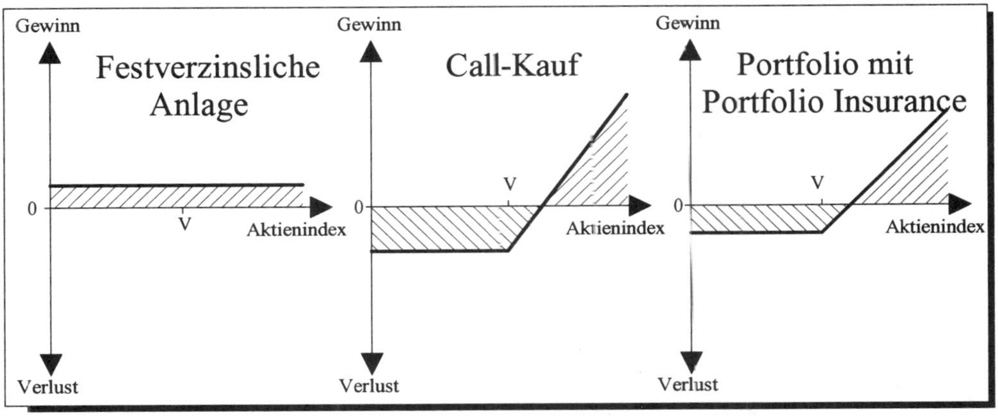

Abb. E.20: Portfolio Insurance mit Calls und einer Festzinsanlage

---

1 Vgl. **O'Brien** (1988), S. 40f.

2 An der Eurex sind mittlerweile allerdings Optionen auf Aktien und auf den DAX mit einer Laufzeit von bis zu 24 Monaten verfügbar.

3 Vgl. **Gastineau** (1988), S. 308.

4 Vgl. **O'Brien** (1988), S. 42 und **Leland** (1980), S. 583f.

Bei einem Ausgangsbetrag von 1.000.000,- EUR, einem Zinssatz von 5% und einem Planungshorizont von zwölf Monaten, müssen unter Vernachlässigung von Transaktionskosten genau 952.380,95 EUR (= 1.000.000 / 1,05) in einen Zerobond investiert werden, um einen Portfolioendwert von 1.000.000,- EUR in neun Monaten zu gewährleisten. Der Restbetrag von 47.619,05 EUR wird in Index-Calls mit neunmonatiger Restlaufzeit angelegt. Im ungünstigsten Fall verfallen die Calls in neun Monaten, wenn der Aktienindex nicht oberhalb des Basispreises liegt. Es verbleibt somit der Portfoliowert von 1.000.000,- EUR. Im günstigeren Fall übersteigt der Aktienindex im Verfallzeitpunkt den Basispreis, so daß die Calls ausgeübt werden und den Portfolioendwert über 1.000.000,- EUR anheben. Um c.p. einen größeren Gewinn als bei einer reinen Festzinsanlage von 1.000.000,- EUR zu erzielen, muß der Erlös aus der Optionsposition nach einem Jahr mindestens 50.000,-- EUR (= 1.000.000 · 0,05) erreichen.

Die dargestellte Strategie ist auch unter der Bezeichnung 90/10-Strategie bekannt. Damit ist die Portfolioaufteilung zu 90% auf die risikolose Anlage (Festzinsanlage) und zu 10% auf die risikobehaftete Anlage (Calls) gemeint.[1] Das Aufteilungsverhältnis von 90 zu 10 Prozent muß nicht genau eingehalten werden, sondern kann gemäß den individuellen Vorstellungen des Investors festgelegt werden. Der im Ausgangszeitpunkt in die Festzinsanlage (FA) zu investierende Betrag ergibt sich aus dem Barwert des Floors F [$FA_t = F \cdot (1 + R_f)^{-t}$].

Die mit den Kontraktspezifikationen zusammenhängenden Probleme, die bereits beim Protective Put dargestellt wurden, treffen in gleicher Weise auch für die Portfolio Insurance Strategie mit Calls zu.

4. Arbitragestrategien mit Optionen

Im Gegensatz zu den oben diskutierten Optionsstrategien liegt Arbitragestrategien keine Markterwartung bezüglich der Kursentwicklung oder der Volatilitätsentwicklung des Underlyings zugrunde. Stattdessen zielen Arbitragestrategien auf die Ausnutzung von Preisungleichgewichten zwischen dem Kassa- und dem Optionsmarkt. Alternativ kann auch versucht werden, Preisungleichgewichte innerhalb des Optionsmarkts zu arbitrieren. Ein auftretendes Preisungleichgewicht wird durch den Eingang der jeweiligen Gegenposition gewinnbringend ausgenutzt. Die folgenden drei Strategien verdeutlichen die Anwendung von Arbitrageprozessen bei Optionspositionen.

Conversion

Die Conversion Strategie bietet sich an, wenn der Basiswert im Vergleich zur seinem synthetischen Pendant ungleich bewertet ist. Durchgeführt wird die Strategie, indem der Basiswert gekauft wird und der synthetische Basiswert verkauft wird. Gewinnbringend ist die Strategie offenbar nur, wenn der synthetische Aktienverkauf auch nach Transaktionskosten teurer ist, als der physische Aktienkauf. Ansonsten lohnt sich Arbitrage im Rahmen dieser Strategie nicht. Wie bekannt, läßt sich eine zum Aktienkauf konträre Position durch den Kauf eines Puts und den

---

1 Vgl. **Zurack** (1989), S. 112; **Tilley/Latainer** (1985), S. 33f.

gleichzeitigen Verkauf eines Calls generieren. Der mit einer Conversion verbundene Wertverlauf ist in Abb. E.21 dargestellt.

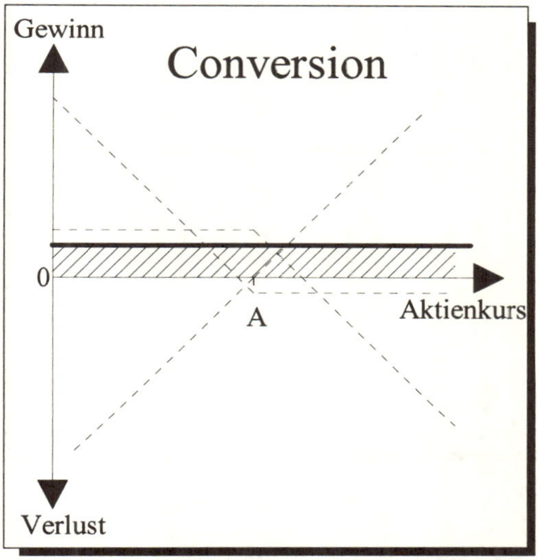

Abb. E.21: Conversion

In der Summe geht der Investor kein Exposure mit der Conversion-Strategie ein. Es handelt sich um eine geschlossene Position. Ein Risiko besteht für den Investor nicht. Von Zeit- und Volatilitätseffekten bleibt die Strategie unberührt, da eine Positionsbewertung üblicherweise nur zum Verfallszeitpunkt erfolgt. Sinnvoll ist eine Conversion-Strategie lediglich bei Erkennen eines Preisungleichgewichts zwischen Kassa- und Terminmarkt. Für Privatanleger ist die Strategie ungeeignet, da Preisungleichgewichte sehr schnell erkannt werden müssen und oft nur gewinnbringend genutzt werden können, wenn niedrige Transaktionkosten anfallen. Arbitragestrategien bleiben deshalb im wesentlichen institutionellen Investoren vorbehalten.

Reversal

Wie die Namensgebung Reversal impliziert, handelt es sich dabei um die Umkehrung der Conversion-Strategie. Mithin wird der Basiswert leerverkauft und auf synthetische Weise gleichzeitig am Terminmarkt gekauft. Dies ist durch den Kauf eines Calls und den gleichzeitigen Verkauf eines Puts mit dem jeweiligen Basispreis A möglich. Um Gewinn abzuwerfen, muß der verkaufte Basiswert nach Transaktionskosten teurer sein, als der gekaufte synthetische Basiswert. Der mit Hilfe eines Reversals erzielbare Gewinn entspricht vom Verlauf her jenem der Conversion. Die einzelnen Transaktionen sind in Abb. E.22 dargestellt.

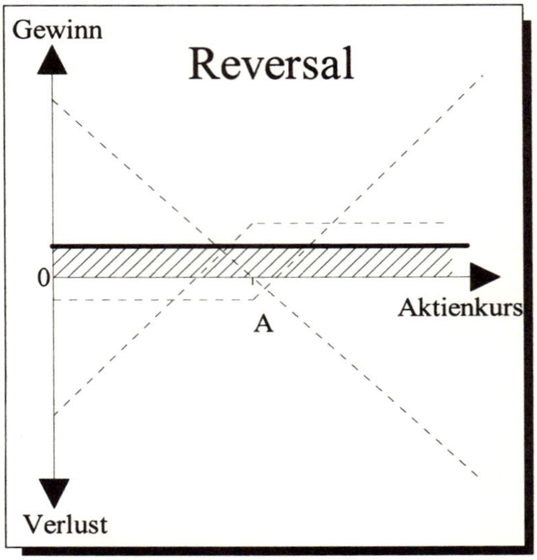

Abb. E.22: Reversal

Die Durchführung eines Reversals kommt für Privatanleger i. d. R. aus den oben genannten Gründen nicht in Frage.

Box

Auch die Box-Strategie dient zur Erzielung von Arbitragegewinnen. Allerdings geht es dabei nicht um Preisungleichgewichte zwischen Kassa- und Optionsmarkt, sondern um Preisungleichgewichte innerhalb des Optionsmarkts.

Die Bildung einer Box-Position erfolgt durch Kombination einer Conversion und eines Reversal. Da sich die effektiven Aktienpositionen gegenseitig aufheben, verbleiben schließlich jeweils die synthetischen Positionen. Charakteristisch für eine Box ist nun, daß die synthetischen Positionen unterschiedliche Basispreise besitzen. Mithin besitzt die Conversion z. B. den Basispreis A, während das Reversal den Basispreis B aufweist. Wie daraus zu erkennen ist, besteht die Box somit aus einem Bull-Price-Spread und einem Bear-Price-Spread. Je nachdem wie der Spread generiert wird, läßt sich zwischen einer Long Box und einer Short Box unterscheiden. Bei einer Long Box wird ein Bull-Price-Spread und ein Bear-Price-Spread gekauft. Im einzelnen ergeben sich dabei folgende Operationen: Long Call A, Short Call B, Long Put B und Short Put A. Das Gewinnprofil samt Positionszusammensetzung ist in Abbildung E.23 wiedergegeben.

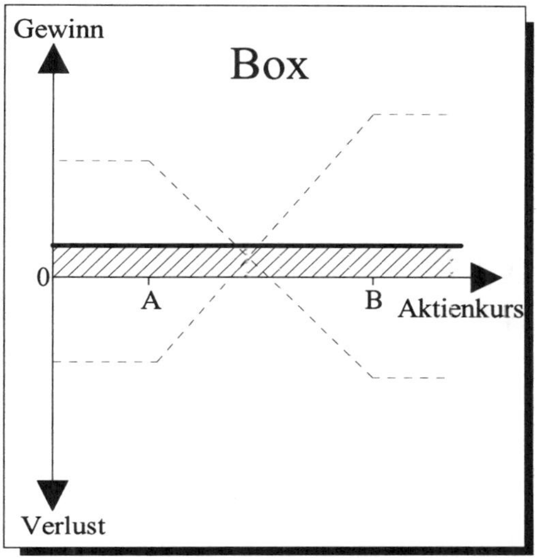

Abb. E.23: Long Box

Der schraffierte Bereich stellt dabei den risikolosen Positionsgewinn dar. Ein solcher Gewinn kann nur bei einer Fehlbepreisung mindestens einer der genannten Optionen entstehen. Für institutionelle Anleger bietet sich hier die Gelegenheit zur Erzielung eines risikolosen Arbitragegewinns. Die synoptische Darstellung der erläuterten Arbitragestrategien ist Tab. E.10 zu entnehmen.

Options-strategie	**Kurserwartung für Basiswert**	**Volatilitäts-effekt**	**Zeiteffekt**	**Gewinn-potential**	**Verlust-potential**
Conversion	➔neutral	neutral	Neutral	limitiert	n.v.
Reversal	➔neutral	neutral	neutral	limitiert	n.v.
Box	➔neutral	neutral	neutral	limitiert	n.v.

Tab. E.10: Charakteristika von optionsbasierten Arbitragestrategien

5. Hedging mit Optionen

Im Bereich von Optionen werden im wesentlichen drei Arten von Hedging unterschieden. Alle drei im folgenden darzustellenden Hedgingstrategien planen die Absicherung einer bestehenden Aktienposition gegenüber Kursverlusten. Somit findet ein Hedging gegen das Gesamtrisiko einer Aktienanlage statt. Davon abweichend ist es auch möglich, lediglich das Residualrisiko zu hedgen. Insofern lassen sich Hedgingstrategien weiter differenzieren. Solcherlei Hedgeoperationen bleiben hier allerdings ausgeklammert.[1] Die folgenden Ausführungen beziehen sich nicht allein auf die Aktienoptionen an der Eurex, sondern auch auf die DAX-Option.

a. Fixed-Hedge

Wie der Begriff Fixed-Hedge bereits vermuten läßt, steht eine Fixierung im Vordergrund dieser Hedging Variante. Fixiert wird das Verhältnis von gekauften Puts zu gehaltenen Aktien. Es wird folglich pro gehaltener Aktie eine bestimmte Anzahl an Puts zu Sicherung gekauft. Das gewählte Mengenverhältnis wird bis zum Verfalltag der Puts beibehalten, es sei denn, die Position wird aus irgendwelchen Gründen zuvor liquidiert. In der Regel beträgt das gewählte Verhältnis dabei 1:1. Diese Art des Hedging soll dazu führen, daß die Verluste auf der Aktienseite durch den Gewinn der Puts ausgeglichen werden.

Das Hedging-Ziel beim Fixed-Hedge wird nur im Fall eines steigenden Aktienkurses oder einer Optionsausübung am Verfalltag erreicht. Bei einem fixierten Mengenverhältnis muß bedacht werden, daß sich Aktien und Optionen nicht im gleichen absoluten Umfang bewegen. Zwar steigen Optionen aufgrund ihres Hebels prozentual schneller als ihre Basiswerte, für die Absolutbeträge gilt dies aber in aller Regel nicht. Lediglich, wenn Optionen tief im Geld befindlich sind, können parallele absolute Kursbewegungen beobachtet und erwartet werden. Ein Fixed-Hedge erbringt deshalb während der Optionslaufzeit nur unbefriedigende Absicherungsergebnisse, es sei denn, zur Absicherung werden tief im Geld liegende Puts verwendet. Da aber die am Geld notierenden Optionen stets die liquidesten Kontrakte darstellen, wird hier ein Problem des Fixed-Hedge augenscheinlich.

Um diesem Problem auszuweichen, kann das Mengenverhältnis beim Fixed-Hedge mit Hilfe des Delta-Faktors der tatsächlichen Optionssensitivität angeglichen werden. Da der Deltawert die Änderung des Optionspreises im Verhältnis zur Kursveränderung des Basispreises darstellt, ergibt sich für den modifizierten Fixed-Hedge folgende Formel:[2]

$$\text{Anzahl der benötigten Optionskontrakte} = \frac{\text{Anzahl der Aktien im Portfolio}}{\text{Anzahl der Aktien pro Kontrakt}} \cdot \frac{1}{\text{Optionsdelta}}.$$

Auf diese Weise dürfte solange eine ausreichende Absicherung bestehen, wie der Aktienkurs keine starken Kursbewegungen macht. Treten dennoch starke Kursveränderungen auf, so erweist sich die Sicherung bei steigenden Kursen als zu umfangreich. Bei fallenden Kursen hingegen reicht die Absicherung während der Optionslaufzeit nicht aus, um die Verluste der Aktie auszugleichen. Erst eine Putausübung bietet den gewünschten Schutz. Da aber gerade der Schutz vor fallenden Kursen durch ein Hedging intendiert ist, erweist sich die Strategie des Fixed-Hedge im Fall starker Kursveränderungen zur Absicherung einer bestehenden Position während der Laufzeit als ungeeignet.

---

[1] Zum Hedging des Volatilitäts- bzw. Vega-Risikos siehe **Whaley** (1991), S. 81ff.

[2] Vgl. **Doerks/Meyer** (1995), S. 804.

b. Delta-Hedging

Angesichts des statischen Vorgehens beim Fixed-Hedge und der dabei auftretenden Probleme erweist sich das sog. Delta-Hedging als dynamische Alternative. Sie soll dafür sorgen, daß auch während der Laufzeit die Gesamtposition stets kongruent abgesichert ist. Im Grundsatz wird beim Delta-Hedging die Anzahl der pro Aktie gekauften Puts ständig anhand des Deltawerts der Option angepaßt. Auf diese Weise ist sichergestellt, daß zu jeder Zeit ein Kursverlust bei der Aktie durch einen gleichhohen absoluten Kursgewinn des Puts ausgeglichen wird. Man spricht dann von Deltaneutralität der Gesamtposition. Da mit sich veränderndem Aktienkurs auch der Deltawert variiert, bedarf es zur Durchführung des Delta-Hedgings einer theoretisch stetigen Positionsveränderung. Die jeweils zu haltende Anzahl an Kontrakten ergibt sich wie beim modifizierten Fixed-Hedge zu:

$$\text{Anzahl der benötigten Optionskontrakte} = \frac{\text{Anzahl der Aktien im Portfolio}}{\text{Anzahl der Aktien pro Kontrakt}} \cdot \frac{1}{\text{Optionsdelta}}.$$

Offenbar entspricht die Formel beim Delta-Hedging jener beim Fixed-Hedge. Allerdings ist darauf zu achten, daß im Unterschied zum Fixed-Hedge das Delta-Hedging dynamisch ist und somit eine ständige Neuberechnung der optimalen Kontraktanzahl vonnöten ist.

Daraus ergeben sich allerdings zwei gravierende Probleme: Zum einen sind Umschichtungen bzw. Mengenanpassungen immer mit Transaktionskosten verbunden, so daß ein Delta-Hedging sehr kostspielig sein kann. Zum anderen sind die Kontraktgrößen standardisiert. Ein aufgrund des Deltawerts berechneter Optionsanteil wird häufig ungerade sein und nicht mit der handelbaren Kontraktgröße übereinstimmen. Werden im Portfolio 100 Aktien gehalten, so ist bei einem Deltawert von -0,565 der Kauf von 177 Puts zur genauen Absicherung erforderlich. Es besteht dann keine Übereinstimmung zwischen Absicherungs- und Kontraktvolumen.

Hinzu kommt noch, daß ein Delta-Hedging keinen Schutz gegen volatilitäts- oder zeitwertinduzierte Preisminderungen des Puts bietet. Die gehedgte Gesamtposition sieht sich somit einem sicheren Zeitwertverlust entgegen. Um diesem Problem auszuweichen, empfiehlt es sich, nicht nur Long Optionen zum Hedging zu verwenden, sondern auch mit Short Optionen zu operieren. Auf diese Weise lassen sich negative Zeitwert- und Volatilitätseinflüsse reduzieren bzw. ausschalten, denn es kommt zu Kompensationseffekten.

Schließlich muß beachtet werden, daß der Deltawert anhand des Black & Scholes-Modells ermittelt wird und insoweit dessen Probleme in sich trägt. Als derartig inhärentes Problem kann z.B. die Güte der Volatilitätsschätzung angesehen werden.

Anhand eines Beispiels soll schließlich das Vorgehen im Rahmen des Delta-Hedgings verdeutlicht werden.

Ein Anleger besitzt beispielsweise 100 Aktien des Unternehmens A. Da der Anleger bereits nach drei Monaten mit den Aktien gute Gewinne erzielt hat, beabsichtigt er, eine Absicherung für weitere drei Monate vorzunehmen. Anschließend sollen die Aktien nach Ablauf der Sechs-

Monatsfrist veräußert werden. Um sich die Möglichkeit offenzuhalten, auch während der kommenden drei Monate ohne einen Kursverlust die Aktienposition liquidieren zu können, wünscht der Anleger einen deltaneutralen Hedge vorzunehmen. Transaktionskosten werden aus Gründen der Anschaulichkeit vernachlässigt. Folgende Daten stehen zusätzlich zur Verfügung:

Erwartete Volatilität der A-Aktie in den nächsten drei Monaten:	15%
Zinssatz für risikolose Anlagemöglichkeiten:	7,5%
Basispreis:	200,- EUR .

Mit Hilfe dieser Daten lassen sich unter Hinzunahme der Restlaufzeit und des Kurses der A-Aktie die Black & Scholes Putpreise bestimmen. Sodann ergibt sich das folgende Tableau:

Kurs der Aktie	200,-	212,-	198,-	202,-	196,-	195,-	188,-	181,-
Aktienwert	20.000,-	21.200,-	19.800,-	20.200,-	19.600,-	19.500,-	18.800,-	18.100,-
Put-Delta	-0,391	-0,129	-0,49	-0,3502	-0,6217	-0,7226	-1	-1
Anzahl Puts	256	775	204	286	161	138	100	100
Putpreis	4,29	0,93	4,40	2,43	4,98	5,36	12,83	19
Positionswert	21.098,24	21.920,75	20.697,60	20.894,98	20.401,78	20.239,68	20.083,-	20.000,-

Tab. E.11: Delta-Hedging einer Aktienposition

Anhand des Tableaus werden die charakteristischen Eigenschaften des Delta-Hedgings gut sichtbar. Besonders die starke Schwankung des Deltawerts selber fällt auf. Diese Schwankung wird durch die Veränderung der Kurse der A-Aktie und die Restlaufzeitverkürzung bewirkt. Aus der Deltawertänderung folgt jeweils eine Anpassung der Anzahl der gehaltenen Puts. Dabei gilt die Regel, daß die Anzahl der Puts mit zunehmendem Put-Delta steigt. Bei dem minimalen Put-Delta von -1 muß pro gehaltener Aktie nur ein Long Put gehalten werden. Der sechsten Zeile des Tableaus ist zu entnehmen, daß die angewendete Hedging-Strategie zu jeder Zeit den Mindestpositionswert (Floor) von 20.000,- EUR sichert.

Auch die Problempunkte des Delta-Hedgings werden gut erkennbar. Zunächst macht ein Blick in Zeile vier deutlich, daß die Putanzahl meistens nicht mit der üblichen Kontraktgröße (100, 50 oder 10 Aktien) oder einem Vielfachen davon übereinstimmt.[1] Insofern wird es bei der praktischen Strategieumsetzung zu einer Über- oder Unterdeckung kommen. Außerdem trägt der Hedger den vollen Zeitwertverlust der Puts. Die originären Absicherungskosten bei at-the-money-Puts sind recht hoch. Obwohl Transaktionskosten nicht im Tableau berücksichtigt wurden, dürften sie angesichts der massiven Umschichtungserfordernisse deutlich ins Gewicht fallen.

---

1 An der Eurex verfügbare Aktienoptionen beziehen sich i. d. R. auf 100 Aktien des jeweiligen Underlyings. Liegen Nennwerte von DM 50 oder entsprechendem Euro-Wert zugrunde, so wird eine Kontraktgröße von 10 Aktien herangezogen. Hingegen beläuft sich die Kontraktgröße der Basiswerte Münchener Rückversicherung und Allianz auf 50 Aktien.

c. Gamma-Hedging

Insbesondere das Problem der häufigen Positionsanpassungen erweist sich beim Delta-Hedging als Nachteil. Eine Positionsanpassung erfolgte dabei stets im Anschluß an Veränderungen des Deltawerts. Um dieses Problem zu lösen, wird Gamma-Hedging betrieben. Wie bekannt, beschreibt der aus dem Black & Scholes-Modell herrührende Gammawert die Veränderung des Deltawerts. Gamma gibt somit Aufschluß darüber, bei welcher Preiskonstellation sich der Deltawert sehr stark verändert bzw. wie stabil der Deltawert ist. Ziel des Gamma-Hedgings ist es, die sog. Gammaneutralität zu erzeugen. Diese ist gegeben, wenn bei kleinen Preisänderungen der Aktie der Deltawert nahezu unverändert bleibt. Daß sich gammaneutrale Positionen bilden lassen, wird klar, wenn man sich folgende Charakteristika vor Augen führt:[1]

(a) Der Deltawert einer Aktie beträgt immer eins.
(b) Der Gammawert einer Aktie beträgt immer Null.
(c) Gammawertänderungen verhalten sich bei Long und Short Optionen genau gegenläufig.

Aus den drei genannten Punkten ergibt sich, daß eine Aktienposition durch die Hinzunahme einer gekauften und einer geschriebenen Option unempfindlich gegen Kursänderungen der Aktie gemacht werden kann. Zudem ist eine solche Position vor dem Zeit- und Volatilitätseffekt geschüzt, da die Einzeleffekte sich kompensieren.

Allerdings unterliegt auch die Gammaneutralität einigen Gefahren. Starke Kursveränderungen führen auch hier zu einer Anpassungsnotwendigkeit, so daß vollständige Gammaneutralität in der Realität kaum zu erreichen ist. Außerdem beruht auch das Konzept der Gammaneutralität auf dem Black & Scholes-Modell, so daß die Validität des Modells Voraussetzung für eine erfolgversprechende Anwendung des Gamma-Hedgings ist.

---

1 Vgl. **Lingner** (1991), S. 72.

Restlaufzeit in Tagen	90	70	50	40	30	20	10	5
Kurs A-Aktie	200,-	212,-	198,-	202,-	196,-	195,-	188,-	181,-
Long Put-Delta	-0,391	-0,129	-0,49	-0,3502	-0,6217	-0,7226	-1	-1
Short Call-Delta	-0,609	-0,871	-0,51	-0,6498	-0,3783	-0,2774	-0	-0
Positionsdelta	-1	-1	-1	-1	-1	-1	-1	-1
Positionsgamma	0	0	0	0	0	0	0	0
Long Put	4,29 EUR	0,93 EUR	4,40 EUR	2,43 EUR	4,98 EUR	5,36 EUR	12,83 EUR	19 EUR
Short Call	7,82 EUR	15,68 EUR	4,37 EUR	6,01 EUR	2,16 EUR	1,15 EUR	1,23 EUR	0,01 EUR
Anzahl Long Puts	100	100	100	100	100	100	100	100
Anzahl Short Calls	100	100	100	100	100	100	100	100
Aktienwert	20.000,-	20.000,-[1]	19.800,-	20.000,-	19.600,-	19.500,-	18.800,-	18.100,-
Cash Flow	+ 353,-[2]	446,-	356,-[3]	596,-	630,-	774,-	1.513,-	2.252,-
Positionswert	20.353,-	20.446,-	20.156,-	20.596,-	20.230,-	20.274,-	20.313,-	20.352,-

Tab. E.12: Gamma-Hedging einer Aktienposition

Das obige praktische Beispiel soll schließlich das Vorgehen im Rahmen des Gamma-Hedgings verdeutlichen. Dazu wird wiederum der Anleger mit dem Portfolio, bestehend aus 100 A-Aktien, betrachtet. Die Zielsetzung und Datenlage im Vergleich zum Delta-Hedging bleibt unverändert. Die Basispreise der gehandelten Optionen betragen jeweils 200,- EUR. Transaktionskosten finden keine Berücksichtigung. Der Aufbau einer gammaneutralen Hedgeposition erfolgt in unserem Beispiel durch die Kombination von Long Puts und Short Calls.

Aus den Zeilen 3, 4 und 5 wird ersichtlich, daß die Deltawerte der einzelnen Optionen in der Summe stets minus Eins ergeben. Das negative Delta des Short Calls sollte nicht verwundern, denn eine Kurserhöhung des Basiswertes führt zu einer Positionsverschlechterung des Call-Schreibers. Da nun das Delta der Gesamtposition über die Laufzeit konstant ist, bedarf es keiner Anpassung des Mengenverhältnisses der Optionen. Einem unveränderten Deltawert bei sich verändernden Kursen des Basiswertes muß ein Gammawert von Null zugrunde liegen. Damit konnte ein gravierender Mangel des Delta-Hedgings beseitigt werden.

---

1 Da der verkaufte Call im Geld liegt, muß mit einer Ausübung gerechnet werden. Diese erbringt 20.000,- EUR.

2 Auf eine Verzinsung dieses Betrags wird aus Vereinfachungsgründen verzichtet.

3 Statt der Ausübung des Puts, ist es günstiger, die Aktien und die Puts am Markt zu verkaufen. Um die Gesamtposition zu schließen, muß dann der Call zurückgekauft werden, d. h. Putverkauf (440,- EUR) + Aktienverkauf (19.800,- EUR) - Callrückkauf (437,- EUR) + Anfangsüberschuß (353,- EUR).

Im Zeitpunkt des Positionsaufbaus, der in der zweiten Spalte dargestellt ist, erzielt der Anleger einen Überschuß von 353,- EUR, da die verkauften Calls teurer sind, als die gekauften Puts. Für alternative Restlaufzeiten ist ab der dritten Spalte angegeben, welchen Wert die Gesamtposition des Investors aufweist, falls eine Positionsauflösung erfolgt. Da der Investor die Aktien über die gesamte Laufzeit halten will, kann lediglich eine Ausübung der geschriebenen Calls zur vorzeitigen Positionsauflösung führen. In diesem Fall realisiert der Investor den Basispreis von 200,- EUR pro Aktie. Gleichzeitg verkauft er die gehaltenen Puts, um keine offene Position zu besitzen. Allerdings ist die Ausübung auch im Fall von im Geld liegenden Calls unwahrscheinlich. Denn durch die Ausübung geht der Zeitwert für den Ausübenden verloren.

Insgesamt zeigt sich, daß zu keinem Zeitpunkt der Gesamtwert der Position unter 20.000,- EUR fällt. Das Ziel der Gamma-Hedging-Operation, ohne Mengenanpassungen der Optionsposition den Positionswert jederzeit zu sichern, konnte somit realisiert werden.

6. Der Einsatz exotischer Optionsvarianten

Der Einsatz sogenannter exotischer Optionen hat beim Anwender im wesentlichen einen Einzelfallcharakter. Während Investoren ein sehr spezifisches, aber genau definiertes Einzelrisiko suchen, fragen Schuldner aufgrund ihrer unterschiedlichsten Zins- und Währungspositionen maßgeschneiderte Antworten auf ein spezifisches Portfolio von Risiken nach. Für diese Anforderungen sind vor allem in den angelsächsischen Ländern zahlreiche Produkte entwickelt worden. Die Ausprägungen des Optionselements in bedingten Auszahlungen sind dabei Gegenstand aller möglichen Varianten und Kombinationen.

Im folgenden sollen einige wichtige Varianten dieser Exotic Options näher erläutert werden. Dabei liegt die Intention vor allem darauf, die Flexibilität sowie die Einsatzmöglichkeiten dieser Instrumente aufzuzeigen. Grundsätzlich lassen sich die vorgestellten Optionsformen im Devisen-, Aktien- und Zinsmanagement einsetzen. Der Schwerpunkt ihres Einsatzes liegt bei den im folgenden zunächst erläuterten Optionen im Devisen- und Aktienmanagement:

- Barrier Options,
- Cliquet Options,
- Ratchet Options,
- Compound Options,
- 'As you like it' Options,
- Average Rate Options,
- Basket Options,
- Binary Options,
- Contingent Premium Options,
- Lookback Options,
- Range Options,
- Power Options,
- Exploding Options und
- Low Exercise Price Options (LEPOs).

Anschließend wird auf Optionsvarianten eingegangen, die sich vornehmlich im Zinsmanagement einsetzen lassen:

- Barrier Caps and Floors,
- Contingent Premium Caps and Floors und
- Accrual Notes.

a. Exotische Optionen im Devisen- und Aktienmanagement

aa. Barrier Options

Barrier Options haben im Vergleich zu herkömmlichen Optionen einen zusätzlichen Bestimmungsparameter bzw. eine weitere 'Grenze', die sogenannte 'Barrier' oder 'Trigger', bei deren Erreichen sich der Optionscharakter verändert. Wird diese Grenze erreicht, verliert die Option entweder ihre Wirkung ('Knock-Out'-Option), oder sie wird erst mit Erreichen der Grenze wirksam ('Knock-In'-Option). Besteht die Option bei Fälligkeit, so kann der Inhaber diese wie eine herkömmliche Option ausüben.

Der Vorteil dieser Instrumente besteht in der - im Vergleich zu klassischen Optionen - niedrigeren Optionsprämie, wobei die Größe dieses Vorteils von dem Basispreis (Strike), von der Art der Option (Knock-In bzw. Knock-Out) und von der Wahl der Barrier abhängt. Grundsätzlich gilt, daß der Abstand zwischen dem Wert einer Knock-In-Option und dem Wert einer Standardoption um so geringer wird, je mehr sich der aktuelle Kassakurs der Barrier annähert. Dabei erhöht sich die Wahrscheinlichkeit, daß die Option wirksam wird. Die folgende Grafik zeigt sowohl die preisliche Entwicklung einer Standardoption (USD Call / EUR Put, Basispreis bzw. Strike: 1,00), als auch die einer Knock-In-Option (Barrier von 0,95):

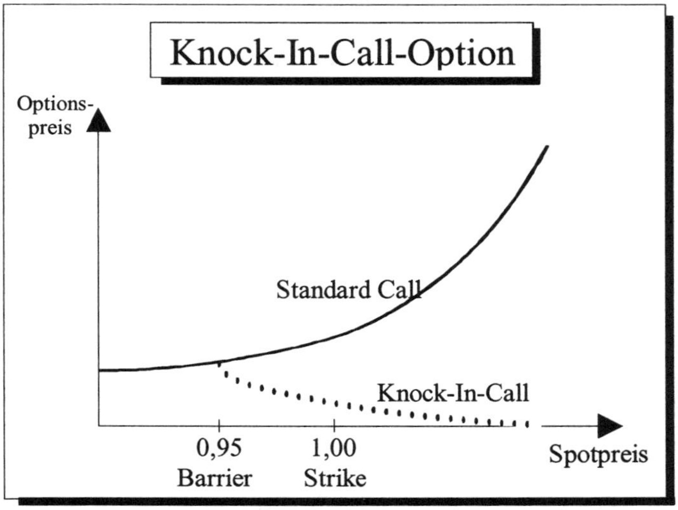

Abb. E.24: Preisentwicklung einer Knock-In-Call-Option auf EUR/USD

Bei dieser Variante der Knock-In-Option liegt die Barrier unterhalb des aktuellen Spot Preises. Der Inhaber der Knock-In-Option kann diese nicht ausüben, solange die Option nicht auf dem Barrier-Niveau gehandelt wird. Eine solche Option ist für Hedging-Strategien nicht sehr geeignet, weil der Hedger ohne Schutz beginnt und auf das Erreichen der Barrier warten muß, bevor sein Hedge aktiviert wird.

Darüber hinaus gilt eine weitere Variante der Knock-In-Option, die sogenannte Reverse Knock-In-Option als hochspekulative Option. Die preisliche Entwicklung dieser Option, deren Barrier oberhalb des Spot-Preises liegt, kann wie folgt dargestellt werden:

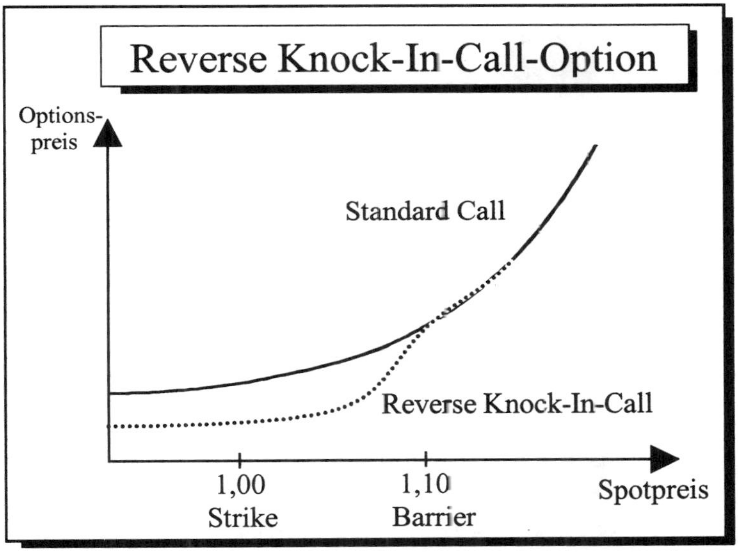

Abb. E.25: Preisentwicklung einer Reverse Knock-In-Call-Option auf EUR/USD

Auffallend sind die großen Preisveränderungen, sobald der Spot-Preis in die Nähe der Barrier kommt. Nach Erreichen der Barrier von 1,10 entsprechen sich die Optionspreise der Reverse Knock-In- und der herkömmlichen Call-Option. Reverse Knock-In-Calls werden vor allem dann eingesetzt, wenn davon ausgegangen wird, daß es zu einem sehr starken Anstieg des Wechselkurses kommt. In einem solchen Fall kann eine Option mit einem Basispreis von 1,00 relativ günstig erworben werden. Sollte die Barrier jedoch nicht erreicht werden, so müßte der Käufer möglicherweise sogar einen Wechselkurs von 1,099 in Kauf nehmen. Diese Grenze spiegelt sozusagen seinen Worst Case wider.

In der folgenden Abbildung wird die Preisentwicklung bei einer Knock-Out-Option gezeigt. Dabei gelten die gleichen Bedingungen wie bei der Knock-In-Option (USD Call / EUR Put, Basispreis: 1,00, Barrier von 0,95). Damit verliert die Option also ihre Wirkung bei Erreichen eines Wechselkurses von 0,95.

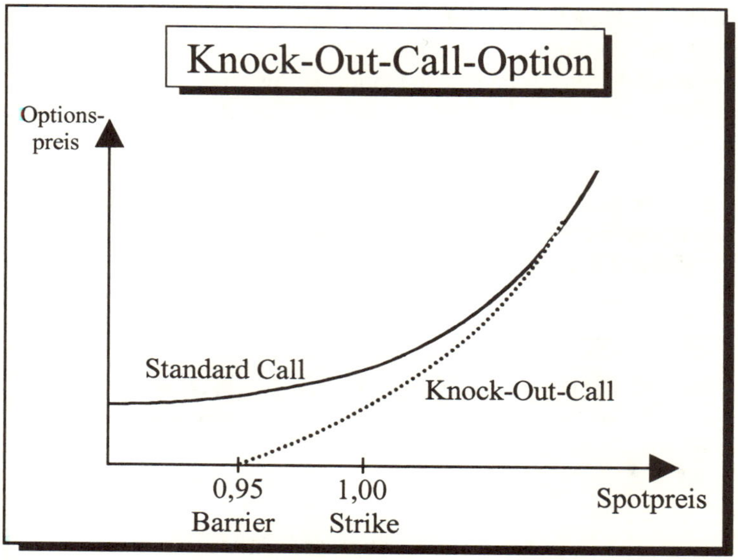

Abb. E.26: Preisentwicklung einer Knock-Out-Call-Option auf EUR/USD

Entsprechend der in der Grafik gezeigten Variante der Knock-Out-Option liegt die Barrier unterhalb des aktuellen Spot-Kurses. Gleichzeitig liegt sie im Beispiel auch unterhalb des Basispreises, d. h. aus-dem-Geld. Dies gilt allgemein für Call Knock-Out-Optionen.[1] Wird die Barrier erreicht, d. h. fällt der Dollar auf das Niveau von EUR 0,95 bzw. darunter, so verfällt die Option wertlos, d. h. ihr Wert ist Null. Hätte der Hedger dagegen eine klassische Option gekauft, so hätte diese immer noch einen - wenn auch relativ geringen - Zeitwert. Bei einem Niveau von EUR 0,95 könnte der Hedger jedoch sofort ein neues Termingeschäft abschließen. Welche Strategie insgesamt die bessere ist, hängt auch davon ab, wann die Barrier erreicht wird. Ist dies erst am Ende der Laufzeit der Fall, so wird der Abschluß eines neuen Termingeschäfts hinfällig. In diesem Fall ist die Absicherung über die Barrier Option günstiger gewesen als der Abschluß einer herkömmlichen Option, für die eine höhere Prämie zu zahlen ist.

Eine weitere Variante der Knock-Out-Option ist die Reverse Knock-Out-Option. Hierbei liegt die Barrier weit im Geld, d. h. die Option verfällt in dem Fall, in dem ein Kurs erreicht wird, bei dessen Üerschreiten eine klassische Option immer weiter Prämie und eine entsprechend höhere Kursabsicherung aufbauen würde. Da bei Überschreiten der Barrier die Kurssicherung wegfällt und somit das Grundgeschäft nur zu dem schlechteren Kurs als den ursprünglichen Terminkurs abgeschlossen werden kann, eignen sich Reverse Knock-Out-Options nicht zur Kurssicherung von Devisenpositionen. Jedoch werden sie von denjenigen Marktteilnehmern zur Absicherung eingesetzt, die davon ausgehen, daß es zwar eine Wechselkurserhöhung gibt, diese aber nicht so stark ausfallen wird, daß die Barrier erreicht wird. Die Preisentwicklung einer solchen Reverse Knock-Out-Option stellt die folgende Grafik dar:

---

[1] Vgl. **Hull** (1993), S. 419.

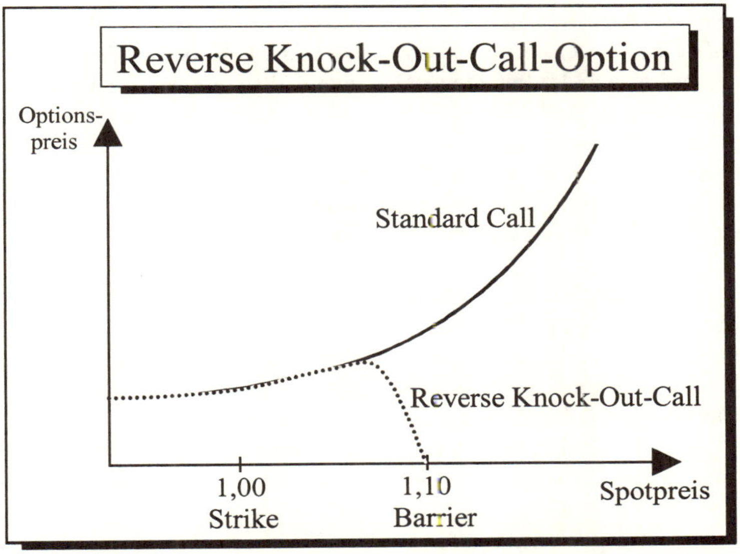

Abb. E.27: Preisentwicklung einer Reverse Knock-Out-Call-Option auf EUR/USD

Für einen USD Put läge die Barrier unterhalb des Spot-Preises und unterhalb des Basispreises. Trotz ihres spekulativen Charakters setzen viele Unternehmen diese vermeintlich preiswerten Optionen zur Kurssicherung ein.[1] Beispielsweise war ein im Februar 1995 gekaufter USD-Put mit einem Basispreis von DM 1,50 und einer Barrier von DM 1,38 wenige Wochen später wertlos, da der USD im März 1995 bis auf DM 1,345 fiel. Sowohl Käufer als auch Verkäufer sollten sich der hohen Wertveränderung der Option in der Nähe der Barrier bewußt sein. Zudem sind diese Optionen auch nur schwer (und entsprechend teuer) zu hedgen. Daher liegen die Bid-Offer Spreads bei diesen Optionen auch relativ weit auseinander. Grundsätzlich gilt für Knock-Out-Optionen, daß sie - im Vergleich zu herkömmlichen Optionen - um so billiger werden, je höher die Volatilität der Kurse ist, da in diesem Fall die Wahrscheinlichkeit, daß die Barriere erreicht wird und damit die Option wertlos wird, zunimmt.

Knock-In- und Knock-Out-Optionen lassen sich auch synthetisch herstellen. Wird beispielsweise eine klassische europäische Option gekauft und gleichzeitig eine Knock-Out-Option verkauft, die die gleichen Konditionen aufweist, nur zusätzlich mit einer Barrier ausgestattet ist, so ist damit synthetisch eine Knock-In-Option gekauft worden mit der entsprechenden Barrier. Wird anstelle der Knock-Out- eine Knock-In-Option verkauft, so kann dies mit dem Kauf einer synthetischen Knock-Out-Option gleichgesetzt werden.[2]

Auch eine Kombination von Calls und Puts ist denkbar. Beispielsweise könnte ein Hedger, der eine USD Long Position absichern möchte, einen 1,05 (EUR pro USD) Put kaufen und gleich-

---

1 Vgl. **Höfner/Klein** (1995), S. 180.

2 Vgl. **Hull** (1993), S. 419.

zeitig einen Reverse Knock-In-Call mit einem Basispreis von ebenfalls 1,05 und einer Barrier von 1,12 verkaufen. Eine solche Kombination kann auch als Knock-In-Forward bezeichnet werden.[1] Dadurch verbilligt sich der Put. Gegenüber einem Terminverkauf z. B. zu 1,0550 stellt sich der Knock-In-Forward um 50 Basispunkte schlechter. Dafür besteht aber die Möglichkeit, bis zum Erreichen der Barrier von 1,12 an einem günstigeren Wechselkurs zu partizipieren. Wird die Barrier erreicht, so kommt allerdings die verkaufte Kaufoption zum Tragen, und der Hedger kann von der für ihn günstigen Wechselkursentwicklung nicht mehr profitieren. Dennoch ist er nach wie vor nach unten hin durch den Put abgesichert.

Im Vergleich zu herkömmlichen Optionen unterscheidet sich das Risikoprofil von Barrrier Optionen auch beim Stillhalter. Dessen Risiko ist abhängig von seiner Delta-Position; denn diese wird nach und nach aufgebaut, um im Falle der Ausübung den Verlust aus der Option mit Gewinnen aus der Delta-Position ausgleichen zu können.[2] Dabei ist zu beachten, daß die Delta-Position in der Nähe der Barrier erheblich größer ist als die einer herkömmlichen Option. Wenn kein Verlust entstehen soll, muß z. B. bei einer Knock-Out-Option die vorhandene Delta-Position genau zum Barrier-Kurs aufgelöst werden. Damit Verlusten durch Kurssprünge bei der Auflösung eines Hedges vermieden werden können, sind liquide Märkte erforderlich.

Die Barrier werden in der Praxis meist an psychologisch wichtigen Marken gesetzt (z. B. Resistance- und Support-Level). Dadurch soll die Wahrscheinlichkeit eines Knock-Ins oder Knock-Outs reduziert werden. Durch die zahlreichen Möglichkeiten der Barrierenfestsetzung und Kombination von Optionen lassen sich individuelle Risiko- und Ertragsprofile entwickeln, die es dem Anwender ermöglichen, seine eigenen Erwartungen direkt in einem Produkt abzubilden.

Knock-In- und Knock-Out-Optionen können noch mit einem sogenannten Rebate versehen sein. Hierbei handelt es sich um einen feststehenden Geldbetrag, der dem Käufer einer Knock-Out-Option im Falle eines Knock-Outs gezahlt wird. Umgekehrt würde der Käufer einer Knock-In-Option diesen Betrag erhalten in dem Fall, daß die Knock-In-Grenze nicht erreicht wurde. Der Rebate könnte beispielsweise der vom Käufer gezahlten Prämie entsprechen.[3]

Dies ist besonders dann interessant, wenn die Barrier bei dem Knock-Out-Call im obigen Beispiel oberhalb des Strike liegt, z.B. bei 1,15. Falls die Barrier während der Optionslaufzeit nicht erreicht wird, entsprechen sich bei Fälligkeit der Option die inneren Werte der Barrier Option und eines gewöhnlichen Calls mit einem Basispreis von 1,00. Sollte aber der Knock-Out-Fall eintreten, so würde die Barrier-Option verfallen, obwohl die Option kurz vor Erreichen der Barrier einen inneren Wert von fast 0,15 hatte. Der durch den Knock-Out verpaßte Gewinn könnte durch einen Rebate zum Teil wieder aufgefangen werden.

---

1 Vgl. **Winter** (1995), S. 216.

2 Vgl. **Höfner/Klein** (1995), S. 182.

3 Vgl. **Willnow** (1996), S. 100f.

ab. Cliquet Options

Eine Cliquet Option besteht aus mehreren zu unterschiedlichen Zeiten gültigen Kaufoptionen. Es handelt sich dabei um die Aneinanderreihung von zukünftig startenden Optionen. Beispielsweise wird am 15. Dezember ein USD Cliquet Call / EUR Put erworben, deren erste Option (Basispreis = Kassakurs vom 15. Dezember) am 15. Januar fällig wird. Anschließend folgt eine weitere Option - ebenfalls mit einer Laufzeit von einem Monat -, die mit einem Basispreis in Höhe des aktuellen Kurses am 15. Januar ausgestattet wird. Danach schließt sich eine dritte Option mit der gleichen Laufzeit und dem Basispreis in Höhe des Kurses am 15. Februar an.

Die USD-Kurse seien am 15. Dezember 1,00, am 15. Januar 1,05, am 15. Februar 0,95 und am 15. März wieder 1,00. Am 15. Januar wird die erste Option fällig. Der innere Wert in Höhe von 0,05 EUR wird zu diesem Zeitpunkt realisiert und bleibt bis zum Ende der Laufzeit der Cliquet Option erhalten. Als neuer Basispreis ergibt sich der aktuelle Kassakurs (1,05). Am 15. Februar verfällt die zweite Option wertlos, da der aktuelle Kassapreis (0,95) unterhalb des Basispreises (1,05) liegt. Für die dritte Option ergibt sich hingegen am 15. März wieder ein innerer Wert in Höhe von 0,05 EUR. Insgesamt zahlt die Cliquet Option damit am 15. März einen Betrag von 0,10 EUR aus. Dagegen hätte eine Drei-Monats-Option mit einem Basispreis von 1,00 am 15. März keinen Wert gehabt.[1] Die folgende Grafik verdeutlicht das Prinzip einer Cliquet Option:

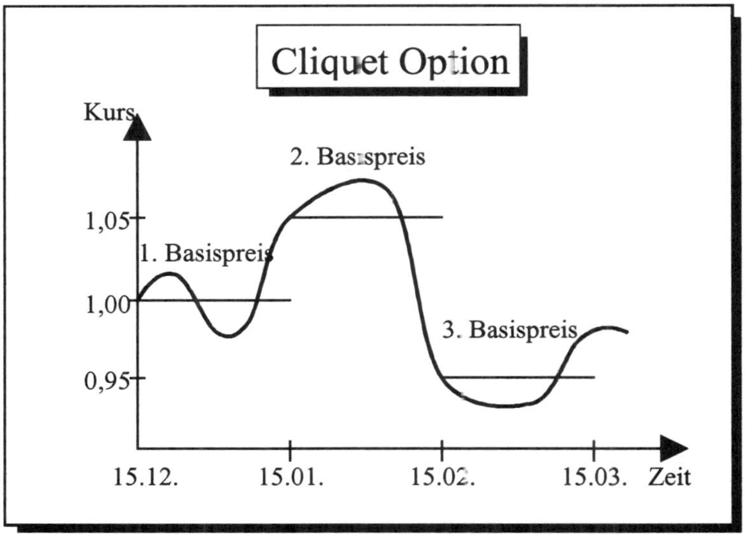

Abb. E.28: Cliquet Option auf EUR/USD

Die Cliquet Option hat die zwischenzeitlichen inneren Werte, die zu bestimmten Zeitpunkten während der Laufzeit anfallen, festgeschrieben. Dabei wird allerdings der Zeitwert einer her-

[1] Vgl. **Winter** (1995), S. 217.

kömmlichen Option aufgegeben; denn - bezogen auf das Beispiel - am 15. Januar hätte eine herkömmliche Option mit einer Restlaufzeit von zwei Monaten und einem Basispreis von 1,00 einen höheren Wert als nur den inneren Wert gehabt. Dieser Zeitwert aber geht bei der Cliquet Option verloren. Allerdings sind die Zeitwerte bei Optionen, die im Geld sind, auch relativ gering, so daß dieser Nachteil nicht so sehr ins Gewicht fällt. Gleichzeitig ist aber zu bedenken, daß zahlreiche Unternehmen aufgrund interner Absicherungsrichtlinien nicht einfach durch den Verkauf der Option eine abgesicherte Position wieder öffnen können. Insofern würde die Zeitwertproblematik hier nur eine untergeordnete Rolle spielen.

ac. Ratchet Options

Ähnlich wie bei einer Cliquet Option wird auch bei einer Ratchet Option während der Laufzeit der Basispreis aufgrund des Verlaufs der Kassakurse verändert. Der Unterschied zur Cliquet Option besteht darin, daß bei der Ratchet Option nicht der Basispreis am Ende einer bestimmten Periode auf der Grundlage des dann geltenden Kassakurses festgelegt wird, sondern bereits von vornherein bestimmte Barrieren determiniert werden. Werden diese Barrieren während der Laufzeit erreicht, so erhöht sich der Basispreis entsprechend. Insofern kann es also - anders als bei der Cliquet Option - nur Erhöhungen des Basispreises geben. Davon können mehrere während der Laufzeit der Option zum Tragen kommen. In diesen Fällen verliert der Käufer den bis dahin aufgelaufenen inneren Wert der Option. Aufgrund dessen ist diese Option auch im Vergleich zur Cliquet Option und zu herkömmlichen Optionen wesentlich billiger.[1]

Bezogen auf das obige Beispiel sei der Basispreis einer Call Ratchet Option mit einer Laufzeit von drei Monaten zu Beginn der Laufzeit am 15. Dezember wiederum 1,00. Gleichzeitig werden Barrieren im Abstand von 0,10 nach oben festgelegt. Wird zu irgendeinem Zeitpunkt während der Laufzeit der Kurs von 1,10 erreicht, so ist dies der dann gültige Basispreis. Sollte der USD noch weiter bis auf 1,20 ansteigen, so gilt dies als neue Barriere. Steht der USD am 15. März bei 1,15, so würde diese Option wertlos verfallen, obwohl der anfängliche Basispreis bei 1,00 festgelegt war. Damit eignen sich Ratchet Options kaum zu Absicherungszwecken, es sei denn, der Hedger geht von Kurssteigerungen in nur begrenztem Umfang (bis zur ersten Barrier) aus. In Anlehnung an das obige Beispiel zeigt Abbildung E.29 die Entwicklung der Basispreise für eine Ratchet Option:

---

1 Vgl. **Winter** (1995), S. 218.

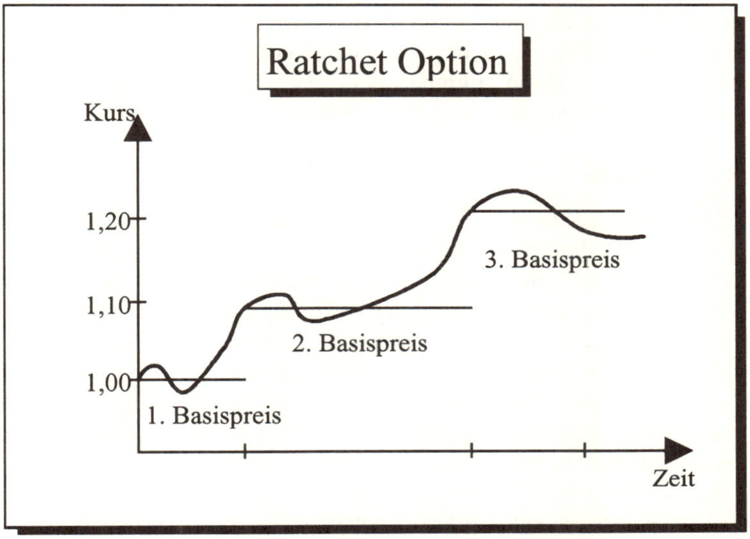

Abb. E.29: Ratchet Option auf EUR/USD

ad. Compound Options

Mit dem Kauf einer Compound Option erwirbt der Käufer das Recht, während einer bestimmten Laufzeit, eine vorher definierte Option ('Underlying Option') für eine bestimmte Prämie zu kaufen oder zu verkaufen. Eine solche Option ist vor allem dann interessant, wenn noch nicht klar ist, ob überhaupt eine Absicherung vorgenommen werden soll oder nicht. Dies gilt beispielsweise für die Angebotsabgabe in Fremdwährung durch einen Industriekunden. Je nachdem, wie wahrscheinlich der Zuschlag für das Angebot eingeschätzt wird, kann der Hedger sich schon von vornherein durch den Erwerb von mehr oder weniger Compound Options ein gewisses Kursniveau sichern. Dabei ist allerdings zu berücksichtigen, daß für den Fall des Zuschlages und damit auch der Ausübung der Compound Option eine zweite Prämie, nämlich für die Underlying Option anfällt. Falls allerdings die Option nicht benötigt wird, so hat der Hedger für eine mögliche Absicherung eine geringere Prämie gezahlt, als wenn er gleich die Underlying Option gekauft hätte.

Beim Kauf einer Compound Option werden die folgenden Parameter festgelegt:

- Compound Option:
  - Call oder Put auf die Underlying Option
  - Basispreis (Preis der Underlying Option)
  - Verfalltag (zeitlich vor dem Verfalltag der Underlying Option)
- Underlying Option:
  - Call-Währung / Put-Währung
  - Basispreis
  - Nominalvolumen
  - Verfalltag (zeitlich nach dem Verfalltag der Compound Option).

Unabhängig davon, ob die Compound Option für eine Absicherung benötigt wird oder nicht, wird sie immer dann ausgeübt, wenn der Preis der Underlying Option höher ist als der Basispreis, der der Compound Option zugrunde liegt; denn in diesem Fall könnte die bezogene Option direkt wieder verkauft werden, so daß ein Gewinn erzielbar wäre.

ae. 'As you like it' Options

Bei dieser Optionsvariante hat der Käufer die Wahl, nach einer bestimmten Periode zu wählen, ob er einen Call oder einen Put mit einem bestimmten Basispreis haben möchte. 'As you like it' Options sind damit für denjenigen interessant, der einen großen Kurssprung erwartet, nur noch nicht weiß, in welche Richtung. Eine Alternative wäre ein Straddle, der aber im Vergleich zur 'As you like it' Option teurer ist; denn bei letzterer wird ein bestimmter Tag nach dem Kauf der Option festgelegt, an dem sich der Käufer für einen Call oder einen Put entscheiden muß. Danach hat er nur noch eine Position im Bestand. So kann der Entscheidungstag z. B. zwei Wochen nach Kauf der Option bei einer Gesamtrestlaufzeit von drei Monaten sein. Anschließend hat der Käufer eine herkömmliche Option mit einer Restlaufzeit von elf Wochen. Bei den festgelegten Puts und Calls müssen die Basispreise nicht übereinstimmen. Mit dem Recht auf Bezug einer bestimmten, noch nicht festgelegten Option bekommen 'As you like it' Options den Charakter von Compound Options.

af. Average Rate Options

Average Rate Options können z. B. zur Absicherung gegen Währungsrisiken einer Serie von Cash Flows eingesetzt werden, deren Höhe und zeitlicher Anfall zumindest einigermaßen gut prognostiziert werden kann. Sie werden auch als Asian Options bezeichnet.[1] An den jeweiligen Zahlungsterminen der Cash Flows, die zwischen zwei vorher festgelegten Zeitpunkten liegen, werden beispielsweise die amtlichen Mittelkurse des USD als Referenzkurse ermittelt (Fixing) und daraus am Ende das arithmetische Mittel gebildet. Nach Vergleich dieses Durchschnittkurses mit dem Basispreis der Average Rate Option erhält der Käufer nachträglich eine Kompensationszahlung, wenn der Durchschnittskurs den Basispreis überschreitet (bei einem Call) oder unterschreitet (bei einem Put).[2] Dabei ist zu beachten, daß die Mittelkurse öffentlich zugänglich sind und von einer verläßlichen Informationsquelle stammen.

Wenn sich beispielsweise bei einer USD Call / EUR Put Average Rate Option mit einem Basispreis von 1,00, einem Nominalwert von USD 10 Mio und Fixings in EUR (d. h. EUR pro USD) für die entsprechende Laufzeit ein Durchschnittskurs von 1,0250 errechnet, so kann die Kompensationszahlung (Settlement) wie folgt berechnet werden:

(1,0250 - 1,0000) EUR/USD · USD 10 Mio = EUR 250.000.

---

[1] Vgl. **Hull** (1993), S. 421f.

[2] Vgl. **Höfner/Klein** (1995), S. 180.

Falls die durchschnittlichen Kurse in USD (d. h. USD pro EUR) ermittelt worden wären, so würde der durchschnittliche Kurs etwa bei 0,9756 (= 1/1,025) liegen, und die Ausgleichszahlung hätte sich belaufen auf:

(1/1,000 - 1/1,025) USD/EUR · EUR 10 Mio = USD 243.902.

Dabei ist zu beachten, daß diese beiden Optionen nicht äquivalent zueinander sind; denn der USD Wert der Kompensationszahlung von EUR 250.000 kann ein ganz anderer sein als die USD 243.902. Dies hängt vom letzten Kurs der Gesamtperiode ab, da der Durchschnittskurs von 1,0250 nicht dem Kurs am letzten Tag entsprechen muß.

Die Preisschwankungen einer Average Rate Option sollten - verglichen mit herkömmlichen Optionen - im Zeitablauf abnehmen, da sich der Durchschnittskurs beispielsweise nach einem Drittel der Laufzeit nicht mehr sehr stark verändern wird. Aus diesem Grund ist in den Preis für die Restlaufzeit eine geringere Volatilität einzukalkulieren.

Zur Festlegung des Preises einer Average Rate Option werden die folgenden Daten benötigt:

- Call-Währung / Put-Währung,
- Basispreis,
- Verfalltag,
- Erster und letzter Tag der Ermittlung der Referenzkurse (Fixing),
- Häufigkeit des Fixings,
- Informationsquelle und Zeit des Fixings und
- Nominalvolumen.

Zusammengefaßt ermöglichen Average Rate Optionen die Absicherung des gesamten Cash Flows z. B. eines Jahres mit einem einzigen Geschäft. Gleichzeitig sind sie vor dem Hintergrund der im Zeitablauf relativ geringeren Preisschwankungen weniger riskant als herkömmliche Optionen.

ag. Basket Options

Der Kauf einer Basket Option beinhaltet das Recht, einen Korb von Währungen gegen eine Basiswährung zu tauschen. Diese Option kann vor allem zur Absicherung eines sich aus zahlreichen verschiedenen Währungspositionen zusammengesetzten Portfolios dienen. Gleichzeitig kann das aufwendige Management einer komplexen Multi-Währungs-Hedging-Strategie vermieden werden, da nur eine Optionsform gekauft wird. Darüber hinaus kann die Absicherung auch sehr viel billiger sein, als wenn jede Währungsposition einzeln abgesichert würde. Denn wenn die einzelnen Währungen nicht sehr hoch miteinander korreliert sind, so besteht die Wahrscheinlichkeit, daß die Entwicklung von Währung A durch die einer anderen Währung B kompensiert wird. Im Ergebnis fällt die Nettopreisveränderung dann relativ gering aus. Damit ist eine solche Basket Option, die sich auf nicht sehr hoch korrelierte Währungen bezieht, weniger von der aktuellen Kursentwicklung der einzelnen Währungen abhängig als klassische Optionen, die sich jeweils auf die einzelnen Währungspositionen beziehen. Dies spiegelt sich entsprechend auch in geringeren Prämien und damit geringeren Hedging-Kosten wider.

Beispielsweise sollen die folgenden zukünftigen Währungseingänge abgesichert werden:

- USD 2.000.000
- GBP 1.000.000
- SFR 3.000.000
- JPY 200.000.000

Für diese Eingänge soll ein umgerechneter Betrag von EUR 7.000.000 budgetiert werden. Daher wird eine Basket Put Option gekauft, die die nicht sehr hoch korrelierten Währungen USD, GBP, SFR und JPY umfaßt, wobei die Basiswährung der EURO ist. Diese Basket Option garantiert dem Käufer / Hedger einen Mindest-EURO-Wert seiner Währungseingänge.

ah. Binary Options

Dem Erwerber einer Binary Option (auch Digital Option genannt) steht ein vorher festgelegter Betrag zu, falls der Kassapreis bei Verfall der Option über (Call) bzw. unter (Put) einem ganz bestimmten Niveau liegt (Basispreis). Andernfalls erhält er nichts. Bei einem 'Cash or nothing' Call kann beispielsweise zu Beginn festgelegt werden, daß der Käufer einer USD Call / EUR Put Binary Option mit einem Basispreis von 1,09 bei einem aktuellen Kurs von 1,00 das dreifache seiner eingesetzten Prämie zurückerhält, wenn die Option bei Verfall den Basispreis erreichen sollte. Als Variante kann hierbei die One-Touch-Binary Option genannt werden, bei der der Käufer eines Calls den festgelegten Betrag bereits dann erhält, sobald der Basispreis während der Laufzeit erreicht worden ist. Damit ist diese Option auch erheblich teurer als ein gewöhnlicher 'Cash or nothing' Call.

Eine weitere Variante der Binary Option ist die sogenannte 'Asset or nothing' Option. Hierbei wird ebenfalls nichts gezahlt, wenn der Kurs am Verfalltag der Option unterhalb des Basispreises liegt (beim Call). Andernfalls aber wird der Wert des zugrundeliegenden Assets (z. B. der zugrundeliegenden Aktie) gezahlt.[1]

Die folgende Grafik zeigt den Optionspreis-Vergleich zwischen einem herkömmlichen (Standard) Call und einem Binary Call, wobei ein fester Payout vereinbart worden ist, wenn der Strike von EUR/USD 1,00 erreicht worden ist. Dabei handelt es sich jeweils um europäische Optionen, so daß bei einer Restlaufzeit von beispielsweise noch zwei Wochen die Optionen erst nach Ablauf dieser zwei Wochen ausgeübt werden können. Aus diesem Grund nähert sich auch der Optionspreis des Binary Calls mit zunehmendem Spotpreis an den maximalen Pay Out an.

---

1 Vgl. **Hull** (1993), S. 420.

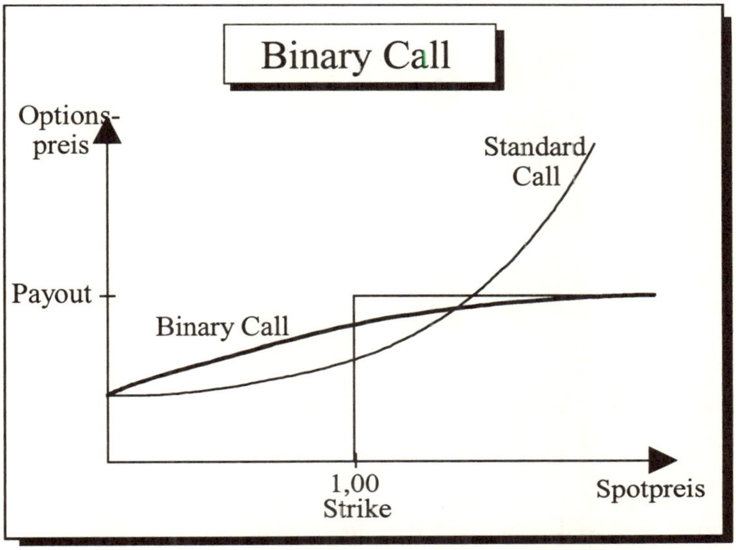

Abb. E.30: Preisentwicklung einer Binary Call Option auf EUR/USD

ai. Contingent Premium Options

Eine Contingent Premium Option ermöglicht dem Käufer einer Absicherung wie bei einer herkömmlichen Option mit dem Unterschied, daß zu Laufzeitbeginn keine Prämie zu zahlen ist. Die Zahlung der Prämie ist abhängig davon, ob die Option bei Fälligkeit im oder aus dem Geld liegt. Nur wenn sie im Geld liegt, wird auch die gesamte vereinbarte Prämie fällig. Diese ist dann aber erheblich höher als die einer Standardoption. Wäre beispielsweise für einen USD Call / EUR Put bei einem Basispreis von 1,05 und einer Laufzeit von drei Monaten eine Prämie von 0,03 EUR (herkömmliche europäische Option) zu zahlen, so könnte die entsprechende Contingent Premium Option eine (abhängige) Prämie von 0,06 EUR haben. Verfällt die Option bei einem Wechselkurs, der höher als 1,05 liegt, so ist die gesamte Prämie von 0,06 EUR zu zahlen. Liegt die Option bei Fälligkeit jedoch am oder aus dem Geld, so hat der Käufer grundsätzlich von der Schutzwirkung profitiert (obwohl er sie nicht gebraucht hat), ohne dafür zu bezahlen.

aj. Look Back Options

Der Payoff von Look Back Optionen hängt von dem höchsten bzw. niedrigsten Preis des Underlyings während einer bestimmten Periode (Look Back Period) ab. Bei einem Look Back Call wird am Ende der Periode der Basispreis mit dem niedrigsten Stand des Underlyings (Best Buy Call) festgelegt, während der Basispreis von Look Back Puts den höchsten Kurs (Best Sell Put) widerspiegelt. Damit ergibt sich der Payoff für einen Look Back Call als

$$\max(0, P_T - P_{min})$$

mit

P_T = Kurs des Underlyings am letzten Tag der Periode und
P_{min} = niedrigster Kurs des Underlyings in der Periode.

Der Payoff von Look Back Puts kann dargestellt werden als

$$\max(0, P_{max} - P_T)$$

mit

P_{max} = höchster Kurs des Underlyings in der Periode.

Damit geben Look Back Calls dem Investor das Recht, das Underlying zum niedrigsten Kurs der Periode zu erwerben, während Look Back Puts dem Inhaber das Recht einräumen, das Underlying zum höchsten Kurs der Periode zu veräußern.

Look Back Optionen können vor allem von solchen Portfoliomanagern eingesetzt werden, die ein bestimmtes Mindestmaß an Performance erreichen müssen, z. B. im Vergleich zu einem bestimmten Index. Allerdings sind sie im Vergleich zu Standard Optionen relativ teuer, da der Basispreis erst am Ende der Laufzeit entsprechend den Vorstellungen des Optionskäufers festgelegt wird.

ak. Range Options

Eine Range Option beinhaltet das Recht, für jeden Handelstag während der Optionslaufzeit, an dem das zugrundeliegende Objekt unterhalb einer bestimmten Bandbreite notiert, eine festgelegte Zahlung zu erhalten. Die Option hat damit den Charakter einer Zinszahlung. Diese Optionsform ist auch am Optionsscheinmarkt unter anderen Begriffen bekannt geworden, wie z.B. Hamster oder Bandbreiten-Optionsscheine.[1] Beispielsweise könnte eine Range Option auf den DAX so ausgestaltet sein, daß der Käufer für die Optionslaufzeit von sechs Monaten pro Handelstag EUR 1 erhält, wenn sich der DAX in der Bandbreite zwischen 5.800 und 6.200 befindet. Bei 125 Handelstagen würden ihm damit maximal EUR 125 ausgezahlt.

al. Power Options

Power Optionen sind dadurch charakterisiert, daß die maximale Rückzahlung bei Fälligkeit der Option nicht nur den inneren Wert der Option ausmacht, sondern dieser beispielsweise quadriert oder sogar höher potenziert wird. Diese Option kann auch als Squared Option bezeichnet werden und ist vor allem für Spekulanten geeignet. Da der Käufer bei vorteilhaftem Kursverlauf nun-

---

[1] Vgl. **Willnow** (1996), S. 123f.

mehr eine deutlich höhere Zahlung erwarten kann, muß er für die Option auch eine höhere Prämie zahlen.[1]

am. Exploding Options

Bei einer Exploding Option handelt es sich um eine Option, die automatisch ausgeübt wird, sobald sie mit einem vorher bestimmten Betrag in-the-money ist, d. h. wenn das Underlying bei einem bestimmten Wert (Explosions-Preis) oberhalb (Call) bzw. unterhalb (Put) des Strike Preises notiert. Entsprechend fällt der Zeitwert der Exploding Option sehr stark, je mehr sich der Kurs des Underlyings dem Explosions-Preis nähert. Im Vergleich zu einer herkömmlichen Option ist eine Exploding Option relativ billig, was für einige Investoren von Interesse sein kann. Zudem kommt es nur dann zu einer 'Explosion', d. h. Ausübung, wenn die Option sowieso schon einen inneren Wert aufweist.

Je geringer der Explosions-Preis ist, desto geringer ist auch der Wert eines Calls; denn eine Explosion wäre in diesem Fall nicht sehr vorteilhaft, da weitere Kurssteigerungen nicht mehr ausgenutzt werden können. Ist der Explosions-Preis jedoch relativ hoch, so nähert sich der Preis der Exploding Option dem einer herkömmlichen Option.

an. LEPOs

Bei den sogenannten LEPOs (Low Exercise Price Options) handelt es sich um Optionen, die wirtschaftlich als Ersatz für Aktien gelten können.[2] Der Unterschied zu klassischen Optionen liegt im geringen Basispreis. So haben z. B. die an der Schweizer Terminbörse SOFFEX eingeführten und an der EUREX weiterhin gehandelten LEPOs einen Basispreis von einem SFR. Für das Recht des Käufers, die Aktie zu einem Preis von einem SFR zu erwerben, zahlt er schon jetzt den aktuellen Wert der Aktie an den Verkäufer. Da diese Option deep-in-the-money ist, bewegt sich auch der Preis der Option in Höhe des inneren Wertes. Das Delta der Option ist damit gleich eins. Der Vorteil für die Marktteilnehmer liegt vor allem darin, daß mit Hilfe von LEPOs Short-Positionen aufgebaut werden können und somit eine Umgehung der Beschränkungen des Aktienleerverkaufs bei gleichzeitiger Nutzung der vergleichsweise niedrigen Transaktionskosten der Optionen erreicht wird. Die Transaktionskosten können deshalb relativ niedrig gehalten werden, da mit dem Aktienkauf verbundene Steuern, wie z. B. die Stempelsteuer in der Schweiz, beim Kauf von LEPOs nicht anfallen.

Für den Verkäufer entfällt das Risiko der vorzeitigen Ausübung, da es sich bei LEPOs um europäische Optionen handelt, die nur am Ende der Laufzeit ausgeübt werden können. Sollten Kapitalveränderungen zwischenzeitlich anfallen, so findet ein Barausgleich des Bezugsrechtes statt, so daß der Ausübungspreis nicht verändert zu werden braucht.

Voraussetzung für einen erfolgreichen Handel ist ein homogener Markt mit einer hohen Markttransparenz und einer hohen Liquidität, so daß schnell und sicher Positionen eingegangen und wieder aufgelöst werden können.

---

[1] Vgl. **Willnow** (1996), S. 120f.

[2] Vgl. **Köpf** (1992), S. 8ff.

Bei den hier vorgestellten exotischen Optionsvarianten handelt es sich jeweils um sehr spekulative Formen. Sie sind daher im Rahmen des Portfoliomanagements nur in Einzelfällen und nach genauer Überprüfung einzusetzen. Das gilt auch für die folgenden, eher dem Zinsmanagement zuzuordnenden exotischen Optionsvarianten.

b. Exotische Optionen im Zinsmanagement

ba. Barrier Caps und Barrier Floors

Traditionelle Caps und Floors stellen eine Serie von Optionen auf einen zu vereinbarenden Geldmarktzins dar, wobei es sich hierbei üblicherweise um den 3- bzw. 6-Monats Libor oder Fibor handelt, der zu Beginn einer jeden Periode festgestellt wird. Abhängig von der Strike-Höhe erfolgt eine Ausgleichszahlung oder nicht. Bei positiver Zinsstrukturkurve und einer gleichzeitig hohen Volatilität sind Caps relativ teuer. Aus diesem Grunde führten Überlegungen zu einer Weiterentwicklung im Zinsmanagement, indem Barriertechniken zur Reduzierung der Optionsprämien entwickelt wurden. Wie oben bereits beschrieben, können auch bei Barrier Caps und Barrier Floors Knock-Out- und Knock-In-Optionen unterschieden werden.

Ein sogenannter Up and Out Cap verliert seine Wirkung, wenn die Zinsen so hoch gestiegen sind, daß die Barrier erreicht worden ist. Das Risikoprofil eines Up and Out Caps kann wie folgt dargestellt werden:

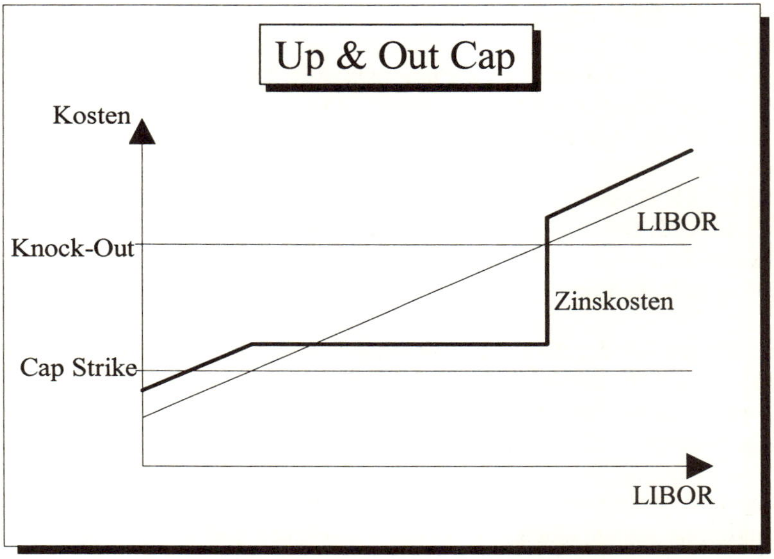

Abb. E.31: Risikoprofil eines Up and Out Caps

Für den Käufer eines Up and Out Caps liefert dieses Instrument einen Schutz gegen steigende Zinsen bis zum Erreichen der Knock-Out-Grenze. Falls nach Erreichen dieser Grenze eine erneute Absicherung vorgenommen werden soll, so ist diese bei einer nunmehr höheren Volatilität und einem höheren Zinsniveau wahrscheinlich kostenintensiver als die ursprüngliche Prämieneinsparung gegenüber dem traditionellen Cap. Der Käufer eines Up and Out Caps sieht zwar die Gefahr steigender Zinsen, ein Anstieg auf die Höhe der Barrier wird aber für unwahrscheinlich gehalten. Als wesentliches Motiv für den Kauf dieses Instruments kann die Prämieneinsparung gegenüber dem Standard Cap angesehen werden. Die Preisentwicklung eines Up and Out Caps im Vergleich zum Standard Cap ist in der folgenden Grafik dargestellt:

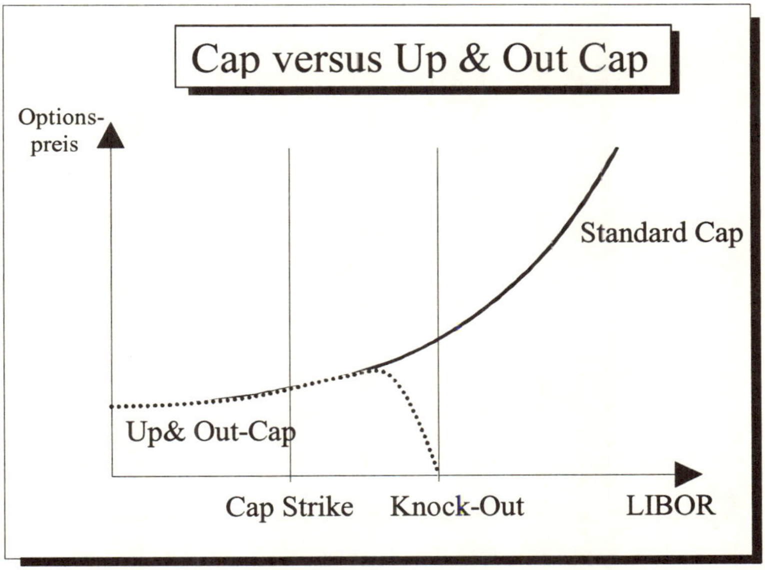

Abb. E.32: Preisvergleich zwischen Up and Out Cap und Standard Cap

Wie die Grafik zeigt, stimmen die Preise von Standard Cap und Up and Out Cap lange Zeit fast überein. Je mehr sich aber der Libor auf die Barrier zubewegt, desto mehr verliert der Up and Out Cap an Wert, da die Wahrscheinlichkeit, daß die Barrier erreicht wird, deutlich zunimmt. Dieser Zusammenhang gilt vor allem für sogenannte Path Dependent Knock-Out-Optionen; denn hierbei gilt, daß die Option ihre Wirkung für die gesamte Restlaufzeit verliert, wenn der Referenzzinssatz an einem beliebigen Tag während der Laufzeit der Option die vereinbarte Knock-Out-Grenze überschreitet (beim Cap) bzw. unterschreitet (beim Floor).

Dagegen verliert eine Path Independent Knock-Out-Option ihre Wirkung nur für die jeweilige Periode zwischen zwei Fixings des Referenzzinssatzes (z. B. 3-Monats-Libor), und dieser Verlust der Option ergibt sich auch nur dann, wenn beim Fixing die vereinbarte Knock-Out-

Grenze erreicht wird. Damit bezieht sich das Optionsverlustrisiko bei Path Independent Optionen nur auf die jeweilige Periode, während es bei Path Dependent Optionen die gesamte Restlaufzeit betrifft. Entsprechend liegt der Preis für Path Independent Knock-Out-Optionen oberhalb des Preises für Path Dependent Knock-Out-Optionen. Bei Knock-In-Optionen gilt der umgekehrte Zusammenhang.

Die folgende Grafik zeigt die Ausgleichszahlungen bei Path Dependent Up and Out Caps in Abhängigkeit von der Libor-Entwicklung im Zeitablauf. Dabei wird ein Drei-Monats-Libor zugrunde gelegt, dessen Fixings am 10.01., 10.04., 10.07. und 10.10. stattfinden.

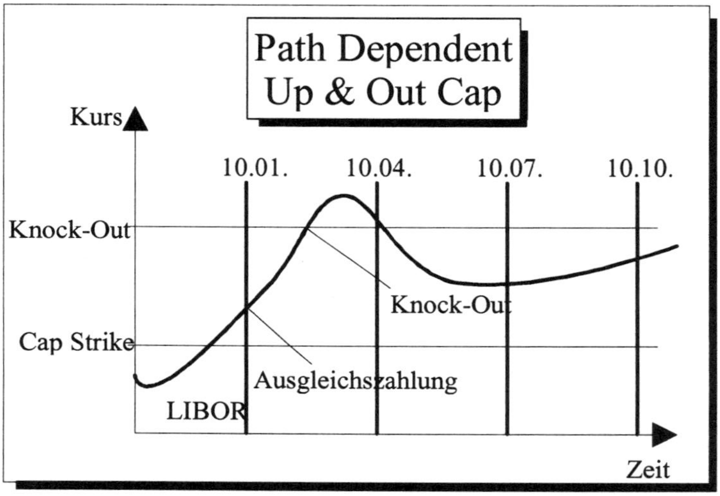

Abb. E.33: Profil eines Path Dependent Up and Out Caps in Abhängigkeit von der Libor-Entwicklung im Zeitablauf

Wie die Grafik zeigt, erfolgt beim 2. Fixing eine Ausgleichszahlung, da der Libor oberhalb des Cap Strikes liegt und die Knock-Out-Grenze noch nicht erreicht ist. Dies ist aber in der 3. Periode erfolgt, so daß die Option ihren Wert verliert und anschließend für die gesamte Restlaufzeit keine Ausgleichszahlungen mehr stattfinden.

Anders verhält es sich bei Path Independent Up and Out Caps, wie die folgende Grafik verdeutlicht:

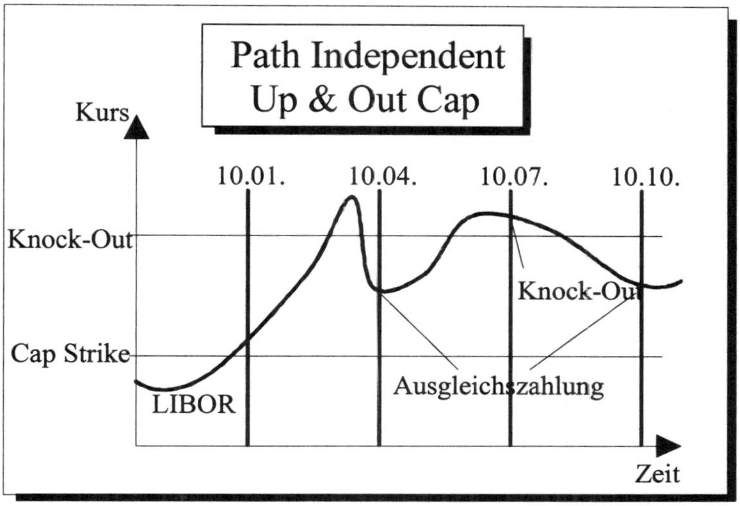

Abb. E.34: Profil eines Path Independent Up and Out Caps in Abhängigkeit von der Libor-Entwicklung im Zeitablauf

Der Libor erreicht zwar in der dritten Periode die Knock-Out-Grenze, allerdings liegt er beim folgenden Fixing wieder darunter. Daher bleibt die Option weiterhin erhalten, und es kommt wiederum zu einer Ausgleichszahlung. Beim anschließenden Fixing liegt der Libor jedoch oberhalb der Barrier. Aus diesem Grunde verliert die Option ihre Wirkung - aber nur für die folgende Periode. Liegt der Libor anschließend wieder unterhalb der Barrier, so erhält die Option ihre Wirkung zurück.

Das Motiv der Prämieneinsparung gegenüber dem traditionellen Cap gilt auch für den Käufer eines Up and In Cap. Hierbei erhält der Cap erst dann seine Wirkung, wenn der Referenzzinssatz (z. B. Libor) die Knock-In-Grenze erreicht. Damit ist das Risiko des Käufers auf eine Zinssteigerung bis knapp unter diese Grenze limitiert. Der Käufer erwartet aber, daß der Referenzzinssatz kaum zwischen dem Cap Strike und der Knock-In-Grenze liegt. Bewegt sich dieser Zins jedoch lange Zeit innerhalb dieser Bandbreite, so kann davon ausgegangen werden, daß die ursprüngliche Kosteneinsparung aufgrund der - im Vergleich zum traditionellen Cap - niedrigeren Prämienzahlung durch erhöhte Zinskosten überkompensiert wird. Das Risikoprofil eines solchen Up and In Caps gibt die folgende Abbildung wieder:

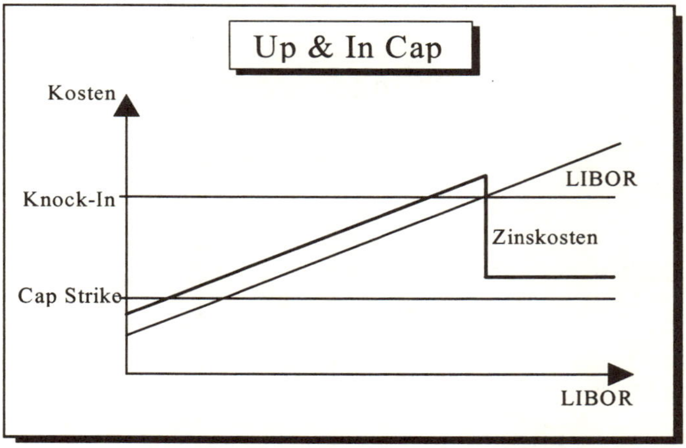

Abb. E.35: Risikoprofil eines Up and In Caps

Auch bei Up and In Caps lassen sich Path Dependent und Path Independent Optionen unterscheiden. Bei Path Dependent Up and In Caps erhält die Option ihre Wirkung für die gesamte Restlaufzeit, wenn der Referenzzinssatz an einem beliebigen Tag während der Laufzeit der Option die vereinbarte Knock-In-Grenze überschreitet (beim Cap) bzw. unterschreitet (beim Floor), während eine Path Independent Knock-In-Option ihre Wirkung erst dann erhält, wenn beim Fixing die vereinbarte Knock-In-Grenze erreicht wird. Diese Wirkung gilt dann nur für die kommende Periode. Analog zu Up and Out Caps können auch für Up and In Caps in entsprechender Weise Grafiken erstellt werden. Dabei wird wiederum ein Drei-Monats-Libor mit Fixings am 10.01., 10.04., 10.07. und 10.10. zugrunde gelegt.

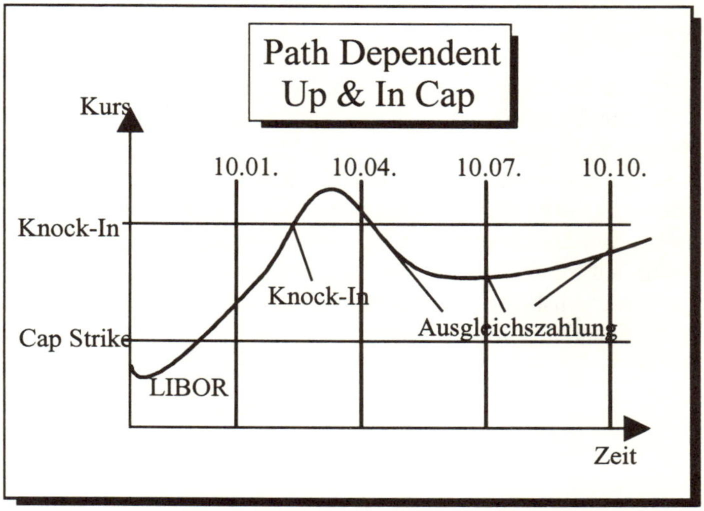

Abb. E.36: Profil eines Path Dependent Up and In Caps
in Abhängigkeit von der Libor-Entwicklung im Zeitablauf

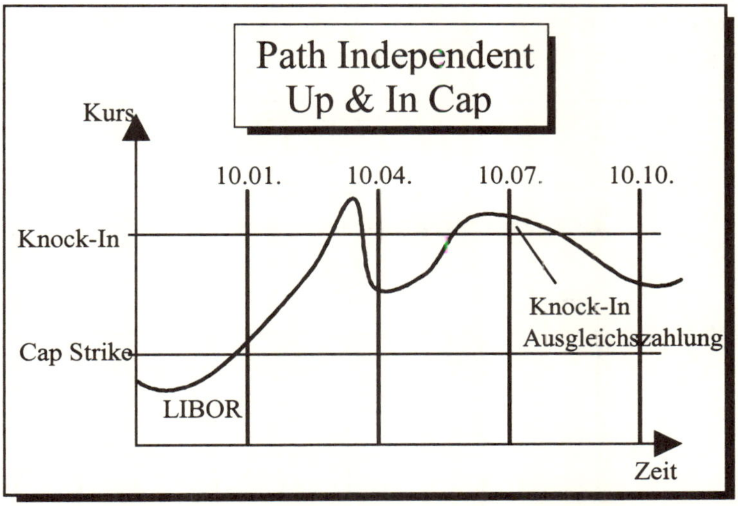

Abb. E.37: Profil eines Path Independent Up and In Caps
in Abhängigkeit von der Libor-Entwicklung im Zeitablauf

Wie die Grafik verdeutlicht, beginnt beim Path Independent Up and In Cap die Wirkung des Caps erst beim vierten Fixing, da zu diesem Zeitpunkt die Knock-In-Grenze überschritten ist. Daher fällt die Ausgleichszahlung auch erst dann an.

Neben Up and Out und Up and In Caps können auch Down and Out Caps konstruiert werden. Wird beispielsweise in einer Hochzinsphase allgemein mit sinkenden Zinsen gerechnet, wobei ein weiterer Zinsanstieg jedoch nicht auszuschließen ist, so kauft beispielsweise ein Marktteilnehmer einen Cap bei 10%, dessen Wirkung dann erlischt, wenn der Libor kleiner oder gleich 7% ist. Damit können die Kosten für die Absicherung im Vergleich zum Kauf eines Standard Caps gering gehalten werden, ohne daß der Käufer einem Rückschlag ausgeliefert ist. Sinkt das Zinsniveau tatsächlich, so wird der Cap voraussichtlich auch nicht mehr benötigt.

Darüber hinaus können auch Floors mit bestimmten Barrier-Grenzen ausgestattet werden. Will sich beispielsweise ein Investor gegen sinkende Zinsen absichern, wobei ein Absinken unter eine bestimmte Barrier für unwahrscheinlich gehalten wird, so kauft er einen Down and Out Floor. Dadurch läßt sich die Optionsprämie gegenüber einem Standard Floor reduzieren. Dies gilt auch für einen Up and Out Floor. Werden z. B. allgemein steigende Zinsen erwartet, so kann sich ein Floater-Investor, der dennoch sinkende Zinsen nicht ausschließen möchte, relativ kostengünstig durch den Kauf eines Floors absichern, dessen Wirkung aber bei einer Barrier, die oberhalb des Strikes liegt, erlischt.

Ein weiteres Produkt, der Down and In Floor, wird interessant in einer Hochzinsphase, wenn sich Investoren gegen sinkende Zinsen absichern möchten. Zur Reduzierung der Prämie erhält der Investor seinen Absicherungsschutz erst bei einem Libor, der unterhalb des Floor Strikes liegt. Möglicherweise erwartet der Investor, daß der Bereich zwischen dem Strike und der Barrier in der erwarteten Zinssenkungsphase schnell durchlaufen wird. Für einen Path Independent Down and In Floor kann das Profil unter Berücksichtigung eines Drei-Monats-Libors mit den oben genannten Fixing-Terminen wie folgt dargestellt werden:

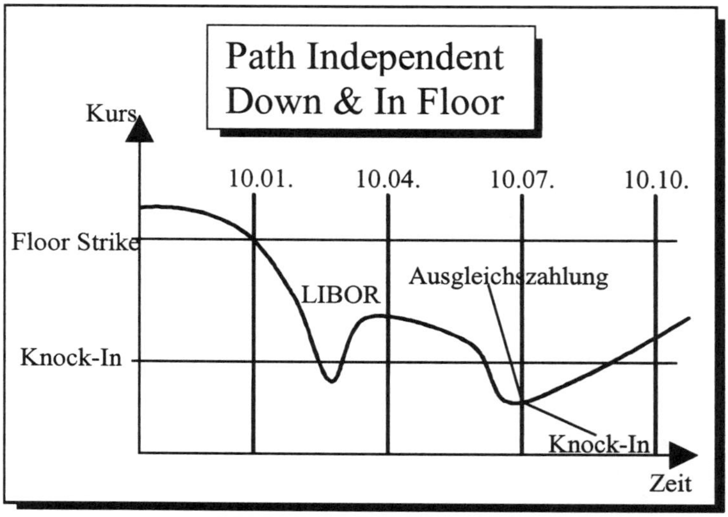

Abb. E.38: Profil eines Path Independent Down and In Floors in Abhängigkeit von der Libor-Entwicklung im Zeitablauf

Festzuhalten bleibt, daß die Reduzierung der Optionsprämie im Vergleich zu Standard Caps und Floors als wichtigstes Motiv der Anwendung von Barrier Caps and Floors angesehen werden kann.

bb. Contingent Premium Caps und Floors

Bei Contingent Premium Caps und Floors erwirbt der Käufer zwar einen Cap bzw. Floor, die Prämienzahlung erfolgt aber erst dann, wenn der Referenzzinssatz den Strike der Option erreicht. Die Höhe der Prämie wird bereits bei Abschluß der Transaktion vereinbart. Bei Path Independent Optionen fällt entsprechend die Prämienzahlung immer dann an, wenn der Strike der Option beim Fixing über- (beim Cap) bzw. unterschritten (beim Floor) wird. Eine Upfront Prämie wird damit im Gegensatz zu Standard Caps und Floors nicht fällig. Da die Existenz des Caps bzw. Floors zu jedem Zeitpunkt gesichert ist, hat der Käufer bei Nichterreichen des Strikes der Option eine kostenlose Absicherung erhalten, die allerdings in diesem Fall auch nicht erforderlich gewesen ist. Die vereinbarte Prämie ist aufgrund der Möglichkeit, daß der Käufer eine kostenlose Absicherung erreicht, höher als die Prämie eines vergleichbaren Standard Caps oder Floors. Nur muß bei Contingent Premium Caps and Floors die Prämie nicht zu Beginn der Transaktion gezahlt werden. Beispielhaft wird das Profil eines Contingent Premium Caps unter Berücksichtigung der oben angeführten Fixing-Termine in der folgenden Grafik dargestellt:

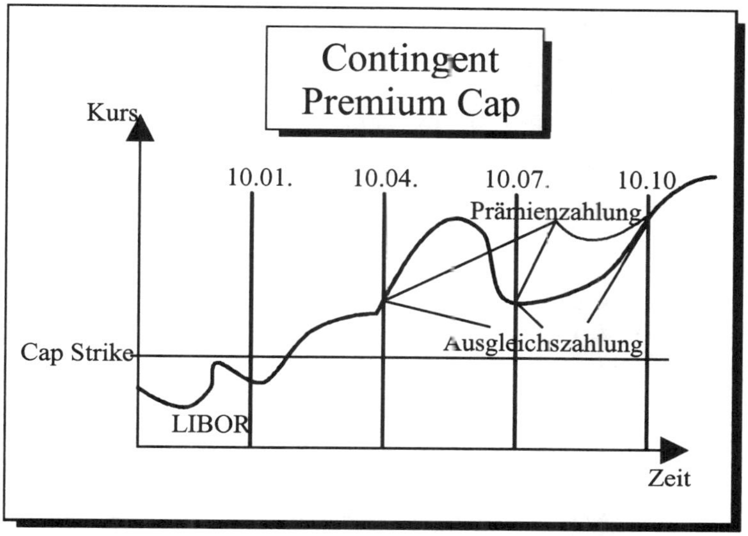

Abb. E.39: Profil eines Contingent Premium Caps in Abhängigkeit von der Libor-Entwicklung im Zeitablauf

Contingent Premium Caps können darüber hinaus noch mit einer Barrier ausgestattet werden. In diesem Fall wird die Prämie erst dann fällig, wenn die Barrier erreicht wird. Das entsprechende Profil eines Contingent Premium Barrier Caps ergibt sich in der folgenden Weise:

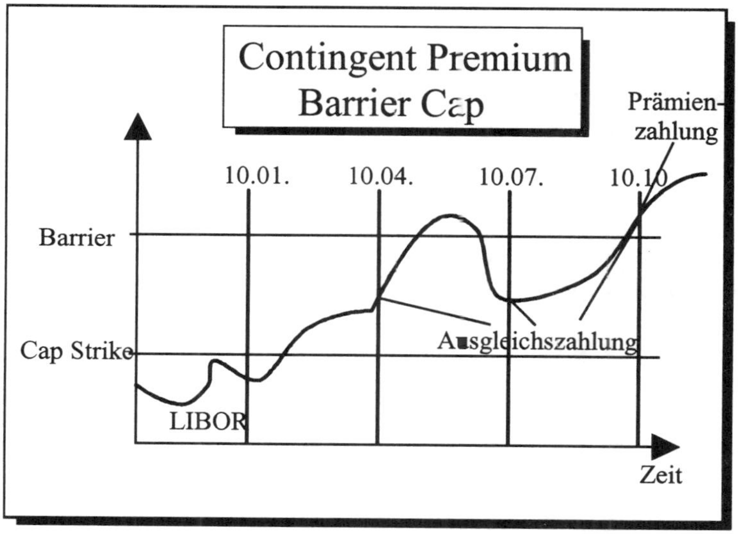

Abb. E.40: Profil eines Contingent Premium Barrier Caps in Abhängigkeit von der Libor-Entwicklung im Zeitablauf

Aus der Grafik wird ersichtlich, daß die Prämie erst bei Erreichen der Barrier fällig wird. Bis dahin hat der Käufer eine kostenlose Absicherung gegen steigende Zinsen. Obwohl er keine Prämie gezahlt hat, erhält der Käufer Ausgleichszahlungen in den Fällen, in denen der Libor oberhalb des Cap Strikes, aber unterhalb der Barrier liegt. Wird allerdings die Barrier durchbrochen, so wird eine Prämienzahlung fällig, die insgesamt höher ist als eine Prämie, die bei Beginn der Transaktion für einen vergleichbaren Standard Cap hätte gezahlt werden müssen. Der Prämienaufwand wird um so höher, je häufiger der Libor die Premium Barrier zum Fixing-Termin erreicht.

In Abbildung E.40 ist von einer konstanten Barrier ausgegangen worden. Diese kann jedoch auch so gestaltet werden, daß sie kontinuierlich ansteigt. Steigt in diesem Fall der Referenzzinssatz langsamer als in der Forwardkurve impliziert, so kann es eventuell auch hier zu keinen Prämienzahlungen kommen, so daß auch in diesem Fall der Käufer die Absicherung umsonst bekommen hat. Beispielsweise könnte ein solcher Contingent Premium Barrier Cap wie folgt strukturiert sein:[1]

Solange der Libor die folgenden Barrieren nicht überschreitet, wird keine Prämie fällig:

Jahr 0-1: ab 5,00%, linear ansteigend bis 5,50%,
Jahr 1-2: ab 5,50%, linear ansteigend bis 6,00%,
Jahr 2-3: ab 6,00%, linear ansteigend bis 6,50%,
Jahr 3-4: ab 6,50%, linear ansteigend bis 7,00%,
Jahr 4-5: ab 7,00%, linear ansteigend bis 7,50%.

Durchbricht der Libor im Zeitablauf eine dieser Barrieren, so wird eine Prämie für die Restlaufzeit des Caps fällig.

Zusammenfassend kann festgehalten werden, daß sich der Vorteil von Contingent Premium Caps and Floors vor allem daraus ergibt, daß keine Up Front Prämie fällig und eine kostenlose Absicherung möglich wird.

bc. Accrual Notes

Accrual Notes zählen ebenfalls zu den Instrumenten, die von der Entwicklung eines Referenzzinssatzes abhängig sind. Der Pay Off ergibt sich aus dem Zinssatz der zugrundeliegenden Anleihe (fest oder variabel verzinslich) multipliziert mit einem Tageszähler. Dieser Tageszähler wird definiert als Prozentsatz der Anzahl der Tage, während derer sich der Referenzzins unterhalb einer bestimmten Grenze befindet, dividiert durch die Anzahl aller Tage in der Zinsperiode. Solange der Referenzzins unterhalb der Obergrenze liegt, erhält der Investor einen über dem Markt liegenden Zins. Zu beachten ist, daß sich der Tageszähler auf den gesamten Kupon und nicht nur auf die Marge, die der Investor erhält, bezieht.

---

[1] Vgl. **Winter** (1995), S. 222.

Der Investor hat damit eine bestimmte Erwartung im Hinblick auf die Entwicklung des Referenzzinssatzes für die gesamte Laufzeit der Accrual Note. Zumindest erwartet er keinen Anstieg über die vereinbarte Obergrenze.

Beispielsweise habe eine Accrual Note mit einer Laufzeit von 5 Jahren einen Kupon von Schuldscheinniveau + 70 Basispunkten multipliziert mit einem Tageszähler. Der Tageszähler sei definiert als Anzahl der Tage, an denen der 6-Monats-Libor kleiner oder gleich der Grenze von 9% liegt, dividiert durch die Anzahl der Tage der Zinsperiode (auf der Basis eines Jahres mit 365 Tagen). Die Zinsen seien jährlich nachträglich zahlbar, das Schuldscheinniveau für eine Laufzeit von 5 Jahren sei 6%. Wird nach Ablauf eines Jahres festgestellt, daß der 6-Monats-Libor an 20 Tagen des Jahres über 9% gelegen hat, so beträgt der Kupon (6% + 70 Bp.) · (345/365) = 6,33% = Schuldschein + 33 Basispunkte. Deutlich wird, daß die gesamte Rendite einer Accrual Note erst am Ende der Laufzeit festgestellt werden kann.

Accrual Notes können auch mit längeren Gesamtlaufzeiten (z. B. zehn Jahre) ausgestattet sein. Grundsätzlich gilt, daß die Marge auf dem Kupon um so größer sein wird, je länger die Laufzeit ist und je niedriger die Obergrenze festgelegt wird. Des weiteren sind auch Accrual Notes darstellbar, bei denen für den Fall, daß der Referenzzinssatz oberhalb der Zinsobergrenze liegt, (statt 0%) 50% der Zinsen ausgezahlt werden. Das Risiko des Investors kann in diesem Fall vermindert werden. Darüber hinaus kann auch eine Zinsuntergrenze zusätzlich mit berücksichtigt werden, wobei der Kupon nur für die Zeit ausgezahlt wird, in der sich der Referenzzinssatz zwischen der Zinsunter- und der Zinsobergrenze befindet.

Dieses Instrument ist vor allem in Zeiten stabiler Zinsen für Investoren interessant, da eine überdurchschnittliche Rendite mit vergleichbaren, herkömmlichen Instrumenten kaum zu erzielen ist. Bewegt sich der Referenzzinssatz allerdings - je nach Ausstattung der Accrual Note - oberhalb der Obergrenze oder außerhalb der Bandbreite, so verliert der Investor die Chance auf weitere Erträge. Um dies zu vermeiden, können Accrual Notes auch derart strukturiert werden, daß der Investor seine Grenzen während der Laufzeit zu bestimmten Zeitpunkten neu setzen kann (sogenannte U-Choose-Accrual Notes).

Somit besteht auch die Möglichkeit, sich im Zeitablauf verändernde Zinserwartungen durch die Anpassung der Grenzen zu berücksichtigen. Wird beispielsweise zu Beginn der Transaktion ein Spread von 300 Basispunkten festgesetzt, so hat der Investor das Recht, während der Laufzeit die Grenzen neu zu setzen (Untergrenze z. B. in der ersten Periode bei 5%, Obergrenze bei 8%, in der zweiten Periode Untergrenze bei 5,5% und Obergrenze bei 8,5%). Somit kann bei einer grundlegenden Veränderung der Zinskonstellationen die Zinsentwicklung nur für eine Periode einen negativen Einfluß ausüben, anstatt für die gesamte Restlaufzeit.

Zusammenfassend kann festgestellt werden, daß eine Nachbildung des Zahlungsprofils von exotischen Optionen durch Kombinationen von Plain-Vanilla-Optionen oder von Plain-Vanilla-Optionen mit dem jeweiligen Underlying nicht möglich ist. Als Ergänzung zum bisherigen Instrumentarium hat damit die Entwicklung exotischer Optionen hat auch eine wichtige Lücke geschlossen und entsprechend eine große Bedeutung für die Finanzwelt erlangt. Dies gilt bislang vor allem für den Handel mit Devisen. Aber auch im Zins- und Aktienbereich dürften diese Instrumente eine zunehmende Bedeutung erfahren.

Die aufgezeigten Instrumente werden von den Banken ständig weiterentwickelt, und es entstehen wiederum neue Formen von exotischen Optionen. Diese komplexer werden Produkte werden häufig für die Kunden maßgeschneidert angeboten. Entsprechend haben die Banken auch Modelle zur Bewertung von exotischen Optionen entwickelt. Ein wichtiges Modell ist dabei das Binomial-Modell. Allerdings sind dazu vergleichweise hohe Rechnerkapazitäten erforderlich. Die Komplexität der Rechenvorgänge wird insbesondere durch die zusätzliche Berücksichtigung von Dividenden bei Aktien noch erhöht.

Als weiteres mögliches Modell kann in diesem Zusammenhang die Monte Carlo Simulation genannt werden. Auf der Grundlage von Zufallszahlen werden dabei im Rahmen der Optionsbewertung für zahlreiche mögliche Entwicklungen die jeweiligen theoretischen Optionspreise bestimmt, wobei der mittlere Wert mit dem Handelspreis vergleichbar ist. Die Zufallszahlen können mit Hilfe eines Computers erzeugt werden. Damit ist - anders als bei historischen Simulationen - der Preis von den Vergangenheitsdaten nicht so stark beeinflußt. Allerdings ist diese Methode sehr aufwendig.[1]

---

1 Vgl. **Willnow** (1996), S. 91ff. Zur Monte-Carlo-Simulation vgl. **Schierenbeck** (1999b), S. 33ff.

II. Portfoliomanagement mit Financial Futures

1. Grundlagen von Financial Futures

Während Forwards als traditionelle, zwischen einzelnen Vertragspartnern individuell ausgehandelte Termingeschäfte gelten und daher nicht an einer Börse gehandelt werden, handelt es sich bei Futures um standardisierte Verträge, die an einer Börse handelbar sind. Financial Futures beinhalten die vertragliche Vereinbarung, eine standardisierte Menge bzw. einen standardisierten Wert eines bestimmten Finanzinstruments zu einem im voraus festgelegten Preis an einem in der Zukunft liegenden standardisierten Erfüllungstermin zu liefern (Verkäufer des Futures) bzw. abzunehmen (Käufer des Futures). Als einzige variable Elemente des Vertrages verbleiben lediglich der Preis bzw. Kurs sowie die Anzahl an Kontrakten für die Lieferung des zugrundeliegenden Basisinstruments. Futures sind im Gegensatz zu Forwards nicht auf die Erfüllung des Vertrages angelegt. Die Marktteilnehmer beabsichtigen vielmehr, ihre Verpflichtung vor Fristablauf durch ein Gegengeschäft aufzuheben. Durch diese sogenannte Glattstellung der Position wird das Futures-Engagement beendet. Die Auflösung vor Vertragsende wird durch den zentralisierten Handel an einer Börse gewährleistet.

Neben der jederzeitigen Handelbarkeit gilt als weitere Voraussetzung für den erfolgreichen Einsatz von Financial Futures, daß das Erfüllungsrisiko der einzelnen Transaktionen möglichst ausgeschlossen werden kann. Beispielsweise gibt an der Eurex die Clearingstelle als Vertragspartner eine Erfüllungsgarantie. Dies ist allerdings nur möglich, weil sie von den Börsenteilnehmern, d.h. sowohl von den Käufern als auch den Verkäufern von Futurepositionen die Hinterlegung von Sicherheiten verlangt; denn auf beiden Seiten besteht ein unlimitiertes Verlustrisiko.

Die Sicherheiten, die auch als Margins bezeichnet werden, können in Wertpapieren und/oder in Geld geleistet werden. Die entsprechenden Wertpapiere müssen eine hohe Qualität aufweisen. Zu Beginn einer Futuretransaktion wird ein Ersteinschuß verlangt (Initial Margin). Diese Margin ist von der Variation Margin zu unterscheiden, die aufgrund des sogenannten Marking-to-Market berechnet wird. Das Marking-to-Market bzw. Tagesbewertungsprinzip beinhaltet die tägliche Bewertung der Futureposition, wobei Gewinne und Verluste den Marktteilnehmern sofort zinswirksam gutgeschrieben bzw. belastet werden. Dagegen verbleibt die ursprüngliche Sicherheitsleistung (Initial Margin) im Eigentum des Käufers bzw. Verkäufers des Futures. Darüber hinaus wird bei einigen ausländischen Terminbörsen ein Nachschuß dann fällig, wenn die sogenannte Maintenance Margin unterschritten wird. Diese bezeichnet einen bestimmten, vorher festgelegten Mindesteinschuß.

Als Kontraktformen lassen sich - je nach Handelsobjekt - Finanzterminkontrakte auf Zinstitel, Aktienindizes und Fremdwährungen unterscheiden.[1] Während eine physische Andienung bei

---

1 Terminkontrakte in Fremdwährungen (Currency Futures) waren die ersten Finanzterminkontrakte, die 1972 kurz nach dem endgültigen Scheitern des Bretton-Woods-Systems fester Wechselkurse am International Monetary Market der Chicago Mercantile Exchange eingeführt wurden, vgl. **Powers** (1981), S. 663f.; inzwischen gibt es eine Vielzahl von Vorschlägen für teilweise exotische Underlyings, wie z. B. einen Immobilienindex, vgl. **Meyer/Hane** (1995), S. 124ff.

Aktienindexfutures und Futures auf kurzfristige Zinstitel nicht möglich ist, kann die Erfüllung der Verpflichtung aus dem Kontrakt bei Futures auf langfristige Zinstitel durch die Lieferung eines entsprechenden Finanzinstruments vollzogen werden. Dabei spielt es keine Rolle, ob das zugrundeliegende Instrument (Underlying) in der entsprechenden Ausstattung real existiert.

a. Zinsfutures

Der Handel mit Zinsterminkontrakten wurde erstmals 1975 am Chicago Board of Trade aufgenommen. Dabei handelt es sich um den US-Treasury Bond Future, der auf einem US-Treasury Bond mit einer ständigen Restlaufzeit von 20 Jahren und einem Nominalzins von 8% basiert. Lieferbar bei Kontraktfälligkeit sind Treasury Bonds mit einer Mindestrestlaufzeit von 15 Jahren.

In der Folgezeit entwickelten auch andere Börsen zahlreiche neue Zinsfutures, und es kam zu einem zunehmenden Wettbewerb auf den internationalen Terminmärkten. Im DM-Bereich begann der Handel mit Zinsfutures an der LIFFE am 29. September 1988, als Bundesanleihen auf Termin (Bund-Futures) als langfristige Zinsterminkontrakte gehandelt wurden. An der Deutschen Terminbörse (DTB), der heutigen Eurex, werden Bund-Futures erst seit dem 23. November 1990 gehandelt. Ein Euro-BUND-Future an der Eurex verpflichtet zur Lieferung bzw. zum Empfang einer idealtypischen deutschen Bundesanleihe mit einem Kupon von 6% und einem Nominalwert von EUR 100.000. Die Restlaufzeit der zu liefernden Bundesanleihe kann zwischen 8,5 und 10,5 Jahren liegen. Das Mindestemissionsvolumen der lieferbaren Anleihen muß DM 4 Mrd. bzw. bei Neuemissionen seit dem 1.1.1999 EUR 2 Mrd. betragen.

Seit dem 4. Oktober 1991 wird an der DTB bzw. Eurex zusätzlich ein Future auf eine idealtypische mittelfristige Schuldverschreibung des Bundes gehandelt, der Bobl-Future, heute Euro-BOBL-Future Der Unterschied zum langfristigen Bund-Future besteht darin, daß beim Bobl-Future Bundesanleihen, Bundesobligationen und Bundesschatzanweisungen mit einer Restlaufzeit von 3,5 bis 5 Jahren lieferbar sind.

Am 11. März 1994 wurden an der DTB unter dem Namen Buxl-Futures Zinsterminkontrakte auf Bundesanleihen mit einer Restlaufzeit von 15 bis 30 Jahren eingeführt. Vergleichbar dem Treasury Bond Future in den USA sollte den Marktteilnehmern ermöglicht werden, den langen Laufzeitbereich der DM-Zinsstrukturkurve gegen Zinsänderungsrisiken abzusichern. Zudem wurden auch Trading- und Arbitragemöglichkeiten zwischen den verschiedenen Zinsfutures in Betracht gezogen. Die Kontraktspezifikationen entsprachen denen des Bund-Futures mit Ausnahme der Restlaufzeit der zu liefernden Anleihen. Nach etwa 1,5 Jahren mußte der Handel in Buxl-Futures allerdings vor dem Hintergrund geringer Umsätze wieder eingestellt werden, da sich insbesondere die Erwartung der DTB nicht erfüllt hat, daß der Bund fortlaufend 30jährige Anleihen emittieren würde. An der Eurex ist allerdings ein Euro-BUXL-Future verfügbar. Lieferbar sind Schuldverschreibungen des Bundes mit einer Restlaufzeit von 20 bis 30,5 Jahren. Anders als bei den Bund-Futures muß das Mindestemissionsvolumen der lieferbaren Anleihen DM 10 Mrd. bzw. bei Neuemissionen seit dem 1.1.1999 EUR 5 Mrd. betragen.

Die DTB hat in ihrer Produktpalette auch den Laufzeitbereich von 1,75 bis 2,25 Jahren durch Einführung des SCHATZ-Futures am 7. März 1997 abgedeckt. Dabei entsprechen die Kontraktspezifikationen weitgehend denen von Bund- und Bobl-Future. So beträgt der Kontraktwert bei dem Euro-SCHATZ-Future an der Eurex ebenfalls EUR 100.000. Als lieferbare Papiere kommen Bundesschatzanweisungen in Frage, die eine Ursprungslaufzeit von max. 2,25 Jahren und eine Restlaufzeit von mindestens 1,75 Jahren haben, sowie Bundesobligationen, vierjährige Bundesschatzanweisungen und Bundesanleihen in Frage, deren Restlaufzeit in dem o.a. Laufzeitbereich liegt.

Bei Bund-, Bobl- und SCHATZ-Futures hat der Verkäufer des Futures als Inhaber der Short Position am Liefertag die Pflicht, aus den lieferbaren Anleihen eine Anleihe seiner Wahl auszuwählen, um seiner Lieferverpflichtung nachzukommen. Dieses Recht wird auch als Seller's Option bezeichnet. Da die lieferbaren Anleihen in der Regel verschiedene Laufzeiten und unterschiedliche Kupons haben, die von 6 % abweichen, wurde ein Preisfaktoren- bzw. Konversionsfaktorensystem entwickelt, das diese Unterschiede ausgleichen soll. Die Konversionsfaktoren geben entsprechend an, bei welchem Kurs der Anleihe die Rendite am Liefertag 6% betragen würde.[1] An der Deutschen Terminbörse werden die Konversionsfaktoren in der folgenden Weise berechnet:[2]

$$KF = \frac{1}{1{,}06^{f}} \cdot \left[\frac{C}{6} \cdot \left(1{,}06 - \frac{1}{1{,}06^{n}} \right) + \frac{1}{1{,}06^{n}} \right] - \frac{C \cdot (1-f)}{100}$$

mit

KF = Konversions- oder Preisfaktor,
n = Anzahl Jahre vom nächsten Kuponzahlungstag bis zur Fälligkeit der Bundesanleihe,
C = Kupon der Anleihe in % und
f = Anzahl der vollen Monate bis zur nächsten Kuponzahlung dividiert durch 12
(falls f = 0, werden n = n - 1 und f = 1 gesetzt).

Bei der Ermittlung der Konversionsfaktoren wird allerdings eine flache Zinsstrukturkurve auf einem 6% - Niveau für den Laufzeitenbereich 8,5 bis 10,5 bzw. 3,5 bis 5 Jahre unterstellt. Nur in dieser Situation sind sämtliche lieferbaren Anleihen gleich vorteilhaft, da eine Proportionalität von Marktpreis und Konversionsfaktor vorliegt. Ergeben sich am Markt jedoch Unterschiede in der Zinsstruktur, oder weichen die Renditen vom 6% - Niveau ab, so ist immer eine Anleihe lieferoptimal. Dabei handelt es sich um die sogenannte Cheapest-to-Deliver-Anleihe (CTD-Anleihe).

Die Berechnung der CTD-Anleihe erfolgt durch einen Vergleich der Kosten des Kaufs der Anleihe am Markt mit dem Andienungsbetrag, den der Verkäufer des Futures bei Lieferung der Anleiher dem Käufer des Futures in Rechnung stellt:

---

[1] Vgl. **Samorajski/Phelps** (1990), S. 59; **Schneeweis/Hill/Philipp** (1983), S. 340.

[2] Vgl. **Deutsche Terminbörse** (1991), S. 25. Eine Übersicht über verschiedene Konversionsfaktoren findet sich im Anhang.

$$
\begin{array}{ll}
 & (\text{EDSP} \cdot \text{KF} \cdot \text{EUR } 100.000) + \text{aufgelaufene Stückzinsen} \\
./. & P_K \cdot \text{EUR } 100.000 + \text{aufgelaufende Stückzinsen} \\
\hline
= & \text{Differenzbetrag}
\end{array}
$$

mit

EDSP = Exchange Delivery Settlement Price = P_F = Preis des Futures und
P_K = Preis der lieferbaren (Kassa-) Anleihe.

Da sich beide Beträge auf dieselbe Anleihe beziehen und sich damit die Stückzinsen entsprechen, ergibt sich ein Differenzbetrag von ($P_F \cdot$ KF $\cdot$ EUR 100.000 - $P_K \cdot$ EUR 100.000). Dieser Differenzbetrag wird noch durch EUR 100.000 dividiert. Das Ergebnis wird für jede lieferbare Anleihe berechnet. Diejenige Anleihe, die dabei den positivsten Betrag aufweist, ist die CTD-Anleihe.

Die CTD-Anleihe kann nicht nur am Liefertag des Futures ermittelt werden, sondern auch zu jedem Zeitpunkt vor dem Liefertag. Dazu wird ein Verkauf des Futures und ein Kauf der entsprechenden Anzahl an Anleihen simuliert mit der Absicht, die Anleihen bis zum Liefertag zu halten und dann in den Kontrakt zu liefern. Diejenige Anleihe, die dabei den größten Ertrag einbringt, ist die CTD-Anleihe. Kann durch eine solche Transaktion eine Rendite erzielt werden, die oberhalb des aktuellen Marktzinssatzes liegt, so setzen Arbitragetransaktionen ein. Aufgrund der damit verbundenen Möglichkeit, risikolose Gewinne zu erzielen, wird laufend die CTD-Anleihe berechnet, die in der Praxis auch relativ häufig wechselt.

Das folgende Beispiel zeigt die Ermittlung einer solchen Anleihe. Der Bund-Future Juni 1996 hatte am 13.02.1996 einen Kurs von 98,20. Lieferbar waren die folgenden Anleihen:

Anleihe	Kupon	Laufzeit	KF	Preis_K	$\text{Preis}_F \cdot \text{KF}$	Differenz
Bund	7,375	03.01.2005	1,088976	108,64	106,94	- 1,70
Bund	6,875	12.05.2005	1,058943	105,30	103,99	- 1,31
Bund	6,5	14.10.2005	1,034535	102,81	101,59	- 1,22
Bund	6	05.01.2006	0,999563	99,42	98,16	- 1,26
Bund	6	16.02.2006	0,99961	99,42	98,16	- 1,26

Tab. E.13: Ermittlung der CTD-Anleihe

Nach diesem Beispiel ist die 6,5% Bundesanleihe mit der Fälligkeit 14.10.2005 die aktuelle CTD-Anleihe, da die Differenz hier am positivsten ist. Anstelle der aktuellen Anleihepreise können aber auch die Forwardpreise der Anleihen mit dem Produkt aus Futurepreis und Konversionsfaktor verglichen werden. Die Forwardpreise ergeben sich, indem zum aktuellen Preis die

Kosten für die Finanzierung des Anleihekaufs (d. h. Kurs plus Stückzinsen) hinzuaddiert werden und die Erträge der Anleihe abgezogen werden, jeweils für die Zeit bis zum 10. Juni 1996. Für die obigen Anleihen ergibt sich die folgende Tabelle:

Anleihe	Kupon	Laufzeit	KF	Forward-Preis$_K$	Preis$_F$ · KF	Differenz
Bund	7,375	03.01.2005	1,088976	107,38	106,94	- 0,44
Bund	6,875	12.05.2005	1,058943	104,16	103,99	- 0,17
Bund	6,5	14.10.2005	1,034535	101,73	101,59	- 0,14
Bund	6	05.01.2006	0,999563	98,30	98,16	- 0,14
Bund	6	16.02.2006	0,99961	98,24	98,16	- 0,08

Tab. E.14: Ermittlung der CTD-Anleihe auf der Basis von Forwardpreisen

Da der Verlust voraussichtlich bei der 6% Bundesanleihe mit der Fälligkeit 16.02.2006 zum Liefertag am geringsten sein wird, wird davon ausgegangen, daß es sich hierbei um die lieferoptimale Anleihe handeln wird. Je nach Verfahren (Tabelle E.13 oder E.14) ergeben sich unterschiedliche Ergebnisse. Die Ermittlung auf der Basis von Forwardpreisen erscheint aber korrekter, da sich in diesem Fall der Vergleich auf den gleichen Zeitpunkt (per Termin 10. Juni 1996) bezieht.

In der Praxis wird häufig auf den sogenannten impliziten Pensionszinssatz (Implied Repo Rate, IRR) zur Ermittlung der CTD-Anleihe zurückgegriffen. Die IRR gibt an, welche Finanzierungskosten des Anleihekaufs bei dem aktuellen Futurepreis unterstellt werden für das Halten dieser Anleiheposition bis zur Fälligkeit des Futures. Sie stellt die Repo Rate dar, mit der der Future zum aktuellen Zeitpunkt bewertet wird.[1] Dabei sind auch die Kuponerträge aus der Anleihe bis zur Fälligkeit des Futures zu berücksichtigen.

Der implizite Pensionszinssatz läßt sich wie folgt ermitteln:

$$IRR = \frac{P_F \cdot KF + C \cdot \frac{T}{360} - P_K}{\left(P_K + SZ\right)} \cdot \frac{360}{T}$$

[1] Zur Repo Rate vgl. Abschnitt V. in diesem Kapitel.

mit

P_F = Preis des Futures,
P_K = Preis der lieferbaren (Kassa-) Anleihe,
KF = Konversionsfaktor,
C = Kupon der Anleihe,
T = Anzahl der Tage bis zur Fälligkeit des Futures bei Lieferung und
SZ = Stückzinsen der lieferbaren Anleihe bis zum aktuellen Tag.

Damit wird durch die IRR die Höhe des prozentualen Gewinns für den Fall angegeben, daß die Anleihe gekauft wird, der Future verkauft wird und die Anleihe am Liefertag in den Future geliefert wird. Bei derjenigen Anleihe, die bei dieser Transaktion den maximalen Gewinn abwirft, handelt es sich um die CTD-Anleihe. Sie weist die höchste IRR auf.

Nicht zu verwechseln ist die IRR mit der Implied Forward Yield (IFY), d. h. der impliziten Forward-Rendite des Futures. Zur Ermittlung der IFY wird das Produkt aus dem Futurekurs und dem Konversionsfaktor der CTD-Anleihe als Preis der Anleihe genommen und als Valutatag der Fälligkeitstag des Futures gesetzt. Die Rendite für die dann geltende Restlaufzeit ist die implizite Forward-Rendite des Futures. Insofern deutet sie auf die bei Future-Fälligkeit erwartete Marktrendite der CTD-Anleihe hin.

Grundsätzlich ist bei der CTD-Ermittlung zu beachten, daß der Konversionsfaktor ein Zinsniveau von 6% unterstellt. Deshalb werden die Kursunterschiede der einzelnen Anleihen nur in dem Fall, daß alle Anleihen eine Rendite von 6% aufweisen, auch korrekt ausgeglichen. Andernfalls tritt eine Verzerrung auf. So werden bei einer Marktrendite, die über 6% liegt, tendenziell Anleihen mit Kupons unter 6% bevorzugt; denn diese werden bei der Andienung durch die Konversionsfaktorformel tendenziell überbewertet. Damit wird der Futureverkäufer in dieser Situation Anleihen mit einem möglichst niedrigen Kupon liefern, da diese Anleihen durch den Konversionsfaktor zu hoch angerechnet werden. Der Futurekäufer hingegen zahlt aufgrund des für ihn ungünstigen Austauschverhältnisses eher zuviel.[1] Im Falle eines unter 6% liegenden Zinsniveaus haben Anleihen mit einem möglichst hohen Kupon eher die Chance, die CTD-Anleihe zu sein.

Neben diesem Kuponeffekt kann auch noch ein Laufzeiteffekt festgestellt werden, da auch die jeweiligen Laufzeiten der Anleihen die Ermittlung der CTD-Anleihe beeinflussen. So gilt für ein Marktzinsniveau von über 6%, daß von Anleihen mit gleichem Kupon und gleicher Marktrendite die Anleihe am günstigsten zu liefern ist, die die längste Laufzeit aufweist. Bei einem Zinsniveau unter 6% handelt es sich bei der Anleihe mit der kürzesten Laufzeit tendenziell um die CTD-Anleihe.

Zusammenfassend gilt: Bei einer Marktrendite, die über 6% liegt, wird die Anleihe mit dem niedrigsten Kupon und der längsten Laufzeit tendenziell für die Lieferung bevorzugt. Diese Anleihe weist auch die höchste Duration auf. Renditen unter 6% führen dazu, daß Anleihen mit

---

1 Vgl. **Diwald** (1994), S. 167.

kurzer Laufzeit und hohem Kupon grundsätzlich vorteilhafter sind.[1] Infolgedessen ist in diesem Fall voraussichtlich die Anleihe mit der geringsten Duration die CTD-Anleihe. Insofern kann auch durch die Berechnung der Duration der lieferbaren Anleihen die CTD-Anleihe bestimmt werden. Dabei ist aber darauf hinzuweisen, daß die Duration nur dann korrekte Ergebnisse liefert, wenn die Anleihen mit der gleichen Rendite rentieren und sich die Renditen lediglich parallel verschieben. Aus diesem Grund ist die CTD-Ermittlung auf der Basis der IRR genauer.

In dem obigen Beispiel erfolgt die Lieferung erst in einigen Monaten. Daher kann noch nicht mit Sicherheit festgestellt werden, daß die zu diesem Zeitpunkt ermittelte CTD-Anleihe zum Fälligkeitstag auch tatsächlich die lieferoptimale Anleihe sein wird. Anbieten würde sich die Berechnung der Wahrscheinlichkeiten, mit denen die einzelnen Anleihen zur CTD-Anleihe werden. Gleichzeitig lassen sich auch sogenannte Switch-Analysen durchführen, wobei berechnet wird, inwieweit sich die Zinsstrukturkurve verändern muß, damit eine Anleihe zur CTD-Anleihe wird. Darüber hinaus kann auch die Neuemission einer lieferbaren Anleihen zu einem Wechsel der CTD-Anleihe führen. Dies gilt besonders für Bundesobligationen, so daß beim Bobl-Future die CTD-Anleihe häufiger wechselt als beim Bund-Future.

Die Bestimmung der CTD-Anleihe ist von großer praktischer Bedeutung, da sich der Kurs des Futures am Kurs der Cheapest-to-Deliver orientiert. Bei einem Wechsel der CTD-Anleihe kann es zu Sprüngen im Futurekurs kommen, da diesem Kontrakt nunmehr eine andere Anleihe zugrunde liegt. Ein darauf nicht vorbereiteter Portfoliomanager kann dadurch möglicherweise Verluste erleiden.

Am 12. November 1996 erfolgte an der DTB die Einführung des Einmonats-Euromark-Futures und etwa zwei Monate später, am 14. Januar 1997 die Einführung des Dreimonats-Euromark-Futures. Von Seiten der DTB war dies ein wichtiger Schritt im Hinblick auf die Einführung der gemeinsamen Euro-Währung ab 1999. Hierdurch wurde frühzeitig am deutschen Markt Präsenz mit einem allgemein anerkannten Produkt am kurzen Ende der Zinsstrukturkurve gezeigt. An der Eurex werden mittlerweile ein Einmonats-EURIBOR-Future und ein Dreimonats-EURIBOR-Future gehandelt.

EURIBOR-Futures basieren auf einer fiktiven Termineinlage in EURO mit einer bestimmten Laufzeit (1 bzw. 3 Monate) im Nennwert von EUR 3 Mio (bei einer Einmonats-Einlage) bzw. EUR 1 Mio (bei einer Dreimonats-Einlage). Anders als bei Bund- oder Bobl-Futures ist beim EURIBOR-Future eine Andienung bzw. Lieferung des Underlying bei Kontraktfälligkeit nicht möglich. Entsprechend erfolgt die Abwicklung der noch nicht glattgestellten Positionen durch einen Barausgleich (Cash Settlement). Die Grundlage dafür stellt der im Kassamarkt angebotene European Interbank Offered Rate (EURIBOR) für 1- bzw. 3-Monats-Termingelder dar. Der EURIBOR wird aus den täglichen Meldungen von zahlreichen erstklassigen Referenzbanken berechnet, die zumeist aus den 11 Teilnehmerländern der EWU stammen. Basis ist die Eurozinsmethode, d.h. Actual/360. Von den Kontraktspezifikationen her entsprechen sich grundsätzlich EURIBOR- und (der Vorgänger) Euromark-Future. Der Dreimonats-Euromark Future ba-

---

[1] Der Beweis wurde von Kilcollin geführt, vgl. **Kilcollin** (1982), S. 1186ff. Diese Aussagen konnten auch in Simulationsstudien bestätigt werden, vgl. **Meisner/Labuszewski** (1984), S. 570ff.

sierte auf einem Kontraktwert von DM 1 Mio. Zinsgrundlage war die London Interbank Offered Rate (Libor).

Die Preisermittlung des EURIBOR-Futures erfolgt - wie üblicherweise bei Futures auf Geldmarktzinssätze - in Prozent auf zwei Dezimalstellen auf der Basis 100 abzüglich gehandeltem Zinssatz. Falls der Referenzzinsatz z. B. bei 4% liegt, notiert der Euromark-Future bei 96,00. Die minimale Preisveränderung beträgt 0,005 %, so daß sich der Wert eines Ticks jeweils auf EUR 12,50 beläuft:

$$\text{Tickwert}_{1M-\text{Future}} = \frac{0{,}005}{100} \cdot \frac{30 \text{ Tage}}{360 \text{ Tage}} \cdot 3.000.000 \text{ EUR} = 12{,}50 \text{ EUR} \quad ,$$

$$\text{Tickwert}_{3M-\text{Future}} = \frac{0{,}005}{100} \cdot \frac{90 \text{ Tage}}{360 \text{ Tage}} \cdot 1.000.000 \text{ EUR} = 12{,}50 \text{ EUR} \quad .$$

Bei der Berechnung des Tickwertes ist zu beachten, daß die Abrechnung des Futures auf einer Tageskalkulation von 30/360 bzw. 90/360 basiert, während für die quotierten Zinssätze häufig die tatsächlichen Tage (Actual/360) zugrunde gelegt werden. Dies ist bei der Berechnung des fairen Preises (Fair Value) eines Futures oder der Hedge Ratio zu berücksichtigen.

Der EURIBOR-Future unterscheidet sich gegenüber den übrigen Zinsfutures an der Eurex auch in der maximal möglichen Laufzeit der Kontrakte. So beträgt diese beim Einmonats-EURIBOR-Future 6 Monate. Hierbei sind die vom aktuellen Zeitpunkt an folgenden 6 Kalendermonate die Verfallmonate. Dreimonats-EURIBOR-Futures werden für die folgenden 3 Kalendermonate sowie die nächsten 11 Quartalsmonate aus dem Zyklus März, Juni, September und Dezember gehandelt. Dies bedeutet insgesamt eine maximale Laufzeit der Kontrakte von 36 Monaten.

Nachdem der Handel im Euromark-Future an der DTB begann, erübrigte sich der Handel mit dem an der DTB am 18. März 1994 eingeführten Fibor-Future. Der Fibor Future konnte sich gegen die an der Londoner Terminbörse LIFFE gehandelten Geldmarktfutures nicht durchsetzen. Das wesentliche Unterscheidungsmerkmal zwischen dem an der LIFFE gehandelten Euro-DM-Future und dem Fibor-Future bestand in dem zugrunde gelegten Referenzzinssatz, bei dem es sich an der LIFFE um den Libor handelt. Darüber hinaus lag die Anzahl der Verfalltage an der LIFFE höher als beim Fibor-Future. Zudem konnten Euro-DM-Futures länger gehandelt werden.[1] Auch die dem Fibor-Future folgenden Instrumente an der DTB bzw. Eurex unterscheiden sich im wesentlichen von ihrem Vorgänger im zugrunde gelegten Referenzzinssatz (Libor beim Euromark-Future, Euribor beim EURIBOR-Future).

b. Aktienindexfutures

Der Handel mit Aktienindexfutures wurde erstmals 1982 am Kansas City Board of Trade aufgenommen. Als Basisobjekt fungierte der Value Line Composite Index. Infolge des großen Anlegerinteresses wurde mit dem Handel in Aktienindexfutures an vielen weiteren Börsen begonnen.

---

1 Vgl. **Meyer/Wittrock** (1994), S. 169.

Bei dem Underlying (d. h. dem Gegenstand des Futures) handelt es sich jeweils um einen spezifizierten Aktienindex, also um einen abstrakten, nicht lieferbaren Basiswert. Ein Aktienindex basiert auf einem hypothetischen Portfolio und bildet zum Berichtszeitpunkt die Kursbewegung dieses Aktienportfolios bezogen auf einen Basiszeitpunkt anhand eines einzigen Wertes ab.[1]

Der Deutsche Aktienindex (DAX) als Underlying des DAX-Futures wurde beginnend am 11. Januar 1988 als nach dem Grundkapital gewichteter Index unter Berücksichtigung von Abschlägen bei Dividenden- und Kapitalmaßnahmen berechnet. Als Bezugstermin wurden die Schlußkurse des Jahresultimo 1987 gewählt und die Basis auf 1000 Indexpunkte festgesetzt. Von den derzeit etwa 800 an der Börse notierten Aktiengesellschaften weisen die 30 Standardwerte (Blue Chips), die sich im DAX befinden, fast 70% der Marktkapitalisierung und etwa 85% des Umsatzes auf. Gleichzeitig wird die Branchenstruktur der deutschen Volkswirtschaft weitgehend nachgebildet. Die ursprüngliche Zusammensetzung des DAX hat sich inzwischen geändert, da einige Gesellschaften ausgetauscht wurden.

Als Real-Time-Index wird der DAX alle 15 Sekunden während der amtlichen Börsenzeit neu ermittelt und veröffentlicht. Berechnungsgrundlage ist die Indexformel nach Laspeyres. Die Zusammensetzung und Gewichtung des DAX wird jeweils jährlich durch entsprechende Verkettungs- und Korrekturfaktoren neu angepaßt. Der DAX wurde als sogenannter Perfomanceindex konstruiert. Dieses Konzept impliziert eine Bereinigung des Indexes um Dividenden- und Bezugsrechtszahlungen, d. h. diese Erträge werden wieder in die jeweilige Aktie des Index-Portfolios angelegt. Somit bewirken die Ausschüttungen im Gegensatz zum Kursindex keinen Rückgang des Indexes.[2]

Beim DAX handelt es sich offenbar um ein synthetisches Finanzinstrument, das bei Fälligkeit des Futures nicht geliefert werden kann. Daher erfolgt zum Zeitpunkt der Andienung ein Barausgleich (Cash Settlement). Dieser Betrag berechnet sich als Differenz aus dem Settlementkurs des Futures am Vortag des letzten Handelstages und dem letzten Settlementkurs (bei Kontraktfälligkeit), der grundsätzlich mit dem Stand des DAX übereinstimmt, multipliziert mit dem Kontraktmultiplikator. Letzterer beträgt beim DAX-Future EUR 25 und beim MDAX-Future, dessen Underlying der Midcap DAX ist, EUR 5 Die Differenzen zwischen Vertragsabschluß und dem Börsentag vor Fälligkeit werden täglich über das Abrechnungsverfahren verrechnet. Der minimalen Preisveränderung von 0,5 Punkten sowohl beim DAX-Future als auch beim MDAX-Future entsprechen Werte von EUR 12,50 beim DAX- und EUR 2,50 beim MDAX-Future.

Auch auf den Dow Jones STOXX 50 und den Dow Jones Euro STOXX 50 werden an der Eurex Aktienindexfutures gehandelt. Der Kontraktwert beläuft sich dabei auf jeweils EUR 10 pro Dow Jones STOXX 50 - bzw. Dow Jones Euro STOXX 50 - Punkt. Die minimale Preisveränderung beträgt jeweils 1 Punkt, d. h. EUR 10.

---

1 Vgl. **Bleymüller** (1966), S. 15ff.

2 Eine solche Bereinigung ist gerade in Deutschland vor dem Hintergrund der saisonal stark gebündelten jährlichen Dividendenzahlungen von Bedeutung. Bei überwiegend Quartalsrenditen tritt dieses Problem nicht in dieser Form auf.

2. Bewertung von Financial Futures

a. Grundlagen

Die enge Beziehung des Futuremarktes zum Kassamarkt kommt im Kursverlauf von Future- und zugehörigem Kassainstrument zum Ausdruck. Zwar unterscheiden sich die jeweiligen Kurse während der Laufzeit, ihre Veränderungen im Zeitablauf verlaufen aber im allgemeinen in ähnlicher Weise. Die bestehende Differenz zwischen dem Preis des dem Terminkontrakt zugrundeliegenden Instruments (beim Bund-Future der Kurs der Kassamarktanleihe) und dem Preis des jeweiligen Terminkontraktes (beim Bund-Future der um den Konversionsfaktor bereinigte Futurepreis) wird als Basis bezeichnet. Man unterscheidet zwischen theoretischer Basis und der sogenannten Wertbasis oder Value Basis, die auch als Netto Basis bzw. Net Basis bezeichnet wird. Letztere ergibt sich aus der tatsächlichen, am Markt zu beobachtenden Basis (Brutto Basis bzw. Gross Basis) abzüglich der theoretischen Basis. Bei dieser handelt es sich um die Basis, die ein theoretisch korrekt bewerteter Future aufweist.

Für den Bund-Future ergibt sich damit beispielsweise die Brutto Basis wie folgt:

$$B_B = P_K - P_F \cdot KF$$

mit

$B_B =$ Brutto Basis,
$P_K =$ Preis der Kassamarktanleihe,
$P_F =$ Preis des Futures und
$KF =$ Konversionsfaktor der Kassamarktanleihe.

Die Netto Basis für den Bund-Future läßt sich durch die Subtraktion der theoretischen Basis, die auch als Cost of Carry (oder kurz: Carry) bezeichnet wird, von der Brutto Basis bestimmen:[1]

$$\begin{aligned} B_N &= B_B - \text{Carry} \\ &= B_B - \left[C \cdot \frac{T}{360} - \left(P_K + SZ\right) \cdot RR \cdot \frac{T}{360} \right] \end{aligned}$$

[1] Vgl. **Bohn/Meyer-Bullerdiek** (1996a), S. 346.

mit

B_N = Netto Basis,
SZ = Stückzinsen der Kassamarktanleihe bis zum aktuellen Tag,
RR = Repo Rate, d. h. Zinssatz für die Fremdfinanzierung der Kassamarktanleihe. Dieser entspricht dem Zinssatz für die Mittelbeschaffung gegen Lieferung der Kassamarktanleihe im Rahmen eines Repurchase Agreements ('Repos'),
C = Kupon der Anleihe und
T = Laufzeit bis zur Fälligkeit des Futures in Tagen. Dabei wird beim Kupon auf 30/360 Basis gerechnet, während für die Repo Rate der Zinssatz auf Basis der tatsächlichen Tage ('Actual/360') zugrunde gelegt wird.[1]

Die oben bereits dargestellte Implied Repo Rate der Anleihe läßt sich aus der Formel für die Netto Basis berechnen, indem die Formel gleich Null gesetzt und nach RR aufgelöst wird.

Die Brutto Basis verändert sich während der Laufzeit des Kontraktes und konvergiert bis zur Fälligkeit des Futures gegen Null. Am Fälligkeitstag stimmen Kassa- und Futurekurs grundsätzlich überein. An den Märkten ist häufig eine nicht kontinuierliche Abnahme der Basis festzustellen. Dies deutet auf Preisverzerrungen bzw. Abweichungen von dem theoretisch richtigen Preis eines Futures hin und bedeutet für ein Portfolio, das auch Futures beinhaltet, ein Zusatzrisiko, das sogenannte Basisrisiko. Die folgende Abbildung zeigt die Konvergenz von Future- und Kassakursen am Beispiel des DAX-Futures mit der Fälligkeit Dezember 1991 auf.

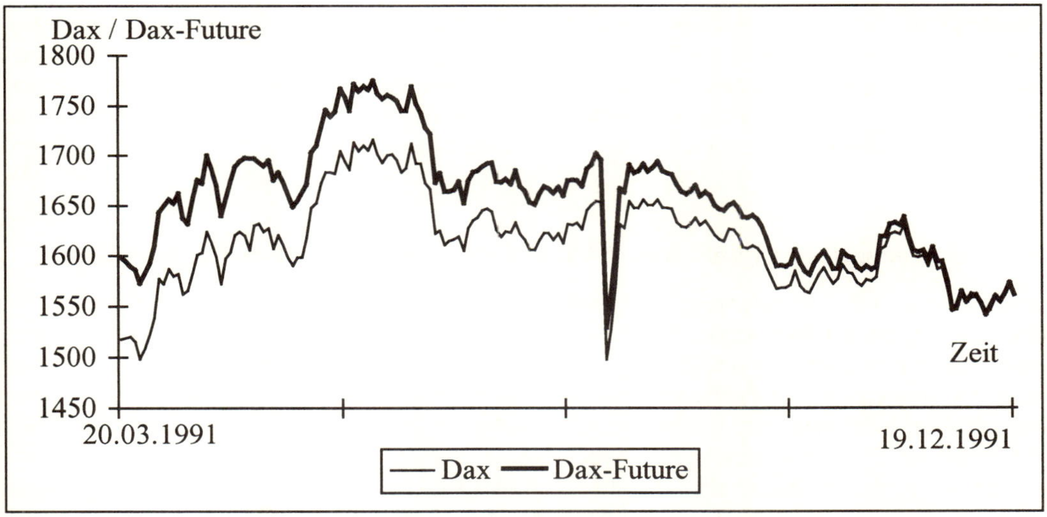

Abb. E.41: Konvergenz von DAX und DAX-Future

[1] Nach der Euro-Methode wird nunmehr beim Kupon die Act/Act-Basis zugrunde gelegt.

Für die Differenz zwischen Future- und Kassakurs ergibt sich der folgende Verlauf:

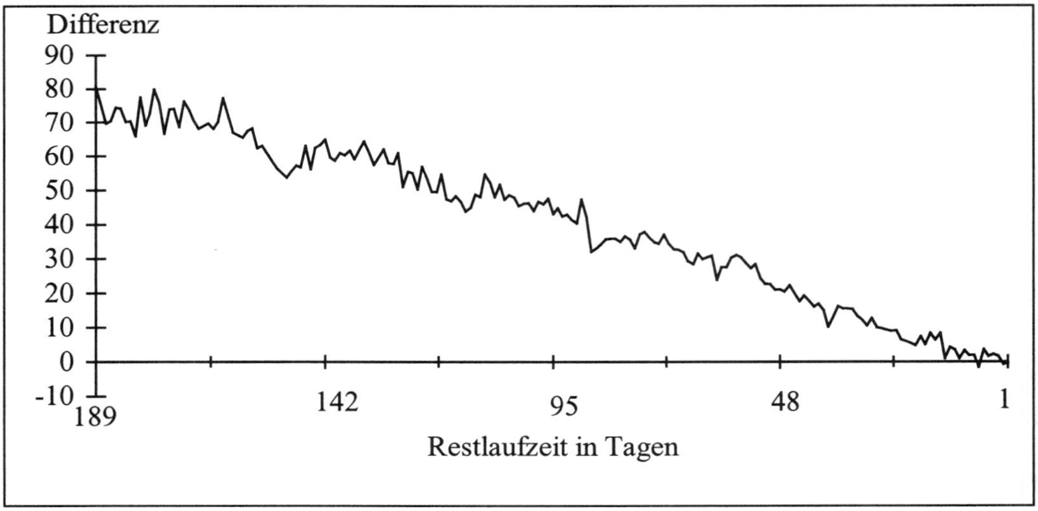

Abb. E.42: Differenz zwischen Future- und Kassakurs

Für den Fall, daß der Futurepreis unterhalb des Kassapreises liegt, kann davon ausgegangen werden, daß der Futurepreis im Vergleich zum Kassapreis über die Laufzeit ansteigen wird. Dieses Verhalten bezeichnet man als Backwardation. Im umgekehrten Fall, d. h. der Futurepreis liegt oberhalb des Kassapreises, spricht man von einer Contango-Situation.[1] Eine theoretische Erklärung für diese Preisentwicklungen liefert insbesondere der sogenannte Cost-of-Carry-Ansatz.

b. Die Bewertung von Bund- und DAX-Futures mit dem Cost-of-Carry-Ansatz

In der Praxis wird zur Bewertung von Financial Futures vor allem der auf Arbitragebeziehungen basierende Cost-of-Carry-Ansatz herangezogen. Dieser Ansatz dient der Ermittlung des sogenannten fairen Preises (Fair Value) eines Futures. Die Cost of Carry ergeben sich aus dem Halten einer der Futureposition entsprechenden Kassaposition. Falls keine Arbitrage möglich ist, weisen einerseits der Kauf eines Futures und andererseits der fremdfinanzierte Kauf des Underlyings bei Fälligkeit des Futures identische Positionen auf, so daß auch die gesamten Zahlungen bis zu diesem Zeitpunkt übereinstimmen. Insofern befinden sich Kassa- und Terminmarkt genau dann im Gleichgewicht, wenn die Basis betragsmäßig den Cost of Carry (CoC) entspricht. Daraus ergibt sich folgende Gleichung für den Fair Value eines Futures:

---

[1] Vgl. **Duffie** (1989), S. 98ff.

$$P_F = P_K \cdot \left(1 + CC \cdot \frac{T}{360}\right)$$

mit

P_F = Futurepreis,
P_K = Preis des Kassainstruments,
CC = Cost-of-Carry-Satz p.a. und
T = Laufzeit bis zur Fälligkeit des Futures in Tagen.

Der Cost-of-Carry-Satz ergibt sich aus dem Prozentsatz der Finanzierungskosten abzüglich des prozentualen Ertrages der Kassaposition, jeweils auf jährlicher Basis.

In diesem einfachen Cost-of-Carry-Modell werden die folgenden Annahmen gesetzt:[1]

- keine Steuern,
- keine Transaktionskosten,
- beliebige Teilbarkeit der Wertpapiere,
- Möglichkeit von Leerverkäufen und
- Fälligkeit der Finanzierungskosten und Erträge auf das Kassainstrument in Form von Zinsen oder Dividenden erst am Ende der Arbitrage-Laufzeit (bei Fälligkeit des Futures).

Darüber hinaus wird unterstellt, daß Sicherheitsleistungen (Margins) in Form von Wertpapieren vorliegen, so daß etwaige Zinsaufwendungen oder Opportunitätskosten für diese Leistungen nicht berücksichtigt zu werden brauchen.

Allgemeiner kann die Formel wie folgt formuliert werden:

$$P_F = P_K \cdot \left(1 + \frac{CC}{ZV}\right)^{ZV \cdot \frac{T}{360}}$$

mit

ZV = Anzahl der Zinsverrechnungstermine pro Jahr.

Für die obige Formel ist ZV = 360/T. Dabei weisen die Zinsperioden die gleichen Laufzeiten auf, und die Zinsgutschrift erfolgt am Ende jeder Zinsperiode. Wird angenommen, daß die Zinsperioden immer kürzer werden und damit die Anzahl der Zinsperioden pro Jahr ständig zunimmt, nähert sich die unstetige einer kontinuierlichen (stetigen) Verzinsung. Bei infinitesimal kleinen Zinsperioden läßt sich der Futurepreis folgendermaßen ableiten:

---

1 Vgl. **Berger** (1990), S. 298f.

$$P_F = \lim_{ZV \to \infty} \left[P_K \cdot \left(1 + \frac{CC}{ZV} \right) \right]^{ZV \cdot \frac{T}{360}}$$

$$P_F = P_K \cdot e^{CC \cdot \frac{T}{360}}$$

mit

e = Euler'sche Zahl.

Häufig wird der Futurepreis zur Berücksichtigung von Zinseszinsen auch wie folgt ausgedrückt:

$$P_F = P_K \cdot (1 + CC)^{T/360}.$$

Bei dieser Berechnungsformel wird allerdings unterstellt, daß nur eine Zinszahlung pro Jahr erfolgt (ZV = 1). Gleichzeitig wird angenommen, daß der Aufzinsungsfaktor für sämtliche Teilperioden des Jahres konstant bleibt.

In Abhängigkeit des Underlyings des Futures (Zinsinstrument oder Aktienindex) ergeben sich unterschiedliche Cost of Carry, deren Ermittlung am Beispiel von Bund- und DAX-Futures im folgenden erläutert wird.

ba. Die Bewertung von Bund-Futures

Da bei Bund-Futures das Underlying selbst nicht lieferbar ist, erfolgt bei der Ermittlung des Fair Values ein Rückgriff auf die Cheapest-to-Deliver-Anleihe. Wie oben bereits deutlich wurde, entsprechen sich bei Fälligkeit des Futures theoretisch der Futurepreis und das Produkt aus dem Preis der CTD-Anleihe und ihrem Konversionsfaktor. Somit lautet der Fair Value für einen Bund-Future:[1]

$$P_F = \frac{1}{KF_{CTD}} \cdot P_{CTD} \cdot \left(1 + CC \cdot \frac{T}{360} \right)$$

bzw.

$$P_F = \frac{1}{KF_{CTD}} \cdot P_{CTD} + CoC$$

1 Die Vorgehensweise der Bewertung von Bund Futures gilt gleichermaßen auch für Bobl Futures.

mit

KF_{CTD} = Konversionsfaktor der CTD-Anleihe,
P_{CTD} = Preis der CTD-Anleihe und
CoC = absoluter Wert der Cost of Carry.

In Abhängigkeit von der Zinsstruktur liegt der Futurepreis unterhalb oder oberhalb des um den Konversionsfaktor bereinigten Preises der CTD-Anleihe. Bei normaler Zinsstruktur übersteigen die Zinserträge aus der (langfristigen) CTD-Anleihe die (kurzfristigen) Finanzierungs- bzw. Opportunitätskosten für das Halten der Position bis zur Fälligkeit des Futures. In diesem Fall erbringt das Halten der Kassaposition einen Nettoertrag, so daß der faire Futurepreis unterhalb des bereinigten Preises der CTD-Anleihe liegt. Die Höhe der Cost of Carry wird wie folgt berechnet:

$$CoC = \frac{(P_{CTD} + SZ) \cdot \left(r_{FF} \cdot \frac{T}{360} \right) - \left(K_{CTD} \cdot \frac{T}{360} \right)}{KF_{CTD}}$$

mit

SZ = Stückzinsen der CTD-Anleihe bis zum aktuellen Tag,
r_{FF} = Zinssatz für die Fremdfinanzierung der CTD-Position,
T = Laufzeit des Futures bis zur Fälligkeit[1] und
K_{CTD} = Kupon der CTD-Anleihe (absoluter Wert).

Daraus ergibt sich dann die Formel für den Fair Value eines Zinsfutures:

$$P_F = \frac{P_{CTD} + (P_{CTD} + SZ) \cdot \left(r_{FF} \cdot \frac{T}{360} \right) - \left(K_{CTD} \cdot \frac{T}{360} \right)}{KF_{CTD}} \quad .$$

In dieser Formel entspricht der Zähler dem Forwardpreis der CTD-Anleihe. Theoretisch stimmt er mit dem Produkt aus Futurepreis und Konversionsfaktor überein. Der Zinssatz für die Fremdfinanzierung der CTD-Position stimmt - wie oben gezeigt - mit der Repo Rate überein.

Mit Hilfe dieser Formel können Abweichungen des Fair Values des Futures von seinem tatsächlichen Marktpreis erfaßt werden. Dies ist auch möglich mit Hilfe der Implied Repo Rate. Übersteigt diese den tatsächlichen Finanzierungs- bzw. Opportunitätskostensatz (r_{FF}), so liegt offensichtlich eine Fehlbewertung in Form einer Überbewertung des Futures vor.

---

1 Hierbei ist wiederum zu berücksichtigen, daß nach der Euro-Methode nunmehr beim Kupon die Act/Act-Basis zugrunde gelegt wird.

Wie der Cost-of-Carry-Ansatz zeigt, kommt der CTD-Anleihe für die Ermittlung des Futurepreises eine entscheidende Bedeutung zu. Ein Wechsel dieser Anleihe könnte entsprechende Kurssprünge des Futures zur Folge haben.

bb. Die Bewertung von DAX-Futures

Auch bei der Bewertung von Aktienindexfutures werden im Rahmen des Cost-of-Carry-Ansatzes die Finanzierungskosten des Aufbaus einer entsprechenden Kassaposition und die Erträge aus dieser Position berücksichtigt. Die Erträge aus dem Aktienbestand fließen dann in die Berechnungen mit ein, wenn es sich bei dem zugrundeliegenden Aktienindex um einen Kursindex handelt. Die Cost of Carry ergeben sich in diesem Fall zu:

$$CoC = (r_{FF} - d) \cdot P_I \cdot \frac{T}{360}$$

mit

d = Dividendensatz auf die Kassaposition p.a.,
P_I = Preis des dem Future zugrundeliegenden Aktienindexes und
r_{FF} = kurzfristiger Fremdfinanzierungszinssatz p.a.

Somit ergibt sich für den fairen Futurepreis entsprechend der Formel der Ausdruck

$$P_F = P_I \cdot \left[1 + (r_{FF} - d) \cdot \frac{T}{360}\right] \quad .$$

Bei dieser Formel wird unterstellt, daß die Höhe der Dividendenzahlungen zum Zeitpunkt der Future-Bewertung bereits bekannt ist. Daneben wird angenommen, daß die Dividende gleichmäßig über das ganze Jahr verteilt ausgeschüttet wird. Bei Indizes, die aus relativ wenig Titeln zusammengesetzt sind, können jedoch Verzerrungen auftreten, wenn sich die Dividendenausschüttungen auf einen bestimmten kurzen Zeitraum des Jahres konzentrieren. In diesem Fall sollten nur diejenigen Dividendenzahlungen berücksichtigt werden, die bis zur Fälligkeit des Futures zu erwarten sind. Darüber hinaus wird von einer zwischenzeitlichen Anlage gezahlter Dividenden bei diesem Modell abstrahiert.[1]

Falls es sich bei dem zugrundeliegenden Aktienindex um einen Performanceindex handelt, wie z. B. dem DAX, so erfolgt keine Berücksichtigung von Dividendenzahlungen bei der Futurepreis-Berechnung. Damit fällt die Größe d in den angeführten Formeln weg, so daß der faire Preis des DAX-Futures wie folgt ausgedrückt wird:

$$P_F = P_I \cdot \left(1 + r_{FF} \cdot \frac{T}{360}\right) \quad .$$

---

[1] In diesem Fall würde sich die Dividende um den Aufzinsungsfaktor ($1 + r_{FF}$) erhöhen, vgl. **Hanson/Kopprasch** (1989), S. 112.

Bei Anwendung des Cost-of-Carry-Ansatz zur Bewertung von Aktienindexfutures ist zu beachten, daß der Aufbau einer Kassaposition, die in ihrer Zusammensetzung genau dem Index entspricht, in der Praxis kaum möglich ist. Vielmehr kann lediglich eine annähernde Korrelation zwischen dem Aktienportfolio und dem Index erreicht werden. Ein derartiges Aktienpaket erfordert darüber hinaus eine ständige Umschichtung, da das dem Index zugrundeliegende Portfolio regelmäßig im Hinblick auf die Aktualität der einzelnen Grundkapital-Gewichtungsfaktoren angepaßt wird. Zudem kann in der Praxis der Kauf bzw. Verkauf von Aktien am Kassamarkt teilweise nur zu Kursen abgewickelt werden, die von den Notierungen abweichen, welche als Basis für die Index-Berechnung dienen; denn eine simultane Durchführung dieser und der Futuretransaktionen ist kaum realisierbar. Dabei liegt das Problem insbesondere in einer möglicherweise geringen Liquidität eines oder mehrerer Titel des Indexes. Diese aufgezeigten Schwierigkeiten haben ein um so größeres Gewicht, je mehr Aktien im Index enthalten sind. So ist eine Nachbildung beim DAX, der nur aus 30 Titeln besteht, einfacher als z. B. die Nachbildung des FT-SE 100 mit 100 britischen Titeln oder des Value Line Composite Indexes mit ca. 1.700 amerikanischen Aktien.

Weiterhin wird in dem Bewertungsmodell nicht berücksichtigt, daß bei der Dividendenbereinigung des DAX unterstellt wird, daß der im Rahmen der Körperschaftsteuer abgeführte Anteil der Bruttodividende der durchschnittlichen Steuerbelastung der Anleger entspricht. Damit unterstellt die Bereinigung des Indexes um die Bardividende, daß jedem Anleger letztlich dieser Dividendenertrag gutgeschrieben wird, obwohl der Ertrag aufgrund steuerlicher Gesichtspunkte variieren kann.[1]

bc. Grenzen des Cost-of-Carry-Ansatzes

In der Praxis wird zur Bewertung von Futures auf langfristige Zinstitel und Aktienindizes der vorgestellte Cost-of-Carry-Ansatz am häufigsten verwendet. Allerdings ergeben sich oft Abweichungen des theoretischen Futurepreises von seinem Marktpreis. Zurückgeführt werden kann dies grundsätzlich auf die Einflüsse von Erwartungen der Marktteilnehmer, Tagesereignissen, Angebots- und Nachfragestrukturen am Markt und der Marktliquidität auf die Preisbildung der Futures.

Neben Marktunvollkommenheiten kann als weitere Ursache für Abweichungen vom Fair Value die Vernachlässigung des Marking-to-Market bei der Futurepreisberechnung sein. Das Marking-to-Market bewirkt, daß der tatsächliche Futurepreis grundsätzlich unterhalb des nach dem obigen Verfahren ermittelten Fair Values liegt. Dies kann in der folgenden Weise begründet werden. Bei einem Anstieg des Zinsniveaus fallen i. d. R. die Futurepreise. In diesem Fall muß der Käufer des Futures die Zahlungen, die er bei sinkenden Futurepreisen aufgrund der täglichen Abrechnung zu leisten hat, zu höheren Zinsen finanzieren. Im umgekehrten Fall können die erhaltenen (täglichen) Zahlungen bei steigenden Futurepreisen nur zu niedrigeren Zinssätzen wieder angelegt werden. Entsprechend ist der Futureverkäufer bereit, einen etwas niedrigeren Futurepreis zu akzeptieren, da er im Falle steigender Zinsen seine Erträge zu einem höheren Zins anlegen kann, und im umgekehrten Fall Verlustpositionen nur zu geringeren Zinssätzen finanzieren muß.

---

[1] Vgl. **Janßen/Rudolph** (1992), S. 25f.

Darüber hinaus kann am Cost-of-Carry-Ansatz kritisiert werden, daß von Transaktionskosten und der Möglichkeit der Wertpapierleihe abgesehen wird. Für die Bewertung von Futures sind die bei Arbitragetransaktionen anfallenden Transaktionskosten von Bedeutung. Während der Käufer eines Futures einen um die Transaktionskosten verringerten Fair Value fordert, verlangt der Verkäufer die Erhöhung des fairen Futurepreises um die Transaktionskosten. Dabei sind die Marktteilnehmer mit den niedrigsten Transaktionskosten als erste in der Lage, Arbitrage-Strategien durchzuführen. Hier kommen insbesondere Arbitrageure in Frage, die eine sogenannte Quasi-Arbitrage durchführen, d. h. die die mit der Arbitrage-Transaktion verbundenen Positionen bereits im Bestand halten.[1] Ein Verkauf von Futures kann beispielsweise in diesem Fall schon bei einem geringeren Futurepreis zu Gewinnen führen, als dies für die übrigen Marktteilnehmer gilt. Der Futurepreis wird sich grundsätzlich innerhalb der folgenden Grenzen bewegen:

$$P_K \cdot \left(1 + CC \cdot \frac{T}{360}\right) - k_A \;\leq\; P_F \;\leq\; P_K \cdot \left(1 + CC \cdot \frac{T}{360}\right) + k_A$$

mit

P_F = Futurepreis,
P_K = Preis des Kassainstruments,
CC = Cost-of-Carry-Satz p.a.,
T = Laufzeit bis zur Fälligkeit des Futures in Tagen und
k_A = mit Arbitragehandel verbundene Transaktionskosten.

Arbitragemöglichkeiten, d. h. das Ausnutzen von Fehlbewertungen, werden offenbar erst außerhalb der durch die Höhe der Transaktionskosten bestimmten Schwankungsbreite möglich.

Des weiteren wird die Möglichkeit des Verleihs der im Bestand befindlichen Wertpapiere im vorgestellten Cost-of-Carry-Ansatz nicht berücksichtigt.[2] Durch den Verleih der Papiere für die Restlaufzeit des Futures wird ein zusätzlicher Ertrag eingenommen, der die Cost of Carry vermindert. Für den um die Wertpapierleihe korrigierten Cost-of-Carry-Satz p. a. (CC_W) ergibt sich:

$$CC_W = CC - k_W$$

mit

k_W = Verleihprämie in %.

Unter Berücksichtigung der Wertpapierleihe und der Transaktionskosten liegt der faire Futurepreis innerhalb der folgenden Bandbreite:

---

[1] Vgl. **Kolb** (1988), S. 225.

[2] Zur Wertpapierleihe vgl. Abschnitt V. dieses Kapitels.

$$P_K \cdot \left[1+(CC-k_W)\cdot\frac{T}{360}\right]-k_A \leq P_F \leq P_K \cdot \left[1+(CC-k_W)\cdot\frac{T}{360}\right]+k_A$$

Schließlich wird beim Cost-of-Carry-Ansatz speziell bei Bund-Futures nicht berücksichtigt, daß dem Futures-Verkäufer das Recht zusteht, unterschiedliche Anleihen zur Lieferung auszuwählen. Dieses zusätzliche Recht wird als Seller's Option bezeichnet. Das Recht kann sich dann auszahlen, wenn beispielsweise ein Portfoliomanager die CTD-Anleihe gekauft und gleichzeitig einen Bund-Future verkauft hat, und er beabsichtigt, diese Gesamtposition bis zur Fälligkeit des Futures zu halten. Der Erfolg aus dieser Transaktion steht bei Abschluß fest. Sollte aber bis zur Fälligkeit der Preis der im Bestand befindlichen Anleihe relativ zum Future ansteigen, so wird möglicherweise eine andere Anleihe relativ billiger und damit zur CTD-Anleihe werden. Der Portfoliomanager kann nun seine im Vergleich zur neuen CTD-Anleihe überbewertete Anleihe am Kassamarkt veräußern und die neue CTD-Anleihe erwerben, die schließlich in den Future geliefert wird. Insgesamt führt diese Transaktion zu einem zusätzlichen Gewinn für den Portfoliomanager.

Im Hinblick auf die Fair-Value-Ermittlung des Futures ist dieses Lieferwahlrecht des Verkäufers dem Käufer zu entgelten. Aus theoretischer Sicht ist daher eine systematische, negative Korrektur des Futurepreises zu erwarten.

Sämtliche Futures auf mittel- und langfristige Zinstitel an der DTB und an der LIFFE besitzen diese sogenannte Qualitätsoption. Daneben kommt als weitere Variante der Seller's Option bei einigen Futures, wie z. B. dem US Treasury Bond Future, noch eine Zeitoption hinzu. Sie gibt dem Verkäufer das Recht, den Lieferzeitpunkt selbst zu bestimmen. Die Lieferung kann dabei an jedem Tag des Liefermonats erfolgen. Je nachdem, wie hoch die Finanzierungskosten im Vergleich zu den Erträgen aus der Kassaposition sind, wird der Future-Verkäufer die Lieferung am Anfang oder am Ende des Monats vornehmen.

Darüber hinaus ist beim US Treasury Bond Future noch zu beachten, daß der achte Tag vor Ende des Fälligkeitsmonats der letzte Handelstag des Futures ist. Damit bildet der Settlementkurs dieses Tages die Grundlage für den Andienungsbetrag der noch offenen Futurepositionen. Während der Andienungsbetrag von diesem Tag an feststeht, kann die Lieferung aber noch bis zum Ende des Monats erfolgen. Dieses Recht des Verkäufers kann als End-of-Month Option bezeichnet werden. In den verbleibenden Tagen können noch erhebliche Schwankungen in den Kursen der lieferbaren Anleihen auftreten. Ein Portfoliomanager wird zwar - um keine ungedeckte Shortposition zu haben - die entsprechende Anzahl der CTD-Anleihe im Depot haben. Dennoch kann es noch zu einem Wechsel in der CTD-Anleihe kommen. In diesem Fall ist es sinnvoll, die im Depot befindliche Anleihe gegen die neue CTD-Anleihe zu tauschen. Dieses teilweise als Zeitoption und teilweise als Qualitätsoption zu charakterisierende Recht wird auch als Switch Option bezeichnet.

Schließlich ist noch auf die sogenannte Wild Card Option hinzuweisen. Sie kann u. U. einen wesentlich größeren Wert als die angeführten Zeitoptionen haben und resultiert aus einer weiteren Besonderheit des US Treasury Bond Futuresmarktes. Während der Settlementpreis bereits um 14:00 Uhr Chicagoer Zeit festgelegt wird, hat der Verkäufer noch bis 20:00 Uhr die Möglichkeit, sich zur Lieferung zu entscheiden oder nicht. Der Handel im Treasury Bond Markt wird noch bis 16:00 Uhr fortgesetzt. Entsprechend kann noch von einer günstigen Entwicklung der Kassapreise nach Festlegung des Settlementpreises profitiert werden. Sollten z. B. die Bondpreise nach einem Zinsanstieg in der Wild Card Periode fallen, so kann sich der Future-Verkäufer noch günstig eindecken und damit einen zusätzlichen Gewinn aufgrund des feststehenden Settlementpreises erzielen. Zudem hat innerhalb der Wild Card Periode auch die Qualitätsoption ihre Gültigkeit.

Diese Lieferoptionen sind bei der Berechnung des Fair Value vor allem von amerikanischen Zinsfutures zu berücksichtigen.[1]

c. Die Bewertung von Geldmarkt-Futures

Im folgenden soll die Bewertung von Geldmarkt-Futures am Beispiel des Dreimonats-Euromark-Futures aufgezeigt werden. Das Prinzip ist dabei auch auf andere Geldmarkt-Futures übertragbar und soll hier exemplarisch dargelegt werden. Beim Euromark-Future handelt es sich im Grunde um ein standardisiertes Forward Rate Agreement. Als Preis eines Dreimonats-Futures ergibt sich 100 abzüglich dem 3-Monats Forward-Zinssatz, gültig für den Zeitpunkt des Liefertages des Futures. Zur exakten Bewertung ist dabei auf die Sätze der Nullkuponstrukturkurve zurückzugreifen.[2]

Der theoretisch korrekte Preis eines Geldmarkt-Futures wird zunächst anhand der in den Geldmarktsätzen implizierten, „theoretischen" Forward-Zinssätze ermittelt. Diese Forward-Zinssätze ergeben sich durch die synthetische Konstruktion einer zukünftigen Geldanlage oder -aufnahme entsprechend den Kontraktspezifikationen aus den Kassasätzen. Der synthetische Forward-Zinssatz, der auch als Forward-Forward-Satz bezeichnet wird, kann aus den jeweiligen Opportunitätskosten bestimmt werden.

Als allgemeine Formel für die Ermittlung des für einen Dreimonats-Future gültigen 3-Monats-Forward-Zinssatzes ergibt sich:

$$\left(1 + r_{lang} \frac{T_{lang}}{360}\right) = \left(1 + r_{kurz} \frac{T_{kurz}}{360}\right) \cdot \left(1 + r_{FR} \cdot \frac{90}{360}\right)$$

mit

r_{lang} = Nullkupon für den langen Zeitraum,
r_{kurz} = Nullkupon für den kurzen Zeitraum,
T_{lang} = Anzahl der Tage für den langen Zeitraum,
T_{kurz} = Anzahl der Tage für den kurzen Zeitraum und
r_{FR} = impliziter Forward-Zinssatz des Futures.

---

[1] Vgl. **Steiner/Meyer/Luttermann** (1994), S. 332ff.

[2] Zum Forward Rate Agreement und zur Ermittlung von Nullkupons vgl. Abschnitte III. und IV. dieses Kapitels.

Dabei bezieht sich der lange Zeitraum auf die Periode vom aktuellen Tag bis zum Ende des dem Future unterliegenden Geschäfts. Hingegen bezeichnet der kurze Zeitraum die Periode bis zur Fälligkeit des Futures. Dieser Zeitraum ist im Falle eines Dreimonats-Futures um genau 90 Tage geringer als die lange Laufzeit, da dem Future eine Interbankeinlage mit einer Laufzeit von drei Monaten zugrunde liegt.

Aufgelöst nach r_{FR} kommt man zu dem folgenden Ausdruck:

$$r_{FR} = \left(\frac{1 + r_{lang} \frac{T_{lang}}{360}}{1 + r_{kurz} \frac{T_{kurz}}{360}} - 1 \right) \cdot \frac{360}{90} .$$

Soll beispielsweise am 10. November eine Kreditaufnahme für 3 Monate, die am 10. Februar des folgenden Jahres beginnt, synthetisch dargestellt werden, so läßt sich dies durch eine Kreditaufnahme am 10. November für 6 Monate zum Libor bei einer gleichzeitigen Geldanlage für 3 Monate zum Libid (London Interbank Bid Rate) bewerkstelligen. Bei letzterem handelt es sich um den Zinssatz, zu dem Londoner Banken bereit sind, Einlagengelder hereinzunehmen. Der Spread zwischen Libor und Libid beläuft sich in der Regel auf 1/8% bzw. 12,5 Basispunkte. Der synthetische Forward-Forward-Briefsatz kann dann entsprechend der obigen Formel wie folgt berechnet werden:[1]

$$\text{Forward} - \text{Forward}_{Brief} = \left[\frac{1 + r_{Libor,lang} \cdot \frac{Tage_{lang}}{360}}{1 + r_{Libid,kurz} \cdot \frac{Tage_{kurz}}{360}} - 1 \right] \cdot \frac{360}{Tage_{forward}}$$

mit

$r_{Libor,lang}$ = Libor für den langen Zeitraum und

$r_{Libid,kurz}$ = Libid für den kurzen Zeitraum.

Analog kann der Forward-Forward-Geldsatz für eine Termineinlage bestimmt werden, indem eine Geldanlage für 6 Monate zu Libid und eine Kreditaufnahme vom 10. November bis zum 10. Februar getätigt werden. Die folgende Formel zeigt das Ergebnis:

$$\text{Forward} - \text{Forward}_{Geld} = \left[\frac{1 + r_{Libid,lang} \cdot \frac{Tage_{lang}}{360}}{1 + r_{Libor,kurz} \cdot \frac{Tage_{kurz}}{360}} - 1 \right] \cdot \frac{360}{Tage_{forward}} .$$

[1] Vgl. **Bohn/Meyer-Bullerdiek** (1997), S. 480.

Hat beispielsweise der Future eine Restlaufzeit von 75 Tagen, so ergibt sich daraus bei einem Libor-Satz von 4% für 165 Tage und einem Libid-Satz von 3,5% für 75 Tage der folgende implizite Forward-Forward$_{\text{Brief}}$:

$$\text{Forward} - \text{Forward}_{\text{Brief}} = \left(\frac{1 + 0{,}04 \cdot \frac{165}{360}}{1 + 0{,}035 \cdot \frac{75}{360}} - 1 \right) \cdot \frac{360}{90} = 4{,}385\% \quad .$$

Zu beachten ist hierbei, daß eine exakte Tageszählung erfolgt und die Geldmarktzinssätze auf der Basis von Actual/360 bzw. in einigen Ländern auf der Grundlage Actual/365 berechnet werden. Dagegen umfaßt der Forward-Forward-Satz des Futures stets einen Zeitraum von 90 Tagen.

Im Beispiel wird offenbar für die in 75 Tagen beginnende 90-Tage-Periode vom Geldmarkt ein Forward-Forward-Briefsatz von 4,385% erwartet. Bei Zugrundelegung dieses Satzes ermittelt sich entsprechend der Notierungsweise des Euromark-Futures der Fair Value auf Basis des Libor wie folgt:

$P_F = 100 - r_{FR} = 95{,}62$.

Falls aus den Forward-Forward-Sätzen, die sowohl auf Basis des Libor als auch des Libid berechnet werden können, auf den theoretischen Futurekurs geschlossen werden soll, der sich auf den Libor der betrachteten Periode bezieht, so kann dies mit Hilfe der folgenden drei Methoden erfolgen. Diese Vorgehensweisen führen jeweils zum gleichen (theoretisch korrekten) Futurepreis:

(1) Einsatz der Libor-Sätze bei der Berechnung der Forward-Forward-Sätze,
(2) Einsatz der Limean-Sätze (= Mittelkurse zwischen Libor und Libid) und anschließende Addition der hälftigen normalen Geld-Brief-Spanne (d.h. 1/16 Prozent bzw. 6,25 Basispunkte) des Kassamarktes zu dem erhaltenen Ergebnis,
(3) Einsatz des Durchschnitts von Forward-Forward-Geld- und Forward-Forward-Briefsätzen und anschließende Addition der hälftigen normalen Geld-Brief-Spanne des Kassamarktes zu dem erhaltenen Ergebnis.

Zur Berechnung können sowohl Libid als auch Libor herangezogen werden. Damit bilden diese beiden Zinssätze die Eckpunkte des Arbitragekorridors. Dieser kann aufgrund der Spreads zwischen Libor und Libid vergleichsweise groß sein. Daher kommt es in der Praxis nur sehr selten vor, daß sich der Kurs des Euromark-Futures außerhalb des Arbitragekorridors befindet. Vielmehr liegt der Kurs meist ziemlich nahe am theoretischen Fair Value.[1]

Eine Überprüfung des Fair Values kann mit Hilfe der sogenannten Strip Rate erfolgen. Diese läßt sich aus der Kombination von mehreren Futures ermitteln. Durch den Kauf der entsprechenden

---

1 Vgl. **Bohn/Meyer-Bullerdiek** (1997), S. 480f.

Kontrakte bzw. durch den Kauf eines Future-Strips können die in den Futures impliziten Forward-Zinssätze gesichert werden. Das folgende Beispiel soll der Veranschaulichung dienen:[1]

Future-Monat	Futurepreis	impliziter Zins	Tage bis zur Fälligkeit des nächsten Kontrakts
Juni 01	96,50	3,50%	90
September 01	96,25	3,75%	92
Dezember 01	96,10	3,90%	92
März 02	96,00	4,00%	91
Juni 02	95,85	4,15%	91
September 02	95,80	4,20%	92

Tab. E.15: Future-Strip

Weiterhin wird angenommen, daß der Fälligkeitstag des ersten Kontraktes (Juni 01) zwei Monate vom aktuellen Zeitpunkt entfernt liegt. Der Spot-Zinssatz für zwei Monate betrage 3,40%. Daraus kann die einjährige Strip Rate wie folgt berechnet werden:

$$\left(1+0{,}034\cdot\frac{60}{360}\right)\cdot\left(1+0{,}035\cdot\frac{90}{360}\right)\cdot\left(1+0{,}0375\cdot\frac{92}{360}\right)\cdot\left(1+0{,}039\cdot\frac{92}{360}\right)\cdot\left(1+0{,}04\cdot\frac{31}{360}\right)=1{,}038$$

Zunächst erfolgt eine Anlage für 60 Tage zu einem Zinssatz von 3,4%. Bei Fälligkeit des Juni 01 Futures wird der Betrag aus der 60 Tage Anlage incl. Zinsen für 3,5% angelegt usw. Insgesamt ergibt sich aus diesem Geschäft eine Strip Rate als annualisierter Zinssatz in Höhe von 3,8%. Entspricht dieser Satz nicht dem Nullkupon für den gleichen Zeitraum, so können Arbitragetransaktionen einsetzen. Hierbei ist jedoch zu beachten, daß die letzte Periode im Beispiel lediglich 31 Tage beträgt, während aber durch den Kauf des März 02 Kontraktes ein 3-Monats-Zins abgesichert wird. Damit besteht für diese Periode das Risiko, daß sich bei Fälligkeit des März 02 Kontraktes der 3-Monats-Zinssatz und der 31-Tage-Zinssatz nicht entsprechen. Eine Sicherung der Strip Rate ist ohne Risiko nur möglich, wenn der Zeitraum der letzten Periode mit dem Zeitraum des dem Future zugrundeliegenden Zinssatzes übereinstimmt.

3. Trading-Strategien mit Futures

Trading-Strategien werden in Erwartung bestimmter Markt- bzw. Kursentwicklungen angewendet. Dem Trading von Positionen liegen deshalb i. d. R. spekulative Motive zugrunde. Dabei soll vor allem die Hebelwirkung, die durch den relativ geringen Einschuß zu Beginn einer Futuretransaktion entsteht, genutzt werden. Charakteristisch ist, daß die Investoren in diesen Fällen offene Positionen einnehmen und somit ein Risiko bewußt tragen. Dieses Risiko läßt sich teil-

[1] Vgl. auch **Diwald** (1994), S. 230.

weise dadurch begrenzen, daß schon bei Eingehen der Position eine Stop Order erteilt wird. Falls beispielsweise eine Long Futureposition mit einer gleichzeitigen Stop Sell Order eingegangen worden ist und der Futurepreis auf den vorher festgelegten Kurs fällt, werden die Kontrakte zu dem Zeitpunkt bestens verkauft. Darüber hinaus ist zu beachten, daß Futurekontrakte eine relativ kurze Laufzeit haben. Die Kontraktliquidität ist häufig nur in den kurzen Fälligkeiten zufriedenstellend. Deshalb sind auf Futurekontrakten basierende Tradingstrategien stets kurzfristiger Natur.

Neben diesen Long- und Short-Positionen als eher spekulative Formen des Trading kommen sowohl bei Zins- als auch bei Aktienindexfutures vor allem Spread Trading-Strategien vor.

a. Spread Trading mit Zinsfutures

Bei einem Spread handelt es sich - auf Futuresmärkte bezogen - um den gleichzeitigen Kauf und Verkauf von verschiedenen Kontrakten. Diese können sich sowohl in der Fälligkeit als auch in den Kontraktspezifikationen unterscheiden. Ein Spread wird vor dem Hintergrund einer ganz bestimmten Meinung eingegangen, nämlich, wenn davon ausgegangen wird, daß sich das Preisverhältnis und/oder das Renditeverhältnis zwischen den Kontrakten verändern wird. In welche Richtung sich die Märkte dabei entwickeln, spielt keine Rolle. Vielmehr stehen die Veränderungen der Kontrakte im Verhältnis zueinander im Mittelpunkt.

Um zwischenzeitlich keine ungedeckten Positionen zu haben, geben die Marktteilnehmer beide Seiten des Spreads gleichzeitig in den Markt. Zur Umgehung des Risikos einer kurzzeitigen offenen Position bieten Terminbörsen auch die Möglichkeit an, bestimmte Arten von Spreads als solche zu handeln. Damit braucht nur noch angegeben zu werden, zu welchem Preis der Spread als Preisdifferenz zwischen den beiden Kontrakten gekauft oder verkauft werden soll. Von den Terminbörsen erhalten die Marktteilnehmer anschließend aber eine Bestätigung über die Preise der Einzeltransaktionen. Das Eingehen eines solchen Spreads ist kostengünstiger als der separate Aufbau der Einzelpositionen; denn anstelle von Gebühren für den Kauf und Verkauf der Kontrakte wird lediglich eine einfache Spread-Gebühr verlangt.

Beim Spread Trading lassen sich verschiedene Formen unterscheiden. Im folgenden werden Intrakontrakt und Interkontrakt Spread Trading-Strategien unterschieden.

aa. Intrakontrakt Spread Trading

Beim sogenannten Intrakontrakt Spread Trading sollen Preisbewegungen innerhalb eines bestimmten Kontrakts ausgenutzt werden. Zu diesem Zweck werden Positionen mit unterschiedlichen Fälligkeiten in einem Kontrakt aufgebaut. Beispielsweise wird der Bund-Future mit der Fälligkeit Juni 2001 gekauft und gleichzeitig der Bund-Future mit Verfalltermin September 2001 verkauft. Eine solche Transaktion wird auch als Calendar Spread oder Time Spread bezeichnet.

Vom Kauf eines Spreads spricht man, wenn der Kontrakt mit dem früheren Verfalltermin (z.B. Nearby Kontrakt) gekauft wird und gleichzeitig der Kontrakt mit der späteren Fälligkeit (Deferred Kontrakt) verkauft wird. Wird der Nearby Kontrakt bei gleichzeitigem Kauf des Deferred Kontrakts verkauft, so handelt es sich um den Verkauf eines Spreads.

Das folgende Beispiel verdeutlicht diese Zusammenhänge. Am Markt liegen die folgenden Kurse vor:

Kontrakt	Bid	Ask
Juni 2001	98.40	98.45
September 2001	98.00	98.05

Tab. E.16: Intrakontrakt Spread Trading I

Für den Fall, daß keine Möglichkeit besteht, den Calendar Spread direkt mittels einer entsprechenden Einrichtung zu handeln, die an einer Terminbörse angeboten wird (z.B. Calendar Spread Facility), kann bei dieser Kurskonstellation der Spread nur indirekt zu 0,45 bzw. zum Preis von 45 Basispunkten gekauft werden. Dieser Preis wird aus der Differenz zwischen dem Ask-Kurs des Juni-Kontraktes und dem Bid-Kurs des September-Kontraktes (98,45 - 98,00) ermittelt. Ein Verkauf kann zu 35 Basispunkten (98,40 - 98,05) erfolgen. Bei separatem Kauf und Verkauf der Futures kommt somit für Geld und Brief des Spreads das Ergebnis 35 zu 45 Basispunkte heraus.

Nach einem Monat ergeben sich die folgenden Kurse:

Kontrakt	Bid	Ask
Juni 2001	98.65	98.70
September 2001	98.45	98.50

Tab. E.17: Intrakontrakt Spread Trading II

Somit steht der Spread mittlerweile bei 15 zu 25. Ist der Spread also vorher zu 35 verkauft worden, so kann er nunmehr zu 25 zurückgekauft werden. Diese Differenz entspricht einer Veränderung von 10 Ticks und bei einem Tickwert von EUR 10,-- einem Gewinn von EUR 100,-- pro Kontrakt. Dieser Gewinn ergibt sich auch aus der Berechnung der einzelnen Positionen, die hierfür erforderlich waren:

Verkauf Juni Kontrakt zu	98,40
Kauf September Kontrakt zu	98,05
Verkauf September Kontrakt zu	98,45
Kauf Juni Kontrakt zu	98,70.

Im Hinblick auf den Juni Kontrakt berechnet sich ein Verlust von 30 Ticks, während mit dem September Kontrakt ein Gewinn von 40 Ticks erzielt wurde. Der Gesamtgewinn beträgt also 10 Ticks bzw. EUR 100,--.

Die Geld-Brief-Spanne kann allerdings durch eine entsprechende Einrichtung an der Terminbörse verringert werden. So soll für das Beispiel ein Spread beim Verkauf von 39 zu 41 und beim Kauf von 19 zu 21 unterstellt werden. Somit kann der Spread zu 39 verkauft und zu 21 zurückgekauft werden, was einem Gesamtgewinn von 39 - 21 = 18 Ticks und damit einem Wert von EUR 100,-- entspricht.[1]

Die Verringerung des Spreads kann auf eine Fehlbewertung entweder des Juni oder des September Kontraktes zu Beginn der Transaktion zurückzuführen sein. In diesem Fall ist der Verkäufer des Spreads davon ausgegangen, daß sich die Futurekurse wieder ihrem Fair Value nähern. Ein Verlustrisiko besteht für den Fall, daß die Erwartungen hinsichtlich der Spread-Entwicklung nicht eintreten. Von der Richtung der Marktentwicklung ist die Spread-Strategie unabhängig.

Beim Intrakontrakt Spread unterscheidet man zwischen Preis Spread und Rendite Spread. Während ein Preis Spread im Verhältnis von eins zu eins aufgebaut wird und damit die absolute Veränderung der Preise zueinander im Mittelpunkt steht, werden beim Rendite Spread auch die unterschiedlichen Preissensitivitäten der Kontrakte auf die Veränderungen der Renditen berücksichtigt.

Für den Fall, daß beide Kontrakte dieselbe CTD-Anleihe haben, verändert sich das Verhältnis der Kontrakte zueinander nur aufgrund einer Veränderung der jeweiligen kurzfristigen Finanzierungszinssätze; denn der Kassapreis der zugrundeliegenden Anleihe und das Verhältnis der Kuponerträge ändern sich nicht. Infolgedessen werden der implizite kurzfristige Zinssatz bis zur Fälligkeit des Nearby Kontrakts und der bis zur Fälligkeit des Deferred Kontrakts gegeneinander gestellt. Insofern liegt eine Spekulation auf den 3-Monats-Forward-Satz vor, der sich implizit aus den beiden Kontrakten ergibt und ab dem Liefertag des Nearby Futures gilt. Bei fairer Bewertung beider Kontrakte entspricht der implizite Forward-Satz dem entsprechenden Satz des Dreimonats-Futures, so daß auch dieser anstelle des Spreads gehandelt werden könnte.

Liegen jedoch beiden Kontrakten unterschiedliche CTD-Anleihen zugrunde, so müssen noch die unterschiedlichen Preissensitivitäten der beiden Anleihen berücksichtigt werden. Hierzu kann auf die sogenannte Dollar Duration zurückgegriffen werden. Bei der Dollar Duration handelt es sich um eine Maßzahl für die Preisreagibilität einer Anleihe, die die absolute Kursänderung einer Anleihe, ausgedrückt in Dollar oder EURO für eine absolute Veränderung der Rendite angibt. Sie wird berechnet als Produkt aus der modifizierten Duration und dem Dirty Price einer Anleihe.[2] In der Praxis wird sie auch als 'Risk' bezeichnet:

$$\text{Dollar Duration} = \text{Risk} = \frac{D^{mod} \cdot \text{Dirty Price}}{100} \ .$$

[1] Vgl. **Bohn/Meyer-Bullerdiek** (1996b), S. 539.

[2] Bei dem Dirty Price handelt es sich um den aktuellen Kurs (Clean Price) einer Anleihe zuzüglich der aufgelaufenen Stückzinsen. Zur Duration vgl. auch Kapitel A.

Für die Sensitivität bzw. die Dollar Duration eines Zinsfutures ('Futures Risk') kann das 'Risk' bzw. die Dollar Duration der Cheapest-to-Deliver-Anleihe zugrunde gelegt werden. Sie läßt sich durch Berücksichtigung des Konversionsfaktors der CTD-Anleihe wie folgt ermitteln:

$$\text{Dollar Duration des Futures} = \frac{\text{Dollar Duration}_{\text{CTD}}}{\text{KF}_{\text{CTD}}} .$$

Für die Berechnung der Spread Ratio können die Dollar Durationen der beiden Kontrakte ins Verhältnis gesetzt werden:

$$\text{Spread Ratio} = \frac{\text{Dollar Duration}_{\text{Future A}}}{\text{Dollar Duration}_{\text{Future B}}} .$$

Neben Intrakontrakt Spreads kommen auch Interkontrakt Spreads vor, die im folgenden behandelt werden.

ab. Interkontrakt Spread Trading

Das sogenannte Interkontrakt Spread Trading zielt auf die Ausnutzung von Preisbewegungen zwischen zwei Futures mit unterschiedlichen Kontraktspezifikationen. Wie bei den Intrakontrakt Spreads können bei Interkontrakt Spreads neben Preis Spreads auch Rendite Spreads vorkommen. Letztere können sich auf solche Spreads beziehen, die auf die Veränderung der Renditestruktur in einem bestimmten Markt abzielen (z. B. EURIBOR-Future gegen Euro-BUND-Future). Daneben lassen sich aber auch Spreads konstruieren, die von der Veränderung des Renditeverhältnisses zwischen verschiedenen Märkten profitieren (z. B. Bund-Future gegen Gilt-Future).

Durch das breite Spektrum gehandelter Zinsfutures wird es den Marktteilnehmern möglich, diese Renditespreads zu realisieren, d. h. sie können sowohl Zinsbewegungen eines bestimmten Landes handeln als auch die relativen Zinsbewegungen verschiedener, durch die Terminkontrakte abgedeckter Volkswirtschaften und Märkte ausnutzen. An der Terminbörse lassen sich durch Kombinationen der verschiedenen Kontrakte zahlreiche Spreads realisieren. Beispielsweise existieren an der LIFFE[1]

- 6 Kombinationsmöglichkeiten der vier langfristigen LIFFE-Kontrakte
- 15 Kombinationsmöglichkeiten der sechs kurzfristigen LIFFE-Kontrakte
- 5 verfügbare Renditekurvenspreads (Handel von langfristigen/mittelfristigen/kurzfristi-gen Zinssätzen eines bestimmten Landes miteinander)
- 3 Möglichkeiten, Renditekurven miteinander zu kombinieren (z. B. Handel der Form der DM-Renditekurve gegen die der Sterling-Renditekurve).

Zur Beurteilung eines Spreads kommt es auf die relative Preisveränderung zwischen den Kontrakten an und nicht auf die absolute Preisänderung. Dazu ist ein Vergleich der Zinsen zwischen

---

[1] Zu den folgenden Beispielen vgl. **LIFFE** (1993), S. 2 ff.

verschiedenen Ländern erforderlich. Zusätzlich sind die Kontraktgrößen und die unterschiedlichen Währungen, in denen die Kontrakte denominiert sind, sowie die Kurssensitivität des Terminkontrakts bezüglich Renditeveränderungen zu berücksichtigen. Diese Faktoren spielen insbesondere bei einem Cross Currency Spread eine Rolle.

Bei einem Cross Currency Spread wird das Ziel verfolgt, von den relativen Rendite- und Zinsveränderungen zwischen zwei Ländern zu profitieren. Eine entsprechende Position soll von Parallelbewegungen im internationalen Rendite- und Zinsniveau nicht beeinflußt werden; denn das Renditeverhältnis verschiebt sich nicht, wenn sich die Renditen in zwei Märkten z. B. parallel um einen Prozentpunkt ändern. Ein Renditespread sollte dies berücksichtigen, indem bei einer Parallelverschiebung kein Gewinn oder Verlust auftritt. Allerdings verändert sich in diesem Fall das Preisverhältnis zwischen den Kontrakten, wenn beide Kontrakte unterschiedliche Preisreagibilitäten aufweisen. Dieser Aspekt ist bei der Berechnung der Spread Ratio zu berücksichtigen.

Grundsätzlich wird ein Marktteilnehmer, der mit einer Verringerung des Spreads zwischen zwei Futurepositionen rechnet, den Kontrakt mit der höheren Rendite kaufen und den mit der niedrigeren Rendite verkaufen. Bemißt sich beispielsweise die implizite Rendite eines Bund-Futures zu 7% und die eines Gilt-Futures zu 9%, so sollte bei Erwartung eines sinkenden Spreads (z. B. implizite Rendite des Bund-Futures wird bei 6% gesehen, die des Giltkontraktes bei 7%) der Giltkontrakt gekauft werden. Bei Eintritt der Erwartungen sollten die Kursgewinne in der Gilt-Position relativ höher sein als die Kursverluste beim Bundkontrakt.

Soll die Bund-Futureposition gegen Parallelverschiebungen der Renditen durch den Aufbau einer Gegenposition in Gilt-Futures abgesichert werden, so sind zur Berechnung des Absicherungsverhältnisses bzw. der Spread Ratio die Faktoren

(1) relative Kurssensitivität der beiden Terminkontrakte bezüglich Renditeveränderungen,
(2) relative Kontraktgröße der Terminkontrakte,
(3) Wechselkurs zwischen den Währungen, in denen die beiden Terminkontrakte denominiert sind,

zu berücksichtigen.

Für die Ermittlung des ersten Faktors wird üblicherweise auf die Dollar Duration des Futures zurückgegriffen. Die relative Kurssensitivität zweier Kontrakte ermittelt sich aus der Division der jeweiligen Dollar Durations. Beträgt beispielsweise die Dollar Duration des Gilt-Futures 5,5 und die des Bund-Futures 6, so ergibt sich ein Faktor von 0,917.

Der zweite Faktor (relative Kontraktgröße der Terminkontrakte), der bei der Berechnung des Absicherungsverhältnisses zu berücksichtigen ist, wird durch Division der jeweiligen Kontraktgrößen berücksichtigt. Beispielsweise beträgt die Kontraktgröße beim Gilt-Kontrakt GBP 50.000 und beim Bund-Future EUR 100.000. In das Absicherungsverhältnis Bund/Gilt geht entsprechend der Wert 0,5 GBP/EUR ein.

Zur Berücksichtigung des dritten Faktors (Wechselkurs zwischen den Währungen, in denen die beiden Terminkontrakte denominiert sind) werden die beiden anderen Faktoren mit dem entsprechenden Wechselkurs multipliziert, z. B. 1,50 EUR/GBP.

Das Absicherungsverhältnis bzw. die Spread Ratio ergibt sich allgemein in der folgenden Form:

$$\text{Spread Ratio} = \frac{\text{Dollar Duration}_{\text{Future A}}}{\text{Dollar Duration}_{\text{Future B}}} \cdot \frac{\text{Nominalwert}_{\text{Future A}}}{\text{Nominalwert}_{\text{Future B}}} \cdot \text{Wechselkurs}_{\text{Curr. B/Curr. A}}$$

mit

$\text{Curr.}_A =$ Währung A.

Für die Beispieldaten kann die folgende Spread Ratio berechnet werden:

$$\text{Spread Ratio} = \frac{\text{Anzahl Bund-Futures}}{\text{Anzahl Gilt-Futures}} = 0{,}917 \cdot 0{,}5\frac{\text{GBP}}{\text{EUR}} \cdot 1{,}50\frac{\text{EUR}}{\text{GBP}} = 0{,}69 \quad .$$

Zu beachten ist allerdings, daß mit diesem Absicherungsverhältnis keine vollkommene Absicherung gegen Parallelverschiebungen des Renditeniveaus erreicht wird, da insbesondere beim ersten Faktor Ungenauigkeiten auftreten können aufgrund von Basisveränderungen und der Konvexität, die durch die Dollar Duration nicht berücksichtigt wird. Darüber hinaus verändern sich die Werte für die Faktoren, z. B. weil die Wechselkurse schwanken, die Dollar Durationen der CTD-Anleihen sich verändern oder sich die CTD-Anleihen selbst ändern. Eine neue CTD-Anleihe besitzt in aller Regel nicht nur eine andere Dollar Duration, sondern auch einen anderen Konversionsfaktor. Vor diesem Hintergrund ist eine ständige Überprüfung der Bond-Spread-Position erforderlich.

In Anlehnung an das obige Beispiel beschließt ein Portfoliomanager - bei einer impliziten Rendite des Bundkontrakts von 7% und des Giltkontrakts von 9% - 69 Bundkontrakte zu verkaufen und 100 Giltkontrakte zu kaufen. Damit rechnet er also mit einer Verringerung der Renditedifferenz von 2%. Gleichen sich die Renditen auf dasselbe Niveau an (z. B. auf 7%), so hat der Händler beim Bundkontrakt - abgesehen von Basisveränderungen - den gleichen Wert, während er beim Giltkontrakt einen hohen Kursgewinn verzeichnen kann.

Steht die Ausnutzung einer unterschiedlichen Kursentwicklung in verschiedenen Marktsegmenten im Vordergrund, so wird eine Kassaposition mit einer Futureposition kombiniert. Rechnet ein Investor beispielsweise kurzfristig mit einer sich verringernden Renditedifferenz zwischen Pfandbriefen und Bundesanleihen und liegen die Renditen der Pfandbriefe oberhalb der Renditen der Bundesanleihen, so kann er eine Position in Pfandbriefen aufbauen und gleichzeitig Bund-Futures veräußern. Bei Eintritt seiner Prognose werden entweder die Pfandbriefe relativ zum Bund-Future im Kurs zulegen, die Bund-Futures relativ zu den Pfandbriefen an Wert verlieren, oder gleichzeitig die Pfandbriefe steigen und die Bund-Futures im Wert sinken. Analog kann eine solche Strategie auch mit Industrieanleihen durchgeführt werden.

Darüber hinaus läßt sich mit Zinsfutures auf kurzfristige Zinstitel (z. B. Dreimonats-EURIBOR-Future) eine Cross Currency-Zinsdifferenzposition aufbauen. Für den Handel der Differenz zwischen den kurzfristigen Zinsen zweier Währungen (z. B. EUR und GBP) ist in diesem Fall die Berechnung der Spread Ratio erheblich einfacher als die Berechnung der Spread Ratio für Futures auf langfristige Zinstitel. Aufgrund der Quotierung als 100 minus dem annualisierten 3-Monats-Forward-Zinssatz, haben diese Geldmarkt-Futures jeweils die gleiche Preissensitivität gegenüber Zinsänderungen. So ändert sich beispielsweise der Kurs des Futures um 40 Ticks, wenn sich der 3-Monats-Forward-Zins um 40 Basispunkte verändert. Da sich dieser Zins auf einen Zeitraum von drei Monaten bezieht, beträgt die wertmäßige Änderung des Futures ¼ der Zinsänderung, also im Beispiel 10 Basispunkte. Die Sensitivität von Geldmarkt-Futurespositionen auf Renditeänderungen beläuft sich somit auf 0,25. Da sie in diesem Beispiel für beide Futures gleich ist, braucht sie bei der Ermittlung der Spread Ratio nicht berücksichtigt zu werden.

Allgemein wird die Spread Ratio für einen Interkontrakt Spread von Futures auf kurzfristige Underlyings in der folgenden Weise bestimmt:

$$\text{Spread Ratio} = \frac{\text{No min alwert}_{\text{Future A}}}{\text{No min alwert}_{\text{Future B}}} \cdot \text{Wechselkurs}_{\text{Curr. B / Curr. A}} \quad .$$

Da das Verhältnis der Kontraktgrößen GBP 500.000 / EUR 1.000.000 = GBP/EUR 0,5 beträgt, ergibt sich bei einem Wechselkurs von 1,50 EUR/GBP die Spread Ratio wie folgt:

$$\text{Spread Ratio} = \frac{\text{Anzahl EURIBOR} - \text{Futures}}{\text{Anzahl Sterling} - \text{Futures}} = 0{,}5\frac{\text{GBP}}{\text{EUR}} \cdot 1{,}50\frac{\text{EUR}}{\text{GBP}} = 0{,}75 \quad .$$

Bei der Erwartung, daß sich die Zinsdifferenz zwischen dem EURIBOR-Future und dem Sterling-Future vergrößert, wird der Kontrakt mit dem höheren impliziten Zinssatz verkauft und der andere Kontrakt gekauft. Notiert beispielsweise der EURIBOR-Future bei 95 (impliziter Zins = 5%) und der Sterling-Future bei 93, so wird letzterer in diesem Fall verkauft.

Auch im Hinblick auf eine bestimmte Erwartung bezüglich der Renditedifferenz zwischen langfristigen und kurzfristigen Zinsen besteht eine Spread-Möglichkeit mit Zinsfutures: der Aufbau von Renditestruktur-Spreads. Bei diesem sogenannten Renditekurvenhandel muß die Position ebenfalls so gestaltet werden, daß sie gegen Parallelbewegungen der Renditekurve immunisiert ist. Somit kann nur die Vergrößerung bzw. Verkleinerung der Renditedifferenz die Position beeinflussen. Bei der Ermittlung der Spread Ratio ist in diesem Fall zu beachten, daß die Sensitivität von Geldmarktfuturepositionen auf Renditeänderungen 0,25 beträgt. Sie wird durch den folgenden Ausdruck bestimmt:

$$\text{Spread Ratio} = \frac{\text{No min alwert}_{\text{Future}_{\text{langfristig}}}}{\text{No min alwert}_{\text{Future}_{\text{kurzfristig}}}} \cdot \frac{\text{Dollar Duration}_{\text{Future}_{\text{langfristig}}}}{0{,}25} \quad .$$

Für den Einsatz von EURIBOR-Futures und Bund-Futures erhält man unter Berücksichtigung der Kurssensitivität eines Bund-Futures (Dollar Duration) von beispielsweise 6 die folgende Spread Ratio:

$$\text{Spread Ratio} = \frac{\text{Anzahl Dreimonats} - \text{EURIBOR} - \text{Futures}}{\text{Anzahl Bund} - \text{Futures}} = \frac{\text{EUR } 100.000}{\text{EUR } 1.000.000} \cdot \frac{6}{0,25} = 2,4 \quad .$$

Bei Erwartung einer Vergrößerung der Renditedifferenz wird - entsprechend dem obigen Beispiel - der Bund-Future verkauft (implizite Rendite = 7%) und der Dreimonats-EURIBOR-Future gekauft (implizite Rendite = 5%). Das Verhältnis beträgt dabei 2,4:1. Grundsätzlich kann damit durch den Aufbau einer Position bestehend aus Bund-Futures und Dreimonats-EURIBOR-Futures von einer Veränderung des Renditeverhältnisses zwischen dem 3-Monats-Forward-Zinssatz und den Zinssätzen im zehnjährigen Bereich profitiert werden. Dabei wird allerdings der mittelfristige Zinsbereich ausgeklammert.

Grundsätzlich ist bei Spread-Transaktionen das Basisrisiko zu beachten, das darin besteht, daß der Future den Bewegungen der zugrundeliegenden Anleihen nicht in der gleichen Weise folgt. In diesen Fällen könnte ein Portfoliomanager, der eine Spread-Position aufgebaut hat, zwar in der Markteinschätzung richtig liegen, trotzdem aber aufgrund des Basisrisikos einen Verlust erleiden.

ac. Basis Trading

Bei einem Basis Trade handelt es sich um einen simultanen Austausch von Kassamarktanleihen und der entsprechenden Anzahl von Futures, der zwischen zwei Marktteilnehmern vereinbart wird. Als Basis wird dabei allgemein - wie oben dargestellt - die Brutto Basis als Differenz aus dem Kurs der Kassamarktanleihe, d.h. der CTD-Anleihe und dem um den Konversionsfaktor adjustierten Zinsfuturekurs verstanden.[1]

So wird also - wie im übrigen auch bei Arbitrage-Strategien - ein gleichzeitiger Kauf bzw. Verkauf von Futures und den zugrundeliegenden Anleihen vorgenommen.[2] Während aber bei Arbitrage-Transaktionen die Positionen mit der Absicht eingegangen werden, sie bis zur Fälligkeit des Futures zu halten, wird die Position beim Basis Trade zumeist schon vor dem Liefertag aufgelöst. Insofern besteht bei einem Trade für den Marktteilnehmer die Möglichkeit, auf eine kurzfristige Fehlbewertung des Futures und eine baldige Adjustierung zu spekulieren. Erfolgt diese, so kann der Basis Trade in kurzer Zeit wieder aufgelöst werden. Damit also mit einem Basis Trade darauf spekuliert werden, daß sich die Basis z.B. aufgrund von Veränderungen der Zinsstrukturkurve kurzfristig verändert.

Grundsätzlich wird von einem Kauf der Basis ('Long the Basis') gesprochen, wenn Anleihen gekauft und Futures verkauft werden. Erwartet wird hierbei, daß die die Basis positiver wird, d.h. daß der Preis der Kassamarktanleihe im Vergleich zum (um den Konversionsfaktor bereinigten) Futurepreis stärker ansteigt bzw. in geringerem Maße fällt als die Preise anderer Anleihen, die

---

1 Vgl. **Bohn/Meyer-Bullerdiek** (1996a), S. 346.

2 Zu Arbitragetransaktionen vgl. Abschnitt II.4. dieses Kapitels.

ebenfalls in den Future lieferbar sind. In diesen Fällen kommt es häufig zu einem Wechsel der CTD-Anleihe.

Beispielsweise könnte ein Basis-Käufer eine Leitzinserhöhung durch die Zentralbank und eine damit einhergehende flachere zukünftige Zinstrukturkurve erwarten. Falls die betrachtete Anleihe eine höhere Duration als die CTD aufweist, kann davon ausgegangen werden, daß diese Anleihe im Vergleich zum Future (bzw. zur CTD) weniger an Wert verliert. Folglich wird die Basis gekauft.

Umgekehrt handelt es sich bei einem Leerverkauf der Anleihen und einem gleichzeitigen Kauf der Futures um einen Verkauf der Basis ('Short the Basis'). Bei einer Short the Basis-Strategie kann profitiert werden, wenn die Basis negativer wird. Dies ist gleichbedeutend mit einer relativen Verringerung des Kassakurses (CTD-Anleihe) gegenüber dem um den Konversionsfaktor adjustierten Kurs des Futures.

Grundsätzlich kann neben den Arbitragemöglichkeiten und den eher spekulativen Gründen auch die Umschichtung des Exposures von einer bestehenden Kassamarktposition in eine Futuresposition oder umgekehrt ein Motiv für einen Basis Trade darstellen. Beispielsweise entsteht bei einer Long Kassaposition und einem Verkauf der Basis ('Short the Basis'), d. h. Verkauf der Kassaposition und Kauf der Futuresposition, insgesamt eine Long Futuresposition. Hierbei fließen dem Marktteilnehmer aufgrund des Verkaufs der Kassaposition liquide Mittel zu.

Zur Anwendung von Basis Trading-Strategien kann die Entwicklung der Implied Repo Rate (IRR) einen Hinweis auf die Richtung der Basisentwicklung geben. So bedeutet eine Verringerung der IRR eine Verringerung des Futurepreises im Vergleich zum Preis der Kassaposition und damit auch eine positivere Basis. Zu berücksichtigen ist aber, daß es aufgrund der Basiskonvergenz zu einem Abbau der Basis kommt, auch wenn sich die IRR nicht verändert. Daher muß immer auch der Zeitraum betrachtet werden, in dem sich die IRR ändert.

Die Komponenten eines Basis Trades sind u.a. der Futurepreis, der Preis der Kassamarktanleihe und die anzuwendende optimale Hedge Ratio. Der Preis der Kassamarktanleihe kann in der folgenden Weise berechnet werden:

$$P_K = P_{F_v} \cdot KF + B_{B_v}$$

mit

P_{F_v} = vereinbarter tatsächlicher Preis des Futures und
B_{B_v} = vereinbarte Brutto Basis.

Die optimale Hedge Ratio (HR_{opt}), d. h. das für die Absicherung der Anleihen notwendige Gewichtungsverhältnis zwischen dem einzusetzenden Future und der Kassamarktanleihe, stellt einen wichtigen Bestandteil eines Basis Trades dar. Bei einem Basis Trade können vor allem die - später noch zu erläuternden - Konversionsfaktormethode und die durationsbasierte Methode angewendet werden.

Anhand des folgenden Beispiels kann der gewinnbringende Einsatz eines Basis Trades aufgezeigt werden.[1] Den Ausgangspunkt bilden die Marktpreise vom 28. März 1996. In Tabelle E.18 sind die Anleihen aufgelistet, die zu diesem Zeitpunkt in den Juni 1996 Bund-Future lieferbar waren. Bei der Bundesanleihe mit Fälligkeit 16.02.2006 handelt es sich um die aktuelle CTD-Anleihe, die sowohl die höchste Implied Repo Rate als auch den niedrigsten konvertierten Forward-Preis aufweist.[2]

Liefertag des Futures sei der 10. Juni 1996, der aktuelle Zeitpunkt (Settlement) sei der 2. April 1996. Der Futurepreis am Markt beträgt 96,13, der Fair Value des Futures beläuft sich auf 96,12. Entsprechend müßte die Netto Basis einen negativen Wert von einem Pfennig annehmen. Sie ist aber in dem Beispiel positiv, so daß der Fair Value eigentlich über dem tatsächlichen Futurekurs liegen müßte, nämlich bei 96,16. Daß der Fair Value aber geringer ist, ist darauf zurückzuführen, daß in dem Beispiel noch die Lieferoption beachtet worden ist, die den Fair Value des Futures um 4 Pfennig verminderte. Bei der Berechnung ist darüber hinaus zu berücksichtigen, daß bei der Bestimmung der Implied Repo Rate für den Kupon die Zinsbasis 30/360 unterstellt wird, während für die Repo Rate selbst die Anzahl der tatsächlichen Tage dividiert durch 360 („Actual/360") zugrunde gelegt wurden. Als Werte ergeben sich daher jeweils:

$$t_{(\text{Actual}/360)} = \frac{69}{360} = 0{,}191667 \qquad \text{und} \qquad t_{(30/360)} = \frac{68}{360} = 0{,}188889 .$$

Laufzeit	Kupon	KF	Mittel-kurs	SZ	BB	RR	Carry	NB	IRR	FP/KF
03.01.2005	7,375	1,088976	106,32	1,82	1,64	3,05	0,7609	0,88	-1,176	96,93
12.05.2005	6,875	1,058943	102,72	6,11	0,92	3,05	0,6624	0,26	1,797	96,38
14.10.2005	6,500	1,034535	100,18	3,03	0,73	2,90	0,6541	0,08	2,515	96,20
05.01.2006	6,000	0,999563	96,88	1,45	0,79	2,10	0,7376	0,05	1,811	96,18
16.02.2006	6,000	0,999610	96,75	0,77	0,66	2,70	0,6287	0,03	2,546	96,16

Tab. E.18: Bestimmung der CTD-Anleihe zu Beginn des Basis Trades

[1] Vgl. **Bohn/Meyer-Bullerdiek** (1996a), S. 348f.

[2] Die Berechnung des konvertierten Forwardpreises erfolgt durch Division des Forwardpreises durch den Konversionsfaktor.

mit

KF	=	Konversionsfaktor,
Mittelkurs	=	mittlerer Kurs der Anleihe,
SZ	=	Stückzinsen,
BB	=	Brutto Basis,
RR	=	Repo Rate, die den einzelnen Anleihen zugerechnet wird,
Carry	=	Cost of Carry,
NB	=	Netto Basis,
IRR	=	Implied Repo Rate,
FP	=	Forward Preis (= Mittelkurs - Carry) und
FP/KF	=	konvertierter Forwardpreis.

Falls ein Marktteilnehmer für die kommende Zeit mit einer Erhöhung der Leitzinsen durch die Zentralbank rechnet, die mit einer flacheren Zinsstrukturkurve einhergeht, so könnte ein Basis Trade erfolgversprechend sein. Hierbei ist zunächst zu berücksichtigen, daß die leichte Überbewertung des Futures allein einen Basis Trade nicht rechtfertigen würde, da noch die Geld-Brief-Spanne zu beachten ist.

Die erwartete Verflachung der Zinsstrukturkurve würde aber bedeuten, daß kürzere Anleihen mit kürzeren Laufzeiten bzw. Durationen unter den lieferbaren Anleihen relativ günstiger werden und damit die aktuelle CTD als Anleihe mit der höchsten Duration im Beispiel relativ teurer wird. Möglicherweise verliert sie sogar ihren Status als CTD-Anleihe. Dies kann einen Anstieg sowohl der Netto Basis als auch der Brutto Basis bedeuten.

Im folgenden sei angenommen, daß der Marktteilnehmer die Brutto Basis der aktuellen CTD-Anleihe (Laufzeit bis zum 16.02.2006) bei einem Kurs von DM 0,66 kauft (Kauf der Anleihe zu 96,75, Verkauf des Futures zu 96,13 · 0,99961 = 96,09). Für den Fall, daß die Erwartungen des Marktteilnehmers nach einer Woche (Settlement: 9. April 1996) tatsächlich eingetroffen sind, wird in Tabelle E.19 das entsprechende Ergebnis dargestellt. Hierbei ist zu berücksichtigen, daß es sich bei diesem Marktszenario nur um ein Beispiel handelt, das den tatsächlichen Gegebenheiten am 9. April 1996 nicht entspricht. Die Geldmarktzinsen seien um 0,25% gestiegen. Dies führt auch am langen Ende der Zinsstrukturkurve zu Kursverlusten. Wie erwartet, sind die Kurse der kürzeren Laufzeiten durch die Verflachung der Kurve etwas stärker gesunken.

Laufzeit	**Kupon**	**KF**	**Mittel-kurs**	**SZ**	**BB**	**RR**	**Carry**	**NB**	**IRR**	**FP/KF**
03.01.2005	7,375	1,088976	105,92	1,97	1,30	3,30	0,6365	0,67	-0,172	96,68
12.05.2005	6,875	1,058943	102,52	6,24	0,79	3,30	0,5468	0,24	2,118	96,30
14.10.2005	6,500	1,034535	99,95	3,16	0,56	3,15	0,5420	0,02	3,138	96,09
05.01.2006	6,000	0,999563	96,78	1,57	0,75	2,35	0,6186	0,13	1,661	96,20
16.02.2006	6,000	0,999610	96,74	0,88	0,71	2,95	0,5207	0,19	1,938	96,26

Tab. E.19: Marktszenario zum Ende des Basis Trades

Hierbei gilt:

$$t_{(Actual/360)} = \frac{62}{360} = 0{,}172222 \qquad \text{und} \qquad t_{(30/360)} = \frac{61}{360} = 0{,}169444$$

Nunmehr handelt es sich bei der Bundesanleihe mit einer Restlaufzeit bis zum 14.10.2005 um die neue CTD-Anleihe. Auch zu diesem Zeitpunkt liegt der Fair Value des Futures (96,05) aufgrund der Lieferoption (die im Beispiel 4 Pfennig wert ist) trotz leicht positiver Netto Basis (2 Pfennig) unterhalb des tatsächlichen Futurepreises (bei 96,07). Der Preis der ursprünglichen CTD-Anleihe ist leicht gesunken. Dennoch hat sie sich aber auf Grund der jetzt relativ niedrigeren Rendite vergleichsweise verteuert. Die Netto Basis beträgt nunmehr DM 0,19, während die Brutto Basis sich auf DM 0,71 erhöht hat.

Damit hat der Marktteilnehmer einen in bezug auf das absolute Zinsniveau risikolosen Ertrag von 5 Pfennig je Kontrakt erzielt, da die zu DM 0,66 gekaufte Basis nun zu DM 0,71 verkauft wird.

Ein Basis Trade kann auch einige Risiken beinhalten.[1] Einerseits kann sich der Portfoliomanager in seiner Markteinschätzung geirrt haben. Andererseits besteht ein besonderes Risiko beim Verkauf der Basis: das sogenannte 'Short Squeeze'. Die im Rahmen der Short the Basis-Strategie leerverkaufte Anleihe muß bei Glattstellung zurückgekauft werden. Möglicherweise aber haben viele Marktteilnehmer eine Short Position in derselben Anleihe und müssen sich zur gleichen Zeit ebenfalls eindecken, oder die Anleihe weist eine nur geringe Liquidität auf, weil sie bei bestimmten Marktteilnehmern fest plaziert ist. In diesen Fällen kann es dazu kommen, daß das Volumen der Positionen, die am Markt frei verfügbar sind, geringer ist als das Volumen der Positionen, die eingedeckt werden müssen. Dann spricht man von einem Short Squeeze. In der Folge können die Anleihenpreise und damit die Brutto und Netto Basis deutlich ansteigen. Theoretisch besteht bei einer Short the Basis-Strategie ein unbegrenztes Risiko, da bei einem Short Squeeze auch eine negative Implied Repo Rate vorkommen kann. Hingegen ist bei einer Long the Basis-Strategie das Risiko insofern begrenzt, als daß am Liefertag die sich im Bestand befindliche Anleihe in den Future geliefert werden kann.

Beim Short the Basis Trade verpflichtet sich der Leerverkäufer beispielsweise zur Lieferung einer Bundesanleihe im Nominalwert von EUR 10 Mio zum Preis von 98,30 bei gleichzeitigem Kauf von 100 Bund-Futures zum Kurs von 98,00 von der Gegenpartei. Ziel ist offenbar die Vereinnahmung des Spreads in Höhe von 0,30. Die Futuretransaktion wird über die Terminbörse abgewickelt. Für den Erfolg des Basis Trades ist erforderlich, daß sowohl die Menge als auch der abgeschlossene Futurespreis für beide Partner identisch sind. In der Praxis ist dies jedoch nicht ohne weiteres möglich; denn hierbei besteht das Risiko, daß der Future-Kauf- und -Verkaufsauftrag der beiden am Basis Trade beteiligten Parteien nicht gegeneinander ausgeführt wird, sondern nur einer der beiden Aufträge gegen den Auftrag eines Dritten zur Ausführung kommt. Eine Garantie der Ausführung der Futures zum Preis, der zwischen den beiden Parteien des Basis Trades vereinbart worden ist, ist daher nicht gegeben.

---

[1] Vgl. **Diwald** (1994), S. 359.

Um dieses Ausführungsrisiko zu beseitigen, wurde zunächst von der LIFFE die sogenannte Basis Trading Facility (BTF) entwickelt.[1] Dabei erhalten die beiden beteiligten Parteien die Möglichkeit des Austausches der gewünschten Menge an Futures zu einem bestimmten Preis. Als Anwender der BTF kommen neben Market Makern und Arbitrageuren auch institutionelle Investoren in Frage. Die LIFFE hat Ende Juni 1995 die BTF eingeführt.[2]

Auch in Deutschland wurde am 11. März 1996 der Regelbetrieb in der Basis Trading Funktionalität aufgenommen, nachdem die Pilotphase erfolgreich verlaufen war. Hierbei können die DTB-Teilnehmer Futures aus Basis Trades direkt in das Clearingsystem der Deutsche Börse eingeben. Dabei kann die Basis Trade Anforderung lediglich vom Verkäufer der Basis, d. h. dem Käufer der Futures, eingegeben werden. Erst nach Bestätigung der Anforderung durch den Käufer der Basis kann es zu einer Buchung der Futures kommen. Bis es zu dieser Bestätigung kommt, hat der Basis-Verkäufer die Möglichkeit, die Basis Trade Anforderung zu ändern, zu löschen oder einzusehen.[3]

Anschließend erfolgt die Buchung der Basis Trade Futures durch das System auf die entsprechenden Positionskonten, wobei eine Kennzeichnung als Basis Trade Futures vorgenommen wird. Hierbei ist zu beachten, daß die Basis Trade Teilnehmer das zugrundeliegende Kassageschäft nachzuweisen haben. Ausreichend ist dabei allerdings, wenn der Deutschen Börse ermöglicht wird, sich Kenntnis über das zugrundeliegende Kassageschäft zu verschaffen.

Die Basis Trading-Funktionalität hat neben der Begrenzung des Ausführungsrisikos und der großen Flexibilität hinsichtlich des festzulegenden Futurepreises (dieser kann frei aus der Spanne zwischen Tages-Höchst- und -Tiefstpreis bis zur Eingabe des Auftrages gewählt werden) zusätzlich den Vorteil einer vereinfachten administrativen Abwicklung. Ein weiterer Vorteil ergibt sich dadurch, daß die aus Basis Trades resultierenden Futurespositionen jederzeit über die Terminbörse glattgestellt werden können.

b. Trading mit Aktienindexfutures

Mit Aktienindexfutures können institutionelle Investoren, Portfoliomanager und Händler an der Grundtendenz des Aktienmarktes partizipieren. Damit bietet ein Aktienindexfuture eine Alternative zu dem Engagement in ein stark diversifiziertes Portefeuille. Die Vorteile liegen vor allem in der geringeren Kapitalbindung, den niedrigeren Transaktionskosten sowie den erweiterten Handelszeiten. So ist nur ein Kapitaleinsatz in Höhe der Margin erforderlich, der wesentlich geringer ist als der notwendige Kapitaleinsatz für ein entsprechendes Kassageschäft. Dadurch ergibt sich ein sehr großer Hebel, der seinerseits hohe prozentuale Renditen ermöglicht.

Darüber hinaus läßt sich mit einem Aktienindexfuture in einer Transaktion ein faktisch gut diversifiziertes Portefeuille erwerben, wozu am Kassamarkt beispielsweise beim DAX dreißig einzelne Transaktionen notwendig wären. Während der Kauf eines solchen Baskets am Kassamarkt

---

[1] Vgl. **LIFFE** (1995).
[2] Vgl. zur BTF auch **Davey** (1995), S. 2.
[3] Vgl. **Deutsche Börse AG** (1996), S. 5f.

sehr viel Zeit erfordert, können über eine Futuretransaktion große Volumina schnell erworben werden.

Der Marktteilnehmer kann mit einem Aktienindexfuture auch von einer Baisse am Aktienmarkt profitieren, indem er eine Short-Position eingeht, d. h. Futures verkauft. Dies ist zwar am Kassamarkt über die Wertpapierleihe in Deutschland auch möglich, jedoch spricht das Argument der Schnelligkeit der Transaktionsausübung auch in diesem Fall für den Einsatz von Futures.

Eine besondere Form des Trading besteht in der Ausnutzung von Preisungleichgewichten innerhalb des Terminmarktes. Treten Fehlbewertungen z. B. bei den DAX-Futures mit unterschiedlichen Fälligkeiten auf, so lassen sich durch Spreadstrategien bei Eintritt der unterstellten Erwartungen Gewinne erwirtschaften. Charakteristisch ist dabei die Unabhängigkeit der Gewinne von der Marktrichtung.

Diese Art des Spread Trading wird auch als Calendar Spreading bezeichnet. Beispielsweise kann durch den gleichzeitigen Kauf und Verkauf von DAX-Kontrakten mit verschiedenen Verfallterminen ein Gewinn erzielt werden, wenn sich der Spread zwischen den jeweiligen Futurekursen verringert.

Das folgende Beispiel soll der Veranschaulichung dienen:[1]

t_0: DAX-Stand: 6200 Punkte

Kontraktfälligkeit	März	Juni	Sept.
Futurepreis	6225	6267	6310
Fair Value	6223	6264	6300
theoret. Basis	23	64	100
Auf-/Abschlag	2	3	10
Gesamtbasis	25	67	110

Tab. E.20: Spread-Trading mit DAX-Futures: Ausgangsbasis

[1] Vgl. dazu auch **WestLB** (1990), S. 47f.

t_1: DAX-Stand: 6100 Punkte

Kontraktfälligkeit	März	Juni	Sept.
Futurepreis	6120	6160	6200
Fair Value	6119	6158	6193
theoret. Basis	19	58	93
Auf-/Abschlag	1	2	7
Gesamtbasis	20	60	100

Tab. E.21: Spread-Trading mit DAX-Futures: Situation in t_1

In t_0 ist die größte Differenz zwischen den Auf- bzw. Abschlägen der März- und September-Kontrakte zu beobachten. Diese Differenz in Höhe von 85 (= 110 – 25) läßt sich bei Erwartung einer Spread-Verringerung durch das Spread Trading ausnutzen, indem ein September-Kontrakt verkauft und ein März-Kontrakt gekauft wird. Da sich die Differenz für den Trader positiv entwickelt hat [t_1: 80 (= 100 – 20)], wird die Position in t_1 durch die Glattstellung der Kontrakte aufgelöst. In dem Beispiel beträgt der Gewinn aus dieser Transaktion EUR 125 (der Verkauf eines Spreads zu 85 und der Kauf eines Spreads zu 80 ergeben 5 DAX-Punkte Gewinn, d. h. EUR 125 Gewinn). Davon sind EUR 75 auf die Veränderung der jeweiligen Differenz der theoretischen Basis und EUR 50 auf den stärkeren Abbau des Aufschlages auf die theoretische Basis des September-Kontrakts zurückzuführen.

Bei diesem Calendar Spread werden die Positionen glattgestellt, wenn sich die Futurekurse zugunsten des Spread Traders entwickelt haben. Da das Risiko der Marktänderung durch die Kombination von einem Kauf und einem Verkauf von Futures neutralisiert wird, handelt es sich beim Spread Trading um ein Geschäft mit begrenztem Risiko.

Allerdings verbleibt das Risiko, das sich die Basisdifferenz zwischen den unterschiedlichen Kontrakten in eine andere als die prognostizierte Richtung entwickelt. Kommt es im vorliegenden Beispiel zu einer Vergrößerung des Spreads, so ergeben sich Verluste. Geht der Investor jedoch von einem sich vergrößernden Spread in der Zukunft aus, so wird er die umgekehrten Transaktionen durchführen.

Neben der dargestellten Spreadstrategie können auch weitere Spreadstrategien angewendet werden. Beim Butterfly Spread werden zwei einfache Spreads kombiniert. Dies geschieht z. B. durch den Kauf des März-Kontrakts, den gleichzeitigen Verkauf von zwei überbewerteten Juni-Kontrakten und den gleichzeitigen Kauf des September-Kontrakts.

Eine weitere Anwendungsmöglichkeit, die auch unter Trading gefaßt werden kann, besteht darin, daß ein Investor, der bereits über ein Aktienportfolio verfügt, mit Hilfe von Aktienindexfutures den Beta-Faktor seines Portfolios seinen Erwartungen anpassen kann. Unterstellt man beispielsweise einen ß-Faktor des bestehenden Aktienportfolios von 0,9, und soll das Portfoliobeta auf

1,1 angehoben werden, so kann dies durch die Hinzunahme von DAX-Futures in das Portfolio erreicht werden.

Die Anzahl einzusetzender Futures bestimmt sich dabei entsprechend der Formel

$$\text{Kontraktanzahl} = \frac{\text{Portfoliowert}}{\text{Indexstand} \cdot 25} \cdot (\text{Soll ß-Faktor - Ist ß-Faktor}) \quad .$$

Die Erhöhung des Portfoliobetas mit Hilfe des DAX-Futures ist relativ kostengünstig im Vergleich zu einer Umschichtung des Portfolios zugunsten von Aktien mit einem hohen ß-Faktor. Die Transaktionskosten werden hierbei sehr viel stärker ins Gewicht fallen.

4. Arbitragestrategien mit Futures

Unter Arbitrage versteht man das Ausnutzen von Preisungleichgewichten zur Erzielung eines risikolosen Gewinns (Free Lunch). Beispielsweise kann in dem Fall, daß der gleiche Terminkontrakt an zwei verschiedenen Terminbörsen gehandelt wird, bei Preisunterschieden eine Arbitrage zwischen dem an der einen Terminbörse gehandelten und dem an der anderen Terminbörse gehandelten Future vorgenommen werden, wobei an dem Ort mit dem niedrigeren Preis gekauft und an dem anderen Ort verkauft wird. Aufgrund der hohen Transparenz der heutigen Märkte ist diese Form der Differenzarbitrage allerdings nur noch selten anzutreffen. Dagegen erfolgt bei Terminkontrakten häufiger eine Form der Arbitrage, bei der Kursungleichgewichte zwischen dem Kontrakt und dem Underlying ausgenutzt werden.

Bei Überbewertung eines Futures am Markt führen die Marktteilnehmer die sogenannte Cash-and-Carry-Arbitrage aus, d. h. sie kaufen den zugrundeliegenden Gegenstand bzw. bei einem Index-Future das zugrundeliegende Portefeuille (Cash) und halten dieses bis zum Fälligkeitstag (Carry). Gleichzeitig verkaufen sie den entsprechenden Future. Am Fälligkeitstag wird das Kassainstrument in den Future geliefert. Wenn der Future überbewertet ist, so bedeutet dies, daß die Gesamtkosten für die Cash Position (Kaufpreis zuzüglich Nettofinanzierungskosten) geringer sind als der Erlös, der am Liefertag aufgrund des anfänglich überhöhten Futurepreises insgesamt angefallen ist.

Umgekehrt verhalten sich die Marktteilnehmer bei einer Unterbewertung des Futures, d. h. das Kassainstrument wird leerverkauft und der entsprechende Future gleichzeitig gekauft. Diese Transaktion wird als Reverse-Cash-and-Carry-Arbitrage bezeichnet.[1]

a. Arbitrage mit Bund- und Bobl-Futures

Im folgenden soll beispielhaft eine Cash-and-Carry-Arbitrage mit Bund-Futures gezeigt werden. Es ergeben sich am 25. Juli die folgenden Marktdaten:

---

1 Vgl. **Fitzgerald** (1983), S. 139ff.; **Beilner/Mathes** (1990), S. 391f.

Kurs des Bund-Future September	98,50
Fälligkeitstag	10. September
Kurs der CTD-Anleihe (6,5% Bundesanleihe, Restlaufzeit ab Future-Fälligkeit: 9 Jahre)	102,02
Konversionsfaktor der CTD-Anleihe	1,03401
Geldmarktzins (Repo Rate)	4,0%
Nominalwert der CTD-Anleihe	EUR 100.000

Tab. E.22: Cash-and-Carry-Arbitrage mit Bund-Futures

Aus diesen Angaben ergibt sich nach der Formel

$$P_F = \frac{P_{CTD} + (P_{CTD} + SZ) \cdot \left(r_{FF} \cdot \frac{T}{360} \right) - \left(K_{CTD} \cdot \frac{T}{360} \right)}{KF_{CTD}}$$

ein theoretischer Futurekurs von

$$P_F = \frac{102 + (102 + 0{,}09) \cdot \left(0{,}04 \cdot \frac{47}{360} \right) - \left(6{,}5 \cdot \frac{47}{360} \right)}{1{,}03401} = 98{,}34 \quad .$$

Da der theoretische Fair Value des Futures unterhalb des tatsächlichen Kurses liegt, kann eine Cash-and-Carry-Arbitrage sinnvoll sein. Entsprechend verkauft der Arbitrageur 1,03401 Bund-Futurekontrakte. Am Liefertag stimmen der um den Konversionsfaktor adjustierte Futurekurs und der Preis der CTD-Anleihe überein. Bei einem Exchange Delivery Settlement Price (EDSP) des Futures von beispielsweise 99,00 hat die CTD-Anleihe dann einen Preis von 102,37. Dadurch laufen folgende Gewinne und Verluste auf:

Futureposition: $1{,}03401 \cdot (98{,}50\% - 99{,}00\%) \cdot 100.000 = -517{,}01$ EUR,

Kassaposition: $(102{,}37\% - 102{,}00\% + 0{,}8486\% - 0{,}5331\%) \cdot 100.000 = +685{,}50$ EUR.

Dem Verlust auf der Futureseite in Höhe von EUR 517,01 steht ein Gewinn bei der Kassaposition von EUR 685,50 gegenüber. Daraus ergibt sich ein Gesamtgewinn aus der Arbitragetransaktion von EUR 168,49. Wäre der Future theoretisch korrekt bewertet gewesen am 25. Juli, so hätte sich bei der Futureposition ein Verlust in Höhe des Gewinns der Kassaposition ergeben.[1]

---

1 Werden zur Überprüfung die Zahlen des Beispiels direkt eingesetzt, so treten leichte Abweichungen auf, die auf Rundungsfehler zurückzuführen sind.

Ob eine Cash-and-Carry-Arbitrage lohnt, kann auch mit Hilfe der IRR festgestellt werden. Nach der Formel

$$IRR = \frac{P_F \cdot KF + C \cdot \frac{T}{360} - P_K}{(P_K + SZ)} \cdot \frac{360}{T}$$

beträgt die IRR bei einem Futurekurs von 98,50 am 25. Juli 5,24%. Da dieser oberhalb der aktuellen Repo Rate von 4,0% liegt, kann durch eine Cash-and-Carry-Arbitrage ein risikoloser Gewinn erzielt werden.

Bei einer Unterbewertung des Bund-Futures wird eine sogenannte Reverse-Cash-and-Carry-Arbitrage durchgeführt. Sie lohnt sich dann, wenn die IRR kleiner ist als die aktuelle Repo Rate. Auch hierbei entspricht die Anzahl einzusetzender Futures dem Konversionsfaktor der CTD-Anleihe für den relevanten Fälligkeitsmonat des Futures.

b. Arbitrage mit Geldmarkt-Futures

Eine Cash-and-Carry- bzw. eine Reverse-Cash-and-Carry-Arbitrage sind mit Geldmarkt-Futures, wie z.B. dem Dreimonats-Euromark-Future nicht möglich, da keine physische Lieferung erfolgen kann. Es kann aber eine Arbitrage zwischen dem Future und dem entsprechenden Nullkupon durchgeführt werden, wenn eine Fehlbewertung vorliegt.

Ausgehend von dem obigen Beispiel, bei dem ein Forward-Satz von 4,385% für einen Dreimonats-Euromark-Future ermittelt worden ist, ergibt sich ein theoretisch korrekter Futurepreis von 95,62.[1] Hierbei handelt es sich um einen Mittelsatz. Werden aber Geld- und Briefkurse für die Nullkupons in die Bewertungsformel eingesetzt, so kann beispielsweise die theoretisch korrekte Geld-Brief-Spanne von 95,59 zu 95,65 für den Euromark-Future gelten. Falls die Marktteilnehmer nur auf den Geld- und Briefkursen der zugrundeliegenden Zinssätze handeln können, so handelt es sich bei den beiden Futurekursen um eine Bandbreite, innerhalb derer eine Arbitrage nicht möglich ist. Besteht aber die Möglichkeit, Zinssätze zu handeln, die in der Mitte zwischen Geld und Brief liegen, so kann der Futurekurs von 95,62 als Grundlage für Arbitrageüberlegungen dienen.

Beläuft sich die aktuelle Marktnotierung des Dreimonats-Euromark-Futures auf 95,46, so kann diese Unterbewertung dadurch ausgenutzt werden, daß der Euromark-Future gekauft wird und gleichzeitig in Anlehnung an das obige Beispiel eine Anlage in Höhe von DM 1 Mio für 75 Tage zu 3,5% und eine Kreditaufnahme ebenfalls in Höhe von DM 1 Mio zum Zinssatz von 4,0% für 165 Tage vorgenommen werden. Als Ergebnis sollte sich pro Euromark-Future ein Arbitragegewinn von 16 · DM 25 = DM 400,-- ergeben, da sich die Differenz zwischen tatsächlichem Kurs und dem Fair Value auf genau 16 Ticks (95,62 - 95,46) beläuft. Der Arbitragegewinn wird für

---

[1] Vgl. Abschnitt II.2.c. dieses Kapitels.

den Zeitpunkt in 165 Tagen angegeben, da es sich hierbei um das Ende der Arbitragetransaktion handelt. Das Prinzip dieser Arbitrage wird in der folgenden Abbildung verdeutlicht:

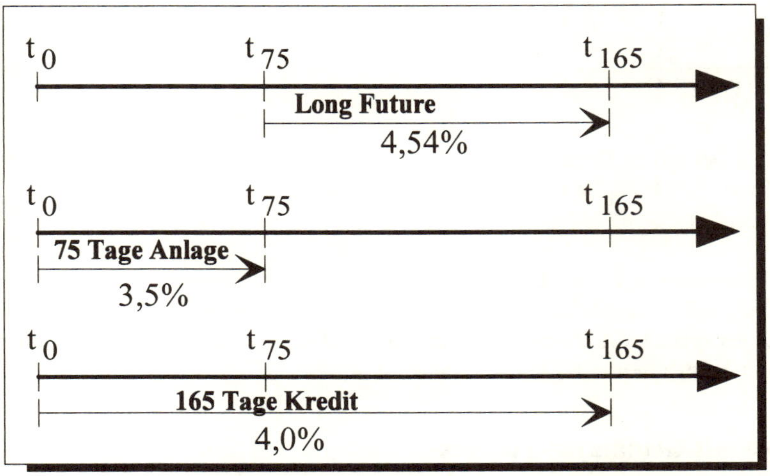

Abb. E.43: Prinzip der Future-Forward Arbitrage

Die Abbildung stellt den Fall eines zu geringen Futurekurses dar, d. h. die Anlage in t_{75} über den Future erbringt eine höhere Rendite (4,54%) als die aufgrund der Marktgegebenheiten 'korrekte' Rendite (4,38%). Auch für den Fall eines zu hohen Futurekurses kann eine entsprechende Arbitragetransaktion durchgeführt werden. Dabei wird anstatt der Long Futureposition eine Short Futureposition bei einer Kreditaufnahme für 75 Tage und einer Anlage für 165 Tage vorgenommen.

c. Arbitrage mit DAX-Futures

Wie auch bei Bund- und Bobl-Futures können auch bei Fehlbewertungen des DAX-Futures entsprechende Arbitragetransaktionen durchgeführt werden. Allerdings ist der Aufbau der Cash-Position bei einer Cash-and-Carry-Arbitrage sehr problematisch, da exakte DAX-Portfolios kaum zu konstruieren sind. Lediglich mit sogenannten Index-Baskets, die aus nur wenigen hochliquiden DAX-Werten bestehen und den DAX in ihrer Zusammenstellung sehr gut nachzubilden vermögen, kann eine Cash-and-Carry-Arbitrage erfolgversprechend sein. Bei Leerverkäufen von DAX-Portfolios im Rahmen einer Reverse-Cash-and-Carry-Arbitrage kann auf die Wertpapierleihe zurückgegriffen werden. Eine solche Transaktion wird durchgeführt, wenn der DAX-Future, gemessen an seinem Fair Value, am Markt zu niedrig bewertet wird.

Das folgende Beispiel zeigt eine Cash-and-Carry-Arbitrage. Der Schlußstand des DAX beläuft sich am 18. Juni auf 5.400. Zur gleichen Zeit notiert der DAX-Future mit Verfall 18. September mit 5.500. Sein theoretisch richtiger Wert beträgt aber bei einem angenommenen Dreimonatszins von 4% lediglich 5.454. Aufgrund dieser Überbewertung wird das DAX-Portfolio gekauft und gleichzeitig der DAX-Future verkauft. Der Kapitaleinsatz soll für das DAX-Portfolio EUR 135.000 (= 5.400 Indexpunkte · 25 EUR pro Indexpunkt) betragen. Damit ergibt sich - unabhängig von der DAX-Entwicklung - ein Arbitragegewinn von EUR 1.150, wie die folgende Tabelle zeigt. Dabei ist zu beachten, daß der Wert eines DAX-Futures dem Fünfundzwanzigfachen der Futurenotierung beträgt.

18. September (Verfalltermin)	**DAX = 5.700 DAX-Future = 5.700**	**DAX = 5.300 DAX-Future = 5.300**
Kassaerfolg	+ 7.500 EUR*	- 2.500 EUR
Futureerfolg	- 5.000 EUR**	+ 5.000 EUR
Zinsaufwand	- 1.350 EUR	- 1.350 EUR
Gesamterfolg	+ 1.150 EUR	+ 1.150 EUR
*	= (5.700 – 5.400) · 25 EUR	
**	= (5.500 – 5.700) · 25 EUR	

Tab. E.23: Cash-and-Carry-Arbitrage mit DAX-Futures

Wie schon bei den Arbitragestrategien mit Bund- und Bobl-Futures gezeigt wurde, kann auch bei der Überprüfung auf Abitragemöglichkeiten beim DAX-Future auf die Implied Repo Rate (IRR) zurückgegriffen werden. Ihre Berechnung ist hierbei sehr einfach, da keine Dividendenerträge berücksichtigt werden müssen. Für das obige Beispiel gelangt man unter Verwendung der Formel

$$IRR = \left(\frac{P_F}{P_I} - 1 \right) \cdot \frac{360}{T}$$

zu folgendem Ergebnis:

$$IRR = \left(\frac{5.500}{5.400} - 1 \right) \cdot \frac{360}{90} = 7{,}41\% \, .$$

Da dieser Wert oberhalb des Finanzierungssatzes (Repo Rate) von 4% liegt, ist eine Cash-and-Carry-Arbitrage möglich. Insgesamt gesehen sind den Möglichkeiten zur Arbitrage in der Praxis einige Grenzen gesetzt. Vor allem die damit verbundenen Transaktionskosten lassen Arbitrage lediglich für gewisse Gruppen institutioneller Marktteilnehmer lukrativ erscheinen. Auch die notwendigen Marktvolumina sind i. d. R. bei Privatanlegern nicht groß genug, um Arbitragetransaktionen durchzuführen.

5. Hedging mit Futures

a. Grundlagen und Systematisierungsansätze

Unter Hedging mit Futures wird die Absicherung einer bestehenden oder noch aufzubauenden Position gegen unerwünschte Marktentwicklungen durch das Eingehen einer adäquaten Gegenposition verstanden. Dabei besteht das Ziel, die Gewinne der einen Position durch die Verluste der anderen Position zu kompensieren. Diese als traditionell bezeichnete Sichtweise des Hedging ist durch die Zielsetzung charakterisiert, das Risiko einer Kassaposition zu minimieren.[1]

Hedging-Strategien lassen sich grundsätzlich in die folgenden Arten differenzieren:

Handelt es sich bei der abzusichernden Position um einen bereits im Bestand des Hedgers befindlichen Kassatitel, so spricht man von einem Cash Hedge, andernfalls liegt ein 'Anticipatory Hedge' vor. Weiterhin läßt sich eine Differenzierung in Abhängigkeit davon vornehmen, ob die Dauer der Hedge-Periode zum Absicherungszeitpunkt bereits genau bekannt ist (sog. Strong Hedge) oder nicht (Weak Hedge). Im letzteren Fall ist das Ziel des Hedgers die erfolgreiche Absicherung zu jedem Zeitpunkt, z. B. auf einer täglichen bzw. wöchentlichen Grundlage, wobei das genaue Hedge-Ende variieren kann. Infolgedessen wird der Strong Hedge auch als Spezialfall des Weak Hedge angesehen.

Wird ein Cash Hedge zur Absicherung einer Wertpapierposition durchgeführt, so handelt es sich um einen Short Hedge, bei dem Futures verkauft werden. Werden hingegen zukünftige Käufe von Wertpapieren durch einen Anticipatory Hedge abgesichert, so wird ein Long Hedge (Kauf von Futures) vorgenommen, da eine Absicherung gegen das Risiko steigender Kurse erfolgen soll.

Darüber hinaus kann eine weitere Differenzierung von Hedging-Strategien vorgenommen werden im Hinblick darauf, ob eine weitgehende Übereinstimmung der abzusichernden Kassaposition mit dem einzusetzenden Future vorliegt. Stimmen beide überein, spricht man von einem Pure Hedge. In diesem Fall ist von einer hohen Korrelation zwischen Futurepreis- und Kassapreisentwicklung auszugehen. Weichen die beiden Finanztitel hinsichtlich der wesentlichen Ausstattungsmerkmale, wie z. B. bei Anleihen die Restlaufzeit, Kuponhöhe und Bonität des Emittenten, stark voneinander ab, so handelt es sich um einen Cross Hedge. Diese Definition läßt sich insofern abwandeln, als daß beim Hedging mit Zinsfutures erst dann ein Cross Hedge vorliegt, wenn die abzusichernde Anleihe nicht in den Future lieferbar ist. Beim Hedging mit Aktienindexfutures ergibt sich in jedem Fall, in dem ein mit dem zugrundeliegenden Index nicht übereinstimmendes Portefeuille abgesichert werden soll, ein Cross Hedge.

Schließlich lassen sich zur Absicherung mehrerer Einzelpositionen mit unterschiedlicher Restlaufzeit, verschiedene Hedging-Strategien unterscheiden. Wird nur eine Terminposition zur Dekkung des gesamten Absicherungsbedarfs eingegangen, so handelt es sich um die einfachste Form des Hedgings, einen One-off-Hedge. In diesem Fall wird ein Fälligkeitstermin gewählt, der hinter

---

1 Vgl. **Berger** (1990), S. 28; **Meyer** (1994a), S. 3.

dem Ende der letzten offenen Kassaposition liegt. Die Futureposition wird entsprechend den Fälligkeiten der Kassatitel angepaßt. Dagegen erfolgt bei einem Strip-Hedge zu Beginn der Hedging-Transaktion eine Anpassung der Futures-Fälligkeiten an die Absicherungszeiträume der einzelnen Kassapositionen. Auch in diesem Fall werden für die jeweiligen Positionen Futures eingesetzt, die erst nach der jeweiligen Hedge-Laufzeit fällig werden.

Bei einem sogenannten Rolling-Strip-Hedge werden nur die nächstfälligen Futures zu Hedging-Zwecken eingesetzt. Zunächst wird die gesamte abzusichernde Position mit dem Nearby Future abgesichert. Bei Eintritt der ersten Veränderung der gesamten Kassaposition nach einem Future-Fälligkeitstermin wird die Hedge-Position aufgelöst und die gesamte offene Position erneut mit dem Nearby Future gehedgt. Eine weitere Form des Hedging, der Rolling-Hedge, sichert zunächst nicht die gesamte Kassaposition ab, sondern nur diejenigen Teilbeträge der Kassaposition, die vor der Fälligkeit des Nearby Futures aufgelöst werden. Zum Auflösungszeitpunkt erfolgt die Glattstellung der Futureposition und die Absicherung des nächsten Teilbetrages mit dem dann aktuellen Nearby Future.

Abschließend sei noch auf einen sogenannten Perfect Hedge verwiesen. Von einem solchen wird häufig gesprochen, wenn ein vollkommener Ausgleich zwischen der Wertentwicklung der Kassa- und der Terminposition erreicht worden ist. Ein derartiges Ergebnis ist in der Praxis aber kaum zu erzielen, da sich Kassa- und Futureposition i. d. R. unterschiedlich entwickeln.

Am Beginn einer Hedging-Transaktion steht ihre sorgfältige Planung. Zunächst gehört dazu die Festlegung der Hedge-Zielsetzung und die Bestimmung der zu hedgenden Kassapositionen. Darüber hinaus erfolgt in dieser Phase die Auswahl des Terminkontraktes mit einer passenden Fälligkeit sowie die Bestimmung der entsprechend der Zielsetzung optimalen Hedge Ratio. Schließlich ist noch die Ermittlung des Finanzierungsbedarfs von Bedeutung, um Vorkehrungen für ausreichende Liquiditätsreserven zu treffen, da zwischenzeitliche Zahlungen aufgrund des Marking-to-Market von Futures fällig werden können.

Von diesen Elementen kommt für den Erfolg einer Hedging-Maßnahme vor allem der Ermittlung der Hedge Ratio eine zentrale Bedeutung zu. Die Hedge Ratio entspricht dem zu Beginn der Hedging-Transaktion zu bestimmenden Gewichtungsverhältnis zwischen dem absichernden und dem abzusichernden Instrument. Mit Hilfe dieses Gewichtungsverhältnisses kann die Anzahl der einzusetzenden Futures bestimmt werden. Sie ergibt sich für Zinsfutures wie folgt:

$$q = HR_{opt} \cdot \frac{\text{No min alwert der Kassaposition}}{\text{No min alwert der Futuresposition}}$$

mit

q	=	Anzahl einzusetzender Futures und
HR_{opt}	=	optimale Hedge Ratio.

Für Aktienindexfutures ergibt sich q aus dem Ausdruck

$$q = HR_{opt} \cdot \frac{\text{Kurswert der Kassaposition}}{\text{Kurswert des Indexes}}\ .$$

b. Hedging mit Zinsfutures

Hedging kann als das am meisten verbreitete Motiv zur Anwendung von Zinsfutures charakterisiert werden. Besitzer von Anleihen wollen sich gegen das Zinsänderungsrisiko absichern. Investoren, die in der Zukunft eine Zinsanlage tätigen wollen, versuchen sich das aktuelle Zinsniveau zu sichern. Der Absicherungserfolg wird maßgeblich durch die Hedge Ratio determiniert. Die verschiedenen Verfahren zur Ermittlung der optimalen Hedge Ratio bei Zinsfutures werden im folgenden dargestellt.

Nominalwertmethode

Entsprechend der mit Rücksicht auf den geringen Berechnungsaufwand auch als naive Methode bezeichneten Nominalwertmethode wird von einem Hedger ausgegangen, der Futurepositionen in gleichem Umfang, aber mit umgekehrten Vorzeichen zu den abzusichernden Kassapositionen aufbaut. Ziel ist die gegenseitige Kompensation der Gewinne und Verluste, wobei unterstellt wird, daß die zum Beginn der Hedge-Periode ermittelte Hedge Ratio auf der Basis der Wertäquivalenz zwischen beiden Positionen zur Erreichung dieses Ziels ausreicht. Die optimale Hedge Ratio (HR_{opt}) nimmt in diesem Fall immer den absoluten Wert eins an. Bei Shortpositionen wird dieser Wert mit einem negativen Vorzeichen versehen, das auf den Verkauf der Futures hindeutet, andernfalls liegt eine Long Position vor.

Eine vollständige Absicherung mit Hilfe dieses Verfahrens kann allerdings nicht erwartet werden, weil eine konstante Basis unterstellt wird. Da eine Parallelentwicklung von Kassa- und Futurekursen eher unwahrscheinlich ist, führt die Nominalwertmethode im allgemeinen nicht zu einer vollständigen Risikoabsicherung. Vielmehr besteht lediglich die Möglichkeit, das Risiko zu reduzieren. Aufgrund seiner Einfachheit findet dieses Verfahren zur Bestimmung der Hedge Ratio in der Praxis häufig Anwendung. In empirischen Untersuchungen wird es insbesondere zu Vergleichszwecken mit anderen Hedge-Ratio-Verfahren eingesetzt.

Kurswertmethode

Ähnlich wie die Nominalwertmethode zählt auch die Kurswertmethode zu den einfachen Hedge-Ratio-Verfahren. Dabei wird die optimale Hedge Ratio direkt aus dem Verhältnis zwischen den Kurswerten der Kassa- (P_{Kt_0}) und der Terminposition (P_{Ft_0}) abgeleitet:

$$HR_{opt} = -\frac{P_{K\,t_0}}{P_{F\,t_0}}\ .$$

Damit erfolgt gegenüber der Nominalwertmethode insofern eine Verbesserung, als daß die Annahme identischer Preise aufgegeben wird. Jedoch kann aufgrund der Basiskonvergenz für die Realität nicht unterstellt werden, daß die aktuellen Preisverhältnisse von Kassa- und Futureinstrument konstant bleiben bzw. einen geeigneten Maßstab für das Verhältnis möglicher Preisveränderungen von Kassa- und Futuretitel darstellen. Positiv zu bewerten ist allerdings, daß dieses Verfahren nur mit einem geringen Berechnungsaufwand für die Hedge Ratio verbunden ist.

Konversionsfaktormethode

Eine weitere, zu den einfachen Verfahren zählende Methode der Hedge-Ratio-Ermittlung beruht auf Konversionsfaktoren, die daneben auch im Rahmen der Ermittlung der Cheapest-to-Deliver-Anleihe benötigt werden, um die bei Fälligkeit des Futures jeweils lieferbaren Anleihen und das Underlying des Zinsfutures renditemäßig vergleichbar zu machen. Damit lassen sich Konversionsfaktoren als ein Maß für die unterschiedliche Preisreagibilität der beiden Instrumente interpretieren. Aus diesem Grund erfolgte eine Übertragung des Konversionsfaktorsystems auch auf das Hedging. Das abzusichernde Kassainstrument wird dabei an das Underlying des Futures angepaßt. Infolgedessen beruht die Absicherung in diesem Fall auf dem Konversionsfaktor der zu hedgenden Anleihe. Die optimale Hedge Ratio entspricht dabei diesem mit einem negativen Vorzeichen versehenen Konversionsfaktor und kann entsprechend beschrieben werden als

$$HR_{opt} = - KF_K$$

mit

KF_K = Konversionsfaktor des abzusichernden Kassainstruments.

Als Verbesserung gegenüber der Nominalwertmethode werden bei der Konversionsfaktormethode die unterschiedlichen Preisreagibilitäten von Kassa- und Futureinstrument zumindest berücksichtigt, so daß auch die Möglichkeit eines Cross Hedges mit in die Überlegungen einbezogen wird. Allerdings wird dabei unterstellt, daß diese Reagibilitäten in korrekter Form durch den Konversionsfaktor abgebildet werden können.

Dem Vorteil des geringen Berechnungsaufwandes bei diesem Hedge-Ratio-Verfahren steht allerdings der Nachteil der Unterstellung einer flachen Zinsstrukturkurve in Höhe der Nominalverzinsung des Underlyings gegenüber. Daher führt dieses Verfahren aus theoretischer Sicht nur dann zu akzeptablen Ergebnissen, wenn auch eine entsprechende flache Zinsstruktur am Markt beobachtet werden kann. Andernfalls weichen die Kursentwicklungen von Anleihen mit verschiedenen Laufzeiten und Nominalverzinsungen bei einer gegebenen Marktzinsänderung teilweise deutlich voneinander ab.

Durationsbasierte Methode

In den oben vorgestellten Verfahren wird die unterschiedliche Preisreagibilität von Kassa- und Futureposition nicht ausreichend berücksichtigt. Infolgedessen wurde zur Erfassung dieser Preisreagibilitäten auch die Berücksichtigung der Duration bei der Hedge-Ratio-Berechnung vorgeschlagen.

Aus der Interpretation der Duration als Elastizitätskennzahl kann die Eignung dieser Kennzahl als Maß für zinsänderungsbedingte Kurswertänderungen von festverzinslichen Wertpapieren abgeleitet werden. Der Vorteil der Verwendung der Duration zur Abschätzung von Kursänderungsrisiken gegenüber einer finanzmathematischen Barwertermittlung für verschiedene Zinsszenarien besteht in der Zusammenfassung derjenigen Determinanten zu einer Größe, von denen das Ausmaß der Kurswertänderung bei einer gegebenen Marktzinsänderung abhängt. Dazu zählen insbesondere die Kuponhöhe, die Restlaufzeit und das aktuelle Zinsniveau. Darüber hinaus ist die Duration in dieser Form vergleichsweise einfach zu berechnen. Als Nachteil der Duration als Maß für zinsänderungsbedingte Kurswertrisiken ist die Annahme einer flachen Zinsstrukturkurve zu nennen, die im Falle einer Zinsänderung parallel verschoben wird. Zusätzlich wird unterstellt, daß lediglich eine einmalige infinitesimal kleine Zinsänderung erfolgt.

Für einen Future selbst kann grundsätzlich keine Duration ermittelt werden, da der Future als solches keine Anleihe darstellt, sondern lediglich das Underlying repräsentiert. Infolgedessen hat ein Future selbst auch keinen tatsächlichen Wert, da sein Kauf/Verkauf, abgesehen von Margin-Zahlungen nicht mit Ausgaben verbunden ist. Allerdings wird häufig die Duration des Underlyings bzw. der CTD-Anleihe verwendet, da sich der Futurepreis auch als Barwert des Zahlungsstroms des Underlyings bzw. der CTD-Anleihe interpretieren läßt. In diesem Fall ist bei der Hedge-Ratio-Ermittlung zusätzlich noch der entsprechende Konversionsfaktor zu berücksichtigen, um die Cheapest-to-Deliver-Anleihe und das Underlying vergleichbar zu machen.

Wird darüber hinaus eine konstante Renditespanne zwischen dem Kassainstrument und dem Future unterstellt, d. h. von gleichen Erwartungswerten der Zinsänderungen Δr_K und Δr_F ausgegangen, so läßt sich die optimale Hedge Ratio in der folgenden Weise berechnen:

$$HR_{opt} = -\frac{D_K \cdot P_K \cdot (1 + r_F)}{D_F \cdot P_F \cdot (1 + r_K)} \quad .$$

mit

D_K, D_F = (erwartete) Duration der abzusichernden Anleihe bzw. des Futures,
r_K, r_F = Umlaufrendite der abzusichernden Anleihe bzw. des Futures und
P_K, P_F = Preis der abzusichernden Anleihe bzw. des Futures.

Darüber hinaus kann noch der erwartete Zusammenhang zwischen der Rendite des abzusichernden Kassatitels und der des Futures in der Formel berücksichtigt werden. Er läßt sich über eine Regression bestimmen. Dabei stellt der sogenannte relative Zinsvolatilitätsfaktor bzw. das Rendite- oder Yield-Beta als Regressionskoeffizient die Steigung der Regression dar und kann als $ß_Y$ bezeichnet werden:

$$E\left(\Delta r_K\right) = ß_Y \cdot E\left(\Delta r_F\right) + e$$

mit

$ß_Y$ = Yield-Beta und
$E(\Delta r_K)$ = Erwartungswert von Δr_K.

Damit wird die Annahme einer während der Absicherungsperiode konstanten Spanne zwischen den Renditen des abzusichernden Kassa- und denen des Futureinstruments aufgegeben. Um den Zusammenhang zwischen dem Kassainstrument und der CTD-Anleihe herzustellen, ist entsprechend das Yield-Beta dieser lieferoptimalen Anleihe zu ermitteln. Unter Berücksichtigung dieser Aspekte kann die optimale Hedge Ratio wie folgt dargestellt werden:

$$HR_{opt} = -\frac{D_K^{mod} \cdot P_K}{D_F^{mod} \cdot P_F} \cdot ß_Y$$

mit

D^{mod} = (erwartete) modifizierte Duration.

Im Hinblick darauf, daß der Future selbst grundsätzlich keine Duration besitzt und lediglich die CTD-Anleihe als das den Futurepreis bestimmende Instrument einem Zinsänderungsrisiko ausgesetzt ist, läßt sich die optimale Hedge Ratio wie folgt berechnen:

$$HR_{opt} = -\frac{D_K^{mod} \cdot P_K}{D_{CTD}^{mod} \cdot P_{CTD}} \cdot ß_{YCTD} \cdot KF_{CTD}$$

mit

D_{CTD}^{mod} = (erwartete) modifizierte Duration der CTD-Anleihe,
P_{CTD} = Preis der CTD-Anleihe,
$ß_{YCTD}$ = Yield-Beta der CTD-Anleihe und
KF_{CTD} = Konversionsfaktor der CTD-Anleihe.

Werden in die Formeln jeweils die Dirty Prices eingesetzt, d. h. die Kurse der Anleihen inklusive der aufgelaufenen Stückzinsen, so kann beispielsweise die letzte Formel auch mit Hilfe der Dollar Duration ausgedrückt werden:

$$HR_{opt} = -\frac{\text{Dollar Duration}_{\text{Anleihe K}}}{\text{Dollar Duration}_{\text{CTD-Anleihe}}} \cdot ß_{YCTD} \cdot KF_{CTD} \cdot$$

Darüber hinaus kann auch die Konvexität als erste Ableitung der Duration in die Formel für die optimale Hedge Ratio integriert werden.[1]

$$HR_{opt} = -\frac{0{,}5 \cdot C_K \cdot (\Delta r)^2 - D_K^{mod} \cdot \Delta r}{0{,}5 \cdot C_{CTD} \cdot (\Delta r)^2 - D_{CTD}^{mod} \cdot \Delta r} \cdot ß_{YCTD} \cdot KF_{CTD} \quad .$$

mit

C = Konvexität.

Gegenüber der obigen Formel erfolgt die Berechnung der optimalen Hedge Ratio aufgrund der Berücksichtigung der Konvexität in einer etwas genaueren Weise. Dennoch spielt die Konvexität erst bei größeren Renditeveränderungen eine Rolle, so daß bei kleineren Veränderungen die Abschätzung mit der Dollar Duration hinreichend präzise sein dürfte.

Basis Point Value-Methode

In der Praxis wird häufig die Basis Point Value-Methode zur Bestimmung der optimalen Hedge Ratio verwendet. Der Basis Point Value zeigt die absolute Wertänderung des Anleihekurses bei Veränderung des Zinsniveaus um einen Basispunkt (0,01%) an:

$$BPV = \frac{\Delta P}{\Delta r}$$

mit

BPV = Basis Point Value,
ΔP = absolute Veränderung des Anleihekurses und
Δr = Veränderung der Rendite um einen Basispunkt.

Während beim durationsbasierten Ansatz die minimale Veränderung der Rendite betrachtet wird, geht es bei der Basis Point Value-Methode um die Renditeänderung von einem Basispunkt. Dennoch kann zur Abschätzung der Preisveränderung auf die Durationskennzahl zurückgegriffen werden, so daß sich für den Basis Point Value der folgende Ausdruck ergibt:

$$BPV = \frac{\Delta P}{\Delta r} = -\frac{D \cdot P}{1 + r} \quad .$$

---

[1] Zur Konvexität vgl. Kapitel A.

Werden die jeweiligen Wertänderungen der CTD-Anleihe und der abzusichernden Kassaanleihe in die obige Formel der durationsbasierten Methode eingesetzt, so ergibt sich für die optimale Hedge Ratio:

$$HR_{opt} = -\frac{BPV_{\text{Anleihe K}}}{BPV_{\text{CTD-Anleihe}}} \cdot ß_{YCTD} \cdot KF_{CTD} \cdot$$

Anstelle der Duration dient dabei offenbar die BPV-Methode zur Abschätzung der Kursveränderungen. Diese Methode stellt eine Interpolation zwischen zwei Werten dar, während die Dollar Duration die Steigung einer Tangente an die Preis-Rendite-Kurve der Anleihe in einem bestimmten Punkt angibt. Infolgedessen liefert die Bestimmung der optimalen Hedge Ratio mit Hilfe der Dollar Duration grundsätzlich etwas genauere Ergebnisse.

Regressionskoeffizienten-Methode

Als weitere optimale Hedge Ratio wird der Regressionskoeffizient einer linearen Kleinste-Quadrate-Einfachregression angeführt, wobei die Wertveränderungen der Kassaposition die abhängige (Regressand) und die Wertveränderungen der Futureposition die unabhängige Variable (Regressor) darstellen.

Im Vergleich zur Korrelationsanalyse, die den Grad des Zusammenhangs zwischen zwei Merkmalen untersucht, versucht die Regressionsanalyse, diese Zusammenhänge näher zu spezifizieren. Sie unterstellt dabei eine eindeutige Richtung des Zusammenhangs zwischen den Variablen.

Bei der Regressionsanalyse stellt sich die Frage, welcher Anteil einer Gesamtabweichung, d. h. der Abweichung des tatsächlichen Wertes vom Mittelwert der abhängigen Variablen, durch die unabhängige Variable erklärt werden kann und welcher Anteil als unerklärtes Residuum verbleibt. Das Ziel besteht in der Ermittlung einer linearen Funktion, die einen möglichst großen Teil der Gesamtabweichungen erklärt. Die eindeutige Festlegung einer optimalen Regressionsgeraden ist durch die Minimierung der Summe der Quadrate der einfachen Abweichungen möglich. Aus diesem Grund wird diese Methode als Methode der Kleinste-Quadrate-Regression (OLS - Ordinary Least Squares) bezeichnet. Die Regressionsgleichung für die Wertveränderung der Kassaposition kann wie folgt ausgedrückt werden:

$$\Delta P_K = a + b \cdot \Delta P_F + e$$

mit

ΔP_K = Wertveränderung der Kassaposition,
ΔP_F = Wertveränderung der Futureposition,
a = absolutes Glied der Regressionsfunktion / Regressionskonstante,
b = Regressionskoeffizient (Steigung der Geraden) und
e = Residualgröße als Abweichung der tatsächlichen von den errechneten Werten.

Der Regressionskoeffizient stellt in der Gleichung die Hedge Ratio dar. Diese wird hier aus den Daten einer vergangenen Periode bestimmt. Für eine zukünftige Periode kann der ermittelte Wert nur dann der optimalen Hedge Ratio entsprechen, wenn der ausgewählte Future bei der Regression der tatsächlichen (zukünftigen) Werte die maximale Korrelation mit der Kassaposition aufweist und die künftigen Werte für ΔP_K und ΔP_F im gleichen Verhältnis wie in der vergangenen Periode miteinander verbunden sind. Entsprechend ist für die Qualität der zum Hedge-Beginn ermittelten Hedge Ratio erforderlich, daß die vergangenen Werte von ΔP_K und ΔP_F gute Schätzwerte für die künftige Periode darstellen.

Erfolgversprechend ist vor allem, die Stichprobe auf der Basis der Kassa- und Futurekurse unmittelbar vor dem Hedge-Beginn durchzuführen. Gleichzeitig sollte der zeitliche Stichprobenumfang der voraussichtlichen Absicherungsdauer in etwa entsprechen.[1]

Als problematisch kann sich erweisen, daß die entsprechenden Zeitreihen z. B. aufgrund der Ausgabe neuer Futures oder der Investition in eine neu emittierte Anleihe nicht verfügbar sind. Beim Hedging mit Zinsfutures stellt zudem die zum Fälligkeitszeitpunkt lieferoptimale Anleihe das eigentlich relevante Termininstrument dar, das in der Regression zu verwenden wäre. Da die CTD-Anleihe aber beim Abschluß eines Futuregeschäfts noch nicht endgültig bekannt ist, kann diesbezüglich lediglich eine Annahme getroffen werden.

Laufzeitmethode zur Absicherung mit Futures auf kurzfristige Zinstitel

Auch bei einem Hedge mit Futures auf kurzfristige Zinstitel geht es um das Ziel, die Wertveränderungen der Kassaposition durch die Wertveränderungen der Futureposition auszugleichen. Dabei ist vor allem auf die Laufzeitunterschiede zwischen dem abzusichernden Zins und dem Zins, der dem jeweiligen Future zugrunde liegt, abzustellen. Beispielsweise ist eine Position, die eine Laufzeit von drei Monaten hat, unempfindlicher gegenüber Zinsänderungen als eine Sechsmonatsposition. Die Zinsreagiblität verhält sich in diesen Fällen in linearer Weise zu der Zeitperiode, die der jeweilige Zinssatz umfaßt. Auf das Konzept der Duration übertragen, entspricht die Duration von Geldmarkteinlagen - wie bei Zerobonds - der Laufzeit. Unter Berücksichtigung dieser Aspekte ergibt sich die optimale Hedge Ratio wie folgt:

$$HR_{opt} = \frac{\text{Laufzeit}_{\text{abzusichernder Zins}}}{\text{Laufzeit}_{\text{Zins des Futures}}} \quad .$$

Zur Berechnung der Anzahl einzusetzender Futures ist die optimale Hedge Ratio noch mit dem Quotienten aus den Nominalwerten zu multiplizieren.

---

[1] Vgl. **Berger** (1990), S. 412.

c. Hedging mit Aktienindexfutures

Aktienindexfutures können zur Absicherung gegen das nicht diversifizierbare (also das systematische) Risiko eines Aktienportefeuilles eingesetzt werden. Voraussetzung dafür ist, daß es sich bei dem dem Future unterliegenden Aktienindex um einen guten Schätzwert für das Marktportefeuille handelt. Die wesentliche Frage ist auch hier, in welchem Umfang Aktienindexfutures eingesetzt werden sollen.

Auch hier kann - wie bei Zinsfutures - die optimale Hedge Ratio über eine Regression zwischen den Aktienportefeuille- und den Futurepreisänderungen geschätzt werden. Damit ergibt sich als Hedge Ratio das Beta des Aktienportefeuilles im Verhältnis zum Future. Die Stärke des linearen Zusammenhangs zwischen beiden wird ebenfalls durch den Korrelationskoeffizienten gemessen. Bei keiner exakten linearen Beziehung kommt es allerdings zu Schwankungen des Betas im Zeitablauf.

Das Betarisiko besteht zum einen aus dem Schätzrisiko. Zum anderen beinhaltet es das Risiko, das daraus entsteht, daß zwischen dem zu hedgenden Portefeuille und dem Future keine Korrelation von eins besteht. Während ersteres sich evtl. durch anspruchsvollere Verfahren der Betaschätzung reduzieren läßt, ist letzteres auf die verbleibenden Einzelrisiken in einem nicht vollständig diversifizierten Portefeuille zurückzuführen.

Darüber hinaus wird in der Literatur eine optimale Hedge Ratio angegeben, die sich aus dem Produkt aus dem Beta des Portefeuilles in Relation zum Index (dem Underlying des Futures) und dem Beta dieses Indexes in Relation zum Terminkontrakt ergibt:[1]

$$HR_{opt} = -ß_{PI} \cdot ß_{IF}$$

mit

$ß_{PI}$ = Beta des Portefeuilles in Relation zum Index und
$ß_{IF}$ = Beta des Indexes in Relation zum Terminkontrakt.

Auch nach dieser Methode können letztlich nur Portefeuilles, die eine hohe Korrelation mit dem jeweiligen Underlying des Indexfutures aufweisen, erfolgreich abgesichert werden. Für einzelne Aktien ist die Absicherung mit Optionen auf die jeweilige Aktie besser geeignet.

d. Portfoliotheoretische Überlegungen beim Hedging mit Financial Futures

Die oben beschriebene traditionelle Sichtweise des Hedgings ist durch die Zielsetzung charakterisiert, das Risiko einer Kassaposition zu minimieren. Nutzenerwartungen der einzelnen Marktteilnehmer unter gleichzeitiger Berücksichtigung von Erträgen der gesamten, aus Futures und Kassainstrumenten bestehenden Position werden dabei nicht einbezogen. Vor diesem Hintergrund lassen sich auch portfoliotheoretische Überlegungen auf das Hedging mit Futures übertra-

---

1 Vgl. **Fabozzi/Peters** (1989), S. 216. Zur Herleitung vgl. **Meyer** (1994b), S. 423ff.

gen. Dabei kann das Ziel verfolgt werden, durch die Hinzufügung von Futures in ein Portefeuille dessen Varianz zu minimieren bzw. das Portefeuille optimal unter Risiko- und Ertragsgesichtspunkten zu gestalten.[1]

Ausgangspunkt ist die Überlegung, daß Investoren aus den gleichen Risiko-Ertrags-Erwägungen heraus Terminkontrakte in ein Portefeuille einbeziehen wie auch andere Wertpapieranlagen. Somit werden die Marktteilnehmer die Entscheidungen über die Einbeziehung von Futures ebenfalls aufgrund des erwarteten Ertrages und des Ertragsrisikos, das als Varianz der Erträge gemessen wird, treffen. In Abweichung von der Portfoliotheorie von Markowitz werden Kassa- und Futurepositionen allerdings nicht als gegenseitig substituierbar angesehen. Vielmehr wird die Anzahl der Kassatitel als Konstante vorgegeben. Damit entscheidet der Investor gemäß seinen Erwartungen lediglich über die Höhe der Futureposition in Relation zur vorgegebenen Kassaposition.[2] Gewählt wird grundsätzlich die Anzahl einzusetzender Futures, die den Erwartungsnutzen des Marktteilnehmers maximiert.

Durch den Varianzminimierungsansatz kann die Hedge Ratio analytisch aus der Zielsetzung der Minimierung der Varianz des gesamten, aus Kassa- und Futurepositionen bestehenden Portfolios, abgeleitet werden.[3] Bei diesem Ansatz handelt es sich um einen speziellen Fall der Portfoliotheorie; denn die Ausgangsposition ist ein Marktteilnehmer, der das Portfolio mit der geringsten Varianz wünscht. Die Erzielung eines bestimmten Ertrages wird dabei nicht berücksichtigt. Vor dem Hintergrund kapitalmarkttheoretischer Überlegungen kann in diesem Fall nicht davon ausgegangen werden, den erwarteten Ertrag der Kassaposition zu erreichen, da sich das erwartete Risiko der gesamten Position gegenüber dem der Kassaposition verringert und dementsprechend eine geringere Rendite zu erwarten ist.

Auch in Anlehnung an die Sharpe-Ratio wurden Hedging-Ansätze entwickelt.[4] Unterstellt wird, daß die Investoren die Möglichkeit haben, verschiedene Anlage-Kombinationen aus einem risikobehafteten Kassatitel, einer risikofreien Anlage und einem Future vorzunehmen. Der Umfang dieser Positionen wird dabei simultan festgelegt. Im Rahmen einer Optimierungsstrategie besteht das Ziel in der Maximierung der Sharpe-Ratio. Aus dieser Zielsetzung kann auch die Anzahl einzusetzender Futures abgeleitet werden.[5]

---

1 Vgl. **Meyer-Bullerdiek** (1998), S. 718ff.

2 Vgl. **Johnson** (1960), S. 142ff.; **Lypny** (1988), S. 704.

3 Zur analytischen Herleitung vgl. **Meyer** (1994a), S. 110ff.

4 Vgl. **Nelson/Collins** (1985), S. 45ff.

5 Auf der Basis ähnlicher Zielvorstellungen wie der Ansatz auf der Grundlage der Sharpe-Ratio ist auch ein weiterer Ansatz entwickelt worden. Vgl. **Howard/D'Antonio** (1984), S. 101ff., **Howard/D'Antonio** (1986), S. 25ff.

III. Portfoliomanagement mit Forward Rate Agreements (FRAs)

1. Grundlagen von Forward Rate Agreements

Die außerbörslich gehandelten Forward Rate Agreements (FRAs) zählen neben den börsennotierten Zinsfutures ebenfalls zu den unbedingten Zinstermingeschäften. Bei einem FRA handelt es sich um eine individuelle, nicht standardisierte und damit nicht börsenfähige Vereinbarung zwischen zwei Marktteilnehmern über eine Zinsfestschreibung auf eine fiktive Einlage für eine in der Zukunft liegende Zinsperiode, die als Contract Period bezeichnet wird.[1] Die Vereinbarung bezieht sich auf einen Nominalwert, wobei der Betrag aber nicht ausgetauscht wird. Es erfolgt also keine effektive Anlage bzw. Kreditgewährung, so daß beim Abschluß eines FRAs keine Angaben über tatsächlich eingegangene Geldgeschäfte gemacht werden müssen. Entsprechend beinhaltet ein FRA eine beiderseitige vertragliche Verpflichtung zu einer Zinsausgleichszahlung zwischen dem vereinbarten FRA-Zinssatz und dem am Referenztag gültigen Marktzinssatz für ein Geldgeschäft, das der Laufzeit und dem Nominalbetrag des FRAs entspricht. Zwischen Käufer und Verkäufer werden beim Abschluß des FRA-Vertrages Vereinbarungen getroffen über Währung, Nominalbetrag, Referenzzinssatz, FRA-Zinssatz, Beginn und Ende der Contract Period sowie den Tag des FRA-Fixings. Grafisch kann der zeitliche Ablauf eines FRA wie folgt dargestellt werden:

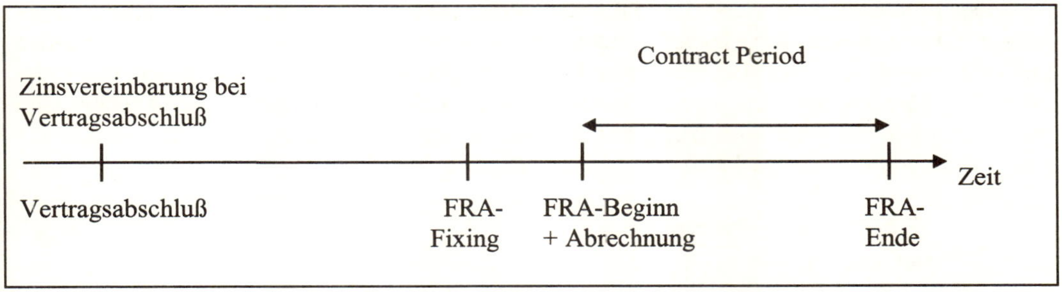

Abb. E.44: Zeitlicher Ablauf eines FRAs

So schreibt beispielsweise ein 6-9 Monats-FRA den Zins fest, der in 6 Monaten für eine 3-Monats-Einlage gezahlt werden muß. In dem Vertrag wird vorgesehen, daß zu Beginn der Contract Period die Differenz zwischen dem vertraglich festgeschriebenen Zinssatz (FRA- oder Contract Rate) und dem dann aktuellen Referenzzinsatz auf die fiktive Einlage (z. B. Libor) festgestellt wird. Dieses Fixing findet gewöhnlich zwei Bankarbeitstage vor Beginn der Contract Period statt, kann jedoch auch am gleichen Tag vorgenommen werden (z. B. im Sterling-Markt). Liegt der Referenzzinssatz über dem FRA-Satz, so erhält der Käufer des FRAs die Ausgleichszahlung; liegt er unter dem festgeschriebenen Niveau, erfolgt die Zahlung an den Verkäufer des Kontrakts.

---

1 Vgl. **Maier** (1988), S. 475.

Die Forward-Forward Rate bzw. der FRA-Satz ($r_{6\text{-}9}$) ergibt sich für die unterjährige Bestimmung durch die folgende Rechnung:[1]

$$\left(1+\frac{r_{0-6}}{100}\cdot\frac{Tage_{0-6}}{360}\right)\cdot\left(1+\frac{r_{6-9}}{100}\cdot\frac{Tage_{6-9}}{360}\right)=\left(1+\frac{r_{0-9}}{100}\cdot\frac{Tage_{0-9}}{360}\right)$$

$$\left[\left(\frac{1+\frac{r_{0-9}}{100}\cdot\frac{Tage_{0-9}}{360}}{1+\frac{r_{0-6}}{100}\cdot\frac{Tage_{0-6}}{360}}\right)-1\right]\cdot\frac{360}{Tage_{6-9}}=\frac{r_{6-9}}{100}$$

mit

$r_{0\text{-}6}$ = Zinssatz für die folgenden 6 Monate und
$Tage_{0\text{-}6}$ = Anzahl der Tage bis zum Ende der folgenden 6 Monate.

Zu Beginn der Contract Period wird die Differenz zwischen dem Fixing-Satz, d. h. dem dann aktuellen Referenzzinssatz, und dem FRA-Satz abgezinst (mit dem Fixing-Satz) und bar abgerechnet. Durch diesen Barausgleich werden kostenintensive Liquiditätsbewegungen vermieden und Informationskosten zur Beurteilung und Überwachung der Bonität der Kontraktpartner reduziert. Der Abrechnungsbetrag (Settlement Sum) ergibt sich in der folgenden Form. Dabei gibt das Vorzeichen die Geldflußrichtung aus Käuferperspektive an (der FRA-Käufer möchte sich gegen steigende Zinsen absichern):

$$A = NW\cdot\frac{(\text{Libor} - \text{FRA})\cdot Tage_{FRA}}{360\;\,100+\text{Libor}\cdot Tage_{FRA}}$$

mit

A = Abrechnungsbetrag,
NW = Nominalwert und
FRA = FRA-Satz.

Sollte der Referenzzins unter den Kontraktzins fallen, ändert sich das Vorzeichen der Ausgleichszahlung. Die Berechnung der Ausgleichszahlung wird anhand des folgenden Beispiels erläutert. Im Hinblick auf das Absicherungsmotiv strebt der Käufer eines FRAs eine Absicherung gegen steigende Zinsen an, während sich der Verkäufer gegen fallende Zinsen schützen will.

---

[1] Zur Ermittlung von Forward Rates im überjährigen Bereich vgl. **Schierenbeck** (1999a), S. 181ff.

Beispiel:

FRA-Satz: 4%
$Tage_{FRA}$: 91
Nennwert: EUR 10.000.000
Libor: 4,5%

$$\text{Abrechnungsbetrag} = A = \text{EUR } 10.000.000 \cdot \frac{(4{,}5-4{,}0)\cdot 91}{360\cdot 100+4{,}5\cdot 91}$$

$$= \text{EUR } 12.496{,}74$$

Da der Absicherungsbetrag ein positives Vorzeichen aufweist, steht er dem Käufer zu und ist vom Verkäufer des FRAs zu zahlen.

Aufgrund der Möglichkeit der individuellen Ausgestaltung bieten die FRAs den Marktteilnehmern in bezug auf den Betrag und die Laufzeit eine große Flexibilität. Die Vorlaufzeiten von FRAs können in der Praxis bis zu 18 bzw. 24 Monaten betragen, die Zinsperioden betreffen in den führenden Währungen hauptsächlich den Bereich 3, 6 und 12 Monate. Die Höhe der einzelnen Transaktionen liegt zwischen DM 10 Mio und 150 Mio.[1] Mittlerweile stellen FRAs nach den Zinsswaps das zweitgrößte Segment im (außerbörslichen) OTC-Markt für derivative Zinsprodukte dar.

Wegen der fehlenden Standardisierung bieten FRAs den Marktteilnehmern ein hohes Maß an Flexibilität. Allerdings ist aufgrund der individuellen Vertragsgestaltung die Handelbarkeit der Instrumente auf dem Sekundärmarkt eingeschränkt. Problematisch ist vor allem die Herauslösung aus bestehenden Verträgen und den damit eingegangenen Verpflichtungen durch Veräußerung, da ein Partner mit genau jenen Interessen gefunden werden muß, die dem ausgehandelten Vertrag entsprechen. Als weiteres Handelshemmnis erweist sich die direkte Beziehung der Vertragspartner. Dadurch wird die Übertragbarkeit von eingegangenen Verpflichtungen auf Dritte eingeschränkt. Eine Veräußerung ist entsprechend an die Zustimmung der Gegenpartei gebunden, da diese einen neuen Vertragspartner erhält und damit eine potentielle Verschlechterung ihrer Risikoposition im Hinblick auf das Kredit- bzw. Bonitätsrisiko einhergehen könnte. Allerdings kann in der Praxis festgestellt werden, daß für längere Perioden bis zu zwei Jahren, d. h. beispielsweise für FRAs mit einer Vorlaufzeit von 12 Monaten und einer gleichlangen Contract Period, der FRA-Markt häufig durch eine relativ hohe Liquidität gekennzeichnet ist.

Darüber hinaus ist die Abwicklung bei FRAs im Vergleich zu Futures teilweise einfacher und kostengünstiger. Während Futures täglich bewertet werden und Marginzahlungen anfallen, fin-

---

1 Vgl. **WestLB** (1988), S. 34ff.

den nach Abschluß eines FRAs (der lediglich durch ein Telex bestätigt wird) bis zum Settlement keine Aktivitäten mehr statt. Während der Vorlaufzeit kann ein FRA jedoch grundsätzlich jederzeit aufgelöst werden. In diesem Fall ist von einem der beiden FRA-Partner an den anderen eine einmalige Zahlung zu leisten, die dem aktuellen Marktwert des FRAs entspricht.

2. Bewertung von Forward Rate Agreements

Die Bewertung von FRAs ähnelt der Bewertung von Futures; nur ist zu beachten, daß zwischenzeitliche Zahlungen bei FRAs nicht anfallen. Die Bewertung kann durch eine simulierte Glattstellung erfolgen. Der Marktwert eines in der Vergangenheit abgeschlossenen FRAs entspricht damit der (auf den aktuellen Tag abgezinsten) Differenz zwischen dem Zinssatz des ursprünglichen FRAs und dem Zinssatz eines FRAs, das die gleiche Zinsperiode abdeckt, aber zum heutigen Zeitpunkt abgeschlossen würde. Grafisch kann die Vorgehensweise wie folgt verdeutlicht werden, wobei die Bewertung zum Glattstellungszeitpunkt erfolgen soll:

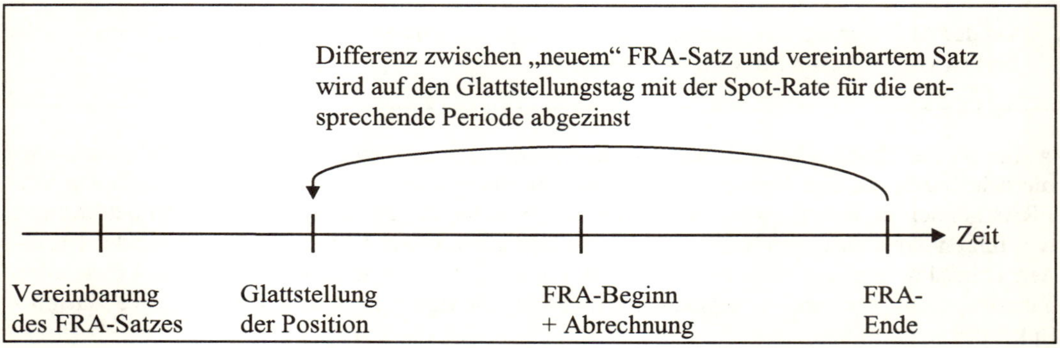

Abb. E.45: Glattstellung von FRAs

Die Berechnung des fairen Preises für dieses FRA erfolgt entsprechend der folgenden Formel. Dabei ist zu berücksichtigen, daß der Käufer des FRAs die entsprechende Zahlung erhält, wenn der Wert mit einem positiven Vorzeichen versehen ist:

$$\text{Fair Value} = \text{NW} \cdot \frac{(\text{FRA}_{\text{GT}} - \text{FRA}_{\text{VT}}) \cdot \text{Tage}_{\text{FRA}}}{360 \cdot 100 + \text{R}_{\text{G}} \cdot \text{Tage}_{\text{G}}}$$

mit

FRA_{GT} = „neuer“ FRA-Satz am Glattstellungstag,
FRA_{VT} = ursprünglicher FRA-Satz am Vereinbarungstag,
R_{G} = Spot-Satz für die Zeit von der Glattstellung bis zum FRA-Ende,
Tage_{FRA} = Anzahl der Tage der FRA-Laufzeit und
Tage_{G} = Anzahl der Tage von der Glattstellung zum FRA-Ende.

Ausgehend von obigem Beispiel soll eine vorzeitige Auflösung der FRA-Vereinbarung bereits 145 Tage vor Ende der FRA-Periode erfolgen:

Beispiel:

FRA_{VT}: 4,0%
FRA_{GT}: 5,0%
$Tage_{FRA}$: 91
R_G: 4,75%
$Tage_G$: 145
Nennwert: EUR 10.000.000

$$\text{Fair Value} = \text{EUR } 10.000.000 \cdot \frac{(5{,}0 - 4{,}0) \cdot 91}{360 \cdot 100 + 4{,}75 \cdot 91}$$

$$= \text{EUR } 24.803{,}24$$

Diesen Betrag würde der Käufer bei Glattstellung erhalten.

Da das Zinsniveau gestiegen ist, hat der Verkäufer des FRAs die Ausgleichszahlung zu leisten. Im umgekehrten Fall hat der FRA-Käufer bei Glattstellung die Ausgleichszahlung zu erbringen.

3. Einsatz von Forward Rate Agreements im Portfoliomanagement

Grundsätzliche Einsatzmöglichkeiten von FRAs betreffen die Absicherung des kurzfristigen Finanzierungszinses und des kurzfristigen Wiederanlagezinses sowie die mehr-periodische Absicherung durch einen FRA-Strip. Neben diesen Absicherungsstrategien können auch Arbitragetransaktionen bei Fehlbewertungen beispielsweise zwischen FRAs und Futures sowie zwischen FRAs und dem Geldmarkt durchgeführt werden. Diese Anwendungsmöglichkeiten sind vor allem für Geldmarktfonds von Bedeutung.

Beispielhaft soll die Absicherung eines kurzfristigen Wiederanlagezinses mit FRAs vorgestellt werden. Ausgehend von einer variabel verzinslichen Anlage zu 3-Monats-Euribor plus 30 Basispunkten mit einer Laufzeit von einem Jahr können die befürchteten Zinssenkungen durch den Verkauf einer Serie von zeitlich hintereinandergeschalteten FRAs (FRA-Strip) zu den folgenden Sätzen gesichert werden:

Aktueller 3-Monats-Euribor	3,70
3-6 Monats FRA	3,80
6-9 Monats FRA	3,90
9-12 Monats FRA	4,00

Tab. E.24: FRA-Strip

Die Anzahl der Tage in den jeweiligen Perioden sei 90,91,92,92. Dadurch kann durch den FRA-Strip der folgende durchschnittliche feste Zinssatz ermittelt werden (dabei ist zu berücksichtigen, daß die variabel verzinsliche Anlage zu Fibor plus 30 Basispunkten erfolgte):

$$\left(1+0{,}04\cdot\frac{90}{360}\right)\cdot\left(1+0{,}041\cdot\frac{91}{360}\right)\cdot\left(1+0{,}042\cdot\frac{92}{360}\right)\cdot\left(1+0{,}043\cdot\frac{92}{360}\right)-1=4{,}275\%\quad .$$

Dieser Satz entspricht der Berechnung nach der "Annual Bond Basis" (ABB). Auf "Annual Money Market Basis" (AMMB) ergibt sich der folgende Satz:

$$4{,}275\%\cdot\frac{360}{365}=4{,}216\%\quad .$$

Grafisch kann diese Transaktion wie folgt dargestellt werden:

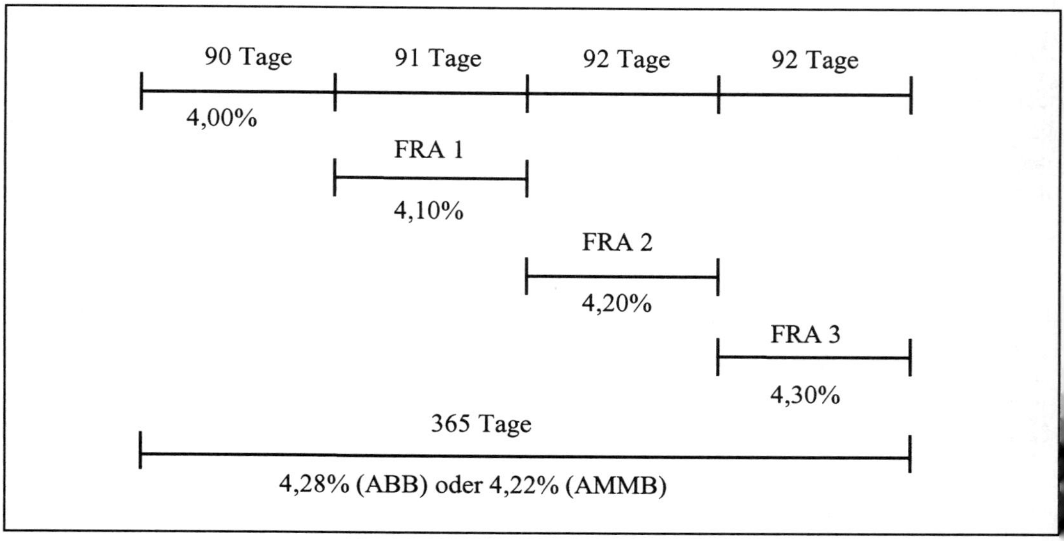

Abb. E.46: FRA-Strip

Neben der Sicherung einer Anlage zum variablen Zins oder einer zukünftigen Mittelanlage gegen Zinssenkungen durch den Verkauf von FRAs werden FRAs auch in den Swap-Märkten eingesetzt. Hier ist ein wichtiges Einsatzgebiet das Management der Floating-Seite einer Zinsswap-Position. Auf den Einsatz von Swaps wird im folgenden Kapitel eingegangen.

Darüber hinaus können FRAs auch bei Währungstermingeschäften genutzt werden. Teilnehmer am Währungsterminmarkt sind im wesentlichen an Bewegungen des USD im Vergleich zu anderen Währungen interessiert. Falls die Terminkurse der Währungen nicht 'korrekt' bewertet sind, so können über FRAs Arbitragegewinne erzielt werden. Diese Art der Arbitrage erzeugt eine hohe Liquidität von FRAs insbesondere am Finanzplatz London.

IV. Portfoliomanagement mit Swaps

1. Grundlagen von Swaps

Swapmärkte zählen zu den umsatzstärksten derivativen Finanzmärkten. Als Swap wird die Vereinbarung des Austausches von Zahlungen zu festgelegten Zeitpunkten auf einen bestimmten Kapitalbetrag (Notional Principal Amount) bezeichnet. Ein Austausch der zugrundeliegenden Kapitalbeträge erfolgt dabei nicht in jedem Fall. Als Hauptvarianten von Swap-Geschäften kommen Zins- und Währungsswap in Frage. Swaps können sowohl zur Arbitrage (Ausnutzen von komparativen Kostenvorteilen an den internationalen Finanzmärkten) als auch zum aktiven Risikomanagement eingesetzt werden.

Entsprechend haben sich mittlerweile auch die interessierten Nutzergruppen ausgeweitet. Neben Marktteilnehmern, die durch Swap-Transaktionen bei Anleihenemissionen günstigere Refinanzierungsbedingungen erzielen wollen, werden Swaps vor allem von Banken genutzt, beispielsweise zur aktiven Gestaltung der Zinsbindungsbilanzen mit Hilfe von Zinsswaps. Die Banken sind zum größten Anwender von Zinsswaps geworden. Auch für eine weitere Gruppe wird das Produkt Swap zunehmend interessanter. So können nunmehr auch institutionelle Anleger wie Versicherungen und Pensionskassen Swaps zum Hedging und zur Ertragsverbesserung ihres Anlageportfolios nutzen. Vom Hedge einzelner Positionen entwickelte sich das Management der Swaps immer mehr zum Portfoliomanagement.

a. Zinsswaps

Bei einem reinen Zinsswap (Plain Vanilla Swap) vereinbaren zwei Parteien, für eine bestimmte Zeit auf unterschiedlicher Zinsbasis berechnete Zinszahlungsströme auszutauschen. Die Beträge, auf die die Zinsen berechnet bzw. gezahlt werden, sind für beide Zinszahlungsströme betrags- und währungsmäßig gleich, so daß ein Austausch der zugrundeliegenden Kapitalbeträge unterbleiben kann. An den festgelegten Terminen werden also lediglich die Zinszahlungen transferiert. Als Sonderform des Zinsswaps gilt der sogenannte Basisswap, bei dem variable Zinszahlungen ausgetauscht werden, die auf unterschiedlichen Referenzzinssätzen basieren.

Häufig handelt es sich um die Umwandlung einer zinsvariablen Verbindlichkeit in eine zinsfixe Verbindlichkeit und vice versa. Eine Vertragspartei (Fixed Rate Payer) zahlt einen Festsatz und empfängt dafür vom Floating Rate Payer einen variablen Zinssatz, der an einen Referenzzins gebunden ist. Gebräuchlich sind hierbei der Libor oder im Euro-Bereich auch der Euribor, jeweils für verschiedene Zeiträume (z. B. drei oder sechs Monate). Dabei ist die Zinsbasis der von den beiden Vertragsparteien vorgenommenen Grundgeschäfte genau entgegengesetzt zu der angestrebten Basis. Letztere wird erst durch den Zinsswap realisiert. Das folgende Beispiel zeigt die Vorteile eines solchen Zinsswaps.[1] Diese Vorteile werden - wie üblicherweise zur Erläuterung von Swapgeschäften - aus Sicht von zwei Emittenten beschrieben. Dies dient dem Verständnis der Vorteilhaftigkeit von Swapgeschäften. Anschließend wird im weiteren Verlauf dieses Abschnitts der Schwerpunkt auf den Einsatz von Swaps im Portfoliomanagement gelegt.

	Bank A	Bank B	Zinsdifferenz
Zinsvariable Mittelbeschaffung zu	Libor flat	Libor + 0,25%	0,25%
Zinsfixe Mittelbeschaffung zu	6%	6,75%	0,75%
Zielfinanzierung:	variabel	fix	

Tab. E.25: Ausgangsposition der Swap-Transaktion

Bank B hat gegenüber Bank A bei einer zinsvariablen Mittelbeschaffung einen relativ kleineren Nachteil als bei der zinsfixen Mittelbeschaffung. Sie nimmt variable Mittel zu Libor + 0,25% auf, obwohl sie aber eine zinsfixe Mittelbeschaffung anstrebt. Das entsprechende Swap-Geschäft kann wie folgt dargestellt werden:

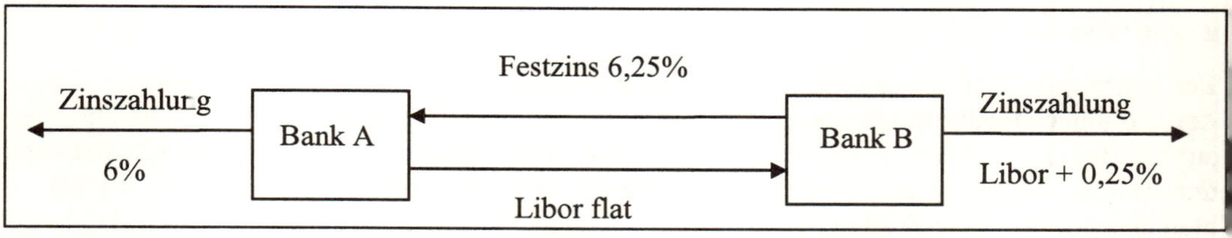

Abb. E.47: Swap-Transaktion im Emissionsgeschäft

[1] Vgl. **Perridon/Steiner** (1997), S. 307ff.

Als Ergebnis dieser Transaktion ergibt sich folgende Vorteilhaftigkeitsrechnung:

	Bank A	Bank B
Kreditkosten	- 6,00%	- (Libor + 0,25%)
Swap Inflow	+ 6,25%	+ Libor flat
Swap Outflow	- (Libor flat)	- 6,25%
Nettokosten	- (Libor - 0,25%)	- 6,5%
Alternative	- (Libor flat)	- 6,75%
Zinsvorteil	+ 0,25%	+ 0,25%

Tab. E.26: Vorteilhaftigkeitsrechnung der Swap-Transaktion

Somit können beide Banken Zinsvorteile erzielen. Diese Vorteile sind um so größer, je höher die Bonitäts- bzw. Standing-Unterschiede zwischen den Swap-Partnern sind und entsprechend auch die Unterschiede in den Zinskonditionen, die diese am Markt erlangen können. Bei festverzinslichen Anlagen mit längeren Laufzeiten berücksichtigen die Kapitalanleger die Bonitätsunterschiede stärker als bei zinsvariablen Anlagen. In letzterem Fall ist der Ausstieg zu den Zinsanpassungsterminen jeweils kurzfristig ohne größere Kursverluste möglich.

Während die unterschiedlichen Bonitätseinschätzungen vor allem das Kreditrisiko bzw. das Adressenausfallrisiko betreffen, beziehen sich die Standing-Unterschiede zwischen zwei bonitätsmäßig gleichen Partnern insbesondere auf unterschiedliche Marktzugangsmöglichkeiten der beteiligten Vertragsparteien auf den jeweiligen Märkten. Gründe dafür sind u.a. eine bisherige starke Inanspruchnahme eines bestimmten Kapitalmarktes oder ein geringer Bekanntheitsgrad auf fremden Märkten.[1]

Mit Hilfe eines Swap-Geschäftes können Swap-Partner also ihren Vorsprung gegenüber anderen Marktteilnehmern bezüglich der Bonität oder des Standings gewinnbringend vermarkten. Gleichzeitig können aber auch bonitäts- und standingmäßig schlechtergestellte Partner in den Genuß erstklassiger Konditionen kommen, die sonst für sie nicht erreichbar wären. Damit sind die Vorteile des einen Partners für den jeweils anderen Partner von Interesse.

Das hier angeführte Beispiel der Erzielung komparativer Kostenvorteile durch ein Swap-Geschäft zählt zu den typischen Beispielen zur Erläuterung der Motivation derartiger Transaktionen im internationalen Emissionsgeschäft der frühen Swapjahre. Mittlerweile sind jedoch weitere Motive des Einsatzes von Zinsswaps hinzugekommen. Dazu gehören die Erhöhung von Zinserlösen einer Geldanlage oder auch die Verringerung von Zinsänderungsrisiken sowie bei Banken die Steigerung der Handelserträge.

---

[1] Vgl. **Nabben** (1990), S. 14; **Perridon/Steiner** (1997), S. 308f.; **Rudolph** (1995), S. 11.

Einmal eingegangene Swap-Geschäfte können auch wieder aufgelöst werden, obwohl sie über Laufzeiten bis zu 10 Jahren abgeschlossen werden. Einerseits kann die Aufhebung der Swap-Position durch den Abschluß eines Gegenswaps - also eines Swaps mit genau den entgegengesetzten Zahlungsströmen - erfolgen. Diese Transaktion wird als Reverse Swap bezeichnet. Andererseits besteht aber auch die Möglichkeit, einen Swap durch eine einmalige Zahlung aufzulösen (Close Out). Diese Einmalzahlung setzt sich aus den

- den aufgelaufenen Stückzinsen der variablen und der festen Zinszahlungsseite vom letzten Zahltag bis zum Auflösungstag,
- dem Barwert der Zinsdifferenz zwischen dem vereinbarten Festsatz und dem aktuellen Marktzins eines Swaps gleicher Fälligkeit sowie
- dem Barwert der Zinsdifferenz zwischen dem Satz des letzten Libor-Fixings und dem am Auflösungstag aktuellen Libor für den verbleibenden Rest der Libor-Periode

zusammen.

b. Kombinierte Währungs- und Zinsswaps

Während bei Zinsswaps die Währungen beider Positionen übereinstimmen, werden beim Währungsswap Positionen in unterschiedlichen Währungen getauscht. Beim reinen Währungsswap sind die getauschten Positionen beide festverzinsliche Mittel oder beide variabel verzinsliche Mittel mit der gleichen Zinsbasis. Neben den Zinszahlungen werden dabei auch die Kapitalbeträge berücksichtigt, die üblicherweise zu Beginn der Laufzeit der Swap-Vereinbarung zum aktuellen Kassakurs getauscht werden. Am Ende der Laufzeit werden die Kapitalbeträge auf Basis des ursprünglichen Wechselkurses wieder zurückgetauscht. Die Swap-Parteien sind daher vor möglichen Wechselkursschwankungen geschützt. Auf den Tausch der Kapitalbeträge beim Abschluß kann verzichtet werden, wenn der vereinbarte Wechselkurs dem aktuellen Devisenkassakurs entspricht.

Der Unterschied zum Devisenswap als Kombination von Kassa- und Termingeschäften liegt darin, daß bei Devisenswaps Termin- und Kassakurs voneinander abweichen können. Die Differenz der beiden Kurse, die beim Devisenswap als Swapsatz bezeichnet wird, weist beim Währungsswap jedoch den Wert Null auf; denn hier werden die Verzinsungsdifferenzen zwischen den einbezogenen Währungen über die Zinszahlungen in früheren Stufen abgegolten. Während beim Devisenswap keine Zinszahlungen in der Zwischenzeit ausgetauscht werden, ist dies beim Währungsswap der Fall. Die Zahlungen werden dabei in unterschiedlichen Währungen geleistet, so daß die Zinsbeträge meist nicht verrechnet werden, wenn die Zinszahlungen der beiden Partner auf denselben Zeitpunkt fallen.

Ökonomisch gesehen entspricht ein solcher Währungsswap einem Bündel von Devisentermingeschäften, das um das anfängliche Kassageschäft erweitert wurde. Der Grund für die Entwicklung und Etablierung von Währungsswapgeschäften waren - wie auch bei den Zinsswaps - vorhandene Arbitragepotentiale, die dadurch auftraten, daß sich inländische Unternehmen typischerweise in ihrem Heimatmarkt günstiger verschulden können als ausländische Unternehmen. Beispielsweise läßt sich die direkte USD Geldaufnahme eines deutschen Unternehmens durch eine Euro-Geldaufnahme in Verbindung mit einem EUR/USD-Währungsswap substituieren.

Ein Währungsswap kann mit einem Zinsswap kombiniert werden, wenn variable gegen fixe Zinszahlungen getauscht werden. Damit besteht ein solcher Swap aus den beiden Elementen

- Austausch der Zinszahlungen, z. B. 6% Festzins in USD gegen 3-Monats-Euribor in Euro und
- Devisenkassageschäft in Verbindung mit einem gleichzeitigen Devisentermingeschäft (Forward) bei gleichen Kursen.

In der Praxis wird manchmal der Anfangstausch und eventuell auch der Schlußtausch ausgespart, wobei es sich in diesen Fällen i. d. R. um Swaps in Verbindung mit bestehenden Positionen oder der direkten Beschaffung am Kassamarkt handelt. Unterscheiden kann man nach der Art der Zinsberechnung:

- *Fixed/Fixed Currency Swaps* (Austausch von Festsatzverbindlichkeiten oder -forderungen),
- *Floating/Floating Currency Swaps* (Austausch von Verbindlichkeiten oder Forderungen auf variabler Basis) und
- *Cross Currency Interest Rate Swap* (Austausch von fest- und variabel verzinslichen Positionen).

c. Weitere Swap-Kombinationen und -Strukturen

Seit den ersten Swap-Transaktionen erfolgte eine ständige Weiterentwicklung dieses Finanzinstruments. Einige dieser neuen Swap-Formen sollen hier kurz vorgestellt werden:[1]

- *Zerobond-Swaps*

  Bei dieser Variante des Zinsswaps handelt es sich bei der Festsatzverbindlichkeit um einen Zerobond. Der Swap-Partner, der die Zahlungen aus dem Zerobond schuldet, wird hierbei aufgrund des höheren Risikos (es fallen zwischenzeitlich keine fixen Zinszahlungen an) eine erstklassige Bonität aufweisen müssen. Darüber hinaus kann auch die Bürgschaft eines Dritten für die Rückzahlung gefordert werden. Aufgrund der geringen Standardisierung dieses Swaps haben sich wiederum viele Varianten herausgebildet.

- *Optionsschein-Swaps*

  Mit Hilfe eines Optionsschein-Swaps können Bezugsrechte auf neue Festsatzmittel in variabel verzinsliche Mittel getauscht werden. Das Risiko, daß mit der Emission unerwünschter Festsatzmittel verbunden ist (bei Ausübung der Bezugsrechte), kann durch den Swap abgesichert werden. Auch hier lassen sich wiederum zahlreiche Varianten bilden, die das Risiko aus der Ausübung der Bezugsrechte verringern können.

- *Commercial Paper-Swaps*

  Commercial Paper werden zumeist im Rahmen eines Programms emittiert. Bei diesem Programm (Mindestgröße i. d. R. DM 100 Mio) handelt es sich um eine Rahmenvereinbarung zur Emission kurzfristiger Teilschuldverschreibungen mit Laufzeiten von 7 Tagen bis zu 2 Jahren, wobei der Schwerpunkt bei 7 Tagen bis 3 Monaten liegt. Die Emission der einzelnen Tranchen erfolgt dabei auf diskontierter Basis, so daß periodische Zinszahlungen nicht zu leisten sind. Sollen die aufgenommenen variablen Mittel nunmehr in eine Festsatzposition geswappt werden, so werden fixe Zinsen gegen beispielsweise 6-Monats-Libor gezahlt. Hierbei verbleibt allerdings ein gewisses Restrisiko; denn die Laufzeiten des Referenzzinssatzes und des einzelnen Commercial Papers werden kaum übereinstimmen.

- *Cocktail-Swaps*

  Bei einem Cocktail-Swap handelt es sich um die Verknüpfung aller Grundformen (Zins-, Währungs-, kombinierter Zins- und Währungsswap) mit verschiedenen Partnern und Wäh-

---

[1] Vgl. z. B. **Lassak** (1988), S. 25ff.

rungen. Durch die damit stark zunehmende Komplexität der Transaktion ist man eher in der Lage, ganz spezielle Zielsetzungen der Marktteilnehmer zu erfüllen.[1]

- *MONA-Swaps*

Ein MONA- (Monthly Overnight Average-) Swap ist ein im DM-Bereich gehandelter Swap, der sich auf den Geldmarkt bezieht. Bei den sogenannten Overnight Indexed Swaps erfolgt der Austausch zwischen einem festen Zins und einem (variablen) Referenzzins, der sich auf Tagesgeld bezieht. Die Laufzeiten des MONA-Swaps lagen zwischen einem und zwölf Monaten, wobei jeweils nur ganze Monate als Laufzeit in Frage kamen. Da bei der Kalkulation der variablen Seite des Swaps lediglich der Durchschnitt der einzelnen Tagesgeldsätze und damit keine Zinseszinsen berücksichtigt wurden, entsand gegenüber Geldmarktanlagen allerdings ein Basisrisiko. Die starke Standardisierung und eine relativ geringe Markttiefe führten dazu, daß sich der MONA-Swap am deutschen Geldmarkt nicht breit genug etablieren konnte. Er wurde entsprechend vom sogenannten FIONA-Swap abgelöst.[2]

- *FIONA-Swaps*

Ähnlich wie der MONA-Swap handelt es sich auch beim FIONA- (Frankfurt Interbank Overnight Average-) Swap um einen Geldmarkt-Swap im DM-Bereich. Hierbei werden allerdings bei der Kalkulation der variablen Swap-Seite Zinseszinsen berücksichtigt, so daß die Geldmarkt-Usancen genau abgebildet werden können. Grundlage ist hierbei die Euro-Methode, d.h. eine Berechnung auf Actual/360-Basis. Anders als beim „klassischen" Zinsswap findet hierbei kein Austausch der jeweiligen Zinszahlungen statt. Vielmehr erfolgt lediglich am Ende der Laufzeit eine Zahlung der Differenz der Zahlungsströme der beiden Swap-Partner. Bei einem FIONA-Swap kann die Laufzeit des Swaps in einer Bandbreite zwischen (theoretisch) 2 Tagen und 12 Monaten frei festgelegt werden, wobei auch der Handel von Forward-Swaps möglich ist.

FIONA-Swaps können zur Verringerung von Transaktionskosten aufgrund einer gegenüber dem Kassa-Markt geringeren Geld-Brief-Spanne und einer vergleichsweise geringen Transaktionshäufigkeit verwendet werden. Ferner können aber auch Arbitrage-Transaktionen und Hedging von Geldmarktpositionen sowie auch das Eingehen offener Positionen als Motiv für den Einsatz von FIONA-Swaps herangezogen werden. Ein weiterer Tagesgeldswap ist beispielsweise der Fed Funds Swap, der sich auf den USD bezieht.[3]

- *EONIA-Swaps*

Im Zuge der EWU und der Entstehung eines einheitlichen Finanzmarktes im Euro-Raum wird auf dem Geldmarkt täglich ein neuer Referenzzinssatz für Transaktionen in Tagesgeld ermit-

---

1 Vgl. **Nabben** (1990), S. 32.

2 Vgl. **Brinitzer/Sörries** (1996), S. 438ff.

3 Vgl. **Deutsche Morgan Grenfell, Deutsche Bank AG** (1996), S. 1ff., **Brinitzer/Sörries** (1996), S. 438ff.

telt, der Eonia (Euro Overnight Index Average). Entsprechend ist mit dem EONIA-Swap auch ein Geldmarkt-Swap im Euro-Bereich entwickelt worden.

Darüber hinaus haben sich insbesondere Swap-Strukturen herausgebildet, die auch als Swaps der zweiten Generation bezeichnet werden können. Diese Varianten wurden vor allem konstruiert, weil die einfachste Form, der Plain Vanilla Swap, nicht immer den speziellen Bedürfnissen eines Unternehmens entspricht. Zu diesen Swapstrukturen zählen:

- *Tilgungsswap*: Zahlungsstruktur wie beim festverzinslichen Tilgungskredit,
- *Annuitätensswap*: Spezielle Variante des Tilgungsswaps, wobei die Kapitalstruktur einem Annuitätendarlehen entspricht,
- *Roller Coaster Swap*: Veränderung des Nominalbetrages über die Swaplaufzeit
- *Set-up-Swap*: Ansteigen des Nominalbetrages über die Swaplaufzeit nach einem vereinbarten Schema,
- *Forward Swap*: Beginn der vereinbarten Zahlungen erst nach einer Vorlaufzeit, so daß schon jetzt ein Festzins für eine in der Zukunft liegende Finanzierung oder Anlage gesichert werden kann,
- *Extendable Swap*: Prolongierbarer Swap, der das Recht bietet, einen bestehenden Swap bei Endfälligkeit zu gleichen Konditionen zu verlängern,
- *Callable Swap*: Swap mit vorzeitigem Kündigungsrecht des Festzinsempfängers, ohne daß daraus eine Zahlung resultiert, und
- *Puttable Swap*: Kündigungsrecht des Festzinszahlers.

2. Handel mit Swaps

Nachdem die ersten Swap-Verträge individuell auf die beteiligten Partner zugeschnitten waren und damit lediglich ein Primärmarkt für Swaps exisitierte, wurde seit Mitte der 80er Jahre die Standardisierung von Swap-Kontrakten vorangetrieben. Ziel war die Beschleunigung des Vertragsabschlusses und der Dokumentation. Standardisierungsvorschläge wurden vor allem von der International Swap Dealers Association (ISDA) in New York und der British Bankers' Association (BBA) In London veröffentlicht. Während die ISDA ein Kompendium von einheitlichen Begriffen, Definitionen und Regelungen für USD-Zinsswap-Geschäfte (und später auch Währungsswaps) erstellte, wurden von der BBA konkrete Musterverträge vorgegeben, die von den Teilnehmern auf dem Swapmarkt als Grundlage für die eigenen Swap-Abschlüsse genutzt werden konnten. Hierauf ging später auch die ISDA ein, indem sie selbst einen Mustervertrag entwarf, das „Interest Rate and Currency Exchange Agreement". Letztlich ermöglichte diese Standardisierung eine Vereinheitlichung der Rechtsgrundlage der Swap-Verträge und führte damit zu einer vereinfachten Abwicklung. Nach Abschluß eines Swap-Geschäfts erfolgt der Austausch dieser Standardverträge erst einige Zeit später; denn Swaps werden heutzutage normalerweise am Telefon abgeschlossen, mit kurzer Bestätigung per Telefax oder Telex.

Wie bereits angedeutet, hat sich neben dem Primärmarkt mittlerweile ein Sekundärmarkt für Swap-Geschäfte entwickelt, auf denen die Marktteilnehmer weitgehend unabhängig von ihrer Kreditwürdigkeit Swapgeschäfte abschließen, so daß die Swapbedingungen nicht mehr individuell zwischen zwei Partnern ausgehandelt werden. Die Kreditinstitute treten dabei als Vermittler auf und machen bereits abgeschlossene Swap-Vereinbarungen handelbar. Ähnlich wie die Trennung der in Verbindung mit Floating Rate Notes entwickelten Caps und Floors von diesen Anleihen, wurde auch die anfängliche Bindung eines Swaps an das entsprechende Grundgeschäft gelöst und der Swap als selbständige Finanztransaktion angeboten.

Durch diese Trennung können offene Positionen entstehen, die in Verbindung mit Zins- und Wechselkursschwankungen die Möglichkeit der Spekulation eröffnen. Banken gehen dabei untereinander Swaps ein, wobei das Motiv zum Teil lediglich der Aufbau einer offenen Position ist, sieht man einmal davon ab, daß Swaps mit Nicht-Banken mangels eines entsprechenden Gegenswaps nicht sofort geschlossen werden können.[1] Dabei werden vor allem Zinsswaps eingesetzt. Bei Erwartung steigender Zinsen werden offene Positionen durch Fixed-Rate-Payer Swaps aufgebaut, während die Bank bei Erwartung fallender Zinsen zu einem Floating-Rate-Payer wird. Nach Eintritt der jeweils erwarteten Zinsänderung werden die offenen Positionen durch einen spiegelbildlichen Swap geschlossen.

Neben Zinsswaps können auch Währungsswaps zu Spekulationszwecken genutzt werden. So kann beispielsweise mit einem Fixed/Fixed Currency Swap auf Veränderungen der jeweiligen Zinsniveaus spekuliert werden. Offene Positionen bei Währungsswaps werden jedoch von Banken kaum bewußt aufgebaut, vielmehr entstehen sie eher zwangsläufig aus Kundengeschäften. Begründet werden kann dies einerseits damit, daß bei Währungsswaps im Vergleich zu Zinsswaps mehr Größen für die Zukunft prognostiziert werden müssen: die Zinsentwicklungen in den jeweiligen Währungen sowie die Wechselkursentwicklung zwischen den beiden Swap-Abschlüssen. Andererseits ist das Marktvolumen bei Zinsswaps wesentlich größer, wie die nachfolgende Übersicht zeigt.

Die weltweite Entwicklung der Swapmärkte kann an der Entwicklung der Nominalbeträge ausstehender und neu abgeschlossener Swaps veranschaulicht werden:[2]

	1989	1990	1991	1992	1993	1995
Zinsswaps	1502,6	2311,5	3065,1	3850,8	6177,3	12810,7
Währungsswaps	449,1	577,5	807,2	860,4	899,6	1197,4

Tab. E.27: Nominalbeträge ausstehender Swaps in Mrd. USD

1 Vgl. **Nabben** (1990), S. 122.

2 Vgl. **Bank für Internationalen Zahlungsausgleich** (1995), S. 201-205; **Krämer/Kaiser** (1997), S. 672.

	1990	1991	1992	1993	1994
Zinsswaps	1264,3	1621,8	2822,6	4104,8	3182,9
Währungsswaps	212,8	328,4	301,9	295,2	181,0

Tab. E.28: Nominalbeträge neu abgeschlossener Swaps in Mrd. USD

Mit zunehmender Marktgröße und Liquidität haben sich am Swapmarkt bestimmte Konventionen herausgebildet, die zur Vereinfachung der Abschlüsse beitragen sollen. So wird i. d. R. beim Abschluß eines Zinsswaps nur der für die ganze Laufzeit gültige Festsatz vereinbart. Dieser Festsatz wird im DM-Bereich üblicherweise einmal jährlich nach der Zinsberechnungsmethode 30/360[1], also auf Bondbasis, gezahlt. Den variablen Zinszahlungen wird zumeist der 6-Monats-Libor zugrunde gelegt. Die Berechnungsmethode ist hierbei Actual/360.

USD-Swaps werden per Konvention auf der Basis von Spreads über dem entsprechenden US Treasury Bond quotiert und über Reuters und Telerate veröffentlicht. Damit gilt die angegebene Swap-Rate für die gleiche Berechnungsmethode, die auch bei den US Treasury Bonds angewendet wird, d. h. halbjährliche Zinszahlungen auf der Basis Actual/365. Werden allerdings absolute Swap-Rates angegeben, so können sich diese auch auf die Berechnung 30/360 beziehen. Bei einer Treasury-Rendite von z. B. 6% für 10 Jahre und einem quotierten Spread von 40-45 Basispunkten ergibt sich eine Swap-Rate von 6,40 - 6,45%. Hierbei wird die Swap-Rate auf der gleichen Basis wie der US Treasury Bond quotiert (halbjährliche Zinszahlung, 365 Tage-Basis). Soll dieser Satz in eine halbjährliche Actual/360 Basis transferiert werden, so ergibt sich:

$$6{,}4 \cdot \frac{360}{365} \quad - \quad 6{,}45 \cdot \frac{360}{365} \quad = \quad 6{,}31 \; - \; 6{,}36\,.$$

Häufig werden die Swap-Rates in USD in unterschiedlichen Formaten angegeben (Actual/360, 30/360, Actual/365 etc.), so daß genau zu prüfen ist, welches Format jeweils benötigt wird.

Auch an den Swapmärkten anderer Währungen haben sich bestimmte Konventionen für die Zinsberechnungen bei Swapsätzen herausgebildet, wie die folgende Tabelle zeigt:

---

1 Diese Tageszählung dient zur Berechnung der aufgelaufenen Zinsen, vor allem zur Umrechnung der jährlichen Zinsen auf tägliche. Während im Nenner die Tage pro Jahr stehen, gibt der Zähler die Anzahl der Tage eines Monats an. Dabei bedeutet „Actual“, daß die tatsächliche Anzahl der Kalendertage angegeben wird.

Swap-Währungen	Zahlungshäufigkeit	Zinsberechnungsmethode bei Swapsätzen
DM, SFR	jährlich	30/360 (= Bondbasis)
GBP, JPY	halbjährlich	Actual/365

Tab. E.29: Konventionen für die Zinsberechnungen bei Swapsätzen

Die Quotierung bei den meisten europäischen Währungen erfolgt im allgemeinen durch die Angabe von absoluten Zinssätzen. Typische Indikationen für Swap-Rates könnten hier z. B. wie folgt aussehen (dabei beinhalten die Quotierungen die jeweiligen Bid-Offer-Spreads):

Laufzeit	SFR (30/360) p.a.		DM (30/360) p.a.		GBP (Actual/365) s.a.
2	2,32 - 40		4,00 - 04		6,30 - 6,34
3	2,86 - 94		4,50 - 54		6,60 - 6,64
4	3,26 - 34		4,90 - 94		6,80 - 6,84
5	3,56 - 64		5,30 - 34		7,00 - 7,04
6	3,77 - 85		5,60 - 64		7,20 - 7,24
7	3,92 - 00		5,90 - 94		7,30 - 7,34
8	4,06 - 14		6,10 - 14		7,40 - 7,44
9	4,17 - 25		6,30 - 34		7,50 - 7,54
10	4,30 - 38		6,40 - 44		7,60 - 7,64

Tab. E.30: Indikationen von Swapsätzen

Auch in bezug auf die Terminologie haben sich bestimmte Konventionen herausgebildet, von denen die wichtigsten hier genannt werden sollen. Zunächst wird ein Swap, dessen Anfangswert Null ist, als Par Swap bezeichnet. Dagegen werden Swaps, die nicht zu par gepreist werden, Off-Market Swaps genannt. Sie werden entsprechend nicht anhand der aktuellen Marktzinsen gepreist, sondern in Anlehnung an sogenannte Off-Market Preise.

Die Swap-Partei, die den variablen Zinssatz zahlt bzw. den festen Zinssatz erhält, wird als Floating Rate Payer bezeichnet, der einen Swap verkauft hat. Entsprechend ist er short in einem Swap und long im Bond-Markt. Er hat sozusagen den festen Zinssatz verkauft. Insofern läßt sich ein (verkaufter) Par Swap durch den geldmarktfinanzierten Kauf einer gesamtfälligen Anleihe synthetisch herstellen. Dagegen ist der Festzinszahler (Fixed Rate Payer), der Käufer eines Swaps, long im Swap und short im Bond-Markt. Er hat entsprechend der obigen Terminologie den festen Zinssatz gekauft.

Als Standardswap hat sich der sogenannte Generic Swap oder auch Plain Vanilla Swap herausgebildet, der als Vergleichsmaßstab für Zinsswaps verwendet wird. Der Generic Swap wird als Ausgangspunkt zur Analyse von Swaps genutzt. Auch die veröffentlichten Quotes der Broker beziehen sich im wesentlichen auf Generic Swaps. Diese Preise gelten als Standard bzw. Basis für die Preise anderer Swap-Konstruktionen, z. B. eines Swaps mit einem verspäteten (delayed) Start. Was im einzelnen als Generic Swap zu bezeichnen ist, hängt von den Marktkonventionen ab und kann sich mit der Entwicklung der Märkte sehr schnell ändern.

Grob können als Charakteristika eines Generic Swaps die folgenden Punkte identifiziert werden:

Laufzeit	1-10 Jahre; in manchen Währungen ist der Markt allerdings für Laufzeiten über 5-7 Jahre kaum liquide, obwohl Quotes von Brokern veröffentlicht werden
Effektives Datum	Normalerweise 5 Geschäftstage nach dem Handelsdatum (Trade Date, an dem die Parteien den Swap abschließen). Festlegung des effektiven Datums (= Startzeitpunkt für die Zinsberechnung) in der Weise, daß die ersten Zinszahlungen über volle Zinsperioden abgerechnet werden
Erster Zahlungstermin (Settlement Date)	Effektives Datum
Nominalbetrag (Principal Amount)	„Bullet", d. h. der Nominalbetrag bleibt konstant während der Laufzeit des Swaps; nicht amortisierend
Nominalwert	USD 10 Mio - 50 Mio im US Dollar-Markt wird als Standard angesehen. Dennoch kann die Höhe des Nominalwertes von Währung zu Währung variieren.
Unregelmäßige Zahlungen	Keine
Fester Zinssatz	Aktueller Marktzins
Zahlungshäufigkeit	Entweder halbjährlich oder jährlich
Bewertungstermin	Handelsdatum
Variabler Index	Angemessener Geldmarktindex: Libor flat
Tageszählung	Normalerweise Actual/360 mit einigen Ausnahmen, z. B. für GBP ist die Konvention Actual/365
Erste Zinszahlung	aktueller Marktsatz des Index

Tab. E.31: Charakteristika eines Generic Swaps

Ein solcher Generic Swap kann als Grundlage für die Swap-Bewertung herangezogen werden, die im folgenden erläutert wird.

3. Bewertung von Swaps

Die Bewertung von Swaps spielt eine besondere Rolle, wenn Swaps vorzeitig aufgelöst werden sollen oder das Risiko ermittelt werden soll, das aus einer vorzeitigen Beendigung eines Swaps aufgrund des Ausfalls eines Partners entsteht. Beispielhaft soll die Bewertung anhand von Zinsswaps erläutert werden.[1]

Ausgehend von einem Par Swap wird der Zinsswap als Austausch zweier hypothetischer Wertpapiere betrachtet, die zu Beginn der Laufzeit zu pari bewertet sind und am Ende zu 100% zurückgezahlt werden. Entsprechend heben sich die Anfangsinvestitionen und die Rückzahlungen gegenseitig auf, so daß keine Ausgleichszahlungen erforderlich werden. Während der Laufzeit des Swaps wird die variabel verzinsliche Position zumeist bei einem Wert von etwa 100% notieren, da alle drei oder sechs Monate eine Zinsanpassung erfolgt. Dagegen können sich Zinsänderungen bei der Festzinsposition aufgrund der fehlenden Zinsanpassung sehr viel stärker auf die Kursentwicklung auswirken. Infolgedessen beschränkt sich die Bewertung von Swaps vor allem auf die Ermittlung des Wertes der Festzinsposition. Der jeweils aktuelle Wert kann auf der Basis der Kapitalwertmethode ermittelt werden. Zur korrekten Bewertung sollte dabei für die Bestimmung der Diskontfaktoren die Nullkuponstrukturkurve bzw. Zerocurve zugrunde gelegt werden.

Aus diesen Überlegungen heraus ergibt sich der Wert eines Swaps aus der Preisänderung eines vergleichbaren Bonds, der dieselbe Restlaufzeit wie der Swap hat und bei Abschluß des Swaps emittiert wurde. Dies gilt für jeden Zeitpunkt, der Zinstermin der variabel verzinslichen Position bzw. der Floating Rate Note (FRN) ist. Zur exakten Berechnung für einen Zeitpunkt zwischen den Zinsterminen benötigt man noch den Preis bzw. Present Value (PV) der FRN. Dieser ergibt sich wie folgt:

$$PV = \left(\frac{1 + r_{var}}{1 + r_d}\right)^{\frac{d}{365}}$$

mit

d = Anzahl der Tage bis zum nächsten Zinsanpassungstermin der FRN,
r_{var} = variabler Zinssatz der FRN und
r_d = aktueller Geldmarkt-Zinssatz für die Zeit bis zum nächsten FRN-Zinsanpassungstermin.

Der exakte Wert des Swaps läßt sich dann aus der Differenz der Present Values des Bonds und der FRN berechnen.

Die Swap-Bewertung soll beispielhaft an einem bestehenden USD Zinsswap aufgezeigt werden, bei dem eine Bank aus einem Swap im Nominalwert von USD 20 Millionen fixe Zahlungen in Höhe von 5% erhält. Bei einem aktuellen Swapsatz von 6% und einer Restlaufzeit von 5 Jahren ergibt sich ein Wert der Festzinsposition von 95,78764 (nach der Bond Yield-Methode), so daß

---

[1] Vgl. z.B. **Lassak** (1988), S. 99ff.

bei Auflösung des Swaps ein Verlust in Höhe von (100-95,78764) · 20 Mio = USD 842.472,76 entsteht. Dieser Verlust läßt sich auch auf folgende Art und Weise bestimmen, wobei zu berücksichtigen ist, daß durch die Swapauflösung jährliche Verluste in Höhe von (0,06 - 0,05) · USD 20 Mio = USD 200.000 auflaufen:

$$\text{USD } 200.000 \cdot \left(\frac{1}{1{,}06} + \frac{1}{1{,}06^2} + \frac{1}{1{,}06^3} + \frac{1}{1{,}06^4} + \frac{1}{1{,}06^5} \right) = \text{USD } 842.472{,}76$$

Damit kommen beide Methoden zum gleichen Ergebnis.

Allerdings wird für die Wertermittlung der Swap-Position in der Praxis üblicherweise die Nullkuponstrukturkurve zugrunde gelegt[1], die sich aus den einzelnen Swapsätzen ermitteln läßt. Das entsprechende Umrechnungsverfahren von den Swapsätzen über Diskontfaktoren zu den daraus zu ermittelnden Nullkuponsätzen wird Bootstrapping genannt und entspricht einem internationalen Standard. Dabei ist allerdings zu berücksichtigen, daß in der Praxis nicht für jedes Jahr ein Swapsatz existiert (auf sechs, acht und neun Jahre werden keine Swaps gehandelt). Aus diesem Grund werden die entsprechenden Swapsätze mit Hilfe einer linearen Interpolation ermittelt. Die Swap-Rate (SR) für acht Jahre ergibt sich danach beispielsweise wie folgt:

$$SR_8 = \frac{2}{3} \cdot SR_7 + \frac{1}{3} \cdot SR_{10}\,.$$

Aus den gesamten Swap-Rates lassen sich dann mittels des Bootstrapping-Verfahrens die Diskontfaktoren und daraus die Nullkupons bestimmen. Zunächst ist dabei ein Tagesadjustierungsfaktor zu berücksichtigen:

$$a_{T_1,T_2} = \frac{T_2 - T_1}{360} \quad , \quad T_2 > T_1$$

mit

a_{T_1,T_2} = Tagesadjustierungsfaktor für die Zeit von T_1 bis T_2.

Für das Bootstrapping im unterjährigen Bereich ergibt sich ein Diskontfaktor (df) beispielsweise für einen Zeitraum von sechs Monaten als

$$df_{0,6M} = \frac{1}{1 + SR_{0,6M} \cdot a_{0,6M}}$$

1 Zur Berechnung einer Nullkuponstrukturkurve vgl. **Steiner/Bruns** (1998), S. 148ff.

mit

$df_{0,6M}$ = Diskontfaktor für den Zeitraum 0 bis 6 Monate,
$SR_{0,6M}$ = Swap-Rate für den Zeitraum 0 bis 6 Monate und
$a_{0,6M}$ = Tagesadjustierungsfaktor für den Zeitraum 0 bis 6 Monate.

Der entsprechende annualisierte Zinssatz, der der Swap-Bewertung zugrunde zu legen ist, bestimmt sich zu

$$r_{0,6M} = \left(\frac{1}{df_{0,6M}} \right)^{\frac{1}{a_{0,6M}}} .$$

Für den überjährigen Bereich können der i-te Diskontfaktor und der entsprechende i-te annualisierte Zinssatz (r_{0i}) allgemein in der folgenden Weise bestimmt werden:

$$df_{0,i} = \frac{1 - SR_i \cdot \sum_{n=i}^{i-1} a_{n-1,n} \cdot df_{0,n}}{1 + SR_i \cdot a_{i-1,i}}$$

$$r_{0,i} = \left(\frac{1}{df_{0,i}} \right)^{\frac{1}{a_{0,i}}}$$

Für das obige Beispiel seien die folgenden Nullkupons aus der aktuellen Swapkurve ermittelt worden:

Laufzeit i	Nullkupon-Rendite ($r_{0,i}$)
1	5,0%
2	5,3%
3	5,5%
4	5,9%
5	6,2%

Tab. E.32: Swap-Bewertung: Ausgangslage

Daraus ergibt sich ein Wertverlust des Swaps (aus Sicht des Fixed Rate Empfängers) in Höhe von USD 848.240,25, wie folgendermaßen gezeigt werden kann:

$$\text{USD } 200.000 \cdot \left(\frac{1}{1{,}05} + \frac{1}{1{,}053^2} + \frac{1}{1{,}055^3} + \frac{1}{1{,}059^4} + \frac{1}{1{,}062^5} \right) = \text{USD } 848.240{,}25$$

Neben diesem Verlust ist auch die variable Zinsseite bei der Swap-Bewertung noch zu berücksichtigen. Die Veränderung der variablen Zinsseite ist jedoch sehr gering im Vergleich zur Veränderung der Fixed Rate Seite. Falls im obigen Beispiel gegen den festen Zins von 5% ein 6-Monats-Libor von 3% gezahlt wird, so ergibt sich aus einem Zinsanstieg von 1% (der unmittelbar nach der letzten Zinsanpassung zu verzeichnen ist) ein Gewinn bei Swapauflösung, die ebenfalls unmittelbar nach der letzten Zinsanpassung vorgenommen werden soll, von USD 100.000 (= USD 200 Mio · 0,01 · 6/12), der abgezinst mit 4% für 6 Monate einen Betrag von USD 98.039 ausmacht. Zwar kann der hohe Wertverlust der Festzinsposition zumindest gemindert werden. Für einen Swap-Händler ist die Absicherung der Floating-Seite aber nicht so relevant wie die der Fixed-Seite, zumal in diesem Beispiel auch von der extremen Situation einer Zinsveränderung und einer Swapauflösung direkt nach der letzten Zinsanpassung der Floating-Seite für das kommende halbe Jahr ausgegangen wurde.

Die Bewertung von Währungsswaps basiert auf ähnlichen Überlegungen wie die Bewertung von Zinsswaps. Ein Währungsswap kann aufgegliedert werden in eine Position bestehend aus zwei gleichen Bonds, die aber in verschiedenen Währungen begeben wurden. Umgerechnet in die jeweils andere Währung entsprechen sich die Zahlungsreihen. Der Wert des Swaps ergibt sich wie folgt:

$$S_t = WK \cdot B_B - B_A$$

mit

S_t	=	aktueller Wert des Währungsswaps (in Währung A),
WK	=	aktueller Kassawechselkurs (Einheit A / Einheit B),
B_A	=	Barwert der Zahlungsreihe des Wertpapiers in Währung A und
B_B	=	Barwert der Zahlungsreihe des Wertpapiers in Währung B.

Wenn beide Bonds mit dem jeweils aktuellen Marktzins ausgestattet sind, so haben zwar beide einen Present Value von 100. Der Swapwert aber hängt dann vom aktuellen Wechselkurs ab, der beispielsweise bei der Auflösung eines Swaps herangezogen wird.

Ausgehend von einer flachen Zinsstrukturkurve in Japan und den USA bei einem aktuellen Marktzins von 3% in Japan und 6% in den USA soll im folgenden Beispiel eine Bank einen Währungsswap eingegangen sein, bei dem sie 4% p.a. in Yen erhält und 5% in USD zahlt. Die Nominalwerte in beiden Währungen belaufen sich auf USD 10 Mio und Yen 1,2 Mrd. Der Swap hat noch eine Restlaufzeit von 3 Jahren, und der aktuelle Wechselkurs steht bei Yen/USD 110 / 1:

$$B_A = \frac{0{,}5}{(1+0{,}06)} + \frac{0{,}5}{(1+0{,}06)^2} + \frac{10{,}5}{(1+0{,}06)^3} = \text{USD } 9{,}7327 \text{ Mio}$$

$$B_B = \frac{48}{(1+0{,}03)} + \frac{48}{(1+0{,}03)^2} + \frac{1248}{(1+0{,}03)^3} = \text{Yen } 1.233{,}94 \text{ Mio}$$

$$S_t = \frac{\text{Yen } 1.233{,}94 \text{ Mio}}{\frac{\text{Yen}}{\text{USD}}\,110} - \text{USD } 9{,}7327 \text{ Mio} = \text{USD } 1{,}485 \text{ Mio}$$

Wäre die Bank bei diesem Währungsswap Yen-Zahler gewesen, so hätte der Währungsswap für sie einen negativen Wert gehabt (- USD 1,485 Mio).

Neben Generic Swaps lassen sich auch Non-Generic Swaps bewerten. Grundsätzlich sind für den Fall, daß die variablen Zahlungen von denen des Generic Swaps abweichen, diese Zahlungen durch Addition einer geeigneten Zahlungsreihe an die variablen Zahlungen des Generic Swaps anzupassen. Entsprechend muß dieselbe Zahlungsreihe auch zur Zahlungsreihe der fixen Zahlungen addiert werden. Nach dieser Addition kann anschließend der interne Zins der fixen Zahlungsreihe ermittelt werden.

Am Beispiel eines Annuitätenswaps soll die Bewertung von Non-Generic Swaps aufgezeigt werden. Hierbei sinkt der Nominalwert des Swaps während der Laufzeit. Diese Swaps werden häufig in Verbindung mit einem Kredit durchgeführt, wobei die Kredittilgungen zur Rückzahlung des Swaps erfolgen. Die Bewertung von Annuitätenswaps orientiert sich im wesentlichen an der Art wie sie gehedgt sind. Zur Berücksichtigung der sich im Zeitablauf verringernden Nominalbeträge wird zunächst die mittlere Laufzeit der Transaktion bestimmt.

Beispiel:

Jahr	Ausstehender Betrag	Tilgung	Jahr · Tilgung
1	10.000.000		
2	10.000.000		
3	7.500.000	2.500.000	7.500.000
4	5.000.000	2.500.000	10.000.000
5	2.500.000	2.500.000	12.500.000
6		2.500.000	15.000.000
Gesamt		10.000.000	45.000.000

Tab. E.33: Beispiel eines Annuitätenswaps

Daraus ergibt sich eine mittlere Laufzeit von 45.000.000 / 10.000.000 = 4,5 Jahre. Somit kann diese Konstruktion mit einer Generic Swap-Quotierung für eine interpolierte 4,5 Jahres Swap-Rate verglichen werden.

Diese Methode ist allerdings nicht die in der Praxis zumeist angewendete Form der Swap-Bewertung. Eine gebräuchlichere Methode basiert auf der Aufspaltung einer Swap-Konstruktion in ihre einzelnen Teile. Ausganspunkt soll als ein weiteres Beispiel ein zweijähriger Swap sein, bei dem der betrachtete Swap-Partner fixe Zahlungen erhält. Die Transaktion sei gebunden an einen Kredit über USD 10 Mio für die gleiche Laufzeit, dessen Nominalbetrag in zwei gleichen Tranchen zurückzuzahlen ist. Die Offer-Seite der Swap-Rates liege bei 5,0% für ein Jahr und bei 5,3% für zwei Jahre. Diese Transaktion entspricht zwei verschiedenen Swaps, die jeweils getrennt bewertet werden können. Daraus läßt sich anschließend die gesamte Swap-Rate ermitteln:

Swap-Rate = PV der Kupons / PV der Nominalwerte

Der Present Value (PV) der Nominalwerte ergibt sich wie folgt:

USD 10 Mio / 1,05 für das erste Jahr	=	USD 9.523.809,52
USD 5 Mio / $1{,}053^2$ für das zweite Jahr	=	USD 4.509.342,91
Gesamt		USD 14.033.152,43

Der PV der Kupons ergibt sich wie folgt:

USD 500.000 / 1,05 für das erste Jahr	=	USD 476.190,48
USD 265.000 / $1{,}053^2$ für das zweite Jahr	=	USD 238.995,17
Gesamt		USD 715.185,65

Als Ergebnis erhält man damit für die Swap-Rate 715.185,65 / 14.033.152,43 = 5,096%.

Beim Vergleich mit der oben angeführten Methode der mittleren Laufzeit wäre die interpolierte Swap-Rate 5,15% gewesen, während sich nach der hier dargestellten Methode, die auf aktuellen Barwerten beruht, eine Swap-Rate von 5,10% ergibt: Diese Differenz von 5 Basispunkten ist beachtlich.

Die Behandlung als zwei verschiedene Swap-Transaktionen erleichtert darüber hinaus das Hedging; denn jeder Swap kann separat gehedgt werden. Hingegen würde es sicherlich länger dauern, einen Gegenswap zu finden, der die gleiche Tilgungsstruktur bei dem gleichen Nominalwert aufweist.

Eine weitere Form eines Non-Generic Swap ist eine Swap-Transaktion mit einem verzögerten Start (Delayed-Start Swaps). Ein typisches Beispiel ist die Emission eines Eurobonds, der geswappt werden soll. Die Dokumentation und andere Formalitäten nehmen nach dem Launch Day (Emissionstag) bis zu einem Monat Zeit in Anspruch. Der Swap soll dann zum gleichen Zeitpunkt wie die Valutierung der Anleihe beginnen. Die Bewertung eines Delayed-Start Swaps spiegelt grundsätzlich das entsprechende Hedging-Instrument und den Verlauf der Zinsstrukturkurve wider.

Anhand des folgenden Beispiels soll der Wert eines solchen Delays aufgezeigt werden:

Eine Bank wird am 15. Januar aufgefordert, einen Preis für einen dreijährigen Generic Swap zu stellen, wobei sie fixe Zinsen erhält und variable zahlt. Dabei soll allerdings der Zinslauf erst am 20. Februar beginnen (anstelle des 20. Januar als effektivem Datum). Somit stellt sich die Frage des Delay-Wertes.

Am Markt gelten die folgenden Bid-Offer-Konditionen, die sämtlich auf der gleichen Basis quotiert werden:

3-Jahres Swap-Rates:	5,00 - 5,05	Actual/360,
3-Jahres-Staatsanleihen:	4,40 - 4,41	Actual/360,
1-Monats Money Market Rates:	4,00 - 4,15	Actual/360.

Die Bank erhält 5,05% gegen Zahlung des 6-Monats-Libor und ist damit vor allem bei den festen Zinsen einem Zinsänderungsrisiko ausgesetzt. Um sich gegen steigende Zinsen (und damit einem fallenden Wert des Swaps) abzusichern, kann die Bank Staatsanleihen verkaufen. Unter der Annahme, daß die Hedge Ratio eins sei, werden Staatsanleihen im gleichen Nominalwert wie der Swap verkauft. Die Erlöse aus dem Verkauf können für einen Monat zum Zinssatz von 4,00% angelegt werden. Da die Bank allerdings auf die Erträge aus den Staatsanleihen verzichtet (4,41%) erleidet sie aus dieser Transaktion für den Monat einen Verlust in Höhe von 0,41%. Dieser Satz ist auf einen Monat (im Beispiel: 31 Tage) umzurechnen, so daß sich ein Verlust von $0{,}41\% \cdot 31/360 = 0{,}0353\%$ ergibt. Verteilt auf die Laufzeit von 3 Jahren errechnet sich bei einem zugrunde gelegten Kalkulationszins von 5,05% (Offer-Seite, da die Bank fixe Zinsen erhält) ein Annuitätenfaktor von 0,3675527. Multipliziert mit 0,0353% bestimmt sich die jährliche Belastung zu 0,013%. Somit muß also mehr als ein Basispunkt zur Swap-Rate hinzuaddiert werden, da es sich hierbei um effektive Kosten der Bank handelt.

Umgekehrt würde sich die Situation darstellen, wenn die Bank Fixed-Rate Zahler wäre. In diesem Fall hätten Staatsanleihen gekauft werden müssen zu einer Rendite von 4,40%. Bei einem Zins von 4,15% für die kurzfristige Finanzierung würde sich ein Gewinn in Höhe von 0,25% bzw. tatsächlich 0,0215% für den einen Monat ergeben. Umgerechnet auf die Laufzeit von 3 Jahren errechnet sich bei einem Zins von 5,00% (Bid-Seite) und einem Annuitätenfaktor von 0,3672086 ein jährlicher Gewinn von 0,0079%, der vergleichsweise gering ist.

Diese Beispiele zeigen, daß auch die Bewertung von Non-Generic Swap möglich ist, wobei letztlich die Bewertung von Generic Swaps jeweils die Grundlage bildet.

4. Portfoliomanagement mit Asset Swaps

a. Fixed Income Swaps

Der Einsatz von Swaps im Aktivmanagement gewinnt in jüngster Zeit erheblich an Bedeutung. Als Einsatzmotive lassen sich dabei sowohl Absicherungsüberlegungen als auch zusätzliche Renditesteigerungen (Yield Enhancement) identifizieren. Es handelt sich bei diesen Swap-Transaktionen um den Tausch von Aktiva (Assets) und/oder den daraus resultierenden Zinszahlungen. Infolgedessen werden sie auch als Asset Swaps bezeichnet.

Asset Swaps sind vor allem durch den Tausch von Staatsschulden bekannt geworden. Dabei werden zweifelhafte Kredite gegen zweifelhafte Kredite eines anderen Schuldners getauscht in der Hoffnung, daß nicht beide Schuldnerländer gleichzeitig ihre Zahlungen einstellen. Das Ziel der Banken besteht in diesen Fällen darin, das Kreditportefeuille breiter zu streuen, so daß sich das Risiko für die einzelne Bank verringert. Die Swap-Preise von Länderkrediten ergeben sich entsprechend der Beurteilung der jeweiligen Bonität und werden in Prozent des Nominalbetrages ausgedrückt.

Daneben werden Asset Swaps vor allem im aktiven Zinsmanagement von Rentenportefeuilles eingesetzt. Das folgende Beispiel zeigt, wie sich ein Portfoliomanager durch den Abschluß eines Zinsswaps gegen stark steigende Zinsen absichern kann:

Der Portfoliomanager hält eine mit nominal 6% s.a. (s.a. = semi annual, d. h. halbjährliche Zinszahlung) verzinsliche Anleihe über USD 10 Mio (Kurswert: 100%) im Bestand, die eine Restlaufzeit von 3 Jahren hat. Zur Absicherung gegen steigende Zinsen und den damit verbundenen Kursverlust schließt er einen Zinsswap über ebenfalls USD 10 Mio mit Swap-Partner A ab, aus dem er variable Zinsen in Höhe des USD-6-Monats-Libor erhält und 6% halbjährlich jeweils zum gleichen Zeitpunkt wie die Anleihe zahlt.

Nach einem Jahr sei die Rendite für Wertpapiere mit einer Restlaufzeit von 2 Jahren und einer vergleichbaren Bonität auf 8% s.a. gestiegen. Die Anleihe hat damit einen Kurswert von 96,37. Der Portfoliomanager geht nunmehr von einem Ende der Zinssteigerungsphase aus. Er schließt daher einen zweiten Zinsswap mit Swap-Partner B ab: Gegen Zahlung von USD-6-Monats-Libor erhält er 8% s.a. für die Laufzeit von zwei Jahren.

Sein Gesamtvorteil durch die beiden Zinsswaps gegenüber der ursprünglichen Situation beläuft sich damit nach einem Jahr für die nächsten zwei Jahre auf 2% s.a., wie die folgende Grafik verdeutlicht:

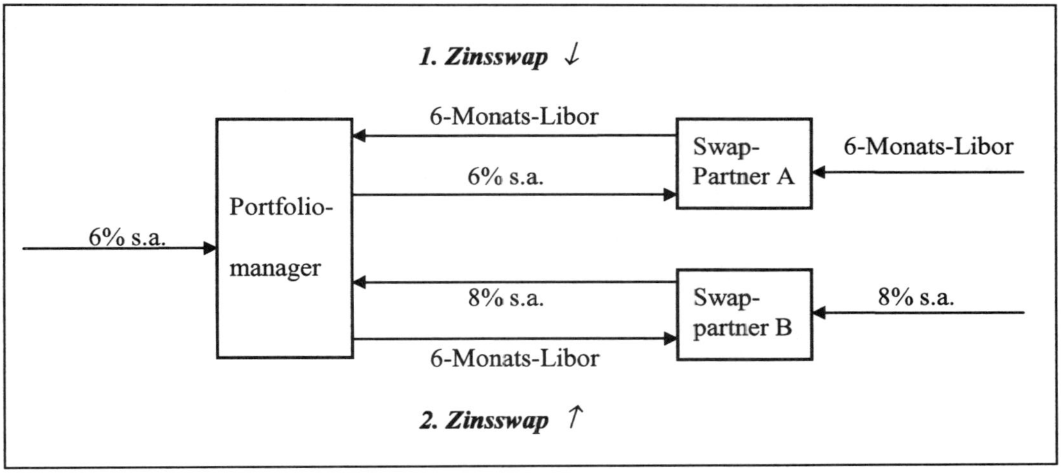

Abb. E.48: Asset Swaps im Zinsmanagement

Nach dem ersten Jahr braucht die Anleihe trotz gestiegener Zinsen nicht auf den niedrigeren Börsenkurs abgewertet zu werden. Für dieses Jahr hat der Portfoliomanager ein variabel verzinsliches (synthetisches) Wertpapier, aus dem er eine Verzinsung in Höhe des jeweiligen 6-Monats-Libor erhält.

In diesem Beispiel sind das Wertpapier und die Zinsswaps bezüglich Betrag und Laufzeit sowie idealerweise auch in bezug auf die einzelnen Festzinszahlungszeitpunkte individuell aufeinander abgestimmt. Der erste Zinsswap wurde eigens abgeschlossen, um sich gegen steigende Zinsen abzusichern, während der zweite Zinsswap das gestiegene Zinsniveau gegen fallende Zinsen sichert. Als Ergebnis dieser Transaktion ergibt sich folgende Rechnung nach einem Jahr für die restlichen zwei Jahre (der Ertrag des ersten Jahres hängt von dem jeweiligen 6-Monats-Libor ab):

	Portfoliomanager
Erträge aus Anleihe	+ 6,00%
1. Swap Inflow	+ 6-Monats-Libor
1. Swap Outflow	- 6,00%
2. Swap Inflow	+ 8,00%
2. Swap Outflow	- 6-Monats-Libor
Nettoertrag	+ 8,00%
Alternative	+ 6,00%
Zinsvorteil	+ 2,00%

Tab. E.34: Ergebnis des Asset Swaps

Zu beachten ist allerdings bei Asset Swaps, daß ein Portfoliomanager, der eine solche Transaktion durchführt, nunmehr ein Kreditrisiko gegenüber zwei Marktteilnehmern hat: gegenüber dem Anleiheemittenten und gegenüber dem Swap-Partner.

Als weiteres Einsatzmotiv von Asset Swaps kann die Renditeverbesserung durch die Konstruktion synthetischer Wertpapiere genannt werden. Dabei versuchen die Investoren, vom (Swap-) Markt unterbewertete Wertpapiere zu identifizieren und durch Swap-Transaktionen diesen Renditevorteil auf das von ihnen gewünschte Wertpapier zu übertragen. Beispielsweise kann eine USD Festzinsanleihe mit Hilfe von Asset Swaps dargestellt werden über:[1]

- den Kauf einer USD-FRN und einem anschließenden variablel / fixen Zinsswap,
- den Kauf einer zinsfixen EUR-Anleihe und einem anschließenden fix / fixen Währungsswap oder
- den Kauf einer EUR-FRN und einem anschließenden variabel / fixen Währungsswap.

Falls daher ein unterbewertetes Asset nicht direkt den Ausstattungswünschen des Investors entspricht, so kann trotzdem das gewünschte Papier synthetisch mit Hilfe verschiedener Asset Swaps nachgebildet werden, so daß zusätzliche Renditeverbesserungen im Vergleich zum direkten Kauf über mehrere Perioden erreicht werden können. Diese Renditeverbesserungen ergeben sich durch die Differenz zwischen der Effektivverzinsung der gewünschten Anleihe und der Rendite aus dem Swap. Zu beachten ist, daß die zu vergleichenden Anlagen derselben Risikoklasse angehören bzw. beide Anlagen (tatsächliche und synthetische Anleihe) denselben Diversifikationseffekt innerhalb des Anlageportefeuilles haben.

Beispielhaft soll die Strukturierung einer synthetischen Floating Rate Note (FRN) mit Hilfe eines Asset Swaps aufgezeigt werden. Ausgangspunkt ist ein Investor, der einen 6% USD-Eurobond (Zinsberechnung 30/360) mit einer Restlaufzeit von 3 Jahren kauft. Das aktuelle Zinsniveau beläuft sich auf 7% p.a. Damit beträgt der Present Value nach dem Bond-Yield-Verfahren 97,38%. Zur Berechnung des Niveaus, bei dem dieser Bond in eine FRN geswappt werden könnte, muß diese Rendite mit der entsprechenden Offered-Seite der Swap-Rates verglichen werden. Unter der Annahme, daß der potentielle Swap-Partner die gleichen Preise wie im Markt quotiert, können die folgenden Zinssätze zugrunde gelegt werden:

Laufzeit	US-Treasury-Rendite (semi-annual)	Swap Spread
3	6,35	30-35
4	6,40	33-38
5	6,45	34-39
6	6,50	37-44

Tab. E.35: USD-Swap Spreads

[1] Vgl. z.B. **Perridon/Steiner** (1997), S. 312ff.

Als relevante Swap-Rate ergibt sich ein Satz von 6,35% + 0,35% = 6,70% s.a. Dabei wird die Offered-Seite des Swap Spreads zugrunde gelegt, weil dies das Niveau ist, bei dem der Swap-Partner bereit ist, fixe Zinszahlungen gegen Libor flat zu erhalten.

Zum Vergleich mit der obenstehenden Rendite müssen aber beide Werte noch auf die gleiche Grundlage gestellt werden; denn bei den 6,70% handelt es sich um eine Rendite auf halbjährlicher Basis (r_S), während der obige Zinssatz (7%) für jährliche Zahlungen (r_a) gilt. Die Umrechnung der 7% p.a. in eine halbjährliche Rendite (s.a.) erfolgt in dieser Weise:

$$(1+r_a) = \left(1+\frac{r_S}{2}\right)^2$$

$$r_S = 2\cdot\left(\sqrt{1+r_a}-1\right) \quad ; \quad r_S = 2\cdot\left(\sqrt{1+0{,}07}-1\right) = 6{,}88\ \%$$

Die entsprechende halbjährliche Rendite des Bonds von 6,88% s.a. bedeutet eine um 18 Basispunkte höhere Rendite als der angebotene Swap-Spread. Damit ergibt sich also eine Rendite von Libor + 18 Bp. Diese über den Asset Swap realisierte Rendite ist zu verlgeichen mit der Rendite von variabel verzinslichen Anleihen von Emittenten mit vergleichbarer Bonität und ähnlichem Standing. Allerdings ist zu noch zu berücksichtigen, daß die Renditen noch nicht auf einer äquivalenten Grundlage basieren, da der Bond auf 30/360 Basis und die Treasury-Bonds auf Actual/365 Tage Basis quotiert werden. Hier wird angenommen, daß von den 3 Jahren Restlaufzeit keines ein Schaltjahr ist, so daß Actual/365 = 365/365 = 360/360. Graphisch läßt sich dieser Asset Swap wie folgt darstellen:

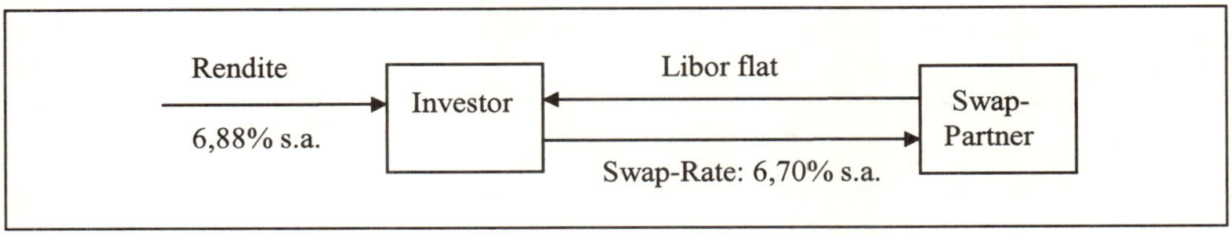

Abb. E.49: USD Asset Swap

Der Asset Swap und das Ausmaß des zusätzlichen Ertrages gegenüber der alternativen Direktanlage hängen von den Möglichkeiten der Arbitrage zwischen Bondmarkt und Swapmarkt ab. Solche „Fenster" für eine erfolgversprechende Arbitrage eröffnen sich immer dann, wenn sich Bond- und Swapmarkt nicht gleichgerichtet oder unterschiedlich schnell entwickeln.

Soll allerdings im obigen Beispiel die festverzinsliche Anleihe vorzeitig verkauft werden, so entsteht eine offene Swap-Position, die wieder zu schließen ist. Die Verluste bzw. Gewinne bei Verkauf der Wertpapiere und Schließen der Swap-Position entsprechen grundsätzlich den Verlusten und Gewinnen der Anleiheform, die synthetisch erzeugt wurde. Problematisch dürfte sich allerdings in diesem Zusammenhang die geringere Liquidität der Asset Swaps gegenüber dem direkten Investment auswirken. Soll das gesamte Package verkauft werden, so kann dies einige Probleme mit sich führen. Zunächst muß ein Käufer gefunden werden, der nicht nur die Bonität der Bonds, sondern auch die des Swap-Partners akzeptieren kann. Zudem kann sich der Swap-Spread am Markt verändert haben, so daß auch die Bedingungen des Swaps (Terms and Conditions) verändert werden müssen. Darüber hinaus können auch administrative Probleme auftreten, nämlich dann, wenn die beteiligten Parteien beispielsweise untereinander keine ausreichenden Swap-Linien oder Master Agreements haben. Bei Auflösung der Swap-Position sind neben den administrativen auch weitere Kosten zu berücksichtigen, wie z. B. der Bid-Offer-Spread.

b. Equity Swaps

Bei einem Equity Swap handelt es sich - wie auch bei einem Zinsswap - um den zukünftigen Austausch von Zahlungsströmen. Im Gegensatz zu einem Zinsswap basieren die Zahlungen aber nicht nur auf Zinsen. Vielmehr ist zumindest ein Zahlungsstrom an einen Aktienindex oder an eine Aktienperformance gekoppelt. Entsprechend zahlt der sogenannte Performance-Zahler an den Zinszahler die Performance auf den Nominalbetrag des Aktien-Underlyings, während er die Zinszahlungen auf den Nominalbetrag erhält. Ist die Performance allerdings negativ, so ist der Zinszahler verpflichtet, diese zusätzlich an den Performance-Zahler zu leisten. In Abbildung E.50 wird ein solcher Equity Swap dargestellt. Darüber hinaus können Equity Swaps auch als Austausch der Performance einer Aktie gegen die einer anderen Aktie konstruiert werden.

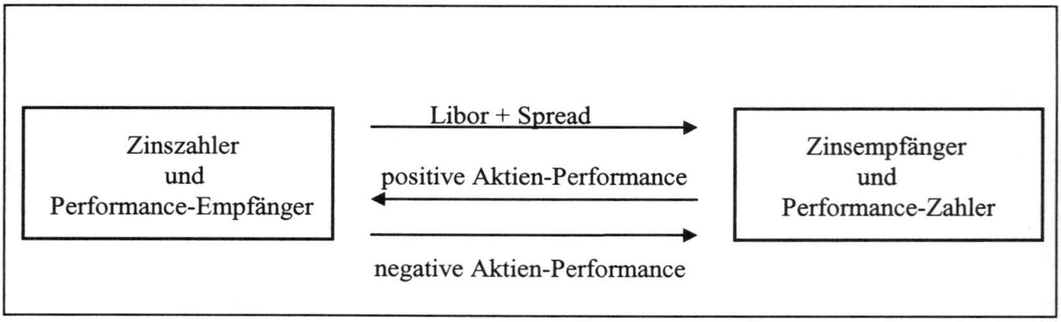

Abb. E.50: Equity Swap

Im Rahmen des Equity Swaps finden die Zahlungen zu ganz bestimmten Terminen, den sogenannten Reset-Terminen statt, die üblicherweise auf vierteljährlicher, halbjährlicher oder jährlicher Basis festgelegt werden. Bei den Zinszahlungen kann es sich um feste oder variable Zinsen handeln. Letztere sind meist an einen Referenzzins gekoppelt, wie z. B. an den entsprechenden Libor.

Grundsätzlich kann jedes Aktienportfolio als Underlying für die Performance-Berechnung dienen. Ausgewählt werden vor allem solche Aktienportfolios, die in ihrer Zusammensetzung einem Aktienindex entsprechen und somit den jeweiligen Markt zu einem großen Teil abdecken. Aber auch eine einzelne Aktie kann grundsätzlich als Underlying in Frage kommen. In diesem Fall kann beispielsweise ein Portfoliomanager, der die entsprechende Aktie im Bestand hat, das Performancerisiko der Aktie gegen eine Zinszahlung tauschen. Für die Laufzeit des Swaps ist damit die Aktienposition gegen Kursänderungen abgesichert. Obwohl der Portfoliomanager nur noch Zinsempfänger ist, stehen ihm als Eigentümer der Aktie aber weiterhin alle damit verbundenen Rechte zu. Üblicherweise bezieht sich ein Equity Swap jedoch auf einen Aktienindex.

Basis für die Zahlungsströme eines Equity Swaps ist der Nennwert bzw. Notional. Hierbei kann es sich sowohl um das Aktienportfolio bzw. den Aktienindex multipliziert mit einer bestimmten Zahl (z. B. DAX multipliziert mit 10.000) oder um einen fixen Betrag handeln (z. B. DM 24 Mio).[1] Bei letzterer Variante verändert sich die Anzahl Aktien, die dem Swap zugrunde gelegt worden ist, je nach Performanceentwicklung. Ist der Nennwert dagegen variabel, d. h. wird er z. B. als Vielfaches eines Indexes definiert, so ist das Hedging für den Performance-Zahler einfacher, da zur Absicherung lediglich in entsprechendem Umfang Aktien gekauft werden müssen, während andernfalls die Anzahl der Aktien laufend angepaßt werden müßte.

Bei Equity Swaps liegt das Nominalvolumen üblicherweise zwischen DM 10 Mio und 500 Mio. Die Swap-Perioden belaufen sich meist auf drei oder sechs Monate. Grundsätzlich sind auch andere Periodenlängen möglich, bis hin zu nur einer Periode, die dann mit der Swap-Laufzeit übereinstimmt. Entsprechend den Swap-Perioden erfolgt eine Anpassung des Nominalbetrages an den jeweils vorherrschenden Wert der Aktienposition. Von dem für die jeweilige Periode festgelegten Nominalbetrag hängt auch die Zinszahlung des Performance-Empfängers ab. Als Swap-Laufzeiten kommt vor allem der Bereich von einem bis zu vier Jahren in Betracht, wobei zu berücksichtigen ist, daß grundsätzlich auch Laufzeiten von wenigen Wochen bis zu 10 Jahren möglich sind.

Mit Hilfe von Equity Swaps lassen sich diversifizierte Portfolios einfach und kostengünstig in einer Transaktion nachbilden, wobei der Performance-Empfänger ein Rendite-Risiko-Profil erhält, das dem fremdfinanzierten Aktienportfolio entspricht, welches dem Swap zugrunde liegt. Handelt es sich bei dem Underlying um einen Aktienindex, so erhält der Performance-Empfänger genau die festgestellte Performance des Aktienindexes. Dadurch kann der Tracking Error vermieden werden; denn eine exakte Nachbildung des Indexes durch den Aufbau eines entsprechenden Portfolios ist in der Praxis kaum möglich bzw. zu aufwendig. Gleichzeitig läßt sich eine Investition in einen Gesamtmarkt tätigen, so daß detaillierte Marktkenntnisse zu bestimmten Aktien nicht erforderlich sind.

Portfoliomanager, die in Anleihen investiert sind, können ohne eine Veräußerung der Anleihen das Performanceprofil von Aktienportfolios durch Equity Swaps erhalten. Dadurch lassen sich Transaktionskosten, die bei der Umschichtung sowohl auf der Anleihen- als auch der Aktienseite anfallen würden, vermeiden. Bei einem solchen Equity Swap ist der Portfoliomanager Zinszahler und Performance-Empfänger. In diesem Fall könnte eventuell auch eine sogenannte Outperformance-Strategie erfolgreich umgesetzt werden. Zahlt der Portfoliomanager an den Kontraktpartner beispielsweise Libor abzüglich eines Spreads von 20 Basispunkten gegen den Empfang der DAX-Performance, so kann möglicherweise eine Gesamtperformance erzielt werden, die über der DAX-Performance liegt. Dies gilt für den Fall, daß das Bonitätsrisiko der im Bestand be-

---

[1] Vgl. **Campenhausen von** (1994), S. 259.

findlichen Anleihen relativ hoch ist, so daß die Anleihen eine vergleichsweise hohe Rendite abwerfen, während in den Swap nur Libor minus 20 Basispunkte gezahlt werden müssen.

Auch bei einer Investition in einen ausländischen Markt kann ein Portfoliomanager durch einen Equity Swap Transaktionskosten für die Direktinvestitionen sparen. Falls beispielsweise eine Bank im Hinblick auf die Clearing- und Custody-Kosten geringere Aufwendungen hat, als der Swappartner, so können diese Vorteile der Bank zum Teil an den Swappartner weitergegeben werden. Insofern kann letzterer eine kostengünstige internationale Diversifikation erreichen. Gleichzeitig ist auch der Verwaltungsaufwand geringer als bei einer Direktinvestition, da im Rahmen eines Equity Swaps keine Dividendenzahlungen anfallen und diese somit auch nicht laufend reinvestiert werden müssen.

Darüber hinaus läßt sich das Wechselkursrisiko bei einer Investition in ausländische Aktien durch einen Equity Swap ausschalten. Beispielsweise kann ein ausländischer Anleger die Performance des DAX erhalten, ohne daß Wechselkursänderungen während der Swap-Laufzeit die Performance beeinträchtigen. Bei diesem sogenannten Hedged Quanto Equity Swap werden die anfallenden Zahlungen zu dem bei Abschluß des Swaps festgelegten Wechselkurs abgerechnet. Dagegen verbleibt bei einem Unhedged Quanto Equity Swap das Wechselkursrisiko beim Empfänger der Performance, da in diesem Fall die Zahlungen zu dem am Reset-Termin vorherrschenden Wechselkurs erfolgen. Grundsätzlich werden bei Quanto Equity Swaps alle Zahlungen in Fremdwährung durchgeführt. So werden die Zinszahlungen auf der Grundlage des Zinssatzes der verwendeten Währung berechnet. Dagegen werden bei Plain Vanilla Equity Swaps die Zinsen / Performance in der Währung des Underlyings gezahlt. Letztere sowie die Hedged Quanto Equity Swaps (jeweils mit variablem Nominalbetrag) kommen in der Praxis am häufigsten vor.

Equity Swaps weisen aber auch einige Nachteile auf. So gehen beide Parteien ein Counterparty-Risiko ein, da der jeweils andere Partner ausfallen kann. Zudem findet bei Equity Swaps nur ein außerbörslicher Handel (Over-the-Counter, OTC) und damit kein Börsenhandel statt, so daß es sich nicht um einen sehr transparenten Markt handelt. Aufgrund der mangelnden Liquidität des Sekundärmarktes für diese Swaps, kann das Geschäft nur entweder durch Glattstellung zwischen den beiden ursprünglichen Parteien oder durch Abschluß eines Gegengeschäftes aufgelöst werden. Diese Möglichkeiten sind jeweils mit Transaktionskosten verbunden.[1] Hinzu kommt für Banken als Performancezahler, daß bei der Absicherung der Swapposition durch den Kauf der entsprechenden Aktien Eigenmittel gebunden werden.

5. Hedging und Management von Swap-Portfolios

Das Management von Swap-Portfolios betrifft insbesondere das Management der mit diesen Transaktionen verbundenen Risiken. Als Risiken im Zusammenhang mit Swapgeschäften können neben anderen vor allem die folgenden identifiziert werden:

---

[1] Vgl. **Campenhausen von** (1994), S. 263.

- *Bonitätsrisiko* (die vereinbarten Zahlungen werden vom Swap-Partner nicht oder nur teilweise geleistet)
- *Marktrisiko* (nach dem Ausfall eines Partners können bei dem notwendigen Neuabschluß des Swap-Geschäftes aufgrund der Zins- und Währungsentwicklung nur ungünstigere Konditionen realisiert werden)
- *Mismatch-Risiko* (die Konditionen von zwei Swap-Transaktionen entsprechen sich nicht exakt, sondern divergieren bezüglich Betragshöhe, Laufzeit, Referenzzins oder Timing).

Damit enthalten Swaps also - anders als die direkte Mittelaufnahme oder -anlage am Kapitalmarkt - ein gewisses Ausfallrisiko des Partners. Als Folge dieses Risikos kann das Marktrisiko relevant werden, da möglicherweise nach dem Ausfall eines Partners nur noch ungünstigere Konditionen erzielt werden können. Infolgedessen sollten Swapvereinbarungen mit Partnern einwandfreier Bonität abgeschlossen werden.

Das Mismatch-Risiko entsteht vor allem dann, wenn eine offene Swap-Position eingegangen wird, die nicht oder nicht perfekt gesichert ist. Wird beispielsweise ein USD 20 Mio 5-Jahres-Swap mit einem USD 10 Mio 5-Jahres-Swap gesichert, so besteht eine offene USD 10 Mio 5-Jahres-Position. Falls ein USD 20 Mio 5-Jahres-Swap mit einem USD 20 Mio 10-Jahres-Swap gesichert wird, so bedeutet dies eine höhere Preisvolatilität der längeren Position und eine offene 5-Jahres-Position, die in 5 Jahren beginnt. Dabei wird die Festzinsseite der Swap-Position wie eine entsprechende festverzinsliche Anleihe auf Marktzinsänderungen reagieren, während - wie im Rahmen der Swap-Bewertung dargestellt - die variabel verzinsliche Seite weniger zinssensitiv ist.

Im folgenden Beispiel besteht bei einer Zinsswap-Position ein Mismatch-Risiko, das wie folgt quantifiziert werden kann: Ein Portfoliomanager hat eine Zinsswap-Position im Nominalwert von USD 10 Mio, aus der er für drei Jahre einen festen Zins in Höhe von 5% zahlt (gegen Libor). Die Gegenposition weist den gleichen Nominalwert auf, wobei der Portfoliomanager für fünf Jahre 5,5% erhält (gegen Libor). Diese Position wird solange profitabel sein, wie die Zweijahres-Swap-Rate in drei Jahren unterhalb von 6,254% bleibt. Diese implizierte Forward Swap-Rate ermittelt sich vereinfacht wie folgt (korrekter wäre die Zugrundelegung der Sätze aus der Nullkuponstrukturkurve zur Ermittlung der Forward Rates):

$$r_{t_{1/2}} = \left(\frac{(1+r_2)^{t_2}}{(1+r_1)^{t_1}} \right)^{\left(\frac{1}{t_2 - t_1}\right)} - 1$$

$$r_{F,Swap} = \sqrt[2]{\frac{(1+0{,}055)^5}{(1+0{,}05)^3}} - 1 = 6{,}254\ \%$$

Das Risiko besteht vor allem darin, daß das Zinsniveau nach 3 Jahren erheblich gestiegen ist bzw. ein Forward-Swap nur zu ungünstigeren Konditionen abgeschlossen werden kann.

Stimmen die Nominalwerte in diesem Beispiel nicht überein und soll die dreijährige Zinsswap-Position durch den fünfjährigen Gegenswap abgesichert werden, so kann der erforderliche Nominalwert des Gegenswaps durch das Gleichsetzen der jeweiligen Barwerte ermittelt werden.

Bei einer Swap-Rate für 3 Jahre von 5% und für 5 Jahre von 5,5% ergeben sich die folgenden Barwerte:

Restlaufzeit	Kupon	Barwert
3	5%	13,61624%
5	5,5%	23,48656%

Tab. E.36: Hedging einer Swap-Position

Um eine 3-jährige Swap-Position im Nominalwert von USD 10 Mio abzusichern, sollte der 5-jährige Gegenswap einen Nominalwert von USD 5,79746 Mio aufweisen. Dieser Wert ergibt sich aus dem Quotienten der Barwerte multipliziert mit USD 10 Mio.

Die Absicherung einer offenen Zinsswap-Position gegen Zinsveränderungen am Markt kann aber auch mit Staatsanleihen vorgenommen werden. Ein Fixed-Rate-Zahler aus einem Swap wird in diesem Fall zur Absicherung Staatsanleihen kaufen, wobei sich die zu kaufende Anzahl an der Hedge Ratio orientiert. Soll diese auf der Basis der Duration ermittelt werden, so ist die Swap-Position in genau derselben Weise wie ein Anleihenportfolio abzusichern. Grob könnte z. B. ein USD 10 Mio Swap mit einer Duration von 4, bei dem Festzins gezahlt wird, durch den Kauf von US-Treasury-Bonds im Wert von USD 20 Mio und mit einer Duration von 2 abgesichert werden.

Auch wenn die Marktzinsen sich nicht verändern, kann der Wert eines Swap-Portfolios variieren. Dies gilt für den Fall, daß sich die Swap Spreads verändern. So wird ein Swap-Partner, der feste Zinszahlungen aus einem Swap erhält und seine Position durch den Verkauf von Staatsanleihen abgesichert hat, Verluste erleiden, wenn sich der Swap Spread nach Abschluß des Swaps ausweitet. In diesem Fall würde eine Auflösung der Swap-Position mehr kosten als die gleichzeitige Auflösung der Hedge-Position; denn die Swap-Position würde mit einer relativ höheren Swap-Rate abgezinst.

Beim Hedging von Swap-Portfolios mit Hilfe von Staatsanleihen wird grundsätzlich unterstellt, daß Short-Positionen in Staatsanleihen aufgebaut werden können. Die Abdeckung dieser Short-Positionen kann über das vorherige Ausleihen oder ein „In-Pension-Nehmen" der zu verkaufenden Bonds erfolgen. In diesem Zusammenhang übernehmen Wertpapierpensionsgeschäfte (Repurchase Agreements, Repos) eine wichtige Rolle.[1]

---

1 Zu Repo-Geschäften vgl. Abschnitt V. dieses Kapitels.

6. Der Einsatz von Swaptions im Portfoliomanagement

Swap-Optionen (Swaptions) wurden erstmals Mitte der achtziger Jahre in den USA im Zusammenhang mit der Emission von Callable Bonds strukturiert und gehandelt. Seitdem hat der Markt für Swaptions sowohl in den USA als auch in Europa ein beeindruckendes Wachstum erfahren. In Deutschland begann der Aufschwung der Swaptions mit der Wiedervereinigung, als größere Beträge am Kapitalmarkt mobilisiert wurden. Dabei wurden innerhalb von zwei Jahren fast DM 100 Mrd. kündbare Schuldverschreibungen des Bundes begeben, die teilweise bei Daueremittenten und Hypothekenbanken plaziert wurden. Diese Institute begaben wiederum eigene Papiere zur Refinanzierung, die aber unkündbar waren. Durch den Verkauf des Kündigungsrechtes aus den Schuldverschreibungen des Bundes sollte ein Renditevorsprung erzielt werden. Allerdings bestand das Problem, daß ein Kündigungsrecht nicht einfach von einem Papier getrennt werden kann und somit auch nicht zu veräußern ist. Durch das Schreiben von entsprechenden Swaptions konnten die Daueremittenten, die die kündbaren Anleihen im Portfolio hatten, allerdings die angestrebte Renditeverbesserung realisieren. Den Höhepunkt erreichten Swaptions im DM-Markt im Jahre 1990, als etwa DM 50 Mrd. umgesetzt wurden.[1] Mittlerweile ist aber das Volumen gesunken, wobei nach wie vor noch kündbare Schuldverschreibungen emittiert und mittels Swaptions plaziert werden.

Bei einer Swaption erhält der Käufer das Recht, an einem zukünftigen Datum einen vorab vereinbarten Swap einzugehen, wobei es sich zumeist um einen Zinsswap handelt. Die Struktur des Swaps wird damit bereits beim Kauf festgelegt. Beispielsweise müßte ein Swap-Partner, der einen Zinsswap eingegangen ist, bei dem er variable Zinsen zahlt, bei steigenden Zinsen mit Verlusten rechnen. Hätte er eine Swaption auf diesen Zinsswap gekauft, so bräuchte er diese nicht auszuüben und damit nicht in den Zinsswap einzutreten. Damit beinhalten Swaptions das Recht, bei Verfall in einem Swap entweder die festen Zinsen zu empfangen (Receiver Swaption bzw. Call) oder zu zahlen (Payer Swaption bzw. Put).[2] Bei Ausübung erfolgt allerdings zumeist nicht der Eintritt in den zugrundeliegenden Swap, sondern vielmehr ein Cash-Settlement, so daß der Wert des Swaps berechnet und bar ausbezahlt wird. Falls ein Cash-Settlement vorgesehen ist, so wird dies bereits beim Kauf der Option festgelegt.

Allgemein können die Payoff-Diagramme von Swaptions in der folgenden Weise dargestellt werden. Dabei wird deutlich, daß sich ein synthetischer Payer Swap durch die Kombination einer Short Receiver Swaption mit einer Long Payer Swaption herstellen läßt. Umgkehrt kann ein synthetischer Receiver Swap durch eine Long Receiver Swaption und eine Short Payer Swaption konstruiert werden.

---

1 Vgl. **Flach/Ufer** (1994), S. 558.

2 Vgl. **Heintze/Planta** (1992), S. 328.

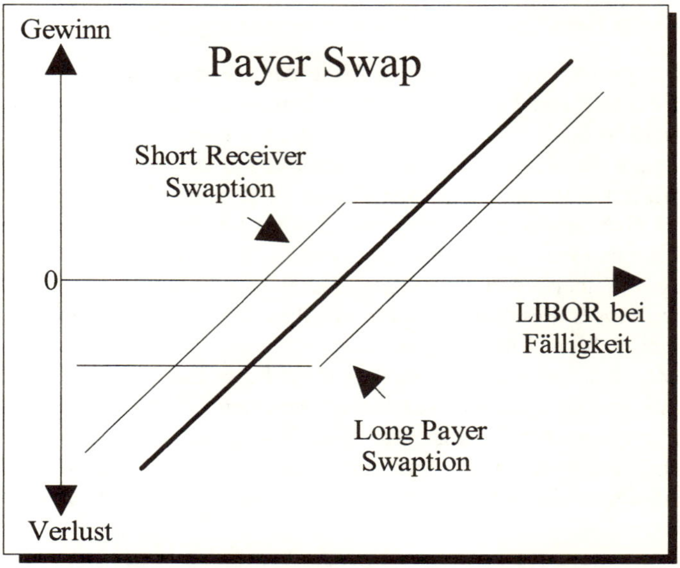

Abb. E.51: Payoff-Diagramm eines durch Swaptions synthetisch erzeugten Payer Swaps

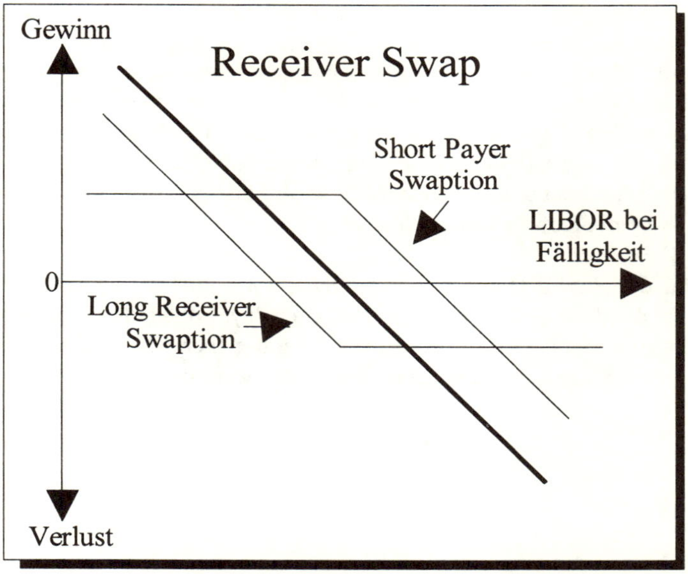

Abb. E.52: Payoff-Diagramm eines durch Swaptions synthetisch erzeugten Receiver Swaps

Swaptions sind in den wichtigsten Währungen erhältlich und werden im Interbankenmarkt gehandelt. Zumeist findet man Optionslaufzeiten von bis zu einem Jahr sowie einen zugrundeliegenden Swap von zwei bis zehn Jahren vor. Im DM-Bereich kommen oft auch Swaptions mit einer Laufzeit bis zu zwei Jahren vor. Der Nominalbetrag beträgt häufig mindestens DM 5 Mio. Aufgrund dessen, daß ein relativ liquider Markt für Swaptions besteht, bieten diese Instrumente eine hohe Flexibilität zur marktnahen und kostengünstigen Optimierung von Finanz- und Renditestrukturen. Während Swaptions dem Käufer die Möglichkeit bieten, die Entscheidung über den Abschluß eines Swaps auf später zu verschieben - bei Sicherung der aktuellen Konditionen - hat sich der Verkäufer bereit erklärt, bei Ausübung durch den Käufer in den Swap einzutreten. Dafür erhält er eine Prämie, die u.U. die Rendite seiner Zinsposition steigern kann.

Im Rahmen des Portfoliomanagements können Swaptions z. B. zur Absicherung eines Portfolios mit frühzeitig seitens des Emittenten kündbaren Anleihen (Callable Bond) dienen. Bei gefallenen Zinsen ist davon auszugehen, daß beispielsweise ein 10-jähriger Callable Bond, der nach 7 Jahren seitens des Emittenten gekündigt werden kann, auch gekündigt wird und zu pari zurückgezahlt wird, obwohl Anleihen mit vergleichbarem Kupon und 3 Jahren Restlaufzeit weit über pari stehen. Der Investor kann seine liquiden Mittel in diesem Fall nur noch zu geringeren Zinssätzen reinvestieren. Hat er aber eine Receiver Swaption auf einen 7-jährigen (Forward-Start) Swap mit einer Laufzeit von 3 Jahren gekauft, so kann er sich gegen den entsprechenden Verlust absichern, indem er die Swaption ausübt. In diesem Fall erhält er eine Barabgeltung, die den Verlust aus den gesunkenen Zinsen ausgleichen soll. Im umgekehrten Fall gestiegener Zinsen werden der Emittent sein Kündigungsrecht und der Investor seine Option nicht ausüben, so daß letztere wertlos verfällt.

Damit die Absicherung möglichst effizient ist, ist eine hohe Korrelation zwischen den Swapsätzen und der jeweiligen Anleihenrendite erforderlich. Würde im obigen Beispiel die Bondrendite mehr als der entsprechende Swapsatz fallen, so kann der Verlust aus der nunmehr geringeren Wiederanlagerendite nicht durch den Wert der Swaption aufgefangen werden. Dieses Risiko sollte dem Käufer einer Receiver Swaption bewußt sein.

Ein weiteres Einsatzmotiv von Swaptions ist die Renditesteigerung durch das Schreiben (Verkauf) von Swaptions. Beispielsweise kann ein Portfoliomanager das Zinsänderungsrisiko seines Anleihenportfolio bei Erwartung steigender Zinsen durch den Verkauf von Receiver Swaptions zumindest mindern, ohne die Zusammensetzung seines Portfolios zu verändern. Bei gestiegenen Zinsen wird die Swaption nicht ausgeübt, so daß die erhaltene Optionsprämie teilweise den Verlust aus den Anleihen ausgleichen kann. Um eine möglichst effiziente Absicherung zu erreichen, sollte bei einem Delta von beispielsweise 0,5 der doppelte Nominalbetrag in der Swaption festgelegt werden, wobei ab einem bestimmten Punkt bei weiter steigenden Zinsen die Absicherung angepaßt werden sollte (Dynamic Hedging). Zur Absicherung gegen längerfristig höhere Zinsen wäre allerdings der Kauf einer Payer Swaption sinnvoll, wobei wiederum zu berücksichtigen ist, daß sich Swapsätze und Anleihenrenditen nicht notwendigerweise parallel bewegen. Bei einem breit gestreuten Anleihenportefeuille wird dieses Problem allerdings weniger ins Gewicht fallen, da die Swaption eine Art Marktdurchschnitt (Swapsatz) widerspiegelt.[1]

---

[1] Vgl. **Heintze/Planta** (1992), S. 333f.

Die Bewertung von Swaptions kann mit Hilfe der bekannten traditionellen Optionsbewertungsmethoden vorgenommen werden.[1] Als wichtigste Komponenten des Swaption-Preises kommen in Frage:

- das Festzinsniveau des Swaps,
- die Swap-Laufzeit,
- Zahlungen bei Ausübung der Option sowie
- die verbleibende Zeit bis zur Ausübung.

Je höher beispielsweise das Festzinsniveau des Swaps ist, desto höher ist der Wert eines Puttable Swaps (Swap mit Kündigungsrecht des Fixed Rate Payers) und um so geringer ist der Wert, in den Swap einzutreten. Das Recht einer Payer Swaption, (bereits vereinbarte) feste Zinsen in einem Swap zu zahlen, gewinnt entsprechend an Wert, wenn das Zinsniveau am Markt steigt. Unabhängig davon, ob es sich um eine Payer oder Receiver Swaption handelt, erhöht sich der Optionspreis mit zunehmender Laufzeit des Swaps; denn Swaps mit langen Laufzeiten sind erheblich zinssensitiver als Swaps mit kurzen Laufzeiten. Je höher darüber hinaus die Zahlungen bei Ausübung der Option sind, desto geringer ist entsprechend der Preis einer Swaption.

Die Länge der verbleibenden Zeit bis zur Ausübung kann unterschiedliche Auswirkungen auf den Wert einer Swaption haben. Grundsätzlich erhöht sich die Prämie bei längerer Laufzeit der Option. Bleibt allerdings die Fälligkeit des Swaps konstant, d. h. verringert sich damit die Swap-Laufzeit, so hat dies wiederum einen wertverringernden Einfluß auf die Swaption. Im Extremfall, in dem Ausübungstag und Swap-Fälligkeit zusammenfallen, hat die Option einen theoretischen Wert von Null.

Zur Ermittlung des Preises einer Swaption müssen zunächst die Forward Swap-Rates ermittelt werden, bevor anschließend der Preis der Swaption bestimmt werden kann. Hierzu müssen die in die Bewertungsmodelle einfließenden Parameter bekannt sein, wie beispielsweise die Volatilität der Zinssätze.

Die Bestimmung des inneren Wertes einer Swaption soll kurz anhand eines Beispiels aufgezeigt werden. Zu bewerten ist eine Swaption, die nach einem Jahr fällig wird und sich auf einen dann noch 4-jährigen Swap bezieht. Die aktuelle Swap-Rate für 5 Jahre sei 5,447%, und die Nullkuponstrukturkurve - abgeleitet aus den Swap-Rates am Markt - habe folgendes Aussehen:

Laufzeit	Nullkupons
1	4,60
2	4,80
3	5,00
4	5,20
5	5,50

Tab. E.37: Aktuelle Nullkuponsätze

[1] Für einen Überblick über Optionspreismodelle vgl. **Schäfer** (1995), S. 81ff.

Daraus lassen sich entsprechend der oben aufgezeigten Formel die Nullkupons in einem Jahr über die Forward Rates ableiten:

Laufzeit (in 1 Jahr)	Nullkupons
1	5,00
2	5,20
3	5,40
4	5,73

Tab. E.38: Nullkuponsätze in einem Jahr

Die Bestimmung eines Kupons auf der Basis der Nullkupons nach einem Jahr kann wie folgt vorgenommen werden:

$$100 = \frac{C}{1{,}05} + \frac{C}{1{,}052^2} + \frac{C}{1{,}054^3} + \frac{C}{1{,}0573^4} + \frac{100}{1{,}0573^4}$$

Für C ergibt sich ein Satz von 5,692%. Dieser stellt den aus der Nullkuponstrukturkurve abgeleiteten Zinssatz des Swaps dar, der in einem Jahr eine Restlaufzeit von 4 Jahren hat und einen Barwert von 100% aufweist (da der Barwert der Floating-Komponente ebenfalls 100% ergibt, handelt es sich somit um die künftige Swap-Rate).

Verglichen mit dem aktuellen 5-Jahres Swapsatz von 5,447% ergibt sich also ein um 24,5 Basispunkte erhöhter Satz. Somit hat eine Put Swaption, die das Recht beinhaltet, 5,447% für einen Swap mit vierjähriger Laufzeit, der in einem Jahr beginnt, zu zahlen, einen inneren Wert von 0,247% (bezogen auf den Zinssatz). Wird der Satz von 5,447% in die obige Gleichung eingesetzt, so ergibt sich ein Wert von 99,14. Somit weist die Swaption - bezogen auf den Barwert - einen inneren Wert von 0,86% auf. Der Marktwert der Swaption ergibt sich grundsätzlich aus den entsprechenden Optionsbewertungsmodellen.

V. Repurchase Agreements (Repo-Geschäfte) und Wertpapierleihe

1. Überblick

Wertpapierpensionsgeschäfte (Repurchase Agreements, Repos) beinhalten allgemein die zumeist an Geldgeschäfte gekoppelte, befristete Übertragung von Wertpapierbeständen. Sie werden vor allem zur Liquiditätssteuerung durchgeführt, indem Gelder gegen Wertpapiere als Sicherheit am Markt aufgenommen bzw. angelegt werden. Eng verwandt mit den Repo-Geschäften ist die Wertpapierleihe, wobei sich beide Geschäften im wesentlichen in der zivilrechtlichen Struktur unterscheiden. Während es sich nach deutschem Recht bei Repo-Geschäften entsprechend der herrschenden Meinung um Kauf- bzw. Rückkaufgeschäfte handelt, kann die Wertpapierleihe zivilrechtlich als Sachdarlehen aufgefaßt werden.[1]

Sowohl Repo-Geschäfte als auch Wertpapierdarlehen haben eine zunehmende Bedeutung erlangt. So finden sich in vielen europäischen Ländern etablierte und liquide Wertpapierdarlehens- und Repo-Märkte, die vor dem Hintergrund der Globalisierung der Kapitalmärkte und des Wachstums im grenzüberschreitenden Wertpapierhandel durch eine starke Nachfrageseite gekennzeichnet sind. Von Bedeutung sind die Märkte vor allem für die Steuerung der Liquidität, für die Erfüllung von Lieferverpflichtungen und für die Umsetzung von komplexen Anlage- und Absicherungsstrategien. Auch die Nutzung von Wertpapierdarlehen im Portfoliomanagement hat vor dem Hintergrund der gesetzlichen Lockerungen im Hinblick auf die Überlassung von Wertpapieren für Kapitalanlagegesellschaften und Versicherungen einen höheren Stellenwert erhalten. Darüber hinaus spielt die Möglichkeit, zusätzliche Erträge durch diese Geschäfte zu erzielen, in diesem Zusammenhang eine wichtige Rolle.[2]

2. Repo-Geschäfte

a. Grundlagen des Repo-Geschäfts

In vielen nationalen Märkten haben sich Wertpapierpensionsgeschäfte (Repos) fest etabliert, wobei diese Handelsform in Deutschland noch vergleichsweise wenig genutzt wird. Aber nachdem die Mindestreservepflicht für Repos zum Jahreswechsel 1996/97 durch die Bundesbank aufgehoben worden ist, gewinnt auch hierzulande das Repo-Geschäft zunehmend an Bedeutung. Traditionell wurde dieses Geschäft als Wertpapierpensionsgeschäft von Banken eher unter dem Gesichtspunkt der Erhöhung der Liquidität betrieben. Dabei setzt die Deutsche Bundesbank Wertpapierpensionsgeschäfte als Mittel der geldpolitischen Feinsteuerung ein und deckt damit durch die Ausreichung von Liquidität einen großen Teil des Refinanzierungsbedarfs der Kreditinstitute ab. Immer häufiger rückt das Repo-Geschäft aber auch unter Kapitalmarkt-Gesichtspunkten in den Mittelpunkt, da sich mit Repo-Transaktionen die Liquidität des Marktes verbessern läßt.

Im Rahmen eines Wertpapierpensions- oder Repo-Geschäftes werden vom Pensionsgeber Wertpapiere gegen Zahlung eines vereinbarten Betrages auf den Pensionsnehmer übertragen. Die Besonderheit gegenüber einem 'normalen' Verkauf von Wertpapieren besteht bei einem Repogeschäft darin, daß der Käufer bzw. der Pensionsnehmer

- verpflichtet ist, die gleiche Anzahl und Art von Wertpapieren zu einem bestimmten späteren Zeitpunkt an den Pensionsgeber zurückzuübertragen (echtes Pensionsgeschäft) oder

- berechtigt, aber nicht verpflichtet ist zur Rückgabe der Wertpapiere an den Pensionsgeber (unechtes Pensionsgeschäft).

---

[1] Vgl. **Prahl** (1995), Sp. 2023.

[2] Vgl. **Deutsche Morgan Grenfell, Deutsche Bank AG** (1997), S. 1.

Die Grundstruktur eines Wertpapierpensionsgeschäfts läßt sich graphisch wie folgt darstellen:

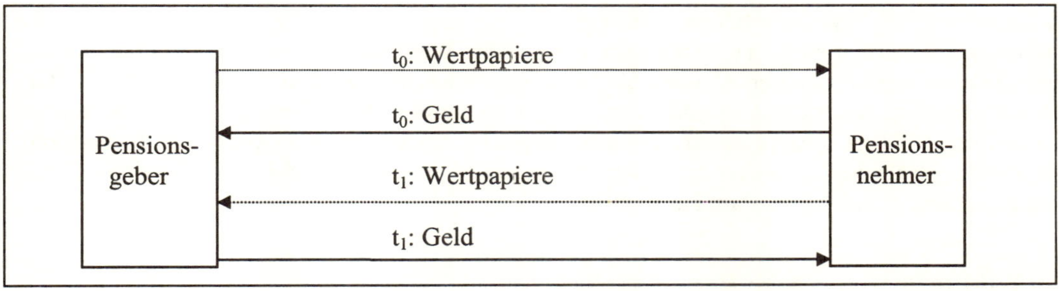

Abb. E.53: Ablauf eines Wertpapierpensionsgeschäftes

Wirtschaftlich gesehen, entspricht ein echtes Wertpapierpensionsgeschäft für den Pensionsgeber einem Kassaverkauf und gleichzeitigen Terminrückkauf von Wertpapieren bzw. einer Geldaufnahme, die mit Wertpapieren unterlegt ist. Hingegen stellt ein echtes Pensionsgeschäft für den Pensionsnehmer einen Kassakauf und Terminverkauf von Wertpapieren bzw. eine durch Wertpapiere abgesicherte Geldanlage dar.[1]

Aus zivilrechtlicher Sicht wird der Pensionsnehmer nach herrschender Meinung während der Pensionsfrist rechtlicher Eigentümer der Wertpapiere. Infolgedessen können die im Zusammenhang mit dem Wertpapierpensionsgeschäft erfolgenden Zahlungen als Erfüllungsleistungen und nicht als Sicherheitsleistungen qualifiziert werden. Sobald der Kaufpreis / Rückkaufpreis vollständig gezahlt ist, geht mit der Lieferung / Rücklieferung von Wertpapieren an die jeweils andere Partei das unbeschränkte Eigentum und die uneingeschränkte Verfügungsbefugnis an den gelieferten Wertpapieren über. Dabei ist allerdings zu berücksichtigen, daß die aus den Wertpapieren entstehenden Erträge, wie z. B. Zinszahlungen bei Anleihen weiterhin dem Pensionsgeber zustehen. Daher muß der Pensionsnehmer den Gegenwert der geleisteten Zahlungen an den Pensionsgeber weiterleiten.

Gegenüber echten Wertpapierpensionsgeschäften kommen in der Praxis unechte Wertpapierpensionsgeschäfte immer seltener vor. Wirtschaftlich gesehen, hat der Pensionsgeber bei diesen Geschäften die Wertpapiere zum Kassa-Zeitpunkt veräußert und parallel dazu eine Option zum Rückkauf geschrieben. Entsprechend hat der Pensionsnehmer sowohl die Wertpapiere als auch gleichzeitig eine Verkaufsoption erworben. Daher richtet sich das Pricing nach den für Optionen entwickelten Bewertungsmodellen.

Neben dem individuell vereinbarten Rückgaberecht erwirbt auch bei unechten Pensionsgeschäften der Pensionsnehmer rechtliches Volleigentum an den Wertpapieren. Darüber hinaus erhält er zusätzlich - anders als bei echten Wertpapierpensionsgeschäften - auch noch das wirtschaftliche Eigentum. Folglich sind die Wertpapiere in seiner Bilanz zu aktivieren. Hingegen verbleiben bei

---

[1] Vgl. **Prahl** (1995), Sp. 2024.

echten Pensionsgeschäften die an den Pensionsgeber weitergegebenen Wertpapiere - wirtschaftlich gesehen - im Bestand des Pensionsgebers, so daß dieser die Papiere auch zu aktivieren hat.

Ähnlich wie bei Repo-Geschäften wird auch bei sogenannten Sell / Buy-Back-Geschäften zwischen denselben Parteien eine Vereinbarung getroffen, Wertpapiere per Kasse zu verkaufen und per Termin zurückzukaufen. Anders als beim Repo-Geschäft werden hierbei die beiden Geschäfte rechtlich selbständig vereinbart und fungieren damit nicht als Teile eines standardisierten einheitlichen Gesamtgeschäfts. Auch werden sie technisch als getrennte Geschäfte abgewickelt. Dennoch ist hierbei ein enger zeitlicher Zusammenhang gegeben, und es finden individuelle Absprachen der beteiligten Parteien statt.[1]

b. Zahlungsströme beim Repo-Geschäft

Zu Beginn der Repo-Transaktion wird ein Kaufpreis für die Wertpapiere vereinbart, der dem aktuellen Marktpreis und zusätzlich evtl. aufgelaufener Stückzinsen entspricht. Der Rückkaufpreis bei einem Repo-Geschäft kann aus dem Kaufpreis und einem Zinsbetrag, dem ein um etwaige Risikozuschläge ergänzter Geldmarktzins für die Pensionsdauer (Repo Rate oder Pensionssatz) zugrunde liegt, ermittelt werden. In dem folgenden Beispiel ist die Bestimmung der Zahlungsflüsse exemplarisch dargestellt:

Dem Pensionsnehmer werden vom Pensionsgeber Anleihen mit einem Kupon von 6% im Nominalwert von EUR 10 Mio. geliefert, die der Pensionsgeber 7 Tage später bei einer Repo Rate von 4% zurückerhält. Der Anleihekurs liegt bei 102%, Stückzinsen sind für 50 Tage zu berücksichtigen.

Bei dem Verkauf seiner Wertpapiere an den Pensionsnehmer erhält der Pensionsgeber den folgenden Betrag:

EUR 10.000.000 · 102% + EUR 83.333,33 Stückzinsen = EUR 10.283.333,33
(Berechnung der Stückzinsen für 50 Tage: 10.000.000 · 6% · 50/360 = 83.333,33)

Für diesen (Kredit-)Betrag, der vom Pensionsnehmer zur Verfügung gestellt wird, zahlt der Pensionsgeber bei einer Laufzeit der Repo-Transaktion von 7 Tagen Zinsen in Höhe von:

EUR 10.283.333,33 · 4% · 7/360 = EUR 7.998,15

Aus den zur Verfügung gestellten Mitteln sind vom Pensionsgeber nach 7 Tagen an den Pensionsnehmer rückzahlbar:

EUR 10.283.333,33 + EUR 7.998,15 = EUR 10.291.331,48

---

[1] Vgl. **Deutsche Morgan Grenfell, Deutsche Bank AG** (1997), S. 4f.

Hierbei zahlt der Pensionsgeber keine Stückzinsen für die Dauer des Repo-Geschäfts (7 Tage), da ihm die Stückzinsen während der Pensionslaufzeit weiterhin zustehen. Somit wird also weiterhin vom Preis incl. Stückzinsen in Höhe von EUR 10.283.333,33 ausgegangen und nicht von EUR 10.295.000. Letzterer Betrag würde sich ergeben, wenn für 57 Tage Stückzinsen zu berücksichtigen wären.

Der Pensionsgeber erhält durch eine Repo-Transaktion einen günstigen Kredit gegen die Stellung von Sicherheiten in Form von Wertpapieren. Diese Wertpapiere hält er praktisch die ganze Zeit über im Bestand, da ihm auch die Stückzinsen nach wie vor zustehen; als ob keine Transaktionen vorgenommen worden wären.

Falls der Pensionsgeber die erhaltenen Mittel für die Dauer des Repo-Geschäftes am Terminmarkt z.B. zu 4,25% anlegt, so erhält er hieraus einen Ertrag von

$$10.283.333{,}33 \cdot 0{,}0425 \cdot \frac{7}{360} = 8.498{,}03$$

und damit einen Rückzahlungsbetrag von

EUR 10.283.333,33 + EUR 8.498,03 = EUR 10.291.831,36.

Insgesamt fließt damit zu Beginn der Repo-Transaktion ein Zahlungsstrom von Null (Einzahlung vom Pensionsnehmer, Auszahlung für das Termingeld jeweils in Höhe von EUR 10.283.333,33). Bei Fälligkeit des Repo-Geschäfts ergibt sich insgesamt eine positive Einzahlung in Höhe von EUR 10.291.831,36 - EUR 10.291.331,48 = EUR 499,88. Dieser Ertrag läßt sich auch durch die Differenzbildung zwischen Repo Rate und Termingeldzins ermitteln:

$$10.283.333{,}33 \cdot (0{,}0425 - 0{,}04) \cdot \frac{7}{360} = 499{,}88 \quad .$$

Das gleiche Ergebnis dieser Transaktion kann auch mit einer Sell / Buy-Back-Transaktion erzielt werden. Wie beim Repo-Geschäft ergibt sich der Kaufpreis wiederum aus dem Marktpreis zuzüglich evtl. aufgelaufener Stückzinsen. Der Rückkaufpreis läßt sich mit Hilfe des Kassapreises incl. Stückzinsen und der vereinbarten Repo Rate ermitteln. Anders als beim Repo-Geschäft stehen die auf die Wertpapiere anfallenden Erträge, wie z.B. Zinsen, nicht dem Verkäufer zu, so daß entsprechend der Terminkaufpreis verringert wird.[1]

Bezogen auf das Beispiel ergibt sich damit zu Beginn der Transaktion beim Wertpapierverkäufer wiederum eine Einzahlung in Höhe von EUR 10.283.333,33. Der Terminkaufpreis bei Fälligkeit

---

1 Vgl. **Deutsche Morgan Grenfell, Deutsche Bank AG** (1997), S. 5.

des Sell / Buy-Back-Geschäfts kann auch als Forwardpreis bezeichnet werden und ergibt sich wie folgt:[1]

$$P_{Forward} = P_K + (P_K + SZ) \cdot RR \cdot \frac{T}{360} - K \cdot \frac{T}{360}$$

mit

PK = aktueller Marktpreis der Kassamarktanleihe,
SZ = Stückzinsen,
RR = Repo Rate und
T = Anzahl der Tage.

Hierbei ist zu berücksichtigen, daß die Tage bei den Refinanzierungskosten (Repo Rate) nach Geldmarktkonvention auf der Basis Act/360 und die zwischenzeitlich anfallenden Erträge (Kupon) auf der Basis 30/360 zugrunde gelegt worden sind.

Entsprechend berechnet sich der Forwardpreis wie folgt:

$$P_{Forward} = 102 + (102 + 0{,}83333) \cdot 0{,}04 \cdot \frac{7}{360} - 6 \cdot \frac{7}{360} = 101{,}96331481 \quad .$$

Der Auszahlungsbetrag des ursprünglichen Wertpapierverkäufers, der bei Ende der Sell / Buy-Back-Transaktion zurückzuzahlen ist, kann damit unter Berücksichtigung der Stückzinsen wie folgt bestimmt werden:

$$\text{Auszahlungsbetrag} = \left(101{,}96331481 + 6 \cdot \frac{57}{360}\right) \cdot 10.000.000 = 10.291.331{,}48 \quad .$$

Die Stückzinsen betragen hier genau 95.000. Dieser Auszahlungsbetrag entspricht genau dem Betrag, den der Pensionsgeber nach Ende der Repo-Transaktion an den Pensionsnehmer zurückzuzahlen hat. Falls der Verkäufer beim Sell / Buy-Back-Geschäfts anfangs den zur Verfügung gestellten Betrag ebenfalls als Termineinlage zum Zinssatz von 4,25% angelegt hätte, so ergäbe sich der gleiche Gewinn (EUR 499,88).

Das Beispiel zeigt, daß beide Geschäfte zum gleichen wirtschaftlichen Ergebnis führen.

Die Höhe der Pensionssätze ist im wesentlichen von den Geldmarktsätzen abhängig. Im allgemeinen kann davon ausgegangen werden, daß die Pensionssätze unterhalb der Geldmarktsätze liegen werden, da es sich bei den Pensionsgeschäften im Gegensatz zu Geldmarkttransaktionen um eine Mittelaufnahme handelt, die besichert ist.

---

[1] Vgl. **Bohn** (1998), S. 781.

Darüber hinaus beeinflussen auch einzelne geschäftsbezogene Faktoren den Pensionszinssatz, dessen Höhe von Transaktion zu Transaktion variieren kann. Demnach liegt kein einheitlicher Satz vor. Folgende Faktoren können auf die Höhe des Pensionszinssatzes einwirken:

Faktor	**Auswirkung auf die Höhe des Pensionszinssatzes**
Qualität des Wertpapiers	Der Pensionssatz ist um so geringer, je geringer das Risiko und je geringer die Liquidität des Wertpapiers ist.
Laufzeit des Geschäfts	Die Länge der Laufzeit beeinflußt die Höhe des Pensionssatzes je nach Verlauf der Geldmarkt-Zinsstrukturkurve.
Lieferverpflichtung	Für dem Fall, daß das Wertpapier an den Pensionsnehmer geliefert werden muß (Delivery Repo), liegt der Pensionssatz niedriger, als wenn das Wertpapier bei der Bank des Pensionsgebers als Sicherheit deponiert wird.
Nachfrage nach dem Wertpapier	Wird das entsprechende Wertpapier stark nachgefragt bei einem nur geringen Angebot, dann liegt der Pensionssatz ebenfalls relativ niedrig aufgrund dessen, daß der Pensionsnehmer auch bereit ist, Geldmittel zu einem geringeren Satz zu verleihen, um die Wertpapiere zu bekommen.

Tab. E.39: Faktoren, die den Pensionszinssatz beeinflussen

c. Abwicklung von DM-Repo-Geschäften

Die Handelsusancen und Vertragsgestaltungen im Repo-Markt sind mittlerweile weitgehend standardisiert worden. So wurden standardisierte Rahmenverträge vereinbart, wobei z.B. der Bundesverband deutscher Banken, die International Securities Lending Association (ISLA) und die Public Securities Association (PSA) mitgewirkt haben.[1] Der Handel von DM-Repo-Transaktionen wird im wesentlichen über den Euromarkt in London abgewickelt. Beispielsweise wurde das von der Clearinggesellschaft Euroclear abgewickelte DM-Repo-Volumen für 1994 auf rund DM 8.000 Mrd. geschätzt. Auf den Deutschen Kassenverein (DKV) entfällt nach Schätzungen von Marktteilnehmern ein Umsatzvolumen von etwa DM 800 Mrd. in 1994.[2] Dieses Volumen wird sich in den kommenden Jahren voraussichtlich weiter erhöhen, da ein verstärkter Zutritt ausländischer Marktteilnehmer zum deutschen Markt erwartet wird.

---

1 Vgl. **Deutsche Morgan Grenfell, Deutsche Bank AG** (1997), S. 1.

2 Vgl. hierzu sowie zum Repo-Service des Deutschen Kassenvereins **Stein/Noltsch** (1996), S. 78ff.

Bei Repo-Transaktionen werden verschiedene Abwicklungsformen unterschieden. Im Rahmen eines sogenannten Delivery Repos werden die Wertpapiere an den Pensionsnehmer geliefert, der entsprechend über die Wertpapiere frei verfügen kann. Dabei sind Pensionsgeber und -nehmer für die Überwachung der Transaktion und der Sicherheiten sowie die tägliche Bewertung der Sicherheiten während der Repo-Laufzeit verantwortlich. Die Aufträge werden beim DKV über das System CASCADE (Central Application for Settlement, Clearing and Depository Expansion) abgewickelt.

Eine weitere Abwicklungsform ist das sogenannte Hold-In-Custody-Repo. Hierbei werden die Wertpapiere nicht an den Pensionsnehmer geliefert, sondern beim Pensionsgeber bzw. dessen Depotbank eingestellt. Gegenüber dem Delivery Repo können die Liefergebühren eingespart werden. Damit erhöht der Pensionsgeber auch direkt die Zins- und Dividendenzahlungen, die während der Laufzeit anfallen. Allerdings hat der Pensionsnehmer einen Nachteil, wenn es zur Insolvenz des Pensionsgebers kommen sollte, da er keine direkte Kontrolle über die Wertpapiere hat und daher in einem solchen Fall entsprechende rechtliche Schritte durchführen muß.

Schließlich kann die Abwicklung auch auf der Basis eines Triparty Repos erfolgen, das sowohl die Sicherheit eines Delivery Repos als auch die Bequemlichkeit eines Hold-In-Custody-Repos aufweist. Dabei wird die Überwachung der Transaktionen und der Sicherheiten sowie die tägliche Bewertung der Sicherheiten durch eine neutrale dritte Partei als Custodian, wie z. B. eine Depotbank oder Clearingorganisation übernommen, die auch die Verwahrung der Wertpapiere für den Pensionsnehmer während der Repo-Laufzeit übernimmt. Wird der Pensionsgeber insolvent, so kann der Pensionsnehmer sofortigen Zugriff auf die Wertpapiere nehmen. Wie beim Hold-In-Custody-Repo erhält der Pensionsgeber die Zins- und Dividendenzahlungen, die während der Repo-Laufzeit anfallen.

Zur Erleichterung der Abwicklung von Repos und auch von Wertpapierleihgeschäften wurde das Collateral Management entwickelt, das vor allem institutionellen Anlegern die Erwirtschaftung von Zusatzerträgen auf ruhende Wertpapierbestände ohne großen Aufwand in ihrem jeweiligen Back-Office ermöglichen kann. Für den Fall, daß dem Kunden ein Collateral Management von seiner Bank angeboten wird, kann dies die Vereinbarung und die Verwaltung der gestellten Wertpapiere als Sicherheiten beinhalten. Damit wird Kunden ein direkter Zugang zu den verschiedenen Marktteilnehmern im Repo-Markt verschafft.[1]

d. Motivation und Anwendungsmöglichkeiten

Je nach Marktteilnehmer ergeben sich unterschiedliche Motive für den Abschluß einer Repo-Transaktion. So ist für Kapitalanlagegesellschaften, die häufig als Pensionsgeber fungieren, beispielsweise der mögliche zusätzliche Ertrag - wie in dem Beispiel dargestellt - von Interesse. Weitere Teilnehmer am Repo-Markt, wie z.B. Wertpapierhändler nutzen Pensionsgeschäfte zur Deckung von offenen Short-Positionen und zur Erfüllung ihrer Lieferverpflichtungen. Aber auch die Finanzierung von Wertpapierkäufen kann z.B. für Hedge-Funds von Interesse sein. In diesem Fall treten diese als Pensionsgeber auf, die kurzfristig von Marktbewegungen profitieren wollen. Umgekehrt können sie aber auch als Pensionsnehmer mit den ihnen für einen kurzen Zeitraum

---

[1] Vgl. **Deutsche Morgan Grenfell, Deutsche Bank AG** (1997), S. 1ff.

zur Verfügung gestellten Wertpapieren Leerverkäufe durchführen. Dies kann vor allem zur Ausnutzung von Bewertungsungleichgewichten am Wertpapiermarkt genutzt werden.[1]

Für einen Pensionsgeber kann eine Repo-Transaktion sinnvoll sein, weil die kurzfristige Mittelaufnahme über ein Wertpapierpensionsgeschäft günstiger ist als die Kosten einer Bankkredit-Finanzierung. Der Grund liegt in der Besicherung des Kredites durch die gelieferten Wertpapiere. Gleichzeitig bietet ein Wertpapierpensionsgeschäft aber dem Pensionsnehmer eine vergleichsweise attraktive Rendite für eine kurzfristige Geldanlage, die eine relativ großer Sicherheit aufweist.

Aber auch zur Sicherung eines bestimmten Spreads können Repo-Geschäfte erfolgreich angewendet werden. Dies kann anhand des folgenden Beispiels nachvollzogen werden:

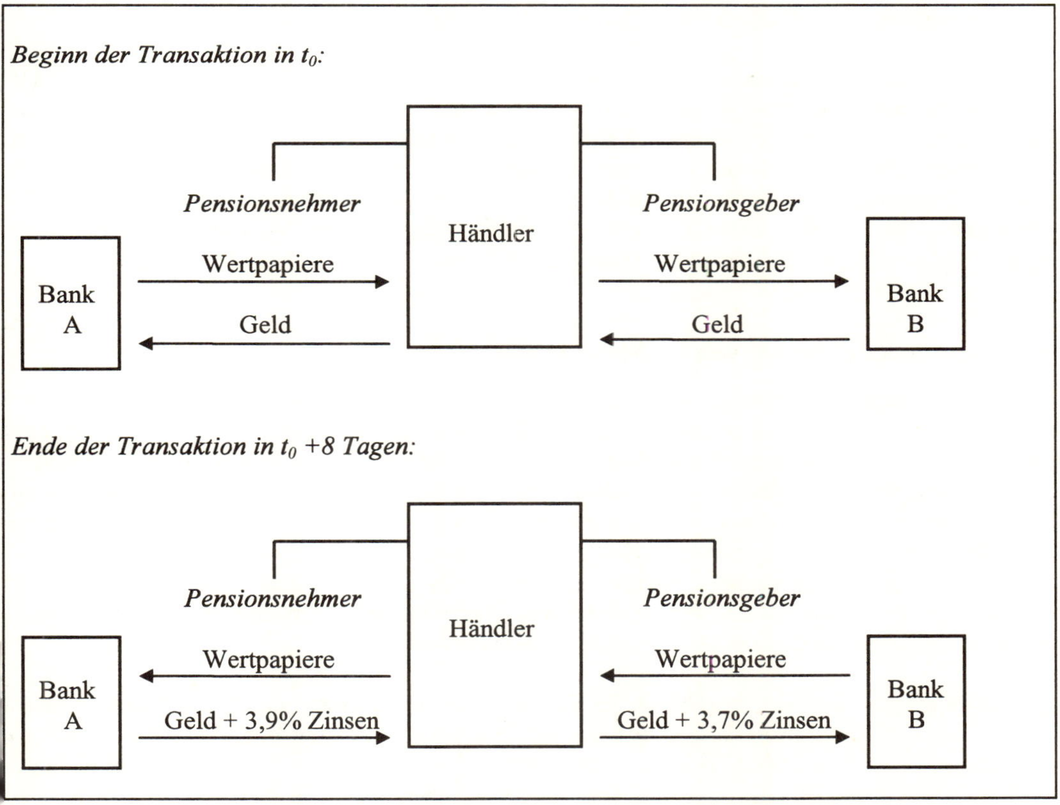

Abb. E.54: Spreadsicherung mit Wertpapierpensionsgeschäften

---

[1] Vgl. **Bohn** (1998), S. 782ff.

Ein Händler verkauft Wertpapiere z. B. an die Bank B mit einer Rückkaufvereinbarung nach 8 Tagen (Repo). Gleichzeitig führt er eine umgekehrte Transaktion (Reverse Repo) mit der Bank A durch, d. h. Kauf der gleichen Wertpapiere und späterer Rückverkauf ebenfalls nach 8 Tagen. Somit leiht sich der Händler Mittel von der Bank B und verleiht die erhaltenen Mittel gleichzeitig an die Bank A. Für den Fall, daß der Zins für das Repo-Geschäft bei 3,7% und der Zins für das Reverse Repo bei 3,9% liegt, kann sich der Händler einen Spread von 0,2% (20 Basispunkten) sichern. Die unterschiedliche Höhe der jeweiligen Repo-Sätze in diesem Beispiel kann möglicherweise auf Marktineffizienzen zurückgeführt werden.

Ein weiterer Grund für eine vergleichsweise günstige Mittelbeschaffung kann darin liegen, daß die betrachteten Wertpapiere stark nachgefragt werden. Ein Marktteilnehmer, der diese Wertpapiere im Bestand hat, könnte sich so über ein Pensionsgeschäft (Verkauf der stark nachgefragten Wertpapiere) zu einem sehr günstigen Repo-Satz refinanzieren (z. B. Sub-Libor). Diese Mittel kann er dann wiederum im Interbankenmarkt (oder im Rahmen eines Reverse Repo-Geschäfts) zu Libor anlegen, so daß sich in Höhe des Spread ein Ertrag erzielen läßt.

Darüber hinaus kann als ein weiteres Anwendungsmotiv von Repo-Geschäften der Einsatz auf dem Futuresmarkt sein. So können zum einen Futures-Verkäufer als Pensionsnehmer mit für einen kurzen Zeitraum erworbenen Anleihen Lieferverpflichtungen aus ihrer Short-Position nachkommen. Im Anschluß an die Lieferung in den Future kauft der Marktteilnehmer die Anleihe vom Pensionsgeber zurück und hat damit seine Lieferverpflichtung aus dem Repo-Geschäft abgedeckt. Zum anderen lassen sich Repo-Geschäfte aber auch zur Arbitrage zwischen einem Future und dem zugrundeliegenden Anleihemarkt nutzen.[1]

e. Die Berücksichtigung von Sicherheiten

Bei echten Pensionsgeschäften trägt der Pensionsgeber weiterhin die Bonitätsrisiken aus dem Pensionsgegenstand, d. h. aus dem Wertpapier. Dies wird mit der bestehenden terminierten und unbedingten Rückgabe- bzw. Rücknahmepflicht begründet. Der Pensionsgeber weist im übrigen die Wertpapiere auch während der Laufzeit des Pensionsgeschäftes als Aktiva aus. Jedoch ist darauf hinzuweisen, daß Repo-Geschäfte nur in Anleihen bonitätsmäßig erstklassiger Emittenten vorgenommen werden bei einem vergleichsweise großen Emissionsvolumen, so daß das Bonitätsrisiko als gering eingeschätzt werden kann. Auch das Marktpreisrisiko aus dem Wertpapier (z. B. Fremdwährungs-, Zins- und Aktienrisiken) verbleibt beim Pensionsgeber, da der Rücknahmepreis bereits zu Beginn der Transaktion festgelegt wird.

Hingegen erwirbt der Pensionsnehmer, der Wertpapiere als Sicherheit vom Pensionsgeber erhält, eine terminierte Geldforderung gegenüber dem Pensionsgeber. Damit geht diese Forderung insoweit mit einem Bonitätsrisiko einher. Allerdings läßt sich dieses Risiko dadurch vermindern, daß das Repo-Geschäft mit einer Dokumentation versehen wird, die den Pensionsnehmer berechtigt, bei Ausfall des Pensionsgebers die Wertpapiere sofort zu veräußern. Dies gilt insbesondere für das oben beschriebene Triparty Repo.

---

[1] Vgl. **Bohn** (1998), S. 786ff.

3. Wertpapierleihe

a. Grundlagen

Die Wertpapierleihe, die auch als Securities Lending bezeichnet wird, ist für Marktteilnehmer in Deutschland erst seit wenigen Jahren möglich. Die Einführung dieses Produktes hängt insbesondere mit der Einrichtung der Deutschen Terminbörse zusammen. Seit ihrer Einführung hat die Wertpapierleihe eine ständige Weiterentwicklung und Professionalisierung erfahren.

Gerade für die an den Terminbörsen agierenden Market Maker ist ein funktionierender Leihemarkt eine wichtige Voraussetzung. Durch diesen Markt wird eine effiziente Preisbildung zwischen Kassa- und Terminmärkten gewährleistet; denn nur in den Fällen, in denen Wertpapierleihe möglich ist, lassen sich auch sämtliche Arbitragemöglichkeiten durchführen. Dies bezieht sich vor allem auf Leerverkäufe, die in Deutschland nur mit Hilfe der Wertpapierleihe möglich sind. Infolgendessen kommt der Wertpapierleihe auch für den Kassamarkt eine liquiditätsverstärkende Funktion zu, da aufgrund der Arbitragetransaktionen die Menge der gehandelten Wertpapiere erhöht wird. Darüber hinaus erlauben Leihgeschäfte die Abwicklung großer Kauforders ohne Verursachung größerer Preisschwankungen am Markt.

Juristisch gesehen, handelt es sich bei der Wertpapierleihe in Deutschland um ein entgeltliches Sachdarlehen (i. S. des § 607 BGB) über börsengehandelte Wertpapiere. Dabei wird vom Verleiher (Lender) das Eigentum an den Wertpapieren darlehensweise an den Entleiher (Borrower) für eine bestimmte Zeitdauer übertragen. Dafür erhält der Lender ein laufzeitabhängiges Leihentgelt.[1] Der Entleiher ist verpflichtet, Wertpapiere mit gleicher Ausstattung zurückzuliefern. Hingegen erwirbt der Verleiher einen Rückgewährsanspruch und bekommt vom Entleiher unabhängig vom aktuellen Kurs Titel gleicher Art, Güte und Menge zurückerstattet.

Der Entleiher kann die erhaltenen Wertpapiere nach seinen Bedürfnissen verwenden. So kann er sie beispielsweise weiterverleihen, verkaufen oder verpfänden, wobei der Verleiher weiterhin das Kursrisiko trägt. Fallen Zins- und Dividendenzahlungen während der Dauer des Darlehens an, so steht dem Verleiher eine Kompensationszahlung zu.

b. Abwicklung der Wertpapierleihe

Neben organisierten Leihsystemen sind vor allem die internationalen und nationalen Großbanken im Verleihgeschäft tätig. Sie vermitteln bilaterale Leihgeschäfte als Agent (Kommissionsgeschäft) und / oder offerieren sogenannte Pool-Modelle, in denen sie als Principal auftreten (Direktgeschäft). Verleihwillige Kunden bringen ihre Wertpapierbestände in diese Pools ein. Als organisierte Leihsysteme kommen die Deutscher Kassenverein AG, an deren Leihgeschäfte sich deutsche Kreditinstitute beteiligen können, sowie Cedel und Euroclear in Frage. Als erste Clearinggesellschaft führte Euroclear im Jahr 1975 ein Programm zur Leihe international gehandelter Wertpapiere ein.

---

1 Vgl. **Häuselmann** (1995), Sp. 2014.

Das vom Entleiher zu zahlende Leihentgelt (Loan Fee) wird bei Geschäftsabschluß vereinbart und ist abhängig von Volumen, Laufzeit sowie Angebot und Nachfrage in der jeweiligen Gattung. Bemessungsgrundlage für die Berechnung ist der aktuelle Marktwert der entliehenen Wertpapiere; bei festverzinslichen Wertpapieren inklusive aufgelaufener Stückzinsen. Wahlweise kann ein Festkurs oder eine tägliche Anpassung zwischen den Parteien vereinbart werden. Entgeltpflichtig ist die gesamte Laufzeit des Wertpapierdarlehens vom Liefertag an. Bei der Einstellung der zu verleihenden Titel in einen Pool (Profit-Sharing-Verfahren) werden die Verleiher anteilig an den jeweiligen Lendings in den von ihnen eingebrachten Wertpapieren beteiligt. Als nutzungsunabhängige Bereitstellungsgebühr erhalten die Verleiher, die ihre Wertpapiere in den Pool einstellen, eine sogenannte Base Fee.

Grundsätzlich sollte das Leihentgelt sich aus der Differenz zwischen dem Geldmarktsatz und der entsprechenden Repo Rate für die Anleihe ergeben. In diesem Fall wird der Wertpapierbesitzer Interesse daran haben, sein Wertpapier zu verleihen. Andernfalls würde er es im Rahmen eines Repo-Geschäfts einsetzen. Demnach müßte die Leihgebühr in dem obigen Beispiel genau 0,25% betragen, d.h. einen absoluten Betrag von

$$10.283.333{,}33 \cdot 0{,}0025 \cdot \frac{7}{360} = 499{,}88$$

ausmachen.

Falls allerdings eine Anleihe eine besonders hohe Nachfrage erfährt bei einem vergleichsweise geringen Angebot (diese Anleihe kann auch als „special" bezeichnet werden[1]), so verringert sich die Repo Rate, und die Leihgebühr erhöht sich. Im obigen Beispiel könnte die Repo Rate eventuell nur noch 3,75% betragen, so daß sich ein Ertrag und damit eine Wertpapierleihgebühr von

$$10.283.333{,}33 \cdot (0{,}0425 - 0{,}0375) \cdot \frac{7}{360} = 999{,}77$$

ergeben könnte.

c. Motivation und Anwendungsmöglichkeiten

Das Hauptmotiv für den Verleiher besteht darin, daß die vereinnahmten Verleihentgelte einen attraktiven Zusatzertrag darstellen können. Selbst ohne erfolgte Leihe kann es schon zur Renditeverbesserung kommen, wenn die Wertpapiere für einen Pool gegen eine Base Fee bereitgestellt werden. Auch lassen sich die Depotgebühren senken, da verliehene Wertpapiere nicht zum gebührenpflichtigen Bestand zählen. Darüber hinaus können die erhaltenen Barsicherheiten als Sicherheit für eine eigene Entleihtransaktion verwendet werden, wobei sich möglicherweise Arbitrage-Transaktionen aus den unterschiedlichen Sätzen für das Ver- und Entleihen durchführen lassen.

---

1 Vgl. **Bohn** (1998), S. 779ff.

Als Verleiher kommen grundsätzlich Versicherungen, Pensionskassen, Fondsgesellschaften, Banken und in- und ausländische Privat- bzw. Firmenkunden in Frage. Inländische Kapitalanlagegesellschaften sind in Deutschland erst seit Inkrafttreten des Zweiten Finanzmarktförderungsgesetzes berechtigt, Wertpapierleih-Geschäfte durchzuführen. Gerade für das Portfoliomanagement von Fonds, in denen viele Papiere aufgrund einer Buy-and-Hold-Strategie für einen längeren Zeitraum liegen, stellt die Wertpapierleihe eine attraktive Möglichkeit dar, zusätzliche Erträge zu erwirtschaften.

Als Entleiher kommen vor allem die Wertpapierhandelsabteilungen in- und ausländischer Banken und Broker in Betracht. Sie nutzen die Wertpapierleihe zur Durchführung von Leerverkäufen, die in Deutschland - wie oben bereits angedeutet - nur über die Wertpapierleihe möglich sind. Damit ist es insbesondere möglich, Arbitragemöglichkeiten zwischen Termin- und Kassamarkt auszunutzen. Beispielsweise können Unterbewertungen bei Futures, d. h. der Futurepreis ist im Vergleich zum Fair Value zu niedrig, durch den Leerverkauf des Underlyings und den gleichzeitigen Kauf des Futures ausgenutzt werden. Dabei handelt es sich um eine Reverse Cash and Carry Arbitrage. Auch bei Optionen und Optionsscheinen können ungerechtfertigte Preisunterschiede durch Arbitragetransaktionen ausgenutzt werden. Falls beispielsweise Puts im Vergleich zu Calls zu hoch bewertet sind, kann der Arbitrageur Puts verkaufen und sich gleichzeitig gegen das darin liegende Kursrisiko mit dem Kauf von synthetischen Puts absichern. Letzteres läßt sich durch den Kauf von Calls bei gleichzeitigem Leerverkauf des Basiswertes realisieren.

Darüber hinaus können durch Wertpapierleih-Geschäfte Abwicklungsschwierigkeiten bei der Erfüllung der Lieferverpflichtungen vermieden werden. Beispielsweise ist es den am Wertpapierhandel beteiligten Häusern ohne die Wertpapierleihe oftmals nicht möglich, ihre Lieferverpflichtungen aus Kassaverkäufen fristgerecht zu erfüllen. So müssen Transaktionen, die an einer deutschen Börse getätigt werden, am 2. Börsentag nach Abschluß beliefert und im Gegenzug bezahlt werden. Ist es aber dem Verkäufer nicht möglich, die verkauften Titel dem Käufer anzudienen - z. B. weil wiederum ein weiterer Kontrahent nicht rechtzeitig liefert -, kommt es wegen der ausbleibenden Lieferung auch nicht zu einer Bezahlung. Dem Verkäufer entstehen dadurch Opportunitätskosten in Form des Zinses auf den ansonsten bei Lieferung erhaltenen Cash Flow. Als Beispiele hierfür können sogenannte Cross-Border-Geschäfte mit unterschiedlicher Valutierung angeführt werden. In den Fällen, in denen Wertpapiere mit internationaler Valuta (7 Tage) erworben und beim Durchhandeln (Back-to-Back-Trading) sofort an einer deutschen Wertpapierbörse (2 Tage) weiterverkauft werden, kommt die Wertpapierleihe zum Zuge; denn der Händler kann sich die entsprechenden Titel bis zur Lieferung des Anschaffungsgegenstandes leihen, hiermit seinen Verkauf beliefern und den so erhaltenen Gegenwert in zinsbringende Anlagen investieren.

d. Die Berücksichtigung von Sicherheiten

Der Entleiher muß in Höhe des Marktwertes der entliehenen Wertpapiere (inkl. der angefallenen Stückzinsen) ein sogenanntes Collateral hinterlegen, d. h. Sicherheiten bestellen. Hierfür kommen grundsätzlich Kontoguthaben, Bankgarantien und Wertpapiere in Betracht. Zur Absicherung gegen das Kreditrisiko des Entleihers kann die Besicherung zum Barwert erfolgen (mark-to-market). Etwaige Kursschwankungen können durch eine zusätzlich Sicherheitsmargin in Abhängigkeit von der Art der verliehenen Wertpapiere bzw. der bestellten Sicherheiten abgesichert werden. Dabei stellen Barsicherheiten (Cash Collateral) die beste Sicherheit dar.

In den Fällen, in denen es sich bei den Sicherheiten um Geld handelt, das der Entleiher bei Weitergabe der Wertpapiere an einen Käufer von diesem erhält, kommt diese Form der Wertpapierleihe einem Wertpapierpensionsgeschäft recht nahe. In der folgenden Abbildung werden die mit Wertpapierleihe-Geschäften verbundenen Transaktionen wiedergegeben:[1]

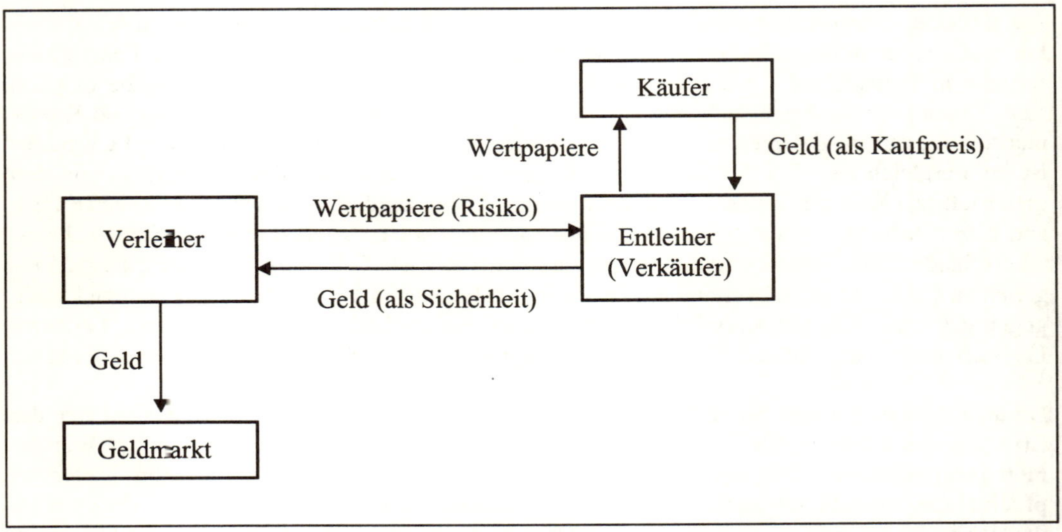

Abb. E.55: Wertpapierleihe mit Weitergabe der Wertpapiere

Problematisch könnte sowohl für den Entleiher von Wertpapieren als auch für den Pensionsnehmer bei Repo-Transaktionen der Fall werden, in dem nicht genügend Liquidität im Markt für die bestimmte Anleihe vorhanden ist. So würden sich beispielsweise potentielle Verkäufer zunächst zurückhalten, wenn bekannt ist, daß sich Investoren mit der entsprechenden Anleihe eindecken müssen, um ihren Rückübertragungspflichten nachzukommen. Das damit verbundene Risiko des Entleihers bzw. Pensionsnehmers, einen zu hohen Einstandskurs zahlen zu müssen, kann vor allem bei wenig liquiden Anleihen auftreten. Schon aus diesem Grund werden Repos grundsätzlich nur mit Anleihen durchgeführt, die ein sehr hohes Emissionsvolumen aufweisen (mindestens etwa DM 5 Mrd.).

---

1 Vgl. **Beck** (1993), S. 95.

F. Ziel-Controlling: Performanceanalyse

Im Investmentprozeß steht die Performanceanalyse - chronologisch betrachtet - ganz am Ende. Dies bedeutet aber nicht, daß Performanceanalyse minder wichtig ist als andere Teile des Investmentprozesses. Denn eine sachgerechte Performanceanalyse besitzt für die Formulierung von Portfoliozielen große Bedeutung. Aus den Ergebnissen der Performanceanalyse lassen sich insbesondere Folgerungen für den Investmentstil ziehen. Insofern kann die Performanceanalyse, die aus Performancemessung und -attribution besteht, als Ziel-Controlling des Investmentprozesses angesehen werden.

Performanceanalyse

Ziel
Beurteilung der
- Portfolioqualität
- Portfoliomanagementqualität
- Qualität der Portfoliomanagementinstitution

Perspektive
- intern
- extern

Umfang und Schwerpunkt
- Performancemessung
- Performanceattribution
- Performancemessung und –attribution

Methodik
- quantitativ
- qualitativ

Objekt
- Spezialfonds
- Publikumsfonds
- Versicherungsportfolio
- separate account
- etc.

Zeitraum
- kurzfristig (max. 1 Jahr)
- mittelfristig (1 bis 5 Jahre)
- langfristig (> 5 Jahre)

Ergebnisdarstellung
- graphisch
- mathematisch
- verbal

Abb. F.1: Elemente der Performanceanalyse

Zudem darf die Bedeutung von Performance als Wettbewerbskriterium zwischen Dienstleistern der Asset Management-Industrie in seiner Wichtigkeit nicht unterschätzt werden. Von den Investoren werden immer häufiger sogenannte Track Records der Portfolios bzw. Portfoliomanager gefordert. Dabei handelt es sich um die Darstellung der jeweiligen Performanceentwicklung in der Vergangenheit. Allein schon vor diesem Hintergrund besitzt die Performanceanalyse nicht nur für Portfolio-, sondern beispielsweise auch für Marketingmanager eine wichtige Bedeutung.

Obwohl für viele Investoren die vergangenen Ergebnisse sehr wichtig bzw. zumindest bedingt wichtig sind,[1] erscheint grundsätzlich eine reine Vergangenheitsbetrachtung nicht ausreichend; vielmehr sollte die Performanceanalyse in der Lage sein, Rückschlüsse auf künftige Ergebnisse zu ermöglichen. Um dies aus auf der Basis von Vergangenheitsdaten zu bewerkstelligen, ist eine gewisse Konstanz der Performance erforderlich. Andernfalls können Anlageentscheidungen, die nur auf der Grundlage von Performanceergebnissen getroffen werden, nicht sinnvoll sein. Dies ist auch zu bedenken, wenn die Performancewerte verschiedener Investmentfonds veröffentlicht werden und dabei zudem eine Rangfolge aufgestellt wird.[2]

Ähnlich wie schon bei der Unterscheidung in Risiko- und Renditemanagement läßt sich auch in diesem Bereich eine vereinfachende Zuordnung in Handwerk und Kunst vornehmen. Während die Performancemessung unter Zuhilfenahme vieler verschiedener und zum Teil ausgefeilter Methoden die objektivierbaren Portfolioergebnisse im Hinblick auf die vorgegebenen Ziele analysiert und sich dabei einer Vergangenheitsanalyse bedient, versucht die Performanceattribution die Ergebnisse in Hinsicht auf ihre Verursachung (und Verursacher) zu interpretieren. Was die Performanceattribution bisweilen zur Kunst werden läßt, ist die Notwendigkeit qualitativer Kriterien als Ergänzung zu rein quantitativen Maßgrößen. Um Performance richtig interpretieren und zuordnen zu können, bedarf es nämlich langer Zeitreihen konsistenter Performancedaten. Da derartig lange Zeitreihen aus noch darzustellenden Gründen selten vorliegen, bedarf es zusätzlicher qualitativer Merkmale, um zu gesicherten Schlüssen bezüglich der Performance zu gelangen. Trotz der Notwendigkeit qualitativer Beurteilungskriterien stehen quantitative Meßmethoden im Vordergrund der Performanceanalyse.

Als besonders schwierig erweist sich die Performanceanalyse, wenn mehrere Portfoliomanager für ein Portfolio verantwortlich sind. In diesem Fall hat eine Performancezerlegung zu erfolgen. Ein aktiv zu managendes gemischtes Portfolio, das z. B. eine Benchmark zusammengesetzt aus 50% DAX und 50% REX (jeweils total return) besitzt, kann in drei separat zu bewertende Teile zerlegt werden. Zum einen in den Aktienteil des gemischten Portfolios (Balanced Portfolio), der wie ein eigenes Portfolio zu behandeln ist. Zum anderen in den Rententeil, der ebenfalls als separate Einheit zu analysieren ist. Schließlich kann die Assetklassengewichtung als eigenständige und von dem Aktien- und Rententeil unabhängige Entscheidungsebene klassifiziert werden. Im Rahmen der Performanceattribution sind die relativen Performancebeiträge der einzelnen Entscheidungen (Aktien, Anleihen und Asset Allocation) den jeweils verantwortlichen Portfoliomanagern zuzuordnen.

Der typische Verlauf der Entscheidungsfindung im institutionellen Portfoliomanagement geht von einer Anlagepolitik bzw. -strategie des jeweiligen Investmenthauses aus. In welchem Maße die einzelnen Portfoliomanager an diese Hausmeinung gebunden sind, differiert von Institution zu Institution. Verantwortlich kann der Portfoliomanager jedoch nur für eigene Entscheidungen gemacht werden. Jener Teil der Performance, der nicht auf Entscheidungen des Portfoliomanagers beruht, sollte zur Beurteilung des Portfoliomanagers entsprechend korrigiert werden.

---

1 Vgl. **Broschinski** (1995), S. 650ff.

2 Vgl. **Wittrock** (1996), S. 246.

Ähnliches gilt auch für Transaktionskosten. Da in der realen Anlagewelt Transaktionskosten und Gebühren existieren, die zumeist nicht von dem Portfoliomanager zu beeinflussen sind, sollte bereits bei der Benchmarkvereinbarung über deren Einfluß auf die relative Performance gesprochen werden. Auch diesen Aspekt hat eine anspruchsvolle Performanceanalyse zu berücksichtigen.

Grundsätzlich kann zwischen externer und interner Performanceanalyse unterschieden werden.[1] Während die Sicht der Investoren bei der externen Analyse die Grundlage bildet, erfolgt die interne Performanceanalyse insbesondere aus Sicht der Assetmanagement-Gesellschaften. Einen Überblick über die verschiedenen Aspekte im Rahmen einer Performanceanalyse gibt die folgende Abbildung:

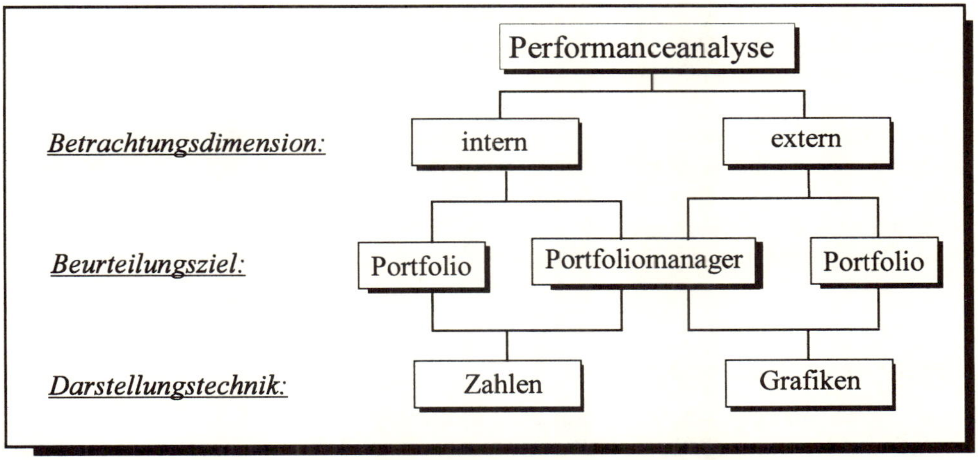

Abb. F.2: Interne und externe Performanceanalyse

Die externe Performanceanalyse dient dazu, die Qualität der Fondsmanager aus Anlegersicht zu beurteilen und zu überprüfen, ob die Management-Provision gerechtfertigt ist. Dazu stehen dem Analysten lediglich extern zugängliche Daten zur Verfügung, wie z.B. die Renditezeitreihen der Fonds und die halbjährlich veröffentlichten Portfoliogewichte. Zudem kann eine verallgemeinerte, d.h. nicht auf den einzelnen Anleger bezogene Benchmark ermittelt werden, die der generellen Anlagepolitik entspricht. Ermittelt werden insbesondere Performancemaße, die auf kapitalmarkttheoretischen Modellen basieren und einen Zusammenhang zwischen dem eingegangenen Risiko und der Rendite erzeugen.

Im Rahmen der internen Performanceanalyse erfolgt eine eingehendere Untersuchung der Erfolgs- und Risikoquellen sowie des Investmentstils. Diese Analyse ist erforderlich zur genaueren Beurteilung der eigenen Portfoliomanager durch die Gesellschaft. Aber auch institutionelle Anleger wünschen zunehmend eine tiefergehende Performanceanalyse und können dies aufgrund

---

[1] Vgl. **Wittrock** (1998), S. 934ff.

der vorhandenen Daten auch. Eine solche Analyse sollte insbesondere in der Lage sein, die Fähigkeiten des Portfoliomanagers allgemein und/oder in bezug auf bestimmte Assets (z.B. europäische Aktien) herauszuarbeiten und die Konsequenz bzw. Disziplin bei der Umsetzung des verfolgten Investmentstils zu überprüfen. Auch die Prognosefähigkeit des Portfoliomanagers sollte möglichst ermittelt werden können. Eine tiefergehende, interne Performanceanalyse kann im übrigen auch von Performancemessungsgesellschaften geliefert werden, die eine unabhängige Analyse auf der Basis interner Daten durchführen.

Die für die interne Analyse zur Verfügung stehenden Daten umfassen vor allem die jeweiligen Strukturen, Gewichte und Zeitpunkte der Umschichtungen der Portfolios. Für bestimmte Verfahren der internen Performanceanalyse sind u.a. auch Prognosen der Portfoliomanager erforderlich. Sie sind allerdings nur selten verfügbar.[1] Ferner kann die Benchmark einfacher und genauer als bei einer externen Analyse bestimmt werden, da Anleger und Manager eng miteinander kommunizieren und gemeinsam die strategische Asset Allocation bzw. Anlagepolitik exakt festlegen und ggfs. ändern. Entsprechend kann der Anleger nicht nur die Leistung des Portfoliomanagers genau beurteilen, sondern auch seine eigene strategische Ausrichtung des Portfolios.

Die Qualität der Performanceanalyse hängt vor allem von der Qualität der verwendeten und aufbereiteten Daten ab.[2] Dies gilt besonders für den Vergleich zwischen Portfolio und Benchmark bzw. auch zwischen verschiedenen Portfolios. So sollten die Daten zeitgleich erhoben werden und auch die gleichen Quellen verwendet werden. Bei nicht vorhandenen Marktwerten (z.B. im OTC-Bereich) ist die Verwendung gleicher theoretischer Bewertungsmodelle erforderlich.

I. Performancemessung

Die Performancemessung befaßt sich mit der Berechnung und quantitativen Analyse von Anlageergebnissen der Vergangenheit. Sie besteht zum größten Teil aus angewandter Finanzmathematik und -statistik. Anspruchsvolle Methoden der Performancemessung bedienen sich zudem kapitalmarkttheoretischer Grundlagen, wie z. B. der Portfoliotheorie.

Ein potentielles Problem der Performancemessung ist die Zeitpunktbezogenheit von Meßergebnissen. Wenn die Performance stets in bezug auf bestimmte fixierte Zeitpunkte beurteilt wird, wie z. B. das Ende des Kalenderjahres, dann ist die Bedeutung von zufälligen Marktpreisniveauausprägungen zu den Zeitpunkten relativ groß. Zur Vermeidung dieses Problems können rollierende Zeiträume eingesetzt werden. Sie ermöglichen eine Performancebeurteilung, die unabhängig von fixierten Zeitpunkten ist. Die Wahl des angemessenen rollierenden Zeitraums hängt von dem Zeithorizont des Investmentstils ab. Während Investmententscheidungen, die auf der Basis charttechnischer Analysen getroffen worden sind, in relativ kurzer Frist aufgegangen sein sollten, kann bei einem qualitativ-fundamentalen Investmentstil der rollierende Zeitraum möglicherweise 12-24 Monate betragen.

---

1 Vgl. **Wittrock** (1998), S. 947.

2 Vgl. **Pieper** (1998), S. 975.

1. Renditebestimmung

Performancemessung hat vor dem Hintergrund bekannter Investmentziele abzulaufen. Ist für ein Portfolio ein operationales Performanceziel vorgegeben, dann können die erreichten Resultate im Hinblick auf die Zielerreichung mit dem Instrumentarium der Performancemessung untersucht werden. Um die Vergleichbarkeit der Resultate sicherzustellen, ist zunächst darauf zu achten, daß die gleichen Renditedefinitionen zugrunde gelegt werden. So stellt sich insbesondere erstens die Frage, ob es sich um diskrete oder logarithmierte Renditen handelt, und zweitens, ob die Renditen zeitgewichtet oder wertgewichtet ermittelt worden sind.

Ausgangspunkt ist die Rendite, die sich auf die gesamte betrachtete Periode bezieht:

$$R = \frac{K_{t+1} + Z_{t,t+1}}{K_t} - 1$$

mit

R = Rendite,
K_t = Kurs des Wertpapiers zum Zeitpunkt t und
$Z_{t,t+1}$ = Rückflußzahlungen aus dem Wertpapier für die Zeit von t bis t+1 (z.B. Aktiendividende).

Hierbei wird allerdings unterstellt, daß sämtliche Zahlungen erst am Ende der Halteperiode anfallen und entsprechende Zinseszinseffekte nicht berücksichtigt werden. Dies kann bei längeren Zeiträumen zu verzerrten Ergebnissen führen.

a. Diskrete versus stetige Renditen

Bei der diskreten Rendite, die auch als geometrische Verzinsung bezeichnet werden kann, wird die relative Vermögensveränderung analog zur o.a. Rendite-Definition ermittelt:[1]

$$R_{t+1_{\text{diskret}}} = \frac{K_{t+1} + Z_{t,t+1}}{K_t} - 1 = \frac{V_{t+1}}{V_t} - 1$$

mit

V_t = Vermögenswert zum Zeitpunkt t.

Wird die gesamte Periode auf mehrere Einzelperioden aufgeteilt, so läßt sich für den Fall, daß es sich bei den Einzelperioden um Jahre handelt, die annualisierte diskrete Rendite aus der Rendite der Gesamtperiode wie folgt ermitteln:

---

1 Vgl. **Meyer** (1994a), S. 10.

$$V_t = V_0 \cdot \left(1 + R_{annualisiert_{diskret}}\right)^t \quad <=> \quad R_{annualisiert_{diskret}} = \sqrt[t]{\frac{V_t}{V_0}} - 1$$

mit

t = Anzahl der Jahre.

Werden mehrere Perioden betrachtet, so wird unterstellt, daß die zwischenzeitlichen Rückflüsse zum geometrischen Zins wieder angelegt werden. Aus unterjährigen diskreten Renditen läßt sich die annualisierte diskrete Rendite in der folgenden Weise bestimmen:

$$R_{annualisiert_{diskret}} = \left(\prod_{t=1}^{n}\left(1 + R_{t_{diskret}}\right)\right)^{\frac{T}{n}} - 1$$

mit

t = einzelne unterjährige Perioden,
n = Anzahl der in die Berechnung eingehenden unterjährigen Perioden und
T = Gesamtzahl der unterjährigen Perioden in einem Jahr.

Beispielsweise ergibt sich bei Verwendung von Monatsrenditen die folgende Formel:

$$R_{annualisiert_{diskret}} = \left(\prod_{t=1}^{n}\left(1 + R_{t_{diskret}}\right)\right)^{\frac{12}{n}} - 1 \quad .$$

Soll aus mehreren diskreten Renditen die durchschnittliche Rendite ermittelt werden, so kann dies analog in der folgenden Weise erfolgen:

$$\overline{R}_{diskret} = \left(\prod_{t=1}^{n}\left(1 + R_{t_{diskret}}\right)\right)^{\frac{1}{n}} - 1 \quad .$$

Das anschließende Beispiel verdeutlicht diese Zusammenhänge. In den Monaten 1 bis 7 wurden die folgenden Renditewerte erzielt:

Monat	1	2	3	4	5	6	7
diskrete Rendite	5%	3%	- 4%	1%	6%	3%	9%
1 + diskrete Rendite	1,05	1,03	0,96	1,01	1,06	1,03	1,09
kumul. diskrete Rendite	5%	8,15%	3,824%	4,862%	11,154%	14,489%	24,793%

Tab. F.1: Diskrete Renditen

Die entsprechende annualisierte Rendite beläuft sich auf

$$R_{\text{annual.}_{\text{diskret}}} = \left(\prod_{t=1}^{n} \left(1 + R_{t_{\text{diskret}}}\right) \right)^{\frac{12}{7}} - 1 = \left[(1{,}05) \cdot (1{,}03) \cdot \ldots \cdot (1{,}09)\right]^{\frac{12}{7}} - 1 = (1{,}2479)^{\frac{12}{7}} - 1 = 46{,}18\% .$$

Die durchschnittliche diskrete Monatsrendite beträgt:

$$\overline{R}_{\text{diskret}} = \left(\prod_{t=1}^{n} \left(1 + R_{t_{\text{diskret}}}\right) \right)^{\frac{1}{n}} - 1 = \left[(1{,}05) \cdot (1{,}03) \cdot \ldots \cdot (1{,}09)\right]^{\frac{1}{7}} - 1 = (1{,}2479)^{\frac{1}{7}} - 1 = 3{,}2146\% .$$

Bei der Verwendung diskreter Renditen ergibt sich das Problem, daß die Veränderung der kumulierten diskreten Rendite der Periode t von der kumulierten diskreten Rendite der vorherigen Periode abhängt. Allgemein berechnet sich die kumulierte diskrete Rendite als

$$R_{t,\,\text{kumuliert}_{\text{diskret}}} = \left(1 + R_{t_{\text{diskret}}}\right) \cdot \left(1 + R_{t-1,\,\text{kumuliert}_{\text{diskret}}}\right) - 1$$

$$= R_{t_{\text{diskret}}} + R_{t-1,\,\text{kumuliert}_{\text{diskret}}} + R_{t_{\text{diskret}}} \cdot R_{t-1,\,\text{kumuliert}_{\text{diskret}}} .$$

Die Abhängigkeit wird am letzten Teil der Formel sichtbar. So setzt sich z.B. die in Tab. F.1 aufgeführte kumulierte diskrete Rendite in Periode 4 aus den Teilen

$R_{t_{\text{diskret}}} = 1{,}0\%$, $R_{t-1,\text{kumuliert}_{\text{diskret}}} = 3{,}824\%$ und $R_{t_{\text{diskret}}} \cdot R_{t-1,\text{kumuliert}_{\text{diskret}}} = 0{,}03824\%$

zusammen. In der Summe ergibt sich ein Wert von 4,86224%. Die Erhöhung der kumulierten Rendite gegenüber der Vorperiode beläuft sich damit auf 1,03824%.

Hingegen können bei der Verwendung stetiger Renditen die kumulierten Werte durch Addition der Einzelwerte ermittelt werden. Eine Abhängigkeit von der Höhe der vorherigen kumulierten stetigen Rendite ist hierbei nicht gegeben. Stetige Renditen haben darüber hinaus den Vorteil, daß sie - wie bereits in Kapitel A ausgeführt - eher als diskrete Renditen einer Normalverteilung unterliegen und daher besonders für empirische Untersuchungen geeignet sind.[1] Aus der diskreten Rendite läßt sich die stetige Rendite folgendermaßen ableiten:

$$R_{t_{stetig}} = \ln\left(1 + R_{t_{diskret}}\right) = \ln\left(\frac{V_t}{V_0}\right) = \ln(V_t) - \ln(V_0)$$

mit

ln = natürlicher Logarithmus.

Liegen mehrere Jahresrenditen vor, so kann die annualisierte stetige Rendite durch einfache Durchschnittsbildung bestimmt werden:

$$R_{annualisiert_{stetig}} = \frac{\ln(V_t) - \ln(V_0)}{t}$$

mit

t = Anzahl der Jahre.

Entsprechend einfach kann auch die durchschnittliche stetige Rendite berechnet werden:

$$\overline{R}_{stetig} = \frac{1}{n} \cdot \sum_{t=1}^{n} R_{t_{stetig}} \; .$$

Für das obige Beispiel ergeben sich die folgenden Werte:

Monat	1	2	3	4	5	6	7
stetige Rendite	4,879%	2,956%	-4,082%	0,995%	5,827%	2,956%	8,618%
kumul. stet. Rendite	4,879%	7,835%	3,753%	4,748%	10,575%	13,531%	22,148%

Tab. F.2: Stetige Renditen

Die durchschnittliche stetige Rendite, bei der es sich im Beispiel um die durchschnittliche Monatsrendite handelt, beträgt

$$\overline{R}_{stetig} = \frac{1}{n} \cdot \sum_{t=1}^{t} R_{t_{stetig}} = \frac{22{,}148\%}{7} = 3{,}1640\% = \ln\left(1 + \overline{R}_{diskret}\right) = \ln(1 + 0{,}032146).$$

---

[1] Vgl. dazu auch **Beiker** (1993), S. 12 und die dort angegebene Literatur.

Für die annualisierte stetige Rendite ergibt sich:

$$R_{annualisiert_{stetig}} = \frac{12}{n} \cdot \sum_{t=1}^{n} R_{t_{stetig}} = \frac{12}{7} \cdot 22{,}148\% = 37{,}9685\% \ = \ \ln(1+0{,}4618).$$

Betrachtet man beispielsweise wiederum die kumulierte stetige Rendite in Periode 4, so kann sie einfach durch Hinzuaddieren der stetigen Rendite zur kumulierten stetigen Rendite der Vorperiode ermittelt werden:

$4{,}748\% = 3{,}753\% + 0{,}995\%.$

Insofern liegt hier keine Abhängigkeit der kumulierten stetigen Rendite von derjenigen der Vorperiode vor.

b. Wertgewichtete versus zeitgewichtete Renditen

Bei der Renditeberechnung treten insbesondere dann Probleme auf, wenn innerhalb der Betrachtungsperiode Kapitalflüsse (z.B. Einlagen oder Entnahmen) stattfinden. Dies gilt vor allem für in Deutschland aufgelegte Investmentfonds, bei denen das Portfoliomanagement entsprechend dem Open-end-Prinzip nach § 11 Abs. 2 KAGG weder für die Höhe noch für den Zeitpunkt der Kapitalzu- und -abflüsse verantwortlich ist, da dies allein der Anteilsinhaber bestimmt. In diesem Falle ist ein einfacher Vergleich zwischen Portfolioanfangs- und -endwert nicht geeignet; vielmehr müssen für ein unverzerrtes Bild über die erwirtschaftete Rendite die Kapitalströme mit in die Betrachtung einbezogen werden. Im Hinblick auf die Berücksichtigung der Kapitalflüsse lassen sich wert- und zeitgewichtete Renditeberechnungen unterscheiden.

Die wert- oder geldgewichtete Rendite entspricht dem internen Zinsfuß in der Investitionsrechnung bzw. der Modified BAI-Methode, die auch nach den AIMR Performance Presentation Standards zur Renditeberechnung zugelassen ist.[1] Sie gewichtet die erzielte Rendite mit den jeweiligen Kapitalvolumina (Money weighted Rate of Return). Dabei werden die zwischenzeitlichen Ein- und Auszahlungen auf das Ausgangsdatum abgezinst und gehen mit ihrem Barwert in die Renditeberechnung ein. Liegen „gebrochene" Periodenlaufzeiten vor, so wird zur Abzinsung der genaue Zeitanteil in Abhängigkeit von der Gesamtperiodendauer (z.B. 0,25 bei einer Gesamtdauer von 360 Tagen und einem Kapitalfluß nach 90 Tagen) herangezogen.

Bei dem internen Zinsfuß handelt es sich um denjenigen Zinsfuß, bei dem der Kapitalwert als Barwert aller Ein- und Auszahlungen den Wert Null annimmt:

$$C = -a_0 + \sum_{t=1}^{n} \frac{d_t}{(1+R_{IZF})^t} = 0$$

---

1 Vgl. **Pieper** (1998), S. 988f.; BAI steht für Bank Administration Institute; AIMR steht für Association for Investment Management and Research.

mit

C	=	Kapitalwert,
a_0	=	Auszahlung zum Zeitpunkt 0,
d_t	=	Einzahlungsüberschuß zum Zeitpunkt t und
R_{IZF}	=	Interner Zinsfuß.

Die Berechnung kann bei Betrachtung von lediglich zwei Perioden mit Hilfe der Lösungsformel einer quadratischen Gleichung erfolgen. Darüber hinaus kann die lineare Interpolation als Näherungsverfahren herangezogen werden.[1]

Bei dem vorgestellten Berechnungsverfahren finden somit Veränderungen des eingesetzten Kapitals während der Laufzeit Berücksichtigung. Es unterstellt dabei die Wiederanlage zwischenzeitlicher Zahlungen zum internen Zinsfuß. Dieser entspricht grundsätzlich der geometrischen Rendite.

Das folgende Beispiel dient der Veranschaulichung dieses Verfahrens. Zu Beginn der Periode wurden EUR 1.000.000 angelegt. In den ersten drei Monaten konnte mit dem jeweils zur Verfügung stehenden Kapital eine Rendite von - 20%, in den folgenden 9 Monaten von + 90% erzielt werden. Zunächst soll davon ausgegangen werden, daß weder ein Abfluß noch ein Zufluß von Kapital während des Jahres erfolgt ist. Die Kapitalwertformel ergibt sich zu:

$$C = -a_0 + \sum_{t=1}^{n} \frac{d_t}{(1+R_{IZF})^t} = -1.000.000 + \frac{1.000.000 \cdot 0{,}8 \cdot 1{,}9}{\left(1+R_{IZF}\right)^1} = -1.000.000 + \frac{1.520.000}{\left(1+R_{IZF}\right)^1} = 0$$

Damit beläuft sich der interne Zinsfuß auf 52%.

Nunmehr soll angenommen werden, daß nach 3 Monaten bei Portfoliomanager A eine Einzahlung in das Portfolio in Höhe von EUR 100.000 und bei Portfoliomanager B eine Entnahme aus dem Portfolio in Höhe von EUR 100.000 durch den jeweiligen Anleger erfolgen. Beide Portfoliomanager haben in die gleichen Werte investiert. Die folgende Tabelle zeigt die entsprechenden Daten:

Datum	Kurswert A	Kapitalfluß A	Kurswert B	Kapitalfluß B
01.01.00	1.000.000		1.000.000	
31.03.00	800.000		800.000	
31.03.00	900.000*	100.000	700.000*	-100.000
31.12.00	1.710.000		1.330.000	

* incl. Kapitalfluß

Tab. F.3: Beispiel zur wertgewichteten Rendite

1 Zur linearen Interpolation vgl. **Perridon/Steiner** (1997), S. 65f.

Die Kapitalwertformeln lauten entsprechend:

$$C_A = -1.000.000 - \frac{100.000}{(1+R_{IZF})^{0,25}} + \frac{1.710.000}{(1+R_{IZF})^{1}} = 0 \quad => \quad R_{IZF} = 56,9759\%$$

$$C_B = -1.000.000 + \frac{100.000}{(1+R_{IZF})^{0,25}} + \frac{1.330.000}{(1+R_{IZF})^{1}} = 0 \quad => \quad R_{IZF} = 46,3027\%$$

Dabei ergibt sich beispielsweise der Wert von EUR 1.710.000 wie folgt:

$$[1.000.000 \cdot (1-0,20) + 100.000] \cdot (1+0,90) = 1.710.0000\,.$$

Diese Ergebnisse machen deutlich, daß die wertgewichtete Rendite von den vorgenommenen Kapitalflüssen abhängt. Entsprechend erfolgt die Berechnung der Rendite auf Basis des gesamten Kapitals, über das der Portfoliomanager verfügen kann, wobei die Verweildauer im Portfolio berücksichtigt wird.

Unzulässig ist in diesem Beispiel die Aussage, daß Portfoliomanager A besser ist als Portfoliomanager B; denn beide Manager haben mit dem ihnen zur Verfügung gestellten Kapital jeweils in den einzelnen Perioden die gleichen Renditen erzielt (- 20% und + 90%). Für A ergibt sich gegenüber B eine höhere Rendite, da nach 3 Monaten Kapital zugeflossen ist und mit einem höheren Kapitalbetrag an der positiven Marktentwicklung teilgenommen wurde. Bei B verhält sich der Sachverhalt entsprechend umgekehrt. Die höhere Rendite bei A kann dementsprechend nicht auf eine bessere Managementleistung zurückgeführt werden. Dies würde nur dann gelten, wenn der Portfoliomanager den Kapitalfluß beeinflußt hätte, wovon bei offenen, in Deutschland aufgelegten Publikumsfonds nicht auszugehen ist.

Festzuhalten bleibt, daß sich die wertgewichtete Rendite zum Zweck des Vergleichs von verschiedenen Portfoliomanagern nicht eignet. Sie ist jedoch dann sinnvoll, wenn die Kapitalflüsse durch das Management beeinflußt werden und entsprechend eine Leistung des Managers darstellen. Ein solcher Fall kann im Rahmen einer Vermögensverwaltung für Privatkunden auftreten, wenn der Kunde z.B. zu einem stärkeren Engagement am Kapitalmarkt angehalten wird.

Bei der zeitgewichteten Rendite (Time weighted Rate of Return) wird die gesamte Periode in einzelne Berechnungsperioden unterteilt, deren Anzahl und Dauer von den Kapitalflüssen abhängen. Die Rendite für die gesamte Periode erfolgt durch multiplikative Verknüpfung der Einzelrenditen. In dem obigen Beispiel ergeben sich die zeitgewichteten Renditen wie folgt:

Portfolio A: $$R_{zeitgewichtet_{diskret}} = \left(\frac{800.000}{1.000.000}\right) \cdot \left(\frac{1.710.000}{900.000}\right) - 1 = 0,8 \cdot 1,9 = 52\%$$

Portfolio B: $R_{zeitgewichtet_{diskret}} = \left(\frac{800.000}{1.000.000}\right) \cdot \left(\frac{1.330.000}{700.000}\right) - 1 = 0{,}8 \cdot 1{,}9 = 52\%$.

Wie dieses Beispiel verdeutlicht, wird die zeitgewichtete Rendite durch die Kapitalbewegungen nicht beeinflußt. Sie wird folglich nur vom Portfoliomanager verantwortet und dokumentiert entsprechend die Leistung des Managers.

Problematisch bei der Anwendung der zeitgewichteten Rendite ist jedoch die Notwendigkeit, daß die Portfoliobewertung jeweils zum Stichtag des Kapitalflusses zu erfolgen hat. Dies ist aber in der Praxis häufig nicht zu realisieren, besonders dann, wenn tägliche Portfoliobewertungen nicht durchgeführt werden bzw. nicht durchgeführt werden können. Bei zahlreichen Kapitalflüssen wäre die oben gezeigte Vorgehensweise zur Berechnung der zeitgewichteten Rendite für viele Vermögensverwalter zu aufwendig. Entsprechend erfolgt mit Ausnahme der Publikumsfonds (tägliche Bewertung) zumeist eine monatliche Portfoliobewertung.

Vor diesem Hintergrund wurden Näherungsverfahren entwickelt, bei denen die Rendite zwar nicht exakt berechnet wird, die aber dennoch z.T. von Performance Presentation Standards anerkannt sind.

Zunächst soll die originäre Dietz-Methode vorgestellt werden.[1] Bei diesem Verfahren erfolgt die Renditeberechnung nicht mehr bei jedem Kapitalfluß. Vielmehr wird angenommen, daß sämtliche Kapitalflüsse zur Mitte der Bewertungsperiode anfallen bzw. je zur Hälfte am Anfang und am Ende der Periode. Dementsprechend wird die gesamte Periode in gleichgroße Berechnungsperioden unterteilt, die jeweils eine konstante Reinvestitionsrendite aufweisen. Insofern ergibt sich die Rendite als

$$R_{i\,Dietz} = \frac{V_{T_i} - V_{0_i} - \sum_{j=1}^{J} e_{i_j} + \sum_{j=1}^{J} a_{i_j}}{V_{0_i} + 0{,}5 \cdot \sum_{j=1}^{J} e_{i_j} - a_{i_j}} = \frac{V_{T_i} - V_{0_i} - \sum_{j=1}^{J} e_{i_j} + \sum_{j=1}^{J} a_{i_j}}{V_{0_i} + 0{,}5 \cdot \text{Nettokapitalfluß}} = \frac{V_{T_i} - V_{0_i} - \text{Nettokapitalfluß}}{V_{0_i} + 0{,}5 \cdot \text{Nettokapitalfluß}}$$

mit

$R_{i\,Dietz}$ = Rendite der Teilperiode i nach der originären Dietz - Methode,
V_{T_i} = Vermögenswert am Ende der Teilperiode i,
V_{0_i} = Vermögenswert zu Beginn der Teilperiode i,
e_{i_j} = j-ter Zufluß (Einzahlung) in der Teilperiode i und
a_{i_j} = j-te Entnahme (Auszahlung) in der Teilperiode i.

Die Formel wird mitunter auch wie folgt ausgedrückt:

---

1 Vgl. **Dietz/Kirschman** (1990), S. 12ff., **Pieper** (1998), S. 988f.

$$R_{i\,Dietz} = \frac{V_{T_i} - 0{,}5 \cdot \text{Nettokap.fluß}}{V_{0_i} + 0{,}5 \cdot \text{Nettokap.fluß}} - \frac{V_{0_i} + 0{,}5 \cdot \text{Nettokap.fluß}}{V_{0_i} + 0{,}5 \cdot \text{Nettokap.fluß}} = \frac{V_{T_i} - 0{,}5 \cdot \text{Nettokapitalfluß}}{V_{0_i} + 0{,}5 \cdot \text{Nettokapitalfluß}} - 1\,.$$

Da sich die originäre Dietz-Methode noch als ungenau erweist, ist die modifizierte Dietz-Methode entwickelt worden, die z.B. auch nach den DVFA-Performance Presentation Standards als Renditeberechnungsmethode anerkannt ist.[1] Im Unterschied zum originären Dietz-Verfahren werden die Kapitalflüsse exakt mit der zeitlichen Dauer ihrer Wirksamkeit gewichtet:

$$R_{i\,Dietz}^{modifiziert} = \frac{V_{T_i} - V_{0_i} - \sum_{j=1}^{J} e_{i_j} + \sum_{j=1}^{J} a_{i_j}}{V_{0_i} + \sum_{j=1}^{J} g_{i_j} \cdot e_{i_j} - \sum_{j=1}^{J} g_{i_j} \cdot a_{i_j}}$$

mit

$R_{i\,Dietz}^{modifiziert}$ = Rendite der Teilperiode i nach der modifizierten Dietz - Methode,

g_{i_j} = zeitlicher Anteil von der j-ten Mittelbewegung bis zum Ende der Teilperiode i

$$g_{i_j} = \frac{T_i - t_{i_j}}{T_i}$$

mit: T_i = Anzahl der Tage innerhalb der Periode i und

t_{i_j} = Anzahl der Tage innerhalb der Periode i bis zum Zeitpunkt j der Mittelbewegung.

Während sich der Zähler der Formel als „Nettowertzuwachs" interpretieren läßt, kann der Nenner der Formel als „mittleres eingesetztes Kapital" aufgefaßt werden.[2]

In dem folgenden Beispiel wird der Unterschied zwischen beiden Näherungsverfahren dargestellt. Ausgangspunkt ist eine Periode von 30 Tagen. Der Vermögensanfangswert beträgt EUR 1.000.000, der Vermögensendwert EUR 1.075.000. Nach 12 Tagen erfolgt ein Mittelzufluß von EUR 100.000, nach weiteren 6 Tagen eine Entnahme von EUR 80.000. Eine zwischenzeitliche Ermittlung des Portfoliowertes findet nicht statt. Zur Berechnung der Rendite kann die folgende Hilfstabelle dienen:

---

1 Vgl. **DVFA** (1998), S. 20f.

2 Vgl. **Wittrock/Fischer/Lilla** (1998), S. 609.

Anzahl Tage	g_{i_j}	e_{i_j}	$g_{i_j} \cdot e_{i_j}$	a_{i_j}	$g_{i_j} \cdot a_{i_j}$
1	0,96666667		0		0
12	0,6	100.000	60.000		0
18	0,4		0	80.000	32.000
30	0		0		0
	Summe	100.000	60.000	80.000	32.000

Tab. F.4: Beispiel zur modifizierten Dietz-Methode

Hieraus ergibt sich für die monatliche Rendite:

$$R_{i\,\text{Dietz}}^{\text{modifiziert}} = \frac{1.075.000 - 1.000.000 - 100.000 + 80.000}{1.000.000 + 60.000 - 32.000} = 5{,}3502\%$$

$$R_{i_{\text{Dietz}}} = \frac{1.075.000 - 1.000.000 - 100.000 + 80.000}{1.000.000 + 0{,}5 \cdot (100.000 - 80.000)} = 5{,}4455\%$$

Der Wert für $R_{i\,\text{Dietz}}$ ist in diesem Beispiel höher, da unterstellt wird, daß die Zahlungen zur Periodenmitte anfallen. Tatsächlich wurde der Vermögensendwert von EUR 1.075.000 aber erreicht durch eine Einzahlung, die der Auszahlung um einige Tage vorausging und somit früher zur Erwirtschaftung des Vermögensendwertes zur Verfügung stand. Entsprechend fällt bei einer genaueren Berücksichtigung der Kapitalflüsse in diesem Beispiel die Rendite geringer aus.

c. BVI-Methode

Bei der Renditerechnung, die vom Bundesverband der Deutschen Investmentgesellschaften angewendet wird (BVI-Methode) und auch als Anteilswert- oder unit value-Methode bezeichnet werden kann, wird eine zeitgenaue Verrechnung der Ausschüttungen vorgenommen, indem von einer Wiederanlage der Ausschüttungen ausgegangen wird.[1] Die Ausschüttung incl. Körperschaftsteuerguthaben führt zu einer entsprechenden Erhöhung der Fondsanteile. Die um die Ausschüttungen korrigierte Anzahl der Anteile am Ende der Betrachtungsperiode kann mit Hilfe des Korrekturfaktors y berechnet werden:[2]

$$y = \prod_{t=1}^{n} \left(1 + \frac{\text{Ausschüttung pro Anteil in t}}{\text{Anteilswert nach Ausschüttung in t}} \right).$$

---

[1] Vgl. **Wittrock** (1995), S. 19f.

[2] Vgl. in diesem Zusammenhang auch **Doerks** (1992), S. 239.

Unter Berücksichtigung dieses Korrekturfaktors läßt sich die annualisierte Rendite nach BVI wie folgt berechnen:

$$R_{BVI_{annualisiert}} = \sqrt[n]{\frac{\text{Anteilswert}_{t_n} \cdot y}{\text{Anteilswert}_{t_0}}} - 1$$

mit

t_n = Zeitpunkt am Ende der Betrachtung und
t_0 = Zeitpunkt zu Beginn der Betrachtung.

Die Vorgehensweise kann an einem einfachen Beispiel nachvollzogen werden. Zunächst seien folgende Ausgangsdaten angenommen:

	Anteilswert	Anzahl Anteile*	Kapitalfluß	Δ Anzahl Anteile	Gesamtwert*
01.01.00	250	100			25.000
30.06.00	175	100	7000	40	17.500
31.12.00	200	140	-10.000	-50	28.000
30.06.01	280	90	5600	20	25.200
31.12.01	350	110			38.500

* vor Kauf / Verkauf von Anteilen

Tab. F.5: Beispiel zur BVI-Methode

Werden keine Ausschüttungen seitens des Fonds vorgenommen, so ergibt sich die annualisierte BVI-Rendite entsprechend der zeitgewichteten Methode wie folgt:

$$R_{BVI_{annualisiert}} = \sqrt[n]{\frac{\text{Anteilswert}_{t_n} \cdot y}{\text{Anteilswert}_{t_0}}} - 1 = \sqrt[2]{\frac{350 \cdot 1}{250}} - 1 = 18{,}3216\%$$

oder anders ausgerechnet: $R_{BVI_{annualisiert}} \sqrt[2]{\frac{175}{250} \cdot \frac{200}{175} \cdot \frac{280}{200} \cdot \frac{350}{280}} - 1 = \sqrt[2]{\frac{350}{250}} - 1 = 18{,}3216\%$.

Alternativ läßt sich diese Rendite auch durch eine reine Betrachtung des Gesamtwertes bestimmen:

$$R_{BVI_{annualisiert}} \sqrt[2]{\frac{17.500}{25.000} \cdot \frac{28.000}{24.500} \cdot \frac{25.200}{18.000} \cdot \frac{38.500}{30.800}} - 1 = \sqrt[2]{1{,}40} - 1 = 18{,}3216\%.$$

Im folgenden sollen nun Ausschüttungen berücksichtigt werden. Sie belaufen sich am 30.06.00 auf EUR 10 und am 30.06.01 auf EUR 12. Am 30.06.00 notiert der Fonds nach Ausschüttung somit bei 165, so daß sich bei einer Wiederanlage des Ausschüttungsbetrages neue Anteile von 10/165 = 0,60606 pro altem Anteil ergeben, die zu einem Korrekturfaktor von 1,060606 führen. Vom Kauf / Verkauf neuer Anteile am Markt wird hierbei abstrahiert. Analog wird bei der Ausschüttung am 30.06.01 verfahren, so daß sich der gesamte Korrekturfaktor wie folgt ergibt:

$$y = \prod_{t=1}^{n} \left(1 + \frac{\text{Ausschüttung pro Anteil in t}}{\text{Anteilswert nach Ausschüttung in t}} \right)$$

$$= \left(1 + \frac{10}{165} \right) \cdot \left(1 + \frac{12}{268} \right) = 1{,}060606 \cdot 1{,}044776 = 1{,}108096 \ .$$

Die annualisierte BVI-Rendite beläuft sich somit in diesem Beispiel auf

$$R_{BVI_{\text{annualisiert}}} = \sqrt[n]{\frac{\text{Anteilswert}_{t_n} \cdot y}{\text{Anteilswert}_{t_0}}} - 1 = \sqrt[2]{\frac{350 \cdot 1{,}108096}{250}} - 1 = 24{,}5526\% \ .$$

Insgesamt gesehen lassen sich verschiedene Verfahren der Renditebestimmung unterscheiden. Dabei ist bei veröffentlichten Zahlen genau zu prüfen, welche Methode den Renditen zugrunde liegt.

2. Berücksichtigung des Risikos

Die Rendite eines Portfolios sollte nicht alleiniger Maßstab zur Portfoliobeurteilung sein. Zwar zählt im Rückblicksvergleich nur die Rendite; denn bei Vergangenheitsbetrachtungen liegt keine Unsicherheit bezüglich der Renditerealisationen vor; ex ante betrachtet spielt das einzugehende Risiko jedoch eine große Rolle. Es entspricht zudem der Erfahrungswelt im Portfoliomanagement, daß Kapitalanleger in ihrer überwiegenden Mehrzahl risikoavers und nicht risikoneutral oder gar risikofreudig eingestellt sind. Diese Beobachtung steht im Einklang mit der Gültigkeit des in den Wirtschaftswissenschaften weithin akzeptierten Rationalprinzips. Zur Verdeutlichung dieses Sachverhaltes wird ein Beispiel betrachtet. Das in Abbildung F.3 dargestellte Diagramm zeigt die Renditen zweier Portfolios A und B zu einem in der Zukunft liegenden - aber nicht näher bestimmten - Zeitpunkt.

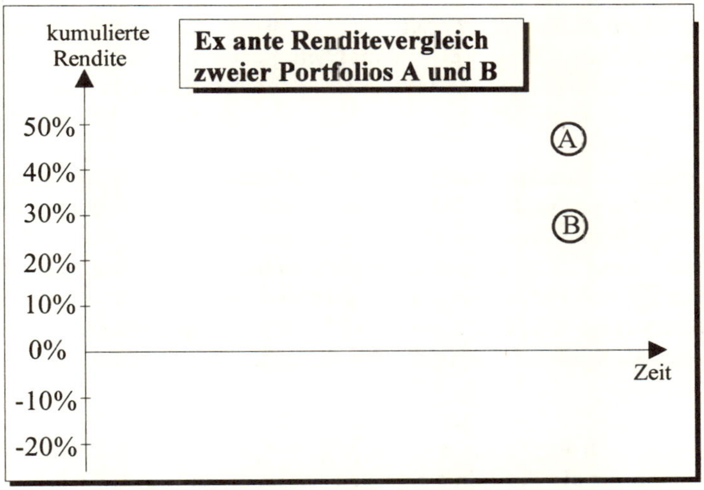

Abb. F.3: Vergleich zukünftiger Portfoliorenditen

Obwohl der visuelle Eindruck die Überlegenheit des Portfolios A nahelegt, ist ein solcher Schluß im Sinne der Performancemessung nicht angebracht. Denn eingangs des Kapitels A war Performance definiert als risikoadjustierte Rendite. Offenbar muß neben der erwarteten Rendite auch das mit ihrem Eintreten verbundene Risiko in Erwägung gezogen werden. Daher ist die Kenntnis des Entstehungsprozesses der Rendite, wie er in Abbildung F.4 gezeigt wird, für die Performancebeurteilung unerläßlich.

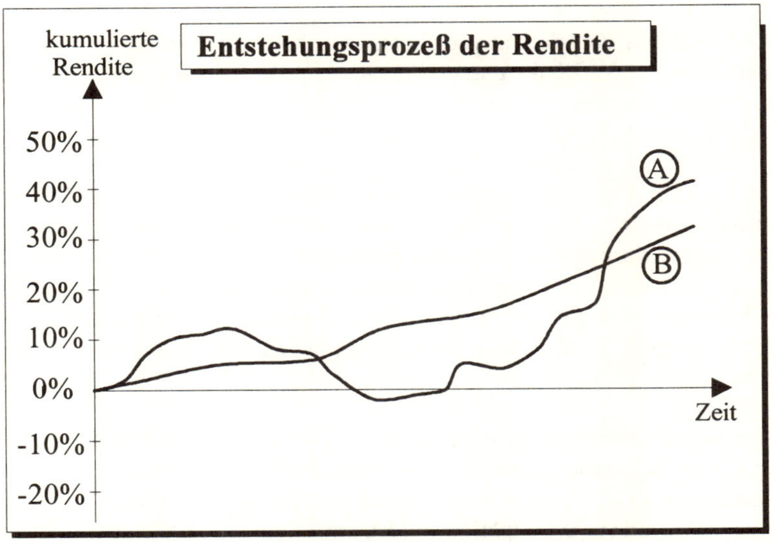

Abb. F.4: Hypothetischer Entstehungsprozeß zukünftiger Portfoliorenditen

Wie aus der Graphik erkennbar ist, verläuft die Renditeentwicklung bei Portfolio A wesentlich volatiler als die von Portfolio B. Auf eine Vorteilhaftigkeit von A kann daher bei Unterstellung eines risikoscheuen Anlegers nicht von vornherein geschlossen werden. Das Ergebnis der visuellen Performanceanalyse hängt offenbar maßgeblich von dem Betrachtungszeitpunkt ab.

Um zu einer gesicherten Aussage bezüglich der Rangfolge (Ranking) der beiden Portfolios zu kommen, müssen die Fragen nach der Rendite, dem Risiko und dem Zeitbezug quantifiziert sein. Nimmt man darüber hinaus die Portfolioliquidität als drittes zentrales Ziel des 'magischen Zieldreiecks' hinzu, dann bietet sich eine dreidimensionale Darstellung an. Dies wird in der Portfoliomanagementpraxis überwiegend nicht gemacht, da unterstellt wird, daß die Portfolios gleichermaßen liquide sind. Bei Wertpapierportfolios dürfte diese Annahme i. d. R. erfüllt sein. Gleichwohl müssen auch hierbei Portfolios mit Small Caps von denen mit Large Caps unterschieden werden.

Nicht nur im Bereich von Renditen ist es wichtig, vor dem Performancemessungsprozeß eine Berechnungsmethodik für die Portfoliozielgrößen festgelegt zu haben. Risikokonzeptionen werden tendenziell kontroverser diskutiert als Renditeberechnungsmethoden. Unterschiedliche Risikodefinitionen führen u. U. zu unterschiedlichen Ergebnissen in der Performanceanalyse. Es ist deshalb unerläßlich, sich bei der Zielfestlegung für ein Portfolio über den zugrunde gelegten Risikobegriff Klarheit zu verschaffen. Die zur Verfügung stehende Auswahl von Risikobegriffen ist zahlreich. Während theoretisch nahezu alle Risikomaße in die Performancemessung einfließen können, beschränkt sich die Portfoliomanagementpraxis neben der Renditemessung weitgehend auf das 2. bis 4. Moment einer Wahrscheinlichkeitsverteilung.[1] Daß die Validität der Resultate der Performancemessung in Wissenschaft und Praxis z. T. umstritten ist, liegt vor allem in der Kontroverse um den richtigen Risikobegriff begründet.

Der zunehmende Einsatz von derivativen Finanzmarktinstrumenten im professionellen Portfoliomanagement erschwert die Risikomessung zusätzlich. Asymmetrische Performanceprofile, wie sie z. B. bei Portfolio-Insurance-Konzeptionen üblich sind, bedürfen genauer Risikobeschreibungen.

Wie bereits im Eingangskapitel beschrieben, lassen sich unterschiedliche Arten von Benchmarks als Portfolioziele bestimmen. Hat der Investor dem Portfoliomanager eine Benchmark vorgegeben, die an bestimmte Kapitalmarktsegmente gebunden ist, dann steht die relative Performance des Portfolios im Vergleich zu dem vorgegebenen Kapitalmarktsegment im Betrachtungsvordergrund. Liegt hingegen eine performanceorientierte Benchmark zugrunde, dann steht für den Investor eher die absolute Performance im Vordergrund. Die Performancemessung hat dies zu berücksichtigen.

Die relative Performancemessung gewinnt in den letzten Jahren zunehmend an Gewicht, da die Vereinbarung klarer marktorientierter Portfolioziele in Form von Benchmarks inzwischen als Industriestandard im Portfoliomanagement angesehen werden kann. Da im Portfoliomanagement überwiegend eine aktive Investmentphilosophie anzutreffen ist, besteht die vorherrschende Ziel-

---

[1] Siehe hierzu die Ausführungen in Kapitel A.

setzung in der Erwirtschaftung einer positiven aktiven Rendite ($R_{PF_a} = R_{PF_ü} - R_{BM_ü}$).[1] Wie die Darstellung der relativen Performance in einem Chart erfolgen kann, zeigt Abbildung F.5.

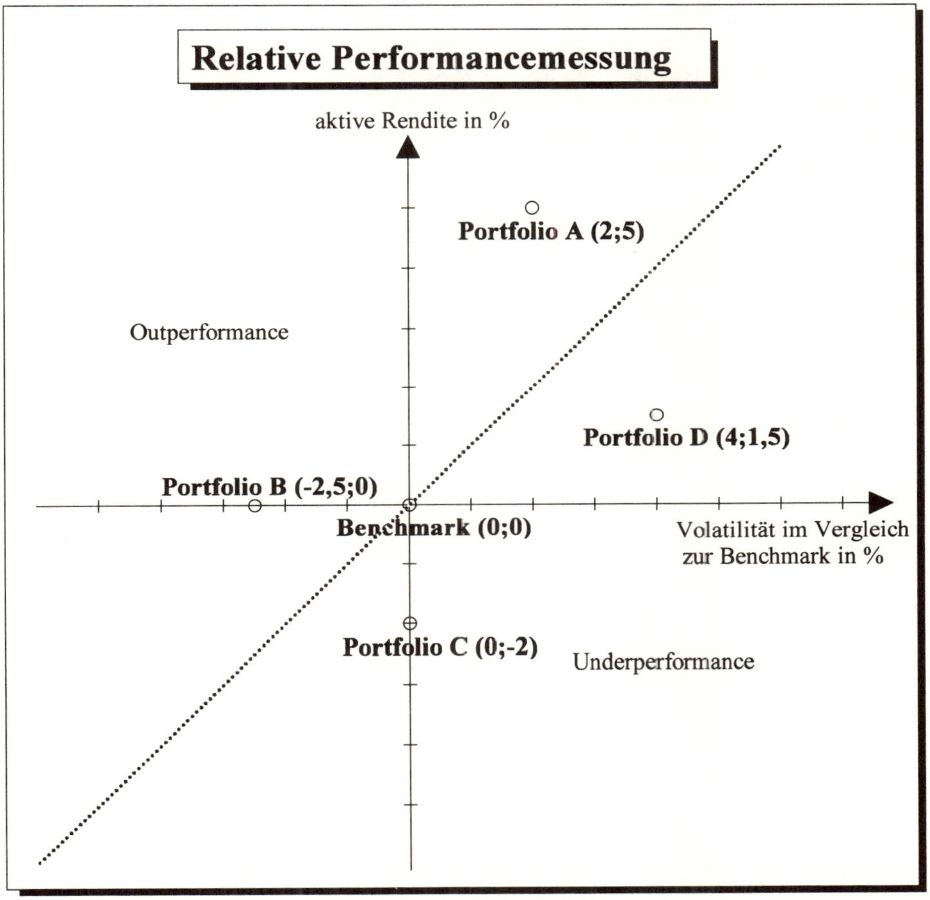

Abb. F.5: Relativer Performancevergleich

Auf der Abszisse ist als Risikomaß die Volatilität im Vergleich zur Benchmark abgetragen. Alternativ könnte beispielsweise auch der ß-Faktor verwendet werden. Die Ordinate beschreibt die Höhe der aktiven Rendite. Portfolios, die links der gestrichelten 45-Grad Linie liegen, sind als Outperformer zu klassifizieren et vice versa. Die numerischen Werte in Klammern geben die genaue Performanceposition des jeweiligen Portfolios an. Portfolio A weist z. B. eine zusätzliche

[1] Ein Grund für das deutliche Überwiegen aktiver Investmentansätze im institutionellen Portfoliomanagement ist auch die Möglichkeit zur Durchsetzung höherer Management-Gebühren. Die Margen im passiven Portfoliomanagement sind ungleich geringer.

Volatilität von 2 Prozentpunkten und eine aktive Rendite von 5 Prozentpunkten gegenüber der Benchmark auf.

Im Vergleich mit der relativen Performancemessung liegt der Ursprung des Koordinatensystems bei absoluter Performancebetrachtung in Höhe des risikolosen Zinses. Da hierbei die absolute Volatilität, die nicht negativ sein kann, als Abszisse dient, gibt es keinen 2. und 3. Quadranten. Auf der Ordinate wird im Unterschied zur relativen Performancemessung die Überschuß- oder gegebenenfalls die Gesamtrendite dargestellt. Üblich ist die Verwendung von Überschußrenditen. Für die konkrete Wahl der Darstellungsform ist die Zielsetzung des Portfolios ausschlaggebend.

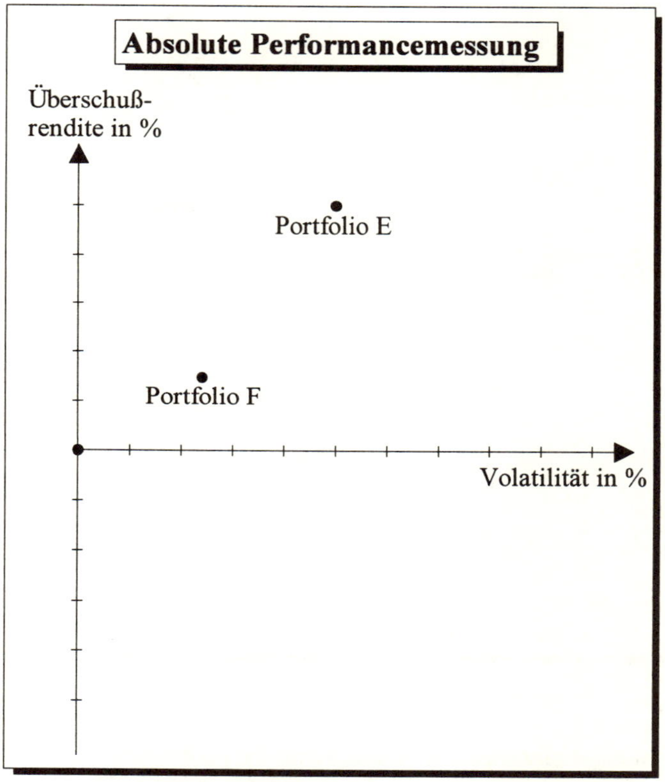

Abb. F.6: Absolute Performancedarstellung

Eine Aussage bezüglich des Rankings der zwei in Abbildung F.6 eingezeichneten Portfolios E und F läßt sich auf risikoadjustierter Basis nicht visuell durchführen.

Die Performancemessung und -attribution konzentriert sich überwiegend auf das Portfolio und dessen realisierte Rendite- und Risikokennzahlen. Damit stehen Marktgrößen im Betrachtungsmittelpunkt. Die letztlich zu optimierende Zielgröße aus Sicht des Investors ist jedoch dessen individueller Nutzen. Es stellt sich daher die Frage, welchen Nutzen das Portfolio dem Investor gestiftet hat.

Der Grund für die allenfalls marginale Betrachtung des Nutzens im Rahmen der Performanceanalyse liegt auf der Hand. Nutzengrößen sind individuell und damit schwerlich objektivierbar. Für Anleger, die in der Lage sind, ihre Rendite-Risikopräferenzen hinreichend genau zu quantifizieren, können sich aus einer Nutzenanalyse wertvolle Erkenntnisse gewinnen lassen.

3. Sharpe- und Treynor-Ratio

Im Rahmen der relativen Performancemessung werden die erzielten Portfolioergebnisse mit den Resultaten einer vorgegebenen Benchmark verglichen. Ziel dieses Vorgehens ist die Beantwortung der Frage, ob das Portfolio in einem gegebenen Zeitraum die festgelegte Benchmark risikoadjustiert übertroffen hat. Mit Hilfe der Sharpe- und der Treynor-Ratio läßt sich die gestellte Frage beantworten.

Die in der Portfoliomanagementpraxis weit verbreitete Sharpe-Ratio wurde vom Nobelpreisträger für Wirtschaftswissenschaften 1990, William F. Sharpe, entwickelt.[1] Sie setzt die erzielte Portfolioüberschußrendite ins Verhältnis zur Volatilität und damit des Gesamtrisikos des Portfolios:

$$SR_{PF} = \frac{\overline{R}_{PF} - R_f}{\sigma_{PF}}$$

mit

$\overline{R}_{PF}$ = durchschnittliche Portfoliorendite.

Zu interpretieren ist die Sharpe-Ratio (SR) als Überschußrendite, die pro Einheit an übernommener Volatilität erzielt wurde. Angestrebt wird ein möglichst hoher SR-Wert. Wird ein Portfolio mit seiner Benchmark oder einem anderen Portfolio verglichen, dann läßt sich mit Hilfe der Sharpe-Ratio eine Reihenfolge festlegen.

Die Anwendung der Sharpe-Ratio zur Messung der risikobereinigten Performance ist allerdings aus Sicht des Investors nur dann sinnvoll, wenn dieser sein Kapital ausschließlich in das zu bewertende Vermögen investiert hat; denn in diesem Fall ist nur das Gesamtrisiko das für ihn relevante Risiko.

Zu klären ist zunächst die Wahl des risikolosen Zinses. So bietet es sich an, eine Auswahl entsprechend dem Renditeintervall vorzunehmen. Bei Verwendung von Monatsrenditen sind somit die monatlichen Geldmarktsätze für Einmonatsgelder heranzuziehen und zwar die Sätze am Ende des Vormonats. Diese Zinssätze sind vom Portfoliomanager auch tatsächlich erzielbar und damit

---

[1] Vgl. **Sharpe** (1966), S. 119ff.

sicher gewesen. Befinden sich im Portfolio mehrere Währungen, so erscheint zur sachgerechten Beurteilung des Portfoliomanagers die Wahl des lokalen Geldmarktsatzes sinnvoll, da der Portfoliomanager zu diesem Satz überschüssige Liquidität anlegen kann. Vergleicht der Investor verschiedene Portfolios miteinander, so sollte er seinen relevanten Geldmarktsatz heranziehen. In empirischen Untersuchungen konnten jedoch keine besonderen Ergebnisunterschiede bei Einsatz verschiedener risikoloser Zinssätze festgestellt werden.[1]

Als problematisch erweisen sich bei Verwendung der Sharpe-Ratio die Fälle, bei denen $\overline{R}_{PF}$ kleiner als R_F ist, da dann die Überschußrendite negativ wird. So würden beispielsweise die folgenden beiden Portfolios als gleich gut (bzw. schlecht) bewertet, obwohl Portfolio A eine absolut höhere negative Überschußrendite bei zudem höherem Risiko aufweist als Portfolio B:

Portfolio A: $\frac{0\% - 6\%}{30\%} = -0{,}2$; Portfolio B: $\frac{2\% - 6\%}{20\%} = -0{,}2$.

Ebenso fraglich ist die Interpretation des Ergebnisses, wenn Portfolio A eine Portfoliorendite von ebenfalls 2% erzielt hätte:

Portfolio A: $\frac{2\% - 6\%}{30\%} = -0{,}1333$; Portfolio B: $\frac{2\% - 6\%}{20\%} = -0{,}2$

Trotz des höheren eingegangenen Risikos wird Portfolio A in diesem Fall besser beurteilt.

Als weiterer Kritikpunkt an der Anwendung der Sharpe-Ratio kann die in der Praxis häufig nicht angegebene Signifikanz der Ergebnisse angeführt werden. Für dieses Maß ist aber ein entsprechender Signifikanztest entwickelt worden.[2] Hierbei wird die Nullhypothese überprüft, daß die Differenz zweier Ratios Null beträgt. Erst wenn die Nullhypothese auf einem als ausreichend angesehenen Signifikanzniveau abgelehnt werden kann, sollten Rankingbeurteilungen auf der Basis der Sharpe-Ratio erfolgen. Um mit diesem Test gesicherte Aussagen zu erhalten, ist eine relativ große Stichprobengröße erforderlich. Auch können große Unterschiede in den Standardabweichungen der zu vergleichenden Portfolios die Macht dieses Tests verringern. In einer empirischen Untersuchung konnte gezeigt werden, daß im Vergleich zur gewählten Benchmark eine Signifikanz der Differenz zwischen der Sharpe-Ratio des jeweiligen Fonds und der Benchmark zumeist nicht vorliegt.[3]

Ferner wird der Diversifikationsaspekt bei der Sharpe-Ratio nicht berücksichtigt. So würden zwei Portfolios mit gleicher $\overline{R}_{PF}$ und gleicher σ_{PF}, die aber unterschiedlich gut diversifiziert sind, gleich bewertet. Für einen rationalen Investor wäre aber das besser diversifizierte Portfolio von höherem Nutzen, da es weniger unsystematische Risiken aufweist.

---

1 Vgl. **Wittrock** (1995), S. 216ff., **Beiker** (1993), S. 361ff.

2 Vgl. **Wittrock** (1995), S. 77 und die dort angegebene Literatur.

3 Vgl. **Wittrock** (1995), S. 340f.

Darüber hinaus kann das unsystematische Risiko im Rahmen einer Gesamt-Portfolio-Betrachtung zumindest teilweise für den Investor unbedeutend sein.[1] Dies trifft z.B. auf den Fall zu, daß die Ergebnisse einzelner Portfolio-Bestandteile relativ zueinander beurteilt werden sollen. Beispielsweise ist bei dem Vergleich zwischen den Resultaten deutscher Aktien und französischer Aktien in einem Euroland-Aktien-Portfolio nur der Beitrag der beiden Einzelportfolios zum Gesamtrisiko des Euroland-Aktien-Portfolios für die Beurteilung von Bedeutung; denn mit dem Gesamt-Portfolio liegt ein diversifiziertes Portfolio vor, so daß für die Bewertung lediglich das systematische Risiko ausschlaggebend ist. Infolgedessen kann in diesem Fall das unsystematische Risiko vernachlässigt werden. Auf diesen Überlegungen basiert die weiter unten dargestellte Treynor-Ratio.

Ähnlich wie bei der Berechnung der Sharpe-Ratio läßt sich auch mit Hilfe von Lower Partial Moment (LPM) - Maßen eine Performance bestimmen. Für die beiden ersten Momente können folgende Performancemaße definiert werden:[2]

$$\text{LPM}_1 - \text{Performancemaß} = \frac{\overline{R}_{PF} - R_f}{\text{LPM}_1} \quad ,$$

$$\text{LPM}_2 - \text{Performancemaß} = \frac{\overline{R}_{PF} - R_f}{\sqrt{\text{LPM}_2}} \quad .$$

Der Unterschied zur Sharpe-Ratio besteht bei diesen beiden Maßen lediglich darin, daß die Überschußrendite nicht auf die Standardabweichung, sondern auf die Ausfallerwartung bzw. Ausfallvolatilität bezogen wird.

Mit der Treynor-Ratio steht eine weitere - ebenfalls einparametrische - Kennzahl zum Vergleich mehrerer Portfolios zur Verfügung.[3] Im Unterschied zur Sharpe-Ratio verwendet die Treynor-Ratio als Risikomaß den ß-Faktor, der das systematische Risiko eines Portfolios mißt:

$$TR_{PF} = \frac{\overline{R}_{PF} - R_f}{ß_{PF}} \quad .$$

Anders als bei der Sharpe-Ratio ist die Verwendung der Treynor-Ratio dann eher angebracht, wenn das zu beurteilende Portfolio nur ein Teil eines größeren, gut diversifizierten Gesamt-Portfolios ist bzw. selber gut diversifiziert ist. Andernfalls lägen unterschiedliche Gesamtrisiken vor. Dann würden Portfolios mit einem identischen systematischen Risiko - obwohl unterschiedlich diversifiziert - gleich bewertet. Ein geringerer Diversifikationsgrad bedeutet aber ein größeres unsystematisches Risiko, das entsprechend der Kapitalmarkttheorie aber nicht entgolten wird. In diesem Fall ist eine Gesamtrisikobetrachtung wiederum sinnvoller. Folglich sollten grundsätz-

---

1 Vgl. **Garz/Günther/Moriabadi** (1997), S. 218.

2 Vgl. **Wittrock** (1995), S. 132ff. Zu den LPM vgl. Kapitel A.

3 Vgl. **Treynor** (1965), S. 63ff.

lich sowohl ein unterschiedlicher Diversifikationsgrad als auch der Gesamt-Portfolio-Zusammenhang bei der Performancemessung Berücksichtigung finden. Entsprechend kann die gleichzeitige, ergänzende Verwendung von Sharpe- und Treynor-Ratio zu sinnvoll sein.

Sowohl die Sharpe-Ratio als auch die Treynor-Ratio basieren auf Modellen der Kapitalmarkttheorie. Damit hängt ihre Validität jeweils von der Gültigkeit der dort verwendeten Annahmen ab. Allerdings unterliegt die Sharpe-Ratio nicht der Kritik von Roll am CAPM, der die empirische Überprüfbarkeit aufgrund des nicht vorhandenen Marktportfolios in Frage stellt. Denn das Marktportfolio bzw. der als Proxy verwendete Index ist für das Ranking der Portfolios nicht erforderlich.[1]

Darüber hinaus werden die Risikomaße als im Zeitablauf konstant angesehen bzw. ein Durchschnittsrisiko betrachtet. Anhand der Sharpe- und Treynor-Ratio ist eine Aussage bezüglich der Unterscheidung in Wertpapierselektions- und Timingfähigkeiten nicht möglich.

Ferner hängen die Ergebnisse der Treynor-Ratio von der Benchmarkwahl ab. Dies macht deutlich, wie wichtig die Ex ante-Festlegung einer verbindlichen Benchmark im Rahmen der Portfoliozielsetzung ist. Für die Performancemessung ist bedeutsam, daß die Benchmark zumindest effizient ist.

II. Performanceattribution

Die Zielsetzung der Performanceattribution besteht in der Aufschlüsselung und Zuordnung der im Rahmen der Performancemessung gewonnenen Ergebnisse. Insofern kann die Attribution auch als Management-Informations-System dienen. Während sich im Rahmen der Performancemessung die Frage stellt: „How well did we do?“, lautet die Frage bei der Attribution: „How did we do well?“[2]

Zwei Fragen stehen im Mittelpunkt der Performanceattribution:

- Handelt es sich bei der erzielten Performance um Können oder um Zufall (Glück)?
- In welchem Bereich besitzen Portfoliomanager die größten Prognosefähigkeiten?
  Insbesondere: Liegen Wertpapierselektions- und / oder Timingfähigkeiten vor?

Diese Fragen tangieren die Fähigkeiten von Portfoliomanagern. Die Attribution kann der Leistungskontrolle und auch als Grundlage für die Entlohnung von Portfoliomanagern dienen. Dabei sind neben der angewandten Methode der Performancemessung auch die Verantwortlichkeiten und Entscheidungsstrukturen zu berücksichtigen. Insbesondere die ausgewählten Rendite- und Risikomaße sind für die Beurteilung der Managerleistung von Bedeutung. Daher muß bereits bei der Zielformulierung für ein Portfolio dieser Punkt geklärt werden.

---

1 Vgl. **Roll** (1977), S. 129ff., **Roll** (1978), S. 1060f., **Wittrock** (1995), S. 37, **Wittrock** (1998), S. 949.

2 Vgl. **Pieper** (1998) S. 975 und die dort angegebene Literatur.

Grundlage einer sachgerechten Attribution ist eine ordnungsgemäße Performancemessung, die auf die Verwendung von Marktwerten einschließlich Stückzinsen und Dividendenforderungen abzielt sowie regelmäßig (zumeist monatlich) durchgeführt wird. Wie im Rahmen der Darstellung der Sharpe-Ratio schon angemerkt, ist auf eine statistische Signifikanz der Ergebnisse zu achten, die durch einen hinreichend langen Datenerhebungszeitraum erreicht werden kann.[1]

Nach Durchführung einer ordnungsgemäßen Performancemessung kann im Rahmen der Attribution die Rendite zielgerichtet auf die bestehenden Verantwortungsstrukturen zerlegt bzw. aufgeteilt werden. Dabei wird sowohl auf quantitative als auch auf qualitative Methoden zurückgegriffen.

1. Können oder Glück

Zur Beurteilung von Portfoliomanagern ist insbesondere die Frage von Bedeutung, ob sie in der Lage sind, auch künftig eine konstant gute Performance zu erwirtschaften (Können), oder ob ein gutes vergangenes Ergebnis zufällig erreicht worden ist (Glück). Entsprechend erwartet man von der Performanceattribution die Beantwortung der Frage, ob Können oder Glück zu einer guten Performance geführt hat. Diese Frage ist für die Beurteilung von Portfoliomanagern bedeutsam, erlaubt sie doch Rückschlüsse auf die Notwendigkeit von Investmentstiländerungen. Denn wenn Können in Form von Selektions- und / oder Timingfähigkeiten vorliegt, kann mit Einschränkungen mit einer Persistenz dieser Fähigkeiten gerechnet werden.[2] Dies ist bei reinem Glück nicht der Fall, da Glück als reines Zufallsmoment zu definieren ist, das zumindest ex ante einem Random Walk folgt.

Auf Basis der Zerlegung der Rendite auf verschiedene Verantwortungsbereiche wird eine Stärken- und Schwächenanalyse durchgeführt. Sofern die gewonnenen Ergebnisse der Renditedekomposition statistisch signifikant sind, kann eine Konzentration des Portfoliomanagementprozesses auf gefundene Stärken (z. B. Wertpapierselektion) erfolgen, wobei implizit angenommen wird, daß die Vergangenheitsergebnisse indikativ für die zukünftigen Resultate sind.

Inwiefern die Extrapolation einer superioren Vergangenheitsperformance in die Zukunft gerechtfertigt ist, läßt sich mittels einer Längsschnittregression beantworten. Dabei wird die Performance der ersten Periode auf die Performance der zweiten Periode mit Hilfe des Ausdrucks

$$\text{Performance (2)} = a + b \cdot \text{Performance (1)}$$

regressiert.[3] Im Falle einer signifikant positiven Steigung der Regressionsfunktion ($b > 0$) bei entsprechend hoher Korrelation liegt Persistenz der Anlageergebnisse vor.

---

1 Vgl. **Pieper** (1998) S. 977.

2 Eine solche Persistenz wird als ‘Hot Hand’-Phänomen bezeichnet und ist in der Literatur nicht unumstritten. Vgl. **Malkiel** (1995), S. 559ff. und **Kahn/Rudd** (1995), S. 43ff.

3 Vgl. **Kahn/Rudd** (1995), S. 45ff.

Eine weitere Methode zur Überprüfung der Prognosekraft vergangener Performanceresultate liegt in der Klassifizierung in sog. 'Winner-' und 'Looserportfolios'. Dazu muß zunächst ein Universum bzw. eine Peergroup von z. B. 50 Konkurrenzportfolios selektiert werden. Anschließend wird die in der Periode 1 erzielte Performance der betrachteten Portfolios in eine Reihenfolge gebracht und in Gewinner und Verlierer unterschieden. Eine Benchmark wird nicht betrachtet, so daß es sich um absolute Performance handelt. Definitionsgemäß muß es dann 50% Gewinner- und 50% Verliererportfolios geben. Persistenz liegt vor, wenn eine Mehrzahl der Gewinner (Verlierer) der ersten Periode auch in der zweiten Periode zu den Gewinnern (Verlierern) zählen.

		Periode 2	
		Winner	Looser
Periode 1	Winner	2 50%	50% 1
	Looser	3 50%	50% 4

Abb. F.7: Klassifikation in Gewinner- und Verliererportfolios

Die Ergebnisse der Abbildung weisen nicht auf die Persistenz superiorer Performance hin. Im Falle einer Persistenz superiorer Performance müßten die diagonalen Felder mit statistischer Signifikanz höhere Werte als 50% in den Feldern 2 und 4 aufweisen.[1] Dann würde die Mehrzahl der Gewinnerportfolios (Verliererportfolios) in Periode 1 auch zu den Gewinnerportfolios (Verliererportfolios) in Periode 2 gehören.[2] Falls beispielsweise 60% der Gewinner der ersten Periode auch Gewinner in der zweiten Periode wären, dann würden nur 40% der Verlierer der ersten Periode zu den Gewinnern in der zweiten Periode zählen, während 60% der Verlierer der zweiten Periode auch bereits in der ersten Periode verloren haben. Die aus Vereinfachungsgründen auf zwei Perioden beschränkte Performanceklassifizierung kann auf eine Mehrzahl von Zeitperioden ausgedehnt werden. Es muß jedoch angemerkt werden, daß über die relative Performance und die Höhe der Outperformance keine Aussagen getroffen worden sind.

---

1 Zur Überprüfung der statistischen Signifikanz eignet sich ein Chi-Quadrat Test.

2 Mit Hilfe des dargestellten Verfahrens sind amerikanische Aktien- und Rentenfonds empirisch untersucht worden. Vgl. **Kahn/Rudd** (1995), S. 45ff.

Die Messung von Portfoliomanagementfähigkeiten kann darüber hinaus auch anhand des sog. Information-Coefficient (IC) vorgenommen werden. Dieser Koeffizient ist ein Maß für die Güte der Prognosefähigkeit von Portfoliomanagern. Er mißt die Korrelation zwischen prognostizierten Renditen und ihren späteren Realisationen. Eine positive Korrelation kann als Vorliegen überdurchschnittlicher Prognosefähigkeiten gedeutet werden. Nimmt IC den Wert Null an, so liegen keine Prognosefähigkeiten vor. Die Prognosen sind dann eher zufällig. Entsprechend ist für einen solchen Portfoliomanager davon auszugehen, daß er in etwa 50% der Fälle eine richtige Prognose abliefert. Dies trifft sicherlich auf den durchschnittlichen Portfoliomanager zu, der nicht besser als der Markt abschneidet.

Der Information-Coefficient sollte auf einer gewichteten Korrelation basieren. Als Gewichtungsfaktor dient die anhand der Prognose eingetretene Vermögensveränderung. Eine richtige Prognose, die - bei gleichem Volumen einzusetzenden Geldes - zu einem Gewinn von 1.000 EUR führt, muß höher gewichtet werden, als eine Prognose, die zu einem Gewinn von 100 EUR führt. Es kann daher sein, daß die Anzahl der richtigen Prognosen eines Portfoliomanagers unterhalb von 50% (50% entspricht einem IC von 0) liegt, jedoch die finanziellen Folgen der Prognosen positiv sind, da die zutreffenden Prognosen gewinnbringender sind. Ein gewichteter und statistisch signifikanter IC-Wert in Höhe von 0,1 ist folglich zu deuten als nicht zufällige Fähigkeit des Portfoliomanagers in der Vergangenheit, gewinnbringende Prognosen abzugeben.

Für die praktische Anwendung können folgende Werte des IC als Anhaltspunkt für die Beurteilung der Prognosefähigkeit herangezogen werden:[1]

IC	**Prognosefähigkeit**
> 0,1	sehr hohe (evtl. Insiderinformationen)
0,07	relativ hohe
0,05	relativ geringe
0,02	geringe
0	keine

Tab. F.6: Zusammenhang zwischen Information-Coefficient und Prognosefähigkeit

In Anlehnung an die aus dem strategischen Management von Geschäftsfeldern bekannte BCG-Matrix[2] lassen sich vier Quadranten bestimmen, die eine ex post Positionierung des Portfolios beschreiben. Der Achsenschnittpunkt kann als Benchmarkposition interpretiert werden.

---

1 Vgl. **Kleeberg/Schlenger** (1998), S. 575f.

2 BCG steht für Boston Consulting Group.

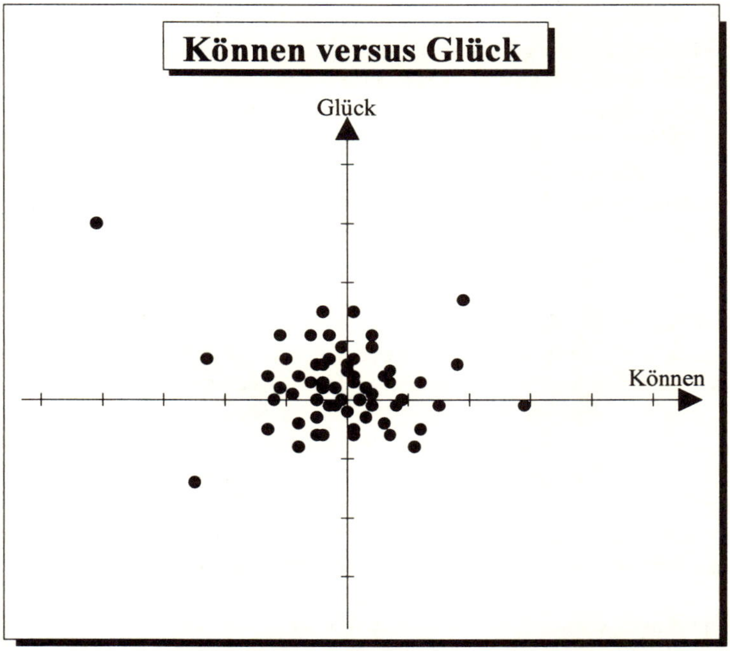

Abb. F.8: Zuordnung von Können und Glück im Rahmen der Performanceattribution

Überdurchschnittliche Fähigkeiten, z. B. verstanden als superiore Informationsauswertung und -umsetzung, werden solchen Portfoliomanagern zugeschrieben, deren Ergebnisse im 1. und 4. Quadranten liegen. Im besten Fall kommt zu den überdurchschnittlichen Fähigkeiten noch Glück hinzu. Dies führt zu einer Positionierung im 1. Quadranten.

Das Zuordnungsproblem der Performanceattibution zeigt sich auch in folgender Darstellung, in der die obigen vier Fälle unterschieden werden.

Fall:	1	2	3	4
Investmentanalyse:	Richtig	Falsch	Falsch	Richtig
Performanceergebnis:	Gut	Gut	Schlecht	Schlecht

Tab. F.7: Mögliche Performancefolgen von Investmententscheidungen[1]

Wünschenswert ist nur der erste Fall, in dem eine richtige Analyse in Form von sachgerechter Informationsauswertung zu einer guten Performance führt. Die Aufgabe der Performanceattribution besteht in der Isolierung dieses Falles. Längsschnittanalysen, in denen Portfolios hinsichtlich ihrer Entwicklung im Zeitablauf untersucht werden und die zum Standardinstrumen-

1 Vgl. **Sittampalam** (1993), S. 30.

tarium der Performanceattribution gehören, liefern Aufschluß über die Frage nach Glück und Können. Die folgenden zwei Abbildungen verdeutlichen exemplarisch den Unterschied.

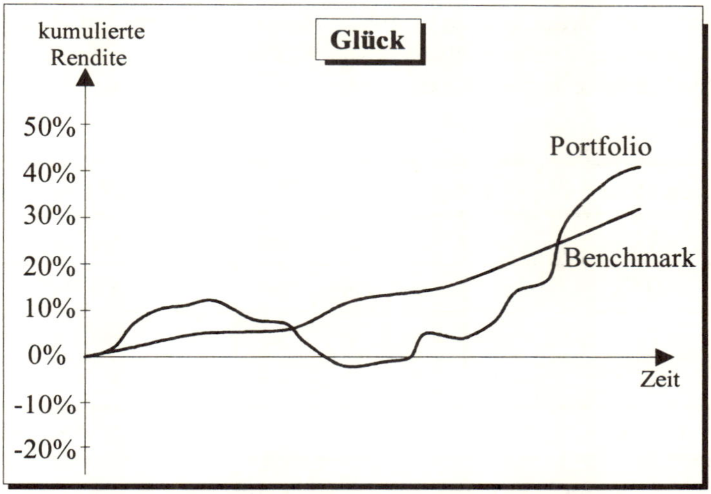

Abb. F.9: Performanceattribution als Glück

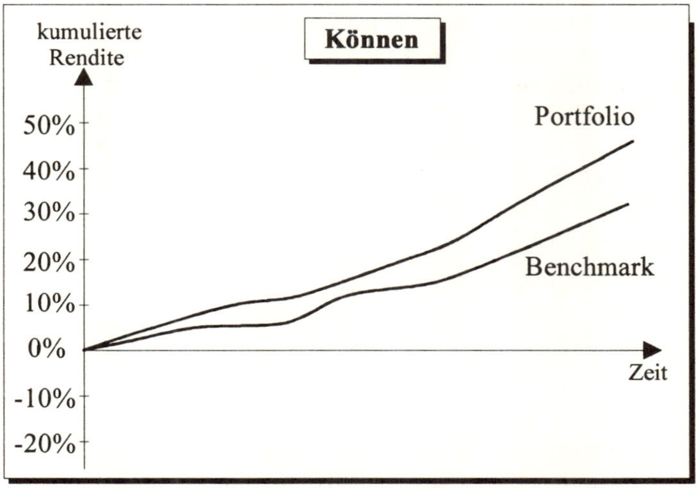

Abb. F.10: Performanceattribution als Können

Während in Abbildung F.9 zufällig eine gute Rendite im Betrachtungsendpunkt ausgewiesen wird, liegt in Abbildung F.10 die Rendite kontinuierlich oberhalb der Benchmark. Zudem sind die Renditeschwankungen in der zweiten Graphik deutlich geringer. Dies hat zur Folge, daß unabhängig vom gewählten Zeitpunkt eine superiore Performance ausgewiesen werden kann. Bei einem genügend langen Betrachtungszeitraum und statistisch signifikanten Überrenditen kann deshalb auf Können geschlossen werden.

Zur objektiven Beurteilung, ob Zufall vorliegt oder nicht, können statistische Methoden herangezogen werden. So beträgt die Wahrscheinlichkeit einer rein zufälligen Outperformance (bzw. Underperformance) des Portfoliomanagers 50%. Folglich würde eine zufällige, viermalige Outperformance in Folge eine Wahrscheinlichkeit von 6,25% (= 0,5 · 0,5 · 0,5 · 0,5) aufweisen. Eine dreimalige Outperformance in vier Jahren würde schon mit einer Wahrscheinlichkeit von 25% auftreten:

Situation	**Outperformance ?**				**Wahrscheinlichkeit**
I	ja	ja	ja	nein	6,25%
II	ja	ja	nein	ja	6,25%
III	ja	nein	ja	ja	6,25%
IV	nein	ja	ja	ja	6,25%
SUMME					25,0%

Tab. F.8: Wahrscheinlichkeit einer Outperformance

Mit Hilfe eines t-Tests kann die Zufälligkeit des Erfolges objektiv analysiert werden.[1] Dazu kann ein Zweistichprobentest für die Differenz zweier arithmetischer Mittel bei abhängigen Stichproben herangezogen werden. Dazu wird angenommen, daß die Stichproben normalverteilten Grundgesamtheiten entstammen bzw. aufgrund ihrer Größe nach dem zentralen Grenzwertsatz der Statistik normalverteilt sind. Darüber hinaus müssen die Varianz der Mittelwertdifferenz bzw. die Varianzen der Grundgesamtheiten bekannt sein oder zumindest hinreichend sicher aus den Stichprobenvarianzen geschätzt werden können. In diesem Fall ist die Prüfgröße mit df = n - 1 Freiheitsgraden student- (t-) verteilt:[2]

$$t = \frac{\overline{D}_n - \mu}{\sigma_D} \cdot \sqrt{n}$$

mit

$\overline{D}_n$ = durchschnittliche Differenz der n Meßwertpaare,
σ_D = Standardabweichung der paarweisen Differenzen,
n = Stichprobenumfang und
μ = Erwartungswert der Differenz.

Die n Differenzen werden als eine Stichprobe von n unabhängigen Werten betrachtet. Bei Normalverteilung der einzelnen Meßwertpaare ist deren Differenz ebenfalls normalverteilt. Für die

1 Vgl. im folgenden auch **Garz/Günther/Moriabadi** (1997), S. 228ff.

2 Vgl. **Meyer** (1994a), S. 259ff., **Bleymüller/Gehlert/Gülicher** (1991), S. 115.

unbekannte Varianz kann die aus der Stichprobe ermittelte Varianz σ^2_D als Schätzgröße dienen. Die Schätzfunktion für die Varianz lautet:[1]

$$\sigma_D^2 = \frac{1}{n-1} \cdot \sum_{j=1}^{n} \left(D_j - \overline{D}_n\right)^2$$

mit

D_j = j-te Differenz der Meßwertpaare.

Nunmehr kann zunächst die zu testende Nullhypothese formuliert werden, d.h. $\mu = 0$. Zusätzlich wird eine Alternativhypothese herangezogen. Diese würde bei einem zweiseitigen Test mit $\mu \neq 0$ angegeben, d.h. die Alternativhypothese deckt Abweichungen in beide Richtungen ab. Lautet die Alternativhypothese $\mu > 0$, so handelt es sich um einen einseitigen Test. In diesem Fall wird lediglich der positive Wertebereich durch die Alternativhypothese abgedeckt. Demnach erfolgt eine Ablehnung der Nullhypothese bei einem zweiseitigen Test erst bei größeren Differenzen als bei einem einseitigen Test.

Schließlich wird mit Bestimmung des Konfidenz- bzw. Signifikanzniveaus $1 - \alpha$ der Annahme- und Ablehnungsbereich der Nullhypothese festgelegt, wobei α die Irrtumswahrscheinlichkeit ausdrückt, also die Wahrscheinlichkeit, daß die Ablehnung der Nullhypothese ein Irrtum ist. Liegt ein einseitiger Test zugrunde, so muß α nicht mehr auf beide Seiten der Verteilung aufgeteilt werden. Üblicherweise werden Signifikanzniveaus von z.B. 95% und 99% zugrunde gelegt. Entsprechend können die kritischen Werte der student- (t-) Verteilung mit n-1 Freiheitsgraden ermittelt werden. Liegt der berechnete t-Wert (Wert der Prüfgröße) bei einem einseitigen Test oberhalb des kritischen Wertes, so ist die Nullhypothese abzulehnen.

Soll beispielsweise überprüft werden, ob die in den vergangenen 80 Monate erzielte durchschnittliche aktive Rendite von 0,4% pro Monat bei einer Standardabweichung (Tracking Error) von 2,0% pro Monat zufällig oder systematisch ist, so kann in die Prüfgröße für $\overline{D}_n$ der Wert 0,4% und für σ_D der Wert 2,0% eingesetzt werden. Für μ ergibt sich Null, da die Nullhypothese lautet: $E(R_a) = \mu = 0$ bei der Alternativhypothese $E(R_a) = \mu > 0$

$$t = \frac{\overline{R}_a - E(R_a)}{\sigma_{R_a}} \cdot \sqrt{n} = \frac{0{,}4\% - 0\%}{2{,}0\%} \cdot \sqrt{80} = 1{,}7889 .$$

Bei einem einseitigen Test und einem Signifikanzniveau von 95% ergibt sich aus der Tabelle der Studentverteilung für 79 Freiheitsgrade ein kritischer Wert t_c von 1,664 und bei einem Signifikanzniveau von 99% von 2,374. Damit ist die Nullhypothese bei $\alpha = 5\%$ abzulehnen. Mit anderen Worten: die erzielte Outperformance kann nur mit 5% Wahrscheinlichkeit auf Glück zurück-

[1] Vgl. **Meyer** (1994a), S. 259, **Bleymüller/Gehlert/Gülicher** (1991), S. 115f.

geführt werden, so daß eine statistisch signifikante Outperformance vorliegt. Auf einem 99% Signifikanzniveau liegt jedoch keine signifikante Outperformance vor.

Für die Portfoliomanagementpraxis ist u.a. auch die Frage von Interesse, welchen Zeitraum der Portfoliomanager benötigt, um sein Können unter Beweis zu stellen. Dies kann durch einfache Auflösung der obigen Formel nach n ermittelt werden. Für das Beispiel ergeben sich hierfür bei einem Signifikanzniveau von 95% 70 Monate und bei einem Signifikanzniveau von 99% 141 Monate:

$$1 - \alpha = 95\%: \quad n = \left(\frac{t \cdot \sigma_{R_a}}{\overline{R}_a - E(R_a)} \right)^2 = \left(\frac{1{,}664 \cdot 2{,}0\%}{0{,}4\% - 0\%} \right)^2 = 69{,}22 \quad = \quad 70 \text{ Monate}$$

und bei einem Signifikanzniveau von 99%:

$$1 - \alpha = 99\%: \quad n = \left(\frac{t \cdot \sigma_{R_a}}{\overline{R}_a - E(R_a)} \right)^2 = \left(\frac{2{,}374 \cdot 2{,}0\%}{0{,}4\% - 0\%} \right)^2 = 140{,}90 \quad = \quad 141 \text{ Monate.}$$

Wird beispielsweise ein höheres aktives Risiko (z.B. 2,5% pro Monat) in Kauf genommen, so würde sich die Mindestlänge bei einem Signifikanzniveau von 95% auf 109 Monate erhöhen.

Dieses Beispiel verdeutlicht, daß zur sachgerechten Leistungsbeurteilung eines Portfoliomanagers zahlreiche Performancewerte aus der Vergangenheit erforderlich sind, so daß eine unter Marketingaspekten möglicherweise angestrebte positive Darstellung nach außen auf Basis weniger historischer Werte zu voreiligen Schlußfolgerungen führen könnte. So können hohe Renditen auch auf Glück und/oder relativ hohem Risiko basieren. Letztlich kann davon ausgegangen werden, daß auf einem effizienten Markt eine dauerhafte Outperformance kaum zu erreichen sein dürfte. Entsprechend kann ein Portfoliomanager nur dann gut sein, wenn er Marktineffizienzen erkennen und nutzen kann.[1]

---

1 Vgl. **Garz/Günther/Moriabadi** (1997), S. 232.

2. Quantitative Performanceattribution

a. Selektionsbeitrag

aa. Jensen-Alpha

Die quantitative Performanceattribution hat zum Ziel, Einblicke in die Quellen der Performance zu geben. Zudem soll sie Aufschluß über den praktizierten Investmentstil des Portfoliomanagers liefern.

Das klassische Maß zur Bestimmung von Wertpapierselektionsfähigkeiten von Portfoliomanagern ist das sog. Jensen-Alpha (α_J).[1] Es basiert auf dem CAPM und mißt jenen Teil der Gesamtrendite eines Portfolios, der nicht mit der Rendite der vorspezifizierten Benchmark korreliert ist. Zur Messung des Jensen-Alphas bedient man sich einer linearen Regression, wobei die Überschußrenditen des zu beurteilenden Portfolios auf die Überschußrenditen der Benchmark regressiert werden.

$$\alpha_J = R_{PF_ü} - R_{BM_ü} \cdot ß_{PF} + \varepsilon_{PF}$$

mit

$R_{PF_ü}$ = gemessene Portfolioüberschußrendite,
$R_{BM_ü}$ = gemessene Überschußrendite des Benchmarkportfolios,
$ß_{PF}$ = Sensitivität der Portfolioüberschußrenditen in bezug auf die Überschußrendite der Benchmark und
ε_{PF} = Stochastischer Störterm der Regressionsgleichung mit $E(\varepsilon_{PF}) = 0$, $COV(\varepsilon_{PF}; R_{BM}) = 0$ und $COV(\varepsilon_{PFt}; \varepsilon_{PFt-1}) = 0$.

Die Verwendung von Überschußrenditen impliziert, daß die Benchmarküberschußrenditen den Ursprung des Koordinatensystems darstellen. Bei Vorliegen positiver Selektionsfähigkeiten des Portfoliomanagers wird die Regressionsgerade der realisierten Portfoliorenditen oberhalb des Nullpunktes verlaufen. In diesem Fall stellt das Jensen-Alpha, wie in Abbildung F.11 dargestellt, den Ordinatenabschnitt zwischen dem Nullpunkt und der Portfolioregressionsgerade dar. Die statistische Signifikanz des Jensen-Alphas kann mit Hilfe eines t-Tests überprüft werden.

---

[1] Vgl. **Jensen** (1968), S. 389ff.

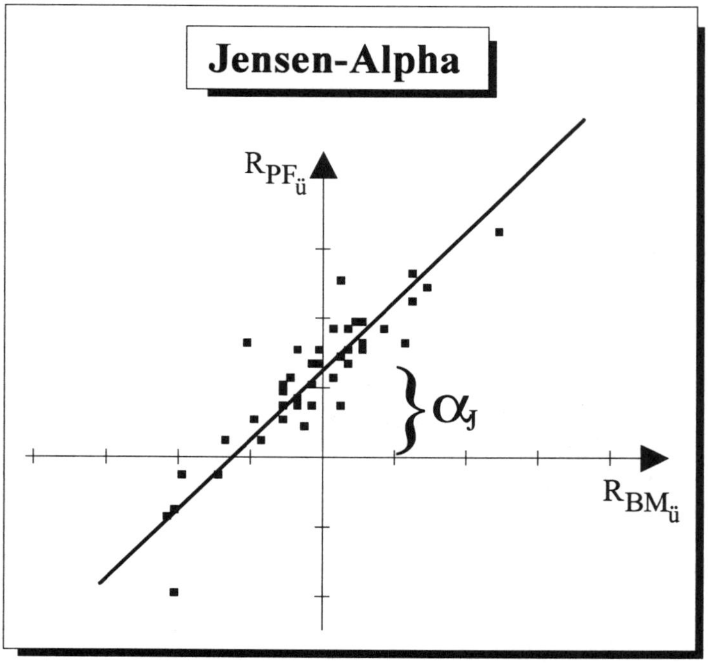

Abb. F.11: Regressionsgerade des Jensen-Alphas

Liegen statistisch signifikante Werte für das Jensen-Alpha vor, dann läßt sich mit seiner Hilfe beurteilen, ob ein Portfoliomanager Wertpapierselektionsqualitäten besitzt. Von Dybvig/Ross wurde nachgewiesen, daß ein positives Jensen-Alpha immer auch eine superiore Sharpe-Ratio impliziert. Der Umkehrschluß trifft allerdings nicht immer zu.[1]

Darüber hinaus ist zu beachten, daß der Wert für das Jensen-Alpha auch von der Wahl der zugrunde gelegten Benchmark abhängt. Dies soll das folgende Beispiel veranschaulichen. Angegeben sind die Entwicklungen der logarithmierten Renditen von zwei Portfolios und zwei verschiedenen Aktienindizes sowie die jeweilige mittlere Rendite und die Standardabweichung der Renditen:

---

[1] Vgl. **Dybvig/Ross** (1985), S. 401ff.

	A	B	Index 1	Index 2
1	10,0%	9,0%	8,0%	7,40%
2	8,0%	9,0%	6,1%	6,60%
3	-3,0%	-9,0%	-1,0%	-3,90%
4	5,0%	1,0%	1,9%	2,90%
5	-5,0%	2,0%	-2,0%	0,00%
6	-4,0%	-8,0%	-1,0%	-5,90%
7	7,0%	4,0%	10,0%	5,00%
8	21,0%	20,0%	15,0%	14,90%
9	9,0%	8,0%	7,0%	9,00%
10	-3,0%	7,0%	-4,0%	4,00%
μ	4,5000%	4,3000%	4,0000%	4,0000%
σ	8,2765%	8,5381%	6,1538%	6,1532%

Tab. F.9: Beispiel zur den klassischen Performancemaßen

Wird Aktienindex 1 als Vergleichsmaßstab (Benchmark) herangezogen, so ergeben sich für die beiden Portfolios die folgenden Werte für die angegebenen Performancemaße:

	A	B	Index 1
Korrelation	0,9496	0,7144	1,0000
R_f	3,0000%	3,0000%	3,0000%
Betafaktor	1,2772	0,99113902	1,0000
Sharpe-Ratio	0,1812	0,1523	0,1625
Treynor-Ratio	1,1744%	1,3116%	1,0000%
Jensen-Alpha	0,2228%	0,3089%	0,0000%

Tab. F.10: Ergebnisse der klassischen Performancemaße mit Index 1

Wird jedoch der Aktienindex 2 herangezogen, so verändern sich die Werte für die Treynor-Ratio und das Jensen-Alpha, obwohl der Index insgesamt fast die gleichen Charakteristika aufweist. So beläuft sich μ bei beiden Indizes auf 4,0%, und $\sigma_{\text{Index 1}}$ (6,1538%) weicht nur minimal von $\sigma_{\text{Index 2}}$ ab (6,1532%).

	A	B	Index 2
Korrelation	0,9022	0,9669	1,0000
R_f	3,0000%	3,0000%	3,0000%
Betafaktor	1,2135	1,34170677	1,0000
Sharpe-Ratio	0,1812	0,1523	0,1625
Treynor-Ratio	1,2361%	0,9689%	1,0000%
Jensen-Alpha	0,2865%	-0,0417%	0,0000%

Tab. F.11: Ergebnisse der klassischen Performancemaße mit Index 2

Bei Portfolio A ergibt sich bei Verwendung von Index 2 ein geringerer Betafaktor, was zu einer erhöhten Treynor-Ratio und zu einem höheren Jensen-Alpha führt. Hingegen hat sich der Betafaktor für Portfolio B erheblich erhöht. Hierdurch sinkt das Jensen-Alpha sogar in den negativen Bereich. Entsprechend verändert sich auch die Rangfolge der Portfolios. Wird Aktienindex 1 zugrunde gelegt, ist bezüglich Treynor-Ratio und Jensen-Alpha Portfolio B jeweils besser, bei Aktienindex 2 als Benchmark verhält sich dies umgekehrt. Die Rangfolge bezüglich der Sharpe-Ratio ändert sich nicht, da die Benchmark keinen Einfluß auf dieses Ergebnis nimmt.

Das größte Problem des Jensen-Alphas besteht in seiner Formulierung als absolutes Performancemaß. Die Jensen-Alphas verschiedener Portfolios sind streng genommen nicht miteinander vergleichbar, da eine Risikoberücksichtigung nicht stattfindet. Für den Investor ist jedoch die Information bedeutsam, wieviel Risiko für die Erzielung des Jensen-Alphas zusätzlich in Kauf genommen wurde.

Außerdem beruht die Konzeption des Jensen-Alphas auf der Annahme eines konstanten Portfo liobetas im Zeitablauf bzw. im Untersuchungszeitraum der Regression. Diese Prämisse ist nur erfüllt, wenn keinerlei Timingaktivitäten des Portfoliomanagers vorliegen. Andernfalls ist das Jensen-Alpha durch Performancebeiträge, die dem Timing zuzuordnen sind, verzerrt.[1] Eine weitere Voraussetzung für die Validität des Jensen-Alphas ist die Mittelwert-Varianz-Effizienz der verwendeten Benchmark.

ab. Information-Ratio

Das neben der Sharpe-Ratio und dem Jensen-Alpha am weitesten in der Portfoliomanagementpraxis verbreitete Maß zur Messung von Performance ist die sogenannte Information-Ratio (IR), die 1973 - im Jahr ihrer Entwicklung durch Treynor und Black - als 'Appraisal Ratio' be-

---

1 Vgl. **Grinblatt/Titman** (1989), S. 395. Betafaktoren von Portfolios sind gegenüber den Betafaktoren einzelner Aktien relativ stabil. Wie empirische Untersuchungen gezeigt haben, unterliegen aber auch Portfoliobetas im Zeitablauf Schwankungen. Vgl. **Wittrock** (1995), S. 85.

zeichnet wurde.[1] Bei der Information-Ratio handelt es sich um ein standardisiertes Jensen-Alpha. Indem der per Regression gewonnene und annualisierte Jensen-Alphawert durch die annualisierte Volatilität des Alphas dividiert wird (Residualrendite / Residualrisiko), läßt sich das Problem der nicht gegebenen Vergleichbarkeit verschiedener Jensen-Alphas lösen.

$$IR_r = \frac{\alpha_{PF}}{\sigma_{\alpha_{PF}}}$$

mit

IR_r = an das Jensen-Alpha angelehnte Information-Ratio.

Wird die Information-Ratio auf die 'außergewöhnliche' Rendite bezogen, so ergibt sich für die Summe aus Residual- und Timingrendite die folgende Ratio:[2]

$$IR_E = \frac{R_{PF_E}}{\sigma_{PF_E}}$$

mit

IR_E = Information-Ratio, die auch den Timingeffekt mit einbezieht und
R_{PF_E} = 'außergewöhnliche' Rendite.

Da die Benchmark definitionsgemäß eine IR von Null aufweist ($IR_{BM} = 0$), indizieren Werte, die signifikant größer Null sind, eine Outperformance des Portfoliomanagers et vice versa. Das Residualrisiko kann nicht negativ werden, so daß es eines positiven Alphas bedarf, um eine positive IR zu erzielen. Für die Portfoliomanagementpraxis ist als Richtwert bei Unterstellung hinreichend langer Meßperioden davon auszugehen, daß IR-Werte von über 0,15 nur von maximal einem Viertel aller Portfoliomanager erreicht werden.

Für die erwartete Information-Ratio als zu maximierende Zielgröße im aktiven Portfoliomanagement ergibt sich die ex-ante-Form der obigen Formel:

$$IR_a = \frac{E(R_{PF} - R_{Benchmark})}{\text{Tracking Error}_{PF}} = \frac{E(R_a)}{\sigma_{R_a}} .$$

Die Formel zeigt, daß eine Abweichung von der Benchmark nur dann gerechtfertigt ist, wenn das eingegangene Risiko durch die prognostizierte aktive Rendite überkompensiert wird. Hieran offenbart sich die sensible Problematik aktiven Portfoliomanagements. Durch das Eingehen

---

1 Vgl. **Treynor/Black** (1973), S. 66ff.

2 Die 'außergewöhnliche Rendite' ist als Summe aus Residual- und Timingrendite definiert und wird bestimmt zu: $R_{PF_E} = \alpha_{PF} + (\beta_{PF} - 1) \cdot \Delta R_{BM_ü}$. Vgl. Kapitel A.I.1.

aktiver Wetten nimmt, zumindest bei Vorliegen einer effizienten Benchmark, das Portfoliorisiko zu, da ein positiver Tracking Error entsteht. Zusätzlich verursacht das Eingehen aktiver Wetten Transaktionskosten, die - im Gegensatz zu der angestrebten positiven Residualrendite - sicher sind. Insofern bedarf es guter Prognoseeigenschaften des Portfoliomanagers, um nicht nur den sofort beim Eingehen der aktiven Position entstehenden Risiko- und Transaktionskostenmalus zu kompensieren, sondern zusätzlich noch ein positives Nettoalpha zu erzielen. Nur in diesem Fall ergibt sich eine positive Information-Ratio.

Wie oben bereits angeführt, kann als Maß für die Güte der Prognosefähigkeit von Portfoliomanagern der Information-Coefficient (IC) herangezogen werden. Liegt der IC oberhalb von Null, dann bietet es sich an, viele aktive Wetten einzugehen. Hierdurch läßt sich die IR erhöhen, da der approximative Zusammenhang

$$IR = IC \cdot \sqrt{\text{Anzahl der eingegangenen aktiven Wetten (Prognosen)}}$$

gilt. Es handelt sich hierbei um das sogenannte 'Law of active management'.[1] Wie anhand der Inputdaten zu erkennen ist, können solche Berechnungen der IR nicht auf der Basis externer Informationen geleistet werden.

Deutlich wird, daß sich das mit den Prognosen verbundene Erfolgspotential mit zunehmenden Prognosefähigkeiten und/oder zunehmender Anzahl an Prognosen erhöht. Entsprechend läßt sich beispielsweise eine relativ gering ausgeprägte Prognosegüte durch eine höhere Anzahl an Prognosen kompensieren. Zu bedenken ist aber, daß mit zunehmender Anzahl an Prognosen die durchschnittliche Prognosegüte aufgrund des begrenzten Researchpotentials der Analysten eher abnehmen wird. Auch ist anzunehmen, daß bei einer großen Zahl von Prognosen Informationen mehrfach verwendet werden und somit die geforderte Unabhängigkeit der Prognosen nicht mehr gewährleistet ist.[2]

Während bei einer reinen Timingstrategie nur relativ wenige Prognosen abgegeben werden (z.B. für jeden Monat, d.h. zwölf Prognosen pro Jahr), erhöht sich die erforderliche Anzahl an Prognosen im Rahmen der taktischen Asset Allocation und besonders bei der Aktienselektion. Ein reiner Stockpicker, der zwölf Prognosen pro Jahr für jede der beispielsweise 50 Aktien seines Anlageuniversums abgeben muß, würde eine entsprechend höhere Information-Ratio erzielen als der reine Markttimer, auch wenn dieser aufgrund der Konzentration auf nur einen Prognosegegenstand einen höheren IC (z.B. 0,03) aufweisen wird als der Stockpicker (z.B. 0,01), der seine (begrenzten) Researchkapazitäten für erheblich mehr Prognosen nutzen muß:

$$IR_{\text{Markttimer}} = 0{,}03 \cdot \sqrt{12} = 0{,}1039 \quad \text{und} \quad IR_{\text{Stockpicker}} = 0{,}01 \cdot \sqrt{12 \cdot 50} = 0{,}2449 .$$

Entsprechend hat der Stockpicker in diesem Fall von vornherein größere Erfolgschancen als der Markttimer.

---

1 Vgl. **Grinold/Kahn** (1995), S. 118ff.

2 Vgl. **Kleeberg/Schlenger** (1998), S. 576f.

b. Timingbeitrag

Timingfähigkeiten beziehen sich im Gegensatz zur Wertpapierselektionsfähigkeit auf die Einschätzung der Gesamtmarktentwicklung. Mithin steht die systematische Marktrendite, deren zeitliche Entstehung nicht gleichverteilt ist, wie ein Blick auf Aktienindizes zeigt, im Mittelpunkt von Timingstrategien. Besitzt ein Portfoliomanager Timingfähigkeiten, dann wird er in ansteigenden Marktphasen ein hohes Portfoliobeta realisieren, z.B. durch den Abbau von Liquidität oder den Tausch in Aktien mit einem hohen Beta, und in fallenden Marktphasen umgekehrt handeln.

Die mathematisch / statistische Isolierung von Timingqualitäten ist komplizierter als die Bestimmung von Wertpapierselektionsqualitäten. Ein verbreiteter Ansatz besteht in der Verwendung quadratischer Regressionen.[1] Diese besitzen z. B. die Form

$$R_{PF\ddot{u}} = \alpha_{PF} + ß_{PF} \cdot R_{BM\ddot{u}} + \gamma_{PF} \cdot R_{BM\ddot{u}}^{2} + \varepsilon_{PF}$$

mit

$R_{PF\ddot{u}}$ = gemessene Portfolioüberschußrendite,
$R_{BM\ddot{u}}$ = gemessene Überschußrendite des Benchmarkportfolios,
$ß_{PF}$ = Sensitivität der Portfolioüberschußrenditen in bezug auf die Benchmark,
α_{PF} = Absolutwert der Regression,
γ_{PF} = Regressionskoeffizient des nichtlinearen Gliedes der Regression und
ε_{PF} = Stochastischer Störterm der Regressionsgleichung mit
$E(\varepsilon_{PF}) = 0$, $COV(\varepsilon_{PF}; R_{BM}) = 0$ und $COV(\varepsilon_{PFt}; \varepsilon_{PFt-1}) = 0$.

Die Überschußrendite des Portfolios setzt sich neben dem Marktbeitrag und der eventuellen Selektionsfähigkeit auch aus einem Timingbeitrag zusammen, falls der Koeffizient γ_{PF} Werte ungleich Null annimmt. Anstatt einer Gerade, wie beim Jensen-Alpha, beschreibt die quadratische Regressionsfunktion eine Kurve. Wie aus Abbildung F.12 zu ersehen ist, stellt die eingezeichnete Kurve den Trend der Renditerealisationen genauer dar.

---

1 Vgl. **Treynor/Mazuy** (1966), S. 134.

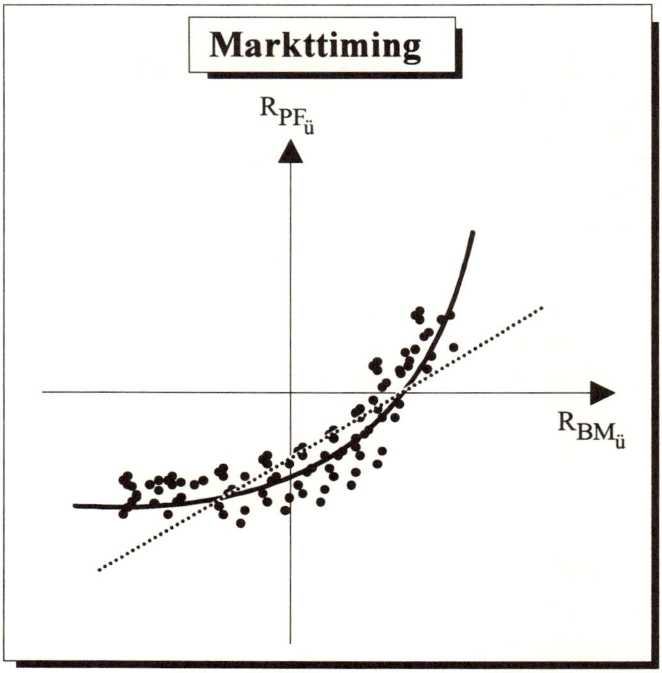

Abb. F.12: Quadratische Regression zur Identifizierung von Timingfähigkeiten

Die gestrichelte Linie entspricht einer linearen Regression. Wie zu erkennen ist, eignet sich die Gerade nicht zur hinreichend genauen Beschreibung der Punktwolke. Die fett eingezeichnete Kurve ist hingegen in der Lage, die vorliegenden Timingqualitäten aufzudecken.

Offenbar entspricht die Regressionsfunktion der Regression des Jensen-Alphas, wenn γ_{PF} gleich Null ist. In diesem Fall kann keinerlei Timingfähigkeit nachgewiesen werden. Negative γ_{PF} Werte weisen darauf hin, daß zwar Timing-Qualitäten des Portfoliomanagers bestehen, jedoch antizyklisches Verhalten vorliegt. Mit anderen Worten: Bei steigendem Gesamtmarkt weist das Portfolio einen ß-Faktor von unter eins auf, während es bei sinkendem Gesamtmarkt ein Portfoliobeta von über eins besitzt.

Der Verlauf der quadratischen Regression kann in Abbildung F.12 Verzerrungen des Jensen-Alphas nachweisen. So werden in diesem Fall das Jensen-Alpha und damit die Selektionsfähigkeiten bei Anwendung einer linearen Regression zu positiv eingeschätzt. Tatsächlich sind die Selektionsfähigkeiten aber aufgrund der positiven Timingfähigkeiten geringer.

Insgesamt ist festzuhalten, daß die Messung von Timingfähigkeiten kompliziert und z. T. auch umstritten ist.[1] Allerdings konnte eine umfangreiche empirische Untersuchung zahlreicher deut-

1 Siehe z. B. **Samuelson** (1989), S. 4ff. und **Lee/Rahman** (1991), S. 80ff. Zu weiteren Verfahren der Identifikation von Timingfähigkeiten vgl. **Wittrock** (1995), S. 89ff.

scher Fonds keine Timingfähigkeiten der Portfoliomanager nachweisen. Fraglich bleibt entsprechend, ob angesichts hoher mit Timingaktivitäten verbundener Transaktionskosten der Aufwand für Timingstrategien gerechtfertigt ist.[1]

c. Rendite-Dekomposition

Von großer Bedeutung im Rahmen der Performancequellenanalyse ist die Dekomposition der gemessenen Renditen.[2] Mit Hilfe einer Renditedekomposition kann festgestellt werden, wo die Investmentqualitäten eines Portfoliomanagers liegen. Hieraus können Rückschlüsse auf den Managementstil gezogen werden. Große Investoren, wie z. B. Pensionskassen, diversifizieren ihre zu vergebenden Portfoliomanagementmandate in verschiedene Managementstile.

Mit Hilfe der oben vorgestellten Performancemaße können insbesondere Selektions- und Timingfähigkeiten identifiziert werden. Dabei beziehen sich die Verfahren allerdings immer nur auf einen Markt. Das praktische Portfoliomanagement bezieht jedoch i.d.R. mehrere Märkte und darüber hinaus häufig noch eine Anlage in verschiedenen Währungen mit ein. Mitunter erscheint auch die Herunterbrechung bis zum einzelnen Wertpapier sinnvoll. Eine grundlegende Zerlegung kann nach den Entscheidungsebenen Asset Allocation, Titelselektion und Währung erfolgen.[3] Auch die Einbeziehung weiterer Entscheidungsebenen und eine entsprechende Renditezerlegung ist denkbar.

Grundsätzlich bildet die aktive Rendite den Ausgangspunkt der Überlegungen:

$$R_{PF_a} = R_{PF_ü} - R_{BM_ü} = R_{PF} - R_f - \left(R_{BM} - R_f\right) = R_{PF} - R_{BM}.$$

Zunächst sollen die beiden grundsätzlichen Möglichkeiten der Abweichung des Portfolios von der Benchmark betrachtet werden, nämlich die Gewichtung einzelner Assetkategorien (Allokationsbeitrag) und die Gewichtung einzelner Titel (Selektionsbeitrag). Als Assetkategorie können alle Arten von Assets verstanden werden. So kann es sich z.B. um eine Region, einen einzelnen Markt oder auch eine Branche etc. handeln. Die entsprechend zu zerlegenden Renditebeiträge können wie folgt ermittelt werden:[4]

---

1 Vgl. **Wittrock** (1995), S. 363f. und S. 475.

2 In vergleichbarer Weise lassen sich auch Risikodekompositionen durchführen. Dabei wird untersucht, zu welchem Prozentsatz die Schwankungen von Wertpapieren auf verschiedene Einflußfaktoren zurückzuführen sind. Vgl. **Drummen** (1992). In der Zeitschrift 'Finanzmarkt und Portfolio Management' werden für den schweizerischen und den deutschen Aktienmarkt regelmäßig Varianzdekompositionen veröffentlicht. Vgl. **Dubacher/Zimmermann** (1989), S. 66ff.

3 Vgl. **Garz/Günther/Moriabadi** (1997), S. 235f.

4 Vgl. **Pieper** (1998), S. 979ff.

(1) Renditebeitrag aus der aktiven Asset Allocation:

$$RB_{\text{Asset Allocation}} = \sum_{i=1}^{n} R_i^{BM} \cdot g_i^{PF} - \sum_{i=1}^{n} R_i^{BM} \cdot g_i^{BM} = \sum_{i=1}^{n} R_i^{BM} \cdot \left(g_i^{PF} - g_i^{BM}\right),$$

(2) Renditebeitrag aus der Titelselektion:

$$RB_{\text{Selektion}} = \sum_{i=1}^{n} R_i^{PF} \cdot g_i^{BM} - \sum_{i=1}^{n} R_i^{BM} \cdot g_i^{BM} = \sum_{i=1}^{n} g_i^{BM} \cdot \left(R_i^{PF} - R_i^{BM}\right)$$

mit

R_i^{PF} = Portfoliorendite der Assetkategorie i,
R_i^{BM} = Benchmarkrendite der Assetkategorie i,
g_i^{PF} = Gewicht der Assetkategorie i im Portfolio und
g_i^{BM} = Gewicht der Assetkategorie i in der Benchmark.

Aus den Formeln ist ersichtlich, daß sich der Renditebeitrag aus der aktiven Asset Allocation dadurch ergibt, daß die Assetkategorie i im Portfolio anders gewichtet worden ist als in der Benchmark. Falls die Benchmark in der Betrachtungsperiode eine positive Rendite erbringen konnte, so führt die Übergewichtung zu einem positiven Beitrag zur aktiven Rendite. Eine Untergewichtung wirkt sich negativ auf die aktive Rendite auf, es sei denn, die Rendite der Benchmark war negativ.

Ist das Portfolio innerhalb der einzelnen Assetkategorien anders zusammengesetzt als die Benchmark, so kann hieraus ein Renditebeitrag aus der Titelselektion entstehen. Hinzuweisen ist darauf, daß bei dieser Herausrechnung der Selektionsfähigkeiten - anders als z.B. beim Jensen-Alpha - keine Berücksichtigung des Risikos erfolgt. Der gesamte Selektionsbeitrag aller Assetkategorien ergibt sich nach dem Jensen-Maß wie folgt:

$$RB_{\text{Selektion}_{\text{risikobereinigt}}} = \sum_{i=1}^{n} g_i^{PF} \cdot \alpha_i$$

Die Risikoadjustierung wird im Rahmen der aufgezeigten reinen Renditezerlegung nicht weiter verfolgt.

Nun würde sich allein aus der Summe der Renditebeiträge aus aktiver Asset Allocation und Titelselektion nicht die aktive Rendite ergeben. Vielmehr ist noch ein Residuum zu berücksichtigen, das als Kreuzprodukt keinem der beiden Beiträge zugeordnet werden kann. Das Kreuzprodukt ensteht beispielsweise in dem Fall, daß ein Markt übergewichtet wird bei gleichzeitiger Erwirtschaftung eines positiven oder negativen Beitrages aus der Titelselektion.

Die folgende Abbildung zeigt die Entstehung eines Kreuzproduktes anhand eines Portfolios, das - bezogen auf die betrachtete Assetkategorie i - gegenüber der Benchmark übergewichtet ist und gleichzeitig mit der Assetkategorie i eine höhere Rendite erzielte als die Benchmark.

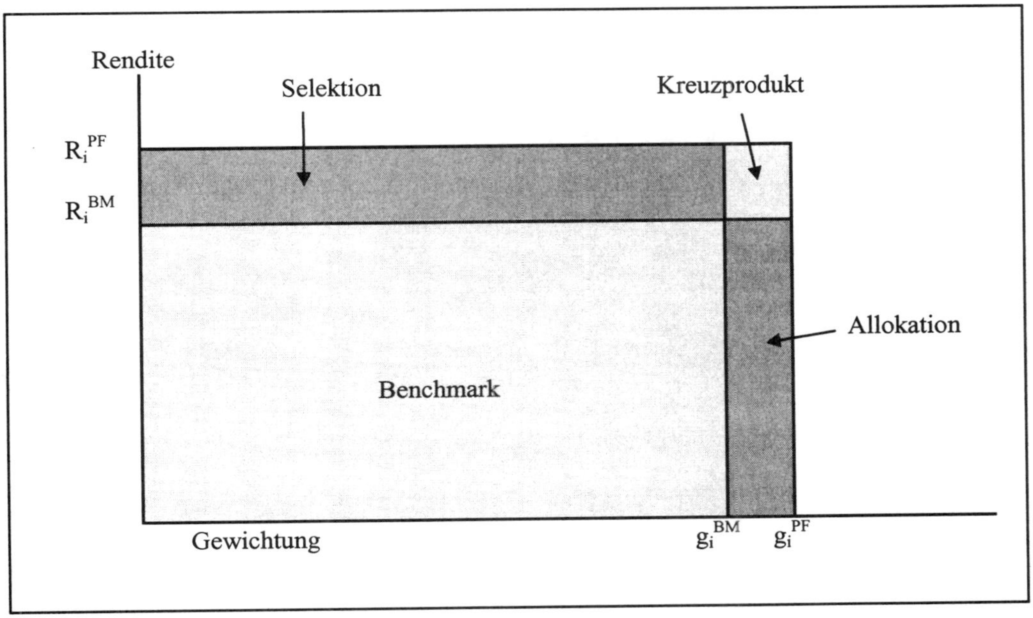

Abb. F.13: Kreuzprodukt

Analytisch kann der Renditebeitrag aus dem Kreuzprodukt wie folgt ermittelt werden:

$$RB_{Kreuzprodukt} = \sum_{i=1}^{n} \left(R_i^{PF} - R_i^{BM}\right) \cdot \left(g_i^{PF} - g_i^{BM}\right)$$

$$= \sum_{i=1}^{n} R_i^{PF} \cdot g_i^{PF} - \sum_{i=1}^{n} R_i^{BM} \cdot g_i^{PF} - \sum_{i=1}^{n} R_i^{PF} \cdot g_i^{BM} + \sum_{i=1}^{n} R_i^{BM} \cdot g_i^{BM} .$$

Für die Portfoliomanagementpraxis von Relevanz ist die Höhe des Kreuzprodukts, das auf unterschiedliche Art und Weise behandelt werden kann. Wird es beispielsweise völlig vernachlässigt bei der Attribution, so führt die Addition der einzelnen Renditebeiträge nicht mehr zur gesamten aktiven Rendite. Grundsätzlich ist auch eine Aufteilung des Kreuzproduktes auf die verschiedenen Renditebeiträge denkbar, wobei sich allerdings die Frage nach dem Aufteilungsschlüssel stellt.

Wenn das Kreuzprodukt voll berücksichtigt wird, so ergibt sich aus der Summe der Renditebeiträge die aktive Rendite:

$$R_{PF_a} = RB_{AssetAllocation} + RB_{Selektion} + RB_{Kreuzprodukt}$$

$$R_{PF_a} = \sum_{i=1}^{n} R_i^{BM} \cdot g_i^{PF} - \sum_{i=1}^{n} R_i^{BM} \cdot g_i^{BM} + \sum_{i=1}^{n} R_i^{PF} \cdot g_i^{BM} - \sum_{i=1}^{n} R_i^{BM} \cdot g_i^{BM}$$

$$+ \sum_{i=1}^{n} R_i^{PF} \cdot g_i^{PF} - \sum_{i=1}^{n} R_i^{BM} \cdot g_i^{PF} - \sum_{i=1}^{n} R_i^{PF} \cdot g_i^{BM} + \sum_{i=1}^{n} R_i^{BM} \cdot g_i^{BM}$$

$$<=> \qquad R_{PF_a} = R_{PF} - R_{BM} = \sum_{i=1}^{n} R_i^{PF} \cdot g_i^{PF} - \sum_{i=1}^{n} R_i^{BM} \cdot g_i^{BM}.$$

Das folgende Beispiel zeigt die Zerlegung der aktiven Rendite in die o.g. Renditebeiträge. Ausgangspunkt ist ein Portfolio, das zu 45% aus Euroland-Aktien, zu 52% aus Euroland-Renten und zu 3% aus Cash besteht. Die relevante Benchmark setzt sich aus 50% Euroland-Aktien und 50% Euroland-Renten zusammen. Die jeweils erzielten Renditen können der folgenden Tabelle entnommen werden.

	Aktien Euroland	Renten Euroland	Cash	Summe
Gewicht im Portfolio	45,000%	52,000%	3,000%	100,000%
Gewicht in der Benchmark	50,000%	50,000%	0,000%	100,000%
Rendite Portfolio	14,000%	5,000%	2,000%	
Rendite Benchmark	10,000%	7,000%	1,500%	

Tab. F.12: Ausgangsdaten für die Attribution

Aus diesen Daten können die folgenden Werte berechnet werden:

	Aktien Euroland	Renten Euroland	Cash	Summe
gewichtete Portfoliorendite	6,300%	2,600%	0,060%	8,960%
gewichtete Benchmarkrendite	5,000%	3,500%	0,000%	8,500%
gewichtete aktive Rendite	1,300%	-0,900%	0,060%	0,460%

Tab. F.13: Bestimmung der gewichteten Renditen

Die Zerlegung in die verschiedenen Renditebeiträge führt zu folgenden Ergebnissen:

	Aktien Euroland	Renten Euroland	Cash	Summe
Renditebeitrag Asset Allocation	-0,500%	0,140%	0,045%	-0,315%
Renditebeitrag Selektion	2,000%	-1,000%	0,000%	1,000%
Kreuzprodukt	-0,200%	-0,040%	0,015%	-0,2250%
gewichtete aktive Rendite	1,300%	-0,900%	0,060%	0,460%

Tab. F.14: Attributionsergebnisse

Hierbei ergibt sich beispielsweise der negative Renditebeitrag aus der Asset Allocation bei den Aktien aus der Untergewichtung gegenüber der Benchmark, die eine positive Rendite erzielt hat:

$$RB_{\text{Asset Allocation}} = R_i^{BM} \cdot \left(g_i^{PF} - g_i^{BM}\right) = 0{,}10 \cdot (0{,}45 - 0{,}5) = -0{,}5\% \,.$$

Hingegen ist bei den Aktien der Selektionsbeitrag positiv, da das Portfolio im Bereich Euroland-Aktien eine höhere Rendite erwirtschaftete als die Benchmark:

$$RB_{\text{Selektion}} = g_i^{BM} \cdot \left(R_i^{PF} - R_i^{BM}\right) = 0{,}50 \cdot (0{,}14 - 0{,}10) = 2{,}0\% \,.$$

Das Kreuzprodukt bei den Aktien ergibt sich entsprechend:

$$RB_{\text{Kreuzprodukt}} = \left(R_i^{PF} - R_i^{BM}\right) \cdot \left(g_i^{PF} - g_i^{BM}\right) = (0{,}14 - 0{,}10) \cdot (0{,}45 - 0{,}50) = -0{,}2\% \,.$$

Bei diesem Beispiel ist zu beachten, daß im Rahmen der Allokationsentscheidung die Einzelentscheidung, Aktien unter- und Renten überzugewichten, insgesamt gesehen nicht sinnvoll war, da die Aktien im Vergleich zu den Renten eine um 3% höhere Rendite erzielten. Dies wird bei der obigen Formel zur Berechnung des Renditebeitrages aus der Asset Allocation nicht berücksichtigt. Vielmehr bezieht sich diese Formel ausschließlich auf die Benchmark der jeweiligen Assetkategorie, während die Renditen der anderen Assetkategorien außer acht bleiben.[1]

Auf Basis dieser Überlegungen kann als Ergänzung zur obigen Vorgehensweise zur Beurteilung der Einzelentscheidung bezüglich der Assetkategorie „Aktien Euroland" ein Bezug zur gesamten Benchmarkrendite hergestellt werden, die sich wie folgt ergibt:

$$0{,}50 \cdot 0{,}10 + 0{,}50 \cdot 0{,}07 + 0{,}00 \cdot 0{,}015 = 0{,}085 = 8{,}5\%.$$

Infolgedessen kann der Allokationsbeitrag dieser Einzelentscheidung wie folgt ermittelt werden:

---

[1] Vgl. **Pieper** (1998), S. 983.

$$RB_{Asset\ Allocation_{auf\ Gesamt-Benchmark\ bezogen}} = \left(R_i^{BM} - \overline{R}^{BM}\right) \cdot \left(g_i^{PF} - g_i^{BM}\right).$$

Für die einzelnen Assetkategorien betragen diese Werte:

Aktien Euroland: $RB_{Asset\ Allocation_{auf\ Gesamt-Benchmark\ bezogen}} = (0{,}10 - 0{,}085) \cdot (0{,}45 - 0{,}50) = -0{,}075\%$.

Renten Euroland: $RB_{Asset\ Allocation_{auf\ Gesamt-Benchmark\ bezogen}} = (0{,}07 - 0{,}085) \cdot (0{,}52 - 0{,}50) = -0{,}03\%$

Cash: $RB_{Asset\ Allocation_{auf\ Gesamt-Benchmark\ bezogen}} = (0{,}015 - 0{,}085) \cdot (0{,}03 - 0{,}00) = -0{,}21\%$

In der Summe erhält man wiederum den gesamten Renditebeitrag Asset Allocation in Höhe von - 0,315%. Bei dieser Aufteilung wird deutlich, daß die für die Renten oben als positiv beurteilte Allokationsentscheidung (+ 0,14%) nunmehr negativ gesehen wird (- 0,03%). Dies liegt darin begründet, daß die Rendite der Rentenbenchmark (7%) geringer ist als die der gesamten Benchmark (8,5%). Folglich ist eine Übergewichtung der Renten nicht sinnvoll gewesen, obwohl die Benchmarkrendite dieser Assetkategorie positiv war. Gleiches gilt für die Cash-Position. Hier zeigt sich, daß der wesentliche Teil des negativen Allokationsbeitrags auf diese Position zurückgeführt werden kann, da sie nur eine vergleichsweise geringe Rendite erzielen konnte.

Die obige Renditedekomposition bezieht sich nur auf die beiden Beiträge Asset Allocation und Titelselektion. Im folgenden soll vor dem Hintergrund einer voranschreitenden Globalisierung der Anlagestrategien auch die Währungskomponente mit einbezogen werden. Diese kann auch dem Beitrag aus der Asset Allocation insgesamt zugeordnet werden. Vor diesem Hintergrund soll im folgenden der Beitrag aus der Allokation ohne Währungskomponente als Renditebeitrag aus der Asset Allocation i.e.S. verstanden werden. Hingegen umfaßt der Renditebeitrag aus der Asset Allocation i.w.S. auch die Währungskomponente.

Infolgedessen können unter Berücksichtigung des Renditebeitrages aus der Gewichtung der einzelnen Währungen (Währungsbeitrag) die einzelnen Renditekomponenten wie folgt berechnet werden:[1]

$$RB_{Asset\ Allocation\ i.e.S.} = \sum_{i=1}^{n} R_{i,lokal}^{BM} \cdot g_i^{PF} - \sum_{i=1}^{n} R_{i,lokal}^{BM} \cdot g_i^{BM} = \sum_{i=1}^{n} R_{i,lokal}^{BM} \cdot \left(g_i^{PF} - g_i^{BM}\right),$$

$$RB_{Selektion} = \sum_{i=1}^{n} R_{i,lokal}^{PF} \cdot g_i^{BM} - \sum_{i=1}^{n} R_{i,lokal}^{BM} \cdot g_i^{BM} = \sum_{i=1}^{n} g_i^{BM} \cdot \left(R_{i,lokal}^{PF} - R_{i,lokal}^{BM}\right),$$

---

[1] Vgl. **Pieper** (1998), S. 984f.

$$RB_{Währung} = \sum_{i=1}^{n} g_i^{PF} \cdot \left(R_i^{PF} - R_{i,lokal}^{PF}\right) - \sum_{i=1}^{n} g_i^{BM} \cdot \left(R_i^{BM} - R_{i,lokal}^{BM}\right)$$

$$= \sum_{i=1}^{n} g_i^{PF} \cdot R_i^{PF} - \sum_{i=1}^{n} g_i^{PF} \cdot R_{i,lokal}^{PF} - \sum_{i=1}^{n} g_i^{BM} \cdot R_i^{BM} + \sum_{i=1}^{n} g_i^{BM} \cdot R_{i,lokal}^{BM} ,$$

$$RB_{Kreuzprodukt} = \sum_{i=1}^{n} \left(R_{i,lokal}^{PF} - R_{i,lokal}^{BM}\right) \cdot \left(g_i^{PF} - g_i^{BM}\right)$$

$$= \sum_{i=1}^{n} R_{i,lokal}^{PF} \cdot g_i^{PF} - \sum_{i=1}^{n} R_{i,lokal}^{BM} \cdot g_i^{PF} - \sum_{i=1}^{n} R_{i,lokal}^{PF} \cdot g_i^{BM} + \sum_{i=1}^{n} R_{i,lokal}^{BM} \cdot g_i^{BM}$$

mit

R_i^{PF} = Portfoliorendite der Assetkategorie i in der Referenzwährung,

$R_{i,lokal}^{PF}$ = Portfoliorendite der Assetkategorie i in lokaler Währung,

R_i^{BM} = Benchmarkrendite der Assetkategorie i in der Referenzwährung,

$R_{i,lokal}^{BM}$ = Benchmarkrendite der Assetkategorie i in der lokaler Währung,

g_i^{PF} = Gewicht der Assetkategorie i im Portfolio und

g_i^{BM} = Gewicht der Assetkategorie i in der Benchmark.

In der Summe ergibt sich wiederum die aktive Rendite:

$$R_{PF_a} = \sum_{i=1}^{n} R_{i,lokal}^{BM} \cdot g_i^{PF} - \sum_{i=1}^{n} R_{i,lokal}^{BM} \cdot g_i^{BM} \qquad \text{Asset Allocation i.e.S.}$$

$$+ \sum_{i=1}^{n} R_{i,lokal}^{PF} \cdot g_i^{BM} - \sum_{i=1}^{n} R_{i,lokal}^{BM} \cdot g_i^{BM} \qquad \text{Selektion}$$

$$+ \sum_{i=1}^{n} g_i^{PF} \cdot R_i^{PF} - \sum_{i=1}^{n} g_i^{PF} \cdot R_{i,lokal}^{PF} - \sum_{i=1}^{n} g_i^{BM} \cdot R_i^{BM} + \sum_{i=1}^{n} g_i^{BM} \cdot R_{i,lokal}^{BM} \qquad \text{Währung}$$

$$+ \sum_{i=1}^{n} R_{i,lokal}^{PF} \cdot g_i^{PF} - \sum_{i=1}^{n} R_{i,lokal}^{BM} \cdot g_i^{PF} - \sum_{i=1}^{n} R_{i,lokal}^{PF} \cdot g_i^{BM} + \sum_{i=1}^{n} R_{i,lokal}^{BM} \cdot g_i^{BM} \qquad \text{Kreuzprodukt}$$

$$= \sum_{i=1}^{n} g_i^{PF} \cdot R_i^{PF} - \sum_{i=1}^{n} g_i^{BM} \cdot R_i^{BM}$$

Die Vorgehensweise soll an einem Beispiel aufgezeigt werden. Das Portfolio eines Anlegers aus dem Euroland ist wie folgt strukturiert:

	Aktien Euroland	Aktien USA	Cash EURO	Cash USD	Summe
Gewicht im Portfolio	57,000%	42,000%	5,000%	-4,000%	100,000%
Gewicht in der Benchmark	50,000%	50,000%	0,000%	0,000%	100,000%
Rendite Portfolio in lokaler Währung	15,000%	18,000%	3,000%	4,000%	
Rendite Benchmark in lokaler Währung	11,000%	19,000%	3,000%	4,000%	

Tab. F.15: Ausgangsdaten für die Attribution incl. Währungsbeitrag

Zu Beginn der Betrachtugsperiode belief sich der Kurs des USD auf 0,94 EUR, zum Ende stand er bei genau 1 EUR. Hieraus ergibt sich ein Kursgewinn bei einer Anlage in USD in Höhe von

$$\frac{1}{0{,}94} - 1 = 6{,}383\% .$$

Infolgedessen muß die o.g. lokale Rendite der USD-Anlagen noch um den Währungserfolg korrigiert werden. Beispielsweise ergibt sich für die Anlage in USD-Cash (Geldmarktanlage) eine Gesamtrendite aus Sicht eines EURO-Anlegers von

$$1{,}04 \cdot \frac{1}{0{,}94} - 1 = 10{,}638\% .$$

Im Vergleich zur Anlage in EURO-Cash wäre dies ein Mehrertrag von 7,638%, der auch als Währungsüberschußrendite bezeichnet werden kann unter der Bedingung, daß der EURO-Geldmarktsatz der relevante risikolose Zins ist.

Diesen Überlegungen folgend können die Renditen in der Referenzwährung EURO wie folgt angegeben werden:

	Aktien Euroland	Aktien USA	Cash Euro	Cash USD
Rendite Portfolio in Referenzwährung	15,000%	25,532%	3,000%	10,638%
Rendite Benchmark in Referenzwährung	11,000%	26,596%	3,000%	10,638%

Tab. F.16: Rendite in Referenzwährung

Die gewichteten Renditen für die einzelnen Assetkategorien sind der folgenden Tabelle zu entnehmen:

	Aktien Euroland	Aktien USA	Cash EURO	Cash USD	Summe
gewichtete Portfoliorendite	8,550%	10,723%	0,150%	-0,426%	18,998%
gewichtete Benchmarkrendite	5,500%	13,298%	0,000%	0,000%	18,798%
gewichtete aktive Rendite	3,050%	-2,574%	0,150%	-0,426%	0,200%

Tab. F.17: gewichtete Renditen

Mit Hilfe der obigen Formeln lassen sich die einzelnen Renditebeiträge wie folgt aufsplitten:

	Aktien Euroland	Aktien USA	Cash EURO	Cash USD	Summe
Renditebeitrag Asset Allocation i.e.S.	0,770%	-1,520%	0,150%	-0,160%	-0,760%
Renditebeitrag Selektion	2,000%	-0,500%	0,000%	0,000%	1,500%
Renditebeitrag Währung	0,000%	-0,634%	0,000%	-0,266%	-0,900%
Kreuzprodukt	0,280%	0,080%	0,000%	0,000%	0,360%
gewichtete aktive Rendite	3,050%	-2,574%	0,150%	-0,426%	0,200%

Tab. F.18: Attributionsergebnisse incl. Währungsbeitrag

Beispielsweise wird der Währungsbeitrag für die US-Aktien folgendermaßen berechnet:

$$RB_{\text{Währung}} = g_i^{PF} \cdot \left(R_i^{PF} - R_{i,\text{lokal}}^{PF}\right) - g_i^{BM} \cdot \left(R_i^{BM} - R_{i,\text{lokal}}^{BM}\right)$$

$$= 0{,}42 \cdot (0{,}25532 - 0{,}18) - 0{,}50 \cdot (0{,}26596 - 0{,}19) = -0{,}634\,\% \,.$$

Allerdings ist bei dem Währungsbeitrag zu berücksichtigen, daß ein weiteres Kreuzprodukt entsteht. Dies liegt darin begründet, daß die Renditewerte für die jeweilige Assetkategorie und die Währung multiplikativ miteinander verknüpft sind. Insofern besteht keine Additivität zwischen den einzelnen Komponenten. Für das Beispiel lassen sich für Portfolio und Benchmark folgende Kreuzprodukte bestimmen:

Portfolio: $R_i^{PF} - R_{i,lokal}^{PF} - R_{Wä hrungskurs}$

$$= [(1{,}18 \cdot 1{,}06383) - 1] - 18\% - 6{,}383\% = 25{,}532\% - 18\% - 6{,}383\% = 1{,}149\%\ ,$$

Benchmark: $R_i^{BM} - R_{i,lokal}^{BM} - R_{Wä hrungskurs}$

$$= [(1{,}19 \cdot 1{,}06383) - 1] - 19\% - 6{,}383\% = 26{,}596\% - 19\% - 6{,}383\% = 1{,}213\%\ .$$

Das gesamte hieraus resultierende Kreuzprodukt beläuft sich auf:

$$g_i^{PF} \cdot 1{,}149\% - g_i^{BM} \cdot 1{,}213\% = 0{,}42 \cdot 1{,}149\% - 0{,}50 \cdot 1{,}213\% = -0{,}1238\%\ .$$

Infolgedessen kann der eigentliche Beitrag aus der Währungsauswahl allgemein auch wie folgt bestimmt werden:

$$RB_{Währung} = \sum_{i=1}^{n} g_i^{PF} \cdot \left(R_i^{PF} - R_{i,lokal}^{PF} - R_{i,Kreuzprod.}^{PF}\right) - \sum_{i=1}^{n} g_i^{BM} \cdot \left(R_i^{BM} - R_{i,lokal}^{BM} - R_{i,Kreuzprod.}^{BM}\right)$$

$$= \sum_{i=1}^{n} g_i^{PF} \cdot R_{Währungskurs} - \sum_{i=1}^{n} g_i^{BM} \cdot R_{Währungskurs} = \sum_{i=1}^{n} R_{Währungskurs} \cdot \left(g_i^{PF} - g_i^{BM}\right).$$

Auf das Beispiel bezogen errechnet sich für die US-Aktien

$$RB_{Wä hrung} = 6{,}383\% \cdot (0{,}42 - 0{,}50) = -0{,}5106\%\ .$$

Addiert man nun das Kreuzprodukt in Höhe von - 0,1238% hinzu, so kommt man wiederum zu dem obigen Währungsbeitrag von - 0,6344%.

Analog teilt sich der Währungsbeitrag der USD-Cash-Position (- 0,266%) auf den eigentlichen Währungsbeitrag (- 0,255%) und ein Kreuzprodukt (- 0,102%) auf.

Der Währungsbeitrag dieser Cash-Position ist nicht aufgrund einer Investition in ausländische Aktienmärkte entstanden, sondern explizit, d.h., daß hierbei Transaktionen zugrunde liegen, die auf ein reines Währungsmanagement zurückzuführen sind. Im Falle des obigen Beispiels bedeutet die negative Gewichtung der USD-Cash-Position eine Absicherungstransaktion. Hingegen ist der Währungsbeitrag der US-Aktien-Position implizit entstanden, d.h. durch das Engagement in diesem Markt. Entsprechend kann der Währungsbeitrag noch weiter aufgeschlüsselt werden:

$$RB_{Wä hrung} = \underbrace{R_{Wä hrungskurs} \cdot \left(g_{US-Aktien}^{PF} - g_{US-Aktien}^{BM}\right)}_{implizit} + \underbrace{R_{Wä hrungskurs} \cdot \left(g_{USD-Cash}^{PF} - g_{USD-Cash}^{BM}\right)}_{exp\,lizit}$$

Der implizite Währungsbeitrag beträgt demgemäß - 0,5106% und der explizite - 0,2553%, so daß der gesamte Währungsbeitrag (unter Herausrechnung des zusätzlichen Kreuzproduktes von insgesamt - 0,1340%) - 0,7660% beträgt.

Die folgende Abbildung zeigt die Renditedekomposition für dieses Beispiel im Zusammenhang auf. Dabei werden die Beiträge aus Asset Allocation i.e.S., Währungsselektion und das bei der Währungskomponente auftretende Kreuzprodukt zur Asset Allocation i.w.S. zusammengefaßt. Der Renditebeitrag aus der Asset Allocation i.e.S. kann auch als Länderselektionsbeitrag tituliert werden. Damit beläuft sich der Gesamtbetrag des Beitrages aus der Asset Allocation i.w.S. auf - 1,660%.

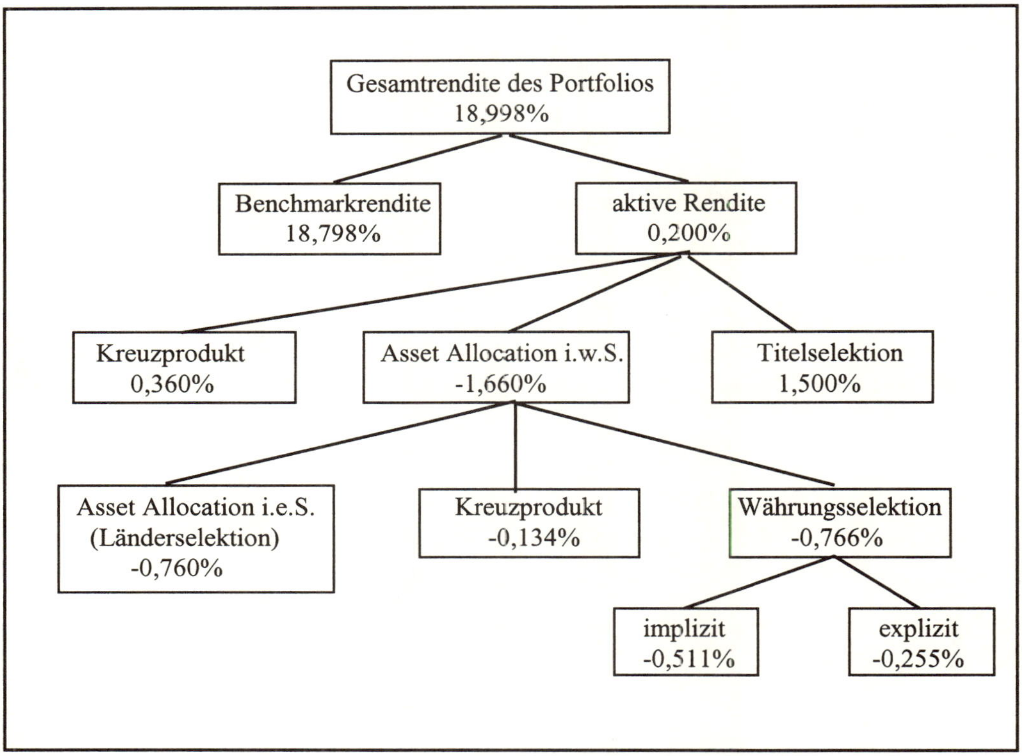

Abb. F.14: Renditedekomposition

In dem Beispiel hat der Portfoliomanager demgemäß in der betrachteten Periode gute Titelselektionsfähigkeiten, aber schlechte Allokationsfähigkeiten gezeigt. In einer umfassenden Analyse seiner Fähigkeiten ist aber eine Untersuchung über mehrere Perioden erforderlich. Nur in diesem Fall kann grundsätzlich eine sinnvolle Stellungnahme über die Stärken und Schwächen des Portfoliomanagers abgegeben werden.

Wie schon angedeutet, entsteht im Rahmen der Attribution das Problem der sachgerechten Behandlung des Kreuzproduktes. Dieses Problem wird verstärkt, wenn nicht nur - wie im obigen Beispiel dargestellt - eine einperiodige Betrachtung vorgenommen wird, sondern mehrere Anlageperioden ausgewertet werden sollen. Wie gezeigt, werden im Rahmen der Performance Attribution die einzelnen Renditen in ihre Beiträge aufgeschlüsselt, die in ihrer Summe wiederum den Ausgangswert ergeben. Werden nun die Renditen mehrerer Perioden miteinander verknüpft, um zu kumulierten Renditen zu gelangen, so erfolgt dies in multiplikativer Weise. Hierdurch entstehen weitere Kreuzprodukte.

Werden beispielsweise nur zwei Perioden betrachtet, in denen jeweils eine Renditedekomposition in Asset Allocation-Beitrag, Selektionsbeitrag und Kreuzprodukt (s.o.) vorgenommen wird, so kann die aktive Rendite folgendermaßen berechnet werden:

t_1: $R_{PF_a}(t_1) = RB_{\text{Asset All.}}(t_1) + RB_{\text{Selektion}}(t_1) + RB_{\text{Kreuzprodukt}}(t_1)$

t_2: $R_{PF_a}(t_2) = RB_{\text{Asset All.}}(t_2) + RB_{\text{Selektion}}(t_2) + RB_{\text{Kreuzprodukt}}(t_2)$

Hieraus berechnet sich die folgende kumulierte aktive Rendite für den Zeitraum t_0 - t_2:

$$R_{PF_a}(t_0 - t_2) = \left[1 + R_{PF_a}(t_1)\right] \cdot \left[1 + R_{PF_a}(t_2)\right] - 1$$

$$= \left[1 + RB_{\text{Asset All.}}(t_1) + RB_{\text{Selektion}}(t_1) + RB_{\text{Kreuzprodukt}}(t_1)\right] \cdot \left[1 + RB_{\text{Asset All.}}(t_2) + RB_{\text{Selektion}}(t_2) + RB_{\text{Kreuzprodukt}}(t_2)\right] - 1$$

$$\begin{aligned}
&= RB_{\text{AssetAll.}}(t_1) + RB_{\text{AssetAll.}}(t_2) + RB_{\text{AssetAll.}}(t_1) \cdot RB_{\text{AssetAll.}}(t_2) && \text{Allokation} \\
&+ RB_{\text{Selektion}}(t_1) + RB_{\text{Selektion}}(t_2) + RB_{\text{Selektion}}(t_1) \cdot RB_{\text{Selektion}}(t_2) && \text{Selektion} \\
&+ RB_{\text{Kreuzprodukt}}(t_1) + RB_{\text{Kreuzprodukt}}(t_2) + RB_{\text{Kreuzprodukt}}(t_1) \cdot RB_{\text{Kreuzprodukt}}(t_2) && \text{Kreuzprodukt} \\
&+ RB_{\text{AssetAll.}}(t_1) \cdot RB_{\text{Selektion}}(t_2) + RB_{\text{Selektion}}(t_1) \cdot RB_{\text{AssetAll.}}(t_2) && \text{Kreuzprodukt} \\
&+ RB_{\text{AssetAll.}}(t_1) \cdot RB_{\text{Kreuzprodukt}}(t_2) + RB_{\text{Kreuzprodukt}}(t_1) \cdot RB_{\text{AssetAll.}}(t_2) && \text{Kreuzprodukt} \\
&+ RB_{\text{Selektion}}(t_1) \cdot RB_{\text{Kreuzprodukt}}(t_2) + RB_{\text{Kreuzprodukt}}(t_1) \cdot RB_{\text{Selektion}}(t_2) && \text{Kreuzprodukt}
\end{aligned}$$

Das folgende Beispiel zeigt die Problematik auf. Dabei handelt es sich in der Tabelle jeweils um diskrete Renditen.

Zeitpunkt	Rendite Portfolio	Rendite Benchmark	aktive Rendite	Renditebeitrag Allokation	Renditebeitrag Selektion	Renditebeitrag Kreuzprodukt
t_1	2%	4%	-2%	-1,50%	-0,80%	0,30%
t_2	9%	3%	6%	4,00%	1,60%	0,40%

Tab. F.19: Attribution bei zweiperiodiger Betrachtung: Ausgangsdaten

Hieraus ergibt sich nach 2 Perioden eine kumulierte aktive Rendite von

$$0{,}98 \cdot 1{,}06 - 1 = 3{,}880\% .$$

Entsprechend der obigen Formel kann dieser Wert in die folgenden Beiträge aufgesplittet werden:

Komponente	Beitrag
Allokation	2,4400%
Selektion	0,7872%
Kreuzprodukt	0,7012%
Kreuzprodukt	-0,0560%
Kreuzprodukt	0,0060%
Kreuzprodukt	0,0016%
Summe	3,8800%

Tab. F.20: Attribution bei zweiperiodiger Betrachtung: Renditebeiträge

Ermittelt man jedoch die kumulierte aktive Rendite als Differenz zwischen kumulierter Portfoliorendite (11,18%) und kumulierter Benchmarkrendite (7,12%), so ergibt sich eine kumulierte aktive Rendite von 4,06%. Die Differenz in Höhe von 0,18% stellt ein zusätzliches Kreuzprodukt dar. Geht man aber von dieser kumulierten aktiven Rendite aus, so kann unter Berücksichtigung des Kreuzproduktes die Additivität gewahrt bleiben, was der Vereinfachung in der Praxis dient.

Zur Verminderung zumindest dieses zusätzlichen Kreuzproduktes könnte der folgende Ansatz eine Lösung darstellen. Ausgegangen wird von der Berechnung der kumulierten aktiven Rendite als Differenz aus den kumulierten Renditen des Portfolios und der Benchmark:

$$R_{PF_a}^{\text{kumuliert}} = R_{PF}^{\text{kumuliert}} - R_{BM}^{\text{kumuliert}} = 11{,}18\% - 7{,}12\% = 4{,}06\% .$$

Weiterhin läßt sich diese Rendite in die folgenden Beiträge aufteilen:

$$R_{PF_a}^{kumuliert} = \underbrace{R_{PF}^{kumuliert} - \left(R_{PF} - RB_{Asset\,All.}\right)^{kumul.}}_{RB_{Asset\,All.}^{kumuliert}} + \underbrace{R_{PF}^{kumuliert} - \left(R_{PF} - RB_{Selektion}\right)^{kumul.}}_{RB_{Selektion}^{kumuliert}}$$

$$+ \underbrace{R_{PF}^{kumuliert} - \left(R_{PF} - RB_{Kreuzprodukt}\right)^{kumul.}}_{RB_{Kreuzprodukt}^{kumuliert}} + RB_{Kreuzprodukt}$$

mit

$\left(R_{PF} - RB_{Asset\,All.}\right)^{kumul.}$ = kumulierte Differenz zwischen Portfoliorendite und dem Renditebeitrag aus der Asset Allocation.

Werden die Daten des Beispiels eingesetzt, so gelangt man zu den folgenden Werten:

$$RB_{Asset\,All.}^{kumuliert} = R_{PF}^{kumuliert} - \left(R_{PF} - RB_{Asset\,All.}\right)^{kumul.} = 11{,}18\% - (1{,}035 \cdot 1{,}05 - 1) = 2{,}505\%\,,$$

$$RB_{Selektion}^{kumuliert} = R_{PF}^{kumuliert} - \left(R_{PF} - RB_{Selektion}\right)^{kumul.} = 11{,}18\% - (1{,}028 \cdot 1{,}074 - 1) = 0{,}7728\%\,,$$

$$RB_{Kreuzprod.}^{kumuliert} = R_{PF}^{kumuliert} - \left(R_{PF} - RB_{Kreuzprod.}\right)^{kumul.} = 11{,}18\% - (1{,}017 \cdot 1{,}086 - 1) = 0{,}7338\%\,.$$

In der Summe ergibt sich aus diesen Komponenten ein Wert von 4,0116%. Zieht man diesen Wert von der oben ermittelten kumulierten aktiven Rendite von 4,060% ab, so verbleibt ein zusätzliches Kreuzprodukt von 0,0484%. Damit hat sich das zusätzliche Kreuzprodukt erheblich gegenüber dem obigen Wert von 0,18% verringert.

Eine alternative Möglichkeit zur Reduzierung des zusätzlichen Kreuzproduktes könnte auch die Kumulation und anschließende Addition der jeweiligen Renditebeiträge sein. Für das vorliegende Beispiel ergäben sich in diesem Fall die folgenden Werte:

$$RB_{Asset\,All.}^{kumuliert} = 0{,}985 \cdot 1{,}04 - 1 = 2{,}4400\%\,,$$

$$RB_{Selektion}^{kumuliert} = 0{,}992 \cdot 1{,}016 - 1 = 0{,}7872\%\,,$$

$$RB_{Kreuzprod.}^{kumuliert} = 1{,}003 \cdot 1{,}004 - 1 = 0{,}7012\%\,.$$

In der Summe ergeben diese Beiträge 3,9284%. Zieht man diesen Wert von der kumulierten aktiven Rendite ab, so liegt das zusätzliche Kreuzprodukt in diesem Fall deutlich höher (0,1316%) als nach der obigen Vorgehensweise (0,0484%).

Vorteilhaft ist bei beiden dargestellten Möglichkeiten der Verringerung des zusätzlichen Kreuzprodukts, daß die einzelnen kumulierten Renten bzw. Renditebeiträge addiert werden können. Das zusätzliche Kreuzprodukt kann zu dem gesamten Kreuzprodukt hinzuaddiert werden oder aber im Falle einer vorherigen Zuordnung der Kreuzprodukte zu bestimmten Beiträgen mit einem sinnvollen Schlüssel entsprechend behandelt werden.

Festzuhalten bleibt, daß man sich im Rahmen der Performanceattribution um das Problem des Kreuzproduktes bewußt sein sollte und möglichst in der Lage ist, es auch zu berücksichtigen. Letzteres wird von den Performanceattributionssystemen in unterschiedlicher Weise gehandhabt.[1]

Insgesamt gesehen hängt die Qualität der Renditeattribution vor allem auch von den in die Berechnung eingehenden Gewichten der einzelnen Assetkategorien ab. So können sich die Gewichte im Laufe einer einzelnen Betrachtungsperiode mehrfach ändern. Dies kann bei der Attribution, die i.d.R. mit durchschnittlichen Beständen arbeitet, zu Ergebnisverzerrungen führen. In der Praxis werden Performanceanalysen häufig in einem bestimmten Zyklus erstellt (z.B. viertel- oder halbjährlich). Ideal könnte aus theoretischer Sicht eine tägliche Analyse sein. Dabei stellt sich allerdings die Frage nach dem Kosten-Nutzen-Verhältnis. Im Rahmen einer externen Performanceanalyse ist hierbei noch zu beachten, daß sich in einem solchen Fall die Divergenz zwischen dem Anlagehorizont des Investors und dem Zyklus der Performanceanalysen noch weiter erhöht, so daß sich die grundsätzliche Problematik, den Erreichungsgrad einer langfristigen Zielsetzung des Investors in kurzen Zeitabständen zu messen und zu analysieren, weiter verschärfen würde. Dennoch muß der Investor regelmäßig über die Zwischenstände seines Mandats informiert werden.

Grundsätzlich ist bei der Performanceattribution darauf zu achten, daß sie von Nutzen für den Anwender ist. Eine tiefgehende Analyse, die aus theoretischer Sicht möglicherweise sinnvoll erscheint, sollte dementsprechend insbesondere auch vor dem Hintergrund der täglichen Praxis beurteilt werden.

3. Qualitative Performanceattribution

Sollen anhand der quantitativen Performancekennzahlen valide Schlußfolgerungen auf die Portfolioperformance und / oder die Managementleistung gezogen werden, dann sind lange Zeitreihen von Portfoliodaten erforderlich, um zu statistisch signifikanten Resultaten zu gelangen. Hierin besteht das eigentliche Dilemma der Performanceanalyse. Eine im statistischen Sinne verläßliche Unterscheidung von Können und Glück gelingt nur bei lange bestehenden Portfolios bzw. lange im Geschäft befindlichen Portfoliomanagern. Dies konnte bereits im Rahmen der obigen Diskussion gezeigt werden. Ein weiteres Zahlenbeispiel mag dies noch weiter verdeutlichen:

Wiederum soll zur Bestimmung der Signifikanz einer annähernd normalverteilten Stichprobe die aus der Statistik bekannte Methodik des t-Tests herangezogen werden.[2] Der Schätzfehler einer

---

1 Vgl. **Pieper** (1998), S. 990.

2 Vgl. **Bleymüller/Gehlert/Gülicher** (1991), S. 109ff.

Stichprobe nimmt mit zunehmender Anzahl von Stichprobenelementen ab. Liegt der t-Wert oberhalb des Wertes 1,96 (2,58), dann kann mit einer Wahrscheinlichkeit von 95% (99%) davon ausgegangen werden, daß die erzielte Information-Ratio signifikant von Null verschieden ist.

Das folgende Beispiel bezieht sich auf eine gemessene Information-Ratio von 0,4. Unter der Annahme, daß in der nachfolgenden Gleichung n für die Anzahl des notwendigen Zeitbedarfs in Jahren steht (die IR errechnet sich aus annualisierten Zahlen), kann die Frage beantwortet werden, wieviele Jahre von Beobachtungswerten erforderlich sind, um von einer signifikant von Null (Signifikanzniveau: 95%) verschiedenen IR ausgehen zu können. Dazu muß der Ausdruck

$$\frac{0{,}4}{1/\sqrt{n}} \geq 1{,}96$$

nach n aufgelöst werden. Bei der gegebenen Datenkonstellation und einer gewünschten Sicherheitswahrscheinlichkeit von 95% (99%) beträgt der Zeitbedarf 24 (41,6) Jahre.

Die Erkenntnis, daß Performanceattribution in der Praxis aufgrund der Nichtgegebenheit ausreichend langer Datenzeitreihen zumeist nicht allein mit Hilfe quantitativer Analyseverfahren zu betreiben ist, hat den Blick für weitere, qualitative Beurteilungskriterien der Performanceattribution geschärft. Im Mittelpunkt der qualitativen Performanceanalyse steht der Investmentstil des Portfoliomanagers. Dabei wird untersucht, ob ein konsistenter und mit der vorgegebenen Investmentphilosophie des Managers in Einklang stehender Investmentstil vorliegt. Ist dies der Fall, dann erscheint die Annahme einer überlegenen Information-Ratio eher angebracht, als bei einem nicht gegebenen oder inkonsistenten Anlagestil. Umgekehrt kann das mathematische Ergebnis einer negativen Information-Ratio eher als Pech eingeschätzt werden, wenn ein konsistenter Investmentstil seitens des Portfoliomanagers verfolgt wird.

Die Bedeutung der Analyse des Investmentstils wird vor dem Hintergrund zunehmen, daß Investmentfonds immer häufiger als Bausteine im Rahmen einer systematischen Strukturierung des Portfolios dienen.[1] Mit Hilfe einer solchen Analyse kann der Anleger die aus dem Investmentstil resultierende Fondsstruktur bezüglich Risiko und Rendite von vornherein richtig abschätzen. Auf die Einhaltung des Stils muß er sich gerade dann verlassen können, wenn mehrere Einzelfonds in einem gesamten Portfolio optimiert werden sollen.

Zum Instrumentarium der qualitativen Performanceanalyse zählt die Längsschnittanalyse des Portfolios. Strukturveränderungen des Portfolios sollen hinterfragt und einzelne Kauf- bzw. Verkaufsentscheidungen in bezug auf das dahinter stehende Informationssignal analysiert werden. Zusätzliche Informationen bezüglich des Investmentstils eines Portfoliomanagers können möglicherweise auch aus Umsatzdaten extrahiert werden. Zudem kann ein Vergleich mit der Performance von Konkurrenzportfolios (Peer-Group Benchmark) Anhaltspunkte für den vorliegenden Investmentstil liefern.

---

1 Vgl. **Wittrock** (1998), S. 954f.

Performancemaße beziehen sich ausschließlich auf die Performance, nicht aber auf die Serviceebene eines Portfoliomanagers. Die Auswahl eines Managers sollte jedoch nicht allein auf vergangene Performancedaten gestützt sein, sondern, wenn möglich, auch Serviceleistungen, Beratungskompetenz, Kosten, Transparenz und Entscheidungskonsistenz mit in die Entscheidung einbeziehen.

Rankinglisten können allenfalls als Indikator für die Qualität des Portfoliomanagements herangezogen werden. Als notwendiges Ergänzungskriterium sind Zahlen zur statistischen Signifikanz der Rankings erforderlich. Ohne die Kenntnis des genauen Portfolioziels und damit seiner Benchmark macht eine Beurteilung anhand von Rankinglisten wenig Sinn. Relative Rankings, die auf der Verwendung gängiger Marktindizes beruhen, sind oftmals sehr sensitiv hinsichtlich der Indexwahl. Hinzu kommt, daß länger zurückliegende Erfolge häufig übergewichtet werden. Jüngere Portfolios, die noch keinen längeren Track-Record aufweisen, können in Rankinglisten nicht hinreichend berücksichtigt werden.

Bei langfristigen relativen Performanceanalysen darf zudem nicht übersehen werden, daß vielfach ein sog. 'Survivorship-Bias' auftritt. Schlechte Portfolios, die aus dem Markt ausgeschieden sind, werden aus den Performanceranglisten eliminiert und somit im Rahmen der Performancemessung nicht mehr berücksichtigt, so daß den verbliebenen Portfolios eine Performanceverzerrung ins Positive anhaftet. Scheiden nur wenige Portfolios aufgrund einer zu schlechten Performance aus, so wird diesem Effekt eine geringe Bedeutung beigemessen. Dennoch sind in empirischen Untersuchungen auch durch Survivorship-Bias verursachte Verzerrungen der Ergebnisse ermittelt worden, die ein relativ bedeutendes Ausmaß erreichen.[1]

Von Bedeutung für eine richtige Einschätzung kann auch die Betrachtung unterschiedlicher Börsenzyklen sein. Wie sich empirisch gezeigt hat, gelingt es institutionellen Portfolios in schwachen Börsenzeiten regelmäßig besser, gute relative Performance auszuweisen als in aufwärtsgerichteten Börsenphasen.[2]

Die im Rahmen von externen Performanceanalysen angewendeten und auf kapitalmarkttheoretischen Modellen basierenden Verfahren zur Identifikation von Selektions- und Timingfähigkeiten können diese Fähigkeiten unter den gesetzten Annahmen durchaus identifizieren. Aber gerade die Annahmen, die sowohl die theoretischen Grundlagen als auch das unterstellte Verhalten der Portfoliomanager betreffen, sind in der Realität teilweise nicht zutreffend. Ferner gestaltet sich die Abgrenzung der zufallsbedingten Störgrößen von den Komponenten, die die Leistung bzw. das Risiko betreffen, schwierig.

Problematisch ist insbesondere bei einer externen Performanceanalyse die Unkenntnis über die Prognosen, die den Portfoliomanagern als Basis für ihre Entscheidungen dienten. Grundlage für die Interpretation bei diesen Verfahren ist vielmehr die theoretische Basis des jeweiligen Verfahrens. Auch die Überprüfung zahlreicher Performancemaße, die auf Portfolios angewendet wurden, bei denen eine Simulation von Timing- und Selektivitätsinformationen vorgenommen wur-

---

1 Vgl. **Malkiel** (1995), S. 549ff., **Kahn/Rudd** (1995), S. 43ff., **Wittrock** (1995), S. 210f. und die dort angegebene Literatur.

2 Vgl. **Malkiel** (1995), S. 565ff.

de, konnte eine statistische Signifikanz der Ergebnisse erst bei besonders hohen, eher realitätsfernen Renditen nachweisen. Vor diesem Hintergrund erscheint für die externe Analyse der Einsatz der zunehmend praxisferneren statistischen Instrumente zur Performanceanalyse, die auf der Basis von Renditen erfolgt, nicht angebracht. Vielmehr werden zusätzliche Informationen benötigt, die die Leistungsfähigkeit des Portfoliomanagers besser beurteilen können.[1]

III. Performance Presentation Standards (PPS)

1. Erfordernis von PPS

Die präsentierten Ergebnisse einer Vermögensverwaltung oder eines Portfoliomanagements sind bei einer fehlenden Standardisierung grundsätzlich nur schwierig zu vergleichen. So werden beispielsweise häufig lediglich die realisierten Renditen betrachtet, ohne das Risiko mit in die Betrachtung einzubeziehen.[2]

Auch im Rahmen einer Performance-Präsentation sind unterschiedliche Darstellungen denkbar. Zu vermuten ist, daß im Rahmen einer Präsentation der Performanceergebnisse - möglicherweise auch zur zur Akquisition von Neukunden - die Performanceanalyse so aufbereitet werden kann, daß sie zumindest noch vorteilhaft erscheint. So hängt die Güte der Resultate aus der Vergangenheit u.a. davon ab, welcher Zeitraum insgesamt zugrunde gelegt wird und auch, welche Portfolios für eine Präsentation ausgewählt werden. Diese Bereitstellung nur selektiver Informationen wird auch als Cherry Picking bezeichnet.[3] Eine weitere Möglichkeit, das Ergebnis zu gestalten, besteht in dem Vergleich der Performanceergebnisse der Portfolios mit einer erst später festgelegten anstelle der ursprünglich vereinbarten Benchmark.

Um Portfolios miteinander vergleichen zu können, ist insbesondere auch eine einheitliche Definition der Performance erforderlich. Andernfalls sollte zumindest die Vorgehensweise bei der Performancerechnung dargelegt werden. Durch das folgende Beispiel kann gezeigt werden, daß die Vergleichbarkeit verschiedener Performanceergebnisse von der zugrunde liegenden Renditedefinition abhängig ist:

---

1 Vgl. **Wittrock** (1998), S. 963ff. sowie **Wittrock** (1995), S. 167ff. und die dort angegebene Literatur.

2 Vgl. **Wittrock** (1996), S. 246.

3 Vgl. **Wittrock/Fischer/Lilla** (1998), S. 606.

Anzahl Tage	Wert des Portfolios*	Kapitalzufluß	Kapitalabfluß
0	100.000		
90	75.000		9.000
180	113.250	15.000	
360	115.515		

* incl. Kapitalfluß

Tab. F.21: Beispiel zur Renditeberechnung

Hieraus ergeben sich für

$$R_{\text{Dietz}}^{\text{mod ifiziert}} = 9{,}4442\%\,,\quad R_{\text{mod.BAI}} = 9{,}4473\%,\quad R_{\text{zeitgewichtet}} = 12{,}2408\%\,,\quad R_{\text{Dietz}} = 9{,}2379\%\,.$$

Deutlich wird, daß auf eine möglichst einheitliche Vorgehensweise bei der Renditeberechnung hinzuwirken ist.

Zudem kann sich bei einer zunehmenden Anzahl an Kapitalanlagegesellschaften die Intransparenz für die Anleger erhöhen, was zu zusätzlichen Informationskosten führt.[1]

Aus diesen Überlegungen kann gefolgert werden, daß zur besseren Vergleichbarkeit und Nachvollziehbarkeit der Ergebnisse verschiedener Portfoliomanager bzw. Fonds sowohl im Rahmen der internen als inbesondere auch der externen Performanceanalyse eine Standardisierung notwendig wird. Durch die Anwendung und Einhaltung derartiger Standards zeigt der Nutzer, d.h. die jeweilige Asset-Management-Einheit, seine Professionalität und wettbewerbsorientierte Einstellung. Entsprechend sind in einigen Ländern Standards formuliert worden, die eine faire, objektive und vergleichbare externe Darstellung der Ergebnisse gewähren können.[2]

2. Entwicklung von PPS

Zunächst wurden im Jahre 1987 in den USA durch die Association for Investment Management and Research (AIMR) erstmals die AIMR Performance Presentation Standards vorgestellt. Seit der formalen Implementierung der AIMR-PPS™ im Jahre 1993 sind sie in den USA auf breite Akzeptanz gestoßen. So hat eine Untersuchung ergeben, daß bereits 75% der US-Fondsmanager eine Präsentation der Performance nach den Regeln der AIMR-Standards durchführen und davon etwa 40% eine Zertifizierung ihrer Compliance-Erklärung durch einen unabhängigen Dritten vornehmen lassen.[3] Gründe für diese recht hoch erscheinenden Werte können zum einen Marketingaspekte sein, da eine Zertifizierung der Darstellung einen objektiven Charakter gibt. Damit

---

1 Vgl. **Kleeberg/Schlenger** (1999), S. 559.

2 Vgl. **Wittrock** (1998), S. 935, **Wittrock/Fischer/Lilla** (1998), S. 540ff.

3 **Wittrock/Fischer/Lilla** (1998), S. 540ff.

eng zusammenhängend können zum anderen auch die Anforderungen der Nachfrager (z.B. Kunden oder die in den USA von institutionellen Anlegern häufig herangezogenen Asset Management Consultants) ein Grund für diese Werte sein, da für diese die Einhaltung der Standards ein zunehmend bedeutendes Kriterium bei der Portfoliomanager-Auswahl sein dürfte.[1] Im Jahre 1997 trat eine modifizierte Version der AIMR-Standards in Kraft.

Mit der Absicht der Definition weltweit gültiger Richtlinien, die für viele Länder erfüllbar sind, wurden von 1996 bis 1999 die Global Investment Performance Standards (GIPS) formuliert, die am 1. Januar 2000 in Kraft treten. Bei den GIPS handelt es sich um Mindestanforderungen, die im Rahmen der lokalen Versionen gegebenenfalls noch verschärft, nicht aber abgeschwächt werden dürfen. Damit können länderspezifische Besonderheiten und internationale Standards in angemessener Weise miteinander verbunden werden.[2]

Bei der Formulierung der GIPS haben auch Vertreter einer entsprechenden Kommission der Deutschen Vereinigung für Finanzanalyse und Anlageberatung e.V. (DVFA) mitgewirkt. Die DVFA-Kommission für Performance Presentation Standards hat mittlerweile entsprechende Regelungen für den deutschen Kapitalmarkt erarbeitet. Die Zielsetzungen dieses auf Dauer angelegten Arbeitskreises lauten wie folgt:[3]

- Formulierung von ethischen Richtlinien für den deutschen Kapitalmarkt zur Vereinheitlichung der Berechnung der Performanceergebnisse in der Vermögensverwaltung
- Förderung einer fairen und vergleichbaren Darstellung der Performanceergebnisse, wobei die entscheidungsrelevanten Informationen vollständig offenzulegen sind
- Gewährleistung der internationalen Akzeptanz der PPS, indem die GIPS als Mindeststandards berücksichtigt werden.

Die am 1.1.1999 in Kraft getretenen DVFA-PPS sind formal in Richtlinien und Empfehlungen aufgeteilt. Für die Übereinstimmung mit den PPS ist die Einhaltung der Richtlinien zwingend. Hingegen wird die Einhaltung der Empfehlungen den Gesellschaften lediglich nahegelegt.

Die PPS sind in folgende Abschnitte untergliedert:

- Bestimmung und Bewertung von Portfolios und Anlageinstrumenten
- Berechnung von Performancewerten für Portfolios und Composites
- Präsentation historischer Performanceergebnisse
- Einhaltung der Standards und Bestätigung der Einhaltung.

---

[1] Dies dürfte im übrigen auch für den deutschen Markt gelten. So haben in einer Kundenbefragung 50% der Befragten erklärt, daß testierte Performanceangaben für sie eine höhere Wertigkeit haben, während dies nur 25% verneint haben, vgl. **Broschinski** (1995), S. 651.

[2] Vgl. **Wittrock/Fischer/Lilla** (1998), S. 540ff., **DVFA** (1998), S. 3.

[3] Vgl. **Wittrock/Fischer/Lilla** (1998), S. 541f., **DVFA** (1998), S. 3. Zugrunde liegt dieser Auflage die Ausgabe der DVFA-Performance Presentation Standards vom September 1998.

3. Grundlagen der Composite-Bildung

Eine zentrale Anforderung für die Einhaltung der DVFA-PPS ist die Performancedarstellung anhand von Composites.[1] Hierbei handelt es sich um eine Zusammenfassung von Portfolios oder Teilen von Portfolios, die eine vergleichbare Anlagestrategie bzw. -ziele aufweisen, wobei sämtliche Portfolios berücksichtigt werden, die die Gesellschaft vollständig in eigener Verantwortung verwaltet. Diese Vorgehensweise soll einen umfassenden Einblick in die Qualität der Produkte des Anbieters von Portfoliomanagement-Dienstleistungen gewähren.

Die Zuordnung der Portfolios zu Composites kann beispielsweise anhand der folgenden Kriterien vorgenommen werden:

- vergleichbare Gewichtung der Assetklassen (z.B. Aktien USA, Renten Japan)
- vergleichbare Anlagestrategien (z.B. Growth Stocks)
- vergleichbare Bandbreiten der Gewichtung von Assetklassen (z.B. 40% - 50% Renten, 50% - 60% Aktien)
- gleiche Benchmarks
- vergleichbarer Einsatz von Derivaten und Instrumenten zur Absicherung von Devisenkursrisiken
- vergleichbare Risikoeigenschaften
- vergleichbarer Anlageansatz (z.B. aktiv, passiv).

Sämtliche Portfolios müssen zumindest einem Composite zugeordnet werden, es sei denn, es liegen erhebliche externe Restriktionen vor, die Abweichungen vom grundsätzlich verfolgten Managementstil bedeuten und aufgrund anlagestrategischer, steuerlicher oder rechtlicher Anforderungen des Anlegers bestehen können. In diesen Fällen darf die erzielte Performance nicht Gegenstand der Präsentation sein, da sie nicht ausschließlich auf die Leistung des Portfoliomanagers zurückgeführt werden kann. Die Grenzen der Restriktionen muß die jeweilige Verwaltungseinheit selbst festlegen.

Werden Portfolios neu aufgelegt, so ist es ab dem Beginn der auf das Eröffnungsdatum folgenden Berechnungsperiode in ein Composite zu integrieren. In den Fällen, in denen Portfolios aufgelöst werden, sind diese erst nach dem Ende der letzten Berechnungsperiode, in der sie unter Verwaltung stehen, aus den Composites herauszunehmen. Dabei ist eine Löschung der Performancedaten, die sich auf Perioden vor der Herausnahme beziehen, nicht erlaubt. Vielmehr müssen sie in den Compositedaten verbleiben, so daß eine Bereinigung der vergangenen Composite-Performance und damit ein survivorship biassurvivorship bias nicht möglich ist sowie eine umfassende und konsistente Abbildung der Verwaltungstätigkeit gewahrt bleibt. Andernfalls würde - falls die Liquidation des Portfolios aus Gründen einer schwachen Performanceentwicklung erfolgte - die Löschung der historischen Daten bewirken, daß die Performance des Composites tendenziell überdurchschnittlich ausfällt, da die Ergebnisse der performanceschwachen Portfolios bei den Berechnungen nicht mehr berücksichtigt würden.

---

[1] Vgl. **DVFA** (1998), S. 24ff.

Composites können sich sowohl aus ganzen Portfolios als auch aus einzelnen Portfoliosegmenten zusammensetzen. Letztere werden auch als Carve-Out CompositesCarve-Out Composite bezeichnet. Hierbei gilt als Voraussetzung, daß die einzelnen Bestandteile separat gemanagt werden und die Liquiditätspositionen incl. der daraus entstehenden Aufwendungen und Erträge den Segmenten konsistent und laufend zugeordnet werden. Dazu stehen buchhalterische und mathematische Zuordnungsmöglichkeiten zur Verfügung.[1]

4. Performanceberechnung nach den DVFA-PPS

Im Rahmen der Bewertung der Portfolios und Anlageinstrumente ist als Richtlinie formuliert, daß die aktuellen Marktwerte, nicht also die Buchwerte, die Grundlage für die Bewertung darstellen. Zudem wird mindestens eine monatliche Bewertung vorgeschrieben. Insofern ist die Einhaltung der PPS auch relativ vielen Vermögensverwaltern möglich, für die beispielsweise eine tägliche Bewertung einen unverhältnismäßig hohen Verwaltungsaufwand bedeuten würde. Empfohlen wird aber zumindest eine Bewertung bei jedem exogenen Kapitalfluß, was im Ergebnis einer täglichen Bewertung entspricht. Bei den Publikumsfonds ist die tägliche Bewertung mit Hilfe der BVI-Methode ohnehin üblich und zählt zum Standard. Verlangt wird ferner, daß die aufgelaufenen Zinsansprüche, d.h. die Stückzinsen, bei der Performance-Berechnung zu berücksichtigen sind, wohingegen die Berücksichtigung von Dividenden ab dem Ex-Dividendentag nur empfohlen wird. Empfohlen wird zudem, die „Handelstag"-Bewertung anstelle der „Valutatag"-Bewertung bei der Performancerechnung vorzunehmen, da bei dieser Vorgehensweise die Transaktionen vor dem Bewertungszeitpunkt berücksichtigt werden.

Im Rahmen der Renditerechnung sind sämtliche realisierten und unrealisierten Kursgewinne und -verluste sowie alle Erträge aus Zinsen, Dividenden, Bezugsrechten etc. zu berücksichtigen. Vorgeschrieben ist die zeitgewichtete Renditemethode. Dies setzt eine Bewertung der Portfolios zu jedem Zeitpunkt eines Kapitalflusses voraus. Nach den DVFA-PPS sind aber auch Näherungsverfahren wie die modifizierte Dietz-Methode ausdrücklich zulässig.

Als Grundlage für die Renditemessung dienen die Inventarwerte nach Brokerkommissionen, Börsensteuern und anderen mit Transaktionen verbundenen Gebühren und Steuern. Hingegen kann die Performance um die Verwaltungsgebühr und die Depotgebühr bereinigt werden. Diese Bruttoperformance ist somit eine Rendite nach Transaktionskosten, jedoch vor Verwaltungs- und Depotgebühren. Transaktionskosten schmälern also die Performance. Somit werden die bei häufigem Umschichten des Portfoliomanagers verstärkt anfallenden Transaktionskosten bei der Renditeberechnung berücksichtigt.

Zur Beurteilung der Managerleistung kann die Composite-Performance herangezogen werden, die auf zweierlei Art und Weise ermittelt werden kann. Einerseits können alle Portfolios eines Composites zu einem übergeordneten Portfolio zusammengefaßt werden und dessen Performance incl. der aggregierten Kapitalflüsse insgesamt berechnet werden.

Andererseits kann die Performance auch als gewichtete Summe der einzelnen Portfolio-Performancewerte ermittelt werden. Hierbei wird empfohlen, die Gewichtung anhand der Inven-

---

[1] Vgl. **DVFA** (1998), S. 25f.

tarwerte zu Periodenbeginn oder mit den Inventarwerten zu Periodenbeginn zuzüglich den zeitgewichteten Mittelbewegungen vorzunehmen. Die auf diese Weise ermittelte Gesamtperformance für ein Composite läßt sich wie folgt bestimmen:

$$R_t^C = \frac{\sum_{i=1}^{n_t} V_i^t \cdot R_i^t}{\sum_{i=1}^{n_t} V_i^t}$$

mit

R_t^C = Gesamtrendite des Composites C in der Teilperiode t,
V_i^t = Vermögenswert des i-ten Portfolios im Composite in der Teilperiode t,
R_i^t = Rendite des des i-ten Portfolios im Composite in der Teilperiode t und
n_t = Anzahl der Portfolios in der Teilperiode t.

Beispielsweise soll die Rendite für das folgende, aus drei Portfolios bestehende Composite berechnet werden. Die Periodenlänge beträgt 30 Tage, die weiteren Daten können der Tabelle entnommen werden:

Portfolio	Anfänglicher Inventarwert	Rendite für 30 Tage	Kapitalfluß	
			Höhe	nach ... Tagen
A	150	8,00%	40	5
B	250	25,00%	20	10
C	100	12,00%	50	20

Tab. F.22: Bestimmung der Composite-Rendite

Hieraus resultiert eine Rendite für das Composite bei Heranziehung der anfänglichen Inventarwerte von

$$R_t^C = \frac{\sum_{i=1}^{n_t} V_i^t \cdot R_i^t}{\sum_{i=1}^{n_t} V_i^t} = \frac{150 \cdot 0{,}08 + 250 \cdot 0{,}25 + 100 \cdot 0{,}12}{150 + 250 + 100} = 17{,}30\% \quad .$$

Nunmehr sollen zunächst die Inventarwerte zu Periodenbeginn zuzüglich der zeitgewichteten Mittelbewegungen bestimmt werden:

$$V_A^t = 150 + 40 \cdot \frac{30-5}{30} = 183{,}33\,, \qquad V_B^t = 250 + 20 \cdot \frac{30-10}{30} = 263{,}33\,,$$

$$V_C^t = 100 + 50 \cdot \frac{30-20}{30} = 116{,}6667\ .$$

Anschließend kann die Composite-Rendite berechnet werden:

$$R_t^C = \frac{\sum_{i=1}^{n_t} V_i^t \cdot R_i^t}{\sum_{i=1}^{n_t} V_i^t} = \frac{183{,}33 \cdot 0{,}08 + 263{,}33 \cdot 0{,}25 + 116{,}6667 \cdot 0{,}12}{183{,}33 + 263{,}33 + 116{,}6667} = 16{,}7751\%\ .$$

Zur Berechnung der Composite-Performance über einen längeren Zeitraum werden die Performancewerte der einzelnen Perioden multiplikativ miteinander verknüpft:

$$R_T^C = \prod_{t=1}^{T} \left(1 + R_t^C\right) - 1\,.$$

mit

R_T^C = Gesamtrendite des Composites C in der Gesamtperiode T.

5. Präsentation der Performanceergebnisse

Die Einhaltung der DVFA-PPS ist auf der Ebene der gesamten Gesellschaft bzw. Teileinheit erforderlich, wobei die Einheiten genau zu definieren sind. Zum verwalteten Vermögen zählen sämtliche Anlagen, die unter Verwaltung der Einheit stehen. Dieses Vermögen ist zum Ende eines jeden Kalenderjahres auszuweisen.

Der Mindestzeitraum für die Performancehistorie (zum Zeitpunkt des Inkrafttretens der DVFA-PPS) beträgt 5 Kalenderjahre, wobei eine Erweiterung des dargestellten Zeitraums bis mindestens 10 Jahre gefordert ist. Dargelegt werden müssen die Performance-Ergebnisse für sämtliche Kalenderjahre. Hierbei ist zu beachten, daß eine Annualisierung von unterjährigen Performancewerten nicht erlaubt ist.

Darüber hinaus muß mindestens zum Ende der jeweiligen Kalenderjahre eine Kennzahl angegeben werden, die die Streuung der Einzelportfoliowerte um die Composite-Performance angibt. Hierzu wird bei der Berechnung der Maße über eine Periode (1 Jahr) eine Berücksichtigung nur derjenigen Portfolios empfohlen, die während des gesamten Jahres im Composite enthalten waren. Als geeignet werden die folgenden Maße angesehen:

(1) Min-Max

Entsprechend diesem Maß werden innerhalb eines Composites die Performancewerte der Portfolios mit der höchsten und der niedrigsten Performance angegeben. Dieses Maß ist besonders für Composites mit wenigen Portfolios geeignet.

(2) Einfache Standardabweichung der Portfoliorenditen

Dieses Risikomaß ist wie folgt definiert:

$$\sigma_{\text{Composite}} = \sqrt{\frac{1}{n} \cdot \sum_{i=1}^{n} (R_i - \overline{R})^2}$$

mit

R_i = jeweilige Performance der n im Composite enthaltenen Portfolios und
$\overline{R}$ = Mittelwert der einzelnen Portfolioperformancewerte.

Um zu statistisch sinnvollen Ergebnissen zu gelangen, sollten relativ viele Portfolios im Composite enthalten sein.

(3) Volumengewichtete Standardabweichung der Portfoliorenditen

Anders als bei der einfachen Standardabweichung wird bei diesem Maß nicht mit konstanten Gewichtungsfaktoren (1/n) gerechnet, sondern mit den Inventarwerten gewichtet. Insofern stellt dieses Maß eine Verallgemeinerung der einfachen Standardabweichung dar.

$$\sigma_{\text{Composite}} = \sqrt{\sum_{i=1}^{n} g_i \cdot (R_i - \overline{R}_{\text{Vol.gew.}})^2}$$

mit

R_i = jeweilige Performance der n im Composite enthaltenen Portfolios,
$\overline{R}_{\text{Vol.gew.}}$ = volumengewichtete Gesamtperformance des Composites
und $\overline{R}_{\text{Vol.gew.}} = \sum_{i=1}^{n} g_i \cdot R_i$,

g_i = Gewichtungsfaktoren = $g_i = \frac{V_i}{\sum_{i=1}^{n} V_i}$ und

V_i = Vermögenswert des i-ten Portfolios.

Zur Veranschaulichung soll das folgende Beispiel dienen, in dem die Portfolios bereits nach ihrer Rendite geordnet sind:

Portfolio i	V_i	g_i *	r_i	$\overline{R}_{Vol.gew.}$	$g_i \cdot (R_i - \overline{R}_{Vol.gew.})^2$
1	45.000	15,00%	10%	1,5000%	0,0782%
2	30.000	10,00%	8%	0,8000%	0,0272%
3	15.000	5,00%	7%	0,3500%	0,0089%
4	45.000	15,00%	5%	0,7500%	0,0074%
5	30.000	10,00%	4%	0,4000%	0,0015%
6	12.000	4,00%	2%	0,0800%	0,0002%
7	15.000	5,00%	1%	0,0500%	0,0016%
8	9.000	3,00%	-1%	-0,0300%	0,0043%
9	30.000	10,00%	-2%	-0,2000%	0,0228%
10	69.000	23,00%	-4%	-0,9200%	0,1057%
Summe	300.000	100,00%	30,00%	2,78%	0,2579%**

* in % des Composite-Volumens, ** = volumengewichtete Varianz

Tab. F.23: Bestimmung der volumengewichteten Standardabweichung

Die einfache, nicht volumengewichtete durchschnittliche Rendite $\overline{R}$ berechnet sich als arithmetisches Mittel der Renditewerte und beläuft sich entsprechend auf 3,00%, wohingegen die volumengewichtete durchschnittliche Rendite $\overline{R}_{Vol.gew.}$ einen Wert von 2,78% annimmt. Die Werte für die einfache und die volumengewichtete Standardabweichung ergeben sich zu

$$\sigma_{Composite_{einfach}} = 4{,}3589\% \ , \qquad \sigma_{Composite_{volumengewichtet}} = 5{,}0785\% \, .$$

(4) Quartildarstellung

Schließlich ist als letztes Maß auch die Aufteilung der Composites entsprechend ihrer Vermögens- und Performancewerte in 4 Quartile möglich. Dazu können für die einzelnen Quartile oder alternativ für das erste und letzte Quartil die volumengewichteten Performancewerte präsentiert werden. Für das obige Beispiel lassen sich die folgenden 4 Quartile bilden:

Portfolio (PF)	g_i	Quartil	g_i innerhalb des Quartils	Rendite	$\overline{R}_{Vol.gew.}$	$\overline{R}_{Vol.gew.}$ je Quartil
1	15,00%	I	60,00%	10,00%	6,0000%	
2	10,00%	I	40,00%	8,00%	3,2000%	9,2000%
3	5,00%	II	20,00%	7,00%	1,4000%	
4	15,00%	II	60,00%	5,00%	3,0000%	
50% von PF 5	5,00%	II	20,00%	4,00%	0,8000%	5,2000%
50% von PF 5	5,00%	III	20,00%	4,00%	0,8000%	
6	4,00%	III	16,00%	2,00%	0,3200%	
7	5,00%	III	20,00%	1,00%	0,2000%	
8	3,00%	III	12,00%	-1,00%	-0,1200%	
80% von PF 9	8,00%	III	32,00%	-2,00%	-0,6400%	0,5600%
20% von PF 9	2,00%	IV	8,00%	-2,00%	-0,1600%	
10	23,00%	IV	92,00%	-4,00%	-3,6800%	-3,8400%
SUMME	100,00%		400,0000%		11,1200%*	11,1200%*

* Diese Summe dividiert durch 4 ergibt die volumengewichtete Composite-Rendite (2,78%).

Tab. F.24: Beispiel zur Quartildarstellung

Zu den weiteren Angaben einer Composite-Präsentation gemäß DVFA-PPS gehören u.a. eine Erklärung bzgl. der Übereinstimmung mit den DVFA-PPS sowie eine Erklärung darüber, ob die Berechnung vor oder nach Abzug von Verwaltungsgebühren (des Kunden an die Verwaltungseinheit) erfolgte. Zu diesen Gebühren zählen z.B. die Management- oder die Depotbankvergütung. Falls die Renditen nach Abzug der Verwaltungsgebühren dargestellt werden (Nettoperformance)Nettoperformance, so wird die Angabe der durchschnittlich gewichteten Verwaltungsgebühren empfohlen. Hierdurch soll offenbar der Investor in die Lage versetzt werden, die BruttoperformanceBruttoperformance selbst zu ermitteln.

Ferner sind in der Composite-Präsentation u.a. der Anteil der nicht gebührenpflichtigen Portfolios am Volumen des Composites, die Methode der Renditeberechnung (z.B. modifizierte Dietz-Methode), eine Darstellung bezüglich des Einsatzes von Derivaten, aus der Rückschlüsse auf die eingegangenen Risiken gezogen werden können, sowie der Anteil der Anlagen in Assetklassen bzw. Länder/Regionen außerhalb der Benchmark bei solchen Composites, denen eine Benchmark zugeordnet wird, erforderlich. Im übrigen wird die Angabe einer Benchmark zu einem Composite empfohlen, die dem Risiko oder dem Anlageziel des Composites entspricht.

Schließlich werden noch Richtlinien zur Einhaltung der DVFA-PPS, zur Bestätigung der Einhaltung und zur Durchführung der Prüfung formuliert. Dabei ist zu beachten, daß die Einhaltung der Standards nur für die gesamte Verwaltungsgesellschaft bzw. Teilgesellschaft und nicht nur für einzelne Composites bestätigt werden kann.

Abschließend sei angemerkt, daß die DVFA-PPS-Richtlinien einen hohen Grad an Vergleichbarkeit von Performancepräsentationen sicherstellen können und damit den fairen Wettbewerb unter den Anbietern von Portfoliomanagementdienstleistungen fördern. Insbesondere kann die Kompetenz der jeweiligen Anbieter in bestimmten Produktgruppen besser beurteilt werden. Dennoch lassen die Standards noch einige Spielräume offen, z.B. bei der Bildung der Composites, bei der genauen Definition erheblicher externer Restriktionen, bei der Wahl der Renditemethode (obwohl schon eingeschränkt) oder auch bei der Definition der Verwaltungseinheit.

Anhang

Flächeninhalt der Standardnormalverteilung

d	0	1	2	3	4	5	6	7	8	9
0,0	0,5000	0,5040	0,5080	0,5120	0,5160	0,5199	0,5239	0,5279	0,5319	0,5359
0,1	0,5398	0,5438	0,5478	0,5517	0,5557	0,5596	0,5636	0,5675	0,5714	0,5753
0,2	0,5793	0,5832	0,5871	0,5910	0,5948	0,5987	0,6026	0,6064	0,6103	0,6141
0,3	0,6179	0,6217	0,6255	0,6293	0,6331	0,6368	0,6406	0,6443	0,6480	0,6517
0,4	0,6554	0,6591	0,6628	0,6664	0,6700	0,6736	0,6772	0,6808	0,6844	0,6879
0,5	0,6915	0,6950	0,6985	0,7019	0,7054	0,7088	0,7123	0,7157	0,7190	0,7224
0,6	0,7257	0,7291	0,7324	0,7357	0,7389	0,7422	0,7454	0,7486	0,7517	0,7549
0,7	0,7580	0,7611	0,7642	0,7673	0,7703	0,7734	0,7764	0,7793	0,7823	0,7852
0,8	0,7881	0,7910	0,7939	0,7967	0,7995	0,8023	0,8051	0,8078	0,8106	0,8133
0,9	0,8159	0,8186	0,8212	0,8238	0,8264	0,8289	0,8315	0,8340	0,8365	0,8389
1,0	0,8413	0,8438	0,8461	0,8485	0,8508	0,8531	0,8554	0,8577	0,8599	0,8621
1,1	0,8643	0,8665	0,8686	0,8708	0,8729	0,8749	0,8770	0,8790	0,8810	0,8830
1,2	0,8849	0,8869	0,8888	0,8907	0,8925	0,8944	0,8962	0,8980	0,8997	0,9015
1,3	0,9032	0,9049	0,9066	0,9082	0,9099	0,9115	0,9131	0,9147	0,9162	0,9177
1,4	0,9192	0,9207	0,9222	0,9236	0,9251	0,9265	0,9279	0,9292	0,9306	0,9319
1,5	0,9332	0,9345	0,9357	0,9370	0,9382	0,9394	0,9406	0,9418	0,9429	0,9441
1,6	0,9452	0,9463	0,9474	0,9484	0,9495	0,9505	0,9515	0,9525	0,9535	0,9545
1,7	0,9554	0,9564	0,9573	0,9582	0,9591	0,9599	0,9608	0,9616	0,9625	0,9633
1,8	0,9641	0,9649	0,9656	0,9664	0,9671	0,9678	0,9686	0,9693	0,9699	0,9706
1,9	0,9713	0,9719	0,9726	0,9732	0,9738	0,9744	0,9750	0,9756	0,9761	0,9767
2,0	0,9772	0,9778	0,9783	0,9788	0,9793	0,9798	0,9803	0,9808	0,9812	0,9817
2,1	0,9821	0,9826	0,9830	0,9834	0,9838	0,9842	0,9846	0,9850	0,9854	0,9857
2,2	0,9861	0,9864	0,9868	0,9871	0,9875	0,9878	0,9881	0,9884	0,9887	0,9890
2,3	0,9893	0,9896	0,9898	0,9901	0,9904	0,9906	0,9909	0,9911	0,9913	0,9916
2,4	0,9918	0,9920	0,9922	0,9925	0,9927	0,9929	0,9931	0,9932	0,9934	0,9936
2,5	0,9938	0,9940	0,9941	0,9943	0,9945	0,9946	0,9948	0,9949	0,9951	0,9952
2,6	0,9953	0,9955	0,9956	0,9957	0,9959	0,9960	0,9961	0,9962	0,9963	0,9964
2,7	0,9965	0,9966	0,9967	0,9968	0,9969	0,9970	0,9971	0,9972	0,9973	0,9974
2,8	0,9974	0,9975	0,9976	0,9977	0,9977	0,9978	0,9979	0,9979	0,9980	0,9981
2,9	0,9981	0,9982	0,9982	0,9983	0,9984	0,9984	0,9985	0,9985	0,9986	0,9986
3,0	0,9987	0,9987	0,9987	0,9988	0,9988	0,9989	0,9989	0,9989	0,9990	0,9990
3,1	0,9990	0,9991	0,9991	0,9991	0,9992	0,9992	0,9992	0,9992	0,9993	0,9993
3,2	0,9993	0,9993	0,9994	0,9994	0,9994	0,9994	0,9994	0,9995	0,9995	0,9995
3,3	0,9995	0,9995	0,9995	0,9996	0,9996	0,9996	0,9996	0,9996	0,9996	0,9997
3,4	0,9997	0,9997	0,9997	0,9997	0,9997	0,9997	0,9997	0,9997	0,9997	0,9998
3,5	0,9998	0,9998	0,9998	0,9998	0,9998	0,9998	0,9998	0,9998	0,9998	0,9998
3,6	0,9998	0,9998	0,9999	0,9999	0,9999	0,9999	0,9999	0,9999	0,9999	0,9999
3,7	0,9999	0,9999	0,9999	0,9999	0,9999	0,9999	0,9999	0,9999	0,9999	0,9999
3,8	0,9999	0,9999	0,9999	0,9999	0,9999	0,9999	0,9999	0,9999	0,9999	0,9999
3,9	1,0000	1,0000	1,0000	1,0000	1,0000	1,0000	1,0000	1,0000	1,0000	1,0000

Funktionswerte der Standardnormalverteilung

d	0	1	2	3	4	5	6	7	8	9
0,0	0,3989	0,3989	0,3989	0,3988	0,3986	0,3984	0,3982	0,3980	0,3977	0,3973
0,1	0,3970	0,3965	0,3961	0,3956	0,3951	0,3945	0,3939	0,3932	0,3925	0,3918
0,2	0,3910	0,3902	0,3894	0,3885	0,3876	0,3867	0,3857	0,3847	0,3836	0,3825
0,3	0,3814	0,3802	0,3790	0,3778	0,3765	0,3752	0,3739	0,3725	0,3712	0,3697
0,4	0,3683	0,3668	0,3653	0,3637	0,3621	0,3605	0,3589	0,3572	0,3555	0,3538
0,5	0,3521	0,3503	0,3485	0,3467	0,3448	0,3429	0,3410	0,3391	0,3372	0,3352
0,6	0,3332	0,3312	0,3292	0,3271	0,3251	0,3230	0,3209	0,3187	0,3166	0,3144
0,7	0,3123	0,3101	0,3079	0,3056	0,3034	0,3011	0,2989	0,2966	0,2943	0,2920
0,8	0,2897	0,2874	0,2850	0,2827	0,2803	0,2780	0,2756	0,2732	0,2709	0,2685
0,9	0,2661	0,2637	0,2613	0,2589	0,2565	0,2541	0,2516	0,2492	0,2468	0,2444
1,0	0,2420	0,2396	0,2371	0,2347	0,2323	0,2299	0,2275	0,2251	0,2227	0,2203
1,1	0,2179	0,2155	0,2131	0,2107	0,2083	0,2059	0,2036	0,2012	0,1989	0,1965
1,2	0,1942	0,1919	0,1895	0,1872	0,1849	0,1827	0,1804	0,1781	0,1759	0,1736
1,3	0,1714	0,1692	0,1669	0,1647	0,1626	0,1604	0,1582	0,1561	0,1540	0,1518
1,4	0,1497	0,1476	0,1456	0,1435	0,1415	0,1394	0,1374	0,1354	0,1334	0,1315
1,5	0,1295	0,1276	0,1257	0,1238	0,1219	0,1200	0,1182	0,1163	0,1145	0,1127
1,6	0,1109	0,1092	0,1074	0,1057	0,1040	0,1023	0,1006	0,0989	0,0973	0,0957
1,7	0,0941	0,0925	0,0909	0,0893	0,0878	0,0863	0,0848	0,0833	0,0818	0,0804
1,8	0,0790	0,0775	0,0761	0,0748	0,0734	0,0721	0,0707	0,0694	0,0681	0,0669
1,9	0,0656	0,0644	0,0632	0,0620	0,0608	0,0596	0,0584	0,0573	0,0562	0,0551
2,0	0,0540	0,0529	0,0519	0,0508	0,0498	0,0488	0,0478	0,0468	0,0459	0,0449
2,1	0,0440	0,0431	0,0422	0,0413	0,0404	0,0396	0,0387	0,0379	0,0371	0,0363
2,2	0,0355	0,0347	0,0339	0,0332	0,0325	0,0317	0,0310	0,0303	0,0297	0,0290
2,3	0,0283	0,0277	0,0271	0,0264	0,0258	0,0252	0,0246	0,0241	0,0235	0,0229
2,4	0,0224	0,0219	0,0213	0,0208	0,0203	0,0198	0,0194	0,0189	0,0184	0,0180
2,5	0,0175	0,0171	0,0167	0,0163	0,0158	0,0155	0,0151	0,0147	0,0143	0,0139
2,6	0,0136	0,0132	0,0129	0,0126	0,0122	0,0119	0,0116	0,0113	0,0110	0,0107
2,7	0,0104	0,0101	0,0099	0,0096	0,0093	0,0091	0,0088	0,0086	0,0084	0,0081
2,8	0,0079	0,0077	0,0075	0,0073	0,0071	0,0069	0,0067	0,0065	0,0063	0,0061
2,9	0,0060	0,0058	0,0056	0,0055	0,0053	0,0051	0,0050	0,0048	0,0047	0,0046
3,0	0,0044	0,0043	0,0042	0,0040	0,0039	0,0038	0,0037	0,0036	0,0035	0,0034
3,1	0,0033	0,0032	0,0031	0,0030	0,0029	0,0028	0,0027	0,0026	0,0025	0,0025
3,2	0,0024	0,0023	0,0022	0,0022	0,0021	0,0020	0,0020	0,0019	0,0018	0,0018
3,3	0,0017	0,0017	0,0016	0,0016	0,0015	0,0015	0,0014	0,0014	0,0013	0,0013
3,4	0,0012	0,0012	0,0012	0,0011	0,0011	0,0010	0,0010	0,0010	0,0009	0,0009
3,5	0,0009	0,0008	0,0008	0,0008	0,0008	0,0007	0,0007	0,0007	0,0007	0,0006
3,6	0,0006	0,0006	0,0006	0,0005	0,0005	0,0005	0,0005	0,0005	0,0005	0,0004
3,7	0,0004	0,0004	0,0004	0,0004	0,0004	0,0004	0,0003	0,0003	0,0003	0,0003
3,8	0,0003	0,0003	0,0003	0,0003	0,0003	0,0002	0,0002	0,0002	0,0002	0,0002
3,9	0,0002	0,0002	0,0002	0,0002	0,0002	0,0002	0,0002	0,0002	0,0001	0,0001

Konversionsfaktoren des Bund-Futures

Kupon: RLZ:	5,75%	6%	6,25%	6,5%	6,75%	7%	7,25%	7,5%	7,75%	8%	8,25%
8-6	0,98331	0,99956	1,01582	1,03208	1,04833	1,06459	1,08085	1,09710	1,11336	1,12962	1,14588
8-7	0,98320	0,99958	1,01596	1,03234	1,04872	1,06510	1,08148	1,09786	1,11424	1,13062	1,14700
8-8	0,98311	0,99961	1,01612	1,03262	1,04913	1,06563	1,08213	1,09864	1,11514	1,13165	1,14815
8-9	0,98305	0,99967	1,01630	1,03293	1,04956	1,06619	1,08282	1,09945	1,11608	1,13270	1,14933
8-10	0,98301	0,99976	1,01651	1,03327	1,05002	1,06677	1,08353	1,10028	1,11703	1,13379	1,15054
8-11	0,98299	0,99987	1,01675	1,03362	1,05050	1,06738	1,08426	1,10114	1,11802	1,13490	1,15178
9-0	0,98300	1,00000	1,01700	1,03401	1,05101	1,06802	1,08502	1,10203	1,11903	1,13603	1,15304
9-1	0,98275	0,99987	1,01698	1,03410	1,05122	1,06834	1,08546	1,10257	1,11969	1,13681	1,15393
9-2	0,98252	0,99976	1,01699	1,03422	1,05145	1,06869	1,08592	1,10315	1,12038	1,13761	1,15485
9-3	0,98232	0,99967	1,01702	1,03436	1,05171	1,06906	1,08641	1,10375	1,12110	1,13845	1,15580
9-4	0,98215	0,99961	1,01707	1,03454	1,05200	1,06946	1,08692	1,10438	1,12185	1,13931	1,15677
9-5	0,98200	0,99957	1,01715	1,03473	1,05231	1,06989	1,08746	1,10504	1,12262	1,14020	1,15778
9-6	0,98187	0,99956	1,01726	1,03495	1,05265	1,07034	1,08803	1,10573	1,12342	1,14112	1,15881
9-7	0,98177	0,99958	1,01739	1,03520	1,05301	1,07082	1,08863	1,10644	1,12425	1,14206	1,15987
9-8	0,98169	0,99961	1,01754	1,03547	1,05340	1,07132	1,08925	1,10718	1,12511	1,14303	1,16096
9-9	0,98163	0,99967	1,01772	1,03576	1,05381	1,07185	1,08990	1,10795	1,12599	1,14404	1,16208
9-10	0,98160	0,99976	1,01792	1,03609	1,05425	1,07241	1,09057	1,10874	1,12690	1,14506	1,16323
9-11	0,98159	0,99987	1,01815	1,03643	1,05471	1,07299	1,09127	1,10956	1,12784	1,14612	1,16440

Konversionsfaktoren des Bobl-Futures

Kupon: RLZ:	**5,25%**	**5,5%**	**5,75%**	**6%**	**6,25%**	**6,5%**	**6,75%**	**7%**	**7,25%**	**7,5%**	**7,75%**
3-6	0,97656	0,98423	0,99189	0,99956	1,00723	1,01490	1,02257	1,03024	1,03791	1,04558	1,05325
3-7	0,97607	0,98391	0,99174	0,99958	1,00741	1,01524	1,02308	1,03091	1,03875	1,04658	1,05441
3-8	0,97561	0,98361	0,99161	0,99961	1,00761	1,01561	1,02361	1,03161	1,03961	1,04761	1,05561
3-9	0,97518	0,98334	0,99151	0,99967	1,00784	1,01600	1,02417	1,03233	1,04050	1,04866	1,05683
3-10	0,97477	0,98310	0,99143	0,99976	1,00809	1,01642	1,02475	1,03308	1,04141	1,04974	1,05807
3-11	0,97438	0,98287	0,99137	0,99987	1,00836	1,01686	1,02536	1,03385	1,04235	1,05085	1,05934
4-0	0,97401	0,98267	0,99134	1,00000	1,00866	1,01733	1,02599	1,03465	1,04331	1,05198	1,06064
4-1	0,97341	0,98223	0,99105	0,99987	1,00868	1,01750	1,02632	1,03513	1,04395	1,05277	1,06158
4-2	0,97284	0,98181	0,99078	0,99976	1,00873	1,01770	1,02667	1,03564	1,04461	1,05358	1,06256
4-3	0,97229	0,98142	0,99054	0,99967	1,00880	1,01792	1,02705	1,03618	1,04530	1,05443	1,06355
4-4	0,97177	0,98105	0,99033	0,99961	1,00889	1,01817	1,02745	1,03674	1,04602	1,05530	1,06458
4-5	0,97126	0,98070	0,99014	0,99957	1,00901	1,01845	1,02788	1,03732	1,04676	1,05619	1,06563
4-6	0,97079	0,98038	0,98997	0,99956	1,00916	1,01875	1,02834	1,03793	1,04752	1,05712	1,06671
4-7	0,97033	0,98008	0,98983	0,99958	1,00932	1,01907	1,02882	1,03857	1,04832	1,05806	1,06781
4-8	0,96990	0,97980	0,98971	0,99961	1,00952	1,01942	1,02933	1,03923	1,04913	1,05904	1,06894
4-9	0,96949	0,97955	0,98961	0,99967	1,00973	1,01979	1,02986	1,03992	1,04998	1,06004	1,07010
4-10	0,96911	0,97932	0,98954	0,99976	1,00998	1,02019	1,03041	1,04063	1,05084	1,06106	1,07128
4-11	0,96875	0,97912	0,98949	0,99987	1,01024	1,02062	1,03099	1,04136	1,05174	1,06211	1,07248

Literaturverzeichnis

Admati, A.R./Bhattacharya, S./Pfleiderer, P./Ross, S. (1986): On Timing and Selectivity, in: Journal of Finance, 41. Jg., 1986, 715-730.

Albrecht, P./Maurer, R./Mayser, J. (1996): Multi-Faktorenmodelle: Grundlagen und Einsatz im Management von Aktien-Portefeuilles, in: Zeitschrift für betriebswirtschaftliche Forschung, 48. Jg., 1996, S. 3-29.

Alexander, G.J./Francis, J.C. (1986): Portfolio Analysis, 3. Aufl., Englewood Cliffs 1986.

Alexander, G.J./Sharpe, W.F./Bailey, J.V. (1993): Fundamentals of Investments, 2. Aufl., Englewood Cliffs 1993.

Allen, F./Gorton, G. (1993): Churning Bubbles, in: Review of Economic Studies, 60. Jg., 1993, S. 813-836.

Amihud, Y./Mendelson, H. (1991): Liquidity and Asset Prices, in: Finanzmarkt und Portfolio Management, 5. Jg., 1991, S. 235-240.

Arbeitskreis „Finanzierung" der Schmalenbach-Gesellschaft (1996): Wertorientierte Unternehmenssteuerung mit differenzierten Kapitalkosten, in: Zeitschrift für betriebswirtschaftliche Forschung, 48. Jg., 1996, S. 543-578.

Arnsfeld, T. (1999): Der marginale Value-at-Risk, in: Die Bank, o. Jg., 1999, S. 353-355.

Bank für Internationalen Zahlungsausgleich (1995): Bericht über das 65. Geschäftsjahr vom 01.04.1994 bis 31.03.1995, Basel 1995.

Bawa, V.S./Lindenberg, E.B. (1977): Capital Markets Equilibrium in a Mean-Lower Partial Moment Framework, in: Journal of Financial Economics, 5. Jg., 1977, S. 189-200.

Beck, H. (1993): Die Wertpapierleihe - ein Instrument für modernes Anlagemanagement und Wertpapiergeschäft, in: Handbuch Finanzdienstleistungen, hrsg. von Brunner, W.L./Vollath, J., Stuttgart 1993, S. 87-97.

Behrenwaldt, U. (1999): Auf dem Weg zum einheitlichen Fondsmarkt in Euroland, in: Die Bank, o. Jg., 1999, S. 584-588.

Beiker, H. (1993): Überrenditen und Risiken kleiner Aktiengesellschaften, Reihe Finanzierung, Steuern, Wirtschaftsprüfung, Bd. 20, hrsg. von Steiner, M., Köln 1993.

Beilner, T. (1989): Portfolio Insurance an der DTB, in: Die Bank, o. Jg., 1989, S. 415-424.

Beilner, T./Mathes, H. D. (1990): DTB DAX-Futures: Bewertung und Anwendung, in: Die Bank, o. Jg., 1990, S. 388-395.

Berger, M. (1990): Hedging, Effiziente Kursabsicherung festverzinslicher Wertpapiere mit Finanzterminkontrakten, Wiesbaden 1990.

Bey, R.P./Howe, K.M. (1984): Gini's Mean Difference and Portfolio Selection: An empirical Evaluation, in: Journal of Financial and Quantitative Analysis, 19. Jg., 1984, S. 329-338.

Bitz, M./Oehler, A. (1993): Überlegungen zu einer verhaltenswissenschaftlich fundierten Kapitalmarktforschung (Teil II): in: Kredit und Kapital, 26. Jg., 1993, S. 375-416.

Black, F. (1986): Noise, in: Journal of Finance, 41. Jg., 1986, S. 529-543.

Black, F. (1989): Universal Hedging: Optimizing Currency Risk and Reward in International Equity Portfolios, in: Financial Analysts Journal, 45. Jg., 1989, S. 16-22.

Black, F./Litterman, R. (1992): Global Portfolio Optimization, in: Financial Analysts Journal, 48. Jg., September-October 1992, S. 28-43.

Bleymüller, J. (1966): Theorie und Technik der Aktienkursindizes, Wiesbaden 1966.

Bleymüller, J./Gehlert, G./Gülicher, H. (1991): Statistik für Wirtschaftswissenschaftler, 7. Aufl., München 1991.

Bloomberg (1999): Financial Markets System.

Bode, M./van Echlpoel, A./Sievi, C. (1994): Multinationale Diversifikation: viel zitiert, kaum befolgt, in: Die Bank, o. Jg., 1994, S. 202-206.

Bode, M./Mohr, M. (1996): Value-at-Risk - ein riskanter Wert?, in: Die Bank, o. Jg., 1996, S. 470-476.

Bode, M./Mohr, M. (1997): VaR - Vielseitig anwendbare Rechenmethode, in: Die Bank, o. Jg., 1997, S. 695-700.

Bodie, Z. (1995): On the Risk of Stocks in the Long Run, in: Financial Analysts Journal, 51. Jg., May-June 1995, S. 18-22.

Bohn, A. (1998): Der Einsatz von Wertpapierleihe, Repo- und Sell/Buy-Back-Geschäften im Handel und Portfoliomanagement von festverzinslichen Wertpapieren, in: Handbuch Portfoliomanagement, hrsg. v. Kleeberg, J.M./Rehkugler, H., Bad Soden 1998, S. 775-791.

Bohn, A./Meyer-Bullerdiek, F. (1997): Hedging mit Euro-DM-Kontrakten, in: Die Bank, o. Jg., 1997, S. 480-484.

Bohn, A./Meyer-Bullerdiek, F. (1996a): Basis Trading mit Bund- und Bobl-Futures, in: Die Bank, o. Jg., 1996, S. 346-350.

Bohn, A./Meyer-Bullerdiek, F. (1996b): Handel von Calendar Spreads mit Bund- und Bobl-Futures, in: Die Bank, o. Jg., 1996, S. 539-543.

Bollerslev, T. (1986): Generalized Autoregressive Conditional Heteroscedasticity, in: Journal of Econometrics, 31. Jg., 1986, S. 307-327.

Brealey, R.A./Myers, S.C. (1988): Principles of Corporate Finance, 3. Aufl., New York et al. 1988.

Breuer, R.-E. (1995): Der Weg der deutschen Investment Banken nach London ist eine Befruchtung des deutschen Kapitalmarktes, in: Zeitschrift für das gesamte Kreditwesen, 48. Jg., 1995, S. 1196-1198.

Brinitzer, P./Sörries, B. (1996): FIONA: Ein neuer Zins-Swap, in: Die Bank, o. Jg., 1996, S. 438-441.

Brinson G.P./Hood L.R./Beebower G.L. (1984): Determinants of Portfolio Performance, in: Financial Analysts Journal, 40. Jg., July-August 1984, S. 39-44.

Brinson, G.P./Singer, B.D./Beebower, G.L. (1991): Determinants of Portfolio Performance II: An Update, in: Financial Analysts Journal, 47. Jg., May-June 1991, S. 40-48.

Broschinski,G. (1995): Performancetestat in der Vermögensverwaltung, in: Die Bank, o. Jg., 1995, S. 650-652.

Broschinski, G. (1999): Dachfonds: Qualitätssprung in der Fonds-Vermögensverwaltung, in: Die Bank, o. Jg., 1999, S. 608-612.

Brown, S.J./Warner, J.B. (1980): Measuring Security Price Performance, in: Journal of Financial Economics, 8. Jg., 1980, S. 205-258.

Brühl, V. / Singer, W.S. (1998): Share Buybacks als Element der Eigenfinanzierungsstrategie, in Die Bank, o. Jg., 1998, S. 612-617.

Bruns, C. (1994): Bubbles und Excess Volatility auf dem deutschen Aktienmarkt, Wiesbaden 1994.

Bruns, C. (1995): Shareholder Value im Focus der Fondsgesellschaft, in: Börsen-Zeitung, Nr. 227 vom 25.11.1995, S. 20.

Bruns, C. (1996): Zeithorizont und Risiko bei Aktienanlagen, in: Die Bank, o. Jg., 1996, S. 38-42.

Bruns, C./Meyer, F. (1994): Auswirkungen des DAX-Futures auf die Volatilität des DAX, in: Zeitschrift für das gesamte Kreditwesen, 47. Jg., 1994, S. 647-652.

Bühler, A./Hies, M. (1995): Zinsrisiken und Key-Rate-Duration, in: Die Bank, o. Jg., 1995, S. 112-118.

Bühler, A./Zimmermann, H. (1994): Instabile Risikoparameter und Portfolioselektion, in: Finanzmarkt und Portfolio Management, 8. Jg. 1994, S. 212-228.

Bühler, W. (1993): Portfolio Insurance in the German Bond Market, in: Finanzmarkt und Portfolio Management, 7. Jg., 1993, S. 73-81.

Campbell, J.Y./Kyle, A.S. (1993): Smart Money, Noise Trading and Stock Price Behaviour, in: Review of Economic Studies, 60. Jg., 1993, S. 1-34.

Campenhausen von, C. (1994): Aus der Praxis: Equity Swaps, in: Finanzmarkt und Portfolio Management, 8. Jg. 1994, S. 259-263.

Caroll, C./Thistle, P.D./Wei, K.C. (1992): The Robustness of Risk-Return Nonlinearities to the Normality Assumption, in: Journal of Financial and Quantitative Analysis, 27. Jg., 1992, S. 419-435.

Chang, E.C./Lewellen, W.G. (1984): Market Timing and Mutual Fund Investment Performance, in: Journal of Business, 57. Jg., 1984, S. 57-72.

Chen, N.-F./Roll, R./Ross, S.A. (1986): Economic Forces and the Stock Market, in: Journal of Business, 59. Jg., 1986, S. 383-403.

Cochrane, J.H. (1991): Volatility Tests and Efficient Markets, in: Journal of Monetary Economics, 27. Jg., 1991, S. 463-485.

Conrad, J./Kaul, G. (1993): Long-Term Market Overreaction or Biases in Computed Returns?, in: Journal of Finance, 48. Jg., 1993, S. 39-63.

Copeland, T.E./Mayers, D. (1982): The Value Line Enigma, in: Journal of Financial Economics, 10. Jg., 1982, S. 289-321.

Cox, J./Rubinstein, M. (1985): Options Markets, Englewood Cliffs 1985.

Cox, J.C./Ross, S.A./Rubinstein, M. (1979): Option-Pricing - A Simplified Approach, in: Journal of Financial Economics, 7. Jg., 1979, S. 229-263.

Cutler, D.M./Poterba, J.M./Summers, L.H. (1990): Speculative Dynamics and the Role of Feedback Traders, in: American Economic Review, 80. Jg., Heft 2, 1990, S. 63-68.

Cutler, D.M./Poterba, J.M./Summers, L.H. (1991): Speculative Dynamics, in: Review of Economic Studies, 58. Jg., 1991, S. 529-546.

Dattatreya, R.E./Fabozzi, F.J. (1995): The Risk-Point Method for Measuring and Controlling Yield Curve Risk, in: Financial Analysts Journal, 51. Jg., July-August 1995, S. 45-54.

Davey, E. (1995): Slow but steady convergence, in: Financial Times vom 16.11.1995, Beilage Derivatives, S. 2.

De Long, J.B./Shleifer, A. (1992): Closed-End Fund Discounts, in: Journal of Portfolio Management, 18. Jg., Winter 1992, S. 46-53.

De Long, J.B./Shleifer, A./Summers, L./Waldman, R. (1989): The Size and Incidenc of the Losses from Noise Trading, in: Journal of Finance, 45. Jg., 1989, S. 681-696.

De Long, J.B./Shleifer, A./Summers, L./Waldman, R. (1990a): Positive Feedback Investment Strategies and Destabilizing Rational Speculation, in: Journal of Finance, 45. Jg., S. 379-395.

De Long, J.B./Shleifer, A./Summers, L./Waldman, R. (1990b): Noise Trader Risk in Financial Markets, in: Journal of Political Economy, 98. Jg., 1990, S. 703-738.

DeBondt, W.F.M./Thaler, R. (1985): Does the Stock Market Overreact?, in: Journal of Finance, 40. Jg., 1985, S. 793-805.

DeBondt, W.F.M./Thaler, R. (1987): Further Evidence on Investor Overreaction and Stock Market Seasonality, in: Journal of Finance, 42. Jg., 1987, S. 557-581.

DeBondt, W.F.M./Thaler, R. (1989): Anomalies: A Mean-Reverting Walk down Wall Street, in: Journal of Economic Perspectives, 3. Jg., 1989, S. 189-202.

DeBondt, W.F.M./Thaler, R. (1990): Do Security Analysts Overreact?, in: American Economic Review, 80. Jg., Heft 2, 1990, S. 52-57.

Deutsche Börse AG (1996, Hrsg.): Basis Trading, Frankfurt/Main 1996.

Deutsche Börse AG (1999a, *Hrsg.*): Factbook 1998, Frankfurt a.M. 1999.

Deutsche Börse AG (1999b, *Hrsg.*): Special: GEX®: Energie an die Börse, Frankfurt a.M. 1999.

Deutsche Börse AG (1999c, *Hrsg.*): Special: Neue Benchmark für den Rentenhandel: Europäische Rentenindizes EBOX und BOX, Frankfurt a.M. 1999.

Deutsche Morgan Grenfell, Deutsche Bank AG (1996, Hrsg.): FIONA Swap, Frankfurt 1996.

Deutsche Morgan Grenfell, Deutsche Bank AG (1997, Hrsg.): Collateral Management, Frankfurt 1997.

Deutsche Terminbörse (1991, Hrsg.): Bund-Future, 2. Aufl., Frankfurt 1991.

Deutsches Aktieninstitut (1999, Herausgeber): Der Erwerb eigener Aktien in Deutschland, Frankfurt 1999.

DG Bank-Research (1999, *Hrsg.*): Internationale Terminmärkte, Frankfurt a.M. 1999.

Dietz, P.O./Kirschman, J.R.(1990): Evaluating Portfolio Performance, in: Managing Investment Portfolios, hrsg. v. J.L. Maginn/D.L. Tuttle, 2. Aufl., New York 1990, S. 12-18.

Divecha, A.B./Drach, J./Stefek, D. (1992): Emerging Markets: A Quantitative Perspective, in: Journal of Portfolio Management, 18. Jg., Fall 1992, S. 42.

Diwald, H. (1994): Zinsfutures und Zinsoptionen, München 1994.

Doerks, W. (1991): Die Berücksichtigung von Zinsstrukturkurven bei der Bewertung von Kuponanleihen, in: Wirtschaftswissenschaftliches Studium, 20. Jg., 1991, S. 275-280.

Doerks, W. (1992): Der Kursunterschied zwischen Stamm- und Vorzugsaktien in der Bundesrepublik Deutschland, Reihe Finanzierung, Steuern, Wirtschaftsprüfung, Band 16, hrsg. von Steiner, M., Köln 1992.

Doerks, W./Hübner, S. (1993): Konvexität festverzinslicher Wertpapiere, in: Die Bank, o. Jg., 1993, S. 102-105.

Doerks, W./Meyer, F. (1995): Der effiziente Einsatz derivativer Instrumente in Investmentfonds, in: Zeitschrift für das gesamte Kreditwesen, 48. Jg., 1995, S. 804-809.

Dowen, R. (1989): What are Analysts' Forecasts Worth? One-Period Growth Expectations and Subsequent Stock Returns, in: Financial Analysts Journal, 45. Jg., July-August 1989, S. 71-74.

Drummen, M. (1992): Europaweit diversifizierte Aktienportfolios, Bank und Finanzwirtschaflti-che Forschungen, hrsg. von Kilgus, E. et al., Band 164, Bern/Stuttgart/Wien 1992.

Drummen, M./Zimmermann, H. (1992): Portfolioeffekte des Währungsrisikos, in: Finanzmarkt und Portfolio Management, 6. Jg., 1992, S. 80-102.

Dubacher, R./Zimmermann, H. (1989): Risikoanalyse schweizerischer Aktien: Grundkonzepte und Berechnungen, in: Finanzmarkt und Portfolio Management, 3. Jg., 1989, S. 66-85.

Duffie, D. (1989): Futures Markets, Englewood Cliffs 1989.

DVFA (Hrsg.) (1998): DVFA-Performance Presentation Standards, 1. Aufl., Dreieich 1998.

Dybvig, P.H./Ross, S.A. (1985): The Analytics of Performance Measurement using a Security Market Line, in: Journal of Finance, 40. Jg., 1985, S. 401-416.

Elton, E.J./Gruber, M.J. (1984): Intra-Day-Tests of the Efficiency of the Treasury Bill Futures Market, in: Review of Economics and Statistics, 66. Jg., 1984, S. 129-137.

Elton, E.J./Gruber, M.J. (1987): Modern Portfolio Theory and Investment Analysis, 3. Aufl., New York 1987.

Elton, E.J./Gruber, M.J. (1991): Modern Portfolio Theory and Investment Analysis, 4. Aufl., New York 1991.

Engle, R.F. (1982): Autoregressive Conditional Heteroscedasticity with Estimates of the Variance of United Kingdom Inflation, in: Econometrica, 50. Jg., 1982, S. 987-1007.

Errunza, V.R. (1994): Emerging Markets: Some New Concepts, in: Journal of Portfolio Management, 20. Jg., Spring 1994, S. 82-87.

Fabozzi, F.J./Peters, E.E. (1989): Hedging with Stock Index Futures, in: The Handbook of Stock Index Futures and Options, hrsg. von Fabozzi, F. J., Kipnis, G. M., Homewood 1989, S. 188-222.

Fama, E.F. (1968): Risk, Return and Equilibrium: Some clarifying Comments, in: Journal of Finance, 23. Jg., 1968, S. 29-40.

Fama, E.F. (1970): Efficient Capital Markets: A Review of Theory and Empirical Work, in: Journal of Finance, 25. Jg., 1970, S. 383-418.

Fama, E.F. (1976): Foundations of Finance, Portfolio Decisions and Security Prices, New York 1976.

Fama, E.F. (1991): Efficient Capital Markets II, in: Journal of Finance, 46. Jg., 1991, S. 1575-1617.

Fama, E.F./French, K.R. (1988): Permanent and Temporary Components of Stock Prices, in: Journal of Political Economy, 96. Jg., 1988, S. 246-273.

Fastrich, H./Hepp, S. (1991): Währungsmanagement international tätiger Unternehmen, Stuttgart 1991.

Federal Reserve Board (1999, *Hrsg.*): Internet-Homepage: http://www.bog.frb.fed.us/releases/, Washington, DC 1999.

Fischer, L./Koop, J./Müller, H. (1994): Mit steigender Erfahrung will sich der Privataktionär auch "selbst beweisen", in: Handelsblatt, Nr. 78 vom 22/23.04.1994, S. 15.

Fitzgerald, M. D. (1983): Financial Futures, Euromoney Publications, London 1983.

Flach, U.E./Ufer, W. (1994): Produktzyklen im deutschen Markt für außerbörsliche Zinsderivate, in: Meilensteine im Management, Band 4: Finanzielle Führung, Finanzinnovationen & Financial Engineering, hrsg. von Siegwart, H./ Mahari, J./Abresch, M., Stuttgart/Zürich/Wien 1994, S. 549-560.

Frantzmann, H.-J. (1989): Saisonalitäten und Bewertung am deutschen Aktien- und Rentenmarkt, Frankfurt 1989.

French, K.R./Roll, R. (1986): Stock Return Variances, in: Journal of Financial Economics, 17. Jg., 1986, S. 5-26.

Garz, H./Günther, S./Moriabadi, C. (1997): Portfolio-Management, Frankfurt am Main 1997.

Garcia, C.B./Gould, F.J. (1991): Some Observations on Active Manager Performance, in: Financial Analysts Journal, 47. Jg., November-December 1991, S. 11-13.

Gastineau, G.L. (1988): The Options Manual, 3. Aufl., New York et al. 1988.

Gastineau, G.L. (1995): The Currency Hedging Decision: A Search for Synthesis in Asset Allocation, in: Financial Analysts Journal, 51. Jg., May-June 1995, S. 8-17.

Geyer E.J./Schwaiger, W.S.A. (1994): Optionsbewertung mit GARCH Modellen, in: Die Bank, o. Jg., 1994, S. 684-688.

Girard, J./Gruber, H. (1993): An Application of the Repetitive Choice Model: Excess Volatility of Stock Markets, in: European Investment Bank (EIB): Paper Nr. 20, 1993.

Goldman, Sachs & Co. (1996, Hrsg.): Global Derivatives Trading in 1995, January 1996.

Gomez, P. (1995): Stichwort „Shareholder Value“, in Handwörterbuch des Bank- und Finanzwesens, hrsg. v. Gerke, W. / Steiner, M., 2. Aufl., Stuttgart 1995, Sp. 1720-1728.

Gramlich, D./Peylo, B.T./Staaden, M. (1999): Effiziente Portefeuilles im µ-/VaR-Raum, in: Die Bank, o. Jg., 1999, S. 422-425.

Grinblatt, M./Titman, S. (1989): Portfolio Performance Evaluation: Old Issues and New Insights, in: Review of Financial Studies, 2. Jg., 1989, S. 393-421.

Grinold, R.C./Kahn, R.N. (1995): Active Portfolio Management, Chicago 1995.

Groffmann, T./Weber, G. (1998): Indexfonds – Konstruktion und Marktentwicklung, in: Die Bank, o. Jg., 1998, S. 536-539.

Grossman, S.J./Stiglitz, J.E. (1980): On the Impossibility of Informationally Efficient Markets, in: American Economic Review, 70. Jg., 1980, S. 393-408.

Gügi, P. (1995): Einsatz der Portfoliooptimierung im Asset Allocation-Prozess, Bank- und Finanzwirtschaftliche Forschungen, hrsg. von Kilgus, E. et al., Bern/Stuttgart/Wien 1995.

Günther, S. (1998): Praktische Bedeutung und professioneller Einsatz von Benchmarkportfolios, in: Handbuch Portfoliomanagement, hrsg. v. Kleeberg, J.M./Rehkugler, H., Bad Soden 1998, S. 165-189.

Hadar, J./Russel, W.R. (1969): Rules for Ordering uncertain Prospects, in: American Economic Review, 59. Jg., 1969, S. 25-34.

Hanoch, G./Levy, H. (1969): The Efficiency Analysis of Choices involving Risk, in: Review of Economic Studies, 36. Jg., 1969, S. 335-346.

Hanson, H.N./Kopprasch, R.W. (1989): Pricing of Stock Index Futures, in: The Handbook of Stock Index Futures and Options, hrsg. von Fabozzi, F.J./Kipnis, G.M., Homewood 1989, S. 102-120.

Harlow, W.V. (1991): Asset Allocation in a Downside-Risk Framework, in: Financial Analysts Journal, 47. Jg., September-October 1991, S. 28-40.

Hartmann, B./Meyer-Bullerdiek, F. (1996): Deutsche Warenterminbörse vor dem Start, in: Die Bank, o .Jg., 1996, S. 724-729.

Haugen, R./Baker, N. (1991): The Efficient Market Inefficiency of Capitalization-Weighted Stock Portfolios, in: Journal of Portfolio Management, 17. Jg., Spring 1991, S. 35-40.

Häuselmann, H. (1995): Stichwort Wertpapierleihe, in: Handwörterbuch des Bank- und Finanzwesens, hrsg. von Gerke, W./Steiner, M., 2. Aufl., Stuttgart 1995, Sp. 2013-2022.

Hauser, S./Marcus, M./Yaari, U. (1994): Investing in Emerging Stock Markets: Is It Worthwhile Hedging Foreign Exchangs Risk?, in: Journal of Portfolio Management, 20. Jg., Spring 1994, S. 76-81.

Hawawini, G./Jaquillat, B. (1993): European Equity Markets in the 1990's, in: European Banking in the 1990s, hrsg. von Dermine, J., Oxford/Cambridge M.A. 1993, S. 69-104.

Heinke, V.G. (1998): Bonitätsrisiko und Credit Rating festverzinslicher Wertpapiere, Bad Soden 1998.

Heintze, M./Planta, R. (1992): Aus der Praxis: Der Einsatz von Swaptions im Obligationengeschäft, in: Finanzmarkt und Portfolio Management, 6. Jg., 1992, S. 327-335.

Henriksson, R.D. (1984): Market Timing and Mutual Fund Performance: An empirical Investigation, in: Journal of Business, 57. Jg., 1984, S. 73-96.

Hensel, C./Ezra, D./Ilkiw, J. (1991): The Importance of the Asset Allocation Decision, in: Financial Analysts Journal, 47. Jg., July-August 1991, S. 65-72.

Hentschel, L. (1995): All in the family- Nesting symmetric and asymmetric GARCH models, in: Journal of Financial Economics, 39. Jg., 1995, S. 71-104.

Heri, E.W. (1993): Editorial: Die Emerging-Market-Euphorie, in: Finanzmarkt und Portfolio Management, 7. Jg. 1993, S. 401-404.

Hicks, J.R. (1939): Value and Capital, Oxford 1939.

Hill, J.M./Jones, F.J. (1988): Equity Trading, Program Trading, Portfolio Insurance, Computer Trading and all that, in: Financial Analysts Journal, 44. Jg., July-August 1988, S. 29-38.

Höfner, A./Klein, M. (1995): Derivate in der Praxis - Status Quo und aktuelle Entwicklung, in: Derivative Finanzinstrumente, hrsg. von Rudolph, B., Stuttgart 1995, S. 171-191.

Howard, C.T./D'Antonio, L.J. (1984): A Risk-Return Measure of Hedging Effectiveness, in: Journal of Financial and Quantitative Analysis, 19. Jg., 1984, S. 101-112.

Howard, C.T./D'Antonio, L.J. (1986): Treasury Bill Futures as a Hedging Tool: A Risk-Return Approach, in: Journal of Financial Research, 9. Jg., Heft 1, 1986, S. 25-39.

Huberman, G./Kandel, S. (1987): Value Line Ranks and Firms Size, in: Journal of Business, 60. Jg., 1987, S. 577-589.

Hull, J.C. (1993): Options, Futures, and other Derivative Securities, 2. Aufl., Englewood Cliffs 1993.

International Finance Corporation (1999, *Hrsg.*): Ermerging Stock Markets Review, October 1998.

Jaeger, S./Rudolf, M./Zimmermann, H. (1995): Efficient Shortfall Frontier, in: Zeitschrift für betriebswirtschaftliche Forschung, 47. Jg., 1995, S. 355-365.

Janßen, B./Rudolph, B. (1992): Der Deutsche Aktienindex DAX, Frankfurt 1992.

Jean, W.H. (1975): Comparison of Moment and Stochastic Dominance Ranking Methods, in: Journal of Financial and Quantitative Analysis, 10. Jg., 1975, S. 151-161.

Jean, W.H./Helms, B.P. (1988): Moment Orderings and Stochastic Dominance Tests, in: Journal of Business, Finance and Accounting, 15. Jg., 1988, S. 573-584.

Jensen, M.C. (1968): The Performance of Mutual Funds in the Period 1945-1964, in: Journal of Finance, 23. Jg., 1968, S. 389-416.

Jensen, M.C. (1978): Some Anomalous Evidence Regarding Market Efficiency, in: Journal of Financial Economics, 6. Jg., 1978, S. 95-101.

Johnson, L.L. (1960): The Theory of Hedging and Speculation in Commodity Futures, in: Review of Economic Studies, 27. Jg., 1960, S. 139-151.

JP Morgan (1995, Hrsg.): From Information to Value, Seminarunterlagen Barcelona 1995.

Jüttner, D.J. (1987): Spekulation - immer segensreich?, in: Jahrbuch für Nationalökonomie und Statistik, 203. Jg., 1987, S. 1-11.

Jüttner, D.J. (1989): Fundamentals, Bubbles, Trading Strategies: Are they the Causes of Black Monday?, in: Kredit und Kapital, 22. Jg., 1989, S. 470-486.

Kahn, R.N./Rudd, A. (1995): Does Historical Performance Predict Future Performance, in: Financial Analysts Journal, 51. Jg., November-December 1995, S. 43-52.

Kendall, M./Stuart, A./Ord, J.K. (1977): The Advanced Theory of Statistics, Band 1: Distribution Theory, 4. Aufl., London 1977.

Keynes, J.M. (1936): The general Theory of Employment, Interest and Money, London 1936.

Kilcollin, T.E. (1982): Difference Systems in Financial Futures Markets, in: Journal of Finance, 37. Jg., 1982, S. 1183-1197.

Kim, M.J./Nelson, C.R./Startz, R. (1991): Mean Reversion in Stock Prices? A Reappraisal of the Empirical Evidence, in: Review of Economic Studies, 58. Jg., 1991, S. 515-528.

Kleeberg, J.M. (1992): Der Einsatz von fundamentalen Betas im modernen Portfoliomanagement, in: Die Bank, o. Jg., 1992, S. 474-478.

Kleeberg, J.M. (1995): Der Anlageerfolg des Minimum-Varianz-Portfolios, Bad Soden 1995.

Kleeberg, J.M./Schlenger, C. (1994): Konzeption und Performance einer europäischen Indexanlage, in: Finanzmarkt und Portfolio Management, 8. Jg., 1994, S. 229-241.

Kleeberg, J.M./Schlenger, C. (1998): Verfeinerung von Alpha- und Timingprognosen für die relative Portfoliooptimierung, in: Handbuch Portfoliomanagement, hrsg. v. Kleeberg, J.M./Rehkugler, H., Bad Soden 1998, S. 567-589.

Kleeberg, J.M./Schlenger, C. (1999): Perspektiven des Asset Management Consulting, in: Die Bank, o. Jg., 1999, S. 554-560.

Kolb, R.W. (1988): Understanding Futures Markets, 2. Aufl., Glenview/Boston/London 1988.

Kolb, R.W. (1992): Investments, 3. Aufl., Miami 1992.

Köpf, G. (1992): LEPOs - auch für Deutschland eine Innovation, in: Anlagepraxis 11/1992, S. 8-12.

Krämer, W. / Kaiser, H. (1997): Die Zukunft der Futures, in: Die Bank, o. Jg., 1997, S. 672-675.

Kromschröder, B. (1984): Schlägt Mittelmäßigkeit Dummheit, in: Zeitschrift für betriebswirtschaftliche Forschung, 36. Jg., 1984, S. 732-747.

Lakonishok, J./Shleifer, A./Vishny, R.W. (1991): Do Institutional Investors destabilize Stock Prices?, in: National Bureau of Economic Research, Inc., 1991, Working Paper Nr. 3846.

Langfeldt, A.J. (1993, Hrsg.): Psychologie: Grundlagen und Perspektiven, Neuwied et al 1993.

Lassak, G. (1988): Zins- und Währungsswaps, Schriftenreihe der SGZ BANK, Band 1, Frankfurt am Main 1988.

Layard-Liesching, R. (1994): Currency Overlays, in: Euromoney Research Guide: The 1994 Guide to Currencies, London 1994, S. 69-72.

Lee, C.F./Rahman, S. (1990): Market Timing, Selectivity, and Mutual Fund Performance: an empirical Investigation, in: Journal of Business, 63. Jg., 1990, S. 261-278.

Lee, C.F./Rahman, S. (1991): New Evidence on Timing and Security Selection Skill of Mutual Fund Managers, in: Journal of Portfolio Management, 17. Jg., Winter 1991, S. 80-83.

Lee, C.M./Shleifer, A./Thaler, R.H. (1991): Investor Sentiment and the Closed-End Fund Puzzle, in: Journal of Finance, 46. Jg., 1991, S. 75-109.

Leland, H.E. (1980): Who should buy Portfolio Insurance, in: Journal of Finance, 35. Jg., 1980, S. 581-594.

Leland, H.E. (1988): Portfolio Insurance and October 19th, in: California Management Review, 30. Jg., Heft 4, 1988, S. 80-89.

LeRoy, S.F. (1989): Efficient Capital Markets and Martingales, in: Journal of Economic Literature, 27. Jg., 1989, S. 1583-1621.

Levich, R./Thomas, L. (1993): The Merits of Active Currency Risk Management: Evidence form International Bond Portfolios, in:Financial Analysts Journal, 49. Jg., September-October 1993, S. 63-70.

Levy, H. (1973): Stochastic Dominance, Efficiency Criteria and Efficient Portfolios: The Multi-Period Case, in: American Economic Review, 63. Jg., 1973, S. 986-994.

Levy, H. (1978): Equilibrium in an imperfect Market: A Constraint on the Number of Securities in the Portfolio, in: American Economic Review, 68. Jg., 1978, S. 643-658.

Levy, H. (1990): Small Firm Effect: Are there abnormal Returns in the Market, in: Journal of Accounting, Auditing and Finance, 5. Jg., 1990, S. 235-270.

Levy, H./Sarnat, M. (1972): Investment and Portfolio Analysis, New York et al. 1972.

LIFFE (1993, Hrsg.): Spread Trading, London 1993.

LIFFE (1995, Hrsg.): btf, Basis Trading Facility, Frankfurt 1995.

Lingner, U. (1991): Optionen, 2. Aufl., Wiesbaden 1991.

Lintner, J. (1965): The Valuation of Risk Assets and the Selection of Risky Investments in Stock Portfolios and Capital Budgets, in: The Review of Economics and Statistics, 47. Jg., 1965, S. 13-37.

Loistl, O. (1990): Zur neueren Entwicklung der Finanzierungstheorie, in: Die Betriebswirtschaft, 50. Jg., 1990, S. 47-84.

Loistl, O. (1992): Computergestütztes Wertpapiermanagement, 4. Aufl., München/Wien 1992.

Lypny, G.J. (1988): Hedging foreign Exchange Risk with Currency Futures: Portfolio Effects, in: Journal of Futures Markets, 8. Jg., 1988, S. 703-715.

Macaulay, F.H. (1938): Some theoretical problems suggested by the movements of interest rates, bond yields, and stock prices in the United States since 1856, New York 1938.

Maier, A. (1988): Forward Rate Agreements, in: Sparkasse, 105. Jg., 1988, S. 475.

Malkiel, B.G. (1995): Returns from Investing in Equity Mutual Funds 1971 to 1991, in: Journal of Finance, 50. Jg., 1995, S. 549-572.

Markowitz, H.M. (1952): Portfolio Selection, in: Journal of Finance, 7. Jg., 1952, S. 77-91.

Markowitz, H.M. (1959): Portfolio Selection, Efficient Diversification of Investments, New York et al. 1959.

Mayhew, S. (1995): Implied Volatility, in: Financial Analysts Journal, 51. Jg., May-June 1995, S. 8-20.

McQueen, G. (1992): Long-Horizon Mean-Reverting Stock Prices Revisited, in: Journal of Financial and Quantitative Analysis, 27. Jg., 1992, S. 1-18.

Meisner, J.F./Labuszewski, J.W. (1984): Treasury Bond Futures Delivery Bias, in: Journal of Futures Markets, 4. Jg., 1984, S. 569-577.

Mella F./Jähnke, R.. (1996): Die Hälfte des Kapitals liegt in festen Händen, in: Börsenzeitung, Nr. 12 vom 18.01.1996, S. 6.

Menkhoff, L. (1992): Feedback Trading auf Devisenmärkten, in: Jahrbuch für Nationalökonomie und Statistik, 210. Jg., 1992, S. 127-144.

Menkhoff, L./Röckmann, C. (1994): Noise Trading auf Aktienmärkten, in: Zeitschrift für Betriebswirtschaft, 64. Jg., 1994, S. 277-295.

Meyer, F. (1994a): Hedging mit Zins- und Aktienindex-Futures: Eine theoretische und empirische Analyse des deutschen Marktes, Reihe Finanzierung, Steuern, Wirtschaftsprüfung, hrsg. von Steiner, M., Band 24, Köln 1994.

Meyer, F. (1994b): Der Erfolg unterschiedlicher Hedge-Ratio-Verfahren beim Einsatz von DAX-Futures, in: Finanzmarkt und Portfolio Management, 8. Jg., 1994, S. 410-428.

Meyer, F./Hane, K. (1995): Immobilienindex-Futures - auch für den deutschen Terminmarkt?, in: Zeitschrift für das gesamte Kreditwesen, 48. Jg., 1995, S. 124-129.

Meyer, F./Meyer, H. (1994): Das Projekt Deutsche Warenterminbörse, in: Die Bank, o. Jg., 1994, S. 458-462.

Meyer, F./Padberg, M. (1995): Strategien zum Bond-Portfolio-Management, in: Zeitschrift für das gesamte Kreditwesen, 48. Jg., 1995, S. 268-277.

Meyer, F./Wittrock, C. (1993): DTB vor einer neuen Aera, in: Die Bank, o. Jg., 1993, S. 91-98.

Meyer, F./Wittrock, C. (1994): Der FIBOR-Future an der DTB, in: Die Bank, o. Jg., 1994, S. 169-172.

Meyer-Bullerdiek, F. (1998): Der Einsatz von Futures im Bondmanagement, in: Handbuch Portfoliomanagement, hrsg. v. Kleeberg, J.M./Rehkugler, H., Bad Soden 1998, S. 718-742.

Meyer-Bullerdiek, F. (1999): Kundenorientierte Absicherungsstrategien für institutionelle Anleger, erscheint in: Kundenorientierung von Banken, hrsg. v. Herrmann, A./Jasny, R./Vetter, I., Frankfurt am Main 1999, S. 179-202.

Moody's (1995): Corporate Bond Defaults and Defaults Rates 1970-1994, New York 1995.

Mossin, J. (1966): Equilibrium in a Capital Asset Market, in: Econometrica, 34. Jg., 1966, S. 768-783.

Nabben, S. (1990): Financial Swaps, Wiesbaden 1990.

Nägel, J. (1999): SMAX – das neue Qualitätssegment für Small Caps, in: Die Bank, o. Jg., 1999, S. 180-183.

Nelson, R.D./Collins, R.A. (1985): A Measure of Hedging's Performance, in: Journal of Futures Markets, 5. Jg., 1985, S. 45-55.

Nielsen, L.L. (1993): Emerging Markets optimieren Aktienportefeuille, in: Die Bank, o. Jg., 1993, S. 286-289.

Nowak, T. (1994): Faktormodelle in der Kapitalmarkttheorie, Reihe Finanzierung/Steuern/Wirtschaftsprüfung, hrsg. von Steiner, M., Band 25, Köln 1994.

O'Brien, T.J. (1988): The mechanics of portfolio insurance, in: Journal of Portfolio Management, 14. Jg., Spring 1988, S. 40-47.

Oehler, A. (1991): Anomalien im Anlegerverhalten, in: Die Bank, o. Jg., 1991, S. 600-607.

Oertmann, P. (1994): Firm-Size-Effekt am deutschen Aktienmarkt, in: Zeitschrift für betriebswirtschaftliche Forschung, 46 Jg., 1994, S. 229-259.

Perold, A.F./Schulman, E.C. (1988): The Free Lunch in Currency Hedging: Implications for Investment Policy and Performance Standards, in: Financial Analysts Journal, 44. Jg., May-June 1988, S. 45-50.

Perridon, L./Steiner, M. (1997): Finanzwirtschaft der Unternehmung, 9. Aufl., München 1997.

Pieper, H.G. (1998): Sachgerechte Attribution der Performance, in: Handbuch Portfoliomanagement, hrsg. v. Kleeberg, J.M./Rehkugler, H., Bad Soden 1998, S. 973-992.

Pilz, O. (1991): DTB - für Bulle und Bär, Würzburg 1991.

Porter, I.M. (1986): Wettbewerbsvorteile, Frankfurt 1986.

Poterba, J./Summers, L.H. (1988): Mean Reversion in Stock Prices: Evidence and Implications, in: Journal of Financial Economics, 57. Jg., 1988, S. 27-59.

Powers, M.J. (1981): Foreign Currency Futures Markets, in: Handbook of Financial Markets: Securities, Options, Futures, hrsg. von Fabozzi, F. J./Zarb, F. G., Homewood 1981, S. 663-673.

Prahl, R. (1995): Stichwort Wertpapierpensionsgeschäfte, in: Handwörterbuch des Bank- und Finanzwesens, hrsg. von Gerke, W./Steiner, M., 2. Aufl., Stuttgart 1995, Sp. 2022-2028.

Reinganum, M.R. (1983): The Anomalous Stock Market Behavior of Small Firms in January, in: Journal of Financial Economics, 13. Jg., 1983, S. 89-104.

Roll, R. (1977): A Ciritique of the Asset Pricing Theory's Tests - Part I: On Past and Potential Testability of the Theory, in: Journal of Financial Economics, 4. Jg., 1977, S. 129-176.

Roll, R. (1978): Ambiguity when Performance is measured by the Securities Market Line, in: Journal of Finance, 33. Jg., 1978, S. 1051-1070.

Roll, R. (1983): Was ist das, The Turn-of-theYear-Effect and the Return Premia of Small Firms, in: Journal of Portfolio Management, 9. Jg., 1983, S. 18-28.

Roll, R. (1992): Volatility in U.S. and Japanese Stock Markets: A Symposium, in: Journal of Applied Corporate Finance, 5. Jg., Heft 1, 1992, S. 29-33.

Rosenberg, B. (1974): Extra-Market Components of Covariance in Security Returns, in: Journal of Financial and Quantitative Analysis, 9. Jg., 1974, S. 263-274.

Ross, S.A. (1976): The Arbitrage Theory of Capital Asset Pricing, in: Journal of Economic Theory, 13. Jg., 1976, S. 341-360.

Rudolph, B. (1995): Derivative Finanzisntrumente: Entwicklung, Risikomanagement und bankaufsichtsrechtliche Regulierung, in: Derivative Finanzinstrumente, hrsg. von Rudolph, B., Stuttgart 1995, S. 3-41.

Salomon Smith Barney (1999, *Hrsg.*): The Salomon Smith Barney Guide to World Equity Markets, London 1999.

Samorajski, G.S./Phelps, B.D. (1990): Using Treasury Bond Futures to enhance Total Return, in: Financial Analysts Journal, 46. Jg., January-February 1990, S. 58-65.

Samuelson, P.A. (1963): A Fallacy of Large Numbers, in: Collected Scientific Papers of Paul. A. Samuelson, hrsg. von Stiglitz, J., Chapter 16.

Samuelson, P.A. (1989): The Judgment of Economic Science on Rational Portfolio Management: Indexing, Timing, and Longhorizon Effects, in: Journal of Portfolio Management, 15. Jg., Fall 1989, S. 4-12.

Schäfer, K. (1995): Einsatz und Bewertung von Optionen und Futures, in: Derivative Finanzinstrumente, hrsg. von Rudolph, B., Stuttgart 1995, S. 45-130.

Schäfer, K./Rodt, M. (1999): Stromderivate an internationalen Märkten, in: Die Bank, o. Jg., 1999, S. 548-553.

Schierenbeck, H. (1999a): Ertragsorientiertes Bankmanagement, 6. Aufl., Band 1, Wiesbaden 1999.

Schierenbeck, H. (1999b): Ertragsorientiertes Bankmanagement, 6. Aufl., Band 2, Wiesbaden 1999.

Schlenger, C. (1997): Value-Added at Risk, in: Die Bank, o. Jg., 1997, S. 726-729.

Schmidt-von Rhein, A. (1996): Die Moderne Portfoliotheorie im praktischen Wertpapiermanagement, Bad Soden 1996.

Schneeweis, T.R./Hill, J.M./ Philipp, M.G. (1983): Hedge Ratio Determination based on Bond Yield Forecasts, in: Review of Research in Futures Markets, 2. Jg., 1983, S. 338-349.

Schneider, D. (1993): Wider Insiderhandelsverbot und die Informationseffizienz des Kapitalmarktes, in: Der Betrieb, 46. Jg., 1993, S. 1429-1435.

Schnittke, J. (1989): Überrenditeeffekte am deutschen Aktienmarkt, Reihe Finanzierung, Steuern, Wirtschaftsprüfung, hrsg. von Steiner, M., Band 7, Köln 1989.

Schredelseker, K. (1984): Anlagestrategie und Informationsnutzen am Aktienmarkt, in: Zeitschrift für betriebswirtschaftliche Forschung, 36. Jg., 1984, S. 44-59.

Schwert, G.W./Seguin, P.J. (1990): Heteroskedasticity in Stock Returns, in: Journal of Finance, 45. Jg., 1990, S. 1129-1155.

Shalit, H./Yitzhaki, S. (1984): Mean-Gini, Portfolio Theory, and the Pricing of risky Assets, in: Journal of Finance, 39. Jg., 1984, S. 1449-1468.

Sharpe, W.F. (1963): A Simplified Model for Portfolio Analysis, in: Management Science, 9. Jg., 1963, S. 277-293.

Sharpe, W.F. (1964): Capital Asset Prices: A Theory of Equilibrium under Conditions of Risk, in: Journal of Finance, 19. Jg., 1964, S. 425-442.

Sharpe, W.F. (1966): Mutual Fund Performance, in: Journal of Business, 39. Jg., 1966, S. 119-138.

Sharpe, W.F. (1977): The CAPM: A "Multi-Beta" Interpretation, in: Financial Decision Making under Uncertainty, hrsg. von Levy, H./Sarnat, M., New York 1977, S. 127-135.

Sharpe, W.F. (1992): Asset Allocation: Management Style and Performance Measurement, in: Journal of Portfolio Management, 18. Jg., Winter 1992, S. 7-19.

Shefrin, H./Statman, M. (1985): The Disposition to Sell Winners Too Early and Ride Losers Too Long: Theory and Evidence, in: Journal of Finance, 40. Jg., 1985, S. 777-790.

Shiller, R.J. (1984): Theories of Aggregate Stock Price Movements, in: Journal of Portfolio Management, 10. Jg., Winter 1984, S. 28-37.

Shiller, R.J. (1988): Fashions, Fads, and Bubbles in Financial Markets, in: Knights, Raiders and Targets, hrsg. von Coffee, J.C./Lowenstein, L./Rose-Ackerman, S., New York et al. 1988, S. 56-68.

Shiller, R.J. (1989): Market Volatility, Cambridge M.A./London 1989.

Shiller, R.J. (1990): Speculative Prices and Popular Models, in: Journal of Economic Perspectives, 4. Jg., Heft 2, 1990, S. 55-65.

Shiller, R.J./Pound, J. (1989): Survey Evidence on Diffusion of Interest and Information among Investors, in: Journal of Economic Behavior and Organization, 12. Jg., 1989, S. 47-66.

Siegel, J.J. (1972): Risk, Interest Rates and the Forward Exchange, in: Quarterly Journal of Economics, 86. Jg., 1972, S. 303-331.

Sittampalam, A. (1993): Evolving Techniques in Investment Management, Dublin 1993.

Smith, V.L./Suchanek, G.L./Williams, A.W. (1988): Bubbles, Crashes, and Endogenous Expectations in Experimental Spot Asset Markets, in: Econometrica, 56. Jg., 1988, S. 1119-1151.

Solnik, B.H. (1991): International Investments, 2. Aufl., Reading et al. 1991.

Standard & Poor's (1995, Hrsg.): S&P 500 1995 Directory, New York 1995.

Stein, A./Noltsch, G. (1996): Neuer Repo-Service des Deutschen Kassenvereins, in: Die Bank, o. Jg., 1996, S. 78-82.

Steiner, M./Beiker, H./Bauer, C. (1993): Theoretische Erklärungen unterschiedlicher Aktienrisiken und empirische Überprüfungen, in: Empirische Kapitalmarktforschung, hrsg. von Bühler, W./Hax, H./Schmidt, R., Zeitschrift für betriebswirtschaftliche Forschung, 45. Jg., 1993, Sonderheft 31, S. 99-129.

Steiner, M./Bruns, C. (1998): Wertpapiermanagement, 6. Auflage, Stuttgart 1998.

Steiner, M./Heinke, V. (1996): Rating aus Sicht der modernen Finanzierungstheorie, in: Rating-Handbuch, hrsg. V. Büschgen, H.E./Everling, O., Wiesbaden 1996, S. 579-628.

Steiner, M./Meyer, F. (1993): Hedging mit Financial Futures, in: Handbuch des Finanzmanagements, hrsg. von Gebhardt, G./Gerke, W./Steiner, M., München 1993, S. 721-749.

Steiner, M./Meyer, F./Luttermann, K. (1994): Die preisliche Bewertung von Zins-Futures unter besonderer Berücksichtigung der Delivery Options und des Marking-to-Market, in: Finanzmarkt und Portfoliomanagement, 8. Jg., 1994, S. 332-352.

Steiner, M./Meyer-Bullerdiek, F./Spanderen, D. (1996): Erfolgsmessung von Wertpapierportefeuilles mit Hilfe der stochastischen Dominanz und des Mean-Gini-Ansatzes, in: Die Betriebswirtschaft, 56. Jg., 1996, S. 49-61.

Steiner, M./Wallmeier, M. (1999): Unternehmensbewertung mit Discounted Cash Flow-Methoden und dem Economic Value Added-Konzept, in: Finanzbetrieb, 1. Jg, 5/1999, S. 1-10.

Steiner, M./Wittrock, C. (1993): Märkte für Instrumente zur Risikoabsicherung, in: Handbuch des Finanzmanagements, hrsg. von Gebhardt, G./Gerke, W./Steiner, M., München 1993, S. 669-719.

Steiner, M./Wittrock, C. (1994): Timing-Aktivitäten von Aktieninvestmentfonds und ihre Identifikation im Rahmen der externen Performance-Messung, in: Zeitschrift für Betriebswirtschaft, 64. Jg., 1994, S. 593-617.

Stickel, S.E. (1985): The Effect of Value Line Investment Survey Rank Changes on Common Stock Prices, in: Journal of Financial Economics, 14. Jg., 1985, S. 121-143.

Stock, D. (1990): Winner and Loser Anomalies in the German Stock Market, in: Journal of Institutional and Theoretical Economics, 146. Jg., 1990, S. 518-529.

Stöttner, R. (1989): Zur Instabilität von Finanzmärkten aus finanztechnologischer und theoretischer Sicht, in: Wirtschaftliche Dynamik und technischer Wandel, Festschrift für A.E. Ott, hrsg. von Seitz, T., Stuttgart/New York 1989, S. 145-161.

Stöttner, R. (1992): Markttechnische "Trading Rules" kontra Buy & Hold-Strategien, in: Jahrbücher für Nationalökonomie und Statistik, 209. Jg., 1992, S. 266-282.

Swiss Bank Corporation (1995, Hrsg.): Global Bond Handbook, 1995.

Tilley, J.A./Latainer, G.D. (1985): Synthetic Option Framework for Asset Allocation, in: Financial Analysts Journal, 41. Jg., May-June 1985, S. 32-43.

Treynor, J.L. (1965): How to Rate Management of Investment Funds, in: Harvard Business Review, 43. Jg., 1965, S. 63-75.

Treynor, J.L./Black, F. (1973): How to use Security Analysis to improve Portfolio Selection, in: Journal of Business, 46. Jg., 1973, S. 66-86.

Treynor, J.L./Mazuy, K.K. (1966): Can Mutual Funds Outguess the Market?, in: Harvard Business Review, 44. Jg., July-August 1966, S. 130-136.

Tversky, A./Thaler, R.H. (1990): Anomalies: Preference Reversals, in: Journal of Economic Perspectives, 4. Jg., 1990, S. 201-211.

Vandell, R.F./Stevens, J.L. (1989): Evidence of Superior Performance from Timing, in: Journal of Portfolio Management, 15. Jg., Spring 1989, S. 38-42.

VDH (1999, *Hrsg.*): Jahresbericht 1998: Verband deutscher Hypothekenbanken e.V., Bonn 1999.

Wallich, H.C. (1979): Radical Revisions of the Distant Future, in: Journal of Portfolio Management, 5. Jg., Fall 1979, S. 36-38.

Wallmeier, M. (1997): Prognose von Aktienrenditen und -risiken mit Mehrfaktorenmodellen, Bad Soden 1997.

Weibel, P.F./Dubois, N. (1997): Value at Risk: Herausforderung der Bankführung, in: Banken in globalen und regionalen Umbruchsituationen, Festschrift für J.H. von Stein, hrsg. v. Hummel, D./Bühler, W./Schuster, L., Stuttgart 1997, S. 317-330.

Welcker, J. (1991): Technische Aktienanalyse, 6. Aufl. Zürich 1991.

Welcker, J./Kloy, J./Schindler, K. (1992): Professionelles Optionsgeschäft, 3. Aufl., Zürich 1992.

WestLB (1988, *Hrsg.*): Finanzmanagement, Neue Instrumente für das Zins- und Risikomanagement, September 1988.

WestLB (1990, *Hrsg.*): DAX-Future, Düsseldorf 1990.

WestLB-Research (1999, *Hrsg.*): Der Euroland-Bondmarkt – Struktur des Rentenmarktes, Düsseldorf 1999.

Whaley, R.E. (1993): Derivatives on Market Volatility - Hedging Tools Long Overdue, in: Journal of Derivatives, 1. Jg., 1993, S. 81ff.

Wilcox, J.W. (1992): Taming Frontier Markets, in: Journal of Portfolio Management, 18. Jg., Fall 1992, S. 51-56.

Wilkens, M. (1996): Wertpapiermanagement, 3. Aufl., IFBG-Skripten, hrsg. v. W. Benner, Göttingen 1996.

Willnow, J. (1996): Derivative Finanzinstrumente, Wiesbaden 1996.

Winter, S.M. (1995): Derivative Finanzinstrumente der dritten Generation, in: Derivative Finanzinstrumente, hrsg. von Rudolph, B., Stuttgart 1995, S. 211-237.

Wittkemper, H.-G. (1994): Neuronale Netze als Hilfsmittel zur Rendite- und Risikoschätzung von Aktien, Reihe Finanzierung/Steuern/Wirtschaftsprüfung, hrsg. von Steiner, M., Band 23, Köln 1994.

Wittrock, C. (1995): Messung und Analyse der Performance von Wertpapierportfolios, Bad Soden 1995.

Wittrock, C. (1996): Fonds-Performance als Anlagekriterium, in: Die Bank, o. Jg., 1996, S. 246-250.

Wittrock, C. (1998): Moderne Verfahren der Performancemessung, in: Handbuch Portfoliomanagement, hrsg. v. Kleeberg, J.M./Rehkugler, H., Bad Soden 1998, S. 933-971.

Wittrock, C/Fischer,B./Lilla,J. (1998): Neue DVFA Performance Standards (I) und (II), in: Die Bank, o. Jg., 1998, S. 540-542 und S. 606-611.

WTB (1999a, *Hrsg.*): Internet-Homepage: http://www.wtb-hannover.de/, Hannover 1999.

WTB (1999b, *Hrsg.*): Up to Date, Ausgabe Juli 1999.

Zarowin, P. (1990): Size, Seasonality, and Stock Market Overreaction, in: Journal of Financial and Quantitative Analysis, 25. Jg., 1990, S. 113-125.

Zenger, C. (1994): Zeithorizonteffekte: Replik auf zwei Beiträge mit einer grafischen Illustration, in: Finanzmarkt und Portfolio Management, 8. Jg., 1994, S. 249-254.

Zimmermann, H. (1991): Zeithorizont, Risiko und Performance, in: Finanzmarkt und Portfolio Management, 5. Jg., 1991, S. 164-181

Zimmermann, H./Zogg-Wetter, C. (1992): Performance-Messung schweizerischer Aktienfonds: Markt-Timing und Selektivität, in: Schweizerische Zeitschrift für Volkswirtschaft und Statistik, 128. Jg., 1992, S. 133-160.

Zurack, M.A. (1989): The many Forms of Portfolio Insurance, in: Portfolio and Investment Management, hrsg. von Fabozzi, F.J., Chicago 1989, S. 105-121.

Zwirner, T. (1992): Gute Sicherheitsstrategien müssen nicht kompliziert sein, in: Handelsblatt, Nr. 49 vom 10.03.1992, S. B3.

Stichwortverzeichnis

A

B

C

D

E

J

K

L

M

Q

R

S

T

U

V

W

X

Y

Z

Glossarium

ADR's (American Depository Receipts) In den USA gehandelte Zertifikate, die Anteilsrechte an hinterlegten Auslandsaktien verbriefen.

Ad hoc-Publizität sofortige Veröffentlichung von Unternehmensinformationen, die eine erhebliche Beeinflussung des Börsenkurses bewirken könnten. Als erstes sind das Bundesaufsichtsamt für den Wertpapierhandel und die Börsengeschäftsführungen zu informieren, die über eine eventuelle Aussetzung des Aktienkurses entscheiden.

Agio Positive Differenz zwischen dem (Emissions-) Kurs eines festverzinslichen Wertpapiers und seinem Nominalwert.

AIBD Association of International Bond Dealers; Dachverband der Institutionen und Händler, die am Euromarkt tätig sind. Die AIBD hat Usancen für die Regulierung von Euromarktgeschäften aufgestellt, deren Befolgung auf freiwilliger Basis erfolgt. Inzwischen hat sich die Vereinigung in International Securities Markets Association (ISMA) umbenannt.

Aktives Management Versuch, durch Abweichungen von der festgelegten Benchmark ein über die Benchmarkperformance hinausgehendes Ergebnis zu erzielen.

Aktives Risiko Risikodifferenz zwischen dem Portfolio und der festgelegten Benchmark.

Alpha-Faktor (α-Faktor) Renditebestandteil bei Aktien, der unabhängig von der Marktrendite anfällt.

Amerikanische Option Option, die jederzeit während der Optionslaufzeit ausgeübt werden kann.

Anlagephilosophie Grundsatzhaltung zur Frage der Markteffizienz und damit des aktiven und passiven Managements.

Anlageprozeß Chronologische Reihenfolge des Investmentprozesses von der Zielfestlegung bis zur Performanceanalyse.

Anlagestil Anlagemethodik, mit deren Hilfe die Erreichung der Portfolioziele gewährleistet werden soll.

Annuitätensswap Spezielle Variante des Tilgungsswaps, wobei die Kapitalstruktur einem Annuitätendarlehen entspricht.

Anrechnungsverfahren Recht des Aktionärs auf eine Gutschrift über die Körperschaftsteuer, die auf seine Dividende entfällt. Die gezahlte Körperschaftsteuer kann voll auf die Einkommensteuerschuld des Aktionärs angerechnet werden.

Arbitrage Marktstrategie, die versucht, durch das zeitgleiche Kaufen und Verkaufen eines Assets einen risikolosen Gewinn zu machen.

Asiatische Option Option, bei der sich die Kompensationszahlung bei Ausübung aus der Differenz des Durchschnittskurses und des Basispreises ergibt.

Ask Kurs, der vom Verkäufer angeboten wird (Briefkurs).

Asset Allocation Prinzip der strukturierten Portfolioaufteilung, das die Reihenfolge der Vermögensanordnung nach dem Kriterium der Performanceimplikationen vornimmt.

Asset Swap Zinsswap, durch den ein festverzinsliches Aktivum in ein variabel verzinsliches Aktivum transformiert wird.

Asset-Backed Commercial Paper Verbriefung von Zahlungsansprüchen in Commercial Paper (= kurzfristig laufende Wertpapiere), wobei üblicherweise eine rechtlich selbständige Finanzierungsgesellschaft bestimmte Finanzaktiva von Unternehmen aufkauft und sich durch die Emission von Commercial Paper refinanziert.

Asset-Backed Security (ABS) Finanzinstrument, das durch Forderungen an Dritte bzw. Vermögensgegenstände abgesichert ist.

Assetklasse Vermögensgattung, wie z. B. Aktien, Anleihen, Geldmarktinstrumente, Gold etc.

At-the-money Eine Option befindet sich at-the-money, wenn der aktuelle Kassapreis dem Basispreis entspricht. Häufig gilt bereits diejenige Option als at-the-money, deren Basispreis dem aktuellen Kassapreis am nächsten kommt.

Ausfallwahrscheinlichkeit Risikomaß, das die Wahrscheinlichkeit mißt, eine bestimmte Mindestrendite zu verfehlen.

Auslosung (Ziehung) Bestimmung, welche Stücke bei Anleihen, die in mehreren Tranchen zur Rückzahlung fällig werden, zu dem vorher festgelegten Rückzahlungskurs getilgt werden.

Autokorrelation Serieller Zusammenhang zwischen aufeinanderfolgenden Kursen.

Back-to-Back Loan Gegenseitige Kreditgewährung von zwei Parteien in verschiedenen Ländern, jeweils mit gleichem Wert, gleicher Laufzeit und in der Währung des jeweiligen Gläubigers. Die Struktur ähnelt der eines Währungsswaps, wobei beim Swap aber keine bilanzwirksamen Kredite zugrunde liegen müssen.

Backoffice Abteilungen einer Bank oder eines Brokers, die für die Buchführungsfunktionen und die Kunden-Orders zuständig sind.

Backwardation Situation, in der der Futurepreis unterhalb des Kassapreises liegt, wobei erwartet werden kann, daß der Futurepreis im Vergleich zum Kassapreis über die Laufzeit ansteigen wird.

Balloon Anleihekonstruktion, bei der die letzte Kuponzahlung wesentlich höher ausfällt als die vorangegangenen Kuponzahlungen.

Barausgleich Erfüllungsvorgang, der bei Fälligkeit von besimmten Börsentermingeschäften ausgelöst wird, bei denen eine Lieferung des Basiswertes nicht möglich ist. Die Höhe des Barausgleichs wird z. B. bei einer Option aus der Differenz zwischen dem Marktpreis und dem Basispreis des Underlyings ermittelt.

Barbell/Dumbbell Strategie Renditekurvenstrategie, bei der unter Beibehaltung der gewünschten Portfolioduration versucht wird, aus der Form der Renditestrukturkurve zusätzliche Erträge zu erwirtschaften, indem langlaufende und kurzlaufende Anleihen gemischt werden.

Barrier Optionen Optionsstruktur, bei der neben dem Basispreis eine zusätzliche Grenze, die Barrier, zu berücksichtigen ist. Erreicht der Preis des Basiswertes die Barrier während der Optionslaufzeit, wird die Option entweder ins Leben gerufen (Knock-In-Option), oder sie verfällt (Knock-Out-Option).

Basis Point Value Kennzahl, die die Marktwertänderungen eines festverzinslichen Wertpapiers bei einer Veränderung des Marktzinssatzes um einen Basispunkt (0,01%) anzeigt.

Basis Risiko Verlustrisiko, das duch einen nicht synchronen Preisverlauf von Kassainstrument und zugehörigem Derivat entstehen kann.

Basis Trade Terminmarkt Transaktion, bei der auf die Veränderung der Basis, also auf die Differenz zwischen CTD-Anleihe und Futurekontrakt, spekuliert wird.

Basispunkt 0,01%. Renditeunterschiede zwischen verschiedenen Anleihen werden häufig in Basispunkten angegeben.

Basispunktwertverfahren Verfahren zur Bestimmung der Hedge-Ratio zur Sicherung von Anleihen durch Zinsfutures unter Berücksichtigung der unterschiedlichen Zinselastizitäten.

Basiswert Underlying oder Gegenstand, der einer Option zugrunde liegt.

Bear Market Marktsituation, in der die meisten Marktteilnehmer fallende Kurse erwarten.

Bearish Markthaltung, bei der fallende Kurse erwartet werden.

Benchmark An Marktgrößen ausgerichtetes Ziel eines Portfolios, das oftmals als Vergleichsindex bestimmt wird und an dem der Erfolg des Portfoliomanagers gemessen werden kann.

Beta-Faktor (ß-Faktor) Risikokennzahl bei Aktien, die die relative Volatilität und damit das systematische Risiko einer Aktie in bezug auf den Gesamtmarkt darstellt.

Bid Kurs, den der Käufer bereit ist zu zahlen (Geldkurs).

Black & Scholes Modell Bewertungsmodell für europäische Aktienoptionen.

Bonittenten Emittenten, die eine erstklassige Bonität, d. h. ein Rating von AAA bzw. Aaa der wichtigsten Ratingagenturen aufweisen.

Bookbuilding-Verfahren Verfahren zur Syndizierung von Emissionen, wobei die Wertpapiere dauerhaft bei den Investoren plaziert werden sollen. Der Emissionspreis wird am Ende der Bookbuilding-Periode festgelegt.

Bootstrapping Umrechnung von Zinssätzen über Diskontfaktoren in entsprechende Nullkuponsätze.

Brown'sche Bewegung Zufallspfad bei Kursentwicklungen.

Bull Market Marktsituation, in der die meisten Marktteilnehmer steigende Kurse erwarten.

Bullet Bond Endfällige Kuponanleihe, d. h. eine Anleihe mit nur einem Rückzahlungstermin.

Bullet Strategie Renditestrukturkurvenstrategie, bei der ein festverzinsliches Instrument eingesetzt wird, das nicht vor Endfälligkeit ganz oder zum Teil zurückgezahlt wird und somit auf einen Laufzeitpunkt fixiert ist.

Bullish Markthaltung, bei der steigende Kurse erwartet werden.

Buy / Sell Repo-Transaktion, bei der Kassa- und Termingeschäft gleichzeitig erfolgen. Grundlage für die Ermittlung des Terminkurses bildet die Repo Rate.

Call Kaufoption, die das Recht verbrieft, einen bestimmten Gegenstand zu einem festgelegten Preis in der Zukunft zu erwerben.

Callable Swap Swap mit vorzeitigem Kündigungsrecht des Festzinsempfängers, ohne daß daraus eine Zahlung resultiert.

Cap Optionsvereinbarung bei festverzinlichen Wertpapieren, bei der der Käufer gegen Zahlung einer Prämie für eine vereinbarte Laufzeit eine garantierte Zinsobergrenze erwirbt.

Capital Asset Pricing Model (CAPM) Modell der Kapitalmarkttheorie, das einen linearen Zusammenhang zwischen der erwarteten Rendite und dem systematischen Risiko von Aktien postuliert.

Caplet Cap-Vereinbarung für eine Einzelperiode innerhalb eines gesamten Multiperioden-Caps.

Caption Option auf einen Cap.

Cash-and-Carry Trade Arbitrageposition, die typischerweise aus einer Long Kassaposition und einer Short Futureposition besteht und dadurch versucht, eine oberhalb des Geldmarktsatzes liegende Verzinsung zu erzielen.

Cash-Settlement Barausgleich bei der Erfüllung von Termingeschäften, wenn eine physische Lieferung des Kontraktunderlyings nicht vorgesehen ist.

CATS (Certificate of Accrual on Treasury Securities) Zerobonds, die aus abgetrennten und separat handelbaren Kupons von US-Staatsanleihen entstehen.

Cedel (Centrale de Lívraíson de Valuers Mobilières) Abwicklungssystem für Euro-Anleihen mit Sitz in Luxemburg.

Cheapest-to-deliver-Anleihe Jene am Markt gehandelte Anleihe, die aufgrund ihrer internen Verzinsung am billigsten in einen Futurekontrakt zu liefern ist.

Chinese Walls Maßnahmenbündel, das die unberechtigte Ausnutzung von nichtöffentlichen und zugleich kursbedeutsamen Wertpapierinformationen zu verhindern sucht und damit einem Insidertrading entgegenwirkt.

Churning Verhalten zur Generierung von Gebühren durch unangemessen viele Wertpapiertransaktionen zu Lasten des Kunden.

Circuit Brakers Handelsunterbrechungen, die bei einem bestimmten Ausmaß an Kursveränderungen durch die Börse angeordnet werden, um eine Marktberuhigung zu bewirken.

Clean Price Aktueller Kurs einer Anleihe, der die aufgelaufenen Stückzinsen nicht mit einschließt.

Clearing-Stelle Institut, das einer Terminbörse angeschlossen ist oder in ihr integriert ist. Die Clearing-Stelle verrechnet die an der Börse getätigten Abschlüsse und tritt bei jeder Transaktion als Vertragspartner ein. Damit wird die Erfüllung von Terminkontrakten sichergestellt, so daß die Clearing-Stelle eine Garantiefunktion zur Eliminierung des Kreditrisikos ausübt.

Cocktail-Swap Verknüpfung aller Grundformen eines Swaps (Zins-, Währungs-, kombinierter Zins- und Währungsswap) mit verschiedenen Partnern und Währungen. Durch die damit stark zunehmende Komplexität der Transaktion ist man eher in der Lage, ganz spezielle Zielsetzungen der Marktteilnehmer zu erfüllen.

Collar Kombination aus einem gekauften Cap und einem verkauften Floor.

Collateral Sicherheiten, wobei es sich beispielsweise um die verkauften Wertpapiere im Rahmen eines Repo-Geschäfts handeln kann.

Compliance Wohlverhaltensrichtlinien, die für die Nichtausnutzung von Insiderinformationen bestimmt sind.

Compound Option Option auf eine Option, so daß die Grundkombinationen Call auf einen Call, Call auf einen Put, Put auf einen Call und Put auf einen Put denkbar sind.

Contango Situation, in der der Futurepreis oberhalb des Kassapreises liegt, wobei erwartet werden kann, daß der Futurepreis im Vergleich zum Kassapreis über die Laufzeit sinken wird.

Contingent Claim Vermögensposition, deren Preis nicht nur von dem Kurs eines Underlyings (z. B. Aktienindex), sondern auch von dem Kurs mindestens einer weiteren Größe (z. B. Währung) abhängt.

Cost of Carry Nettofinanzierungskosten, die aufgrund des Haltens einer Kassaposition entstehen, die der Forward- oder Futureposition entspricht.

Counterparty Risk Risiko, daß die Gegenpartei eines Finanzkontrakts die Kontraktbedingungen nicht erfüllt.

Covered Writer Stillhalter eines Calls, der den Basiswert der geschriebenen Option im Bestand hat.

Cross Hedge Hedgingverfahren, bei dem sich Underlying und Hedgeinstrument nicht genau entsprechen, jedoch eine hinreichend ähnliche Preiselastizität angenommen werden kann.

Custodian Finanzinstitution, die Wertpapiere und andere Vermögensbestandteile für Dritte verwahrt.

Debt-Equity Swap Finanztransaktion im Rahmen von Unternehmenssanierungen, die festverzinsliches Fremdkapital in gewinnabhängiges Eigenkapital umwandelt.

Delta Wertveränderungen des Optionspreises in Abhängigkeit von Preisveränderungen des Underlyings.

Delta Hedge Hedgingverfahren, bei dem die Kursänderungen des Underlyings von den Kursveränderungen der Optionsposition genau ausgeglichen werden. Eine hinreichende Delta Neutralität wird nur bei kleinen Kursänderungen des Underlyings ohne zusätzliche Transaktionen zu bewerkstelligen sein.

Deport Terminabschlag bei Währungen.

Digital Option Option, die bei Überschreiten (Unterschreiten) des Basispreises zum Verfallszeitpunkt einen zuvor festgelegten und von der Höhe der Überschreitung (Unterschreitung) unabhängigen Betrag auszahlt.

Dirty Price Kurs einer Anleihe, der die aufgelaufenen Stückzinsen einschließt.

Disagio Negative Differenz zwischen dem (Emissions-) Kurs eines festverzinslichen Wertpapiers und seinem Nominalwert.

Diversifikation Kernprinzip der Portfoliotheorie, nach dem durch die Kombination risikotragender Assets das Gesamtrisikoprofil eines Portfolios verbessert werden kann.

Dollar Duration Maßzahl für die Preisreagibilität einer Anleihe, die die absolute Kursänderung ausgedrückt in Dollar oder DM für eine absolute Veränderung der Rendite angibt. Sie wird berechnet aus dem Produkt der modifizierten Duration und dem Dirty Price der Anleihe.

Doppelwährungsanleihen Anleihen, bei denen die Mittelaufbringung und die Rückzahlung in einer unterschiedlichen Währung erfolgt, wobei die Zinszahlungen - je nach Vereinbarung - sowohl in der Einzahlungs- als auch in der Rückzahlungswährung erfolgen können.

Drop-Lock FRN FRN, die bei Erreichen einer vorbestimmten Zinsuntergrenze zu einer Festzinsanleihe wird.

Dual Benchmark Eine aus zwei Zielen bestehende Benchmark, wobei mindestens eines der beiden Ziele erfüllt werden muß und das andere Ziel als Nebenbedingung formuliert wird.

Duration Risikokennzahl bei festverzinslichen Anlagen, die zur Bestimmung der absoluten Preisänderung bei Marktzinsänderungen herangezogen werden kann. Zugleich kann die Duration als Kapitalbindungsdauer bei Anleihen interpretiert werden.

Duration (effective) Durationskennzahl, die auf der Basis der tatsächlich am Markt beobachtbaren Zinssätze (Spot Rates) berechnet wird.

Duration (Key Rate) Durationskennzahl, die die Wertveränderung festverzinslicher Anlagen in Abhängigkeit von Renditestrukturkurvendrehungen beschreibt.

Duration (modified) Durationskennzahl, die zur Bestimmung der relativen Preisänderung bei Marktzinsänderungen herangezogen werden kann.

DVP Delivery versus Payment, d. h. beispielsweise im Rahmen einer Repo-Transaktion die Lieferung der Wertpapiere durch den Pensionsgeber (Verkäufer) bei gleichzeitiger Zahlung der Geldmittel durch den Pensionsnehmer (Käufer).

Effizienzkurve Aus der Portfoliotheorie bekannter Bereich jener Portfolios, die hinsichtlich der Kriterien Rendite und Risiko nicht von anderen Portfolios dominiert werden.

Einfaktorenmodell Beschreibungsmodell für Wertpapierrenditen, das von nur einem Verursachungsfaktor für die Wertpapierrenditen ausgeht.

Embedded Losses Verborgene Verluste, die zwar durch Zinsänderungen in der Vergangenheit verursacht worden sind, aber bei einer Bewertung zu Einstandskosten noch nicht erkennbar sind.

Embedded Options Einem Finanzinstrument als fester Bestandteil beigegebene Option, wie z. B. ein vorzeitiges Kündigungsrecht bei Anleihen.

Emissionskurs Ausgabepreis einer neu begebenen Anleihen, der durch das Konsortium unter Berücksichtigung der Marktbedingungen festgelegt wird.

EONIA Euro Overnight Index Average; Referenzzinsatz für Tagesgelder im Euro-Raum.

EONIA-Swap Tagesgeldswap im Euro-Bereich.

Equity Swap Tauschvereinbarung, bei der die eine Partei sich verpflichtet, Ausgleichszahlungen in Höhe der Wertsteigerungen eines bestimmten Aktienportfolios zuzüglich vereinnahmter Dividenden zu leisten. Im Gegenzug empfängt diese Partei von dem Kontrahenten einen festen oder variablen Zinssatz.

Equity-linked Notes (ELN) Anleihen, die aus mehreren Basiskomponenten zusammengesetzt sind (z. B. Zerobond und Aktienindex Call), deren Kursverhalten an die Entwicklung eines Aktienmarktes, eines Aktienbaskets oder einer einzelnen Aktie geknüpft ist.

Erwartungswerttheorie Theore zur Erklärung der Renditestrukturkurve. Die Erwartungswerttheorie geht davon aus, daß es für einen Investor gleichgültig ist, ob er beispielsweise einen zweijährigen Bond kauft oder zwei einjährige Bonds hintereinander. Die Renditen müssen sich entsprechen, da ansonsten ein unterschiedlicher Preis für den gleichen Zahlungsstrom bestünde.

Euribor Euro Interbank Offered Rate; Geldmarktzinssatz für den Euro-Raum auf der Grundlage der Eurozinsmethode, d.h. Actual/360.

Eurobond Anleihe, die i. d. R. mit Hilfe eines internationalen Konsortiums am Euromarkt begeben wird und häufig auf eine andere als die Währung des Schuldnerlandes lautet.

Euroclear Abwicklungssystem für Euro-Anleihen mit Sitz in Brüssel.

Euromarkt internationaler Markt, der sowohl Eurobonds als auch Euro-Geld- und Euro-Kredittransaktionen umfaßt.

Europäische Option Option, die nur am Ende der Optionslaufzeit ausgeübt werden kann.

Exotische Optionen Grundsätzlich alle Optionsstrukturen, die in ihrem Komplexitätsgrad über Plain Vanilla Optionen hinausgehen.

Extendable Swap Prolongierbarer Swap, der das Recht bietet, einen bestehenden Swap bei Endfälligkeit zu gleichen Konditionen zu verlängern.

Fibor Frankfurt Interbank Offered Rate; Zinssatz, zu dem Frankfurter Banken Geld verleihen.

Financial Engineering Herstellung von Zahlungsströmen, die unter Verwendung existierender Finanzinstrumente genau den Bedürfnissen der Kunden entsprechen.

FIONA-Swap (Frankfurt Interbank Overnight Average-Swap) Tagesgeldswap im DM-Bereich, der eine Laufzeit zwischen zwei Tagen und zwölf Monaten aufweisen kann. Bei der variablen Swapseite werden Zinseszinsen berücksichtigt.

Floating Rate Note (FRN) Anleihe mit einem variablem Kupon, der in einem bestimmten Turnus den Marktgegebenheiten angepaßt wird.

Floor Optionsvereinbarung, bei der der Käufer gegen Zahlung einer Prämie für eine vereinbarte Laufzeit eine garantierte Zinsuntergrenze erhält.

Floorlet Floor-Vereinbarung für eine Einzelperiode innerhalb eines gesamten Multiperioden-Floors.

Forward Verpflichtung, eine Anlage zu einem künftigen Zeitpunkt zu kaufen oder zu verkaufen, wobei der Preis zum Zeitpunkt des Eingehens der Verpflichtung festgelegt wird und in der Regel die Zinskosten der Finanzierung widerspiegelt.

Forward Rates Arbitragefreie Zinssätze, die sich aus der Renditestrukturkurve herleiten lassen und den Wert in der Zukunft liegender Zinsgeschäfte angeben.

Forward Swap Beginn der vereinbarten Swapzahlungen erst nach einer Vorlaufzeit, so daß schon jetzt ein Festzins für eine in der Zukunft liegende Finanzierung oder Anlage gesichert wird.

Forward Rate Aggreement (FRA) Vereinbarung über ein in der Zukunft liegendes Zinsgeschäft.

Forwards Terminkontrakte, deren Vertragsbedingungen nicht standardisiert sind, und die damit nicht an einer Börse gehandelt werden.

Frontrunning Verhalten von Marktteilnehmern, bei dem bei Bekanntheit einer größeren und möglicherweise marktbewegenden Kundenorder zunächst für eigene Rechnung der Wert ge- bzw. verkauft wird und dann erst die Kundenorder ausgeführt wird.

Full Replication Approach Verfahren des passiven Portfoliomanagements, bei dem der zugrundeliegende Benchmarkindex vollständig und in gleicher Gewichtung in das Portfolio übernommen wird.

Future Strip Rate Erzielbare Verzinsung aus einem sequentiellen Futuregeschäft, bei dem mehrere Geldmarktfutures aneinandergereiht werden.

Future-Style Verfahren Prämienzahlungsverfahren bei börsengehandelten Optionen, bei dem die vom Optionskäufer zu zahlende Prämie erst bei Glattstellung, Ausübung oder Verfall fällig wird. Zwischenzeitliche Bewertungsschwankungen werden durch Variation Margins abgegolten.

Futures Standardisierte börsengehandelte Terminkontrakte, wobei die Abwicklung und Verrechnung über die Clearing-Stelle der Terminbörse erfolgt.

Gamma Wertveränderungen des Deltas in Abhängigkeit von Preisveränderungen des Underlyings.

Gamma Hedge Hedgingverfahren, bei dem Delta-Neutralität durch den Einsatz zusätzlicher Short Optionen angestrebt wird.

GARCH Generalized Autoregressive Conditional Heteroskedasticity; Statistisches Verfahren, das zur Schätzung zukünftiger Volatilitäten auf die Volatilitäts- und Störterm-Ausprägungen der Vorperioden zurückgreift.

Garman-Kohlhagen-Modell Devisenoptionsmodell, das auf dem Black & Scholes Modell basiert.

Global Depository Receipts (GDRs) Am Euromarkt gehandelte Zertifikate, die Anteilsrechte an hinterlegten Auslandsaktien verbriefen.

Haircut Betrag, um den der Marktwert eines Wertpapiers als Collateral den Wert des entsprechenden Gelddarlehens im Rahmen einer Repo- / Wertpapiereleihetransaktion übersteigt. Als Haircut kann auch der Wert zusätzlich bestellter Sicherheiten bezeichnet werden.

Hedge Ratio Die Hedge Ratio gibt die Anzahl der nötigen Kontrakte an, um eine Position gegen Wertveränderuungen abzusichern.

Hedging Absicherung gegen Kurswertveränderungen.

Heteroskedastizität Empirische Beobachtung bei Aktienrenditen, daß die Ausprägungen der Residualrenditen im Zeitablauf unterscheidliche Verteilungsmuster aufweisen.

Homoskedastizität Einheitliche Verteilungsmuster der Residualrenditen im Zeitablauf.

Immunisierung Anlagestrategie bei Anleihen, bei der die Duration eine Portfolios genau auf den Investitionshorizont des Anlegers abgestimmt ist.

Implied Repo Rate (IRR) Impliziter Finanzierungszinssatz, der dem Preis eines Futures zugrunde liegt. Diejenige lieferbare Anleihe, die bei Lieferung in den Futurekontrakt die größte IRR aufweist, ist die Cheapest-to-Deliver Anleihe.

Implizite Volatilität Volatilität, die aus am Markt beobachtbaren Optionspreisen berechnet wird und als Indikator für die Einschätzung des Marktes bezüglich der zukünftigen Volatilität interpretiert werden kann.

In-the-money Ein Call befindet sich in-the-money, wenn der aktuelle Kassapreis über dem Basispreis liegt. Ein Put befindet sich in-the-money, wenn der aktuelle Kassapreis unter dem Basispreis liegt.

Indexfonds Investmentsondervermögen, die passiv gemanagt werden und daher versuchen, die Performance der Benchmark abzubilden.

Indexierte Anleihen Anleihen, bei denen die Zins- und/oder Tilgungszahlungen an einen Index gekoppelt sind, wobei es sich hierbei nicht um einen Zinssatz handelt.

Informationskoeffizient Maßstab für die Prognosegüte, der durch Vergleich der prognostizierten mit den tatsächlichen Werten ermittelt wird.

Information Ratio Indikator für die Fähigkeit eines Portfoliomanagers, eine bessere Performance zu erzielen als die Benchmarkperformance. Verhältnis zwischen Alpha und dem eingegangenen Residualrisiko.

Informationseffizienz Theoretisches Konstrukt, nachdem alle an den Markt gelangenden Informationen unmittelbar von den Assetpreisen reflektiert werden.

Investment Grade Bonitätsklassifikation für Anleihen, die ein Rating von mindestens BBB- (Standard & Poor's) bzw. Baa3 (Moody's) und besser aufweisen.

Knock-In-Optionen Exotische Optionen, die erst wirksam werden, wenn ein bei Vertragsabschluß fixiertes Kursniveau des Underlyings erreicht wird.

Knock-Out-Optionen Exotische Optionen, die verfallen, wenn ein bei Vertragsabschluß fixiertes Kursniveau des Underlyings erreicht wird.

Konversionsfaktor Mit Hilfe von Konversionsfaktoren werden handelbare Anleihen an die Eigenschaften der den Zinsfutures zugrundeliegenden Notional Bonds angepaßt.

Konvexität Risikokennzahl bei Anleihen, die die Veränderungen des Anleihekurses und der -duration in Abhängigkeit einer Marktzinsveränderung beschreibt. Bei positiver Konvexität ist die Kurssteigerung (Kursverringerung) einer Anleihe im Falle einer Marktzinssenkung (Marktzinssteigerung) höher (niedriger), als die Duration prognostiziert. Im Rahmen der Optionspreistheorie wird die Konvexität einer Option durch Gamma, d. h. die Ableitung des Deltas nach der Kursänderung des Underlyings, beschrieben.

Korrelation Statistisches Maß für den Zusammenhang zweier Größen, das sich durch Standardisierung aus der Kovarianz ergibt und auf den Wertebereich zwischen -1 und 1 normiert ist.

Kovarianz Statistisches Maß für den Zusammenhang bzw. den Gleichlauf zweier Größen.

Kovarianzmatrix Tableau, das die statistischen Zusammmenhänge mehrerer Assets darstellt.

Kupon-Stripping Erstellung von Zerobonds aus einer gewöhnlichen Festzinsanleihe, indem z. B. die Kupons vom Nominalwert getrennt werden.

Kurtosis Viertes Moment einer Wahrscheinlichkeitsverteilung. Spitzgipfelige Verteilung, die zudem fette Randbereiche aufweisen, werden als leptokurtische Verteilungen bezeichnet, wohingegen Verteilungen mit einer flachen Spitze und breiten Mittelbereichen als platykurtisch bezeichnet werden.

Leerverkauf Verkauf eines Wertpapiers ohne eine entsprechende physische Deckung (Entstehen einer Short Position).

Liability Swap Zinsswap, durch den eine festverzinsliche Verbindlichkeit in eine variabel verzinsliche Verbindlichkeit transformiert wird.

Libid London Interbank Bid Rate; Zinssatz, zu dem Londoner Banken im internationalen Interbankenmarkt bereit sind, Kredit aufzunehmen.

Libor London Interbank Offered Rate; Zinssatz, zu dem Londoner Banken im internationalen Interbankenmarkt Gelder verleihen.

Limean Mittelwert zwischen Libid und Libor.

LIONS (Lehman Investment Opportunity Notes) Zerobonds, die aus abgetrennten und separat handelbaren Kupons von US-Staatsanleihen entstehen.

Liquidität Aus Portfoliosicht die jederzeitige Möglichkeit, sich zu fairen Preisen von dem Portfolio trennen zu können.

Liquiditätspräferenztheorie Theorie zur Erklärung einer aufwärtsgerichteten (normalen) Renditestrukturkurve. Die Liquiditätspräferenztheorie geht davon aus, daß aus Gründen der Risikoaversion Investoren nur dann längere Laufzeiten kürzeren vorziehen, wenn sie im Gegenzug eine höhere laufende Verzinsung erhalten.

Lognormal Distribution Glockenkurvenartige Verteilung von Wertpapierkursen, deren logarithmierte Werte einer Normalverteilung gehorchen.

Margin Einschußleistung, die erbracht werden muß, um z. B. eine Futureposition zu eröffnen.

Marking-to-market Bewertungsmethode für Derivate, bei der der Wert der Position anhand des aktuellen Marktwertes der Kassaposition bestimmt wird.

Market Impact Ausweichbewegung des Marktes, wenn große Blockkäufe bzw. -verkäufe stattfinden.

Market Maker Händler, der verpflichtet ist, Geld- und Brief-Kurse für ein bestimmtes Finanzinstrument zu stellen.

Markteffizienz Theoretisches Konstrukt, nach dem alle an Märkten gehandelten Assets stets richtig bewertet sind.

Marktrisiko Risiko einer generellen Marktentwicklung, das sich aus der Veränderung von Marktpreisen, wie z. B. Zinssätzen, Wechselkursen und Aktienkursen ergibt. Das Marktrisiko betrifft keine Einzeltitel, sondern eine Vielzahl von Anlagetiteln.

Marktsegmentierungstheorie Theorie zur Erklärung der Form der Renditestrukturkurve, die davon ausgeht, daß Investoren sich auf bestimmte Laufzeitbereiche der Renditestrukturkurve konzentrieren und daher unabhängig von der Form der Renditestrukturkurve stets bei diesem Segment bleiben.

Martingale-Prozeß Statistischer Zufallsprozeß, der keine zeitabhängige Veränderungsrate (Drift) aufweist.

Maximum Drawdown Im Aktienbereich bekannt als die maximale negative Rendite nach einem vorangegangenen Höchstkurs.

Mean-Gini-Koeffizient Alternatives Risikomaß, das anstatt der Abweichung zum Mittelwert die Abweichungen der einzelnen Realisationen untereinander mißt.

Mehrfaktorenmodell Beschreibungsmodell für Wertpapierrenditen, das von mehreren Verursachungsfaktoren für die Wertpapierrenditen ausgeht.

MONA-Swap (Monthly Overnight Average-Swap) Im DM-Bereich gehandelter Geldmarktswap mit einer Laufzeit zwischen einem und zwölf Monaten, der auf der variablen Swapseite keine Zinseszinsen berücksichtigt. Der MONA-Swap wurde durch den FIONA-Swap abgelöst.

Money-at-Risk Verlustpotential aus marktbedingten Preisänderungen von Handelspositionen, das auf der Basis einer bestimmten Wahrscheinlichkeit angegeben wird (z. B. 95%).

Mortgage-Backed Bonds Anleihen, bei denen die Besicherung aus einem Pool von Hypotheken besteht. Sie werden vor allem in den USA gehandelt.

Multi-Index Option Outperformance Option, deren Auszahlungsstruktur von der Performancedifferenz zweier Instrumente abhängt.

Negativklausel Verpflichtung seitens des Emittenten, daß späteren Verbindlichkeiten keine vorrangige Besicherung gegenüber der betreffenden Anleihe eingeräumt wird.

Netting Aufrechnung von Forderungen und Verbindlichkeiten, die gegenüber einem Kontrahenten bestehen oder die sich auf das gleiche Underlying beziehen.

Normalverteilung Statistische Verteilung, bei der ein positives Abweichen vom Mittelwert nach oben genau so wahrscheinlich ist, wie die Abweichung nach unten um den gleichen Wert.

Notional Bond Standardisierte Anleihe, deren Eigenschaften (Zinskupon und Laufzeit) stets gleich bleiben und die als synthetisches Underlying für Zinsfuturekontrakte dient.

Omega Hebel, um den sich die Option prozentual schneller im Wert verändert als das Underlying.

Open Interest Summe der noch offenen Positionen z. B. einer Optionsserie, wobei noch keine Glattstellung durch entsprechende kompensierende Transaktionen stattgefunden hat.

Open Repo Zeitlich offene Repo-Transaktion, wobei die Vertragspartner das Geschäft zu jeder Zeit während der vereinbarten Frist auflösen können.

Option Vertragliches Recht, aber keine Pflicht, einen bestimmten Betrag eines zugrundeliegenden Instruments (z. B. Wertpapier) zu einem festen Preis (Basispreis) während oder am Ende einer bestimmten Laufzeit zu kaufen (Call Option) oder zu verkaufen (Put Option).

Optionsprämie Nach amerikanischer Terminologie der Preis einer Option. In Europa wird unter der Optionsprämie häufig jener Teil des Optionspreises verstanden, der den inneren Wert der Option übersteigt.

Optionsserie Optionen, die in bezug auf den Typ (Call / Put), den Basiswert, den Basispreis und das Verfalldatum identisch sind.

Out-of-the-money Ein Call befindet sich out-of-the-money, wenn der aktuelle Kassapreis unter dem Basispreis liegt. Ein Put befindet sich out-of-the-money, wenn der aktuelle Kassapreis über dem Basispreis liegt.

Over-the-counter (OTC) Außerbörsliches Handelssystem, das die Transaktionen über Telefon oder Computer abwickelt und auf einen Präsenzbörsenhandel verzichtet.

Overnight Indexed Swap Tagesgeldswap, d.h. Zinsswap, bei dem ein Austausch zwischen einem festen Zins und einem (variablen) Referenzzins, der sich auf Tagesgeld bezieht, erfolgt.

Overnight Repo Repo-Geschäft, das für nur einen Tag läuft.

Passives Management Auf der Theorie effizienter Kapitalmärkte basierender Ansatz, der versucht, eine vorgegebene Benchmark hinsichtlich ihres Rendite-Risikoprofils möglichst genau abzubilden.

Pay-Through Bond Hypothekarisch besicherte Schuldverschreibung, bei der die Zins- und Tilgungszahlungen periodisch erfolgen.

Payer Zinsswap Zinsswap, bei dem feste Zinsen gezahlt und variable Zinsen bezogen werden.

Payers Swaption Recht, in einen Swap-Vertrag einzutreten, bei dem variable Zinsen bezogen und feste Zinsen gezahlt werden.

Peer-Group-Benchmark Benchmark, die sich aus einer Anzahl von Konkurrenzportfolios zusammensetzt.

Performance Zielkriterium des Portfoliomanagements, das als risikoadjustierte Rendite definiert werden kann.

Performanceanalyse Qantitative und qualitative Untersuchung der Performance eines Portfolios.

Performanceattribution Zuordnung von Performancebestandteilen zu einzelnen Verursachungsgrößen.

Performancemessung Quantitative Untersuchung der Portfolioperformance.

Perpetual Bond Anleihe, die keinen fixierten Endfälligkeitszeitpunkt besitzt. I. d. R. werden in den Anleihebedingungen Ereignisse beschrieben, bei deren Eintritt dem Gläubiger und/oder dem Schuldner ein Kündigungsrecht zusteht.

Path Dependent Option Option, deren Auszahlungsstruktur nicht von dem Preis des Underlyings am Verfallzeitpunkt, sondern vom Kursverlauf während der Optionslaufzeit abhängt (z. B. Look-Back Option).

Plain Vanilla Der Begriff Plain Vanilla beschreibt die geringe Komplexität eines Instruments. Er wird auf alle Geschäfte und Instrumente bezogen, die als Basis- oder Standardgeschäft bzw. -instrument innerhalb ihrer Gattung angesehen werden können. Als Plain Vanilla Optionen werden z. B. einfache Calls und Puts angesehen.

Plain Vanilla Zinsswap Einfache Form des Zinsswaps, bei dem feste Zinsen gegen variable Zinsen getauscht werden.

Premium Bond Anleihe, die oberhalb ihres Nennwertes notiert.

Present Value Heutiger Wert zukünftiger Zahlungsströme, die durch Abzinsung auf den Betrachtungszeitpunkt bezogen werden.

Primärmarkt Markt zur Plazierung von Neuemissionen.

Put Verkaufsoption, die das Recht verbrieft, einen bestimmten Gegenstand zu einem festgelegten Preis in der Zukunft zu verkaufen.

Puttable Swap Kündigungsrecht des Festzinszahlers.

Qualitätsoption Möglichkeit des zur Lieferung in einen Zinsfuture Verpflichteten, zwischen verschiedenen lieferbaren Anleihen auswählen zu können.

Rating Beurteilungssystem für die Wahrscheinlichkeit einer verzögerten und / oder unvollständigen Rückzahlung von Anleiheschulden.

Rebate Feststehender Geldbetrag, der dem Käufer einer Knock-Out-Option im Falle eines Knock-Outs gezahlt wird. Umgekehrt würde der Käufer einer Knock-In-Option diesen Betrag erhalten in dem Fall, daß die Knock-In-Grenze nicht erreicht wurde.

Receiver Zinsswap Zinsswap, bei dem variable Zinsen gezahlt und feste Zinsen bezogen werden.

Receivers Swaption Recht, in einen Swap-Vertrag einzutreten, bei dem feste Zinsen bezogen und variable Zinsen gezahlt werden.

Referenzzinsatz Für Geschäfte mit einem Referenzzinssatz gilt nicht ein fester Zins für eine bestimmte Laufzeit, sondern ein Zinssatz, der an einen Referenzzinssatz gekoppelt ist (z. B. Libor) und sich daher im Zeitablauf verändern kann.

Registered Bond Namensschuldverschreibung, d. h. Anleihe, bei der eine Eintragung in die Bücher des Emittenten erfolgt. Zur Übertragung ist eine schriftliche Abtretung seitens des eingetragenen Gläubigers erforderlich.

Regressionsanalyse Statistisches Verfahren der Zeitreihenanalyse, bei dem der Zusammenhang zwischen einer abhängigen und einer unabhängigen Variablen analysiert wird.

Rendite In Prozent ausgedrückte Wertveränderung einer Größe.

Rendite (aktive) Differenz zwischen Portfolio- und Benchmarkrendite.

Rendite (relative) In Prozent ausgedrückte Differenz zwischen Portfolio- und Benchmarkrendite, die auf die Benchmarkrendite bezogen wird.

Rendite (residual) Renditebestandteil, der mit der Benchmarkrendite unkorreliert ist.

Renditestrukturkurve Graphischer Zusammenhang zwischen Anleihelaufzeit und -rendite.

Repo Kurzform für Repurchase Agreement, d. h. Verkauf von Wertpapieren bei gleichzeitiger Rückkaufverpflichtung in der Zukunft.

Repo Rate Zinssatz, der im Rahmen einer Repo-Transaktion für die Überlassung von Geldmitteln gezahlt wird (gegen Stellung von Sicherheiten in Form von Wertpapieren).

Report Terminaufschlag bei Währungen.

Residualvolatilität Volatilität bei Aktien, die unabhängig von der gesamtmarktinduzierten Volatilität auftritt.

Reverse Floater Variabel verzinsliche Anleihe, deren Kupon sich bei fallenden Geldmarktzinsen erhöht.

Reverse Repo Umgekehrtes Repo-Geschäft, d. h. Kauf von Wertpapieren bei gleichzeitiger Rückverkaufsverpflichtung in der Zukunft.

Reverse Swap Gegenswap im sekundären Swapmarkt, der das Zins- und / oder Währungsverlustrisiko eines bestehenden Swaps ausgleicht.

Rho Wertveränderungen des Optionspreises in Abhängigkeit von Veränderungen des risikolosen Zinssatzes.

Risiko (systematisches) Teil des Gesamtrisikos bei Aktien, das durch Schwankungen des Gesamtmarktes induziert ist.

Risiko (unsystematisches) Teil des Gesamtrisikos bei Aktien, das nicht durch Schwankungen des Gesamtmarktes induziert ist (titelspezifisches Risiko).

Roller Coaster Swap Swap, bei dem sich der Nominalbetrag über die Swaplaufzeit verändert.

Safekeeping Transaktion im Rahmen eines Repo-Geschäfts, bei dem keine Lieferung von Wertpapieren erfolgt. Die Wertpapiere werden auf einem Treuhandkonto gutgeschrieben.

Sampling Approach Verfahren des passiven Portfoliomanagements, bei dem der zugrundeliegende Benchmarkindex bei vorgegebener Werteanzahl durch eine den Tracking Error minimierende Stichprobe aus dem Index abgebildet wird.

Scalping Handelstechnik von Marktteilnehmern, die zum Geldkurs kaufen und zum Briefkurs verkaufen können, und die das Halten von Positionen über Nacht vermeiden wollen, indem der geringe Spread stets glattgestellt wird.

Schiefe Drittes Moment einer Wahrscheinlichkeitsverteilung, das die Asymmetrie mißt.

Sekundärmarkt Handel von Wertpapieren, nachdem die Papiere als Neuemission plaziert worden sind.

Seller's Option Möglichkeit des zur Lieferung in einen Zinsfuture Verpflichteten, zwischen verschiedenen lieferbaren Anleihen auswählen zu können.

Semivarianz Risikomaß, das ausschließlich die negativen Abweichungen vom erwarteten Mittelwert mißt.

Set-Down Swap Swap, bei dem der Nominalbetrag über die Swaplaufzeit nach einem vereinbarten Schema abnimmt.

Set-Up Swap Swap, bei dem der Nominalbetrag über die Swaplaufzeit nach einem vereinbarten Schema ansteigt.

Sharpe-Maß Maßgröße der Performanceanalyse, bei der die Überschußrendite zum Gesamtrisiko ins Verhältnis gesetzt wird.

Short Squeeze Situation, in der das Volumen der Positionen, die am Markt frei verfügbar sind, geringer ist als das Volumen der Positionen, die von Marktteilnehmern zur Eindeckung benötigt werden.

Sinking Fund Tilgungsfonds, der generell durch einen Treuhänder verwaltet wird. Dabei erfolgt eine regelmäßige Rückstellung von Mitteln zur Tilgung der Anleihe entsprechend den festgelegten Bedingungen. Notiert die Anleihe unter ihrem Rückzahlungskurs, so kann der Treuhänder mit den Mitteln des Fonds den zu tilgenden Anleihebetrag am Markt erwerben. Andernfalls wird üblicherweise durch Auslosung getilgt.

Specific Collateral Spezielles Wertpapier, das im Rahmen eines Repo-Geschäfts als Sicherheit fungieren soll und entsprechend nachgefragt wird.

Spot Rates Tatsächlich am Markt beobachtbare Preise bzw. Renditen.

Stack Hedge Hedging-Form, bei der zunächst nur auf einen Kontraktmonat zurückgegriffen wird.

Standardabweichung Dispersionsmaß der Statistik, das die durchschnittlichen Abweichungen der einzelnen Elemente einer Verteilung von ihrem Mittelwert beschreibt und aus diesen die Wurzel zieht. Die Standardabweichung dient als Risikomaß bei Wertpapieren.

Stillhalter Verkäufer einer Option, der bei Ausübung der Option zu einer Leistung verpflichtet ist.

Stochastische Dominanz Verfahren der Vorteilhaftigkeitsbestimmung von Wertpapieren, bei dem der Verlauf der gesamten Wahrscheinlichkeitsverteilung betrachtet wird.

Strip Hedge Hedging-Form, bei der die benötigte Anzahl einzusetzender Futures auf mehrere Fälligkeitsmonate verteilt ist.

STRIPS (Separate Trading of Registered Interest and Principal Securities) Zerobonds, die aus abgetrennten und separat handelbaren Kupons von US-Staatsanleihen entstehen.

Subordinated Bond Nachrangig besicherte Anleihe, deren Zins- und Tilgungszahlungen im Fall, daß der Emittent zahlungsunfähig wird, nachrangig bedient werden.

Swap Finanzgeschäft, bei dem zwei Parteien vereinbaren, während eines bestimmten Zeitraums Zahlungsströme entsprechend den im voraus festgelegten Vereinbarungen zu tauschen.

Swapsatz Differenz zwischen Kassa- und Terminkurs eine Währung.

Swaption Option auf einen Swap.

Syndizierung Emission von Wertpapieren oder Vergabe von Krediten unter Einschaltung eines Konsortiums.

T-Statistik Statistisches Maß zur Beurteilung der Güte von Regressionsparametern.

Tailing the Hedge Berücksichtigung der sich aus dem täglichen Marking-to-Market ergebenden Zinsbelastungen und -erträge bei der Berechnung der Hedge Ratio.

Term Repo Repo-Geschäft, das eine Laufzeit von mehr als einem Tag aufweist.

Tenderverfahren Auktionsverfahren ber der Emission von Wertpapieren, bei dem entweder die Menge oder der Preis fixiert ist und die Zuteilung gemäß den Geboten der Investoren erfolgt.

Theta Wertveränderungen des Optionspreises in Abhängigkeit von Restlaufzeitverkürzungen der Option.

Tick Kleinste Fluktuationseinheit bei Preisveränderungen von Derivaten wie Futures und Optionen.

TIGR's (Treasury Investment Growth Receipt) Zerobonds, die aus abgetrennten und separat handelbaren Kupons von US-Staatsanleihen entstehen.

Tilgungsswap Swap, der eine Zahlungsstruktur wie beim festverzinslichen Tilgungskredit aufweist.

Timing Anlagestrategie, bei der versucht wird, in steigenden Marktphasen übergewichtet zu sein et vice versa.

Tombstone Anzeige einer Neuemission, wobei üblicherweise die Konditionen sowie die beteiligten Konsortialmitglieder genannt werden. Die Anzeige wird als Tombstone (= Grabstein) bezeichnet, da mit der Veröffentlichung ein Schlußstrich unter die Emission gezogen wird.

Track Record Performancehistorie eines Portfolios bzw. eines Portfoliomanagers.

Tracking Error (geschätzter) Abweichungsmaß für die Differenz zwischen zu erwartender Portfoliorendite und zu erwarteter Benchmarkrendite, das auf der Basis der systematischen und unsystematischen Risikoprofile der einzelnen Portfoliobestandteile geschätzt wird.

Tracking Error (historischer) Standardabweichung der realisierten Renditedifferenzen zwischen Portfolio und Benchmark.

Treynor-Maß Maßgröße der Performanceanalyse, bei der die Überschußrendite zum sytematischen Risiko (Betafaktor) ins Verhältnis gesetzt wird.

Tri-Party Repo Im Rahmen eines Repo-Geschäfts Übernahme der Verwahrung von Wertpapieren für den Pensionsnehmer durch eine neutrale dritte Partei als Custodian, die auch die Überwachung der Transaktionen und der Sicherheiten sowie die tägliche Bewertung der Sicherheiten übernimmt.

Underlying Einem derivaten Instrument zugrundeliegendes Kassainstrument.

Up-Front Zinsswap Zinsswap, bei dem die laufenden Zinszahlungen gegen einen einmalig am Laufzeitbeginn zu leistenden Betrag getauscht werden.

Value-at-Risk In Geldeinheiten ausgedrücktes Risikomaß, das die Höhe des Vermögensverlustes bei einer extremen Marktwertschwankung bestimmt.

Varianz Dispersionsmaß der Statistik, das die durchschnittlichen Abweichungen der einzelnen Elemente einer Verteilung von ihrem Mittelwert beschreibt. Die Ziehung der Quadratwurzel aus der Varianz ergibt die Standardabweichung.

Variation Margin Zu leistender Einschuß bei Derivategeschäften, wenn durch Preisveränderungen des Underlyings das Niveau des Initial Margins unter das geforderte Mindestniveau (Maintenance Margin) gefallen ist.

Vega Wertveränderungen des Optionspreises in Abhängigkeit von Volatilitätsveränderungen des Underlyings.

Volatilität Annualisierte Standardabweichung, die als Risikomaß bei Wertpapieren weite Verbreitung findet.

Volatilitätskurve Darstellung der erwarteten Volatilität eines Instrumentes bzw. Marktes in Abhängigkeit des Betrachtungshorizontes.

Währungsswap Tauschvereinbarung, bei der Kapitalbeträge und darauf anfallende Zinsen, die auf unterschiedliche Währungen lauten, von den Kontrahenten ausgetauscht werden.

Wandelanleihe Festverzinsliches Wertpapier, das neben den Anleiherechten zusätzlich eine Umtauschoption von der Anleihe in die Aktie des Anleiheemittenten zu vorgegebenen Konditionen verbrieft.

Wild Card Option Möglichkeit des zur Lieferung verpflichteten Vertragspartners bei amerikanischen Zinsfutures, nach Festlegung des Settlementpreises des Futures noch bis zum Ende des Handels im Treasury Bond Markt zwischen mehreren lieferbaren Anleihen auswählen bzw. sich gegen eine Lieferung entscheiden zu können.

Yield Enhancement Zusätzliche Renditesteigerungen, z. B. durch den Einsatz von Swaps im Portfoliomanagement.

Yield to Call Rendite einer Anleihe bis zum frühest möglichen Kündigungstermin unter Berücksichtigung des festgelegten Kündigungskurses.

Zeitwert Preisbestandteil einer Option, der über den inneren Wert der Option hinausgeht.

Zero-Cost-Collar Collar, bei dem die zu zahlende Prämie des Caps in gleicher Höhe liegt, wie die erhaltene Prämie des Floors.

Zerobond Wertpapiere, bei denen keine periodischen Zinszahlungen erfolgen und die bei Fälligkeit zum Nennwert zurückgezahlt werden. Die Wertpapiere werden daher mit einem entsprechenden Abschlag ausgegeben.

Zins-/Währungsswap Kombination aus einem Zins- und einem Währungsswap.

Zinsanpassungsklausel Klausel, die vorsieht, daß der Zinssatz einer Anleihe in bestimmten Abständen dem jeweiligen Marktzins angepaßt wird. Eine solche Klausel findet sich häufig in Schweden und Frankreich.

Zinsswap Vereinbarung über den Tausch von Zinszahlungsströmen unterschiedlicher Natur (z. B. fixe Zinszahlungen gegen variable Zinszahlungen), die auf einem fiktiven Kapitalbetrag basieren.